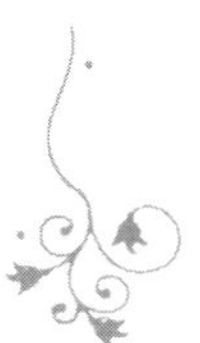

教育部人文社会科学重点研究基地复旦大学当代国外马克思主义研究中心重大项目“从批判理论到后批判理论”（14JJD720007）成果

本书受到四川大学哲学系以及中国博士后科学基金（2019M653468）资助，特此致谢！

批判理论研究丛书

主　　编：王凤才

学术顾问：A.霍耐特、J.比岱、N.弗雷泽

Cong Xin Pipan Lilun Dao
Hou Pipan Lilun

从新批判理论到后批判理论

王凤才 著

人民出版社

目　录

如何理解批判理论的“政治伦理转向”（代总序）......王凤才 1

第一章　科学技术与意识形态......1

第一节　科技意识形态论发生学探究......1

第二节　科技意识形态论逻辑学构建......15

第三节　科技意识形态论价值学评判......23

第四节　技术进步与政治科学化......28

第二章　合法性危机与生活世界殖民化......36

第一节　现代国家中的合法性问题......36

第二节　后期资本主义危机趋向......52

第三节　系统不断复杂化与生活世界殖民化......65

第三章　交往合理性与社会合理化......88

第一节　《交往行为理论》的逻辑进路......89

第二节　交往行为与交往合理性......102

第三节　社会合理化与文化合理化......128

第四节　从交往合理性到公共合理性......145

第四章　话语伦理与法律话语......156

第一节　交往伦理学或话语伦理学......156

第二节　话语伦理学的内在批判……171
第三节　协商政治与法律话语……184

第五章　个体自由与共同体自由……212
第一节　从个体自由到共同体自由……213
第二节　话语合理性与自由民主原则……225
第三节　自由民主与共同善……235

第六章　社会正义与辩护正义……245
第一节　规范的社会正义论……246
第二节　作为社会分析的正义论……256
第三节　作为辩护的正义论……268

第七章　人权、公民权与人权承认……286
第一节　人权、公民权与差异政治……286
第二节　人权与公共自由、政治自主……293
第三节　公民权、人民主权与民主话语……306
第四节　人权政治与国际人权承认……316

第八章　承认道德与民主伦理……323
第一节　道德规范与伦理实践……323
第二节　平等对待与道德关怀……337
第三节　形式伦理与民主伦理……347

结　语……359
附录　批判理论文本的历史与逻辑……372
参考文献……512
后　记……527

如何理解批判理论的“政治伦理转向”（代总序）

王凤才

“法兰克福学派”因法兰克福大学社会研究所而得名，以批判理论闻名于世；但这三者之间并不是完全对应的，而是存在着错综复杂的关系。换言之，社会研究所是法兰克福学派大本营，批判理论是法兰克福学派标志性贡献；但并非社会研究所所有成员都属于法兰克福学派代表人物，并非社会研究所所有理论成果都属于批判理论。例如，在格律贝格时期，既没有法兰克福学派，也没有批判理论；但他奉行的超党派学术立场、跨学科研究方法，为法兰克福学派真正创始人、批判理论真正奠基人霍克海默继承和发展。法兰克福学派并非铁板一块、批判理论并非整齐划一，而是存在着众多差异、矛盾甚至对立。尽管第一代批判理论家内部有着这样或那样的差异，但总体上都属于“老批判理论”，体现着批判理论第一期发展。尽管第二代批判理论家内部有三条不同研究路径，但与“老批判理论”相比，基本上都属于“新批判理论”，体现着批判理论第二期发展。尽管第三代批判理论家有着不同的学术取向，但总体上属于批判理论第三期发展，标志着批判理论最新发展阶段（“后批判理论”）、体现着批判理论最新发展趋向（“批判理论的‘政治伦理转向’”）。批判理论的“政治伦理转向”，是笔者长期研究法兰克福学派批判理论及其最新发展而做出的基本判断，已经得到了学界同仁的认同（尤其是得到了霍耐特的认同）。

要想理解批判理论的"政治伦理转向"，首先要弄清楚"批判理论三期发展"。批判理论第一期发展（从20世纪30年代初到60年代末，以霍克海默、阿多尔诺、马尔库塞、洛文塔尔、波洛克等人为代表）致力于批判理论构建与工业文明批判；批判理论第二期发展（从20世纪60年代末到80年代中期，以前期哈贝马斯[①]、A.施密特、F.v.弗里德堡等人为代表）致力于批判理论重建与现代性批判；批判理论第三期发展（从20世纪80年代中期至今，以后期哈贝马斯、霍耐特、维尔默、奥菲等人为代表），完成了批判理论的"政治伦理转向"。概言之，"批判理论三期发展"意味着：从古典理性主义到感性浪漫主义再到理性现实主义；从激进乐观主义到激进悲观主义再到保守乐观主义；从欣赏、信奉到怀疑、批判再到超越、重建马克思主义；从文化主体哲学到语言交往哲学再到政治道德哲学（"政治伦理学"）；从"老批判理论"到"新批判理论"再到"后批判理论"。"后批判理论"标志着批判理论的最新发展阶段，它不再属于传统的西方马克思主义范畴，而是已经进入到与当代实践哲学主流话语对话的语境之中。

一、批判理论第一期发展：从社会哲学到批判理论

关于"社会哲学"（social philosophy/Sozialphilosophie），大致有三条不同的理解路向：[②]

第一，本体论路向（典型形式是传统的马克思主义哲学）认为，旨在从最抽象层面解决思维与存在关系问题的辩证唯物主义是该哲学的核心，由此而派生的历史唯物主义则是其社会哲学。当代西方许多哲学流派，在一些根本问题上与马克思主义哲学存在着深刻分歧，但在将哲学当作关于

① 关于哈贝马斯思想发展，学界有不同分期法，这是由于研究角度不同而导致的。笔者将之分为前期和后期：从20世纪60年代初到80年代中期，称为前期哈贝马斯，致力于批判理论重建和现代性批判；20世纪80年代中期至今，称为后期哈贝马斯，开启了批判理论的"政治伦理转向"。（参见王凤才：《蔑视与反抗——霍耐特承认理论与法兰克福学派批判理论的"政治伦理转向"》，重庆出版社2008年版，第21页）

② 苏国勋：《当代西方著名哲学家评传》（第十卷：社会哲学），山东人民出版社1996年版，第1—4页。

实在的认识形式问题上，则是一致的。它们对于社会哲学的理解，基本上也属于本体论路向。

第二，认识论路向（典型代表是分析哲学和科学哲学）认为，社会哲学探讨各种不同的关于理想的社会制度或社会本质的观点；有时也提出一些关于美好生活或理想社会是由什么构成的设想；通常也关心关于各种政治意识形态的价值及其特征的评价，以此作为赞扬（有时仅仅是修辞学上的）某种社会措施或社会计划有价值的理由。这一路向理解的社会哲学类似于政治哲学、道德哲学。

第三，社会理论路向(典型代表是社会科学家而非专业哲学家）认为，应该用“社会理论”概念取代“社会哲学”概念，并强调社会理论不能归属于任何一门特殊学科；相反，它涵盖了所有的社会科学和人文科学。因而，社会哲学问题亦即社会科学和人文科学的一般理论问题，它是对社会现象进行的哲学反思。

在霍克海默看来，社会哲学的最终目标是，对并非仅仅作为个体的，而是作为社会共同体成员的人的命运进行哲学阐释。因此，它主要关心那些只有处于人类社会生活关系中才能理解的现象，即国家、法律、经济、宗教，简言之，社会哲学从根本上关心人类的全部物质文化和精神文化。① 就是说，社会哲学意味着要对人类文明进行反思、对社会现实进行批判、对人类命运进行关注。霍克海默关于社会哲学的这种广义理解，尽管并不为社会研究所成员完全认同，但即使在批判理论后来的发展过程中，也贯穿了其基本精神。

那么，什么是批判理论呢，这需要从“批判”一词谈起。根据杜登德语通用辞典（Duden Deutsches Universal Wörterbuch）的说法，“批判”一词源于古希腊的Κριτικη，是指“评判的艺术”（Kunst der Beurteilung），主要被用于政治实践和法律诉讼中；后来被扩展到生活习俗、社会制度、文学艺术、文献编纂等领域。在这里，我们首先讨论“批判”（critique/

① Max Horkheimer, *Gesammelte Schriften,* Bd3, Hg. von Alfred Schmidt, Frankfurt/M.: Fischer 1988,S.20.

Kritik）的四种模式。①

第一，文化批判模式（评判的艺术 / 批评的艺术）。在这里，批判既可以做肯定性理解——评判（包括表扬在内），譬如：文学评论、文学批评意义上的批判，就包括表扬在内；也可以做否定性理解——批评，主要是对某些事物、理论、立场、观点的不认可、否定。从词源学上说，批判与“危机”（crisis/Krise）紧密相关。因而，任何批判都是为了拯救。

第二，内在批判模式（纯粹理性批判 / 形而上学批判）。我们知道，康德开创了理性批判传统，甚至将批判视为理性的代名词。所谓纯粹理性批判，从肯定意义上理解，是指人们如何有效地认识对象并为这种认识提供某种先验基础；从否定意义上理解，它表明某些理性要求是虚妄的。因而，纯粹理性批判就是纯粹理性的自我认识。黑格尔坚持内在批判模式，将批判等同于否定，但他并未将批判贯彻到底，从而导致了非批判的结果。在《否定辩证法》中，阿多尔诺断定，黑格尔的“肯定辩证法”最终服务于形而上学的目的。

第三，社会现实批判模式（政治经济学批判 + 意识形态批判）。众所周知，马克思的批判源于黑格尔，即马克思对黑格尔整个哲学体系的批判，包含着对黑格尔辩证方法的某种程度的坚持，以至于在阿多尔诺视阈里，马克思辩证法与黑格尔辩证法并没有根本不同，都是将否定之否定视为肯定的“肯定辩证法”。不过，马克思将政治经济学批判与意识形态批判结合起来，构造了一种社会现实批判模式。这毕竟不同于黑格尔，仅仅局限在未能贯彻到底的形而上学内在批判模式。

第四，形而上学批判与社会现实批判相结合模式。法兰克福学派批判理论家，例如，阿多尔诺将对传统哲学同一性逻辑的批判、对社会现实的合理化原则的批判结合起来，将卢卡奇的物化批判与 M. 韦伯的合理化批判结合起来，既坚持形而上学的内在批判，又赋予批判以强烈的现实意

① 关于批判的四种模式，是作者近来思考的结果。不过，关于批判的理解，则受到了国内外学者的启发。譬如，德国《批判理论杂志》编辑出版人 G. 施威蓬豪伊塞尔（Gerhard Schweppenhäuser）关于批判与危机关系的考察，以及谢永康教授关于批判与拯救关系的分析。

义，构造了一种形而上学批判与社会现实批判相结合的模式。

当然，上述关于批判模式的划分，只是为了更好地理解批判的复杂性，以及批判究竟是什么，并不表明这种划分囊括了一切批判，没有任何例外；也不表明这种划分已经无懈可击，完全能够自洽。实际上，为了揭示什么是批判理论，除考察批判的复杂性外，还要考察什么是“理论”，这需要从“理论”（theory/Theorie）与“实践”（practice/Praxis）关系谈起。关于理论与实践的关系，我们归结为以下四种理解：

第一，理论与实践“异中有同”。在古希腊，实践一词，从广义上说，一般是指有生命物的行为方式。亚里士多德第一次将实践提升为一个哲学概念。在《尼各马可伦理学》中，他将人的行为分为三类，即“理论”（θεωϱὶα）、“生产”（παϱὰγουν）、“实践”（πϱακτικη）。在他看来，生产的目的在于它产生的结果，本身并不构成目的；与生产不同，实践的目的不在自身之外，而在自身之内，实践本身就是目的。在理论沉思中，人独自面对真理；与理论不同，实践活动总是在人与人之间展开。不过，在本身就是目的这一点上，理论与实践又是相同的。正是在这个意义上，亚里士多德将理论视为最高的实践。简言之，在古希腊，理论是对永恒东西的观察和凝视；而实践的最根本的规定性在于：(1) 它本身就是目的；(2) 它不是人维持生命的生物活动和生产活动，不是人与自然之间的活动，而是人与人之间的政治伦理行为。[①] 当然，也包括以可变东西为对象的行为。

第二，理论主义取向（用理论“吞噬”实践）。在《后形而上学思维：哲学文集》(1988) 中，哈贝马斯说形而上学的基本特征之一，就是强大的理论概念。阿多尔诺认为，尽管康德区分了理论理性与实践理性，但其理论理性是指纯粹理性，而其实践理性则将去实践化与去对象化结合在一起。“理性的存在者”不是根据质料而是根据形式包含着意志的决定根据，这就是康德的实践“形式主义”。这种理论主义倾向，与主体主义取向联系在一起。

① 关于古希腊实践概念的详细分析，参见张汝伦：《作为第一哲学的实践哲学及其实践概念》，《复旦大学学报》2005 年第 5 期。

第三，实践主义取向（使理论“屈从于”实践）。在这里，或片面强调实践第一性；或制造实践神话。就前者而言，尽管柯尔施将理论与实践的关系问题视为马克思主义哲学的核心问题，但在具体论述中有突出实践的嫌疑；至于葛兰西的实践一元论则更加明显，尽管他对实践有独特的理解；阿尔都塞强调理论也是一种实践，即理论实践，表面似乎是抬高理论，但实际上暗含着使理论屈从于实践的倾向。就后者而言，美国实用主义，以及教条主义的马克思主义对于实践的片面强调，几乎达到了神话的程度。阿多尔诺的这种说法，对于理解理论与实践的关系有启发意义，但却未必完全正确，需要具体地分析。

第四，理论与实践“有差异的统一”（理论与实践相互独立又不绝对分离，而是有差异的统一）。例如，阿多尔诺既反对实践第一性，强调理论批判的重要性；又将理论批判视为一种实践形式，目前甚至是唯一合理的形式——作为一种批判行为，它只能以理论的方式介入实践，否则就像大学生运动那样，变成一种“行动主义”（Aktionismus）、“实践主义”（Praktizismus）、“伪—行动”（pseudo-Aktivität）。①

考察理论与实践的关系，主要是为了揭示“批判理论”（critical theory/kritische Theorie）的内涵。所谓批判理论，从广义讲，是指人们对（包括理性在内的）文明历史、社会现实进行批判性反思而形成的思想观点、理论学说，既包括古希腊传统的评判的艺术 / 批评的艺术在内的文化批判模式；又包括康德传统的纯粹理性批判 / 形而上学批判的内在批判模式，更包括马克思传统的政治经济学批判 + 意识形态批判的社会现实批判模式。从狭义讲，特指法兰克福学派以“辩证哲学与政治经济学批判为基础的”社会哲学理论，即形而上学批判与社会现实批判相结合模式。这里的“批判理论”，指的是法兰克福学派批判理论。

概括地说，批判理论第一期发展主要体现在以下三个方面：

第一，确立了社会哲学研究方向，确定了批判理论基本纲领。C. 格

① 详见哈贝马斯：《后形而上学思维》以及谢永康：《形而上学的批判与拯救》关于理论与实践关系的分析。

律贝格[①]。领导的法兰克福大学社会研究所致力于社会主义史与工人运动史研究，对批判理论构建并没有什么实质性贡献；当然，他为社会研究所规定的超党派学术立场、跨学科研究方法，成为社会研究所的一笔宝贵精神财富，并为法兰克福学派批判理论的真正奠基人霍克海默以及所有批判理论家所继承。然而，早在《社会哲学的现状与社会研究所的任务》(1931)[②]就职演说中，霍克海默就力图改变C.格律贝格“重史轻论”的学术路向，并将社会哲学确立为社会研究所的研究方向。他认为，社会哲学既不是一种阐释具体社会生活意义的价值哲学，又不是各种实证社会科学成果的综合，而是关于个体与社会关系、文化的意义、共同体形成的基础、社会生活的整体结构的思想。“社会哲学的最终目标是，对并非仅仅是作为个体的，而是作为共同体成员的人的命运进行哲学阐释。因此，社会哲学主要关心那些只有处于人类社会生活关系中才能理解的现象，即国家、法律、经济、宗教，简言之，社会哲学从根本上关心人类的全部物质文化和精神文化。”[③]在《社会研究杂志》创刊号(1932)《前言》中，霍克海默又强调社会哲学研究要与具体科学研究、一般哲学研究、纯粹经验描述、当代形而上学主流精神、世界观和政治考虑区分开来，但要与社会学研究叠合在一起，通过对历史、现实和未来进行跨学科研究，揭示整个社会、个人心理与文化变化之间的关系，从而在总体上把握整个人类文明。

事实上，霍克海默不仅为社会研究所确立了社会哲学研究方向，而且还与马尔库塞一起确定了批判理论基本纲领。在《传统理论与批判理论》(霍克海默，1937)、《哲学与批判理论》(霍克海默、马尔库塞，1937)中，他们认为，“批判理论”(kritische Theorie)并非在唯心主义的纯粹理性批判意义上使用的，而是在政治经济学的辩证批判意义上使用的。这意味

① C.格律贝格(Carl Grünberg，1861—1940)，又译格律恩堡，奥地利马克思主义之父，维也纳大学政治学教授，法兰克福社会研究所第一任所长(1924—1929)

② [德]霍克海默：《社会哲学的现状与社会研究所的任务》，王凤才译，载《马克思主义与现实》2011年第5期。

③ Max Horkheimer, Gesammelte Schriften, Bd3, Hg. von Alfred Schmidt, Frankfurt/M.: Fischer 1988,S.20.

着，法兰克福学派批判理论不是康德意义上的纯粹理性批判理论，而是青年马克思意义上的政治经济学批判理论，因而又称为“批判的社会理论”、“批判的马克思主义”。

例如，在《传统理论与批判理论》中，霍克海默从各个方面阐述了批判理论与传统理论之间的对立：(1) 从理论基础看，传统理论是以笛卡尔的《方法谈》(即《正确运用自己的理性来追求真理的方法》，1637) 奠立的科学方法论为基础的，它只研究命题之间以及命题与事实之间的相互关系，从而把理论视为外在于社会历史的；而批判理论则是以马克思的政治经济学批判为基础的，它关注包括人在内的社会整体，并对之进行具体的、历史的分析。(2) 从理论性质看，传统理论是超然物外的知识论，是缺乏批判维度和超越维度的顺从主义；而批判理论则是批判社会的激进思想，是具有批判维度和超越维度的批判主义。(3) 从理论目标看，传统理论仅仅是在认同、顺从、肯定社会现实中追求知识的增长；而批判理论则在批判、反叛、否定社会现实中追求社会的公正合理，以求得人的解放和人的幸福。①

第二，系统阐发了否定辩证法，试图为早期批判理论奠定规范基础。 早期批判理论到底有没有规范基础？如果有，它是什么？如果没有，又意味着什么？这个问题历来是有争议的，不过有一点倒是很明确：尽管早期社会研究所核心成员②的观点有所不同，但却有一个共同点，那就是他们都赞同否定辩证法。从这个角度看，是否可以将否定辩证法视为早期批判理论的规范基础？为了回答这个问题，首先需要弄清“否定辩证法”是什么？

众所周知，传统辩证法（不论柏拉图、黑格尔，还是马克思）都认为矛盾双方存在着对立统一关系，认为否定是包含着肯定因素的辩证的

① Vgl. Max Horkheimer, Traditionelle und Kritische Theorie, Frankfurt/M.:Suhrkamp2005, S.205-259.

② 从与批判理论关系角度看，我将霍克海默、阿多尔诺、马尔库塞、洛文塔尔、波洛克等人视为早期社会研究所核心成员，而将 W. 本雅明、弗洛姆、诺伊曼、基希海默等人视为早期社会研究所外围人员。

否定，否定之否定就是肯定。但在阿多尔诺看来，矛盾就意味着非同一；否定辩证法是一以贯之的非同一性意识。因而，“否定辩证法”（Negative Dialektik）摒斥“否定之否定”这个传统辩证法图式，它应该摆脱同一性的还原主义传统，用非同一性原则代替同一性。“改变概念性的方向，使之转向非同一物，这是否定辩证法的关键”①。他认为，任何概念都不能与自身对象完全同一，因为概念本身已经包含了非概念的东西，即否定自身的非同一的东西。因而，否定辩证法必须努力“通过概念而摆脱概念”②，从根本上清除对概念的崇拜。这样，否定辩证法真正感兴趣的东西，就是黑格尔与传统相一致宣布他们不感兴趣的东西，即非概念的东西、个别的东西、特殊的东西。阿多尔诺从这种否定辩证法出发，对一切体系哲学、二元论哲学、本体论哲学在内的传统同一性哲学，尤其是对黑格尔的辩证法和海德格尔的“基础本体论”（Fundamentalontologie）进行了内在批判；并严厉批判了基础主义和形式主义、相对主义和绝对主义、主体主义和客观主义。当然，“对本体论的批判，并不想走向另一种本体论，即使非本体论的本体论”③。因而，否定辩证法既非方法又非实在，而是一种“反体系”④。

那么，这样一种否定辩证法能否成为早期批判理论的规范基础呢？笔者认为，否定辩证法作为法兰克福学派的共同思想，最早肇始于《哲学的现实性》（1931）一文⑤，经过《理性与革命》（马尔库塞，1941）、《启蒙辩证法》（霍克海默、阿多尔诺，1947），最终完成于《否定辩证法》（阿多尔诺，1966）。因而，否定辩证法是阿多尔诺对批判理论的最大贡献。

---

① Theodor Wiesengrund Adorno, *Negative Dialektik*, Frankfurt/M.:Suhrkamp1975,S.24.

② Theodor Wiesengrund Adorno, *Negative Dialektik*, Frankfurt/M.:Suhrkamp1975,S.27.

③ Theodor Wiesengrund Adorno, *Negative Dialektik*, Frankfurt/M.:Suhrkamp1975,S.140.

④ Theodor Wiesengrund Adorno, *Negative Dialektik*, Frankfurt/M.:Suhrkamp1975,S.10.

⑤ 该文是阿多尔诺于 1931 年在法兰克福大学的就职演说。在该文中，他不仅力图避免普遍性概念，还极力清除自我满足的精神总体性观念，并提出了否定性、辩证的否定等概念，强调哲学应该严格排斥所有传统意义上的本体论问题，认为哲学问题集中在具体的内在于历史的复杂性中。由此可以断定，该文应该被视为“否定辩证法”的萌芽。王凤才译文载《国外社会科学》2013 年第 1 期。

事实上，自从《理性之蚀》（霍克海默，1946；即德文版《工具理性批判》，1967）、《启蒙辩证法》以来，早期批判理论家就将“理性”局限于“工具理性”，并对工具理性进行了严厉批判，这就放弃了将理性作为批判理论的规范基础的可能。不过，《否定辩证法》使之极端化而已。就是说，否定辩证法以非同一性为理论基础，以反概念、反体系、反传统为基本特征，以“被规定的否定”（bestimmte Negation）为核心，最终陷入了“瓦解的逻辑”①。从这个意义上说，否定辩证法不仅不是、反而解构了早期批判理论的规范基础，并由此成为后现代主义的理论渊源之一。②这样说来，哈贝马斯、霍耐特、S. 本哈比（Seyla Benhabib）等人的看法就是有根据的。他们认为，早期批判理论的缺陷之一，就是规范基础缺乏理论论证，或者说根本缺乏规范基础。于是，批判理论的规范基础问题，就成为阿多尔诺之后批判理论家急于解决的问题，哈贝马斯是如此，维尔默也不例外。

第三，全方位批判现代工业文明，使批判理论系统化并加以运用。

（1）启蒙理性批判。《启蒙辩证法》的核心问题就是试图阐释：为什么在科学技术进步、工业文明发展似乎可以给人们带来幸福的时候，在理性之光普照世界大地的时候，“人们没有进入真正的人性完善状态，而是深深地陷入了野蛮状态”③？在这里，霍克海默、阿多尔诺以人与自然关系为主线，以神话与启蒙关系为核心，对启蒙理性进行了深刻的批判。他们不仅揭示了“神话已经是启蒙，启蒙倒退为神话”的过程；而且阐明了启蒙精神的实现过程，就是进步与倒退相交织、文明与野蛮相伴生的过程。因此霍克海默、阿多尔诺断定，启蒙精神最终走向了自我毁灭。

那么，启蒙理性批判究竟是一种什么性质的批判？哈贝马斯说，《启蒙辩证法》“没有充分注意到文化现代性的本质特征……根本没有告诉我

---

① Theodor Wiesengrund Adorno, *Negative Dialektik*, Frankfurt/M.:Suhrkamp1975,S.148.

② 参见王凤才：《阿多尔诺：后现代主义的思想先驱》，载《山东大学学报》（哲社版）2002 年第 5 期。

③ Max Horkheimer/Theodor Wiesengrund Adorno,*Dialektik der Aufkl*.rung，Frankfurt/M.:Fischer1988,S.1.

们如何才能摆脱目的理性的神话暴力”①。所以，启蒙理性批判是一种带有悲观主义色彩的文化批判。但霍耐特指出，在《启蒙辩证法》中，霍克海默、阿多尔诺从自然史而非社会史出发重构欧洲文明过程。②因而，启蒙理性批判并不是一种纯粹的文化批判，而是一种自然支配模型批判，一种开放的社会批判，其中贯穿着病理学诊断。维尔默认为，《启蒙辩证法》的不寻常之处，在于它试图把两个互不相容的传统，即启蒙理性批判传统与资本主义批判传统融合在一起。③

在笔者看来，所谓启蒙理性，就是一种以征服、支配自然为出发点，以科学知识万能、技术理性至上为特征，以人类中心主义为核心，以历史进步为目标的文明乐观主义。简言之，启蒙理性的核心价值就是技术理性主义、个体中心主义、文明进步主义。因而，对启蒙理性批判需要从三个方面加以分析：其一，这个批判直接针对启蒙理性，但实际指向工业文明，甚至整个人类文明史。不过，需要纠正一个流传甚广的误读，即法兰克福学派否定科学技术、否定理性，甚至否定文明本身。事实上，他们只是想矫正科学技术滥用、工具理性膨胀带来的工业文明弊端。当然，在这个过程中，确实存在着情绪化和片面化倾向。其二，需要纠正一个较为普遍的看法，即法兰克福学派只是致力于文化和意识形态批判，不太注重经济分析。事实上，尽管早期批判理论确实是以文化和意识形态批判为核心，但并没有忽视、反而比较重视经济学分析。按照霍耐特的理解，在早期批判理论的历史哲学框架中，经济学解释模型、社会心理学解释模型、文化理论解释模型是相互补充的。④其三，这个批判核心在于对技术理性主义、人类中心主义、文明进步主义的批判。尽管它是带有浓厚浪漫主义色彩的悲观主义文化批判，但这种批判性反思是发人深省的，实际上是对

---

① ［德］哈贝马斯：《现代性的哲学话语》，曹卫东译，译林出版社2004年版，第131页。

② Axel Honneth,*Kritik der Macht.Reflexionsstufen einer kritischen Gesellschaftstheorie*, Frankfurt/M.:Suhrkamp1989,S.49.

③ Albrecht Wellmer, *Zur Dialektik von Moderne und Postmoderne* .Vernunftkritik nach Adorno，Frankfurt/M.:Suhrkamp1985, S.10.

④ Axel Honneth,*Die zerrissene Welt des Sozialen.Sozialphilosophische Aufs.tze*，Frankfurt/M.:Suhrkamp1999,S.32-36.

工具理性霸权、价值理性被贬抑的强烈抗议。这种批判立场，上承卢梭等人的浪漫主义、尼采等人的非理性主义、卢卡奇等人的早期西方马克思主义，下续福柯等人的后现代主义。因而可以说，无论在西方马克思主义发展史上，还是在现当代西方哲学史上，它都占有十分重要的地位。

（2）文化工业批判。早期批判理论家对大众文化/文化工业的态度有所不同，但否定性批判倾向占据支配地位，这在阿多尔诺那里表现得尤为突出。在《启蒙辩证法》第二部分，即《文化工业：作为大众欺骗的启蒙》中，阿多尔诺指出，一切文化工业都是相似的，无论从微观角度还是宏观角度看，文化工业都表现出齐一性，从而使个性成为虚假的；文化工业产品作为一种特殊商品，只注重经济效益，并导致人格异化；文化工业通过广告诱导消费者，并通过娱乐活动或不断地向消费者许诺公开欺骗消费者。总之，"整个世界都经过了文化工业的过滤"①。

到《再论文化工业》(1963)② 中，尽管阿多尔诺有限度地承认文化工业的作用，但仍然像在《文化工业：作为大众欺骗的启蒙》中一样，强调必须用"文化工业"（Kulturindustrie）代替"大众文化"（Massenkultur）概念，因为文化工业并不是从大众自身中自发成长起来的、服务于大众的通俗文化，也不是大众艺术的当代形态，而是为大众消费量身定制的、并在很大程度上规定着消费本身的文化工业产品；是技术化、标准化、商品化的娱乐工业体系；具有重复性、齐一性、欺骗性、辩护性、强制性特征；本质上是为了经济利益（即利润）人为制造出来的。因而，它试图通过人为刺激的虚假消费满足给人们带来虚假幸福，最终成了一种消除人的反叛意识、维护现存社会秩序的意识形态，从而阻碍了个性形成发展和人的解放。由此可见，阿多尔诺对文化工业的态度总体上是否定的。尽管这种批判有过激和片面之嫌，但文化工业批判理论无疑是阿多尔诺对批判理论的又一重要贡献。不仅是对西方文化危机振聋发聩的反思，而且对当代文化研究也产生了重要影响。

---

① Max Horkheimer/Theodor Wiesengrund Adorno,*Dialektik der Aufkl.rung*,Frankfurt/M.:Fischer1988,S.134.

② ［德］阿多尔诺：《再论文化工业》，王凤才译，载《云南大学学报》2012 年第 4 期。

（3）压抑性文明批判。像霍克海默、阿多尔诺一样，马尔库塞也对工业文明进行了激烈的批判。他在《爱欲与文明》（1955）、《单向度的人》（1964）等著作中指出，文明产生于“基本压抑”（basic repression），即为了维持文明延续而不得不对性本能进行的必要压抑；工业文明产生于“额外压抑”（surplusrepression），即为了使文明永续而对性本能进行的附加压抑。这样，工业文明就是一种压抑性文明，而发达工业文明则是压抑性文明的顶峰。因为随着科学技术进步，文明不断发展；但文明发展必然伴随着沉重的代价。就是说，文明发展并没有给人们带来自由和幸福，而是带来了全面压抑和精神痛苦。可悲的是，人们在物质享受的虚假满足中，丧失了痛苦意识而充满了幸福意识，心甘情愿地成为发达工业文明的奴隶。然而，尽管“发达工业文明的奴隶是升华了的奴隶，但他们仍然是奴隶”①。

与霍克海默、阿多尔诺的悲观态度不同，马尔库塞试图在改造弗洛伊德压抑性文明论基础上重建非压抑性文明。为了重建非压抑性文明，必须重建新文明观念，确立新文明目标。为此目的：一是要超越现实原则，重建现实原则与快乐原则的关系，协调感性力量与理性力量的关系；二是要将工作转变为游戏，消除一切异化劳动和异化现象；三是要将性欲转变为爱欲，重建爱欲与文明的关系，通过性文化革命改变现存社会秩序，重建人与自然的和谐、人与人的和谐，实现非压抑性升华。当然，重建非压抑性文明并不意味着回归原始自然状态，而是寄希望于文明的进一步发展。可见，马尔库塞对待未来文明的态度是相对乐观的，但最终没有摆脱悲观主义结局：“批判的社会理论并不拥有能够消除当代与未来之间鸿沟的概念；它不承诺任何东西，不显示任何效果，它保留的只是否定。因而，它想忠诚于那些自身生活毫无希望，正在和将要献身于大拒绝的人们。”②

---

① Herbert Marcuse,*Der eindimensionale Mensch*, München:Deutscher Taschenbuch Verlag GmbH & Co. KG,1998,S.53.

② Herbert Marcuse,*Der eindimensionale Mensch*, München:Deutscher Taschenbuch Verlag GmbH & Co. KG,1998,S.268.

尽管马尔库塞对发达工业文明的批判有过激之嫌，但他不仅揭示了发达工业社会的某些新特点，而且提出了某些令人深思的问题与合理的见解。正如李小兵所说，作为反潮流的思想家，马尔库塞的思想是偏激的，其思想中的空想成分俯拾皆是；但他捍卫知识价值、艺术价值、精神价值、人的价值。“马尔库塞的思想，表现出他作为当代思想家的独创个性：不是社会现实的建设者和辩护者，也不是人类原初精神家园的追忆者和眷恋者（像他的先师海德格尔那样）。毋宁说，马尔库塞是一位面向未来的预言家。”① 我们认为，从根本上说，马尔库塞的非压抑性文明论是一种爱欲解放论。尽管马尔库塞极力反对将它理解为性解放论，但它对性解放确实起到了推波助澜的作用；而且它试图通过性文化革命反叛现存社会秩序也具有空想性。不过，马尔库塞的非压抑性文明论，以西方发达工业社会压抑性文明批判为核心，以重建非压抑性文明、实现人的爱欲解放为目标，尤其是重建感性与理性关系、爱欲与文明关系、人与自然关系、人与人关系的构想，对于克服工业文明弊端，实现科学精神与人文精神融合具有重要的启发意义。

二、批判理论第二期发展：从批判理论到新批判理论

概括地说，批判理论第二期发展主要体现在以下四个方面：

第一，对早期批判理论进行批判性反思。对早期批判理论进行批判性反思，这是阿多尔诺之后的批判理论家首先要做的事情，哈贝马斯可谓开风气之先。在20世纪80年代初的一次学术访谈中，当霍耐特等人问到“早期批判理论的不足之处在哪里？”时，哈贝马斯回答说，早期批判理论的缺陷体主要现在：一是局限于工具理性批判，而没有对复杂的社会现实进行经验分析，由此陷入了抽象的文化哲学批判之中，从而使批判理论缺乏规范基础。二是未能扬弃黑格尔的理性概念，不能真正把握理性的含义。三是未能认真对待资产阶级民主，不能客观地评价“后期资本主义”

① 参见［美］马尔库塞：《审美之维》，李小兵译，广西师范大学2001年版，《译序》第20页。

(Spätkapitalismus)[①] 社会福利政策所取得的成就。总之，早期批判理论仍然以马克思的历史哲学为根据，始终未跳出主体哲学窠臼。然而，运用主体哲学范式反思现代文明问题已经进入了死胡同。所以，需要转变哲学范式：从侧重主体与客体关系、崇尚主体性的“主体哲学”，转向侧重语言与世界关系、崇尚主体间性的“语言哲学”，从传统批判理论转向交往行为理论。

第二，创立交往行为理论，重建批判理论的规范基础。早期批判理论家试图修正马克思的某些预测，但并没有打算彻底告别马克思。当然，流亡经历肯定影响了他们的历史唯物主义立场。就像德国政治哲学家 H. 杜比尔（Helmut Dubiel）所说，20 世纪 30 年代，他们还从历史哲学角度对理性抱有部分信任；但到了《启蒙辩证法》中，这种信任就消失殆尽：他们反对将理性作为意识形态批判的有效基础，认为意识形态批判应该让位于总体性批判。哈贝马斯认为，《启蒙辩证法》更多地应归功于尼采，因为在《美学理论》（阿多尔诺，1970）之前，尼采第一个使审美现代性概念化，并将意识形态批判转向了谱系学批判。因而可以说，“尼采的知识批判与道德批判也预设了霍克海默、阿多尔诺用工具理性批判形式所阐述的思想”[②]。在启蒙传统中，启蒙理性总是被理解为神话的对立面，但霍克海默、阿多尔诺强调启蒙与神话的共谋关系，并告诫人们不要对启蒙的拯救力量抱有任何希望。这样，“他们就从早先对实证主义科学观的批判，转变为对被工具理性同化的整个科学的不满；并从元伦理道德阐释的批判，转向对道德怀疑主义的赞同”[③]。当然，哈贝马斯的这种解读，并不完全符合实际情况。

在哈贝马斯看来，从 M. 韦伯、卢卡奇一直到早期批判理论，现代性

① 在西方学界，“Spätkapitalismus”概念为阿多尔诺、曼德尔、哈贝马斯、詹姆逊等人使用，国内学界一般译成“晚期资本主义”。笔者以为，结合现代资本主义的实际情况，以及他们使用这个概念的语境，译成“后期资本主义”或许更恰当一些。

② ［德］哈贝马斯：《现代性的哲学话语》，曹卫东译，译林出版社 2004 年版，第 141 页。

③ ［德］哈贝马斯：《现代性的哲学话语》，曹卫东译，译林出版社 2004 年版，第 128—129 页。

概念的立足点就是“被总体管理的社会”（totale verwaltete Sozial）与“被伤害的个体主体”（verletzte individuelle Subjekt）之间的对立；但霍克海默、阿多尔诺把M.韦伯的“铁的牢笼”主题重新解释为黑格尔主义的马克思主义的历史哲学语言，并将现代性批判还原为工具理性批判。因而，他们只是对工具理性进行了内在批判，但没有说明这种内在批判的根据何在，从而没有为批判理论奠定坚实的规范基础。为了重建批判理论的规范基础，从20世纪60年代哈贝马斯就开始酝酿交往行为理论，至80年代初得以完成，从而实现了批判理论的“语言哲学转向”。在哈贝马斯那里，所谓“交往行为”（kommunikatives Handeln），就是指至少两个具有语言能力和行为能力的主体通过语言或其他媒介所达到的相互理解和协调一致行为，实质上是主体之间以语言或其他符号为媒介通过没有任何强制的诚实对话而达到共识、和谐的行为。交往行为的有效性要求，即“真实性”（Wahrheit）、“正当性”（Richtigkeit）、“真诚性”（Wahrhaftigkeit），是交往合理性得以重建的前提条件。交往行为理论作为哈贝马斯论的核心，主要是探讨交往合理性问题。因而，在一定意义上说，交往行为理论就是交往合理性理论。哈贝马斯相信，交往合理性理论可以摆脱主体哲学前提，能够对黑格尔的“伦理”（Sittlichkeit）进行重建；并可以从中归纳出一种新古典主义的现代性概念，即交往合理性概念，以便作为批判理论的规范基础。

第三，现代性话语的批判与重建。与某些后现代理论家试图“告别现代性”不同，哈贝马斯把现代性视为一项未完成的规划，认为现代性还要继续发展，但是必须用政治意志和政治意识加以引导，因而需要对现代性话语进行批判与重建。

在《现代性的哲学话语》（1985）中，哈贝马斯将笛卡尔确立的主体性原则视为现代性的基本原则，同时断定这个原则使现代世界进步与异化并存。所以，关于现代性的最初探讨中就包含着对现代性批判。在这个意义上可以说，席勒的《审美教育书简》（1795）是现代性审美批判的第一部纲领性文献。因为在那里，席勒批判了异化劳动、官僚政治，以及远离日常生活问题的知性科学，强调艺术是通过教化使人达到真正政治自由的中介。18世纪末，黑格尔首先提出了现代性的自我批判与自我确证问题，创立了启蒙辩证法原则。而一旦有了这个原则，现代性自我确证问题就能做到万变不离其宗。所以说，尽管黑格尔不是第一位现代哲学家，但“却是第一个意识到现代性问题，并清楚阐释现代性概念的哲学家”①。在黑格尔之后，现代性话语出现了三个视角，即黑格尔左派、黑格尔右派和尼采。

然而，无论黑格尔还是嫡传左派或右派，都未曾想对现代性成就提出过严肃质疑。只有尼采试图打破西方理性主义框架，认定人们对现代性已经无可奈何，因而放弃了对主体理性的再修正，并放弃了启蒙辩证法原则。换言之，尼采依靠超越理性视阈的激进的理性批判，最终建立起权力理论的现代性概念。哈贝马斯指出，随着尼采进入现代性话语，整个讨论局面发生了天翻地覆的变化。从此以后，现代性话语不再坚持解放内涵，并在两个方向上被发扬光大：一是从海德格尔到德里达；二是从巴塔耶到福柯。“如果说尼采打开了后现代的大门；那么海德格尔与巴塔耶则在尼采基础上开辟了两条通往后现代的路径。”②

在“尼采讲座”（1939—1946）中，海德格尔继承了黑格尔以来构成现代性话语的主题动机，但却独创性地将现代主体统治落实到形而上学历史中，贯穿于现代时间意识中。如果说尼采曾经希望通过瓦格纳歌剧回到古希腊悲剧中“未来的过去”；那么海德格尔也希望从尼采权力意志形而上学回到前苏格拉底。然而，海德格尔在拒绝主体哲学本体论化的过程中，仍然拘泥于主体哲学的提问方式，因而，除了抽象否定之外，海德格尔也没有给出打破主体哲学牢笼的途径，最终还在否定意义上坚持了主体哲学的基础主义。譬如，《存在与时间》（1927）就流露出空洞抉择的决定论倾向。哈贝马斯认为，在《存在与时间》中，尽管海德格尔通过对“此在”（Dasein）的生存论分析为走出主体哲学框架做出了许多努力，但没有从交往行为理论角度回答“此在为谁”的问题；尽管他已经意识到自己

① ［德］哈贝马斯：《现代性的哲学话语》，曹卫东译，译林出版社2004年版，第51页。

② ［德］哈贝马斯：《现代性的哲学话语》，曹卫东译，译林出版社2004年版，第121页。

走出主体哲学的努力失败了，但没有意识到这是追寻存在意义问题的必然结果。在后期海德格尔那里，出现了从基础本体论到“思”（Denken）的转向。这体现在三个方面：一是放弃了形而上学提出的自我确证要求；二是拒绝了存在本体论的自由概念；三是否定了还原到第一原则的基础主义思想。哈贝马斯说，这本来可以作为走出主体哲学死胡同的出路，但是海德格尔断然拒绝这种做法。当然，后期海德格尔用“事件”（Ereignis）取代“此在”，“超越了尼采的形而上学分析，而且事实上也脱离了现代性话语”①。

德里达沿着海德格尔的路径，试图与胡塞尔的“在场形而上学”划清界限。在《声音与现象》（1967）中，德里达反对胡塞尔的意义理论，并揭露现象学的形而上学特征。他说，胡塞尔放任自己被西方形而上学基本观念所蒙蔽，即理想的自我认同的意义只能由活生生的在场加以保证。在《文字学》（1967）中，德里达把“文字学”称为形而上学批判的科学导言，因为它深入到了模仿声音的文字的根源之中。哈贝马斯指出，尽管可以将德里达的解构主义与阿多尔诺的否定辩证法视为对同一问题的不同回答，但阿多尔诺的否定辩证法与海德格尔的形而上学批判一样不能令人满意；而德里达试图颠覆逻辑学优于修辞学的传统，让修辞学成为逻辑学的基础，并解构哲学与文学、文学与文学批评的差异，这固然受到了罗蒂的追捧，但却是一种错误的诉求。哈贝马斯说，尽管德里达摆脱了后期海德格尔的隐喻学，并超越了海德格尔试图颠覆的基础主义，从而他的语音中心论批判可以被视为超越本源哲学过程的关键一环，但是德里达最终未能摆脱海德格尔的束缚，因而也未能走出主体哲学窠臼。

哈贝马斯指出，巴塔耶与海德格尔一样都致力于打破现代性牢笼，并试图打开西方理性的封闭空间，但与后者有着不同的人生取向和政治选择，这主要是基于两种不同的体验：超现实主义审美体验和左翼激进主义政治体验。“他们之所以有如此巨大的差异，原因在于巴塔耶在攻击理性时并没有触及认知合理性的基础，即科学技术客观化的本体论前提，而是

---

① ［德］哈贝马斯：《现代性的哲学话语》，曹卫东译，译林出版社2004年版，第186页。

关注伦理合理性的基础。虽然巴塔耶给现代性的哲学话语指出的方向与海德格尔的方向相似，但他选择了另外一种完全不同的途径来告别现代性。”① 就是说，巴塔耶继承了萨德（De Sade）的黑色写作风格，并试图继承尼采作为意识形态批判家留下的遗产，从而表现出与尼采的亲缘性，主要表现在对审美自由概念，以及超人自我的捍卫。因而，哈贝马斯断言，尽管巴塔耶与青年卢卡奇、早期批判理论有相似之处，但他所思考的问题根本不是物化理论，而是关于排挤的历史哲学，关于不断剥夺神圣的治外法权的历史哲学，最终是用人类学来扬弃经济学的消极的形而上学世界观。

诚然，作为“纯粹历史学家”、哲学家的福柯与作为人类学家、社会学家的巴塔耶根本不属于同一传统中成长起来的人，但巴塔耶反对启蒙的性话语非自然化，并试图恢复性放纵、宗教放纵的色情意义，这深深地吸引了福柯。所以说，尼采的理性批判主题是经过巴塔耶而非经过海德格尔传给了福柯。福柯在《词与物》（1966）中指出，现代性的特征在于主体具有自相矛盾的、人类中心的知识型。在尼采的影响下，福柯从 20 世纪 60 年代末开始就力图将历史学与人文科学对立起来。哈贝马斯说：“海德格尔和德里达想沿着解构形而上学的思路把尼采的理性批判纲领推向前进，福柯则想通过解构历史学实现这一目的。海德格尔和德里达用超越哲学的思想来超越哲学，福柯则用以反科学形式出现的历史学来超越人文科学。”② 但是，福柯一直没有弄清楚话语与实践的关系。直到 70 年代初，他才力图将知识考古学与权力谱系学区分开来，在方法论上告别解释学，并试图抛弃现代性的在场时间意识，从而把普遍历史推向了终结。这样，福柯就遇到了三个难题：一是没有认识到人文科学考古学与海德格尔的形而上学批判之间的亲缘性；二是福柯与结构主义之间的亲缘性是成问题的；三是仅用知识考古学手段研究人文科学的发生，最终陷入了尴尬境地。总之，福柯无法用从主体哲学中获得的权力概念，消除他所批判的主

① ［德］哈贝马斯：《现代性的哲学话语》，曹卫东译，译林出版社 2004 年版，第 248 页。

② ［德］哈贝马斯：《现代性的哲学话语》，曹卫东译，译林出版社 2004 年版，第 300 页。

体哲学的种种困境。

综上所述，从黑格尔到马克思，经过尼采到海德格尔和德里达，或巴塔耶和福柯，对现代性的批判最终都没有摆脱主体哲学窠臼，没有走出主体理性批判模式。但主体理性以及自我意识结构只是理性的一个侧面，而非全部理性。

第四，揭露现代文明危机根源，寻找通往未来文明之路。在这里，哈贝马斯主要做了三方面工作：(1) 划分后期资本主义危机类型：一是经济危机，即以利润率下降为特征的经济系统的持续性危机；二是合理性危机，即由合理性欠缺所导致的政治系统的产出危机，它是一种被转嫁的系统危机；三是合法化危机，即由合法性欠缺所导致的政治系统的投入危机，它是一种直接认同危机；四是动因危机，即由合作动机欠缺所导致的文化系统的产出危机。① (2) 揭露现代文明危机根源。他指出，自19世纪最后25年以来，后期资本主义社会出现了两个巨大变化：一是国家强化了对经济生活的干预，二是科学技术成了第一生产力并变成了意识形态。这两个变化使得交往合理性与工具理性的关系发生紊乱，从而导致了“生活世界殖民化”(Kolonialisierung der Lebenswelt)，即作为现代文明系统的市场经济系统和官僚政治系统，借助于货币媒介和权力媒介侵蚀了原本属于非市场和非商品化的私人领域和公共领域，从而导致生活世界意义和价值丧失；同时，由于现代技术进步服务于生产力发展，放逐了早期市民社会的自由、平等、正义这些价值观念，从而使文化世界荒芜，最终导致了文明危机。(3) 寻找摆脱文明危机的途径、通往未来文明之路。他认为，既然后期资本主义文明危机根源于生活世界殖民化，那么摆脱文明危机的途径，就在于生活世界殖民化的克服。为此目的，必须重新协调系统与生活世界的关系，平衡工具理性与交往合理性的关系，重建交往合理性。所谓“交往合理性”(kommunikative Rationalität) 就是交往主体以语言或其他符号为媒介、通过没有任何强制性的诚实对话、达到相互理

① Vgl. Jürgen Habermas, *Legitimationsprobleme im Spätkapitalismus*, Frankfurt/M.:Suhrkamp1973, S.73-128.

解、获得共识为目的的理性。因此，交往合理性本质上是对话性的。只有重建交往合理性，才能实现社会合理化。所谓"社会合理化"（soziale Rationalisierung），就是借助于普通语用学改变社会舆论结构，创造理想言谈情境，使所有对某一情境不满的人，自由地进入讨论该问题的话语结构中，经过协商达成普遍共识；在此基础上，实现个人与社会的协调一致。

由此可见，像早期批判理论家一样，哈贝马斯也对现代工业文明进行了批判，不仅区分了文明危机类型，而且揭露了文明危机根源，但在摆脱文明危机的途径、通往未来文明之路问题上，哈贝马斯与早期批判理论家是不同的：霍克海默、阿多尔诺对工业文明只是激进地批判，没有找到摆脱文明危机的途径，也没有指出通往未来文明之路——要么在早期资本主义文明的认同中自我安慰（霍克海默），要么在现代资本主义文明的否定中自我折磨（阿多尔诺），马尔库塞则在非压抑文明性文明的憧憬中自我陶醉；而哈贝马斯对现代工业文明则表现出辩护倾向，并试图在现代工业文明校正中重建后期资本主义文明。他主张用理解、宽容、和解的态度处理不同信仰、不同价值观、不同生活方式、不同文化传统、人际关系和国际关系，因为只有话语民主才是社会交往、文化交流的行为准则，是建立理想、公正、稳定社会秩序的前提条件，是社会文明合理性的基础，是社会合理化的根本标志，是未来文明发展方向。

三、批判理论第三期发展：从新批判理论到后批判理论

批判理论第三期发展，实现了批判理论的"政治伦理转向"。

所谓"转向"，一是指研究思路、基本观点转变，例如，康德的"哥白尼式革命"，近代哲学的"主体主义转向"；二是指研究领域、研究侧重点转变，例如，这里所说的"政治伦理转向"。它意味着，在这之前，政治伦理向度在批判理论中至多处于边缘地位；在这之后，政治伦理向度在批判理论中处于核心地位。从这个角度看，早期批判理论中确实存在着政治伦理向度，但它只处于边缘地位而非核心地位。这有两层意思：一是该向度为社会研究所外围人员所拥有；二是该向度在社会研究所核心成员那

里只处于边缘地位。

尽管在20世纪60—70年代，哈贝马斯就讨论了政治哲学、道德哲学问题。例如，在《公共领域的结构转型》（1962）中，不仅讨论了公共领域的历史形成与构想，而且分析了公共领域的社会结构及其转型，并试图在新的理论框架下考察政治公共领域及其功能转型等问题①；在《理论与实践》中，分析了古典政治学说与现代社会哲学的关系、自然法与政治革命的关系以及黑格尔的政治哲学等问题；到《后期资本主义的合法性问题》（1973）中，讨论了道德发展与自我认同等问题，尤其考察了后期资本主义合法化危机问题。然而，所有这些在前期哈贝马斯视阈中都处于边缘地位。创立交往行为理论、试图为批判理论奠定规范基础，才是前期哈贝马斯工作重心之所在。应该说，批判理论的“政治伦理转向”始于后期哈贝马斯；维尔默、奥菲进一步推进了这个转向；霍耐特则最终完成了这个转向。

第一，后期哈贝马斯的话语伦理学与协商政治理论，开启了批判理论的“政治伦理转向”。交往行为理论，即交往合理性理论是话语伦理学的理论基础，话语伦理学是交往行为理论在伦理学领域的拓展。因而，理解交往行为就成为理解话语伦理学的前提。在哈贝马斯那里，交往行为的三个有效性要求，即断言的真实性、规范的正当性、表达的真诚性，是重建交往合理性的前提。交往合理性与工具理性本质上是不同的，它不仅注重交往行为的有效性要求，而且遵守道德规范要求。这样，交往合理性就不仅是交往行为理论的核心概念之一，而且是话语伦理学的核心概念之一。

如果说，交往合理性理论是话语伦理学基础；那么，U原则与D原则就是话语伦理学基本原则。在《后期资本主义的合法性问题》中，当讨论“实践问题的真诚性”时，哈贝马斯就指出，“规范有效性要求的基础，不是缔约双方的非理性意志行为，而是由合理性动机诱发的对规范的承认。所以，规范的认知要素并不局限于规范行为期待的命题内涵；毋宁说，规范有效性要求本身在假定意义上是认知的，这种规范有效性要求是通过话

① Jürgen Habermas, *Strukturwandel der Öffentlichkeit*,Frankfurt/M.:Suhrkamp1990,S.11-50.

语来兑现的，即存在于参与者通过论证获得的共识中”。[①] 就是说，由于所有参与者原则上都有机会参与实际协商，因而这种话语意志形成的理性就在于：被提高为规范的行为期待，在没有欺骗情况下使被确定下来的共同利益具有正当性。到《道德意识与交往行为》(1983)、《话语伦理学解说》(1991) 中，哈贝马斯又详细阐发了 U 原则和 D 原则。U 原则，即“普遍化原则”(Universalisierungsprinzip)，是指“每个有效规范都必须满足这些条件，即对该规范的普遍遵守所产生的预期效果与附带效果，对每个具体的人的利益满足来说，能够为所有参与者非强制地接受”[②]。D 原则，即“话语伦理原则”(Diskursethischer Grundsatz)，是指“每个有效规范都将会得到所有参与者的赞同，只要他们能参与实践话语。”[③]

自从 1903 年 G.E. 摩尔提出“元伦理学”(meta-ethics) 与“规范伦理学”(normative ethics) 的划分，就宣告了元伦理学时代的到来。从此以后，元伦理学就成为与规范伦理学相对立的当代西方最重要的伦理学说。在当代西方元伦理学中，尽管 R.M. 黑尔 (Richard Mervyn Hare) 力图将普遍主义与规定主义结合起来，创立一种普遍的规定主义伦理学，使事实、逻辑、价值统一起来，从而使元伦理学从非认知主义、反规范主义转向认知主义、价值规范科学，但从总体上看，当代西方元伦理学，如 G.E. 摩尔 (George Edward Moore) 的价值论直觉主义、S.W.D. 罗斯 (Sir William David Ross) 的义务论直觉主义、C.L. 斯蒂文逊 (Charles Leslie Stevenson) 的情感主义、S.E. 图尔敏 (Stephen Edelston Toulmin) 的规定主义，或多或少都与道德怀疑主义有牵连——或者本身就是道德怀疑主义，或者最终滑向了道德怀疑主义。在这种背景下，哈贝马斯的话语伦理学强调实践话语普遍化、话语伦理普遍性、道德规范有效性，可以被视为

① Jürgen Habermas, *Legitimationsprobleme im Spätkapitalismus*,Frankfurt/M.:Suhrkamp1973, S.144.

② Jürgen Habermas,*Moralbewußtsein und Kommunikatives Handeln*, Frankfurt/M.:Suhrkamp1983,S.131.

③ Jürgen Habermas,*Moralbewußtsein und Kommunikatives Handeln*, Frankfurt/M.:Suhrkamp1983,S.132.

继罗尔斯的《正义论》(1971)之后，道德普遍主义的又一次高扬。尽管有些西方学者，如A.阿雷托(Andrew Arato)将哈贝马斯的话语伦理学归结为政治伦理学未必完全正确，但是话语伦理学成为后期哈贝马斯的政治哲学，即协商政治理论的一个基准点，则是确定无疑的。

协商政治理论作为话语理论的拓展和运用，主要体现在《事实与价值》、《包容他者》、《后民族结构》等著作中。

《事实与价值：关于法权的和民主法治国家的话语理论》(1992)，作为后期哈贝马斯最重要的法哲学著作，对批判理论的“政治伦理转向”贡献在于：

(1)将交往行为理论当作法权话语理论的基础，揭示触及交往行为理论基础的事实与价值之间的张力，并试图澄清常常被人忽视的“交往行为理论的多元主义特质”①。在这里，哈贝马斯不仅讨论了作为事实与价值之社会媒介范畴的法权，而且讨论了社会学的法权构想与哲学的正义构想。他指出，法权话语理论就是要重构现代道德实践的自我理解，以便保护自己的规范内核既能够抵制科学主义的还原，又能够抵制审美主义的同化。

(2)用话语伦理学阐发法权话语理论的内容，揭示法权本身蕴含着的事实与价值之间的张力，并重新阐释道德规范与法律规范的关系。在这里，哈贝马斯在法权话语理论框架中，不仅讨论了法权体系和法治国家原则，而且讨论了法权的不确定性与判决的合理性以及宪法判决的作用与合法性问题，尤其是重新阐释了道德规范与法律规范的复杂关系。哈贝马斯指出，道德规范与法律规范都是用来调节人际关系冲突的，它们都应平等地保护所有参与者及其自主性，但两者的调节对象和外延是不同的：前者保护个体的人格完整，后者保护法权共同体成员的人格完整。但在后形而上学论证基础上，道德规范与法律规范应该协调一致。

(3)在澄清“协商政治”(deliberative Politik)内涵的基础上，从社会学视角检视对复杂的社会权力循环过程进行法治国家调节的条件，并从

---

① Jürgen Habermas,*Faktizität und Geltung*. Beiträg zur Diskurstheorie des Rechts unddes demokratischen Rechtsstaats,Frankfurt/M.:Suhrkamp1992,S.9.

合法性视角讨论话语民主理论，最终提出程序主义的法权模型。[①]在这里，哈贝马斯讨论了经验民主模型、规范民主模型，以及程序民主概念，并讨论了公民社会与政治公共领域的作用。他指出，在复杂的社会中，要在素不相识的人们之间建立具有道德法则性质的相互尊重关系，法律仍然是唯一的媒介。

当然，对于社会秩序建构这个“霍布斯难题”，无法用个别行为者合理抉择的偶然聚合做出满意解释。在语言学转向之后，康德的道德义务论获得了话语理论理解。由此，契约模型就为话语模型所取代：法权共同体是通过协商达成的共识构成的而非通过社会契约构成的。这样，哈贝马斯就将话语伦理学的普遍化原则发展成为话语民主理论的协商原则。所谓“协商原则”（deliberativer Grundsatz），是指“只有那些所有可能的相关者（作为合理协商参与者）都可能同意的行为规范才是有效的”[②]。在此基础上，哈贝马斯提出了超越自由主义与共和主义的程序主义法权模型。在这个模型中，富有生机的公民社会与健全的政治公共领域必须能够承担相当部分的规范期待。

作为后期哈贝马斯的政治哲学、道德哲学文集，《包容他者：政治理论研究》（1997）的核心问题是，在今天，共和主义的普遍内涵究竟带来了什么后果？在这里，哈贝马斯试图从多元主义社会、跨民族国家、世界公民社会三个视角加以论述。[③]该文集对批判理论的“政治伦理转向”贡献在于：

（1）进一步阐发“对差异十分敏感的道德普遍主义”，它要求“每个人相互之间都平等尊重，这种尊重就是对他者的包容，而且是对他者的他性的包容，在包容过程中既不同化他者，也不利用他者”[④]。因而“包容他

---

① Vgl. Jürgen Habermas,*Faktizität und Geltung*..Beiträg zur Diskurstheorie des Rechts unddes demokratischen Rechtsstaats,Frankfurt/M.:Suhrkamp1992,S.10.

② Vgl. Jürgen Habermas,*Faktizität und Geltung*..Beiträg zur Diskurstheorie des Rechts unddes demokratischen Rechtsstaats,Frankfurt/M.:Suhrkamp1992,S.459.

③ Vgl. Jürgen Habermas, *Die Einbeziehung des Anderen*, Frankfurt /M.:Suhrkamp1997, “Vorwort”.

④ ［德］哈贝马斯：《包容他者》，曹卫东译，上海人民出版社 2002 年版，第 43 页。

者”意味着，道德共同体对所有人开放，包括那些陌生人或想保持陌生的人；要求平等尊重每个人，包括他者的人格或特殊性；要求所有人都团结起来，共同为他者承担义务。

（2）与罗尔斯的政治自由主义相比，话语理论更适合把握道德直觉观念。哈贝马斯高度评价罗尔斯的《正义论》，认为它是当代实践哲学里程碑式的著作，因为它恢复了长期以来备受压抑的道德问题作为哲学研究对象的地位。但是，哈贝马斯怀疑罗尔斯是否始终如一地以最有说服力的方式运用自己的直觉观念。因而，在肯定罗尔斯的正义论的基础上，哈贝马斯批评罗尔斯的政治自由主义，并力图将它与自己的康德式的共和主义区分开来。哈贝马斯认为，与罗尔斯的政治自由主义相比，他自己的话语理论更适合把握他们共同关注的道德直觉观念。

（3）进一步拓展了公民身份与民族认同观念，并探讨在全球范围内以及一国范围内的人权承认问题。哈贝马斯指出，在整个世界已经成为“风险共同体”（Risikogemeinschaft）的背景下，公民身份与民族认同问题越来越迫切；国际人权承认问题日益凸显；主流政治文化压制少数民族文化的倾向遭到了抵制。因而，承认政治应当能够保障不同亚文化、不同生活方式在一个法治国家内平等共处，即使没有共同体的权利与生存保障，承认政治也应该能够贯彻下来。

（4）在论述三种民主规范模式的基础上，再次论述法治国家与民主的内在关联，进一步完善协商政治理论。在哈贝马斯看来，自由主义与共和主义的主要分歧在于：对民主进程作用的理解不同，从而导致了对公民地位、法律观念、政治意志形成过程的不同理解。他认为，实际上，自由主义与共和主义各有优缺点，而自己的协商政治理论吸收了两者的优点，将民主程序与规范内涵融合起来。就是说，这种程序主义的民主理论在协商、自我理解话语与正义话语之间建立起了内在关联。这样，协商政治理论作为民主与法治国家的基本观念，就有助于揭示人民主权与人权同源同宗这一事实。

《后民族结构：政治文集》（1998）作为后期哈贝马斯的政治哲学文集，围绕着“在超越民族界限的情况下，社会福利国家的民主如何能够持续和发展?”这个核心问题，表达了他对当前德国政治与国际政治等问题的看法。[①] 因而，该文集对批判理论的“政治伦理转向”贡献在于：第一，从不同视角讨论了民族结构，分析了从文化民族概念到民族国家概念的转变，认为“德国的政治统一可以被描述为长期以来形成的文化民族统一体的过时的完成……在民族国家中，语言共同体必须与法权共同体一致。因为，每个民族似乎从一开始就有政治独立权利”[②]。第二，探讨了民主合法性与社会正义的关系。他指出，“没有社会正义就没有民主合法性”，这是保守主义的基本原则之一。但是，哈贝马斯既不认同保守主义，又对超越新自由主义和社会民主主义的“第三条道路”不抱任何希望，至少对“超越左和右”的乌托邦设计持怀疑态度。因为在他看来，革命派与保守派之间存在着角色互换的可能。第三，在欧盟实现联邦制的基础上，在未来可以建立一种既能够保持差异性，又能够实现社会均衡的新世界秩序。“对每个社会的和文化的暴力驯化来说，欧洲既要保护自己不受后殖民主义侵蚀，又不退回到欧洲中心主义之中。”[③]就是说，即使对关于人权的文化间性话语，也能够保持这种充分“解中心化的”（dezentrierte）视角。

第二，维尔默的政治伦理学与奥菲的福利国家危机理论，进一步推进了批判理论的“政治伦理转向”。毫无疑问，维尔默（Albrecht Wellmer）与第一代批判理论家，尤其是与第二代批判理论家有着直接的学术传承关系。尽管一般将维尔默划归为第三代批判理论家，但实际上，他是介于法兰克福学派第二代与第三代之间的过渡性人物，是批判理论第二期发展与第三期发展之间的中介人物，在批判理论发展史上具有承前启后的作用。可以说，维尔默的政治伦理学介于批判理论与后批判理论、现代主义与后现代主义、自由主义与社群主义、普遍主义与特殊主义之间，它对批判理论的“政治伦理转向”作出了重要贡献。

（1）批判理论的规范基础重建：政治伦理学的理论背景。正如前面所

---

① Vgl. Jürgen Habermas, *Die Postnationale Konstellation*,Frankfurt/M.:Suhrkamp1998, “Vorwort”.

② Jürgen Habermas, *Die Postnationale Konstellation*, Frankfurt/M.:Suhrkamp1998,S.23.

③ Jürgen Habermas, *Die Postnationale Konstellation*, Frankfurt/M.:Suhrkamp1998,S.9.

说，哈贝马斯、S. 本哈比、霍耐特等人认为，早期批判理论的缺陷之一，就是缺乏对规范基础的理论论证，或者说根本缺乏规范基础。那么，早期批判理论到底有没有规范基础？这历来是有争议的问题。实际上，从霍克海默等人的启蒙辩证法，到阿多尔诺的否定辩证法，再到哈贝马斯的交往合理性理论，都是构建批判理论的规范基础的尝试。为了阐发政治伦理学，维尔默首先必须解决“规范基础”这个前提性问题。笔者认为，在批判理论的规范基础重建问题上，维尔默与哈贝马斯有四个共同点：一是都认为早期批判理论只是致力于纯粹批判——或者是悲观主义文化批判，或者是启蒙理性批判与资本主义批判的结合，从而缺乏规范基础。二是都认为早期批判理论仍然处在主体哲学框架中，沉溺于工具理性批判，从而不能正确对待现代性。三是都认为现代性哲学话语需要引入新的思维范式，用语言交往哲学代替主体哲学。四是都强调维特根斯坦语言哲学在重建现代性哲学话语中的作用。如果说有什么不同的话，那就是哈贝马斯试图用交往合理性重建批判理论的规范基础，而维尔默则试图用“多元的、公共的合理性”重建批判理论的规范基础。但从总体上看，维尔默并没有跳出哈贝马斯的思维框架。

（2）后形而上学现代性理论：政治伦理学的理论视阈。在现代性与后现代性关系问题上，哈贝马斯作为“最后一个现代主义者”，坚决捍卫现代性，强烈批评后现代主义。他认为，现代性是一项未完成的规划：现代性还要继续发展；但他并非一味赞同现代性，而是认为现代性的发展，需要用政治意志与政治意识加以引导。与哈贝马斯不同，维尔默试图在现代性与后现代性之间寻找某种平衡。一方面，在后形而上学现代性语境中，维尔默划分了主体理性批判形式，论述了“理性的他者”；并断定现代性的政治道德基础已经被毁坏了，“以至于决胜局变成了玩火的游戏”①。这表明，他对现代性的不信任，以及对后现代性的同情。另一方面，他又反对理性批判夸大了的怀疑主义，并指出后现代性的局限性；并以詹克斯②

① Albrecht Wellmer, *Revolution und Interpretation*.,Van Gorcum1998, S.10.

② 詹克斯（Charles Alexander Jencks，1939—），美国后现代建筑理论家，后现代主义奠基人之一。

的建筑美学为例，阐发了现代性与后现代性辩证法。维尔默指出，“后现代性，正确地理解，或许是一个规划；而后现代主义，就它确实不仅仅是一个纯粹的模型、倒退的表达或新的意识形态而言，最好被理解为寻找记录变革痕迹并使这个规划的轮廓更加凸显出来的尝试。”① 简言之，后现代主义不过是后形而上学现代主义，是主体理性批判的最高形式，“后现代可以理解为对启蒙理性的极端批判，同时它也是对现代性批判的自我超越”②。然而，捍卫形而上学终结概念，并不意味着告别理性与现代性，而是理性批判与现代性批判的自我肯定。

笔者认为，就后形而上学现代性理论而言，维尔默与哈贝马斯也有两个共同点：一是都对现代性哲学话语进行批判性反思；二是都看到了后现代主义的两面性。在维尔默那里，现代主体理性批判被划分为三种模式：一是以弗洛伊德为代表的总体化理性的心理学批判；二是以尼采、霍克海默、阿多尔诺、福柯为代表的工具理性的哲学—心理学—社会学批判；三是以后期维特根斯坦为代表的自明理性及其意义—构成主体的语言哲学批判。维尔默说，前两种批判形式尽管功不可没，但总体上没有摆脱主体哲学框架；只有第三种批判形式才真正突破了主体哲学限制，为重建后形而上学理性观和后形而上学主体概念提供了出路。在这个问题上，维尔默与霍耐特有所不同：后者将现代主体性批判分为心理学批判与语言哲学批判两条路径。尽管有这样或那样的差异，但这足以说明，第三代批判理论家都受到了哈贝马斯的较大影响，就是试图用当代语言哲学的成就避免第一代批判理论家工具理性批判的片面性，重建现代性的哲学话语。当然，与哈贝马斯基本否定后现代性、试图拯救现代性不同，维尔默与霍耐特试图协调现代性与后现代性的关系。因而可以说，维尔默是介于现代性与后现代性之间的批判理论家。

（3）共同体主义政治哲学：政治伦理学的理论基础。这主要体现在两

① Albrecht Wellmer, *Zur Dialektik von Moderne und Postmoderne*, Frankfurt/M.:Suhrkamp1985, S.109.

② ［德］维尔默：《论现代和后现代的辩证法》，钦文译，商务印书馆2003年版，《中文版前言》第1页。

方面：

其一，在讨论现代自由的两种模式，即（消极的）个体自由与（积极的）共同体自由基础上，阐发了自由平等与合理性原则、自由民主与政治合法性问题，并分析了自由主义与社群主义之争，以及自由与民主之间的相互交织。

众所周知，在现代政治哲学中，自由主义（或个体主义）与社群主义（或共同体主义）对自由的理解构成了现代自由的两种模式，即（消极的）个体自由与（积极的）共同体自由。维尔默说，如果现代世界自由包括（消极的）个体自由与（积极的）共同体自由之间的二元论，那么普遍自由概念就内含着个体主义与共同体主义之间的张力。与自由主义者不同，维尔默不是强调个体自由，而是强调共同体自由；与社群主义者也有所不同，维尔默并不完全否定个体自由，而是主张对个体自由进行共同体主义阐释。正是在这个意义上，维尔默自称为“共同体主义者”，或“自由的社群主义者”——与桑德尔的“社群的自由主义”不同。

在维尔默看来，尽管自由主义与社群主义存在着根本差异，即对待欧美自由民主社会的态度不同，但在很大程度上，它们是共同的价值取向内部的不一致，即它们强调同一传统内部的不同方面：自由主义强调自由的基本权利及其非欺骗性；社群主义更喜欢与美国早期“公民共和主义”，即与共同体的民主自治传统联系在一起。这样，它们之间的不一致就可以这样来描述：自由主义的兴趣在于自由的基本权利。对自由主义来说，个体的自由权利构成自由民主传统的规范内核；而社群主义则试图证明，只有在共同体的生活方式中，自由的基本权利才能获得合法意义。因而，自由主义与社群主义之争仍然是自由民主社会内部之争，其根本差异仅仅在于善与正义的优先性问题。事实上，自由与民主无论如何都能够联结成自由民主的政治共同体。

其二，在阐发人权普遍主义与公民权特殊主义基础上，讨论了人权与政治自由的关系以及公民权、人民主权与民主合法性问题。

维尔默指出，在人权与公民权之间，不仅存在着内在关联，而且存在着特有的张力关系。因而，人权不能化约为公民权，但人权可以作为公民权。这样，人权与公民权之间的张力关系，就作为公民权阐释与对这些阐释进行道德批判之间的张力关系出现。换言之，自由民主主义者借助于普遍主义道德理解，将作为公民权的人权承认为道德的或以道德为基础的法律诉求。这样，在法律体系中发生的人权侵犯，同时就被描述为对公民权的侵犯，如果有关法律体系容许这样的侵犯的话。正是在这种语境中，维尔默乐观地肯定，在非西方社会也有可能实现人权，尽管很难给出正义与非正义的标准。不过，一方面，若将对文化认同破坏、宗教认同破坏以及对传统的破坏描述为伤害，也许是没有问题的；另一方面，如果完全没有这样的伤害，那就不可能在世界范围内形成广泛的自由民主共识。

在维尔默视阈里，公民权与民主话语的双重关系不可避免地存在着"解释学循环"，即人权承认不仅是政治自由、民主话语的前提，而且是政治自由、民主话语的结果。因而，通过公民权与民主话语的解释学循环，可以回到民主法律体系的内在关联中。这种内在关联，对民主法权共同体来说是结构性的。这样，在一定程度上，民主话语只能进行双重解码。就是说，民主合法性原则的两个层面能够相互阐发：一方面，民主合法性原则作为正义原则，要求所有参与者都有可能实际参与民主话语；另一方面，民主合法性原则作为平等的参与权和交往权，包括参与民主话语要求。

(4) 普遍主义伦理学重构：政治伦理学的理论前奏。这包括两个部分：

其一，在重构康德的形式主义伦理学基础上，论述从形式主义伦理学向话语伦理学过渡的必要性。维尔默指出，对康德的伦理学重构来说，大致有三种可能的选择：第一种方案承认，不同的"理性的存在者"能够期待以完全不同的行为方式成为普遍的（道德普遍主义）；第二种方案试图论证"最低限度伦理学"（阿多尔诺）；第三种方案是对康德的道德原则进行话语伦理学拓展（哈贝马斯、阿佩尔）。他认为，只有第三种方案才能被看作是为康德的实践理性恢复名誉的尝试，它既无条件地捍卫道德规范的可辩护性，又无条件地捍卫道德"应当"的合理内涵。因而，像哈贝马斯、阿佩尔一样，维尔默也看到了从形式主义伦理学向话语伦理学过渡与从主体哲学向语言哲学过渡的内在关联；但是，这个关联使得康德的伦理学需要用对话式理解的普遍主义加以重新规定。

为此目的，维尔默区分了“对话的伦理学”（dialogische Ethik）与“对话伦理学”（Ethik des Dialog）：在前者那里，对话原则代替道德原则；在后者那里，对话原则处于道德原则的核心位置。按照维尔默的理解，康德对内在性的思考，尽管不是关于“对话的伦理学”的思考，但也许是关于“对话伦理学”的拓展。“就康德的伦理学所要求的情境阐释与对话阐释关系而言，对自我的需要视角与价值视角进行交往理解是可能的。因为拒绝对话的标准，在矛盾的要求、需要或情境阐释相互抵触情况下，在康德意义上是非普遍的。但在这个意义上引出的‘对话原则’（Dialogprinzip），主要并不涉及准则普遍性问题，而主要涉及情境阐释与自我理解恰当性问题；尤其是在涉及他人的需要视角与价值视角的正确理解时起作用。”① 维尔默认为，就话语伦理学在“准康德主义”框架中发挥的作用而言，哈贝马斯、阿佩尔的“话语伦理学一方面还是康德的，另一方面还不够康德的”——这就是维尔默对话语伦理学与康德的伦理学关系的基本界定。由此可见，维尔默的基本立场倾向于康德的伦理学而批评话语伦理学。

其二，在批评话语伦理学的两个前提，即真理共识论和最终论证要求的基础上，对话语伦理学的基本原则，尤其是U原则进行了重构。维尔默将U原则不是视为合法性原则而是视为道德原则，并认为U原则是对绝对命令的话语伦理学重述。他认为，如果将U原则理解为合法性原则，就会产生下述困难，即U原则没有解决这个问题：我“能够非强制地承认”普遍遵守一个规范，对每个具体的人来说意味着什么？因而也没有解决这个问题，即在这个意义上，所有人能够承认一个规范意味着什么？为了解决这个问题，维尔默对U原则进行了重新解读：（U1）一个规范，如果为所有利益相同的参与者普遍遵守，那这个规范就是有效的；（U2）一个规范，如果能够为所有利益相同的参与者非强制地承认，那这个规范就存在于所有参与者的共同利益中；（U3）在S h情境中被做的（事情），（在道德上）是被正确地（禁止的），如果相应的行为方式被理解为普遍的，并考虑到每个具体的、利益相同的参与者能够非强制地承认其预期后果的

① Albrecht Wellmer, *Ethik und Dialog*, Frankfurt/M.:Suhrkamp1986, S.48.

话；(U4) 在 S h 情境中被做的(事情)，(在道德上) 是被正确地(禁止的)，如果所有利益相同的参与者能够 (非强制地) 期待，相应的行为方式 (考虑到它对每个具体的、利益相同的参与者来说的预期后果) 成为普遍的。由此可见，在这个问题上，维尔默的阐释与哈贝马斯的阐释是相似的：通过有效性标准，道德规范有效性的意义被理解为以语言为中介的主体间性的普遍结构。因而，U 原则作为对绝对命令的话语伦理学重述，现在似乎可以被说成是，如果一个行为被理解成普遍的，对所有参与者来说是可承认的，那么它就是正确的。

(5) 民主伦理学构想：政治伦理学的理论核心。这主要体现在三个方面：

其一，在讨论政治哲学与道德哲学关系时，维尔默做出了三个区分：首先，“是”与“应当”的区分。他指出，尽管“是”与“应当”的区分以规则与规范存在为前提，但对规则与规范的承认内含着“是”与“应当”的区分。这个区分是伦理学的前提，“欧洲道德哲学，就是从个体伦理学和政治哲学两个维度对这两个问题的加工处理”①。黑格尔哲学则是为重新统一这两个相互分离领域所进行的最后的伟大尝试。然而，即使不是在马克思那里，但也许是在马克思主义传统中仍然重复着“将是还原为应当、将应当还原为是”的错误。其次，法律规范与道德规范的区分表明，法律规范与道德规范对立将成为有效的或失效的；法律规范与道德规范对立是结构性的；法律规范通常与外部认可的法律威胁联系在一起。不过，维尔默对法律规范与道德规范的区分，并没有注意到传统社会的具体伦理。在向后传统道德过渡中，道德的去习俗化意味着法律的习俗化，即在某种程度上，法律规范被自由支配，即使屈从于道德规范限制。再次，在谈到道德原则与民主合法性原则区分时，维尔默指出，道德成为凌驾于法律之上的审判机关；道德论证逻辑是通过普遍主义道德原则确定的；若道德话语不同维度能够获得共识，那么道德冲突一般都可以得到解决；道德规范论证问题具有应用问题的特征。

① Albrecht Wellmer, *Endspiele. Die unversöhnliche Moderne*, Frankfurt/M.:Suhrkamp1999, S.96.

其二，在谈到法哲学与伦理学关系时，维尔默说："为了阐明道德原则与法律原则如何相关联，我想直接引用它们之间的一致与差异。"①他指出，在将它们表述为规范的普遍化原则时，法权学说与伦理学说是一致的。其结构性一致就在于，它们固有的共识原则或对话原则最终都被压抑了。在这个意义上，康德的形式法概念就直接反映了绝对命令范畴的形式主义特征。他说，在最坏的意义上，法权学说与伦理学说之所以是"形式主义的"，是因为康德使实践理性概念中固有的"程序形式主义"，在关键点上停留在逻辑语义学的形式主义。"通过对康德、黑格尔、马克思关于自然法的接受与批判的概述表明，关于自然法的合理内核问题，他们当中没有一个人能够找到令人满意的答案。"②

其三，民主伦理是如何可能的？这是政治伦理学的核心问题。维尔默指出，后期黑格尔曾经试图为现代社会构建普遍的"民主伦理"(demokratische Sittlichkeit)，并将它作为伦理的立足点；但他并没有说明，民主伦理形式如何对待传统的、前现代社会的伦理实质？就是说，黑格尔（包括马克思在内）并没有真正解决作为私人自主与公共自主之中介的民主伦理问题；相反，托克维尔试图解决如何构建民主伦理的问题。维尔默认为，民主伦理是如何可能的？这是政治伦理学的核心问题。"民主伦理概念并不规定美好生活的某些内容，而是规定相互修正的善的概念之平等的、交往的、多样的共生形式。"③然而，民主伦理概念的悖谬性似乎在于，它不是被"实体性地"，而是被"形式性地"，(即"程序性地")规定的。因而，根本不存在民主话语的伦理实体，因为民主话语条件规定着民主伦理内核。这样，在公民共和主义意义上，民主伦理与公民德性再次聚合为实体的整体是不可能的。

---

① Albrecht Wellmer, Endspiele. *Die unversöhnliche Moderne*, Frankfurt/M.:Suhrkamp1999, S.107.

② Albrecht Wellmer, Endspiele. *Die unversöhnliche Moderne*, Frankfurt/M.:Suhrkamp1999, S.152.

③ Albrecht Wellmer, Endspiele. *Die unversöhnliche Moderne*, Frankfurt/M.:Suhrkamp1999, S.69.

在维尔默看来，民主伦理构想的目标是建立世界公民社会。所谓“世界公民社会”（Weltzivilgesellschaft）标志着人权与公民权之间差异的扬弃，标志着现代世界和平的文化多元主义条件，标志着从人权的幻想概念向纯粹道德的或纯粹经济学的状态过渡，但是并不意味着民主政治终结，而是作为新的情况下现代民主需要进一步发展的生存条件。由此可见，维尔默的民主伦理概念试图将托克维尔与黑格尔融合在一起、将个体主义与共同体主义整合在一起。

(6) 艺术崇高与审美救赎：政治伦理学的理论向往。这体现在四个方面：

其一，在继承与超越康德美学、阿多尔诺美学的基础上，围绕着“真实、表象、和解之间内在关联”这个核心问题，阐发了自然美与艺术美、艺术真实与审美体验、艺术与崇高之间的关系，提出美是“和解”的乌托邦、美是神圣功能与世俗功能的统一、只有审美综合（真实Ⅰ）才是对现实（真实Ⅱ）的艺术认知、审美体验是某种精神可能性，并论述了审美表象辩证法，主张将崇高嫁接到艺术中，因而认为崇高是艺术的基本结构，断言艺术崇高是对“和解”的彻底否定、崇高意味着审美的强化等。

其二，从现代艺术的二律背反出发，对现代—后现代艺术进行了批判性反思。维尔默认为，现代艺术的二律背反结构，一开始就存在于图像与符号、非概念综合与概念综合的分离中，即使在发达的工具理性条件下，它也与现代艺术一起成为自我意识。因而，尽管功能主义曾经起过一定的历史作用，但缺陷在于，它是一种与技术理性至上精神一致的、形式化的、简化了的机械主义，它没有对功能与目的关系进行恰当反思；只有从这个反思出发，人们才能有效地进行生产和建造，而且只有这样，粗俗的功能主义才能持续地服务于现代化进程。

其三，在更广阔视野中对现代—后现代美学进行了批判性反思。维尔默指出，尽管利奥塔的崇高美学与阿多尔诺的否定美学之间存在着某些不一致，但在他们那里，理性批判与语言批判的深层逻辑的共同性，表现为同一性思维批判与表现符号批判之间的结构同质性。此外，阿多尔诺关于

“真实、表象、和解之间内在关联”的描述，即否定美学概念又出现在①的突发性美学、② 的接受美学中。在维尔默看来，技术可以被区分为两类：一是以人的需要、人的自主性、交往合理性为取向的技术；二是着眼于资本利用的行政管理技术或政治操纵技术。因而，与 20 世纪初不同，在这里出现了生产美学对实用美学的让位。实用美学关系到体现在日常生活世界中可理解的目的关系的审美质量。

其四，大众艺术批判与审美乌托邦向往。维尔默既肯定阿多尔诺对文化工业批判的合法性，也指出他忽视了大众艺术隐藏着民主潜能与审美想象力；既肯定 W. 本雅明关于机械复制艺术暗示着现代大众艺术潜能的分析，也指出他对大众艺术评价不同于阿多尔诺的根本动机在于审美政治化。总之，维尔默对审美乌托邦怀着深深的向往，但对通俗艺术也并非完全否定，而是适度地肯定。

作为法兰克福学派第三代主要代表人物之一，奥菲（Claus Offe）的政治社会学思想，尤其是福利国家危机理论也对推进批判理论的“政治伦理转向”作出了重要贡献。奥菲的福利国家危机理论，既受到了美国社会学家、经济学家 J.R. 奥康纳尔（J.R.O.Conner）的国家财政危机论的影响，更受到了哈贝马斯的合法化危机论的影响；反过来，奥菲关于国家批判的系统分析，又影响了哈贝马斯的“系统—生活世界”理论。奥菲强调，福利国家必须在维持、促进资本积累的同时，保障民主合法性 S。只有这样才能保证整个资本主义系统，即经济系统、政治系统、社会文化系统的正常运转。然而，这样，福利国家的矛盾就使得经济危机倾向可能在财政危机中达到顶峰，或者说，资本主义的根本危机在于国家中。在他看来，福利国家的矛盾就在于：“后期资本主义系统既不能够与福利国家共存，又不能够没有福利国家。”③ 就是说，尽管福利国家对资本主义积累的影响很可能是破坏性的，但废除福利国家所带来的影响将是毁灭性的。

① K.H. 伯勒尔 K.H. 伯勒尔（Karl Heinz Bohrer，1935—），德国文学评论家，美学家。

② H.R. 姚斯 H.R. 姚斯（Hans Robert Jauss，1921—1997），德国美学家，接受美学理论创始人。

③ Claus Offe, *Contradictions of the Welfare State*, Cambridge: MA: The MIT Press, 1984. P.153.

第三，霍耐特的承认理论、多元正义构想，以及民主伦理学，标志着批判理论的“政治伦理转向”最终完成。作为法兰克福学派第三代核心人物、批判理论第三期发展关键人物，霍耐特（Axel Honneth）最终完成了批判理论的“政治伦理转向”，主要体现在四个方面：

（1）对传统批判理论进行批判性反思，阐明批判理论的“承认理论转向”[①] 必要性。为了避免早期批判理论社会规范的缺失，又防止F.v.弗里德堡经验情结的误区，霍耐特从梳理社会哲学的两条路径（即历史哲学路径与人类学路径）出发，对从霍克海默到哈贝马斯的传统批判理论进行了批判性反思：其一，早期批判理论试图把哲学的时代诊断与经验的社会分析融合在一起，但从一开始就陷入了困境：从霍克海默批判理论的社会性缺失，到《启蒙辩证法》的支配自然批判的历史哲学模型的局限性，直至后期阿多尔诺批判理论对社会性的最终排斥。其二，尽管自20世纪70年代以来，批判理论的两个最有影响的分支（即福柯的权力理论与哈贝马斯的交往行为理论）可以被视为早期批判理论历史哲学模型所导致困境的两种不同的解决方式，但他们试图通过告别劳动范式来解决早期批判理论困境并不成功，即使交往行为理论也没有为批判理论奠定规范基础。其三，批判理论规范基础只能到人类学中去寻找。为此，必须走规范研究与经验研究相结合之路。即必须走出交往范式的狭义理解，从语言理论转向承认理论。“交往范式不能理解为语言理论……而只能理解为承认理论。”[②]

（2）从社会冲突两种模式（即“为自我保护而斗争”与“为承认而斗争”）出发，霍耐特借助于G.H.米德（George Herbert Mead）的社会心理学对青年黑格尔的承认学说进行重构，从而使黑格尔的承认观念实现了自然主义转化，以此阐明批判理论的“承认理论转向”可能性；并以承认与蔑视关系、蔑视与反抗关系为核心，建构了承认理论基本框架。在霍耐特视阈中：三种主体间性承认形式，即情感关怀或爱（Liebe）、法

① Nancy Fraser/Axel Honneth,*Umverteilung oder Anerkennung? Eine politisch-philosophische Kontroverse*, Frankfurt/M.:Suhrkamp2003,S.148.

② Axel Honneth,*Kritik der Macht.Reflexionsstufen einer kritischen Gesellschaftstheorie*, Frankfurt/M.:Suhrkamp1989,S.230.

律承认或法权（Recht）、社会尊重或团结（Solidarität），分别对应自信（Selbstvertrauen）、自尊（Selbstachtung）、自豪（Selbstschätzung）三种实践自我关系；个体认同遭遇的三种蔑视形式，即强暴（Vergewaltigung）、剥夺权利（Entrechtung）、侮辱（Entwürdigung），摧毁了个体基本自信、伤害了个体道德自尊、剥夺了个体自豪感；蔑视体验（Erfahrung der Missachtung）是社会反抗的道德动机，因而必须在社会冲突中重建道德规范，并将人际关系道德重建视为承认理论目标。

（3）阐明承认与再分配、承认与正义、承认与道德的关系，提出一元道德为基础的多元正义构想，并试图建构以正义与关怀为核心的“政治伦理学”。其一，在进一步拓展承认理论的过程中，霍耐特首先将黑格尔法哲学重构为规范正义理论；通过分析再分配与承认关系，断定分配冲突是承认斗争的特殊形式，并考虑到文化承认作为第四种承认形式的可能性；针对弗雷泽的指责，霍耐特强调自己的承认理论并非“文化主义一元论”，而是“道德一元论”①。其二，在此基础上，试图建构一元道德为基础的多元正义构想。霍耐特多元正义构想的三个核心命题在于：从多元的社会正义构想出发是正确的；社会承认关系质量应该成为社会正义构想立足点；社会理论命题，而非道德心理学被描述为获得社会正义规定性的关键。其三，在与当代实践哲学对话的语境中，明确提出了“政治伦理学”（politische Ethik）概念，并围绕着承认与正义关系、承认与道德关系，阐发了自由、民主、人权、共同体、正义、关怀等问题，而且试图建构以正义（平等对待）与关怀（道德关怀）为核心的“政治伦理学”。笔者认为，强调“后现代伦理学与话语伦理学基本一致”，是霍耐特的政治伦理学立足点；论证“平等对待与道德关怀存在相互包容关系”，是霍耐特的政治伦理学核心；断定“承认道德介于康德传统与亚里士多德传统之间”，是霍耐特的政治伦理学定位；断言“形式伦理是人格完整的主体间性条件”，是霍耐特的政治伦理学目标。

---

① Nancy Fraser/ Axel Honneth,*Umverteilung oder Anerkennung?* Eine politisch-philosophische Kontroverse,Frankfurt/M.:Suhrkamp2003,S.

（4）建构以自由与正义为主线的民主伦理学。近年来，霍耐特又出版了一系列著作：不仅对批判理论做了进一步的批判性反思，如《阿多尔诺：否定辩证法》（合著，2006）、《批判理论关键词》（合著，2006）、《理性的病理学：批判理论的历史与现状》（2007）、《批判的创新：与霍耐特谈话》（合著，2009）；而且进一步发展了承认理论及其多元正义构想，如《正义与交往自由：对黑格尔结论的思考》（合著，2007）、《厌恶、傲慢、仇恨：敌对情绪现象学》（合著，2007）、《从个人到个人：人际关系的道德性》（2008）、《我们中的自我：承认理论研究》（2010）；并试图构建民主伦理学，如《自由的权利：民主伦理大纲》（2011）。

《我们中的自我：承认理论研究》包括霍耐特近年来已经发表和未发表的14篇论文或讲演稿，主要有四部分内容：其一，进一步拓展和重构黑格尔的承认学说，强调《精神现象学》（1805—1807）、《法哲学原理》（1820）对承认理论的重要性，这与在《为承认而斗争：社会冲突的道德语法》（1992）中强调黑格尔的《伦理体系》（1802—1803）、《思辨哲学体系》（1803—1804）、《耶拿实在哲学》（1805—1806）等“前精神现象学”著作明显不同；其二，进一步阐发劳动与承认、承认与正义的关系，强调道德与权力的内在关联；其三，重新规定社会化与个体化、社会再生产与个体认同形成之间的关系，强调社会哲学规范问题的解决必须包容经验追求；其四，从心理分析视角进一步拓展承认理论，既涉及心理分析的承认理论修正，又分析了“我们中的自我：作为群体驱动力的承认”等问题。总之，该书是霍耐特对承认理论的进一步思考，不仅修正、深化了早年的某些观点，而且开辟了新的研究领域，并试图为正义理论提供一个新的文本。

在《自由的权利：民主伦理大纲》中，霍耐特试图以黑格尔的《法哲学原理》为范本，在社会分析形式中阐发社会正义原则，并致力于阐发民主伦理学。

从基本结构看，该书包括三个部分：其一，“自由的权利”历史回顾。在这里，霍耐特主要阐发“消极自由及其契约结构”、“反思自由及其正义构想”、“社会自由及其伦理学说”。其二，“自由的可能性”，从此在“基础”、“局限性”、“病理学”三个层面阐发“法律自由”与“道德自由”。

其三，“自由的现实性”，讨论“个人关系中的‘我们’”（友谊、私密关系、家庭）；“市场经济行为中的‘我们’”（市场与道德、消费领域、劳动市场）；“民主意志形成中的‘我们’”（民主公共领域、民主法权国家、政治文化展望）。①

霍耐特认为，在西方政治哲学中，占支配地位的康德、洛克自由主义传统的正义理论，属于“制度遗忘的正义理论”（institutionenvergessene Gerechtigkeitstheorie），尽管它具有道德理性但却缺乏社会现实性。新黑格尔主义试图按照黑格尔意图来建构正义理论，以及社群主义者M.沃尔泽、A.麦金泰尔等人试图超越纯粹的规范正义理论、并重新接近社会分析的努力，离与黑格尔的《法哲学原理》的意图尚有很大距离：黑格尔的思路是将道德理性与社会现实结合起来。诚然，在今天简单复活黑格尔意图和思路是不可能的。尽管如此，再次运用黑格尔的《法哲学原理》的意图，重构一种从当代社会结构前提出发的正义理论，即作为社会分析的正义理论，还是有意义的。②

应该说，《自由的权利》在霍耐特思想发展过程中占有非常重要的地位，其学术地位足以和《为承认而斗争》相媲美。如果说，《为承认而斗争》标志着霍耐特的承认理论框架基本形成；《正义的他者：实践哲学文集》（2000）、《再分配或承认？哲学—政治论争》（2003）等标志着霍耐特的承认理论进一步完善与多元正义构想和政治伦理学初步建构；那么，《自由的权利》则意味着霍耐特的民主伦理学基本形成。到此为止，霍耐特的思想体系已臻完善，足以和哈贝马斯相比肩——在哈贝马斯那里，有交往行为理论、话语伦理学、协商政治理论；在霍耐特这里，则有承认理论、多元正义构想、民主伦理学。正是借助于此，霍耐特最终完成了批判理论的“政治伦理转向”，对批判理论第三期发展作出了决定性贡献；标志着批判理论最新发展阶段，即从批判理论转向后批判理论；体现着批判理论最新

① Axel Honneth, *Das Recht der Freiheit. Grundriβ einer demokratischen Sittlichkeit*, Frankfurt/M.:Suhrkamp2011, S.5-6.

② Vgl, Axel Honneth, *Das Recht der Freiheit. Grundriβ einer demokratischen Sittlichkeit*, Suhrkamp Verlag,Berlin 2011,S.14-17.

发展趋向，即从语言交往哲学转向政治道德哲学（“政治伦理学”）；并已经进入到与当代实践哲学主流话语对话语境之中，成为当代最重要的实践哲学家之一。然而，尽管霍耐特徘徊于批判理论与后批判理论、现实主义与理想主义、一元主义与多元主义之间，但最终从前者走向了后者。因此，与其将霍耐特为批判理论家，倒不如称为后批判理论家。

主编一套开放性的批判理论研究丛书，这个想法由来已久。不过，这个想法的真正实施则始于2013年。这年11月，在由全国当代国外马克思主义研究会主办、武汉大学哲学学院和德国罗莎·卢森堡基金会共同承办的“法兰克福学派与美国马克思主义——纪念阿多尔诺诞辰110周年”国际学术研讨会（全国第八届国外马克思主义论坛）上，我的这个想法得到了人民出版社邓仁娥编审的支持。因而，在此首先应感谢邓仁娥老师，没有她的大力支持，这套丛书也许就诞生不了，至少有可能不是诞生在人民出版社。也应感谢人民出版社崔继新老师，他是这套丛书的后续支持者。另外，应感谢三位著名哲学家，即德国法兰克福大学A.霍耐特教授（Axel Honneth）、法国巴黎第十大学J.比岱教授（Jacques Bidet）、美国纽约社会研究新学院N.弗雷泽教授（Nancy Fraser），他们答应我担任这套丛书的“国际学术顾问”，为这套丛书增色不少。当然，还应感谢这套丛书的每一位作者（包括未来可能的作者），没有他们的积极参与，上述所有努力都是“纸上谈兵”。

作为霍耐特的弟子和朋友，作为法兰克福学派批判理论长期的追随者、传播者、研究者、阐发者，打造这样一个全国性的批判理论研究平台，目的是为了进一步推动批判理论在中国的传播、研究、发展。希望在大家的共同努力下，为推进中国学术事业的发展尽绵薄之力。

第一章　科学技术与意识形态

不论在“霍克海默—圈子”里，还是在哈贝马斯那里，意识形态批判都是法兰克福学派批判理论的核心内容之一。关于意识形态概念，批判理论家达成了两点共识：一是基本上接受青年马克思的看法，将意识形态视为虚假观念或虚假意识；二是独创性地将科学技术视为第一生产力和意识形态新形式，这是从霍克海默到哈贝马斯都坚持的基本观点。科技意识形态论作为法兰克福学派批判理论的重要组成部分，肇始于《科学及其危机札记》，经过《启蒙辩证法》、《单向度的人》，到《作为“意识形态”的技术与科学》中得以最终完成。

本章前 3 节，主要是分析科学技术如何作为意识形态而起作用，或者说，科学技术如何具有了意识形态功能——这在马尔库塞与哈贝马斯那里是不太一样的：尽管他们都承认科学技术起到了意识形态的作用，但马尔库塞认为科学技术作为一种政治意识形态而起作用，但哈贝马斯却认为科学技术作为一种去政治化的隐形意识形态而起作用。本章第 4 节，则主要是讨论技术进步与社会生活世界，尤其是技术与民主的关系问题，以及科学与政治之间的转化，即政治科学化与科学政治化问题。

第一节　科技意识形态论发生学探究

一、科技意识形态论从端倪到雏形

《科学及其危机札记》是霍克海默于 1932 年发表在《社会研究杂志》上的一篇文章，后收入 A. 施密特编辑出版的《批判理论》（第 1 卷，

1968）中。在《科学及其危机札记》中，霍克海默不仅断言科学也是意识形态，而且论述了作为生产力的科学如何成为意识形态。

霍克海默指出，在马克思的社会理论中，科学被归属于生产力；它以各种各样的方式，使现代工业体系成为可能。在科学成为创造社会价值的手段，即作为生产方法呈现出来时，科学也被描述为生产手段。“科学作为生产力和生产手段在社会生活过程中起作用，绝对不能证明实用主义知识论的正确性”①。当然，从根本上否认实用主义知识论与相对主义，绝对不能走向理论与实践的分离。一方面，不管理论取向和理论方法，还是理论对象，即现实本身，都依赖于人；另一方面，科学也是历史过程的一个要素。

在普遍的经济危机中，科学表现为社会财富的许多因素之一，但却不能充分发挥作用。掩盖当前危机的原因之一，就是将使人类关系得到更好的塑造的力量——主要是合理性的、科学的思维本身——当成为这种危机负责的力量。霍克海默说，诚然，科学有一系列的局限性，但这种局限性并不在于对合理性的夸大，而在于通过日益增长的社会关系固化所决定的合理性的狭隘化。自 19 世纪下半期开始，科学活动限定在对现象的描述、分类、概括上，而且不注意本质与现象的区分；不关注与社会进程相关的问题，从而导致了内容上和方法上的肤浅。当然，这种缺陷的根源绝对不在于科学本身，而在于那些阻碍科学发展，以及与内在于科学中的合理性要素相冲突的社会条件。20 世纪以来，科学和哲学已经指出了纯粹机械方法的不足和不当之处。这些批判引发了对涉及研究基础的原则问题的讨论，甚至可以说，引发了科学的内在危机。在这方面，M. 舍勒的知识社会学、哲学人类学作出了重要贡献。但形而上学背弃了对社会危机原因的考察，甚至还使考察社会危机原因的手段每况愈下。

质言之，科学作为生产力是社会文明进程的一个重要因素，它使现代工业文明成为可能。然而，当面临作为整体的社会文明进程问题时，科学却逃避责任，即拒绝以适当方式处理与社会文明进程相关的问题。伴随着科学视野萎缩而出现的问题是：一套僵死的概念——如主体与客体之不

---

① Max Horkheimer, *Gesammelte Schriften*, Bd.3, Frankfurt/M.:Fischer 1988, S.40.

可改变的联系，人与自然、灵魂与肉体，以及其他范畴之间的固定区分等——能够一直发挥作用。于是，前所未有的深刻危机以及由此而产生的社会冲突就接踵而来。

霍克海默说，科学与形而上学一样都具有意识形态功能，因为它们都掩盖社会危机。“不仅形而上学，而且还有它所批判的科学本身，都是意识形态的；因为它们保障了阻碍它们揭示现实危机原因的形态。说它们是意识形态的承担者，这根本不意味着它们不关涉纯粹真理。所有掩盖对抗社会真正本质的人类行为方式都是意识形态的。那种认为哲学的、道德的、宗教的信仰行为、科学理论、法律规定、文化体制都具有意识形态功能的说法，根本没有触及那些发明（这些东西的）人的特征，而只涉及那些行为在社会中所起的客观作用。”①

由此可见，霍克海默不仅明确提出了科学具有意识形态的功能，而且从否定性方面理解意识形态的社会功能，这就为法兰克福学派科技意识形态论奠定了基础；或者说，在霍克海默那里，科技意识形态论已初见端倪。

在《启蒙辩证法》中，霍克海默和阿多尔诺虽然没有系统地阐述科学技术与意识形态的关系，但他们对启蒙理性、文化工业的批判，实质上就是对技术理性主义文化精神和工业文明弊端的批判，归根到底是对科技意识形态功能的批判，这就为科技意识形态论提供了一个具体的批判模型；或者说，在《启蒙辩证法》中，科技意识形态论已见雏形。

二、科技意识形态论基本成型

如果说，科技意识形态论在《启蒙辩证法》中已见雏形，那么，到《单向度的人》中，科技意识形态论则基本成型。《单向度的人——发达工业社会意识形态研究》② 是马尔库塞最重要的著作之一，也是法兰克福学派最有影响的著作之一。

在“前言”（批判的瘫痪：没有反对派的社会）中，马尔库塞揭露了

① Max Horkheimer, *Gesammelte Schriften*, Bd.3, Frankfurt/M.:Fischer 1988, S.44.

② 英文第1版1964年；德文第1版1967年；中文版（1993、2006）根据1968年英文版译出。

发达工业社会貌似是合理的、实际上是不合理的社会。因而，当代社会批判理论应该揭示发达工业社会发展的原因，考察历史替代性选择的可能性。在马尔库塞看来，每个批判的社会理论都会面对历史客观性问题，这取决于以下两点：(1) 人的生活是值得过的，或者说，是能够或应该值得过的——这个判断是所有精神努力的基础；(2) 在现存社会中，存在着诸种改善人的生活的特殊可能性，以及实现这些可能性的特殊路径——这个判断可以实现。与 19 世纪上半期相比，20 世纪发生了许多变化：19 世纪上半期，两大阶级对抗是历史发展的动因，理论与实践处于统一中；20 世纪，阶级结构功能变化不再是历史发展动因，理论与实践没有统一。但发达工业社会最突出的特征是，它似乎有能力遏制这些社会变化。例如：确立不同的制度、生产发展的新方向，以及新的生存形式。然而，在批判理论语境中，整个社会都需要质变。因而，批判理论立场不是一种纯粹思辨的立场，它必须是一种历史的立场。

与此相应，发达工业社会统治方式也发生了变化，即利用技术手段而非恐怖手段去压抑人们的离心力量。马尔库塞指出，"在发达工业社会中，生产设备是趋向于极权性的，它消除了私人存在与公共存在、个体需要与社会需要的对立；技术成为服务于社会控制、社会合作之新的、更有效的、更舒适的形式。"① 因而，面对发达工业社会的极权特征，"技术中立性" 概念就不再能够维持下去了。因为发达工业社会作为技术的世界，同时也是政治的世界。即技术进步被保存在政治框架中，"技术合理性变成了政治合理性"②。然而，技术合理性本身却是不合理的。即使居民中的大多数接受或被迫接受这个社会，也不能减轻这个社会的不合理性。实际上，"社会" 表达了社会领域和政治领域之间的尖锐冲突；个体、阶级、私人家庭，是指未被固化关系整合的领域与力量。但随着工业社会的整合，这些范畴失去了批判的内涵、趋于描述性的、欺骗性的、操作性的。

① Herbert Marcuse, Der eindimensionale Mensch, in:*Schriften* Bd.7.zu klampen Verlag 2004, S.18.

② Herbert Marcuse, Der eindimensionale Mensch, in:*Schriften* Bd.7.zu klampen Verlag 2004, S.19.

这样，面对发达工业社会的极权特征，批判理论就失去了超越这个社会的合理根据；而否定的概念原本是批判理论的核心。

第一部分（单向度的社会）包括4章：控制的新形式（第1章）、政治领域的阻断（第2章）、征服不幸意识——压抑的去升华化（第3章）、言谈世界的阻断（第4章）。在第1章中，马尔库塞讨论了真实需求与虚假需求、个人需要与社会需要等问题，分析了技术控制代替政治控制变为社会控制新形式，并指出这种变化与操作主义、行为主义有关。马尔库塞说，发达工业社会的特点：一是技术合理性完善化；二是已确立的制度遏制这种趋势。在第2章中，马尔库塞指出，在发达工业社会，政治领域的变化主要体现在：机械化降低了劳动强度，蓝领工人白领化、非生产性工人增加，劳工阶级与资本主义文明整合在一起，新技术工作削弱了工人阶级的否定地位，简言之，对立派趋同、社会变革（社会主义革命）被遏制，出现了一个“新社会”。这个“新社会”不过是福利国家+战争国家，而福利国家是介于有组织的资本主义与社会主义、奴役与自由、极权主义与幸福之间的历史畸形，实质上仍然是不自由的国家。在第3章中，马尔库塞主要讨论了文化领域的整合问题。在这里，马尔库塞（1）区分了高级文化与大众文化——前者是一种前技术文化、封建文化、否定的文化；后者是技术文化、资本主义文化、肯定的文化。马尔库塞说，大众传媒将艺术、政治、宗教、哲学与商业媒介天衣无缝地结合在一起，从而使这些文化领域具有了商品形式。所以，大众文化重视交换价值，而非使用价值。（2）谈到了“艺术异化”（künstlerische Entfremdung）问题，认为艺术异化是对异化生存有意识的超越，是“更高水平的”或被中介的异化，它既刻画了肯定的艺术，又刻画了否定的艺术。（3）讨论了艺术的实质与作用，指出艺术异化就是升华，就是“大拒绝”（Große Weigerung），就是对是其所是的抗议①。在艺术中，快乐原则吞噬了现实原则，或者说，发达工业文明伴随着较高程度的性自由。然而，在单向度的技术合理性中，

① Herbert Marcuse, Der eindimensionale Mensch, in:*Schriften* Bd.7.zu klampen Verlag 2004, S.83.

幸福意识逐渐具有了压倒一切的优势。所谓“幸福意识”，就是相信现实是合理的，社会系统能够提供一切财富。马尔库塞认为，这反映了一种新的顺从主义，它是已经转化为社会行为的技术合理性的一个面相。于是，技术合理性就消除了高级文化的对立的、异质的、超越的要素，从而使文化领域实现了整合。在第 4 章中，马尔库塞通过分析总体管理的语言和总体管理的研究，揭露了肯定性思维和肯定性行为消除了言论自由和思想自由。他认为，在肯定性思维中，奴役 = 自由、不平等 = 平等、战争 = 和平。这种政治语言就好像广告语言，实际上就是意识形态。不仅如此，分析命题也是一种压抑性结构，功能性语言是一种极端反历史的语言。在这里，马尔库塞尤其是批判了苏联教条主义话语。他指出，极权话语的仪式化，表现在对马克思主义语言进行极权主义再造，使之成为斯大林主义和后斯大林主义的语言。不仅如此，仪式化的极权话语遍布整个世界，对语言进行控制。① 在技术中，支配与管理是分不开的。所谓“言论自由”、“思想自由”就意味着，制度并不妨碍精神与固化现实之间的协调，因而，虚假的。概念总是抽象的、普遍的——在概念支配现实的地方，它达到了一种“虚假的具体性”（falsche Konkrektheit）。

第二部分（单向度的思维）包括 3 章：否定性思维——被征服了的抗议逻辑（第 5 章）、从否定性思维到肯定性思维——技术合理性与支配逻辑（第 6 章）、肯定性思维的胜利（第 7 章。在第 5—6 章中，马尔库塞考察了逻辑转变为支配逻辑的过程，并集中讨论了在理论理性与实践理性的历史发展过程中，理论与实践、思维与行为之统一和分离问题。其中：

在第 5 章中，马尔库塞阐明了否定性思维作为抗议的逻辑如何被社会所征服。在这里，马尔库塞区分了前技术文化时代与技术文化时代，认为两者的分界线不在于自由与否，而在于坚持一种什么样的逻辑？他指出，在前技术文化时代，双向度思维是柏拉图的辩证逻辑的关键部分：逻各斯和爱洛斯表明两种否定方式，它们既是主观的又是客观的。不过，古希腊

① Herbert Marcuse, Der eindimensionale Mensch, in:*Schriften* Bd.7.zu klampen Verlag 2004, S.121—122.

逻辑，尤其是亚里士多德的形式逻辑具有本体论偏见：判断（命题）的结构涉及一个被分裂的现实。所以说，亚里士多德的形式逻辑仍然受制于形而上学：思维对对象漠不关心。在他那里，历史仍然是支配的历史，思维的逻辑仍然是支配的逻辑。① 在技术文化时代，现代数理逻辑和符号逻辑与古希腊的形式逻辑有很大差别，但都从根本上反对辩证逻辑。马尔库塞强调，辩证逻辑是"非科学的"（这里"非科学的"不是贬义词，甚至是褒义词！），它具有"内在否定性"：辩证逻辑的对象，一方面取消了形式逻辑、先验哲学的抽象性；另一方面又否定了直接经验的具体性。"现象与本质、'是'与'应当'之间的本体论的张力变成了历史的张力，客观世界之'内在的否定性'被理解为历史主体（= 人）的产物，理性变成了历史理性。"② 这样，本体论的辩证法就变成了历史辩证法，从而将作为哲学思维之批判的、否定的向度保留下来。

在第 6 章中，马尔库塞阐明了否定性思维在技术合理性与支配逻辑之下如何走向了肯定性思维。马尔库塞认为，系统合理化本身的问题在于人们组织社会劳动的方式。他说，在发达工业社会中，先前那些否定的、超越的社会力量被整合进现存秩序中，从而产生了一个新的社会结构。在其中，否定性的反对力量转变为肯定性的反对派；人对人的支配形式从人身依附转变为对"事物客观秩序"的依附。因为从一开始，否定的东西就包含在肯定的东西中，非人的东西包含在人道化中，奴役包含在解放中。换言之，合理性具有两面性：一方面，提高了劳动生产率和人们的生活水平；另一方面，通过技术手段操纵和控制了人。"我们知道，毁灭是进步的代价，正如死亡是生命的代价一样；……商业必须进行下去，代替性选择是乌托邦。"③ 马尔库塞指出，尽管纯粹科学的合理性是价值中立

① Herbert Marcuse, Der eindimensionale Mensch, in:*Schriften* Bd.7.zu klampen Verlag 2004, S.154.

② Herbert Marcuse, Der eindimensionale Mensch, in:*Schriften* Bd.7.zu klampen Verlag 2004, S.157.

③ Herbert Marcuse, Der eindimensionale Mensch, in:*Schriften* Bd.7.zu klampen Verlag 2004, S.160.

的，它不确定任何实践目的，但这个“中立性”（Neutralität）是肯定性东西的标志。“理性 = 真理 = 规定性”等式将主观世界与客观世界结合成对抗的统一体。理性作为否定性力量，它们确定真理；但理性作为概念性的思维和行为，必然是暴力支配，或者说，理性观念演变的最新结果是极权的技术合理性整体。所以说，技术合理化进程就是政治合理化进程。“不断的技术进步的动力为政治内容所渗透，技术逻各斯转变为进一步支配的逻各斯。技术的解放力量（物的工具化）翻转为解放的桎梏，即人的工具化。”①就是说，技术合理性是保护而非取消了统治的合法性，从而使人的不自由合法化。然而，另一种合理性从一开始就出现在思想史中，即 Logos 与 Eros 的和解。Logos 就是以知识为基础的法则、规则、秩序；而 Eros 就是爱欲。

在第 7 章中，马尔库塞阐明：单向度的哲学 = 肯定性思维，导致了屈从于社会现实的顺从主义。在这里，马尔库塞主要批判了实证主义和日常语言哲学。他指出，在黑格尔那里，“否定的力量”是规定概念发展的原则，矛盾则成为关键的质。据马尔库塞说，从“实证的”（positive）概念而来的“实证主义”（Positivismus）一词最先是由圣西门学派使用的：实证主义作为顺从主义与非实证主义对立，或许首次出现于傅立叶《伪善的工业》（1835）一书中。实证主义将形而上学、超验论、观念论当作蒙昧的、落后的思维方式加以拒斥；新实证主义的主要任务仍然是反对形而上学概念。就是说，实证主义哲学建立了一个自给自足的封闭的世界，所以它激进地解释经验主义却又伤害了经验主义。因而，理智地消除既定事实是批判的哲学之历史任务。忽视或消除哲学向度，导致现代实证主义走进空谈具体性的全面贫乏的时代、导致制造了更多的虚假性。实际上，即使最隐晦的形而上学也没有表现出矫揉造作、莫名其妙的苦恼。诚然，经验主义以概念取代形而上学的幽灵，不仅是合法的而且是正确的；经验主义与理性主义一样，并不必然是肯定的。但意识形态意味着，哲学只是阐明

① Herbert Marcuse, Der eindimensionale Mensch, in:*Schriften* Bd.7.zu klampen Verlag 2004, S.173—174.

每个人都承认的东西。在文明进程中，有关黄金时代和千禧年神话屈从于进步的合理化。

在批判实证主义的过程中，马尔库塞着重批判了其最新表现形式，即日常语言哲学，认为这种描述了哲学行为主义风格的日常语言哲学（维特根斯坦、奥斯汀、赖尔等）是值得商榷的，它似乎徘徊于独断专横与随和亲切之间。马尔库塞承认，在精确性和明晰性方面，日常语言哲学是无与伦比的（它是正确的）；但这是不够的，而且对哲学思维、批判思维来说破坏性的。因而，马尔库塞从哲学角度提出了两个问题：（1）对概念（或语词）的解释是否能够总是以既定的日常语言领域为取向并在其中穷尽呢？（2）精确性和明晰性是目的本身还是受其他目的的制约？马尔库塞问道：如果"哲学不能干预语言的实际使用"、"不能发展任何理论"，那哲学还能做什么？他指出，日常思维、日常话语同哲学思维、哲学言说，本来就存在着不可克服的差别，哲学中的精确性和明晰性不能在日常话语范围内遇到。对马尔库塞来说，哲学家不是医生，他的使命不是治疗个体，而是去理解他们生活于其中的世界。从哲学史上看，哲学与维特根斯坦的断言——哲学需要放弃所有理论，它是一种"让一切仍然如故"的事业——正好是相反的。①

在这里，马尔库塞甚至也批评了马克思。他说，昨天合理的、现实的观念，今天似乎又成了神话；发达工业社会中的工人阶级状况使马克思的"无产阶级"一词成为神秘的概念；当代社会主义现实（即苏联社会主义模式）使得马克思的观念成为梦想。马尔库塞指出，批判理论更多的是批判非理性主义哲学。因为发达资本主义社会中，压抑的强化表现在意识形态领域，首先表现为非理性主义伪哲学的降临。例如：生命哲学、反对社会的共同体概念、"热血与土地"。因此，需要反对合理性的再神秘化。马尔库塞认为，诗人语言不同于日常语言，它是一种偏颇而冲动的语言——按 K. 克劳斯的说法，迫切的需要是使既定的语言说出它所掩盖或排斥的

---

① Vgl.Herbert Marcuse, Der eindimensionale Mensch, in:*Schriften* Bd.7.zu klampen Verlag 2004, S.198.

东西——而现实的日常语言领域是为生存而斗争领域。马尔库塞说，只有在思维中，哲学才能筹划和反抗；它是意识形态，这是哲学的命运——无论唯科学主义还是实证主义都摆脱脱不了的命运。哲学作为意识形态的努力，可能真正是治疗性的。“在极权主义时代，哲学的治疗使命是政治的”①。表现在哲学中的政治，不是作为分析的特殊学科或对象，也不是作为特殊的政治哲学，而是作为从未剪裁的现实性概念出现的。

第三部分（替代性选择的机会）包括 3 章：哲学的历史承诺（第 8 章）、解放的灾难（第 9 章）、结语（第 10 章）。

在第 8 章中，马尔库塞断言分析哲学并未清除神话或形而上学的幽灵，认为未加清洗的经验似乎比分析哲学更加信仰抽象的东西。因而，它似乎深深地植根于形而上学世界之中。（1）马尔库塞认为，普遍概念的地位问题处于哲学思维的中心，因为对待普遍概念的态度表明了哲学在精神文化中的地位及其历史作用。他说，普遍性是原初的经验因素，它们不是作为哲学概念，而是作为人们时常与之打交道的世界的质。“普遍概念指称特殊本质所是或所不是的状态；抽象的普遍概念似乎是指具体的历史的潜能”②。批判的哲学概念指向（无论多么间接）社会发展的替代选择的可能性。（2）马尔库塞提出了关于真理价值标准的不同历史构想。他指出，哲学概念的内在历史特征，决不远离客观有效性，而是规定了其客观有效性基础。马尔库塞询问道，假若历史的连续性为不同的历史构想提供了客观基础，那么它也规定其后续者和界限吗？他说，历史的真理性是相对的；可能事物的合理性依赖于现实事物的合理性，超越的构想之真理性依赖于现实的构想之真理性。（3）马尔库塞又问道，这种内在批判筹划着历史的否定，那么这种否定是一种“被规定的否定”吗？在他看来，“自由是对必然的认识”具有了（迄今还没有的）压抑性含义。在马克思那里，“自由”是一种被规定的选择（人们创造自己的历史，但是在一定条件下

① Vgl.Herbert Marcuse, Der eindimensionale Mensch, in:*Schriften* Bd.7.zu klampen Verlag 2004, S.198.

② Herbert Marcuse, Der eindimensionale Mensch, in:*Schriften* Bd.7.zu klampen Verlag 2004, S.198.

创造自己的历史）。在现存状况框架中，工业化可以在集体控制或私人控制下以不同的形式出现；甚至在私人控制下，也可以有不同的方向和目标。因而，辩证过程作为历史过程关涉到把握解放潜能的意识。自由与解放的“恶性循环”，作为“被规定的否定”的辩证法而出现；这种否定的自由是历史辩证法的先天性。所以说，马克思理论在《共产党宣言》时代是正确的，而纳粹主义即使鼎盛期也是错误的。在当今时代，一切历史构想仿佛都在两个冲突的总体性——资本主义与共产主义——之间两极化；更高的历史真理将属于提供更大和平机会的体系。

在第 9 章中，马尔库塞主要讨论了以下三个问题：

（1）科学政治化与政治技术化。马尔库塞指出，肯定性思维及其哲学反对合理性的历史思考，现存社会在多大程度上是不合理的，以历史合理性为取向的分析就能够将否定的、批判的、超越的要素纳入概念中。在马尔库塞看来，否定的因素不能吸收肯定的因素，但却能被肯定的因素所吸收。然而，否定的东西与肯定的东西之愉快的婚姻是模棱两可的。他指出，批判的思维努力规定现存合理性中的不合理特征，现存技术已经成为政治统治的工具。① 总之，将科学意识视为政治意识，将科学事业视为政治事业——无论科学政治化还是政治技术化——都体现出科技意识形态化。

（2）技术拜物教与工业文明批判。马尔库塞认为，统治的合理性要么将技术理性（操作理性、工具理性）与艺术理性（审美理性、自由游戏）分离开来；要么将艺术纳入统治领域，从而使艺术理性虚无化。实际上，科学、哲学、艺术之间存在着原初关系，科学在很大程度上参与对自然的征服、改造并证明其真理性，但哲学抽象却没有也不能这样做；科学发生在生活法则和秩序范围内，是现实的，而哲学则超越生活法则和秩序，是不现实的。马尔库塞说，若果真如此，形而上学问题，尤其是形而上学命题的有效性与真理性就是历史的；如果形而上学命题的真理是由其历史内

---

① Vgl.Herbert Marcuse, Der eindimensionale Mensch, in:*Schriften* Bd.7.zu klampen Verlag 2004, S.238.

容决定的，那么形而上学与科学的关系，严格说来就是历史的。马尔库塞指出，技术拜物教批判主要体现在马克思主义批评家对当代工业文明的批判中。工业社会拥有将形而上的东西转变形而下的东西、将内在的东西转变为外在的东西、将精神的东西转变为技术的冒险之手段——既否定了观念论文化，但也超越了唯物论文化。其实，价值向需要的转化是一个双向过程：一是自由的满足（自由的物质文化），二是在满足基础上需要的自由发展（非压抑性升华）。在马尔库塞看来，“被满足的生存”意味着技术的逻各斯将开启（人与自然、人与人）关系之根本不同的世界——这个说法是不正确的。为了满足的目的而重建社会物质基础可能要失败，因为技术自始至终都不依赖于技术目的。事实上，满足的目标在多大程度上规定技术逻各斯，它就在多大程度上改变与其主要对象即自然的关系，满足以支配自然为前提。当然，“支配”分为压抑性支配和解放性支配。“为生存而斗争”是匮乏、痛苦的标志。

在对技术拜物教与工业文明的批判中，马尔库塞特别批判了虚假需求。他说，发达资本主义社会创造了虚假需求，其压抑程度恰恰是促进各种需要得到满足的程度。如果满足是目的的话，最发达的工业国家所达到的生活水平并不是合适的发展模式。当然，从富裕社会中解放出来，并不意味着回到贫穷状况之中去，也不意味着回到道德纯化与简单性之中去。实际上，适合于“被满足的生存”的新的生活水平，还以未来人的减少为前提。因而，工业文明会发现它在道德上、宗教上的顾虑。马尔库塞指出，有利可图的、大规模生产的需要，并不必然与人的需要相一致。压抑性需要的创造，是社会必要劳动的一部分。这不关涉心理学、美学，而是关涉统治的物质基础。所以说，一切罪恶都是社会罪恶。“在自由强化压抑的地方保证流动性，与拒绝自由甚或自由的可能性是一致的”①。若否认人的自主性，从而使经济自由、政治自由失色，就从根本上否定了自由。

（3）后技术合理性与艺术合理性。马尔库塞问道，在发达工业文明

① Herbert Marcuse, Der eindimensionale Mensch, in:*Schriften* Bd.7.zu klampen Verlag 2004, S.255.

中，已经转化为政治力量的技术合理性似乎是历史替代性选择的决定性因素，那么这种力量会促进"生活的艺术"吗？马尔库塞断定，技术合理性继续应用将会达到一个终点：裂变、质变（重建合理性的基础）；这也意味着科学与形而上学传统关系之翻转——将产生新的科学、新的理性观念，但这并不意味着"价值"、精神的或其他的东西之复活，而是对人与自然关系之科学技术塑造的补充，即最小限度的劳动、最基本的生存需要、最低限度的资源利用。① 马尔库塞认为，历史是自然否定，"自然在历史中成为自身"——这个形而上学观念指明了未被扬弃的理性的界限。他说，所有愉悦、幸福都产生于超越自然的能力，支配自然本身从属于生存的解放与满足；理性的认知能力与变革能力，成为文明带来的使自然摆脱自身兽性、不可把握性、盲目性的手段；理性只有作为后技术合理性才能实现这个功能。换言之，像技术一样，艺术创造了反抗现存思维、现存实践而又在其内的另一种实践。社会不合理性越明显，艺术领域的合理性就越大。在对世界进行技术改造基础上重新评价形而上学观念，可以拓展到科技与艺术的关系上。"技术文明建立了艺术与技术之间的特殊关系"②。艺术合理性似乎是通过审美还原刻画的，审美还原表现在对自然的技术改造中：审美塑造—解放。

在第 10 章中，马尔库塞在阐发技术与政治关系的基础上，对批判的社会理论进行了批判性反思。他指出，在技术与政治的基础上，先前对立的领域——魔幻与现实、生与死、愉悦与痛苦——融合在一起。审美与现实之丑恶的融合，反映着对抗科技理性、经验理性之"诗意的想象"。马尔库塞认为，想象科学的合理性特征，并不能避开物化过程。要使想象得到解放，先决条件是压抑今天是自由的东西、使压抑性社会永恒化的东西——这不是一个心理问题或伦理问题，而是一个（在实践意义上使用的）政治问题。马尔库塞说，社会合理化、自由的程度，取决于它被一种本质

---

① Vgl.Herbert Marcuse, Der eindimensionale Mensch, in:*Schriften* Bd.7.zu klampen Verlag 2004, S.243.

② Herbert Marcuse, Der eindimensionale Mensch, in:*Schriften* Bd.7.zu klampen Verlag 2004, S.250.

上新的历史主体所组织、支持、再生的程度；发达工业社会的物质系统、文化系统都否定这种需要。当然，下列事实却为批判的社会理论发展提供了根据，即表明了历史的替代性选择——有计划地利用自然状况，以最小强度的劳动满足基本生活需要，将闲暇时间变为自由时间，满足生存斗争需要。换言之，批判的哲学概念指向社会发展替代性选择的可能性，因为批判思维努力规定现存社会中的非合理性特征。然而，随着技术对支配自然的不断加强，人对人的支配也加强了。这就降低了作为解放必要条件的自由。因而，历史的替代性选择类似于乌托邦。简言之，批判理论的最大弱点，就是它没有能力在现存社会内部表明解放的趋势。就是说，尽管辩证的理论没有被排斥，但它不能提供拯救的手段；辩证的概念通过把握现存事实而超越了它，这是真理性所在。出于理论的、经验的原因，辩证的概念宣称自身的无望性。"批判的社会理论并不拥有能够消除当代与未来之间鸿沟的概念；它不承诺任何东西，不显示任何效果，它保留的只是否定。因而，它想忠诚于那些自身生活毫无希望，正在和将要献身于大拒绝的人们。"①

由此可见，在《单向度的人》中，马尔库塞详细地阐述了科学技术作为生产力和意识形态的双重性，认为科学技术之所以成为意识形态新形式，是因为技术合理性不仅显示出政治特点，而且本身已经成为统治的更好载体。要言之，马尔库塞不仅明确指出科学技术具有意识形态功能；而且阐明了科学技术成为意识形态的原因，以及科技意识形态的负面效应，并将科学技术视为维护统治合法性的政治意识形态，从而为科技意识形态论基本成型。

三、科技意识形态论完全成熟

《作为"意识形态"的技术与科学》，宽泛地说，是指哈贝马斯于1968年出版的一部文集，包括"前言"（1968）、《劳动与互动——评黑格

① Herbert Marcuse, *Der eindimensionale Mensch*, München:Deutscher Taschenbuch Verlag GmbH & Co.KG, 1998, S.268.

尔耶拿〈精神哲学〉》(1967)、《作为“意识形态”的技术与科学》(1968)、《技术进步与社会生活世界》(1964)、《认识与兴趣》(1965)；严格地说，仅指《作为“意识形态”的技术与科学》一文。哈贝马斯指出，该文是为了纪念马尔库塞诞辰70周年，也是对马尔库塞下述观点——“技术的解放力量（物的工具化）翻转为解放的桎梏，即人的工具化”——的回答①。

在这里，哈贝马斯论述了作为第一生产力的科学技术与意识形态的关系，批评了马尔库塞将科学技术当作传统政治意识形态的做法，认为作为第一生产力的科学技术是一种隐形意识形态；在概述后期资本主义社会发展趋势的基础上，提出了预防科技进步负面效应的政治科学化构想，从而使得科技意识形态论得以最终成熟。

第二节　科技意识形态论逻辑学构建

一、合理性：科技意识形态论的概念框架

为了规定资本主义经济活动形式、资产阶级私法交往形式、官僚统治形式，M.韦伯引入了“合理性”概念。在M.韦伯那里，“合理性”首先意味着屈从于合理抉择标准的社会领域的扩大；与此相应的是社会劳动工业化，结果是工具行为的标准也挤进其他生活领域中：生活方式都市化、交通与交往技术化。在这两种情况中，都涉及目的合理性行为的贯彻。计划化、社会合理化与科技进步的制度化联结在一起。行为取向的世界图景、整个文化传统、世俗化与祛魅，是不断增长着的社会行为合理性之反面。

所以，哈贝马斯认为M.韦伯意义上的合理性概念具有双重视角：对生产力状况而言，它不仅是批判标准，而且也是辩护标准。根据前者，人们可以揭示旧的生产关系客观上所具有的那种额外压抑；根据后者，人们

① Vgl.Jürgen Habermas, *Technik und Wissenschaft als“Ideologie”*, Frankfurt/M.:Suhrkamp 2014, S.7.

可以说，旧的生产关系作为功能上合法的制度框架本身也有存在的权利。然而，合理性作为批判的标准，其作用失去了尖锐性，变成了系统内部的应当修正的东西。生产力凭借其科技发展水平在生产关系面前似乎有了新的状况，就是说，生产力所发挥的作用，对政治阐释来说，不再是对统治合法性进行有效批判的基础，而是变成了合法性本身的基础。就像马尔库塞所说，科学技术合理性本身内含着统治的合理性。

马尔库塞的目的是说明 M. 韦伯从目的合理性行为中得出的形式的合理性概念。马尔库塞确信，在 M. 韦伯的“合理性”概念所意指的东西中，所要实现的并不是合理性本身，而是在合理性名义下实现未被认同的现存政治统治形式。因为这种合理性关涉策略的正确选择，它所涉及的是可能的技术占有与支配关系（不论是对自然的支配，还是对社会的支配）。因此，在马尔库塞那里，作为目的合理性行为的社会系统的技术理性，并不放弃其政治内涵。这样，马尔库塞对 M. 韦伯的批判所得出的结论就是：技术理性概念，也许就是意识形态本身。不仅技术的应用，而且技术理性本身，就是对自然和人的支配，是方法上的、科学上的已经筹划好的与正在筹划着的支配。就此而言，支配属于技术理性本身。其实，早在《本能学说与自由》（1957）中，马尔库塞就说过，在发达工业资本主义社会，统治失去了其剥削压迫的性质，变成了合理的统治，但统治并未因此而消失：因为科学技术具有压抑和奴役人的功能，它不仅维护统治合法性，而且本身就包含着统治合法性。

在《单向度的人》中，马尔库塞说，今天，统治不仅借助于技术而且作为技术永恒化与扩大；并为膨胀的政治权力（将所有有效性领域都纳入其中）提供了巨大的合法性。在这个领域，技术也为人的不自由提供了巨大的合理化，并证明——人要成为自己的主人、要规定自己的生活——在“技术上”的不可能性。因为这种不自由既不表现为不合理的，又不表现为政治的；毋宁说，它表现为对增加生活的舒适性与提高劳动生产率的技术设备的屈从。因此，技术合理性以这种方式保护而非废除统治的合法性，而理性的工具主义视野开启了一个极权社会的合理类型。当对自然的塑造导致对人的塑造，且当“由人所创造的东西”源于、又回归于社会整体时，技术先验论就是政治先验论；但人们仍然可以坚持：技术世界的机械系统对政治目的来说仍然是漠不关心的，它只能加速或阻碍社会发展。可是，若技术成为物质生产力的包罗万象的形式，那它就改写了整个文化、并规划了历史的总体性，即世界。① 由此可以看出，马尔库塞将技术合理性的政治内涵当作分析后期资本主义的出发点。

哈贝马斯揭示了马尔库塞关于“新科学”、“新技术”论述的不确定性，并明确指出离开科技本身的革命化谈论解放似乎是不可能的。诚然，马尔库塞始终关注不同的理论形成，也注意到了原则上不同的科学方法论；而且用呵护、释放自然潜能的观点代替技术支配观点：区分了压抑的支配与解放的支配。然而，从马尔库塞以二者择一方式对待自然的态度中得不出“新技术”观念。哈贝马斯说，如果另一种科学仍然被称作现代科学，即对可能的技术占有立场负责任的科学，或者说，没有什么“更人道的东西”可以代替科学的功能及其整个科学进步，那么一种新技术观念就不会有承担者，一种新科学观念就完全不可思议。在这里，哈贝马斯试图重新解释人与自然的关系：不能将自然当作技术支配的对象，而应当作互动伙伴。“一种独特的吸引力，至少应该说有这样一种观念：在人与人之间的相互交往未能摆脱支配之前，自然的那种仍然被束缚着主体性就不会被解放出来。只有当人们能够非强制地交往，并且能够在他人身上看到自己时，人们才能将自然看作是一个主体；而不像观念论所想象的那样，将自然当作人之外的他物，而是将自己当作这个主体的他物来认识。”②

哈贝马斯分析道，马尔库塞所阐发的技术合理性，即目的—工具行为合理性，正在成为生活世界的历史总体性；M. 韦伯曾经试图用社会合理化来描述和阐释这个过程。然而，无论 M. 韦伯，还是马尔库塞，都未能

---

① Herbert Marcuse, *Der eindimensionale Mensch,* in:Schriften Bd.7.zu klampen Verlag 2004, S.168f.

② Jürgen Habermas, *Technik und Wissenschaft als“Ideologie”*, Frankfurt/M.:Suhrkamp 2014, S.57.

令人满意地、成功地表征和解释这个(技术合理化）过程。[①] 因为在M.韦伯那里，合理性首先意味着屈从于合理抉择标准的社会领域的扩大；与此相应的是社会劳动工业化，结果是工具行为的标准也挤进其他生活领域中。社会不断合理化与科技进步制度化联系在一起，但当科学技术渗透到各种社会制度中并使这些社会制度发生变化时，旧的合法性也就失去了效力。所以在M.韦伯那里，社会合理化就是以价值合理性为主导向目的合理性为主导的退化过程。马尔库塞也认为工业文明中的理性主要是技术合理性，在发达工业社会技术合理性已经成为一种政治意识形态。

哈贝马斯强调必须区分两种合理化，即目的合理性行为亚系统的合理化与制度框架层面的合理化：前者导致对自然和社会物化过程的技术支配力量的增强，后者是指社会规范合理化，使社会成员进一步解放、个性化提高。但“问题不在于，我们是否能够充分使用一种可占有的或可发展的潜能；而在于，我们是否能够选择满足目的和生存的那种潜能。这个问题要求我们对生活实践目标进行非强制的交流。不过，在结构上依赖于一种去政治化的公共领域的后期资本主义，反对将生活目标当作讨论主题”[②]。因此，需要重新解释M.韦伯的合理性概念。为此需要提出一个新的范畴框架，即必须明确劳动与互动的根本区别；此外，还要区分生活世界的制度框架与受生活世界制约的目的合理性行为亚系统。只要借助于这些区别，就能重新理解M.韦伯的合理性概念，并讨论马尔库塞关于科学技术作为生产力和意识形态双重功能的论点。

二、后期资本主义：科技意识形态论的现实背景

在后期资本主义社会之前，虽然科学和技术的关系十分密切，但科学和技术的相互依存，直到19世纪后期都不存在。到那时为止，现代科学尚不能加速技术的发展，因而，也就没有对“来自下面的”合理化压力作

---

① Vgl.Jürgen Habermas, *Technik und Wissenschaft als“Ideologie”*, Frankfurt/M.:Suhrkamp2014, S.60.

② Vgl.Jürgen Habermas, *Technik und Wissenschaft als“Ideologie”*, Frankfurt/M.:Suhrkamp 2014, S.99—100.

出贡献；毋宁说，它对现代化进程的贡献是间接的。那个时候，科学技术还不是第一生产力，更不是意识形态。因为传统社会的统治是政治统治，神学、宗教、形而上学是传统政治意识形态的表现形式。然而，“从严格意义上讲，意识形态是这样形成的：它通过代表现代科学的要求、并出于意识形态批判而得到自我辩护，而代替了传统的统治合法性。意识形态与意识形态批判原本是一回事。在这个意义上，前资产阶级的‘意识形态’是不存在的”①。

在哈贝马斯看来，“传统社会”（Traditionale Gesellschaft）包括所有符合于文明标准的社会系统，与“原始社会”（Primitiviere Gesellschaft）相比，它有以下三个特点：(1）拥有与部落组织相对立的国家统治组织；(2）社会分裂为社会阶级（根据阶级属性而非亲缘关系分配社会任务和补偿）；(3）任何一个中心化的世界图景（神话、宗教、形而上学）都是为了使统治合法性更有效力。因而，“传统社会”的表达指向这样一种状况，即它的制度框架建立在对整个现实（自然与社会）所做的神话的、宗教的、形而上学的解释之毫无疑义的合法性基础之上。只要目的合理性与系统的发展，处于文化传统的合法性界限之内，传统社会就能够存在下去——这种不可攻击性是传统社会区别于已经跨过现代化门槛社会的重要标准。“这种优越性标准”对所有国家组织形式的阶级社会来说都是适用的。

在世界历史上，资本主义生产方式是第一个将自我调节的经济增长机制加以制度化的生产方式：资本主义首先创造了（从资本主义制度框架内摆脱出来的）“工业主义”（Industralismus），并在私人形式中将它确立为不同于资本增殖机制的其他机制。当然，从传统社会向现代社会的过渡，不是以较发达的生产力压力下被迫出现的制度框架结构转型为特征的，而是历史发展的必然。资本主义是通过这样一种生产方式定义的，它不仅提出了、而且试图解决统治的合法性问题。在哈贝马斯看来，与传统社会生产方式相比，资本主义生产方式的优越性在于：一是建立了使目的合理性

① Jürgen Habermas, *Technik und Wissenschaft als“Ideologie”*, Frankfurt/M.:Suhrkamp 2014, S.72.

亚系统持续扩大的经济机制；二是创立了能够使统治系统与发达的亚系统之合理性要求相适应的经济合法性。不过，来自上面的合理化强制与来自下面的合理化压力一致，使得统治的合法性、行为取向的传统，尤其是宇宙观的世界解释，根据新的目的合理性标准，丧失了约束力。

自 19 世纪最后 25 年以降，在发达资本主义国家出现了两种引人瞩目的趋势：一是为了保证资本主义系统的稳定性，国家干预性活动增强；二是科学研究与技术的相互依存增强，从而“使得科学成为第一生产力”①。哈贝马斯指出，这两种趋势毁坏了制度框架与目的合理性行为亚系统之间的原有格局，使得自由交换的基础意识形态实际上瓦解。在这种基础意识形态瓦解之后，政治统治就要求一种新的合法性。这种新的合法性既不能从非政治秩序即生产关系中推导出来，也不能在传统文化基础上采用传统合法性形式来重建政治统治，即在国家调节的资本主义诸系统中，形式的、民主的统治处在合法性要求之下，不再可能通过返回到前资产阶级的合法性形式的求助而兑现。因此，自由交换的基础意识形态就为“补偿纲领”（Ersatzprogrammatik）所代替。但补偿纲领不是以市场体制的社会后果为取向，而是以对自由交换功能失调补偿的国家活动的社会后果为取向。这种补偿纲领将资产阶级的“绩效意识形态”（Leistungsideologie）要素与最低福利保障联系起来，使得统治系统有义务维护、保障社会安全与个人晋升机会的整个系统稳定的条件，并避免增长的危机。

三、技术统治的隐形意识形态：科技意识形态论的理论实质

哈贝马斯说，一个新的冲突领域，只能出现在后期资本主义借助于大众的去政治化而免于被技术统治的隐形意识形态质疑的地方，即出现在通过大众传媒来管理公共领域的系统中。因为在这里，技术问题与实践问题之间的差异被成功地掩盖了。在后期资本主义社会中，具有抗议潜能的，既非旧的阶级对抗，又非新的、没有特权的群体，而在于公共领域（如

---

① Jürgen Habermas, *Technik und Wissenschaft als“Ideologie”*, Frankfurt/M.:Suhrkamp 2014, S.74.

大学生群体）的再政治化。“大中学学生的敏感性，必然不能容忍将实践问题在结构上从去政治化的公共领域中排除出去。因此，从长远看，他们的抗议，也许能够持续地毁坏日益脆弱的绩效意识形态，从而推翻本来就可疑的、仅仅通过去政治化而受到保护的后期资本主义的合法性基础。”①

与以往的政治意识形态相比，科学技术作为去政治化的隐形意识形态而起作用；但更为重要的是，这种技术统治命题作为隐形意识形态，也能渗透进去政治化的大众的意识中，并且能够使合法性的力量得到发展。这样，目的合理性行为与互动之间的差异，就不仅从人的科学意识中，而且从人本身的意识中消失了。就是说，技术统治意识的意识形态力量掩盖了这种差异。这种隐形意识形态的独特成就在于，它能使社会的自我理解与以符号为中介的交往行为相分离，并且能够为科学模式所代替。因此，科学技术就代替自由交换的基础意识形态为统治提供合法性基础。人们就将把握社会文明进程视为一项技术任务：按目的合理性行为的自我调节系统模式来重建文明，并以此来控制社会和自然。尽管这种技术统治意图从来没有在任何地方实现过，但作为意识形态，“一方面，它服务于新的、执行技术任务的、排除实践问题的政治；另一方面，它总是触及那些能够导向我们称之为潜移默化地侵蚀制度框架的东西的发展趋势”②。

与以往的所有意识形态相比，技术统治意识“更少地是意识形态的”，因为它没有那种不透明的、使人的利益只能虚假实现的、蒙骗人的力量；另一方面，今天占支配地位的、使科学变成拜物教的、更加脆弱的隐形意识形态，与旧的意识形态相比，更加难以阻挡、更加广泛，因为它在掩盖实践问题的同时，不仅为统治阶级的特殊利益辩护，而且压抑了另一个阶级的解放需要，并且损害了人类的解放兴趣本身。哈贝马斯指出，技术统治意识不是被合理化了的幻想的愿望，不是弗洛伊德意义上的“幻想”，

---

① Jürgen Habermas, *Technik und Wissenschaft als“Ideologie”*, Frankfurt/M.:Suhrkamp 2014, S.103.

② Jürgen Habermas, *Technik und Wissenschaft als“Ideologie”*, Frankfurt/M.:Suhrkamp 2014, S.83.

而恰恰是资产阶级意识形态。当然，技术统治意识不仅仅是意识形态，因为它不再表达“美好生活”的规则。但“毫无疑问，无论新的意识形态还是旧的意识形态，都服务于阻止将社会基础问题当作讨论主题”①。

不过，新旧意识形态的区别在于：（1）今天，由于资本关系与确保大众忠诚的政治分配模式联结在一起，它的建立不再以未被修正的经济剥削、政治压迫为基础。因此，技术统治意识不像旧的意识形态那样，以同样的方式建立在集体排挤基础之上。（2）大众忠诚只有借助于对私人需要的补偿才能确立。因此，新意识形态将辩护标准与公共生活的组织分离开来，即与互动的规范调节分离开来——辩护标准的去政治化，代之以将辩护标准与目的合理性亚系统的功能联系在一起。简言之，技术统治的意识形态的核心，是实践问题与技术问题差别的消失，即让实践兴趣消失在技术支配力量的背后。哈贝马斯说，今天，政治不再以实践目标的实现为取向，而是以技术问题的解决为取向。（奥菲通过经济与国家的关系）说明：实践问题被排除在国家政治活动之外。旧式政治、仅仅通过统治的合法性形式，就能够规定自身与实践目标的关系；相反，今天占支配地位的补偿原则仅仅指向被调控系统的功能，它不再涉及实践问题，只涉及技术问题，而技术问题不依赖于公共讨论。

国家干预主义新政策，要求大众的去政治化。随着实践问题的排除，政治公共领域也失去了作用。因此，统治合法化的补偿纲领并未解决具有决定性意义的合法性要求。那么，大众的去政治化，其本身的说服力何在呢？根据马尔库塞的说法：技术与科学具有意识形态的功能。就是说，国家对经济生活干预的强化引起了意识形态的变化；现在，第一生产力，即政府掌管着的科技进步本身，已经成为统治的合法性基础。可是，这种新的合法性形式已经失去了意识形态的旧形态。就是说，尽管生产力从一开始就是社会发展的动力，但似乎并不像马克思所说的那样，在任何情况下都是解放的潜能，并引发解放运动，至少生产力的 bu 不断提高，依赖于

① Jürgen Habermas, *Technik und Wissenschaft als"Ideologie"*, Frankfurt/M.:Suhrkamp 2014, S.89.

科技进步——科技进步甚至具有了使统治合法性的功能。简言之，在后期资本主义社会，科学技术不仅成为第一生产力，而且成为意识形态新形式。

哈贝马斯认为，只要资产阶级意识形态仍然掩盖着资本主义发展动力，主动的适应（目的合理性行为的适应形式）与被动的适应（制度框架的适应形式）之间的不协调就不会被人们意识到。只有随着对资产阶级意识形态进行批判，这种不协调才能成为进入大众意识中。这种体验最为深刻的证明，还是《共产党宣言》。在那里，马克思以极其奔放的语言颂扬资产阶级革命的作用，断言历史是人们自己创造的，但不是借助于意志、意识创造的。“按目的合理性行为的自我调节模式重建社会，以此控制社会，并以同样的方式控制自然——这种愿望不仅存在于资本主义的技术统治意识中，也存在于社会主义的技术统治意识中。”①结果是以牺牲人性化为代价。可以看出，哈贝马斯对技术统治的隐形意识形态的批评。

总之，在哈贝马斯看来，由于国家对经济生活干预的加强，使经济问题变成政治问题；由于作为第一生产力的科学技术成为意识形态新形式，使得政治问题变成了技术问题。然而，技术问题涉及的是人与自然关系，政治问题涉及的是人与人关系。那么，把政治问题变为技术问题的目的，就是把人们的注意力集中在人与自然关系上而不顾人与人关系。这样，科学技术作为一种去政治化的隐形意识形态，就为统治合法性提供了基础。

第三节　科技意识形态论价值学评判

一、科学技术到底是不是意识形态?

这需要从科学技术与意识形态的关系说起。我们知道，在科学或科学技术问题上，经典马克思主义的观点是：科学或科学技术也是生产力；在

---

① Jürgen Habermas, *Technik und Wissenschaft als“Ideologie”*, Frankfurt/M.:Suhrkamp 2014, S.96.

意识形态问题上，马克思主义创始人看法是：意识形态是一种虚假观念或虚假意识。在这两点上，法兰克福学派与经典马克思主义并没有什么本质差别。但不同的是，法兰克福学派批判理论家提出了两个新观点：一是哈贝马斯于1968年首先提出的“科学技术是第一生产力”；二是霍克海默、马尔库塞、哈贝马斯等人独出心裁地认为“科学技术具有意识形态功能”。第一个观点实际上已经蕴含在经典马克思主义基本原理中；第二个观点不仅与正统马克思主义不同，甚至与早期西方马克思主义也有差别。因为马克思虽然注意到了两者之间的密切联系，但他始终未把科学技术看作意识形态，相反认为科学技术与意识形态从根本上说是对立的。列宁虽然认为意识形态与科学是可以统一的，并强调无产阶级意识形态是“科学的意识形态”，但他也没有把自然科学、科学技术当作意识形态。列宁的这个看法对早期西方马克思主义。例如：卢卡奇、柯尔施、葛兰西等人产生了重要影响。由此可见，科技意识形态论确实是法兰克福学派的独创。

然而，哈贝马斯的科技意识形态论具有双重性：一方面，根据传统理解，意识形态作为社会哲学概念，它是由政治法律思想、艺术、道德、宗教、哲学和大部分社会科学构成的有机整体，是对一定社会经济基础和政治秩序的自觉反映，在阶级社会中，它为特定的经济政治秩序服务，具有鲜明的阶级性；作为一种观念体系，它不仅解释世界而且指导人们改造世界，它具有积极和消极两方面作用。意识形态是社会意识形式的主要组成部分，自然科学、语言学、逻辑学等社会意识形式不属于意识形态。所以说，科学技术作为生产力的智能性要素，对生产力发展和社会进步具有重大作用；作为社会意识形式，对社会存在具有巨大反作用。但无论如何，科学技术不能算作意识形态。这样看来，科技意识形态论就不符合正统马克思主义观点。另一方面，在当代，科学技术确实具有了意识形态功能。哈贝马斯不仅明确指出只有在后期资本主义社会，科学技术才成为第一生产力和意识形态新形式，而且阐明了科学技术不是作为政治意识形态，而是作为去政治化的隐形意识形态起作用，并具体分析了技术统治的隐形意识形态与传统的政治意识形态、自由交换的基础意识形态的差异，这不仅修正了老批判理论的科技意识形态论，而且深化了意识形态问题的研究。

二、是否一切意识形态都是虚假意识？

这要从意识形态概念谈起。意识形态概念是当代西方哲学社会科学的关键词之一，也是西方马克思主义的核心概念之一。自法国学者德·特拉西（Destutt de Tracy）于1796年提出意识形态概念以后，学界对意识形态的研究就几乎没有中断过，人们围绕着“意识形态与政治”、“意识形态与科学”、“意识形态与艺术”等问题展开了讨论，形成了各种各样的意识形态理论。“意识形态”概念源于希腊文“观念”和“学说”两个词的组合，原意是关于观念的学说或观念学。在后来演变过程中，出现了四种不同的评判倾向：

一是德·特拉西等将意识形态视为肯定性概念，认为它是关于观念的学说或观念学，是指在某个人或某个社会共同体的心理中占支配地位的观念体系；二是青年马克思、晚年恩格斯，前期阿尔杜塞等将意识形态视为否定性概念，认为它是与科学对立的“非科学的东西”，即虚假意识；三是列宁、青年卢卡奇、柯尔施、葛兰西等将意识形态视为描述性概念，认为资产阶级意识形态是虚假意识，无产阶级意识形态是“科学的意识形态”；四是曼海姆等将意识形态视为总体性概念，认为一切知识都是意识形态，是关于存在联系的思考（不过，曼海姆也将意识形态视为与科学相对立的虚假意识、教义体系）。

法兰克福学派基本属于第二种倾向。霍克海默和阿多尔诺认为，在发达工业社会，统治者凭借科学技术手段日益发展有效的文化工业体系不断刺激人们的愿望，但它提供的愿望是可望不可及的。这样，文化工业通过不断地向消费者许诺而欺骗消费者；同时娱乐活动还被文化工业变成了公开的欺骗。在阿多尔诺看来，意识形态本质上就是不真实，即虚假意识、谎言。弗洛姆也指出，“意识形态既不是真理也不是谎言，或者说，既是真理又是谎言——人们真诚地相信这些意识形态，这个意义而言，它们是真理；从另一个意义来讲，即就这些被合理化了的意识形态具有掩盖社会和政治行动的真正动机这一点而言，这些意识形态又是谎言。”[1]从总体上看，早期批判理论家将意识形态视为虚假意识。

然而，将意识形态视为虚假意识并不是法兰克福学派的独创。根据目前掌握的材料，德文的“意识形态”（Ideologie）概念，最早出自马克思的“博士论文”。在那里，马克思说，我们的生活需要的不是 Ideologie 和空洞的假设，而是我们能够过没有迷乱的生活。在《答一家“中庸”报纸的攻击》中，马克思写道：我们且不要操之过急，让我们来看一看事情的实际情况，而不要成为 Ideologe。在《神圣家族》中，马克思说：拿破仑对工业琐事的轻视是他对 Ideologe 的轻视的补充。[2]

在《德意志意识形态》中，马克思就将意识形态称为“虚假观念”[3]。1893 年，恩格斯明确地将意识形态称为“虚假意识”，认为“意识形态是由所谓的思想家有意识地、但是却以虚假意识完成的过程。推动它的真正动力始终是它所不知道的，否则这就不是意识形态的过程了”[4]。在当时的历史条件下，马克思主义创始人批判意识形态的虚假性，具有重要的理论和现实意义。况且，在马克思那里，意识形态还被视为一个中性概念——“观念上层建筑”。因此，不能简单地说：一切意识形态虚都是虚假意识。事实上，列宁就说过，马克思主义作为意识形态与科学的统一，就是“科学的意识形态”，而非虚假意识。

这样看来，哈贝马斯的这个说法——早期批判理论对意识形态虚假性的批判基本上是重复马克思的观点——是成立的；但哈贝马斯的下述说

---

① ［美］埃里希·弗洛姆：《在幻想锁链的彼岸：我所理解的马克思和弗洛伊德》，张燕译，湖南人民出版社 1980 年版，第 139 页。

② 长期以来，国内外学者大都认为，德文的“Ideologie”概念，最早出现在《德意志意识形态》中。但是，俄罗斯学者奥伊泽尔曼在《作为意识形态的马克思主义》一文中提出，早在博士论文中马克思就使用了这个概念。（参见周亮勋：《“意识形态”一词在马列著作中的变化》，《国外理论动态》1999 年第 10 期；鲁克俭：《国外马克思学研究的热点问题》，中央编译出版社 2006 年版，第 154—155 页。经过查阅原著，上述说法得到了印证。另外，“意识形态”概念，多次出现在《马克思恩格斯全集》第 35 卷，人民出版社 1971 年版，第 43 页、第 313 页、第 1079 页。）

③ 《马克思恩格斯全集》第 3 卷，人民出版社 1960 年版，第 15 页。

④ 《马克思恩格斯选集》第 4 卷，人民出版社 1972 年版，第 501 页。

法——从“虚假意识”向“观念上层建筑”转变，使得马克思意识形态学说的批判性丧失殆尽——则是不正确的。虽然成熟时期的马克思不再使用“虚假意识”意义上的意识形态概念，但却仍然充满着意识形态批判精神，甚至可以说，历史唯物主义本质上就是一种意识形态批判理论。[①] 哈贝马斯甚至认为由于后期资本主义的巨大变化，以至于“使得马克思理论的两个关键范畴，即阶级斗争和意识形态，再也不能不根据情况而加以运用了”[②]。因而，历史唯物主义范畴框架需要重新解释。哈贝马斯的这些看法，并不符合马克思意识形态学说以及历史唯物主义的传统观点。

三、科技意识形态论是否反对科学技术本身？

对此，学界有一种流传甚广的说法，那就是法兰克福学派，当然包括哈贝马斯是反对科学技术、否定工业文明的。实际上，包括哈贝马斯在内的批判理论家只是对工具合理性霸权进行了批判，即对技术理性主义文化精神和工业文明弊端进行批判，而焦点是对科技意识形态的批判。在这个批判过程中，他们过分夸大了科技应用的负面效应和消极作用，因而，总体上属于科技悲观主义。其实，他们并不反对科学技术本身，也不否定工业文明，只是批判技术理性主义、科技乐观主义的局限性，尤其是批判唯科学主义。

例如：在《认识与兴趣》中，哈贝马斯全面地批判了实证主义，尤其是唯科学主义的客观主义方法论，强调科学的自我反思。在《后期资本主义的合法性问题》中，哈贝马斯在讨论“动机危机原理”时，涉及对唯科学主义的批判。他说，在发达资本主义社会，科学体系享有的权威所带来的政治后果是矛盾的：一方面，传统主义信仰的立场无法抵制随着现代科学发展而确立的话语辩护要求；另一方面，对个别信息的短暂的通俗综合代替了总体的阐释，并在抽象意义上保证了科学的权威。因此，科学的审判机关就包括两个内涵——一是对随意的偏见结构之广泛有效的批判；

---

① 参见俞吾金：《意识形态论》，上海人民出版社 1993 年版，第 160 页。

② Vgl.Jürgen Habermas, *Technik und Wissenschaft als“Ideologie”*, Frankfurt/M.:Suhrkamp 2014, S.84.

二是专业知识与专家判断的神秘性。就像R.本迪克斯[①]在《对科学的信仰》(1971)中所说，科学之唯科学主义的自我肯定，能够促进一种维系去政治化的公共领域之实证主义共同意识。但是，唯科学主义也确立了一套(本身也会受到批判、并被视为教条主义残余的)标准。在《后期资本主义的合法性问题》之《个体的终结?》一文中，哈贝马斯又进一步批判了唯科学主义。他指出，随着对外部世界控制的日益加强，世俗知识越来越独立于世界图景；而世界图景也越来越局限于社会整合功能。这样，科学就最终确立了对外部自然的垄断解释权，否定了传统的总体性解释，将信仰模式变成了唯科学主义立场：只允许人们信仰客观主义的科学。根据这种模式，自然灾害被视为世界范围内的社会事件，其影响也因大规模的行政管理操作而大大减弱。相反，今天，社会科学无法再承担起世界观功能。当它们最终从客观主义的历史哲学中产生出来时，它们也就消解了秩序形而上学表象。

所以说，法兰克福学派批判理论家(包括哈贝马斯)对科技意识形态功能的批判，实际上是对资本主义条件下科技理性异化的批判，这对于克服技术合理性的缺陷、重建人文理性，对于反思工业文明、重建未来文明都具有重要的启发意义和借鉴作用。

第四节　技术进步与政治科学化

一、技术进步与社会生活世界

在《技术进步与社会生活世界》一文中，哈贝马斯指出，“技术进步与社会生活世界”这个问题，是最近一代或两代人以来才进入人们的意识中的。文学也在讨论这个问题，但这个问题首先是科学本身要研究的。在哈贝马斯看来，科学与文学，或曰经验科学与精神科学这两种文化之间的鸿沟是不可避免的。研究科学与文学的关系，只是抓住了一个问题：如何

① R.本迪克斯(Reinhard Bendix，1916—1991)，德裔美国社会学家。

将技术上有用的知识转化为社会生活世界的实践知识。“今天，技术知识转化为实践知识，也许不仅仅在总量上发生了变化；生活实践问题要求一种合理的讨论，即既不涉及技术手段，又不涉及传统的行为规范的应用。生活实践所要求的反思，超越了技术知识的产生与对传统的解释学的解释。”①

在今天，科学研究过程与技术转化过程、经济应用过程联系在一起，科学与工业社会劳动系统中的生产和行政管理联系在一起：科学在技术中的应用，以及技术进步反过来应用于科学研究，成为劳动世界的实质。哈贝马斯指出，过去，理论能够通过教育而成为实践力量；今天，理论能够非实践地发展成为技术力量——就是说，今天，实践问题，在很大程度上是由技术成就本身的系统规定的。这样，技术进步与社会生活世界的关系，以及将科学信息转化为实践意识，就不是私人教育的事情了。

因此，哈贝马斯想用政治意志形成的参考系来重新表述技术进步与社会生活世界的关系问题。在他看来，所谓“技术”，就是从科学上合理化地占有（支配）对象化过程；所谓“系统”，就是指科学研究和技术，向经济和行政管理之反馈；所谓“民主”，就是指制度得以保障的一般的、公共的交往形式，它涉及这样一个实践问题：在支配力量日益扩大的客观条件下，人们如何能够、是否愿意生活在一起？哈贝马斯说，今天，“我们的问题是技术与民主的关系问题：如何能够将技术支配力量反作用于行动着的、谈判着的公民的共识？”②。对于这个问题，至少有两种不同的回答。

（1）马克思理论的回答：马克思批判资本主义生产关系处于同生产者的自由、同生产者独立化的暴力之中；由于社会所生产的财富的私人占有形式，使得创造使用价值的技术过程陷入创造交换价值的经济过程的异化规律之中。一旦将资本积累的固有规律性追溯到生产资料私有制，

① Jürgen Habermas, *Technik und Wissenschaft als"Ideologie"*, Frankfurt/M.:Suhrkamp 2014, S.108.

② Jürgen Habermas, *Technik und Wissenschaft als"Ideologie"*, Frankfurt/M.:Suhrkamp 2014, S.114.

那么人们就能够看穿并扬弃作为生产者自由之异化劳动的经济强制。最终社会生活的再生产，作为创造使用价值的一个过程，就能够被合理地计划：社会按联合起来的个体的意志和洞见，从技术上民主地控制这个过程。

（2）H. 弗莱尔[①]、H. 舍尔斯基[②]的回答：尽管 H. 弗莱尔像海德格尔、F.G. 荣格一样，从事技术的文化批判，H. 舍尔斯基与 J. 埃吕尔一起陷入技术进步的保守主义，但 H. 弗莱尔、H. 舍尔斯基有共同性，即他们构思了一种不同于马克思的、承认技术独立化的模式。在 H. 弗莱尔看来，人的抽象能力的增长与更新，是通过自动的进步获得的。为了达到具体目标，必须掌握这种抽象能力。H. 舍尔斯基认为，技术进步和未预见的方法一起还会产生无计划的使用目的：技术的可能性强迫它的实践应用。由于科技文明的客观规律性代替了政治的规范与法则，于是，民主观念甚至失去了其古典的实质。

哈贝马斯认为，上述两种回答都不能令人满意，因为都没有回答这个问题：如何控制技术进步与社会生活世界之间自发形成的关系。

在哈贝马斯看来，马克思的理论回答存在着问题，即马克思将政治公共领域的实践洞见与技术支配等同起来。这样，马克思就没有料到：对物质生活条件的科学控制与民主意志形成之间在所有阶段上都会出现差异。从哲学上看，其原因在于：社会主义者从来也没有期望极权主义的福利国家，即社会财富相对保障、但却排除了政治自由的国家。当然，即使技术上占有了马克思为共产主义阶段所假定的社会物质条件，社会解放也不一定会出现。

针对 H. 弗莱尔、H. 舍尔斯基的观点，哈贝马斯指出，今天，技术进步的方向在很大程度上依赖于公共投资，它仍然是由那些从社会生活再生产的强制中自发产生出来的社会利益规定的。因而，认为技术与民主趋同的乐观主义假定是不对的；同样，认为民主被技术所排斥的悲观主义

---

① H. 弗莱尔（Hans Freyer，1887—1969），德国保守主义社会学家、哲学家。

② H. 舍尔斯基（Helmut Schelsky，1912—1984），德国保守主义社会学家。

论断也是不对的。因为今天，新的技术能力出人意料地进入现存的生活实践形式之中，得到扩大的潜在的技术支配力量，使合适的合理性后果与未加反思的目标，即僵化的价值体系、脆弱的意识形态之间的误解公开化。

在《作为“意识形态”的技术与科学》一文中，哈贝马斯指出，尽管社会利益仍然一如既往地规定着技术进步的方向、功能、速度，但社会利益与维护社会系统的兴趣相一致。科学技术准自发的进步表现为独立的变量，而最重要的变量如经济增长实际上依赖于科技的这种准独立的进步。这样就产生了下述视角：社会系统的发展似乎是由科技进步规定的。在《科学技术的实践后果》一文中，哈贝马斯说，根据历史哲学的一贯看法，科学技术的进步，同时也是道德的、政治的、文明的进步；但几百年来科学技术发展过程是令人担忧的。为此，哈贝马斯讨论了关于技术进步的各种看法。例如：技术发展的内在逻辑（盖伦）、技术的文化批判（海德格尔、F.G.荣格、H.弗莱尔）、技术进步的保守主义（H.舍尔斯基、J.埃吕尔）、技术统治批判（马尔库塞）。哈贝马斯说，尽管《共产党宣言》用夸张的语言赞扬了资产阶级革命，但马克思首先提出的控制与技术进步的社会文化后果的意向，今天在东方和西方得到了越来越有力的贯彻。①

哈贝马斯强调，在发达工业社会，人们必须下大力气，自觉地把握技术进步与大工业社会的生活领域之间的中介。在他看来，一个社会系统仅仅满足技术合理化条件是不够的。随着技术进步本身所带来的出人意料的社会文化后果，人类不仅诅咒社会命运，而且学会了控制社会命运。技术挑战不仅通过技术来面对，毋宁说必须进行有效的政治讨论，即把技术知识、技术能力的社会潜能与人们的实践知识、实践意愿合理地联系在一起进行讨论，借此重建政治家与技术专家的关系。“今天，统治的非理性已经成为集体生存的危险；这种统治的非理性只有通过政治意志的形成才能克服；而政治意志的形成与普遍的、非支配的讨论联系在一起。被消解了

① Vgl.Jürgen Habermas, *Theorie und Praxis.Sozialphilosophische Studien,* Suhrkamp 1978, S.354.

的反思力量不能通过技术上有用的知识的传播来代替。”①

二、政治科学化与科学政治化

在《科学化的政治与公共意见》一文中，哈贝马斯指出，今天，尽管政治科学化还不是一种事实，但无论如何已经成为一种趋势。因为现代国家，已经进入 M. 韦伯所说的“合理化”新阶段。正如前面所说，在 M. 韦伯那里，合理性就意味着，劳动工业化、生活方式都市化、法律交往形式化、统治官僚化。在合理化的现代国家中，仍然涉及专业技术知识与政治实践的关系问题：政治家使用技术知识，但自我保护与统治的实践却要求被决定的意志令人感兴趣地贯彻。究其实质而言，政治行为不能合理地自我辩护；毋宁说，政治行为是在竞争着的价值秩序与信仰力量之间进行抉择。哈贝马斯说，今天，被提出的问题是，在统治合理化的第二个阶段上，决定论模型是否还要求令人信服的有效性。今天，有人（如 J. 埃吕尔）想放弃有利于技术专家统治论模型的关于专业知识与政治实践关系的决定论规定。

J. 埃吕尔②试图放弃技术决定论，主张技术自主论，即（1）技术发展有其自身固有的逻辑；（2）技术对社会的全面渗透使技术摆脱了社会控制；（3）技术对人的观念、思维方式的全面影响，使人依赖于技术而非控制技术。由此可见，J. 埃吕尔在人与技术关系问题上，坚持一种技术保守主义立场，认为在技术自主性面前，人是没有自主性的，甚至说，人是一种技术的生存。离开技术，人的任何自由都是不可能的。

对待技术自主论和技术决定论，哈贝马斯皆不赞同、均有批评。一方面，哈贝马斯不赞同技术自主论，断定“技术进步自身有固有规律性命题”是不正确的，甚至在一定程度上承认技术专家统治论模型的合理性，指出技术专家对政治家的依赖关系似乎翻转了：技术专家的倡议转变为科学分析与技术计划；政治家成为科技专家（决断）的执行人。这样，国家就不

① Jürgen Habermas, *Technik und Wissenschaft als“Ideologie”*, Frankfurt/M.:Suhrkamp 2014, S.119.

② J. 埃吕尔（Jacques Ellul，1912—1994），法国技术哲学家、社会学家。

再是用暴力来实施根本上无法辩护的、仅仅保留决断者利益的机器，而成为通常所说的合理的行政管理机构。另一方面，哈贝马斯也批评技术专家统治论，认为这个模型是有缺陷的：一是它假定了技术进步的内在必然性，以及虚假的独立性；二是它不能解决技术问题与实践问题中根本不存在的合理性的连续性。

H. 吕贝尔（Hermann Lübble）将合理化的新阶段纳入决断论模型中，但仍然坚持 M. 韦伯、C. 施米特关于技术知识与政治统治对立的观点。哈贝马斯指出，甚至扩展了的决断论模型，也没有解决原来的可疑性。因而，这种模型虽具描述价值，但并非无须进一步反思：用决断论将实践问题之价值问题与生活问题分开，在任何情况下都是抽象的。不过，在实用主义模型中，批判的、变化了的关系取代了专家职能与政治家职能的严格区分。这种变化了的关系，不仅使得意识形态统治失去了合法性基础，而且使得统治从整体上发生了实质性变化。

哈贝马斯总结道，在不考虑现代大众民主宪法的情况下，将专业知识与政治实践的关系规定为三种模型：（1）在技术专家统治论模型中，与实际上屈从于事态强制、只是虚假地决断的政治家相比，专家成为权威——哈贝马斯认为，技术专家统治论模型将政治统治还原为合理的行政管理，只能以全部民主为代价，使得民主意志形成成为无对象的。（2）在决断论模型中，在必然合理化的实践领域之外，还存在着一个像从前一样必须根据意志行为决断的实践问题域。根据这个模型，决断本身原则上必须逃离公共讨论。例如：根据熊彼特的政治社会学理论：民主意志形成过程最终被迫追溯到被选出来的进行统治的精英之有规则的喝彩过程——哈贝马斯认为，这种统治可以合法化，但不能合理化。（3）在实用主义模型中，技术专家给作出决断的管理机关提出建议，政治家根据实践需要给科学家委托任务。根据这个模型，将技术建议、策略建议有效地转变为实践，依赖于政治公共领域的中介，因为专家与政治当局之间的交往，必须与现存社会生活世界的社会利益、价值取向联系在一起——哈贝马斯认为这种模型必须涉及民主。对政治科学来说，科学化的政治与公共意见的关系是构成性的，但这个问题在实用主义那里未被当作主题加以讨论。因此，实用主义模型不能不加思考地应用于现代大众民主的政治意志形成，这是因为它忽视了科学信息向实践的日常语言可靠转化的逻辑特性与社会先决条件。

哈贝马斯指出，科研项目的政治委托人与拟定科研规划的专家之间的转化过程，也是大型制度化过程。在科研管理和咨询机构中，科学与政治之间的持续交往关系已经确立，科学家与政治家之间的对话不会停止。因而，科学与政治之间的转化过程，最终关涉到公共意见。作为政治意志形成的启蒙，只有在公民交往的范围内，才能重新获得效力。不过，在政治与公共领域之间仍然存在着阻碍。例如：保守主义、官僚主义、专业主义；当然，在政治与公共领域之间也存在着反阻碍的力量。例如：专业刊物的发展、国际和平主义、角色冲突理论。“一个科学化的社会，作为一个成熟的社会，似乎只有在科技通过人的大脑与生活实践关联时才能建成。”① 在特殊的维度上，技术知识有可能被加以控制地转化为实践知识。因而，政治统治有可能在科学指导下实现合理化。但这种合理化可能提前中断，甚至技术专家统治论梦想的政治决策成为独断专行。这是围绕着技术合理化而产生的、未得到解决的实践问题。

在《高校的民主化就是科学的政治化?》一文中，哈贝马斯围绕着“何谓高校的民主化？何谓科学的政治化？什么是高校的自主权？什么是科学的自主性?”等问题，讨论了高校民主化与科学政治化的关系。在他看来，以高校自治为核心的“民主化”会带来一些值得严肃对待的问题。例如：(1）高校民主化将使高校承担与高校职能相矛盾的政治负担，某些措施使高校具有了政治行为能力，但会使高校失去独立性。(2）高校民主化导致科学的政治化，但科学的政治化与科学的内部条件是不相容的：一种应该将科研与教学的内在关联说清楚的具体的科学批判，恰恰反对为了政治目的将科学工具化。(3）高校民主化使高校产生了各种政治派别：拉帮结派。(4）高校民主化将使高校迄今为止属于院系职权范围的问题，交由行政管理部门解决。哈贝马斯说，如果将实际的科学批判称为科学的“政治化”，

① Jürgen Habermas, *Technik und Wissenschaft als“Ideologie”*, Frankfurt/M.:Suhrkamp 2014, S.144.

那么，只有当科学丧失了自主性、只有当社会审判机关为了实现没有合理证实的目标和利益而需要科学时，这种“政治化”才能被认识；不过，科学自我反思意义上的“政治化”，不仅是合法的，它还是科学自主性的条件。今天，它不再能够被非政治地保障。①

综上所述，本章立足于霍克海默、马尔库塞、哈贝马斯的有关文本，对科技意识形态论进行了发生学探究和逻辑学构建，并对科技意识形态论进行了价值学评判，这就进一步深化了对科学技术与意识形态关系问题的理解；此外，还围绕着“技术进步与政治科学化”讨论了技术进步与社会生活世界，尤其是技术与民主的关系，以及科学与政治之间的转化，即政治科学化与科学政治化问题，这就进一步深化了对科学技术与民主政治关系问题的理解。

① Vgl.Jürgen Habermas, *Theorie und Praxis.Sozialphilosophische Studien,* Suhrkamp 1978, S.384—385.

第二章　合法性危机与生活世界殖民化

众所周知，1968 年“五月风暴”之后，法兰克福学派在社会上的影响越来越大；但在学派内部，从理论到实践都产生了巨大分歧。实际上，早在 20 世纪 60 年代初，在《公共领域的结构转型》中，哈贝马斯就已经流露出与早期批判理论不同的倾向。在《理论与实践》、《认识与兴趣》等著作中，哈贝马斯在重建批判理论规范基础的过程中，逐步放弃了“批判的马克思主义”立场，转向“重建的马克思主义”。后来，在《论社会科学的逻辑》、《后期资本主义的合法性问题》、《重建历史唯物主义》等著作中，哈贝马斯对早期批判理论进行了批判与重建、拓展和深化。而《交往行为理论》、《道德意识与交往行为》、《话语伦理学解说》、《事实与价值》等著作，则创立了自己的“新批判理论”。在这里，我们不想对哈贝马斯的“新批判理论”进行系统阐发，而主要阐述哈贝马斯的合法性危机论和生活世界殖民化理论。在其中，哈贝马斯对后期资本主义文明进行了批判性反思，这体现着他对早期批判理论主题的继承；但他又放弃了早期批判理论家对工业文明的激进批判立场，态度显得比较温和，甚至有对后期资本主义文明进行辩护的嫌疑。本章将主要讨论现代国家中的合法性问题、后期资本主义危机趋向，以及系统的不断增长与生活世界殖民化。

第一节　现代国家中的合法性问题

在哈贝马斯那里，合法性危机与合法性问题密切相关。因而，要想揭示合法性危机，首先必须考察合法性问题。围绕着合法性问题，出现了许多需要解决的具体问题。例如：合法性概念与合法性信念，合法性的产生与合法性的变化（根源、基础、要求、欠缺、获得、剥夺），合法性困境与合法性危机（冲突、辩护、困境、危机）等。

20世纪60年代末，在《作为“意识形态”的技术与科学》中，哈贝马斯就涉及了合法性问题。在那里，哈贝马斯讨论了合法性基础、合法性要求、合法性机会、合法性功能、合法性的变化，以及统治的合法性、统治的合法性形式、领导集团的合法性、合法的统治秩序、生产的合法关系等。20世纪70年代，在《后期资本主义的合法性问题》一书，以及收录在《重建历史唯物主义》中的“现代国家中的合法性问题”、“危机在今天意味着什么？——后期资本主义的合法性问题”①、“合法性概念关键词”等文章中，哈贝马斯又进一步讨论了合法性问题。

《后期资本主义的合法性问题》是哈贝马斯于1973年出版的一部系统揭示后期资本主义危机的著作。从逻辑结构看，该书除“前言”外，包括三个部分，其中，“第一部分：社会科学的危机概念”包括4章：系统与生活世界（第1章）、社会系统的几个构成要素（第2章）、社会组织原则解释（第3章）、系统危机——以自由资本主义危机周期为例解说（第4章），从危机概念入手，以自由资本主义周期性危机为例，阐发了资本主义系统危机。哈贝马斯说，本书第一部分明显具有纲领性质，迄今社会进化论几乎还没有形成，尽管它必须成为社会理论的基础。“第二部分：后期资本主义的危机趋向”包括8章：后期资本主义的描述模型（第1章）、后期资本主义增长的后果问题（第2章）、可能的危机趋向分类（第3章）、经济危机原理（第4章）、合理性危机原理（第5章）、合法性危机原理（第6章）、动机危机原理（第7章）、小结（第8章），主要讨论了后期资本主义发展趋向、危机类型，目的是要说明将马克思的危机理论应用于变化了的后期资本主义现实导致了许多困难，因而，需要用新的危机理论，即合法性危机论取代经济危机理论。“第三部分：论合法性问题的逻辑”包

---

① 该文是哈贝马斯应（罗马）歌德学院之邀所做的学术报告，首先发表在《水星》杂志总第17期（1973年5月），体现着《后期资本主义的合法性问题》一书的主要观点，可以说是该书的观点精粹。

括6章：M.韦伯的合法性概念（第1章）、实践问题的真理性（第2章）、普遍利益的压抑模型（第3章）、个体性的终结（第4章）、复杂性与民主（第5章）、对理性的偏爱（第6章），这些主题“开放性的”文章，从M.韦伯的合法性概念出发，试图表明“当代社会形态理论的实质问题与（希望不仅能够在交往行为理论框架中阐明的）基本问题之间的紧密联系”①。

一、合法性概念

在《后期资本主义的合法性问题》之“论合法性问题的逻辑”中，哈贝马斯强调，动机危机原理有两个先决条件：其一，动机是通过以符号形式表现出来的结构之内在化而建造的；其二，根据动机形成的价值和规范与真理有内在关联。关于第一点，哈贝马斯在此不想加以详述；他感兴趣的只是第二点，即事实上有效的价值和规范（包括法律规范和道德规范）与真理的内在相关性问题。哈贝马斯认为，在当代社会学中，合法性概念的有用性是没有异议的，因为根据合法性的形式和内容可以界定M.韦伯意义上的法理型统治类型。所谓“法理型统治”，就是指现代社会特有的、依照法律形式和法律程序调节的统治类型。M.韦伯将现代西方社会的国家秩序理解为“法理型统治”的各种表现，这种统治的合法性建立在对于实施统治的合法律性信念基础之上。然而，关于合法性信念与真理的关联问题却是有争议的。对M.韦伯来说，“合法的统治”（legitime Herrschaft）通过服从法律或者忠于宪法而同时成为“合法律的统治”（legale Herrschaft）。因而可以说，关于合法性信念与真理的关联问题的讨论，是由M.韦伯关于合法律性信念的看法引起的；同时也引出了关于行为规范和评价规范的论证可能性问题。今天，社会科学对合法性过程的研究，包括马克思主义理论家在内，并没有摆脱M.韦伯的影响。

在《后期资本主义的合法性问题》之“论合法性问题的逻辑”部分，以及《重建历史唯物主义》之“合法性”部分中，哈贝马斯讨论了合法性

① Jürgen Habermas, *Legitimationsprobleme im Spätkapitalismus*, Frankfurt/M.:Suhrkamp1973, S.7.

概念。根据人们对合法性信念与真理的关联问题的看法，以及合法性与合法律性的关系，哈贝马斯区分了三种不同的合法性概念。

第一，规范主义合法性概念（合法性 = 合法律性）。合法性信念被理解为与真理没有内在关联的经验现象，它的基础只具有心理学意义。在这种情况下，只有辩护理由的动机功能才可以成为研究对象。对法理型统治来说，这就意味着，一种统治被视为合法的，至少需要满足两个条件：一是必须肯定性地确立规范秩序；二是必须相信规范秩序的合法律性，即相信形式的、具体的立法程序和执法程序。这样，合法性信念就萎缩为合法律性信念。

今天，卢曼是这种观点的代表。他认为，如果纯粹合法律性的合法性得到承认，即法律之所以被尊重，是因为它是根据一定的规则通过负责任的决断确立的。因此，在关于人类共同生活的核心问题上，随意性变成了制度。这时，社会的法律就被实证化了。所谓“法律实证化”，就意味着任何随意的内涵都能赢得合法的法律效力，而且是通过（既可以赋予法律有效性，又可以剥夺法律有效性的）决断赢得的。这样，形式的程序规则就足以作为合法化决断的前提，它们本身不需要进一步合法化。哈贝马斯说，在这里，卢曼遵循的是 C. 施米特奠基的决断论的法律学说。哈贝马斯指出，这种本身具有意识形态嫌疑的、决断论的法律学说之基本误解在于：法律规范的有效性基于而且只能基于决断。但实际上，在任何情况下，行为规范之真正的有效性要求（至少含蓄地）求助于话语的可论证性。①

哈贝马斯认为，这种规范主义合法性概念与古典政治学有着密切联系。在这个可以追溯到苏格拉底、柏拉图、亚里士多德的传统中有许多重要作家，他们都拥有实质伦理概念、规范的善概念、德性概念、福利概念等。尤其是在亚里士多德主义传统中，实践哲学得到了复兴。亚里士多德主义传统的实践哲学，在放弃形而上学的理论要求的情况下，对善、德

---

① Vgl.Jürgen Habermas, *Legitimationsprobleme im Spätkapitalismus*, Frankfurt/M.:Suhrkamp1973, S.139.

性、正义等一般概念进行阐释，目的是保证实质伦理的不变的核心。伽达默尔对尼各马柯伦理学的哲学阐释，以及 W. 亨尼斯为政治学提出的主题要求，就是两个典型事例。哈贝马斯分析道，如果哲学伦理学和政治理论，与任何一个普通人的日常规范意识没有什么不同，那么它们就不能正确地区分合法的统治与非法的统治（即使非法的统治也需要赞同，否则它就不能长期存在）；相反，如果哲学伦理学和政治理论能够揭示一般意识的伦理核心，并将它重构为规范伦理概念，那它们就必须命名标准、给出理由，即再生产理论知识。①

第二，经验主义合法性概念（合法性 = 合理性 ≠ 合法律性）。在这里，有效的合法性信念以与真理的内在关联为先决条件，它的基础拥有（不依赖其心理作用就能被检验和批判的）合理的有效性要求。在这种情况下，其动机功能被视为不能脱离其可以批判的、合理的动机要求。这样，仅仅诉诸这个事实，即国家可以根据系统确立的合理的规则实施立法垄断和执法垄断，显然是不够的；程序本身不能产生这样的合法性，而是处于合法性强制之下。因而，如果合法律的统治被视为合法的，至少还需要满足一个条件：它必须对这种形式的程序之合法性力量给出理由。例如国家暴力的程序潜能是根据宪法构建的。

今天，温克尔曼（Johannes Winckelmann）是这种观点的代表。他认为，M. 韦伯意义上的形式合理性不是合法律的统治之充分的合法性基础：合法律性信念不是通过自身而合法化的；毋宁说，法律实证主义要求基于价值合理性的普遍共识。如果能够给出理由表明，在一定制度的边际条件下，某些形式的程序能够满足实质正义要求。只有在这种情况下，合法律性才能获得合法性。在哈贝马斯看来，温克尔曼的观点必然导致这个结论——合法律性信念的价值合理性基础是可以论证、可以批判的——这就与 M. 韦伯主张的价值多元论格格不入；重要的是，温克尔曼试图为现代自然法恢复名誉的努力，与（舍勒、N. 哈特曼的）实质的价值伦理学尝

① Vgl.Jürgen Habermas, *Zur Rekonstruktion des historischen Materialismus*, Frankfurt/M.:Suhrkamp1976, S.295—296.

试一样徒劳无益。

事实上，与这种经验主义合法性概念接近的，还有H. 皮特金（H. Pitkin.Fenichel）。在《维特根斯坦与正义》（1972）中，H. 皮特金借用维特根斯坦“语言游戏说”对苏格拉底与斯拉西马霍斯关于正义之争（正义是否仅仅是强者的利益?）做了解释：两者关于正义之争，体现着规范主义正义论与经验主义正义论，这是两种不同的语言游戏的语法。哈贝马斯指出，H. 皮特金的理论可以视为由维特根斯坦激发的、并使之同样陷于困境的语言分析的变种。尽管H. 皮特金将德性与正义当作合法的统治之有效性基础，但他只是诉诸习俗。①

第三，重建的程序主义合法性概念（合法性→合法律性）。在《社会理论还是社会技术学?》中，当哈贝马斯与卢曼论争时，他试图从一种可以论证的合法性信念中推出合法律性信念。哈贝马斯说，如果纯粹的合法律性应该能够被视为合法性的标记，那么，统治系统就必须在整体上被合法化。这意味着，如果统治系统只能在以法律形式实施的统治中被合法化，那么，对法律技术形式本身，即纯粹的合法律性之长期承认，就不可能得到保证。与卢曼主张的观点——通过制度化的法律形式，即法律程序就可以使决断权力合法化——不同，哈贝马斯认为，一种法律程序总是只能间接地通过求助于(必须得到承认的）审判机关，才能被合法化。另外，立法机构和执法机构绝不是通过法律程序的合法律性而被合法化的，而是通过在整体上支持统治系统的一般阐释而被合法化的。②

哈贝马斯认为，关于规范主义合法性概念与经验主义合法性概念，要么仍然受到形而上学的束缚，要么放弃了有效性基础的重要性，因而，要么站不住脚，要么不能令人满意。于是，哈贝马斯试图重建程序主义合法性概念。这种合法性概念的出发点是：“建议X是合法的”与“建议X是普遍的（或公共的）利益”，这两个命题是同义的。在这里，X既可以是

① Vgl.Jürgen Habermas, *Zur Rekonstruktion des historischen Materialismus*, Frankfurt/M.:Suhrkamp1976, S.298.

② Jürgen Habermas/Niklas Luhmann, *Theorie der Gesellschaft oder Sozialtechnologie?* Frankfurt/M.:Suhrkamp1976, S.243f.

行为，又可以是行为规范或行为规范体系（例如：统治系统）。因而，“建议 X 是普遍的（或公共的）利益”意味着，与建议 X 密切联系的规范有效性要求被视为合法的。在这里，哈贝马斯采纳了 V. 赫尔德在《公共利益》（1970）中提出的观点。这些竞争着的有效性要求的合法性，是由每个可能的辩护系统决定的。“我们将每一个辩护称为合法性”①。

哈贝马斯表示，为了更好地谈论重建的程序主义合法性概念，必须对合法性信念进行解释和评判，而且还要对重建的辩护系统进行评价。因此，必须回到实践哲学的基础问题。在现代，它又被当作程序问题和先决条件问题进行反思。只有在这些程序和先决条件下，辩护才能拥有达到共识的力量。在这里，哈贝马斯既赞同罗尔斯②的正义论、洛伦岑③的言谈实践方法论哲学，以及阿佩尔的一般语言伦理学的某些论点，又对之提出了异议：任何一种一般的辩护理论，在与合法统治的历史特征相比较时，都是特别抽象的。只有柯尔伯格很好地确证了的认知主义发展心理学，才可以理解为富有启发性的提示与鼓励。

不过，哈贝马斯重建的程序主义合法性概念遭到了 W. 法赫（W.Fach）的批评。在《合法性概念关键词》、《答 W. 法赫先生》中，哈贝马斯对 W. 法赫进行了反批评，并为自己提出的合法性概念进行辩护。哈贝马斯指出，W. 法赫对其合法性概念的批评是断章取义的；对其断言的重构是不完整的，或者是误解的；W. 法赫所说的“合法性悖谬”不能令人信服。因而，哈贝马斯仍然坚持自己的观点——在可以批评的有效性要求的实际承认中分析合法性信念；如果不讨论与话语相关的合法性概念，合法性问题就不能被充分地分析；规范有效性要求只能通过话语来兑现；合法性批判过程可以用普遍化利益的话语构想来解释；即使“统治”当作“阶级统治”的同义词，与话语相关的合法性概念仍然是研究合法性批判过程以及由此引起的统治系统转型的合适工具。

---

① Vgl.Jürgen Habermas, *Zur Rekonstruktion des historischen Materialismus,* Frankfurt/M.:Suhrkamp1976, S.298.

② 罗尔斯（John Bordley Rawls，1921—2002），美国政治哲学家、道德哲学家。

③ 洛伦岑（Paul Lorenzen，1915—1994），德国哲学家、数学家，埃尔朗根学派创始人。

二、发达资本主义社会的合法性问题

第一，现代合法性的基本原则。在哈贝马斯那里，合法性意味着，与一个政治秩序紧密联系的、被承认为正确的和公正的要求，对自身来说要有好的论据；而且，一个合法的秩序值得承认。哈贝马斯说，这个定义突出的是：合法性是一种有争议的有效性要求，统治秩序的稳定性也依赖于对这种有效性要求（至少）事实上的承认。因而，不论从历史上看还是从分析上看，合法性概念首先使用于这些情况：一个秩序的合法性被争议，即出现了合法性问题——有人否定其合法性，有人肯定其合法性。今天，将合法性当作一个持续性问题，是现实主义的。当然，在这个框架中，合法性冲突也只有通过基本原则问题才能爆发。这些冲突导致暂时的合法性剥夺，在某些情况下，甚至会导致政府存在危机的后果。“如果这种合法性危机不仅导致国家基本制度变化，而且导致整个社会基本制度变化，那我们就说这是革命。”①但如果将宗教改革、织布机采用、德国观念论称为“革命”，那则是对“革命”的庸俗化表达，从而无助于合法性概念的澄清。

所以，哈贝马斯强调，限定合法性概念的使用领域不是无关紧要的。在他看来，只有政治秩序才拥有或可能失去合法性；也只有政治秩序才需要合法性。现代跨国公司或世界市场，以及按亲缘关系组织起来的原始社会，是不能拥有合法性的（在原始社会，“合法性力量”源于神话或血缘系统本身）。只有在谈论政治秩序和政治统治时，我们才能谈论合法性。由此可见，合法性是一个现代政治概念。不过，合法性主要是合法律性。例如：法官所拥有的（围绕着被承认的法律规范基础之上的冲突调节核心而形成的）合法的权力，可能成为统治系统的核心；如果国家暴力要持续下去，那它就必须被认为是合法的。

在（应当阐明现代国家形成的）现代政治发展理论中，认同保证、合法性获得、社会整合，都被列为一般的系统问题。不过，如果对这些概念进行系统理论的重新描述，那么就会掩盖对政治统治来说是结构性的关

① Jürgen Habermas, *Zur Rekonstruktion des historischen Materialismus*, Frankfurt/M.:Suhrkamp1976, S.272.

联。因此，现代化研究有理由将国家形成与民族形成当作两种不同的过程，尽管它们是相互依存的过程。这样，将合法性范畴限制在由国家组织的社会，即后期资本主义社会中，并不是无关紧要的。

（1）如果将合法的权力与政治统治等量齐观，那就必须断言：任何一个政治系统，若不能成功地诉诸合法性，那它就不能长久地保证社会成员的大众忠诚。在关于 M. 韦伯的法理型统治的讨论中，C. 施米特、卢曼的合法性概念前后不一致：一方面，他们认为，在现代国家中，合法律性地作出的决断，甚至能够无动机地被人们接受；另一方面，他们又说，通过价值和规范实现的、由国家权威保护的社会整合，从根本上说，可以通过系统整合，即非规范的社会结构（或机制）的潜在功能所代替。这就与下述断言相符合：系统成就使得合法性观念成为多余的，从中立立场观察到的国家机器或经济系统的效果是起合法性作用的。

（2）根据 C. 施米特、卢曼的合法性概念，合法性问题不应是现代的特殊性问题，而是世界范围内的问题。哈贝马斯表示不理解：面对这些世界范围内的现象，为什么他们硬说合法性问题只是在市民社会和现代国家中才出现的问题？按照 Ch. 梅尔（Ch.Meier）在《“民主”概念的形成》(1968) 的说法，最迟自亚里士多德以来，政治理论就致力于研究合法统治的兴衰。所以，哈贝马斯说，合法性冲突并非只有在现代资本主义国家才存在的问题，在传统社会中已经存在着。不过，在传统社会中，合法性冲突采用的典型形式是先知形态和救赎运动——既反对使国家、教会、殖民统治合法化的官方宗教，又求助于原始宗教。

（3）针对 W. 亨尼斯关于合法性问题与阶级冲突无关的观点，哈贝马斯表示更加不能理解。哈贝马斯指出，传统社会中固有的结构性冲突，必然一再渗透进合法性危机之中；至于资本主义社会，那就根本无需浪费笔墨了。实际上，阶级冲突建立在不同的解合法性现象的基础之上；因为在马克思的意义上，社会的国家组织是阶级结构最重要的条件。当然，一般情况下，合法性冲突不能在经济冲突术语中提出，而只能在合法性理论层面上提出。合法性冲突必然涉及集体认同，而集体认同又只能以建立统一、保证共识结构（例如：语言、种族归属、传统，或理性）为基础。

总之，哈贝马斯将合法性理解为“一种政治秩序值得承认的尊严性”①。合法性要求指向用社会整合来维护的、由规范规定的社会认同，即用合法性表明，如何、为什么现存的（或建议的）社会制度适合于实施政治权力，从而实现对社会认同来说的结构性的价值。至于合法性是否被人们所信任，则依赖于经验动机；但经验动机的形成，并不独立于形式上可分析的合法性本身的辩护力量。

第二，现代合法性问题的基础与类型。为了揭示现代合法性问题如何从现代国家结构中产生出来，以及在发达资本主义社会中又是如何变化的，哈贝马斯首先区分了合法权力的确立和维持，与合法权力的特征和统治类型；并区分了合法性的基础与统治的制度化。

在哈贝马斯看来，一定的制度系统与现存的辩护水平是一致的。当然，对于历史上众所周知的辩护水平，哈贝马斯不能按其形式特征来刻画，而只能简略地勾勒：尽管合法性主要是合法律性，但又不限于合法律性。就是说，在不同的历史时期，有不同的合法性需求，也有不同的合法性辩护。例如：在原始社会里，占支配地位的是借助于原始神话进行合法性辩护；在传统社会里，道德、宗教、哲学成为合法性辩护手段。到现代社会中，随着现代科学形成，人们学会将理论论证与实践论证严格地区分开来，用现代自然法重构古典自然法，从而使得正在形成的国家合法化。“在卢梭和康德那里，这种发展引出了这个结论：在实践问题中，即在规范和行为的辩护问题中，理性的形式法则代替了实质法则（例如：自然和上帝）”②在这里，辩护依靠的不仅仅是论据，当最终理由在理论上不再具有说服力时，辩护本身的形式条件就获得了合法化力量。

从霍布斯、洛克一直到罗尔斯，不论传统契约论还是新契约论，都将协议视为所有参与者共同利益的表达，因而，将协议视为理性的；而从康德一直到阿佩尔，都将理性意志形成之一般的、不可避免的前提视为全部

---

① Jürgen Habermas, *Zur Rekonstruktion des historischen Materialismus,* Frankfurt/M.:Suhrkamp1976, S.276.

② Jürgen Habermas, *Zur Rekonstruktion des historischen Materialismus,* Frankfurt/M.:Suhrkamp1976, S.277.

主体或理想的交往共同体的条件。这样，在这两个传统中，可能的共识形成的条件，就代替了最终理由获得了合法化力量。哈贝马斯强调，对现代合法性问题具有决定性意义的是：合法性辩护水平成为反思的。所谓“辩护水平”，就是指：赋予合法性以共识目标和动机形成效力的诸理由可接受性之形式条件。现在，辩护本身的程序与先决条件是合法性基础，合法性的有效性建立在这些基础之上。所有人（尤其是自由平等的人）之间能够达成协议的观念，规定着现代程序主义合法性类型。

与古典的合法性类型（例如：规范主义合法性类型、经验主义合法性类型）不同，由卢梭首先提出的程序主义合法性类型，将同自然状态决裂的社会契约视为新的、调节人们行为的社会原则；它表明：在人们的行为中，正义如何代替了本能。不过，按哈贝马斯的说法，卢梭不仅将社会契约观念理解为辩护水平的定义，而且将新的合法性原则的引入同合法统治的制度化建议相混淆。在卢梭那里，普遍意志不仅应当阐明有效性的基础，而且也应表征主权之所在。这样，就使得迄今为止的民主讨论陷入迷乱之中。① 例如：议会民主与直接民主、精英民主与大众民主，以及规范主义民主与经验主义民主等。

第三，现代国家的合法性问题。要想了解现代国家的合法性问题，那首先要把握现代国家的特征。哈贝马斯指出，合法的暴力之垄断化、行政管理之中心化，以及领土主权完整化等特征，就是现代国家组织结构的标志。在政治学上，资本主义国家的形成有内外两个视角：(1) 从内部看，现代国家是经济系统分化的结果，即经济系统通过解中心化的、非政治的手段来调节生产过程，给公民创造其承担生产过程的条件。但是，由于国家本身不经营资本主义经济，所以为了其制度上的绩效，国家必须征税。在这个意义上，现代国家是税收国家（熊彼特语）。这样，现代国家与封建国家或古老的帝国相比，在职能上就具有更大的自主性；而且，在强大的职能专门化框架内，相对于公民和特殊群体来说，现代行政管理的执行

① Vgl.Jürgen Habermas, *Zur Rekonstruktion des historischen Materialismus*, Frankfurt/M.:Suhrkamp1976, S.279.

能力也日益增长。但另一方面，由于国家与经济之间的互补关系，使得国家支配的活动空间非常明显地被限制在经济领域。（2）从外部看，现代国家不是单独出现的，而是作为国家系统首先出现于 16 世纪的欧洲。正如沃勒斯坦[①] 在《现代世界体系》（1974）中所说，现代国家系统是在欧洲国家控制的世界市场中心出现的。然而，边缘与中心之间的权力落差并不意味着哪个国家赢得了控制世界范围内交换关系的权力，而是意味着，现代国家的形成，不仅与内部经济状况而且与外部经济状况密切关联。哈贝马斯说，如果人们看到了国家结构的这两个方面，那么就很清楚：国家形成过程必然反作用于集体认同形式。民族的形成表明，集体认同这种形式如何在现代国家的压力下得到形塑的。民族是一个（尚未得到充分分析的）意识结构。

围绕着国家和民族的理论论争，哈贝马斯粗略地区分了五种情况，即（1）世俗化问题。随着公共行政管理部门和政府在职能上的专门化，出现了一个要求政治内在辩护的政治概念。因此，与宗教传统分离的国家暴力的合法性就成了第一轮论争的焦点。这种论争一直持续到 19 世纪。（2）理性自然法问题。现代自然法与古典自然法之争，集中在程序主义合法性类型的提出上。从霍布斯、卢梭、康德以来，理性协议与自决观念已经得到充分的阐明，以至于正义和福利问题被纳入实践理性范畴中。很明显，这个论争是围绕着贬低依赖于世界观的合法性水平展开的。（3）抽象权利与资本主义商品交换问题。理性自然法，不仅有形式的一面，而且有内容的一面。从霍布斯、洛克，经过苏格兰道德哲学家、法国启蒙哲学家、古典政治经济学家，直到黑格尔，形成了一种市民社会理论，它将资产阶级私法系统、公民的基本自由、资本主义经济发展过程，解释为保障自由和最大限度的福利的秩序。在这种新的辩护水平上，必须捍卫普遍主义地组织起来的国家秩序和社会秩序。（4）主权问题。主权之争，最初是在宗教派别之间进行的（例如：1572 年巴黎屠杀新教徒之夜）；从博丹到霍布斯，

---

① 沃勒斯坦（Immanuel Maurice Wallerstein，1930—2019），美国新马克思主义历史学家、社会学家、政治经济学家，世界体系论奠基人。

都是在专制主义意义上决断主权问题的。18 世纪，人们试图将君主主权改变为人民主权；但到 19 世纪的宪法讨论中，人们对“人民主权”这个模糊的斗争观念的理解出现了分歧，因为这个概念包含着三种不同的思想动机：主权的国家暴力既是新的合法性原则的表达，又是第三等级统治的表达，还是民族认同的表达。（5）民族问题。在民族独立运动爆发之前，民族意识就在各种不同的文化中，更多的是在共同语言的基础上，不引人注意地发展着。只有到了 19 世纪，民族认同才成为论争主题。如果一种民族主义旨在驱逐内部敌人，那么，它就不再反映资产阶级国家形成时期的合法性主题，而是表明已经出现了合法性冲突，只要它意识到：现代资本主义社会不能解决阶级结构，而是将它当作社会经济的阶级结构第一次表达出来。面对 19 世纪以来的国际工人运动这种合法性的威胁，民族主义的恐怖与日俱增。哈贝马斯说，前两种情况反映了新的辩护水平的构建；后三种情况反映了现代国家和民族的结构。他认为，国家形成和民族变化的结构“能够帮助我们解开随着资产阶级国家形成而出现的合法性问题”①。简言之，社会冲突产生了合法性问题，或者说，冲突是合法性问题的源泉之一。

第四，发达资本主义社会的合法性问题。在这里，哈贝马斯做了三点说明。

1. 今天，合法性问题赖以产生的基本冲突。在哈贝马斯看来，“福利国家大众民主”这个表达触及政治系统两种起合法性作用的特征：一是在工人运动中形成的制度反对派，通过被调节的政党竞争而弱化；可是，只有当福利国家通过社会保障系统的补救、通过生活条件保障系统的预防，才能避免合法性的威胁。就是说，福利国家纲领的实现，在大众民主中即使不是合法性的基础，至少也是合法性的一个必要条件。哈贝马斯说，今天，发达资本主义国家的合法性问题不在于，如何掩盖有利于公共福利之意识形态定义的国家行为与资本主义经济之间的关联；毋宁说在于，如何将资本主义经济成就描述为（或至少被假定为）普遍利益之最大可能的实

① Jürgen Habermas, *Zur Rekonstruktion des historischen Materialismus*, Frankfurt/M.:Suhrkamp1976, S.277.

现（就制度比较而言）。在这里，国家给予合法性要求的社会秩序以合法性的帮助。

2. 合法性问题解决的限定条件。只有当国家成功地完成它纲领性地接受的任务时，才能保障它作为合法性的帮助者——不过，这需要事后进一步检验。哈贝马斯认为，国家只有在下列限定条件下，才能担负起其合法性作用的任务。这些限定条件就是：(1) 从国家与经济之间的互补关系中产生出来的目标冲突，即稳定政策与改革政策之间的冲突。(2) 世界市场发展、资本与劳动的国际化，从外部限制着民族国家行为的活动空间。(3) 直到20世纪中期，在发达的欧洲国家，民族认同还是如何强烈，以至于至少能够用民族主义方式来阻止合法性危机；但今天，随着民族意识衰竭与民族意识侵蚀，再也不能简单地根据民族标志来区分内外敌人。(4) 即使对意识形态计划化（卢曼语）来说，社会结构条件也不是特别有利的。教育系统的全方位扩展，一方面使得社会对大众传媒的控制变得简单化；但另一方面通过政策的符号性使用，又使得自我更正手法变得越来越脆弱。

3. 解合法性的两个阶段：(1) 如果国家不能成功地将资本主义经济过程之功能失调的负效应控制在广大选民尚能接受的限度内，那么，解合法性现象就是不可避免的。这种解合法性首先是通过尖锐的分配斗争症候来表征的，即根据国家配额、工资配额与利润率之间的"零和博弈"规则进行的分配斗争表征的。在这个阶段，人们想要的"基本财富"就是：金钱、闲暇、安全。哈贝马斯认为，这是一种商品私人占有的生活形式。(2) 当然，如果人们能够成功地继续将实践问题重新定义为技术问题、根本不让那些将市民社会价值普遍主义激进化的问题出现，那么，这些至关重要的合法性问题根本不需要得到允许（也会出现）。不然的话，总有一天，"幸福追求"会意味着另外的东西：例如：不再是私人支配的物质财富的积累，而是建立一种新的社会关系——在这里，需要的满足不再意味着一个人对另一个人的压迫。① 可以看出，在这里，哈贝马斯仍然相信"人的解放"，

① Vgl.Jürgen Habermas, *Zur Rekonstruktion des historischen Materialismus*, Frankfurt/M.:Suhrkamp1976, S.292.

也意味着，哈贝马斯仍然受到马克思的影响。

第五，卢曼的批评与哈贝马斯的自我辩护。在卢曼看来，哈贝马斯依据对规范有效性要求的话语兑现来分析合法性问题，这与社会现实是不符的。在与哈贝马斯合著的《社会理论还是社会技术学?》中，卢曼对哈贝马斯进行了指责；在《后期资本主义的合法性问题》中，哈贝马斯对卢曼的指责予以批判性回应与自我辩护。

首先，哈贝马斯承认卢曼的系统理论对解决复杂性问题的重要性。要想解决世界复杂性问题，必须从实质上全面地应用系统理论概念，由此而产生了一系列重要观点：(1) 复杂社会不再是通过规范结构整合的，它们的统一性不再是通过贯穿已经社会化的个体之主体间性交往确立的，而是通过从调控方面处理的系统整合不依赖于关涉生活世界方面的社会整合确立的。(2) 人对自我和世界的理解，因与系统认同分离而陷于狭隘性之中，就此而言，它是“古代欧洲的”。(3) 高度复杂社会的再生产依赖于政治亚系统，与其他亚系统相比，政治亚系统拥有独特的自主性。(4) 社会系统不再能够构建一个给亚系统打上认同烙印的世界，所以，通过观察社会对行政管理系统提出要求的“正确的”政策，再也不能理解政治的功能。(5) 新的系统理论要求具有普遍性的语言系统。因而，系统理论的任何一种转型，同时也是对“古代欧洲”观念形成结构的不适应性的批判。①

其次，哈贝马斯充分认识到了复杂性与民主之间关系的复杂性。这个问题最早是在计划理论层面上提出来的，关于这个问题的讨论体现着两种不同的政策类型，即多元渐进主义的过程政策与全面合理的系统政策。在卢曼那里，行政管理调控能力原则上可以无限提高，从而使得行政管理系统独立于政治，并通过吞并科学体系使自己成为社会自我反思的核心场所——哈贝马斯指出这个观点不仅无法得到充分论证，而且很难获得政治计划的经验支持；相反，许多经验证据都不利于卢曼观点：他“最终不是

① Vgl.Jürgen Habermas, *Legitimationsprobleme im Spätkapitalismus*, Frankfurt/M.:Suhrkamp1973, S.182.

基于计划理论研究，而是基于社会进化论的假定”[①]。从哈贝马斯与卢曼的论争可以看出：在卢曼那里，行政管理系统已经取得了对其他亚系统的支配地位。因而，卢曼强调国家机器的自主性。但在哈贝马斯那里，行政管理系统依赖于经济系统的固有动力。因而，哈贝马斯强调国家机器的依赖性。

最后，哈贝马斯断定只有基于交往理论的计划理论才是切实可行的。对于计划理论的结构来说，合理性概念的选择是至关重要的。在这里，他列举了三种不同的计划理论。（1）基于行为合理性概念之上的决策逻辑的计划理论，赢得了手段—目的合理性选择模式，它适合于合理选择理论，以及策略行为领域的计划技术；但这种模式的缺陷在于，主体行为合理性概念的理论策略选择，对规范主义路径和方法论个体主义来说，是一种初步规定。（2）基于客观合理性概念之上的系统理论的计划理论，赢得了自我调节系统模式，它适合于具有丰富经验内容的对象领域理论。但由于社会亚系统并不是毫无问题的，因而这个理论策略选择至少又有三个分支，即规范主义的（如R.迈因茨的“组织社会学”）；普遍功能主义的（如卢曼的“系统理论”）；依赖于社会进化论的系统理论（如A.埃齐尼奥的“积极的社会”概念）。（3）基于实践合理性概念之上的交往理论的计划理论，赢得了意志形成话语模式（表现为真理共识论），它适合于对基于规范结构的利益状况进行批判性研究，但只有与系统理论路径联系起来，才能对社会进化论有所裨益。

哈贝马斯总结道，随着对不同的合理性概念的选择，也就对计划理论的逻辑地位进行了初步规定。基于决策逻辑的计划理论是规范分析方法，即计划技术。基于系统理论的计划理论同样是规范分析方法——或者关涉计划技术的辅助手段，或者关涉将计划理解为政策过程的规范理论；其中，卢曼的普遍功能主义计划理论，也是作为系统理论出现的，但它超越了经验分析方法与规范分析方法的对立，因而具有实用主义特征。基于交往理论的计划理论也超越了经验分析方法与规范分析方法的对立，但原因

① Jürgen Habermas, *Legitimationsprobleme im Spätkapitalismus*, Frankfurt/M.:Suhrkamp1973, S.190.

不同：除关涉有效规范的描述命题与关涉规范选择的祈使命题外，还有关涉（可辩护规范的）有效性要求可兑现性批判的价值命题——它们同样是真实命题：既不是事实，也不是价值。①

根据哈贝马斯的有关论述，我们制作下列图表来说明计划理论类型。

计划理论类型

理论类型	概念基础	模式选择	方法选择	适应对象
基于决策逻辑的计划理论	行为合理性	目的合理性选择模式	规范分析方法	适合于合理选择理论，以及策略行为领域的计划技术
基于系统理论的计划理论	客观合理性	自我调节系统模式	规范分析方法（具有实用主义特征）	适合于具有丰富经验内容的对象领域理论
基于交往理论的计划理论	实践合理性	意志形成话语模式（真理共识论）	超越经验分析方法与规范分析方法的对立	适合于对基于规范结构的利益状况进行批判性研究

第二节 后期资本主义危机趋向

在后期资本主义社会，存在着哪些危机趋向呢？要想讨论这个问题，首先要弄清楚哈贝马斯视阈中的“后期资本主义”、“危机”是指什么？然后再考察后期资本主义危机趋向。

一个流传甚广的说法，“后期资本主义”（Spätkapitalismus）概念最早是由曼德尔②在《后期资本主义》（1972）中提出的。实际上，这个说法是

① Vgl.Jürgen Habermas, *Legitimationsprobleme im Spätkapitalismus*, Frankfurt/M.:Suhrkamp1973, S.192.

② 曼德尔（Ernest Mandel，1923—1995），比利时经济学家、社会学家，第四国际长期领导人。

不正确的。根据目前掌握的材料，这个概念至迟在1968年就已经出现，发明权也许应该归于阿多尔诺。在《后期资本主义还是工业社会?》(1968)中，阿多尔诺就使用了这个概念。① 此后，哈贝马斯、曼德尔、詹姆逊、奥菲等人竞相使用。例如：在《作为"意识形态"的技术与科学》(1968)、《重建历史唯物主义》中，哈贝马斯多次使用这个概念；在《后期资本主义的合法性问题》中，哈贝马斯从经济系统、行政管理系统、合法性系统，以及阶级结构等方面对后期资本主义进行了全面分析。在哈贝马斯那里，所谓"后期资本主义"，就是指"有组织的资本主义"或"国家调节的资本主义"，即国家垄断资本主义的当代发展，或曰当代资本主义发展新阶段。一方面是指，经营的集中过程（全国性公司以及跨国公司形成）与商品市场、资本市场、劳动力市场的组织化；另一方面是指，随着市场功能缺陷的增长，国家开始对市场进行干预。

在哈贝马斯看来，寡头垄断市场的结构性扩张，意味着"竞争资本主义"（Konkurrenzkapitalismus）终结；通过国家干预来补充和部分地替代市场机制，意味着"自由资本主义"（Liberalkapitalismus）终结。然而，这并没有从根本上改变资本主义性质，也没有从根本上解决资本主义社会矛盾；相反，在后期资本主义发展过程中，还充满着各种各样的矛盾，甚至还存在着各种各样的危机。

关于危机概念，一直存在着各种不同的解释模式。例如：经济危机、政治危机、文化危机、社会危机、文明危机，以及金融危机、财政危机、国家危机、生态危机、总体性危机等。在《后期资本主义的合法性问题》之"社会科学的危机概念"中，哈贝马斯从四个维度讨论了危机概念，即医学的危机概念、戏剧的危机概念、宗教的危机概念、社会科学的危机概念，并特别关注社会科学提供的系统理论的危机概念。

在哈贝马斯看来，源于医学用语的"危机"（Krise）概念，是一个前科学的概念。在医学上，危机通常被称为危象或危险期；作为疾病过程的

① Vgl.Th.W.Adorno, *Gesammelte Schriften* Bd.8—*Soziologische FrühschrfitenI*, Frankfurt/M.:Suhrkamp1972, S.354—370.

一个阶段，它将决定机体的自我康复能力是否足以使人恢复健康。危机过程就是疾病，它似乎是某种客观的东西；但当医学上涉及生死问题时，如果仅仅涉及一种从外部观察到的客观过程，而病人在主观上并未完全卷入这个过程，就不能说这是一场危机，因为危机不能离开处于危机中人的内心体验。所以，“危机的解除对卷入危机的主体来说意味着解放”①。当从危机的医学概念转向危机的戏剧概念时，这将变得更加清楚。在从亚里士多德到黑格尔的古典美学中，危机意味着命定过程的转折点。尽管它具有充分的客观性，但它并不是简单地从外部强加给人的，也不外在于陷入危机中的人的认同。古典悲剧中的危机概念与救赎历史中的危机概念是一致的——这个思维图式，经过 18 世纪的历史哲学，渗透进 19 世纪进化论的社会理论中。观念论历史学家往往将传统断裂视为社会系统崩溃的标志，哈贝马斯认为这种看法也有缺点，至少传统断裂是一个不精确的标准；此外，当代危机意识也往往被后人视为骗人的，因为危机意识形态与切实的危机体验应该区分开来。马克思第一次阐发了社会科学的“系统危机”（krise von dem System）概念。今天，人们就是在这种语境中谈论社会危机或经济危机的。

当然，哈贝马斯不想陷入对马克思的经济危机理论的教条主义阐释，而是想系统地引入社会科学的危机概念。在这里，哈贝马斯特别关注社会科学提供的系统理论的危机概念，如 M. 耶尼克（M.Jänicke）在《统治与危机》（1973）中的理解。根据这种系统理论，当社会系统结构所能容许的解决问题的可能性小于该系统为了继续生存所必需要求的限度时，就会产生危机。“在这个意义上，危机就是系统整合的持续紊乱”②。不过，人们对系统理论的社会危机概念产生了根本性怀疑，认为它没有考虑到系统容纳不下或（结构解决不了的）控制能力的内在原因。在哈贝马斯看来，社会的系统危机不是由于环境的偶然改变而产生的，而是由于社会结构固

① Jürgen Habermas, *Legitimationsprobleme im Spätkapitalismus,* Frankfurt/M.:Suhrkamp1973, S.10.

② Jürgen Habermas, *Legitimationsprobleme im Spätkapitalismus,* Frankfurt/M.:Suhrkamp1973, S.11.

有的系统命令彼此不能相容、不能按等级秩序整合而造成的。系统要素可以改变，但系统本身不能失去其同一性。社会系统能够在一个高度复杂的环境中，或者改变系统要素或理想价值，或者同时改变两者，使得调控维持在一个新的水平上。当然，并非社会系统的所有结构转型都已经是危机。“只有当社会成员将结构转型体验为对现存社会的批判，并感觉威胁到他们的社会生存时，我们才能谈论危机。”①

关于社会危机，历来存在着各种不同的理论学说。例如：马克思的经济危机理论、奥康纳尔的财政危机理论、奥菲的福利国家危机理论、阿尔特法特的总体性危机理论等。哈贝马斯的合法性危机论，受到了马克思、奥康纳尔、奥菲等人的影响，但也显示出自己的特色。在他看来，后期资本主义的快速增长过程给世界社会带来了许多问题②：生态平衡破坏，即生态危机；人类学平衡破坏，即人格系统一贯性要求的伤害（异化）；国际平衡破坏，即战争威胁增加、和平的国际秩序破坏给国际关系带来巨大压力等。当然，这些危机现象并不是资本主义系统特有的，但处理这些危机的可能性却受到资本主义系统限制。如果“撇开作为资本主义增长后果现象的全球性危险不谈，只限制在资本主义系统特有的危机趋向基础上……我看到了四种可能的危机趋向”③。

第一，经济危机（ökonomische Krise）。经济系统需要投入的是劳动和资本，而产出的则是可以消费的价值。投入不足引发的危机对资本主义生产方式来说并不是典型的，自由资本主义的紊乱是“产出危机”（Output-Krisen）。哈贝马斯认为，在后期资本主义中还继续存在着经济危机趋向，这就意味着，价值增殖过程中的国家干预行为与交换过程一样，都服从自发地起作用的经济规律，因此也服从于经济危机逻辑，这种危机

---

① Jürgen Habermas, *Legitimationsprobleme im Spätkapitalismus,* Frankfurt/M.:Suhrkamp1973, S.12.

② Vgl.Jürgen Habermas, *Legitimationsprobleme im Spätkapitalismus,* Frankfurt/M.:Suhrkamp1973, S.51.

③ Jürgen Habermas, *Legitimationsprobleme im Spätkapitalismus,* Frankfurt/M.:Suhrkamp1973, S.66.

表现为利润率不断下降。就是说，在后期资本主义社会，经济危机始终不肯销声匿迹。

不过，后期资本主义经济危机与自由资本主义经济危机表现形式是不同的——自由资本主义经济危机表现为生产过剩的产出危机，它源于生产社会化与资本主义私有占有之间矛盾，这是一种威胁到系统整合并进而威胁到社会整合的周期性、持续性的系统危机。这种系统危机在后期资本主义是不会出现的，因为对后期资本主义生产关系变化来说，主要是通过三个发展来刻画的：其一，变化了的剩余价值生产形式（绝对剩余价值→相对剩余价值→间接剩余价值）触及了社会组织原则；其二，准政治性的工资结构表达了一种阶级妥协；其三，政治系统合法性要求有所增加，使得以使用价值为取向的需要发生作用，这种需要可能会与资本增殖需要产生竞争。由于国家对经济活动的干预，经济危机表现形式也发生了变化。例如：国家财政危机、持续通货膨胀、公共贫困与私人富裕之间差距加大等。

为了更准确地理解生产关系的变化，哈贝马斯根据与经济系统要求的关系，详细区分了四类国家行为：其一，为了构建与维护生产方式，国家必须实现它存在的先决条件：对外，通过军事手段维护国家完整统一；对内，通过对敌对力量进行准军事镇压，以此实现自身的再生产。其二，资本积累过程要求法律体系适应企业组织、竞争、财政化的新形式，在这里，国家必须限制通过补充市场而适应这个过程，而不能成为这个过程的动力。只有这样，才不会触及社会组织原则和阶级结构。其三，应当区分国家补充市场行为与国家取代市场行为，否则，就会触及社会组织原则。其四，国家要对积累过程的功能失调后果进行补偿，因而，要增加“社会费用”、“社会消费”项目下的国家支出。哈贝马斯说，后两种国家行为对有组织的资本主义来说是典型的，但上述区分很难从经验中得出，原因在于：后期资本主义国家也在相当大的范围内承担着两类任务——自由资本主义国家行为，是为了保证生产方式存在的先决条件，并通过市场机制的补充，满足由市场调控的积累过程的需要。尽管后期资本主义国家也这样做，甚至范围更大、技术上更有效，但它要完成这些任务，那就必须填补市场功能的缺口，同时介入积累过程，并补充其政治上不能承受的后果。

然而，由于经济危机趋向仍然是由价值规律决定的，所以，即使国家借助于政治手段能够减缓利润率下降趋势，但国家干预行为也不足以阻止利润率下降趋势。这是因为，国家干预行为并未改变资本主义自发的、盲目的经济运行方式。“国家功能取代市场功能，并未改变整个经济过程的无意识特征。这表现在国家垄断活动空间的严格界限中。为了不引起‘投资中断’，国家既不能实质性地干预权能结构，又不能成功地长期避免积累过程的周期性紊乱，即内生的萧条趋向；甚至根本不能有效地控制替代性危机，即经常性的公共财政赤字和通货膨胀。”① 因此，“经济危机趋向也就走向了社会危机之路，并引发了政治斗争。”② 这种政治斗争再次宣称资本所有者与雇佣者大众之间的阶级对立。当然，“代理人理论”（Agenturtheorie）将国家视为潜在的集体资本家，而非资本增殖过程中的盲目组织。

实际上，国家垄断资本主义理论与西方技术专家统治论一样，没有正确地认识到，后期资本主义的行政管理计划的限度；国家垄断资本主义理论与西方精英理论一样，高估了个人交往与直接的行为规范化的意义；代理人理论关于“国家是联合起来的垄断集团代理人”的假定，缺乏经验支持。哈贝马斯认为，奥菲在《资本主义国家结构问题》中阐发的系统理论模型似乎更具说服力，这个模型将行政管理系统的结构与冲突解决、共识形成、决策及其执行过程区分开来。哈贝马斯说，即使在自由资本主义中，市场不仅仅承担社会整合意义上的社会化功能，只有当国家满足资本主义生产的一般构成条件时，阶级关系才能接受雇佣劳动与资本关系的非政治形式。只有当国家具有补充市场功能而非隶属于市场机制时，才能使通过私人占有社会生产的剩余价值而实施的政治统治成为可能。“就国家的非资本主义手段而言，它限制着资本主义生产；就国家的功能而言，它

---

① Jürgen Habermas, *Legitimationsprobleme im Spätkapitalismus,* Frankfurt/M.:Suhrkamp1973, S.75.

② Jürgen Habermas, *Legitimationsprobleme im Spätkapitalismus,* Frankfurt/M.:Suhrkamp1973, S.68.

又维护着资本主义生产——只有当国家补充经济时，国家对经济来说才是工具的。"[①]这个观点对后期资本主义国家机器来说也是有效的。就像这个观点所强调的那样，今天的国家不能仅仅限于满足生产的一般条件，它必须介入到再生产过程中，通过各种手段调节整个经济循环过程，即本身变成了价值规律的执行机构。不过，国家干预始终还是一种非资本家的价值增殖的工具效能，从而推行整个资本主义意志。然而，后期资本主义国家行为并没有终止、反而听从价值规律。根据阿尔特法特[②]的说法，从长期看，国家行为必然强化经济危机。当然，也有人反对这种观点。

第二，合理性危机（Rationalitätskrise）。政治系统需要可能散乱的大众忠诚的投入，其产出则是由权力机构贯彻的行政管理决策。在这里，产出危机表现出合理性危机形式，投入危机表现出合法性危机形式。哈贝马斯指出，尽管这两种危机趋向都出现在政治系统，但它们的实质不同：合理性危机是一种转嫁的系统危机，合法性危机是一种直接的认同危机。与经济危机一样，合理性危机将对不能普遍化的利益来说进行的社会化生产的矛盾表达为调控命令矛盾，这种危机趋向在国家机器解组织化的道路上转变为合法性的取消。不过，只有当合理性危机代替经济危机时，才能在严格意义上谈论合理性危机，即政治系统的产出危机，它不能成功地使行政管理系统与从经济系统获得的调控命令兼容和满足。

因为不论将国家视为自发地起作用的经济规律之无意识的执行机构，还是将国家理解为联合起来的垄断资本家之有计划的行为代理人，都不足以说明后期资本主义国家的功能方式。这是由于后期资本主义国家已经卷入了生产过程，因此改变了价值增殖过程本身的决定性要素。在阶级妥协基础上，行政管理系统获得了一种有限的计划能力，在通过形式民主获得合法性的框架中，这种计划能力可以用来被动地克服危机。但在这种情况下，整个资本主义利益与各个资本集团之间相互矛盾着的利益，以及不同

---

① Vgl.Jürgen Habermas, *Legitimationsprobleme im Spätkapitalismus*, Frankfurt/M.:Suhrkamp1973, S.74.

② 阿尔特法特（Elmar Altvater，1938—2018），德国马克思主义取向的政治学家、经济学家。

的居民群体以使用价值为取向的、能够普遍化的利益就处于竞争之中。哈贝马斯断言，通货膨胀和公共财政的持续危机，替代了原来的周期性危机，并减轻了其社会后果。不过，这种替代现象是表明对经济危机的成功控制，还是表明经济危机只是暂时转移到政治系统中，这是一个经验问题。① 对于这个问题的回答，最终依赖于间接生产资本是否指向劳动生产率的提高；在生产率增长的功能分配方面，它是否能够足以保证大众忠诚，而且同时使积累过程能够顺利进行。

在哈贝马斯看来，由于后期资本主义国家存在着结构性障碍，从而不能有效地解决以下各种矛盾：生产能力巨大增长与大众支付能力相对狭小之间的矛盾；国民经济协调发展的客观要求与垄断资本追逐垄断利润之间的矛盾；社会化大生产所需要的资本和私人垄断积累有限性之间的矛盾；科学研究社会化与个别资本局限性之间的矛盾；各个后期资本主义国家及其垄断资本集团之间的矛盾；后期资本主义国家与发展中国家之间的矛盾等。由于后期资本主义产生了不属于系统本身的结构，从而使得行政管理系统不能作出合理的决策，即在由公共部门和垄断部门组织的市场中，制定经营战略决策的边际条件发生了变化。这样，大公司在决策时就有很大的选择空间，从而使得投资政策替代了由外部数据规定的合理性选择。哈贝马斯说，与公共部门的功能相关联，出现了这样的职业领域。在其中，抽象劳动被具体劳动，即以使用价值为取向的劳动所替代。极端专业主义表明，在这些领域中，职业劳动可以脱离私人奋斗模式和市场机制而以具体目标为取向。这样，不是通过劳动力市场再生出来的那部分非就业人口——包括大中学生、失业者、养老金领取者、社会救济对象、无专长的家庭主妇、病人、犯人——与有职业人口一起增长。他们都有自己的价值取向。在这里，尤其是第二点，哈贝马斯显然借用了奥菲在《资本主义国家结构问题》中的论述。

这样，合理性危机原理就建立在这种思考之上，即由于一直具有私人

---

① Vgl.Jürgen Habermas, *Legitimationsprobleme im Spätkapitalismus,* Frankfurt/M.:Suhrkamp1973, S.88.

目标的生产不断增长的社会化，对国家机器来说是无法满足的，因为国家机器自身带有悖谬的要求。一方面，国家必须接受整个资本家的功能；另一方面，只要不克服投资自由，相互竞争的个别资本家就不能形成或从根本上贯彻集体意志，于是就出现了相互矛盾的调控命令：带有扩大整个资本主义计划目标的国家计划能力，却又阻止这种危及资本主义存在的能力的扩大。因此，国家机器就摇摆于期待干预与被迫放弃干预之间、摇摆于危及系统的服务对象的独立化与屈从于服务对象的特殊利益之间。因此，哈贝马斯说，国家机器同时面临着两个任务：一方面，它应该从企业利润和个人收入中征收必要的税额，并合理地使用可支配的税额，以此避免危机性的增长紊乱；另一方面，它应该选择性征税、按可识别的优先模式使用税额，并获得行政管理成效，这样就能满足随时出现的合法性要求。如果国家放弃第一项任务，那就会出现行政管理合理性欠缺；如果国家放弃第二项任务，那就会出现合法性欠缺。

就是说，因为相互矛盾的调控命令导致自发的商品生产处于无政府状态，并且出现充满危机的增长，而这些调控命令又在政治系统中发挥作用，因此就出现了合理性欠缺。所以说，合理性欠缺是后期资本主义国家所陷入的关系罗网络不可避免的结果。在这个关系罗网络中，后期资本主义充满矛盾的行为必然越来越混乱不堪。简言之，公共行政管理的“合理性欠缺”意味着，在既定的边际条件下，国家机器不可能充分地、主动地调控经济系统。

在这个问题上，哈贝马斯的观点与卢曼显然是不同的：卢曼将合理性欠缺追溯到独立于政治的行政管理与政治的分化尚未得到充分发展；而只有当行政管理本身形成一种独立于社会的认同，将自己理解为扩大可能性视阈的绝对审判机关，以及使被排斥的选择同样主题化的审判机关时，合理性欠缺才能得以消除。

第三，合法性危机（Legitimimationskrise）。在政治危机趋向中，不仅有合理性危机，而且有合法性危机。在哈贝马斯看来，合法性危机构想是仿照经济危机概念形成的。根据这个概念，相互矛盾的调控命令应该通过行政管理人员（而非市场参与者）的目的合理性行为来贯彻，并在矛盾中表现出这样的结果：它们直接地威胁着系统整合，并进而威胁着社会整合。合法性危机是指政治系统的投入危机，即“在实现从经济系统那里接受的调控命令时，它不能成功地将合法性系统维持在大众忠诚所要求的水平上”①；这意味着，行政管理系统不能满足大众愿望，失去了大众对国家的信任和支持，从而引发了国家自身地位合法性的危机。

如果说，合理性危机原理依赖于资本主义经济增长瓶颈的经验假设；那么，合法性危机就是由于国家干预文化系统而产生的意想不到的政治附带后果。哈贝马斯说，只有当政治冲突（阶级斗争）维护而不是改变资本主义制度的框架条件时，才能够评价一种经济系统的危机。但在后期资本主义社会中，由于阶级关系、阶级统治、国家功能，以及剩余价值生产方式的变化，危机趋向从经济系统转移到了政治系统——尽管经济危机趋向仍然存在，但经济危机已经得到了遏制，并且转化为公共财政系统的沉重包袱。因为在资本主义发展过程中，政治系统不仅扩展到了经济系统中，而且也扩展到了文化系统中。然而，随着组织合理性的扩展，文化传统遭到了渗透与削弱。因此，不能随时用来满足行政管理系统要求的僵化的文化系统，是加剧合法性困境并导致合法性危机的唯一原因。

只要传统还不能从保证连续性和保障认同的解释系统中摆脱出来，传统就能够保持合法性的力量。因此，行政管理行为领域同文化传统领域之间结构上的非相似性，就形成了一种系统的界限，它试图通过有目标的操控来平衡合法性欠缺。然而，在所有层面上，行政管理计划都带来了意料不到的副作用，从而使后期资本主义陷入了合法性困境，从而出现了合法性欠缺。合法性欠缺意味着，用行政管理手段无法维持或确立有效的合法性规范结构；而且，处于隐蔽状态的阶级结构是合法性欠缺的根源。那么，这些困境是否足以表明合法性问题不可解决？或者是否足以证实合法性危机呢？哈贝马斯说，“国家不能简单地接管文化系统，毋宁说，国家计划领域的膨胀使得文化的自我理解性成为问题。‘意义’是一种匮乏的、

① Jürgen Habermas, *Legitimationsprobleme im Spätkapitalismus*, Frankfurt/M.:Suhrkamp1973, S.68.

而越来越匮乏的资源。因此，以使用价值为取向的、即被成功追求控制的期待，在公民的公共性中得到提高。这种不断提高的诉求与不断增长合法性要求是同步的：被财政吸收的‘价值’资源，必然取代匮乏的‘意义’资源。缺失的合法性必须通过系统兼容的补偿来平衡。只要这种系统兼容的补偿诉求比可使用的价值量提高得快，或者用这种系统兼容的补偿诉求不能满足已经出现的期待，就会出现合法性危机。”① 合法性危机必然建立在动机危机基础之上。

第四，动机危机（Motivationskrise）。社会文化系统像从政治系统那里一样，也从经济系统那里获得它的投入：即可购买的集体需要的产品和服务功能、法律行为和行政管理行为、公共保障和社会保障等。不过，由于社会文化系统不能（像经济系统一样）自己组织它的投入，因此不可能有（社会文化系统引发的）投入危机。社会文化系统危机总是产出危机，上述各种危机趋向只有在社会文化系统中才能爆发出来。这是因为，一个社会的社会整合依赖于社会文化系统的产出：直接地依赖于社会文化系统以合法性形式向政治系统输送的动机；间接地依赖于社会文化系统向教育和就业系统输送的成就动机。所以说，上述各种危机趋向产生的决定性原因必然是动机危机。这样，研究动机危机就有特别重要的意义。

哈贝马斯指出，“如果规范结构按自身固有的逻辑发生变化，那么我们就必须考虑到文化危机趋向。因为这种变化会导致下述结果：以国家机器和就业系统的要求为一方，以社会成员阐释的需要和合法的期待为另一方，两者之间的互补性被毁坏了。在合法性危机被追溯到由于政治系统变化（即使规范结构不变）而出现的合法性要求的同时，合法性的获得又不能保持这种合法性要求。由于社会文化系统本身的变化而出现了动机危机。”② 就是说，由于国家、教育系统、就业系统所需要的动机与社会文化

① Jürgen Habermas, *Legitimationsprobleme im Spätkapitalismus*, Frankfurt/M.:Suhrkamp1973, S.103—104.

② Jürgen Habermas, *Legitimationsprobleme im Spätkapitalismus*, Frankfurt/M.:Suhrkamp1973, S.71.

系统所能提供的动机之间存在着不一致，政治系统就不能激发起社会成员与国家合作的动机，从而陷入了动机危机。如果社会文化系统发生了变化，以至于它的产出对国家和社会劳动系统来说是功能失调的，那就可以谈论动机危机。简言之，动机危机就是社会文化系统的产出危机。

因为在后期资本主义社会中，社会文化系统向经济系统和政治系统所提供的最重要的动机，就是公民的精致利己主义和家庭—职业的精致利己主义——前者是指：尽管公民关心行政管理系统的调控成就和供给成就，系统也为公民提供了适当的制度性参与合法性过程的机会，但他们却很少参与这种合法性过程。因此，公民的精致利己主义是与去政治化的公共领域结构相适应的。后者作为对公民精致利己主义的补充，它是由两部分构成的：一是被培育出来的、与消费兴趣和休闲兴趣联系在一起的家庭取向；二是适合地位竞争的职业晋升取向。

上述两种动机模式对经济系统和政治系统来说是至关重要的。哈贝马斯说，被归于精致利己主义动机模式的文化模式，描述着前资本主义传统因素与资产阶级传统因素的特有混合。资产阶级社会系统必需的动机结构只是不完全地反映在资产阶级意识形态中，资本主义社会总是依赖于从本身中不能再生出来的文化边际条件：它们寄生在传统中。实际上，不论公民的精致利己主义，还是家庭—职业的精致利己主义，都可以从这个角度加以分析：尽管这两种动机模式都深深植根于社会文化传统中，但是现在：（1）前资产阶级文化传统正在无可救药地瓦解。一方面是由于传统世界观与经济系统和政治系统的一般社会结构力量不能相容；另一方面由于传统世界观与科学的认知立场彼此冲突。所以，“作为资产阶级意识形态语境与补充的传统主义世界观组成部分，在资本主义发展过程中逐渐弱化并趋于瓦解。”①（2）随着社会结构变化，资产阶级意识形态的核心组成部分，诸如绩效意识形态、占有的个体主义、交换价值取向，也失去了自己的基础。（3）这样，资产阶级文化就与前资产阶级文化传统一样被腐蚀，

① Jürgen Habermas, *Legitimationsprobleme im Spätkapitalismus*, Frankfurt/M.:Suhrkamp1973, S.111.

从而使得不能再生产出两种动机模式的规范结构凸显出来。这是因为，尽管资产阶级文化结构的组成部分，诸如唯科学主义、后灵韵艺术、普遍主义道德等，在后期资本主义社会得到了很大发展，但由于资产阶级文化模式不允许其他动机模式存在，因而，它并没有产生出维护这个文化的动机模式。(4) 已经失去了传统主义装饰物、且剥夺了精致利己主义核心的资产阶级文化结构，仍然是根本的、重要的。因而，从表面上看，只要文化结构能够脱离社会化进程，即文化仍然是个人欣赏或专家兴趣的对象，而且甚至是某种被行政管理手段保护的自由之物，那就可以避免动机危机。然而，由于后期资本主义社会存在着一种反传统文化的情绪，从而使得资产阶级意识形态、资产阶级文化结构无法摆脱社会化进程。这样，避免动机危机的道路实际上已经被堵塞。

根据哈贝马斯的论述，我们制作下述图表以说明以后期资本主义危机类型、危机实质、危机表现的关系。①

后期资本主义危机类型

危机类型	危机实质	危机表现
经济危机	经济系统的持续性危机	利润率下降
合理性危机	政治系统的产出危机：转嫁的系统危机	合理性欠缺
合法性危机	政治系统的投入危机：直接认同危机	合法性欠缺
动机危机	文化系统的产出危机	合作动机欠缺

该图表意味着，(1) 由于经济系统在国家面前失去了功能自主性，因而，后期资本主义的经济危机现象也就失去了自发的特征。“对于我们的

① 在《后期资本主义的合法性问题》之“第二部分：后期资本主义危机趋向”第 3 章中，哈贝马斯将“危机趋向”分为三种，即经济危机趋向、政治危机趋向、社会文化危机趋向；在第4—7章中，他又论述了四种危机原理，即经济危机原理、合理性危机原理、合法性危机原理、动机危机原理。其中，经济危机趋向对应着经济危机原理；政治危机趋向对应着合理性危机原理、合法性危机原理；社会文化危机趋向对应着动机危机原理。在这里，我们将之概括为四种危机类型，并概述它们的实质和表现。

社会形态来说，还不会出现我所说的后期资本主义系统危机”,① 尽管用行政管理手段控制危机可能是失败的。在后期资本主义社会中，周期性的经济危机弱化为经济系统的持续性危机。(2) 尽管国家采取各种措施积极地避免危机，从而使经济危机趋向转移到政治系统中，并试图通过合法性引入平衡合理性欠缺，通过组织合理性扩大平衡已经出现的合法性欠缺。然而，社会文化系统越是不能为政治系统、教育系统、就业系统创造足够的动机，匮乏的意义就应该越多地被消费价值所替代；从为不能普遍化的利益而进行的社会化生产中产生出来的分配模式，也在同等程度上受到了威胁。就是说，不可随意改变的规范结构规定着合法性获得的界限，即它不再能为经济系统和政治系统提供意识形态资源，而是使之遇到无法满足的过度要求。“如果这个粗略的诊断是正确的，那么（就可以说），只有当后期资本主义社会潜在的阶级结构得到改变，或者当行政管理系统的合法性强制得到消除时，才能长期地避免合法性危机。”②（3）但后期资本主义根本不可能摆脱合法性危机，原因在于系统对生活世界控制导致的生活世界殖民化。

第三节　系统不断复杂化与生活世界殖民化

我们知道，系统与生活世界，是哈贝马斯分析社会结构的两个不同维度。关于系统与生活世界问题，哈贝马斯在许多著作中都已经涉及。例如：《后期资本主义的合法性问题》第一部分中，第 1 章题目就是“系统与生活世界”。当然，在这里，哈贝马斯主要考察了危机与系统危机概念、系统整合与社会整合，以及社会系统要素与社会组织原则等问题，尽管也涉及了生活世界问题，但并没有进一步阐发系统与生活世界问题。只有到《交往行为理论》中，系统与生活世界问题才得到了系统阐述。例如：

① Jürgen Habermas, *Legitimationsprobleme im Spätkapitalismus*, Frankfurt/M.:Suhrkamp1973, S.129.

② Jürgen Habermas, *Legitimationsprobleme im Spätkapitalismus*, Frankfurt/M.:Suhrkamp1973, S.130.

在第2卷第6章“中间考察”中，哈贝马斯专门讨论了系统与生活世界问题。在该书中，哈贝马斯接受了M.韦伯的观点，认为社会现代化就是社会合理化；但与M.韦伯有所不同，哈贝马斯将社会合理化分为生活世界合理化与系统合理化两个层面，前者是指交往合理化，后者是指工具合理性行为合理化。在他看来，现代文明危机，关键并不在于现代化或合理化本身，而是在于现代化的破碎化、合理性的片面化。就是说，由于国家干预主义加强和科技意识形态强化，导致了系统对生活世界的控制，即生活世界殖民化，这才是后期资本主义危机的根源所在。为了正确理解哈贝马斯的生活世界殖民化理论，首先要弄清楚社会系统与社会组织原则，生活世界及其结构，然后再考察生活世界殖民化与生活世界合理化。

一、社会系统与社会组织原则

第一，社会系统构成要素。在哈贝马斯那里，“系统”（System）主要有两层含义：(1) 从分析角度看，系统是一种观察和理解社会的方法，即社会被视为一个系统，并分析其结构和功能；(2) 从实质内容角度看，系统是影响人类生活的社会组织原则或社会制度。

在《后期资本主义的合法性问题》之“社会科学的危机概念”中，哈贝马斯考察了社会系统构成要素，揭示了不同社会形态的社会组织原则；将社会系统划分为经济亚系统、政治亚系统、社会文化亚系统，并分析了发生在各个亚系统中的不同的危机趋向。

哈贝马斯认为，社会系统的理想价值，一方面是构成传统文化价值的产物，另一方面是系统整合非规范要求的产物：在这个理想价值中，社会生活的文化定义与系统理论重构的生存命令处于联系中；但对这种联系的分析而言，迄今为止尚没有令人信服的概念工具和方法。“显然，只有进入社会进化理论框架中，才能为结构转型提供各种变化的活动空间。在这方面，马克思的社会形态概念是很有帮助的。”[①] 因为任何社会形态都是由

---

① Jürgen Habermas, *Legitimationsprobleme im Spätkapitalismus,* Frankfurt/M.:Suhrkamp1973, S.18.

基本组织原则规定的，而这种组织原则又确立了社会状况改变可能性的空间。哈贝马斯认为，所谓“组织原则”（Organisationsprinzipien），就是在一定的进化动力中作为应急特性而出现的高度抽象的规则，它限定了一个社会在不失去认同条件下的学习能力。

在对社会组织原则进行解释之前，哈贝马斯首先考察了社会系统构成要素，宏观描述、并具体分析了社会系统的三个普遍特性。

（1）在生产与社会化中，通过话语的有效性要求，社会系统与环境之间进行了交换。在生产与社会化这两个维度中，发展都遵循合理重构模式。在这里，哈贝马斯将社会系统的环境分为三个部分，即外部自然或非人类环境中的物质资源；与其他社会系统处于联系中的真正的社会；内部自然或社会成员的有机基础。他指出，外部自然与内部自然的交换过程，对于社会文化生活再生产的特殊形式来说是决定性的。就是说，社会系统借助于生产力使外部自然社会化，社会系统借助于规范结构使内部自然社会化。哈贝马斯说，面对外部自然，社会系统能够通过（遵循技术规则的）工具行为来获得自身；面对内部自然，社会系统则通过（遵循有效规范的）交往行为来获得自身。无论对经验和工具行为来说，还是对立场和交往行为来说，语言的主体间性结构都具有结构性意义。当然，在社会进化的三个维度中，社会系统自主性（权力）的增强，取决于另外两个维度的发展，即生产力水平提高（真实性）与规范结构变化（正确性和适当性）。

（2）在生产力水平与系统自主性程度相互依赖性中，社会系统改变了其理想价值，但理想价值的改变，受到了世界图景发展逻辑的限制，系统整合命令对这种逻辑毫无影响；被社会化的个体形成了一个在调控观点看来悖谬的内部环境。在哈贝马斯看来，随着社会组织形式中系统自主性增长和复杂性提高，已经变成桎梏的规范结构自然会被打破，失去调控观点的参与限制自然会被淘汰。随着生产力发展而不断扩大的世俗知识与传统世界图景的教条之间在认知方面发生冲突，这样规范结构也就被打破了。当然，社会还有另外一个特性：即内部自然不像外部自然那样属于系统环境。“我们不能将社会化（内部自然的社会化），与生产（外部自然的社会化）

同等看待，都充分地理解为对环境复杂性的还原。”①哈贝马斯认为，内部自然既是系统环境，又是系统要素。社会也是系统，但它的运动方式并不仅仅遵循系统自主性（权力）扩张逻辑；毋宁说，社会进化是在生活世界逻辑的界限内运行的，生活世界结构是通过语言产生的主体间性规定的，并建立在可批判的有效性要求基础之上。

（3）社会发展水平取决于制度容许的学习能力，即取决于理论—技术问题与实践问题能否区分开来、话语学习过程能否出现。哈贝马斯猜测，社会进化的基本机制就在于“不能不学习”这种自动机制：在社会文化发展阶段上，需要解释的现象不是“学习”，而是“不学习”。如果人们想说人的理性，那就在于学习。在区分了学习的理论维度和实践维度、非反思性学习与反思性学习之后，哈贝马斯说，“一个社会形态所能容纳的学习水平，可能依赖于社会组织原则是否容许理论问题与实践问题差异化，以及是否容许（前科学的）非反思性学习向反思性学习过渡”②。

社会系统：规范结构与基础范畴③

（社会）亚系统	规范结构	基础范畴
社会文化（亚系统）	地位系统：亚文化的生活形式	私人可支配的补偿与处置权力的分配
政治（亚系统）	政治制度（国家）	合法的权力（与结构性暴力）分配；可支配的组织合理性
经济（亚系统）	经济制度（生产关系）	经济的权力（与结构性暴力）分配；可支配的生产力

第二，社会组织原则。社会组织原则主要从生产力和保证认同的解释系统出发来确立一个社会的学习能力及其发展水平，并进而限制调控能力

① Jürgen Habermas, *Legitimationsprobleme im Spätkapitalismus*, Frankfurt/M.:Suhrkamp1973, S.26.

② Jürgen Habermas, *Legitimationsprobleme im Spätkapitalismus*, Frankfurt/M.:Suhrkamp1973, S.28.

③ Jürgen Habermas, *Legitimationsprobleme im Spätkapitalismus*, Frankfurt/M.:Suhrkamp1973, S.17.

之可能的增长。哈贝马斯指出，马克思用生产关系规定不同的社会形态、描述社会组织原则，但生产关系不能与生产资料所有制的各种历史形式相提并论，而且谈论生产关系往往会诱发狭隘的经济主义解释。实际上，“在一个社会中，究竟哪个亚系统具有功能优先性，即能够引导社会进化，主要是通过社会组织原则确立的”①。根据社会组织原则，哈贝马斯将社会形态区分为三类：前文明社会、文明社会、后现代社会。其中，前文明社会即原始社会；文明社会包括传统社会和现代社会，而现代社会又分为资本主义社会（自由资本主义社会和有组织的资本主义社会）与后资本主义社会（国家社会主义社会是后资本主义的阶级社会）；后现代社会（有各种可能性）。这样，在哈贝马斯那里，社会形态就被区分为六种，即原始社会、传统社会、自由资本主义社会、有组织的资本主义社会、后资本主义社会、后现代社会。但在阐发社会组织原则时，哈贝马斯仍然将自由资本主义与有组织的资本主义合称“资本主义社会”，并抛开了“后现代社会”，从而才有了他所说的区分四种社会形态是有意义的，即原始社会、传统社会、资本主义社会、后资本主义社会。除了原始社会之外，其他社会形态都是阶级社会。不过，哈贝马斯只是根据三种社会形态，即原始社会形态、传统社会形态、自由资本主义社会形态来阐明社会组织原则与社会进化可能性，以及相应的危机类型的关系。

（1）原始社会组织原则是年龄和性别等原始角色，而亲缘关系则是原始社会制度的核心。因为在这个发展阶段，亲缘关系描述了一种总体的制度。家庭结构规定着整个社会的交往，同时也保证了社会整合和系统整合的统一。这个时候，世界图景与规范几乎还没有差异：它们都是围绕着礼仪和禁忌而建立起来的，不需要独立地认可。这种组织原则仅仅与家庭道德、部落道德一致，但在这个按亲缘关系组织起来的社会中，生产力不能依靠剥削劳动力而得到提高。被纳入工具行为功能范围的学习机制，在漫长的时期内，导致的只是一些似乎很有序、但实际上并非根本的革新。在

---

① Jürgen Habermas, *Legitimationsprobleme im Spätkapitalismus*, Frankfurt/M.:Suhrkamp1973, S.30.

原始社会发展阶段，似乎没有任何系统动机促使人们去生产超出满足他们基本需要的多余产品，即使生产力发展状况允许生产剩余时也是如此。由于这种组织原则不会产生矛盾要求，因此，外在变化。例如：与生态要素处于关联中的人口增长，主要是由于交换、战争、征服带来的种族之间的依赖性，使得按亲缘关系组织起来的社会有限的调控能力负担过重，摧毁家庭认同和部落认同，从而引发认同危机。

（2）与原始社会组织原则不同，传统社会组织原则是政治形式的阶级统治。因为在传统社会中，随着官僚制统治机器出现，亲缘关系就不再是整个系统的核心，它将核心的权力功能与调控功能让渡给国家，这就使社会财富的生产和分配从家庭组织形式转变为生产资料所有制形式，从而使家庭丧失了全部经济功能和某些社会功能。在这个进入文明时期的发展阶段上，主要为系统整合或社会整合服务的亚系统兴起了（但系统整合与社会整合有功能差异）。法律秩序调节着生产资料支配权和权力的实施策略，而这种法律秩序本身则需要加以合法性。于是，以统治机器和法律秩序为一方，以虚拟辩护和道德体系为另一方，与这两者之间的差异相对应的是世俗权力与宗教权力之间的制度性分离。这种新的组织原则允许系统自主性显著加强。哈贝马斯说，在传统社会中，同生产资料私有制一起制度化的是一种暴力关系，这种暴力关系长期威胁着社会整合。因为阶级关系中固有的利益对立描述了一种冲突潜能，但在合法的统治秩序框架中，社会阶级之间的利益对立可能是潜在的，并暂时地被整合起来。这正是合法的世界图景和意识形态的成就：它们使规范结构之虚拟的有效性要求脱离公共议题和事后检验的领域。这样，“生产关系就直接具有了政治形式，即经济关系是通过合法暴力调节的。通过求助于传统的世界图景和习俗的国家伦理，统治秩序得到了辩护”①。就是说，政治的阶级统治要求国家伦理代替部落道德，但这种国家伦理还依赖于传统，即具有特殊性，因而，与普遍的交往形式是不相容的。

---

① Jürgen Habermas, *Legitimationsprobleme im Spätkapitalismus,* Frankfurt/M.:Suhrkamp1973, S.34.

在传统社会中技术创新始终是自发的，生产力的提高无论如何都是有限的。不过，在社会劳动的阶级系统中，生产力可以通过剥削程度提高，即通过有组织的强制劳动而得到发展，并由此出现了为特权阶层所占用的社会剩余产品，并通过强化对劳动力的剥削而扩大其调控范围。就是说，传统社会要么直接地通过肉体强制，要么间接地通过强制征收普遍捐税来提高自己的权力。所以说，与原始社会由外部触发的认同危机不同，传统社会中的危机类型源于社会内部矛盾，它通常是由于调控问题导致的。哈贝马斯指出，调控问题通过强化压抑来提高系统自主性，但会导致系统合法性丧失，进而导致阶级斗争，最终危及社会整合，并可能导致旧的政治系统根本改变和新的合法性基础，即新的群体认同确立。

(3) 与传统社会组织原则相比，自由资本主义社会组织原则的特征在于：阶级统治去政治化、国家权力受到限制、经济系统不再需要文化系统为之提供合法性、资产阶级意识形态诉诸“普遍利益”、资本积累通过发展科学技术来实现。简言之，自由资本主义社会组织原则是资产阶级私法体系固有的雇佣劳动与资本之间关系，即非政治形式的阶级统治。

随着私人自主的商品占用者摆脱国家束缚的商业领域出现，或者说，随着商品市场、资本市场、劳动力市场的制度化，以及世界贸易体系的确立，市民社会也从政治经济系统中分化出来，这意味着阶级关系的去政治化和阶级统治的匿名化。这样，国家以及用政治手段建立的社会劳动系统就不再是整个系统的制度核心；毋宁说，现代赋税国家变成了自我调控的市场交往的补充设施。对外，现代国家一如既往地用政治手段保证领土完整与国内经济的竞争能力；对内，原来处于支配地位的调控手段，即合法权力，现在主要用于维持一般生产条件，从而使由市场调节的资本能够顺利运行。这时，经济交换成为占支配地位的控制媒介。就是说，系统整合的经济系统也承担社会整合任务。

尽管在传统社会中，系统整合领域与社会整合领域已经出现制度性差异，但经济系统仍然依赖于社会文化系统的合法性输送。只有当经济系统与政治系统相对分离，在市民社会中才会出现一个摆脱了传统束缚、并听任市场参与者的策略的—功利主义行为取向。这样，相互竞争的企业经营者就按盈利原则作出决策，并用利益取向行为取代价值取向行为。哈贝马斯说，这种新的组织原则为生产力发展与规范结构发展开辟了一个广阔的活动空间。资本主义生产方式与资本自我增殖命令一起推动了扩大再生产，而扩大再生产又与提高劳动生产率的创新机制紧密联系在一起。一旦达到肉体剥削（即绝对剩余价值）的极限，资本积累就被迫要求发展技术生产力，并要求在发展过程中将技术上有用的知识与反思性学习过程勾连在一起；另一方面，已经获得自主的经济交换也就使政治秩序从合法性强制的压力下摆脱出来，自我调节的市场交换就要求补充——这不仅包括合理的国家行政管理和抽象法，而且包括社会劳动领域中策略的—功利主义道德。在私人领域，这种道德与新教伦理以及形式主义伦理是一致的。资产阶级意识形态可以采纳普遍主义结构，并呼唤普遍利益。市场制度可以建立在等价交换内含着的正义原则之上。因此，资产阶级宪法国家也可以在这种合法的生产关系中为自己辩护。当然，价值形式的社会整合作用也只能限于资产阶级，而不能适用于城市无产者。不过，这并没有降低这种新型意识形态的社会整合意义。

这是一个不再承认个人政治统治的社会，社会统治阶级也必须认识到自己不再具有支配地位。尽管如此，"资本主义组织原则的成就同样是异乎寻常的：它不仅使脱离了政治系统的经济系统摆脱了社会整合亚系统的限制，而且使经济系统在完成系统整合的同时，能够为社会整合作出贡献"①。哈贝马斯指出，在自由资本主义社会，由于经济发展处于自发状态，社会组织原则不会束缚生产力发展，同样规范结构也获得了广阔的发展空间。然而，自由资本主义社会的组织原将阶级矛盾的潜在冲突转移到调控层面上，并以经济危机形式表现出来。经济危机标志着一种充满危机的经济增长运行模式。按马克思的分析，资本积累与剩余价值占有紧密地联系在一起。这就意味着，经济增长通过这样一种既确立又部分地遮蔽社会暴力关系的机制来调节的。全部资本积累通过资本构成部分的周期性贬

① Jürgen Habermas, *Legitimationsprobleme im Spätkapitalismus,* Frankfurt/M.:Suhrkamp1973, S.39.

值来实现的，这就是周期性危机的运行形式。从资本积累方面看，资本主义经济增长模式是自我否定的（一方面相对剩余价值提高，另一方面不利于剩余价值继续生产），马克思从中推出了“利润率趋向下降”，以及“资本积累过程的动能进一步弱化趋势”。从资本实现方面看，由于缺乏资本实现的可能性，或者由于缺乏投资刺激，积累过程必然陷入停滞。“资本积累过程的中断假定了资本毁灭形式，这就是现实的社会过程的经济表现形式。”①

哈贝马斯认为，经济危机源于矛盾的系统命令，系统整合面临的危险直接威胁着社会整合。这样，经济危机也是一种社会危机。在这种危机中，行为群体的利益相互碰撞，并对该社会的社会整合提出质疑。在哈贝马斯看来，经济危机是世界文明史上关于系统危机的第一个，或许是唯一的一个例证。系统危机的特征在于，处于互动关联中的成员之间的矛盾表现为结构无法解决的系统矛盾或调控问题。在自由资本主义社会里，阶级对立从生活世界的主体间性转移到生活世界的基础之中：商品拜物教之世俗化的残余意识形态，实际上也是经济系统的功能调控原则。因此，经济危机也就失去了关涉自我反思的命定的特征，并且获得了不可解释的、偶然的自然事件的客观性。就是说，在自由资本主义社会里，雇佣劳动与资本结合的组织原则带来了社会的稳定和繁荣，但同时也孕育着危机和萧条。当然，与传统社会内部固有的认同危机相比，自由资本主义社会危机是以系统性、持续性为特征的系统危机。

社会组织原则与危机类型关系①

社会形态	组织原则	社会整合与系统整合	危机类型
原始社会	亲缘关系 ——原始角色（年龄、性别）	社会整合与系统整合之间没有差异	外部触发的认同危机
传统社会	政治阶级统治 ——国家暴力与社会经济阶级	社会整合与系统整合之间有功能差异	内部固有的认同危机

① Jürgen Habermas, *Legitimationsprobleme im Spätkapitalismus*, Frankfurt/M.:Suhrkamp1973, S.47.

续表

社会形态	组织原则	社会整合与系统整合	危机类型
自由资本主义社会	非政治阶级统治——雇佣劳动与资本	系统整合的经济系统也承担社会整合任务	系统危机

哈贝马斯指出，“系统整合”（Systemintegration）涉及自我调节系统的特殊的调控能力，在这里，社会系统表现为它们克服复杂的周围环境而维持其界限和实存的能力；“社会整合”（Sozialintegration）涉及在制度系统中具有语言能力和行为能力的主体被社会化过程，在这里，社会系统表现为一个具有符号结构的生活世界。可见，正是通过对这两种整合的讨论，才引出了系统与生活世界问题——系统整合关涉系统，其主题是社会调控机制；社会整合关涉生活世界，其主题是社会规范结构。哈贝马斯说，系统与生活世界“这两个范式都有存在的权利，问题在于如何描述它们之间的联系。……如果我们将社会系统理解为生活世界，那就遮蔽了调控方面；如果我们将社会理解为系统，那就不会考虑到这种情况，即尽管社会现实性事实上被承认，但常常存在着反事实的有效性要求”②。因此，系统整合与社会整合的关系问题，实际上是系统与生活世界的关系问题。

第三，社会系统差异化。在《交往行为理论》中，哈贝马斯又进一步分析了社会系统差异化机制。在这里，我们可以用下述图表来说明。

系统差异化机制①

行为协调化 / 差异化与整合	交换	权力
类似的结构性统一	1. 区隔的差异化	2. 分层
非类似的功能具体化统一	4. 控制媒介	3. 国家组织

① Vgl.Jürgen Habermas, *Legitimationsprobleme imSpätkapitalismus*, Frankfurt/M.:Suhrkamp1973, S.40.

② Jürgen Habermas, *Legitimationsprobleme im Spätkapitalismus*, Frankfurt/M.:Suhrkamp1973, S.15.

从上述图表得知，机制 1 与机制 4 分析了交换关系；机制 2 与机制 3 分析了权力关系。机制 1 与机制 2 仍然依赖于现存社会结构；机制 3 与机制 4 却引起新社会结构形成。在这里，交换与权力失去了通过规范的婚姻规则所进行的妇女交换，以及按威望进行划分的部落集团层次的具体形式，并转变为巨大的抽象组织权力与控制媒介。机制 1 与机制 2 影响亲属集团的划分，即类似的结构性统一的差异化；机制 3 与机制 4 却表示着占有阶级与组织的划分，即非类似的结构性统一的差异化。

哈贝马斯指出，按系统理论来说，交换关系和权力关系是内部系统借以提出社会合作职能专门化要求的方面，但通过交换关系得以体现的阶段划分，以及通过权力关系体现出来的原始社会层次，标志着系统差异化的两个不同层面。对于维护系统状况来说，社会整合只有当它作为巩固行为效益的条件时，它才是必要的。不过，服务于系统复杂性提高的机制，并不是先天地通过规范的语言理解达到意见一致，也不是先天地与服务于社会系统的机制协调一致。系统机制只有当它与现存社会结构联结在一起时，它们才与社会整合机制交织在一起。在原始社会中，交换机制只在有限的范围内执行经济职能。在那里，正如权力机制一样，交换机制是直接与宗教、亲缘关系联系在一起的。那时，系统机制还不能脱离社会整合机制。

然而，一旦形成一种政治权力，而且它不再是根据部落首领的威望形成权威，而是根据法律手段支配形成权威，那么，权力机制就会摆脱根据亲缘关系构建的权力结构，而走向一种新机制即根据政治权力而构建的权力结构，也就是国家组织机制。这种机制与按亲缘关系组织起来的社会机制是没有联系的，并且在一种包括社会阶层在内的政治总秩序中，找到了适合它的社会结构。在国家组织的社会范围内形成了商品市场，它们是通过符号性的一般交换关系，即通过货币媒介控制的。当然，对于整个社会系统来说，只有当经济从国家秩序中分化出来时，这种媒介才能形成结构效益。在现代欧洲，随着货币媒介发展，资本主义经济形成了一种与权力系统区分开

---

① Jürgen Habermas, *Theorie des kommunikativen Handelns*, Bd.2.Frankfurt/M.:Suhrkamp1995, S.248.

来的亚系统，它迫使国家进行改组。这种符号性的交往媒介控制机制，在市场经济和现代行政管理相互补充下的亚系统中，发现了适合它的社会结构。就是说，在后期资本主义社会中，系统就是通过货币与权力媒介组织起来的市场经济体制与官僚政治体制。这样，货币和权力就成为现代文明制约和控制人的行为的两个主要媒介。系统合理化就是系统差异化过程或技术化过程，即系统复杂性提高过程。而系统复杂性的不同决定了社会形态的不同，因而，系统差异化的四种机制就标志着社会形态所属的统一水平。这样一来，与系统差异化机制相适应，社会形态就依次区分为四个不同阶段。

社会形态划分①

系统机制 / 社会结构	交换机制	权力机制
预先确定的（社会结构）	1. 平均制的原始社会	2. 等级制的原始社会
系统诱导的（社会结构）	4. 按经济结构划分的阶级社会	3. 按政治分层划分的阶级社会

当然，社会形态并非仅仅按系统复杂性程度加以区分，更确切地说，它们是由机制复合体决定的，而后者又以生活世界中的系统差异化机制为基础；区隔的差异化是以亲缘关系形式、分层是以地位秩序、国家组织是以政治统治形式、控制媒介是以民法个人之间关系形式加以体制化的；相应机制是性别作用和辈分作用，部落集团状况，政治官职和资产阶级民法。但归根到底，社会形态还是由系统复杂性决定的。因此，随着系统复杂性提高，系统合理化经历了四个阶段；社会形态也就划分为四种类型，即平均制的原始社会、等级制的原始社会、按政治分层划分的阶级社会、按经济结构划分的阶级社会。

① Jürgen Habermas, *Theorie des kommunikativen Handelns*, Bd.2.Frankfurt/M.:Suhrkamp1995, S.249.

二、生活世界及其结构

第一，生活世界概念。要理解生活世界合理化，首先要理解生活世界概念、研究生活世界结构。根据目前掌握的资料，“生活世界”（Lebenswelt）概念，最初是由胡塞尔提出的，海德格尔、A.舒茨、列斐伏尔、哈贝马斯、霍耐特等对之做了直接或间接论述。

20世纪20年代，胡塞尔就将生活世界视为一个重要概念；但只有到《欧洲科学危机和先验现象学》（1936）中，胡塞尔才系统地阐发了生活世界观念。他认为，关于生活世界的基本设想最早萌芽于《纯粹理性批判》，因为当康德提出“纯粹自然科学是如何可能的”问题时，其实就是想探讨前科学的生活世界问题。不过，由于康德并不真正了解生活世界的结构和意义，因而，他没有对之进行充分研究。胡塞尔强调，现在返回生活世界的根本目的，就是为了克服现代欧洲文明危机。现代欧洲文明危机，实质上是现代科学危机、人的价值和意义危机、整个生活世界危机。这是由于现代科学失去了纯粹绝对真理要求、纯粹绝对价值要求，片面地追求物质文明而忽视真正生活世界导致。因此，只有回到作为科学意义基础的生活世界，才能将哲学建成严格科学，重新找回人的价值和意义，摆脱欧洲文明危机。

在胡塞尔那里，生活世界就是“一切已知的和未知的现实的东西的世界。时空的形式以及一切以这种形式结合起来的物体的形状，都属于这个实际的经验直觉的世界。我们本身生活在这个世界之中，我们的人的身体的存有方式是与这个世界相适应的”①。就是说，生活世界既包括前科学的经验世界，又包括人的存在之本质结构；它不是独立的个体世界，而是一切人共有的主体间性世界；它不是抽象的，而是人们生活于其中的具体世界；它是一个无需论证的、自明的基础性世界。概言之，生活世界是先于科学、外于科学的生活领域；是通过知觉被给予的、并能够被经验到的世界，即前科学的人生经验世界；是个体主体构成的意义世界；是具有普遍可理解性、普遍目的性的人性化领域。

① ［德］胡塞尔：《欧洲科学危机和超验现象学》，张庆熊译，上海译文出版社1988年版，第60页。

A.舒茨①将生活世界概念引入到社会学中，并在知识社会学框架内，把生活世界视为文化再生产的场所和重要条件，它是生活在一起的社会成员所共有的，主要功能是促进人类之间的交往。可见，舒茨与胡塞尔的理解有所不同，他将生活世界理解为人们在日常生活中所直接经验到的主体间性的文化世界，具有预先给定性特征，即存在于社会个体对它进行任何理论反思和理论研究之前。而米德和帕森斯②等人，要么强调生活世界的个性社会化层面，要么强调生活世界的社会制度层面。

因而，哈贝马斯认为，在促使人们相互交往成为可能的层面上，A.舒茨、米德、帕森斯等人对生活世界的理解是远远不够的，因为生活世界概念不能随便运用到社会学之中。所以为了避免社会学的困境，社会批判理论必须采取语用学立场，这就需要把生活世界作为交往行为的互补概念来使用。哈贝马斯指出，可以将生活世界概念首先作为理解过程的关系而引入，因为交往参与者始终是在生活世界范围内相互理解的，他们的生活世界是由多少有些分散的，但总是固定的确实的背景构成的。这种生活世界背景是作为状况规定的源泉而设置的，这些状况规定又是交往参与者作为固定的规定首先设置的。这样，一个交往共同体的成员就借助于他们的解释效果，区分了客观世界、社会世界、主观世界。就是说，交往参与者将各种有争议的，但需要取得意见一致的状况关系首先设置为无争议的生活世界。这样，生活世界就贮存了前辈们的解释效果。就是说，哈贝马斯的生活世界概念与三个世界区分是联系在一起的。所谓“三个世界”，就是指客观世界，即作为真实命题可能涉及的所有事态的总体，它要求真实性和有效性；社会世界，即作为规范调节的所有个人内部关系的总体，它要求正当性或正确性；主观世界，即作为行为者个人经历的总体，它要求真诚性。而生活世界就是主体间性世界，它要求真实性、正当性、真诚性。

由此可见，在生活世界概念问题上，哈贝马斯与胡塞尔、A.舒茨等人具有相同点，都强调生活世界的直观性、整体性、基础性；但又有不

---

① A.舒茨（Alfred Schütz，1899—1959），奥地利现象学社会学家。

② 帕森斯（Talcott Parsons，1902—1979），美国社会学家，结构功能主义代表人物。

同点，他认为生活世界是由不同要素混杂而成的“灌木丛”。在哈贝马斯那里，生活世界有三个特征，即（1）“直接的确定性”（unvermittelte Gewissheit）。与一切非主体性知识一样，生活世界背景也是潜在的，只有通过前反思才能够表现出来。（2）“总体化的力量”（totalisierende Kraft）。它赋予人们共同生活、共同经历、共同言说和共同行动所依赖的知识以一种悖谬的特征。背景的在场既让人觉得历历在目，又让人感到不可捉摸，表现为一种既成熟又不足的知识形式。这样，生活世界作为总体性，就具有一个中心和许多不确定的界限，这些界限可以穿透，但不能逾越，因为它们带有收缩性质。（3）背景知识的“整体论”（Holismus）。有了这种整体论，背景知识表面上是透明的，但实际上是无法穿透的。

简言之，在哈贝马斯那里，生活世界具有文化、社会、个性三重结构和两大功能，即“语境形成功能”（eine kontextbildende Funktion）、“信念储备功能”（ein reservoire Funktion von Überzeugungen）。所以说，哈贝马斯的生活世界概念与现象学的生活世界概念具有明显的继承关系，但也有着根本的区别。在胡塞尔那里，生活世界是先验自我、纯粹自我构造出来的视域（意向性投射的边界）总和，然后才展开为主体间性的共同视域。因而，胡塞尔的“生活世界”的终极性在于先验主体性，这表明胡塞尔还没有摆脱主体中心主义的束缚。但是，哈贝马斯的“生活世界”则是通过主体间性相互理解共同构建的世界。简言之，生活世界概念，是交往行为概念的补充概念。这样，哈贝马斯就从主体性转向了主体间性①、从工具合理性转向了交往合理性、从意识哲学转向了交往理论，从而实现了哲学范式的转换。

第二，生活世界结构。哈贝马斯说，生活世界解构的诸要素，如文化传统、社会秩序、个性结构，是贯穿于交往行为中的理解过程、行为协调

---

① “主体间性”（Intersubjektivität）概念可以追溯到黑格尔甚至费希特，胡塞尔对之进行了系统阐发。在《笛卡尔的沉思：现象学导论》（1950）中，胡塞尔借助于主体间性使先验自我通过意向性而达到意识沟通。在继承改造前人主体间性概念的基础上，哈贝马斯将主体间性概念当作交往行为理论基本概念之一，用来指称主体之间的相互性、共通性、共存性。

过程，以及社会化过程的积淀。“我将‘文化’称为知识储备，从这种知识储备中，交往参与者通过相互理解世界中的某物而得到阐释。我将‘社会’称为合法秩序，交往参与者通过调节这些合法秩序使其成员成为社会群体，并因此保证了团结。我将‘个性’理解为使一个主体具有语言能力和行为能力的权能，就是说，使一个主体能够参与理解过程，并确证自身认同。交往行为延伸到象征内涵的语义学领域，以及社会空间与历史时间构成的各个维度上。文化、社会、个性通过交织为日常交往实践网络的互动构成的媒介进行再生产。这种再生产过程延伸到生活世界的象征型结构上。”①这就意味着，生活世界结构诸要素构成了相互联系的复杂的意义语境，尽管它们的表现形式各不相同：文化传统表现为象征形式、使用对象和技术、语词和理论、书籍和文献，当然还有行为；社会秩序表现为制度秩序、法律规范以及错综复杂而又井然有序的实践和应用；个性结构则表现为人的组织基础。然而，文化知识传递、社会行为协调以及个性社会化，都是通过以语言为媒介、以相互理解为核心的交往行为来实现的。因此，生活世界作为交往参与者一直在其中活动的视域，是在交往行为中表现出来的。这样，生活世界就构成了理解过程的视域，交往参与者借助于这种视域，对于客观世界、他们共同的社会世界、或各自的主观世界中的某种东西，表示意见一致或者相互论争。

根据哈贝马斯的有关论述，生活世界与交往行为的关系，可以用下列图表来表示。

生活世界与交往行为

生活世界结构要素	再生产过程	交往行为不同维度	言语行为要素
文化传统	文化再生产	理解	陈述
社会秩序	社会整合	调节	以言行事
个性结构	社会化	互动	表达

① Jürgen Habermas, *Theorie des kommunikativen Handelns*, Bd.2.Frankfurt/M.:Suhrkamp1995, S.209.

从上表可知，文化传统、社会秩序、个性结构作为生活世界结构要素，与文化再生产过程、社会整合过程、社会化过程是相适应的；它们分别对应着交往行为中的理解、调节、互动；后者又与言语行为中的陈述、以言行事、表达相对应。换言之，就文化层面来说，人们的交往不只是依赖文化资料作为相互交往的媒介，而是在交往过程中会同时传递和更新文化知识；在社会层面上，交往行为不只是调节不同的意见和社会行为，而且会促使社会整合与人的归属感；在个性方面，交往行为通过社会化过程促使个性社会化。当然，生活世界结构要素区分是相对的，这三种结构要素相互关联，形成了一个复杂的意义关系网络，并通过语言媒介相互交织在一起；而每一种再生产过程都为维持生活世界结构要素作出了贡献。

再生产过程为生活世界结构要素获得所做的贡献①

结构要素 /再生产过程	文化传统	社会秩序	个性结构
文化再生产	能够达成共识的解释图式（有效知识）	合法性	有教育效果行为模式、教育目标
社会整合	义务	合法规定的人际关系	社会归属性
社会化	解释成就	符合规范的行为动机	互动能力（个体认同）

三、生活世界殖民化与生活世界合理化

第一，生活世界殖民化。在后期资本主义社会中，由于系统合理化增长，系统侵蚀并控制了生活世界，从而导致生活世界殖民化。②所谓“生活世界殖民化”（Kolonialisierung der Lebenswelt），就是指作为后期资本

① Jürgen Habermas, *Theorie des kommunikativen Handelns*, Bd.2.Frankfurt/M.:Suhrkamp1995, S.214.

② 在《交往行为理论》“第3版前言”中，哈贝马斯说，J. 贝格尔（J.Berger）很有道理的反对意见，使他认识到生活世界殖民化主题的片面性，仅仅用生活世界受系统侵蚀和控制对时代问题进行诊断是行不通的。这表明哈贝马斯在一定程度上承认，在解释后期资本主义危机根源方面，生活世界殖民化理论的某种无能为力性。（Vgl.Jürgen Habermas, *Theorie des kommunikativen Handelns*, Bd.1.Frankfurt/M.:Suhrkamp 1995, S.3—4.）

主义系统的市场经济体制和官僚政治体制，借助于货币和权力这两个媒介侵蚀原本属于非市场和非商品化的私人领域和公共领域，从而用货币和权力控制了生活世界，导致生活世界的意义和价值丧失；与此同时，由于现代科技进步服务于社会生产发展，后期资本主义就放弃了早期资产阶级追求的自由、平等、正义这些价值观念，从而使当代资本主义文化世界荒芜，最终导致了后期资本主义文明危机。那么，系统是如何侵蚀并控制了生活世界，从而导致了生活世界殖民化呢？

在这里，哈贝马斯接受了系统理论的某些观点，认为系统与生活世界的脱钩过程，就是系统合理化与生活世界合理化之差异化过程。他说，社会进化可以理解为两种合理化的差异化过程。当系统复杂性提高、生活世界合理性也增长时，系统与生活世界就相互区分。因而，对原始社会、传统社会、现代社会的社会进化阶段进行区分，就成了社会学的传统。按系统理论观点，这些阶段是通过各种新出现的系统机制和相应的复杂性水平加以标志的，这样就出现了系统与生活世界的脱钩。因为最初与社会系统很少区分而共处的生活世界，越来越下降为与其他亚系统并列的亚系统。在这里，系统机制越来越脱离社会整合借以进行的社会结构，正如人们所看到的那样，现代文明达到了系统差异化的一个方面，在这些变得独立自主的组织中，通过相应的交往媒介处于相互联系之中。于是，那种作为目的合理性的经济行为和管理行为的亚系统，与它们的道德—实践基础就相对独立了，而这些系统机制就进一步控制了与价值规范相联系的交往；与此同时，生活世界仍然在整体上规定社会亚系统。因此，一种依附于生活世界的系统必须加以体制化。这种体制化可以从系统差异化方面，也可以从生活世界内部看到。在原始社会中，系统差异化只是导致亲缘关系结构越来越复杂；但在更高统一水平上则形成了国家和权力媒介控制的亚系统。换言之，在分化程度较低的水平上，系统尚能与社会整合机制紧密结合在一起；但在现代文明中，系统则物化为摆脱了规范的结构。因而，在现代文明中出现了有组织形式的、权力媒介控制的社会关系领域。这些领域不再容许形成从属统一性社会和符合规范的态度。针对社会组织的形式化，通过交换过程和权力过程控制的行为系统，社会成员之间的相互对待如同对待自然实在。这样，在目的合理性亚系统中，社会就成了第二自然。因此，系统与生活世界的脱钩，或者可以被固定化为系统视角，或者可以被固定化为生活世界视角，但却不能将两者相互转换。

哈贝马斯试图将系统复杂性分析上升为与生活世界合理化之间的联系。他认为，以理解为取向的交往行为，一方面要求对规范关系具有越来越大的独立性，同时也强烈要求语言的理解机制，另一方面要求通过相应的交往媒介所代替。如果人们将系统与生活世界的脱钩的转变理解为系统历史的形式方面，那么，对文明史启蒙过程的不断嘲弄就会暴露出来。生活世界合理化促成了系统复杂性提高，这种系统复杂性提高如此迅猛，以至于自由的系统命令阻碍了被它们工具化了的生活世界的控制力。这样，通过系统与生活世界概念所阐述的后期资本主义物化理论，就要求通过一种过时的阶级意识理论来对现代文明进行补充分析。这种理论不应该对意识形态进行批判，而应该解释日常意识在文化上的欠缺；不应该驱逐革命意识的痕迹，而应该研究合理化文化的条件。因此，“我这样解释在发达资本主义社会中出现的物化症候，就是说，被媒介控制的经济亚系统与政治亚系统，借助于货币媒介和官僚政治媒介，侵入到生活世界的符号再生产中”①。就是说，在货币和权力得以通过法的形式组织起来以前，生活世界合理化必须已经达到相当成熟的程度；这两个已经超越了阶级社会政治等级秩序的亚系统，摧毁了它们由以出发的欧洲传统社会生活方式。然而，这两个在功能上互动的亚系统，又反作用于那些使它们自身成为可能的、合理化了的现代社会生活方式；而且在一定程度上，货币化和官僚化已经渗透到文化再生产、社会整合和个性社会化之中，即渗透到生活世界结构的核心领域。因此，由这些媒介形成的互动对生活世界的侵蚀，不可能在不导致病理学结果的情况下发生。于是，技术问题与价值问题相分离，个性化与社会化相冲突。总之，社会“合理化的过程首先源于生活世界合理化，由此而导致或促生了系统层面的合理化，但最后却出现了生活

---

① Jürgen Habermas, *Theorie des kommunikativen Handelns,* Bd.2.Frankfurt/M.:Suhrkamp1995, S.522.

世界被系统殖民化的情形”①。

实际上，哈贝马斯对后期资本主义的批判主要涉及两个问题：(1) 在后期资本主义社会中是否存在着危机？主要表现形式是什么？(2) 后期资本主义危机的根源何在？

对第一个问题，哈贝马斯的回答无疑是肯定的。他认为，如果撇开作为后期资本主义增长后果的全球性危险不论，后期资本主义还存在着四种危机趋向，即经济危机、合理性危机、合法性危机、动机危机。哈贝马斯的合法性危机论，从经济、政治、文化等各个角度分析了后期资本主义的种种矛盾与异化现象，深刻地揭示了当代资本主义发展的新特征、新趋势，这有助于我们对当代资本主义的理解和批判。不过，哈贝马斯有用文化危机淡化经济危机的倾向，这不仅像早期批判理论家一样，片面夸大了文化意识形态的作用，有陷入文化精英主义的危险；甚至离开了早期批判理论家的激进批判立场，有为当代资本主义辩护的嫌疑。

对第二个问题，哈贝马斯与早期批判理论理论家不同——霍克海默和阿多尔诺以人与自然关系为主线来考察文明发展，认为文明危机的根源是启蒙理性膨胀，或者说，启蒙理性的原罪就在于它导致了人与自然关系的破裂，而这又是由于科技过度发展和不恰当使用造成的。哈贝马斯指出，霍克海默和阿多尔诺觉得有必要“更加深入地确立物化批判的基础，并从整体上将工具理性拓展为世界历史文明过程的范畴，也就是将资本主义现代性开端背后的物化过程，延伸到人类形成的开端中”②。所以，他们试图借助于“批判理性”遏制工具理性膨胀，只在意识哲学框架内对工业文明进行悲观主义的浪漫主义之文化批判，并没有揭示文明危机的真正根源，更没有找到拯救现代文明的途径。这样，他们就不能正确揭示现代化的真谛，因而，面对现代文明的困境，除了愤世嫉俗的批判，只能是悲观绝望。与霍克海默和阿多尔诺不同，哈贝马斯不是从人与自然关系破裂角度寻找文明危机根源，而是将后期资本主义危机根源归结为生活世界殖民

---

① 参见阮新邦、林端：《解读〈沟通行动论〉》，上海人民出版社 2003 年版，第 22 页。

② Jürgen Habermas, *Theorie des kommunikativen Handelns,* Bd.1.Frankfurt/M.:Suhrkamp1995, S.489.

化，并由此认定后期资本主义不可能摆脱危机，这就坚持了早期批判理论家对工业文明的批判立场；但哈贝马斯试图在对现代工业文明的校正中重建后期资本主义文明，这样就显示出他对资本主义文明的辩护和认同倾向。譬如：在68—运动中，刚开始时哈贝马斯是同情和支持学生的；后来，随着学生运动的激进化、"革命化"，哈贝马斯又谴责学生是"左派法西斯"。他说，当时联邦德国政治生活中固然存在着不民主、不自由现象，但从总体看整个社会制度是比较优越的，政治状况、经济状况也是比较稳定的。①

第二，生活世界合理化。在哈贝马斯看来，"生活世界合理化可以被理解为交往行为中固有的合理性潜能的连续释放。"②就是说，生活世界合理化显示了生活世界结构变化，但这并不是指文化、社会、个性这三种结构要素增多或减少，而是指这三者的关系及其界限变得越来越清晰。因此，生活世界合理化主要体现在三个方面：(1) 生活世界结构要素区分，即文化、社会、个性这三种结构要素，不再笼统地受神秘世界观的控制，而是按理性的要求在交往行为中各自独立出来。这样，传统规范对人的制约就不再具有无可争议的权威性，即文化传统处于不断的自我反思和自我更新状态；社会合法秩序也越来越依赖于规范论证；个性形成是在社会化过程中通过自我肯定而构建起来。这就表明，生活世界结构的变化，只有在交往合理性取代权威崇拜时才有可能。(2) 生活世界之形式与内容分离，即与生活世界结构要素区分相适应，人们在文化再生产、社会整合、个性社会化等方面，不再关注具体内容，而是关注形式要素，这显示着人类思维能力和理解能力的抽象化。(3) 生活世界在象征意义层面上的再生产过程反思性增强，即在不同文化领域、不同社会制度，甚至在儿童教育过程中，人与人之间的交往以及理性反思日益占据重要地位。

总之，生活世界合理化就是指：生活世界结构要素区分越是细致、越

① Vgl.Interview mit Jürgen Habermas am 23.März 1979 in Sternberg, in:Detlef Hoster, *Habermas zu Einfürung*, SOAK Verlag Honnover 1980, S.75

② Jürgen Habermas, *Theorie des kommunikativen Handelns,* Bd.2.Frankfurt/M.:Suhrkamp1995, S.232.

是合理地推动，相互理解条件下互动的情况就会越多，而这种理解建立在权威论证和意见一致的基础之上。这就意味着，在生活世界合理化状态下，在文化再生产方面，交往行为服务于文化知识的传播、批判和流传；在社会整合方面，交往行为服务于主体间性承认的有效诉求的行为协调；在社会化方面，交往行为服务于个体认同的形成。而符号性的生活世界结构，通过有效知识的连续性、群体联合的稳定性、具有言语能力和行为能力的行为参与者社会化途径再生产出来。这样，再生产过程就在象征内涵的语义学领域、社会空间（被社会整合了的群体）、历史时间（世代相继的各代人）各个维度上建立起生活世界的新状况与现存状况之间的联系。

在《现代性的哲学话语》中，哈贝马斯描述了生活世界合理化的逃离点："对文化来说，（一个）不断修正的状态成为液化的，即反思的传统；对社会来说，（一个）依赖于规范确定与规范论证形式的合法秩序状况，最终是话语程序；对个性来说，（一个）风险自我控制状态，就是一个高度抽象的自我认同。"① 就是说，通过生活世界合理化形成了对由知识保障的批判性解决办法、普遍价值规定与规范规定，以及对自我控制的个体化的结构性强制。在维尔默看来，哈贝马斯所说的生活世界合理化的逃离点，并不表征无限制的理想的交往共同体结构，而是表征（打上普遍价值与普遍合理义务意识印记的）共同性，即生活世界的结构性强制。因而，它不是表征社会理想状态，而是表征并不合理的现代社会背后的困境与可能状态。这样，生活世界合理化的逃离点就是理解合理性的真正逃离点，由于退步、压迫或恐怖的代价，人们只能退回到它的背后。"正是在理解合理性基础上，才能适当阐发社会秩序与美好生活本质问题。我们能够这样开发'语言理解的否定性潜能'，以至能够开启美好生活、批判性修正与创造性变革的可能性。"②

然而，如果生活世界合理化不表征可能的理想状态，而只包含着结构变化的描述，那么非常清楚：为了把握某些特殊问题与不合理的社会现

① Jürgen Habermas, *Der philosophische Diskurs der Moderne*.Frankfurt/M.:Suhrkamp1985, S.399.

② Albrecht Wellmer, *Ethik und Dialog*, Frankfurt/M.:Suhrkamp1986, S.161.

象，仅有生活世界合理化概念是不够的。因为它不是只能将其终点理解为完全合理的生活世界的过程，而是这样一个过程——在其中，能够起作用的社会意识，并没有可能的有效的保障基础，也没有只能用实际的交往和论证手段来保障共同性的网络。“这个过程就是最终审判机关，因为‘语言理解的否定性潜能’的开发，只能被理解为学习和创新过程；但其关涉点并不是一个未来可以思考的无限制的理想的交往共同体，而是当代的经验病理学、非合理性、缺陷、非人道性。”①

综上所述，本章从合法性概念出发，考察了哈贝马斯视阈中的合法性问题与合法性危机，尤其是现代国家中的合法性问题，以及后期资本主义危机趋向；然后，在考察社会系统与社会组织原则、生活世界及其结构的基础上，阐发了生活世界殖民化与生活世界合理化，揭示了哈贝马斯对后期资本主义危机根源的认识，从而加深了对资本主义危机的理解。因而，哈贝马斯对后期资本主义危机，以及生活世界殖民化的揭露和批判，是值得肯定的。当然，也还存在着一些需要进一步深入思考的问题。

① Albrecht Wellmer, *Ethik und Dialog*, Frankfurt/M.:Suhrkamp1986, S.162.

第三章　交往合理性与社会合理化

如果说，在上一章中，我们主要讨论了两个问题，即（1）在后期资本主义社会中是否还存在着危机？若存在，其主要表现形式有哪些？（2）后期资本主义危机的根源何在？那么，在这一章中，我们将主要讨论这个问题，即如何摆脱后期资本主义危机？事实上，哈贝马斯也像早期批判理论家一样，对工业文明进行了批判性反思，不仅分析了后期资本主义危机趋向，还揭示了后期资本主义危机根源；但在摆脱现代文明危机、通往未来文明之路问题上，哈贝马斯与早期批判理论家是不同的：既然后期资本主义危机源于生活世界殖民化，那么摆脱后期资本主义危机的途径、通往未来文明之路，也就在于克服生活世界殖民化。为此目的，必须重新协调系统与生活世界的关系，平衡工具合理性与交往合理性的关系，重建交往合理性以实现社会合理化。要想重建交往合理性、实现社会合理化，就必须转变理论范式：从侧重于主体与客体的关系、崇尚主体性的意识哲学，转向侧重于语言与世界的关系、崇尚主体间性的语言哲学；从传统批判理论转向交往行为理论；从老批判理论转向新批判理论。

交往行为理论 / 交往合理性理论 / 交往理论，“不是一种‘元理论’（Metatheorie），而是一种努力确认其批判标准的社会理论开端”①，它主要涉及工具行为（目的合理性行为）与交往行为（交往合理性行为）的关系问题。其实，在《交往行为理论》之前，哈贝马斯就经常谈到工具行为与交往行为的关系问题。在《论社会科学的逻辑》中，哈贝马斯甚至谈到了

---

① Jürgen Habermas, *Theorie des kommunikativen Handelns*, Bd.1.Frankfurt/M.:Suhrkamp1995, S.7.

构建交往行为理论的可能性，认为将心理分析理解为语言分析的尝试是通往交往行为理论的第一步。[①] 在《后期资本主义的合法性问题》"前言"中，哈贝马斯希望不久就能在交往行为理论框架中阐明当代社会理论的基础问题。不过，只有到《交往行为理论》一书中，哈贝马斯才系统地阐发了交往行为理论。在《道德意识与交往行为》、《话语伦理学解说》、《事实与价值》、《包容他者》等著作中，哈贝马斯又将交往行为理论拓展为话语伦理学、协商政治理论，以及法律话语理论。

第一节 《交往行为理论》的逻辑进路

在《交往行为理论》中，哈贝马斯首先从合理性问题入手，通过考察各种合理性理论，强调交往合理性的重要性；其次，将交往合理性概念运用到社会关系之中去，以证明交往合理性有助于实现社会理论目标；再次，通过社会病态分析，提出了合理化辩证法，并借助于交往合理性概念阐明一种现代性理论；最后，以功能主义理性批判形式重建批判的社会理论。

一、"第 1 卷：行为合理性与社会合理化"

第一，"导论：合理性问题入门"主要讨论社会学中的合理性概念。(1)"合理性"：一个临时的概念规定，包括行为与断言的可批判性，可批判的表达范围，关于论证理论的题外话。具体地说，涉及理性、合理性与哲学思维，哲学与世界观、元哲学、始源哲学的关系，哲学与部门哲学、科学的关系，政治学、政治经济学、文化人类学、社会学、社会理论与合理性问题，合理性、合理化与合法性问题，合理性的三种形态，即认知—工具合理性、道德—实践合理性、审美—实践合理性，言语行为、社会行为与

① Vgl.Jürgen Habermas, *Zur Logik der Sozialwissenschaften*, Frankfurt/M.:Suhrkamp1985, S.12.

有效性要求，目的合理性行为与交往合理性行为，合理的行为、合理的生活方式与合理化的世界观，系统与生活世界，理论话语、实践话语、解释话语与理想的言谈情境，以及论证理论等。(2) 神话世界观与现代世界观的几个标志，包括 M. 戈德利尔[①] 以来的神话世界观结构，对象领域的差异化与世界的差异化，P. 温奇[②] 之后英国关于合理性的论争——支持或反对普遍主义立场，世界观的解中心化（皮亚杰）——生活世界构想的临时引入。具体地说，涉及生活世界、生活世界结构与合理化的生活世界，世界观的合理性及其水平，原始思维的基本特征与神话世界观的结构，对象领域的分化与三个世界，现代思维的基本特征与现代世界观的结构，理解的客观性、合理性标准与普遍有效性要求，语言游戏、语言共同体与交往共同体，形式语用学、语言世界观与现实，宗教世界观与宗教社会学，结构性学习、内涵性学习与学习过程、学习机制，对象世界、人际关系世界与生活世界，世界观的解中心化与生活世界的合理化，交往合理性与程序合理性，文化合理化与社会合理化等。(3) 四种社会学行为概念中世界关联与行为的合理性方面，包括波普尔的三个世界理论及其在行为理论中的运用（I.C. 贾维[③]），根据行为者—世界关联而区分的三种行为概念，“交往行为”概念的临时引入。具体地说，涉及波普尔的三个世界概念，即物理对象或物理状态的世界、意识状态或精神状态的世界、客观的思想内容的世界，根据行为者—世界关联划分三种行为概念，即目的［策略］行为、规范调节行为、戏剧行为，以及对应的三个世界，即客观世界、社会世界、主观世界，“交往行为”概念的临时引入，以及有效性要求，即真实性、正当性、真诚性、可理解性。(4) 社会科学中的意义理解问题，包括从知识论视角看，从理解社会学视角看。具体地说，涉及形式的世界与社会文化生活世界，交往经验、交往过程与交往结构，理解过程与理解结构，意义理解与合理的解释，意义问题与有效性问题，观察语言、理论语言与语言游戏，解释学问题、哲学解释学与解释学乌托邦，施为性立

① M. 戈德利尔（Maurice Godelier，1934—），法国结构主义马克思主义人类学家。
② 温奇（Peter G.Winch，1926—1997），英国哲学家。
③ I.C. 贾维（I am C.Jarvie，1937—），英国哲学家。

场等。

通过对行为理论的基本概念与意义理解的方法论讨论，哈贝马斯已经看到，合理性问题不是从外面强加给社会学的，而是社会学内部固有的。因而，对于任何一种带有社会理论要求的社会学来说，都会在三个层面上提出（总是具有丰富规范内涵的）合理性概念使用问题。这三个层面就是：元理论层面、方法论层面、经验—理论层面。在哈贝马斯那里，无论从元理论角度还是方法论角度看，"理解"（Verständigung/Verständnis/Verstehen）都是社会学的基本概念。关于理解概念，哈贝马斯只对两个方面感兴趣，即通过协调行为和意义理解进入客观领域。理解过程指向一种基于有效性要求的主体间性承认之上的共识，这些有效性要求是交往参与者相互提出来的、而且可以从根本上加以批判的，行为者的世界关联是在有效性要求的取向中实现的。如果意义理解必须被理解为交往经验，而且交往经验只有在交往行为的"施为性立场"（performative Einstellung）中才是可能的，那么，意义理解社会学的经验基础就必须与这个要求相一致，即解释学程序至少在意图上要立足于丰富而又普遍的合理性结构。哈贝马斯指出，如果交往行为与解释这两个相互关联的概念只是表达一种特殊的、与一定的文化交织在一起的合理性视角，那么，在元理论或方法论视角下，我们都不要期待社会理论知识的客观性。如果客观性要求应该得到满足，那么，理解过程的内在结构在一定意义上就必须证明为普遍有效的。①

这里的关键问题在于：是否可以从合理化角度考察现代化进程？这是作为社会理论出现的社会学一开始就致力于解决的问题。就是说，社会学与合理化理论之间存在着内在关联，哈贝马斯试图借助于这个主题引出交往行为理论。

总之，在《交往行为理论》中，通过对理论史的系统重构，哈贝马斯找到了从康德到马克思所阐发的哲学意图在科学上富有成效的整合的可能

① Vgl. Jürgen Habermas, *Theorie des kommunikativen Handelns*, Bd.1.Frankfurt/M.:Suhrkamp1995, S.197.

性，即哈贝马斯试图将 M. 韦伯、青年卢卡奇、霍克海默和阿多尔诺、米德、涂尔干、帕森斯、弗洛伊德、皮亚杰，以及维特根斯坦、奥斯汀、塞尔等人的思想资源整合起来，阐发自己的交往行为理论。

第二，“M. 韦伯的合理化理论”主要讨论 M. 韦伯的合理化理论。（1）西方理性主义，包括西方理性主义现象，合理性概念，西方理性主义的普遍主义内涵，换言之，在科学史语境中，考察西方理性主义现象与普遍主义内涵，并对合理性概念作进一步阐释。具体地说，涉及“社会合理化问题”前史，从孔多塞到斯宾塞，M. 韦伯视阈中的社会合理化问题，哈贝马斯对社会合理化问题的重构，以及理论合理性与实践合理性，形式合理性与实质合理性，手段—工具合理性、目的—选择合理性与规范—价值合理性，行为合理化、生活方式合理化与世界观的合理化，经验—分析知识、道德—实践知识与审美—表现知识等。（2）宗教—形而上学世界观的祛魅与现代意识结构形成，包括观念与兴趣，世界观发展的内在要素与外在要素，世界宗教的内容方面，世界宗教的结构方面——祛魅与系统的安排，祛魅与现代世界观。具体地说，涉及观念、兴趣与生活秩序，物质兴趣与观念兴趣，规范结构与规范秩序，规范有效性、共识有效性、社会有效性与合法性，合法的秩序、合法性潜能与合理性类型，社会合理化与文化合理化，世界观结构的发展逻辑与发展动力，宗教世界观与形而上学世界观，宗教世界观的祛魅、宗教合理化与经济伦理，世界观的合理化、世界观的伦理化与法律意识的合理化，世界观合理化的外在要素与内在要素，以及现代意识结构在新教伦理和现代法律体系中的结构体现，世界宗教的不同内涵、不同结构，伦理的合理化与世界观的合理化等。（3）作为社会合理化的现代化——新教伦理的作用，包括新教职业伦理与社会合理化的自我解构模式，“中间考察”的系统内涵。具体地说，涉及世界观从文化价值层面向社会行为层面转化，文化合理化向社会合理化的过渡，新教伦理与社会合理化的自我解构模式，目的合理性与价值合理性，文化的三种内涵（认知内涵、规范内涵、表现内涵）、三个世界（客观世界、社会世界、主观世界）、三种立场（面对外部自然的客观化立场、面对合法的社会秩序的规范一致和批判立场、面对主观内部自然的表现立场）、九种基本关系，三种合理性结构与三种文化价值领域，以及交往和解与交往伦理学，文化人、专业人与享受人，现代化与合理化辩证法等。（4）法律合理化与时代诊断，包括时代诊断的两个内涵，模棱两可的法律合理化。具体地说，涉及意义丧失论题与自由丧失论题，新教伦理与现代法律，合理性价值领域的有效性要求与经验要求，文化的特殊价值内涵与普遍价值标准，后传统意识结构与后传统法律观念和道德观念，法律路径的祛魅与救赎路径的祛魅，法律发展与法律合理化，理性自然法与新教伦理、现代法律，合法律性与合法性，实质理性与程序合理性、形式合理化与实质合理化的辩证法等。

总之，哈贝马斯围绕着 M. 韦伯的合理化理论，一方面讨论了随着理性主义兴起而来的宗教—形而上学世界观的结构转型，以及被分化开来的价值领域（科学、道德、艺术）的认知潜能问题，另一方面分析了资本主义现代化即社会合理化这种可选择的模式，讨论了 M. 韦伯时代诊断的两大论题，即意义丧失论题与自由丧失论题，并涉及法律合理化问题。

第三，“第一阶段中间考察：社会行为、目的性活动与交往”，首先是对“分析的意义理论与行为理论”进行说明，涉及分析的行为理论与社会学的行为理论、言语行为理论与交往行为理论等。（1）M. 韦伯的行为理论的两个版本（正式版本与非正式版本），“正式版本”涉及 M. 韦伯的行为类型学，即目的合理性行为、价值合理性行为、情感行为、传统行为，但目的合理性行为是出发点，因而，M. 韦伯的行为类型学的出发点是一种独白式的行为模式。“非正式版本”涉及经济秩序与法律秩序的区分——前者以现实利益状况作为立足点，后者以规范的有效性要求的承认（即规范共识）为立足点，以效果为取向的行为与以理解为取向的行为。（2）以效果为取向的语言使用和以理解为取向的语言使用，涉及目的—策略行为与理解—交往行为，理解的一般结构、交往的共识前提与主体间性承认，以及三种言语行为，即以言表意行为、以言行事行为、以言取效行为，尤其是以言取效行为的地位问题。（3）意义与有效性——言语行为提供的以言行事行为的连带效果，涉及交往行为与策略互动的不同，语义学的意义理论与语用学的意义理论，指称语义学与真值语义学、形式语义学与形式语用学、经验语用学与普遍语用学等。(4) 有效性要求与交往模式——对指责的讨论，涉及交往行为到底是一种言语行为还是一种社会行为？言语行为的三个有效性要求，言谈者对待世界的三种立场，即客观的立场、表现的立场、符合规范的立场等。(5) 言语行为分类的修正尝试——纯粹以语言为中介的互动类型，涉及奥斯汀对言语行为非常细致的、但却是临时性的分类，塞尔、克莱科尔对奥斯汀分类的修正和发展，以及哈贝马斯对言语行为分类的重构，尤其是关于交往行为三种临界状态的描述，即会话、规范调节行为、描述行为等。(6) 形式语用学与经验语用学——字面含义和语境含义：潜在的知识背景，主要讨论为什么不选择经验语用学，而是坚持运用形式语用学来论证交往行为理论？涉及言语行为的基本模式、言语行为的理解过程层面与交往行为层面、交往行为与背景知识、交往参与者和三个世界的关联、行为合理性的方方面面、交往行为概念与生活世界概念等。在这里，哈贝马斯以 M. 韦伯的行为理论为出发点，描述了交往行为理论的形式语用学路径。①

哈贝马斯指出，今天，如果我们还敢于坚持交往合理性概念的普遍性，而且还不追溯到宏大哲学传统的保障，那么，从根本上说就有三条道路可供选择：其一，对临时引入的交往行为概念进行形式语用学加工，即在形式语义学、言语行为理论，以及其他语用学路径之后，对以理解为取向的行为之一般规则和必要的先决条件进行合理重构。其二，对形式语用学的经验可使用性进行评估，主要涉及三个研究领域：病态交往模式的解释，社会生活形式基础的进化，行为能力的个体谱系。其三，对社会合理化理论的社会学路径进行加工。在这里，哈贝马斯试图吸收从 M. 韦伯到帕森斯的概念策略、理论假定、理论论证，目的是借助于在交往行为基本概念中阐发的合理化理论解决一些问题。

为了这个目的，不是关注观念史，而是关注理论史。哈贝马斯强调，理论史重构与系统研究不可偏废：社会科学研究范式的长处与其形成和发

---

① Vgl.Jürgen Habermas, *Theorie des kommunikativen Handelns*, Bd.1.Frankfurt/M.:Suhrkamp1995, S.202.

挥作用的语境密切联系在一起，理论史重构的优势在于，可以在行为理论基本概念、理论假定与想象的经验明确性之间来回选择，同时还可以将下述基本问题确定为关涉点，即资本主义现代化是否能够被理解为一种单向的合理化进程？

第四，“从卢卡奇到阿多尔诺：作为物化的合理化”主要讨论生活世界合理化与行为系统不断复杂化，涉及从目的行为到交往行为的范式转变，社会合理化与合理性潜能，日常生活实践合理化与生活世界合理化，日常交往合理化与系统合理化，行为理论与系统理论等。（1）西方马克思主义传统中的M.韦伯，包括关于意义丧失论题，关于自由丧失论题，卢卡奇对M.韦伯合理化问题的阐释。具体地说，涉及工具理性批判与M.韦伯的合理化问题的关系，三种合理性，合理性增长与合理性缺失，工具理性与形式理性，理性与道德、艺术的分离，意义丧失论题与文化合理化，自由丧失论题与社会合理化，合理化与物化、对象化、物象化、异化，使用价值与交换价值，理论与实践的关系等。（2）工具理性批判，包括法西斯主义理论与大众文化理论，对新托马斯主义与新实证主义的双重批判问题，启蒙辩证法，作为训练的否定辩证法，现代性的哲学自我解释与意识哲学范式的式微。具体地说，涉及物化与文化再生产，对物化的反抗与对自然的反叛，大众传媒与新型商品拜物教，物化意识结构与辩证的和解，后经验主义的分析的科学理论与社会科学方法论基础论争，主观理性、客观理性与批判理性，理性、工具理性与始源理性，铭记自然、与自然和解，工具理性批判与现代性的哲学自我理解，工具理性批判与交往理论，意识哲学范式与语言哲学范式，主体性与主体间性，个体解放与交往自由，个体交往社会化与和解乌托邦等。在哈贝马斯看来，从卢卡奇到霍克海默和阿多尔诺对M.韦伯合理化问题的马克思主义接受的困窘过程，已经表明意识哲学路径的界限，以及从目的性活动到交往行为的范式转变的诸多理由。①

---

① Vgl.Jürgen Habermas, *Theorie des kommunikativen Handelns*, Bd.1.Frankfurt/M.:Suhrkamp1995, S.202.

总之，在《交往行为理论》第1卷中，哈贝马斯从合理性概念入手，通过分析以往社会学家，尤其是M.韦伯、青年卢卡奇、霍克海默和阿多尔诺等人的合理化理论，阐发了行为合理性与社会合理化问题。在这个阐发过程中，哈贝马斯提出了许多重要观点。

二、“第2卷：对功能主义理性的批判”

第五，“在米德、涂尔干那里的范式转变：从目的性活动到交往行为”通过阐发米德的符号互动论、涂尔干的宗教理论，尤其是社会整合与系统整合相互关联的社会团结理论，讨论从目的性活动到交往行为的转变。（1）米德对社会科学的交往理论奠基，包括米德交往理论的问题提法，从类人猿的手势语向以符号为中介的互动过渡，补遗：借助于维特根斯坦遵循规则的构想阐明米德的意义理论，从以符号为中介的互动向规范调节互动过渡，社会世界与主观世界的互补结构。具体地说，涉及意识哲学模型与分析的语言哲学、行为主义心理学，米德的社会心理学与形式语用学，以符号为中介的互动的结构特征，手势语与以符号为中介的互动，莫里斯的符号学与米德的符号互动论，言语行为的以言行事力量的三种前语言根基（命题与事物感知、规范与角色行为、认同与需要本性）等。在这里，哈贝马斯系统地阐述了米德如何解释以符号为中介的互动，以及重构地解释社会角色中的行为。①（2）神圣的权威与交往行为的规范背景，包括涂尔干论道德的神圣根源，涂尔干理论的缺点，关于交往行为三个根源的说明。具体地说，涉及体制与价值的规范有效性，社会规范的道德权威性的神圣根源，道德规则的有效性与神圣“灵韵”之间的近似性，神圣东西的来源与道德权威性的含义，个体认同与集体认同，涂尔干“机械”形式的社会团结构想与米德的交往理论补充，普遍化的他人立场、集体意识与世界观、语言理解与形式语用学，关于交往行为三个根源，即命题部分、表达部分、以言行事部分，以理解为取向的行为的反思形式与反思性的自我

① Vgl.Jürgen Habermas, *Theorie des kommunikativen Handelns*, Bd.2.Frankfurt/M.:Suhrkamp1995, S.69.

关系等。(3) 神圣承诺的合理结构，包括法律发展与社会整合形式转变，用总体上整合的社会之虚构的极限状态来解释（社会整合）形式转变的逻辑，米德对话语伦理学的奠基，对认同与个体化的说明——人格之数的、种属的、质的同一化（海恩里希、图根哈特），对米德社会理论的两点异议。具体地说，涉及契约的非契约基础与法律的社会进化，神圣东西的道德权威性与体制的有效性，社会整合形式转变与法律进化，从机械团结到有机团结，世界观的结构与机械的结构、个性的结构，涂尔干的道德主义与实证主义，法律的普遍化与道德的普遍化，规范的辩护问题与应用问题，宗教信仰共同体与合作强制下的交往共同体，道德规范的正确理解与普遍主义道德理论，道德规范的普遍性与道德规范的有效性，道德教化与道德判断力，认同与个体化，理想的交往共同体与合理的意志形成模型、非—异化的交往过程，自我认同与自主行为基础上的自我实现，自决与自我实现，生活世界的交往合理化与生活世界的结构性要素（文化、社会、个性），交往的日常实践、不同集体相互划界的生活世界与具体的生活形式，交往合理化的两个保留条件（一是指向现代法律与道德发展的形式特征，即在个性发展领域中个体主义的形式特征；二是指向米德偏爱的重构程序的范围，第二个更为激进的保留条件不是反对米德的社会理论的形式主义，而是反对他的理想主义）等。

在这里，哈贝马斯试图将米德对社会科学的交往理论基础与涂尔干的宗教社会学结合起来，从而在概念谱系意义上对以语言为中介的、规范引导的互动构想进行解释。在他看来，神圣的东西语言化提供了将米德与涂尔干关于生活世界合理化假定汇聚在一起的视角。

第六，“第二阶段中间考察：系统与生活世界”主要讨论系统与生活世界问题，尤其是考察与涂尔干劳动分工理论紧密联系社会整合与系统整合问题。(1) 生活世界构想与理解社会学的解释学观念论，包括作为交往行为视阈和背景的生活世界，交往理论光谱下社会现象学的生活世界概念，生活世界的形式语用学概念、叙事概念、社会学概念，对生活世界再生产而言的、以理解为取向的行为的功能——生活世界合理化维度，理解社会学的界限、生活世界与社会被视为同一。具体地说，涉及生活世界概念＝交往行为的补充概念，生活世界概念的形式语用学分析、现象学分析与生活形式分析，生活世界的一般结构，生活世界与其他三种世界的关联，三种不同的行为者—世界关联，生活世界对理解过程来说是构成性的，生活世界与文化传统的背景知识，交往理论的生活世界概念与社会文化生活世界概念，文化主义的生活世界概念与知识社会学，体制化或社会化的生活世界概念与社会理论，符号互动论的生活世界概念与社会心理学，生活世界的文化再生产、生活世界的社会整合与生活世界成员的社会化，再生产过程对生活世界的结构性要素的获得作出的贡献，再生产紊乱（病理学）时的危机现象，以理解为取向的行为的再生产功能等。（2）系统与生活世界的脱钩，包括部落社会作为社会文化生活世界，部落社会作为自我调控系统，系统差异化的四种机制，生活世界中系统整合机制的制度性确立，生活世界合理化与生活世界技术化——非语言的交往媒介取代日常语言交往媒介，系统与生活世界的脱钩与物化论题的重新表述。具体地说，涉及行为理论的生活世界构想与系统理论的生活世界概念，系统的复杂性增长与生活世界合理化的关系，部落社会与社会生活世界构想，亲缘关系与文化共同体，元规范与交往行为的先决条件，权力关系、交换关系与互动系统，系统差异化的四种机制——阶段的差异化、层次的差异化、国家组织、控制媒介，四种社会形态——平等的部落社会、等级化的部落社会、按政治分层的阶级社会、按经济建构的阶级社会，生产力、生产关系、生产方式、社会形态，系统复杂性提高与生活世界结构差异化，道德意识的三个层面（前习俗、习俗、后习俗），社会认知的基本概念（特殊的行为期待，普遍化的行为期待即规范，更高级的规范即原则），巫术伦理、规则伦理、信念伦理与责任伦理，启示法、传统法与形式法，合道德性与合法律性的分离，价值普遍化与形式化，生活世界技术化，行为协调机制的两种类型（非语言的交往媒介如货币和权力、日常语言的交往媒介），系统与生活世界的脱钩，系统功能主义最新发展与马克思主义遗产，国家组织的社会与合法性要求，理解形式与四种行为领域（仪式实践领域、宗教解释系统为日常实践保持直接取向力量的行为领域、为交往储存文化知识的世俗行为领域、为目的性活动储存文化知识的世俗行为领域），生活世界的媒介化与殖民化，合理化问题与现代性理论的出发点等。

在这里，哈贝马斯强调指出，系统与生活世界的脱钩（即生活世界的殖民化）趋向是如此宽泛，以至于需要对 M. 韦伯的合理化问题进行重新表述。

第七，“帕森斯：社会理论的建构问题”主要讨论帕森斯在理论史中的地位问题，涉及帕森斯的社会理论的思想渊源，帕森斯的社会理论的出发点问题，行为关联的社会整合与系统整合，系统理论与行为理论在帕森斯理论中的张力等。（1）从规范主义行为理论到社会系统理论，包括 1937 年的行为理论构思，早中期的行为理论，系统概念精确化与行为理论首要性的放弃。具体地说，涉及交往行为与生活世界，生活世界的符号再生产与物质再生产、交往媒介与文化再生产，唯意志论的行为概念与规范主义的行为概念，社会行为结构与社会秩序如何可能的问题，一种秩序的道德权威性与合法性，功利主义的二难与霍布斯问题，三个理论策略抉择，即双重偶然性条件下行为协调问题、“模式变量”的引入、系统概念的精确化与行为理论首要性的放弃，以及动机取向与价值取向的关系，文化、社会与个性如何规定行为取向，妥协与妥协形成的活动空间等。（2）系统理论的发展，包括《行为理论中的研究报告》（1953）以来的理论发展，后期哲学人类学，以及系统理论与行为理论之间妥协的破裂，媒介控制理论。具体地说，涉及社会整合与功能整合之间差别的平整化，四种功能图式（文化模式的获得、社会整合、个性目标实现、行为系统适应）与系统的形成，社会共同体与社会、社会与环境中的行为系统，“模式变量”对四种功能图式的适应，文化、社会、个性与行为系统，文化价值在控制论应有价值中的地位变化与文化决定论；后期哲学人类学，以及系统理论与行为理论之间妥协的破裂；媒介控制理论，以及作为对交往行为排除的媒介控制的互动与生活世界技术化，尤其是讨论了货币媒介与权力媒介问题，例如：货币媒介的结构特征、性质和系统形成的货币媒介的效果，媒介概念过渡到权力关系的困难，超普遍化问题（货币、权力、影响、价值约束），帕森斯对媒介的行为理论奠基，以及交往与控制媒介的超普遍化形式等。“从此以后，帕森斯确立了这样的目标，即将社会理论从行为理论基本概念的优先性转到系统理论基本概念的优先性”，尽管保留了这个理论视角，即行为系统被理解为文化价值模式的体现。①（3）现代性理论，包括生活世界合理化与系统不断复杂化之间的去差异化，对帕森斯再康德化尝试的说明。具体地说，涉及帕森斯的现代性理论，新康德主义与系统功能主义的妥协，社会现代化与系统合理化、行为合理化，生活世界合理化与系统不断复杂化，现代社会发展的三大革命性结构变化（工业革命、民主革命、教育革命），生活世界结构与生活世界合理化，社会官僚化与文明批判等。

概言之，哈贝马斯从帕森斯的结构功能主义出发，分析了系统理论与行为理论之基本概念的联结问题，接受了奉献给“中间考察”的系统问题的结论。②

第八，“最终考察：从帕森斯经 M. 韦伯到马克思”，主要讨论 M. 韦伯的现代性理论、马克思与内在殖民化论题，以及批判的社会理论之任务。（1）对 M. 韦伯的现代性理论回顾，包括 M. 韦伯的官僚化论题在系统与生活世界概念中的重新表述，M. 韦伯的资本主义形成解释之重构，生活世界殖民化——对 M. 韦伯之时代诊断的重新接受。具体地说，涉及生活世界媒介化与社会合理化悖谬，M. 韦伯的合理化理论的得失，现代社会官僚化与自由丧失和意义丧失，生活世界的象征结构与生活世界的关系，生活世界合理化与社会关系法律化，现代社会中系统与生活世界的交换关系，生活方式的碎片化与政治公共领域的官僚化，实质理性瓦解与政治合法性危机，物化、文化贫困化与文化现代性，生活世界合理化与系统不断复杂化等。（2）马克思与内在殖民化论题，包括现实抽象或社会整合行为关联的物象化，系统与生活世界之间的交换关系模型，法治化趋势。具体地说，涉及通过西方马克思主义的 M. 韦伯接受而准备的马克思阐释，阶级斗争与官僚化，合理化理论与政治经济学批判，目的合理性、工具理性

① Vgl.Jürgen Habermas, *Theorie des kommunikativen Handelns*, Bd.2.Frankfurt/M.:Suhrkamp1995, S.357.

② Vgl.Jürgen Habermas, *Theorie des kommunikativen Handelns*, Bd.1.Frankfurt/M.:Suhrkamp1995, S.202.

与生活世界的交往合理性，商品的二重性与价值理论，阶级关系分析与阶级动力学，具体劳动与抽象劳动，现实抽象与物化，价值理论的成就与缺陷，政治经济学批判与后期资本主义，破碎的伦理总体性的统一与系统和生活世界的统一，新的阶级关系制度化与实践—政治行为视角，必然王国与自由王国，传统生活方式毁灭与后传统生活世界物化，系统与生活世界之间的交换关系模型（国家干预主义、大众民主和公民政治参与，福利国家与福利国家的妥协，意识形态瓦解与日常意识碎片化），阶级意识理论、物化理论与大众文化理论，交往结构与现代性阐释，文化合理化逻辑与意识形态终结，法治化趋势与资本主义物化，法治化的四种推力与四种国家类型（资产阶级国家、法治国家、民主法治国家、社会的和民主的法治国家），国家干预的法治化——自由保障与自由剥夺之间矛盾心理等。（3）批判的社会理论之任务，包括早期批判理论的论题域，交往行为理论的联结点，合理性理论与历史语境——对原教旨主义要求的抵御。具体地说，涉及资本的自我增殖与资本拜物教，语义学问题与经验问题、实质问题，生活世界的符号再生产与物化，现代社会现象的四条研究路径（与 M. 韦伯相联系、部分地也与马克思主义的历史描述相联系的社会历史信息研究路径，与新古典主义经济理论、社会科学功能主义相联系的系统理论研究路径，由现象学、解释学、符号互动论阐发的行为理论研究路径、发展心理学的谱系学结构主义研究路径），社会现代化与制度性差异，老批判理论＝早期批判理论的六个论题（后自由社会的整合形式、家庭社会化与自我发展、大众传媒与大众文化、静默抗议的社会心理学、艺术理论、实证主义批判与科学批判），国家资本主义理论与私人资本主义理论，心理分析的两条解释路线，对待大众文化的两种态度，艺术与意识形态批判，批判理论的规范基础问题，跨学科的批判理论构想为什么必然失败？历史哲学、历史唯物主义与交往行为理论，有组织的资本主义、官僚制社会主义与后自由社会的整合形式，生活世界病理学与交往关系物化，媒介控制、大众传媒与公共领域，交往行为理论与批判的社会理论的规范基础，现代性理论与批判的社会理论等。可见，哈贝马斯将理论史研究与系统研究结合在一起，一方面用法治化趋势使现代性解释得到确认，另一方面详细地阐明了批判的社会理论提出的任务。①

总之，“第 2 卷”通过对功能主义理性的批判，尤其是通过对米德、涂尔干、帕森斯等人社会理论的批判性继承与发展，哈贝马斯构建了自己的系统与生活世界二元模型，作为分析后期资本主义的理论框架。

第二节　交往行为与交往合理性

一、合理性问题

在《交往行为理论》（第 1 卷）“导论”开篇，哈贝马斯就明确指出，（意见的与行为的）合理性，向来是哲学传统处理的论题；人们甚至可以说，哲学思维就源于对体现在认识、语言和行为中的理性的反思。因而可以说，理性是哲学的基本论题。② 可见，在哈贝马斯那里，“合理性”（Rationalität）与“理性”（Vernunft）是不加区分的。实际上，在现代哲学语境中，“理性”与“合理性”是不能混用的；而且，不论“理性”还是“合理性”，都是非常复杂的概念。例如：就“理性”而言，可以分为：理论理性与实践理性、先验理性与绝对理性、主观理性与客观理性、工具理性与价值理性、科技理性与人文理性等；就“合理性”而言，可以分为：理论合理性与实践合理性、形式合理性与实质合理性、工具合理性与交往合理性等。其中，在“形式合理性”中，又有“手段—工具合理性”与“策略—选择合理性”之区分；在讨论“实质合理性”时，又涉及“规范合理性”、“价值合理性”与“实质合理性”的关系问题。所有这些问题交织在一起，就构成了所谓的“合理性问题”。

在哈贝马斯那里，“合理性问题”（Rationalitätsproblematik）与“交往行为”（kommunikatives Handeln）密切相关；而“交往行为”这个基本概

---

① Vgl.Jürgen Habermas, *Theorie des kommunikativen Handelns*, Bd.1.Frankfurt/M.:Suhrkamp1995, S.203.

② Jürgen Habermas, *Theorie des kommunikativen Handelns*, Bd.1.Frankfurt/M.:Suhrkamp1995, S.15.

念又涉及三个相互交织的论题，“首先是交往合理性概念，我对它进行阐发时尽管非常迟疑，但还是反对将它化约为认知—工具合理性；接着是二阶社会构想，它用一种并非修辞学方法将系统—生活世界模型联结在一起；最后是现代性理论，它用这个假定，即交往构造的生活领域屈从于独立的、形式组织的行为系统命令，对今天越来越清楚可见的社会病理学类型进行解释。因此，交往行为理论应该尽可能地使发生现代性悖谬的社会生活关系具体化。”① 换言之，与交往行为概念相关的三个论题：一是“交往合理性”（kommunikative Rationalität）或“交往理性（kommunikative Vernunft）不能化约为“认知—工具理性”（kognitiv-instrumentelle Vernunft）；二是“系统—生活世界”（System-Lebenswelt）的二阶社会构想；三是对社会病理学类型进行解释的“现代性理论”（Theorie der Monderne/Mondernität）。

更进一步地说，在哈贝马斯那里，交往行为有五条基本原则，即（1）交往合理性不仅包括认知—工具合理性，还应包括道德—实践合理性和审美—实践合理性；（2）形式语用学（或曰普遍语用学）的合理性内涵应该通过现象学的生活世界概念加以补充；（3）“系统—生活世界”的二阶社会构想不同于系统理论的社会构想；（4）社会进化论需要一个可靠的现代性理论；（5）生活世界合理化。这样，对任何一个带有社会理论要求的社会学来说，一个具有丰富内涵的合理性概念必须应用于三个层面：其一，主导行为概念的合理性内涵的元理论问题；其二，通过意义理解而进入客观领域的合理性内涵的方法论问题；其三，在什么意义上社会现代化能够被描述为合理化的经验—理论问题。哈贝马斯说，无论在哪个层面上，核心概念就是“交往”（Kommunikation）。交往的目的是达成一种共识，而共识的基础是对有效性要求的主体间性承认。② 这是因为合理性条件的形式解释，以及合理性结构的体现与合理性历史发展的经验分析真正地交织

① Jürgen Habermas, *Theorie des kommunikativen Handelns*, Bd.1.Frankfurt/M.:Suhrkamp1995, S.8.

② Vgl. Jürgen Habermas, *Theorie des kommunikativen Handelns*, Bd.1.Frankfurt/M.:Suhrkamp1995, S.196.

在一起。

为了充分说明合理性问题，哈贝马斯试图从哲学史上寻找理论依据。众所周知，西方哲学从一开始就试图用原则从整体上解释世界，从复杂多样的现象中寻找统一的本质。这些原则既不是通过与彼岸世界的神的交往得到的，也不是以包括自然和社会在内的宇宙为依据的，而是通过理性来揭示的。就是说，希腊哲学的对象既不是神学，也不是世界宗教意义上的伦理宇宙学，而是本体论——它们试图通过理性阐明经验的途径来思考世界的存在或统一性。今天，哲学再也不能指向总体化的、知识论意义上的包括自然、历史和社会在内的世界整体。“世界观的理论替代物之所以失去了价值，不仅是由于经验科学的实际进步，更多的是由于伴随着这一进步而出现的反思意识。哲学思维借用这种意识退回来进行自我批判；在追问反思潜能在科学传统框架中能够起什么作用的过程中，哲学思维变成了‘元哲学’（Metaphilosophie）”① 在这里，哈贝马斯借用了罗蒂②的说法。

一般认为，西方哲学经历了两次重大转向。第一次发生在希腊化晚期与中世纪之交，体现为从本体论到认识论的转向。第二次发生在 20 世纪初，标志是从意识哲学到语言哲学的·转向。“20 世纪人文科学领域最重大的事件，就是所谓语言学转向。这个转向的实质是意识哲学向语言哲学的过渡。”③不过，就像哈贝马斯所说，尽管哲学论题变了，但问题实质并未发生改变，即合理性问题已经成为西方文明的一个难题。在后形而上学思潮，即在后黑格尔思潮中，哲学论争的焦点仍然是合理性问题。哲学如此，社会学也不例外。

然而，与社会学不同，政治学借助于经验考察将道德—实践问题排除在科学考察之外，即政治学摒弃了实践合理性问题；而经济学则将合理性问题修剪为平衡经济的思考与合理选择问题。哈贝马斯说，尽管文化人类

① Jürgen Habermas, *Theorie des kommunikativen Handelns*, Bd.1.Frankfurt/M.:Suhrkamp1995, S.16.

② 罗蒂（Richard Rorty，1931—2007），美国哲学家、新实用主义领军人物。

③ [德] 哈贝马斯、哈勒：《作为未来的过去——与著名哲学家哈贝马斯对话》，章国锋译，浙江人民出版社 2001 年版，第 222 页。

学也像社会学一样研究合理性问题，但“只有当人们考虑到进一步的情况时，才可以理解：为什么是社会学而非文化人类学为接受合理性问题做了充分的准备”①。这是因为，虽然社会学与文化人类学一样，都是从总体上研究社会行为的全部特点，而非研究具有明显区别的各种具体行为，或者说它们都研究生活世界语境中的日常实践，即研究生活世界结构；但在社会科学领域，社会学是最早将其基本概念与合理性问题联系在一起的学科，或者说，作为一种社会理论，社会学是唯一一门从总体上关注社会问题的社会科学。所以，社会学不像其他学科那样，回避、篡改或肢解“合理化”（Rationalisierung）问题。在特殊情况下，社会学就变成了危机科学，它专门研究传统文明体系瓦解和现代文明体系形成时的“失范方面”（anomische Aspekte）。那么，如何能够使合理性问题的自我理解成为有效的呢？这是社会学需要解决的问题。

在哈贝马斯看来，当代流行的社会学对于合理性的解释是不全面的。例如：M. 韦伯讨论了合理性的不同形式，区分了理论合理性与实践合理性，但他主要关注实践合理性。在“实践合理性”这个复杂的概念中，他不仅区分了形式 / 目的合理性和实质 / 价值合理性，而且将合理的行为、合理的生活方式与合理化的世界观联系在一起。M. 韦伯将满足手段—工具合理性和策略—选择合理性条件的行为称为形式 / 目的合理性行为；将满足规范合理性条件的行为称为实质 / 价值合理性行为。这两种行为可以相互独立，不断变化。哈贝马斯指出，尽管 M. 韦伯做了上述区分，但在他眼里，形式 / 目的合理性概念才是理解合理性概念的关键所在。因为 M. 韦伯将社会现代化视为资本主义经济与现代国家的分离，或曰社会现代化就是社会合理化。不过，他是将西方文明视为按形式 / 目的合理性行为方向发展的。如此说来，M. 韦伯并没有真正解决合理化与现代化的关系问题。

在哈贝马斯眼里，“合理性”更多的是关于具有言语能力和行为能力

① Jürgen Habermas, *Theorie des kommunikativenHandelns*, Bd.1.Frankfurt/M.:Suhrkamp1995, S.21.

的主体如何才能获得和使用知识的问题，而不是对知识的占有问题。他说，掌握知识的符号表达与体现知识的符号表达、言语行为与非言语行为、交往行为与非交往行为等，这些或多或少都可能是合理的。那么，在某些情景中，人的行为或人的表达是“合理的”，究竟意味着什么呢？

在《交往行为理论》“Ⅰ：导论”之“‘合理性’：一个临时的概念规定”中，哈贝马斯认为，从知识与合理性的密切关系可以推断，一个表达的合理性依赖于它所体现的知识的可信性，或者说，一个表达的合理性可以追溯到它的可批判性与可论证能力。不过，这个建议有两个缺陷：一是这个说法过于抽象，它没有表明许多重要差异；二是这个做法过于狭隘，因为我们使用“合理的”一词，不仅关系到正确的和错误的、有效的和无效的表达。在哈贝马斯看来，交往实践所蕴含着的合理性具有丰富的内涵，它指向不同的论证形式，用反思手段持续的交往行为也有着不同的可能性。哈贝马斯说，为了澄清表达以及具有语言能力和行为能力的主体的合理性条件，我们一直都是从“合理的”一词的运用出发；但从社会学角度看，“合理的”这个概念具有个体主义和非历史特征。这样，如果要对单个人的合理性进行评判的话，仅仅追溯到这样或那样的表达，显然是不够的。“行为者的行为之可能的合理性方面，反过来依赖于我们为行为者所设定的世界关联”①。因此，为了更好地理解合理性问题，必须很好地理解社会行为。“如果我们深入研究‘理解社会行为究竟意味着什么’这个问题，那么就会看到我们在研究社会学的行为概念时遇到的合理性问题的另一面。社会行为的基本概念与社会行为的理解方法联系在一起。每个不同的行为模型设定了行为者与世界之间不同的关系；而且这些世界关联，不仅对行为的合理性方面来说是构成性的，而且对于通过解释者（例如：社会科学的解释者）对这些行为解释的合理性来说也是构成性的。”②也就是说，通过意义理解进入社会行为的客观领域，不可避免地遇到合理性问题。

① Jürgen Habermas, *Theorie des kommunikativenHandelns*, Bd.1.Frankfurt/M.:Suhrkamp1995, S.126.

② Jürgen Habermas, *Theorie des kommunikativen Handelns*, Bd.1.Frankfurt/M.:Suhrkamp1995, S.152.

到《交往行为理论》“Ⅱ:M. 韦伯的合理化理论”之“合理性概念”中，为了重构M. 韦伯的“实践合理性”概念，哈贝马斯分为五个步骤进行：(1)手段—技术合理性，作为可复制行为的合规则性，可以当作自己行为的指南。哈贝马斯认为，M. 韦伯的“技术”概念过于宽泛：不仅涉及工具性地支配自然的规则，而且涉及人为地支配材料的规则，或者说，技术囊括了对待人之政治的、社会的、教育的、宣传的技巧。(2) 手段—目的合理性，意味着有行为能力的主体可以通过干预客观世界而实现自己设定的目的。这样，就允许我们将“主观的目的合理性行为”与“客观的正确行为”区分开来。在M. 韦伯那里，不仅手段及其运用方式或多或少地具有合理性，而且目的本身也或多或少地具有合理性。(3) 目的合理性包括手段—工具合理性和策略—选择合理性，“属于目的合理性行为条件的，不仅是一种主观猜测的，或者经验上确立的手段—工具合理性，而且也是按价值选择目标设置的策略—选择合理性。”① 就是说，目的合理性被标志为在技术上可能的、并被实际运用的量化与核算标准。不论手段—工具合理性，还是策略—选择合理性，都被M. 韦伯当作形式合理性。(4) 实质合理性，仅仅是指人们提出的伦理的、政治的、功利的、享乐的、等级的……要求，并用这些“终极价值”来衡量形式 / 目的合理性。哈贝马斯指出，在规范问题上，M. 韦伯是一个怀疑论者。因为在他眼里，不存在价值预设和信仰力量的合理性，但存在着价值合理性潜能。当然，植根于 行为偏好的价值合理性，不是依靠它的实质内容，而是依靠它的形式特性来衡量的。(5) M. 韦伯将实践合理性概念区分为三个方面，即手段运用、目的设定、价值取向。其中，行为的工具合理性，根据既定目的下手段运用的有效计划来衡量；行为的选择合理性，根据精确掌握的价值、既定手段和边际条件下目的算计的正确性来衡量；行为的规范合理性，则根据植根于行为优越性为的价值标准和原则之统一的、系统化力量和潜能来衡量。②

---

① Jürgen Habermas, *Theorie des kommunikativen Handelns*, Bd.1.Frankfurt/M.:Suhrkamp1995, S.242.

② Vgl. Jürgen Habermas, *Theorie des kommunikativen Handelns*, Bd.1.Frankfurt/M.:Suhrkamp1995, S.245.

从M.韦伯的合理性概念出发，如果将目的合理性行为与价值合理性行为联系起来，就会推出一种完全实现实践合理性条件的行为。这种实践合理性行为，如果超越了时间和社会的限制而实现了普遍化，M.韦伯就称之为卫理公会派的合理的生活方式。合理的生活方式包括了合理性的所有三个方面，并将这些合理性结构紧密地结合在一起，从而使合理性达到了一个新水平。在哈贝马斯看来，行为合理性的这三个方面，即手段—工具合理性、策略—选择合理性、规范—价值合理性可以归属于不同的知识范畴，即经验—分析知识、道德—实践知识、审美—表现知识。经验—分析知识具备科学知识的精确形式；道德—实践知识与审美—表现知识表现为两个不同的发展阶段，首先体现在宗教世界观中，后来又体现在法律、道德与文学、艺术等价值领域中。因而，行为合理化、生活方式合理化与世界观的合理化，说到底，具有"必不可分的相互归属性"①。

哈贝马斯认为，M.韦伯的"实践合理性"概念还有局限性。因此，要想恰当地解决M.韦伯提出的极为紧迫的社会合理化问题，那就需要一个交往行为理论；而为了创立交往行为理论，就不仅需要讨论言语行为与社会行为（目的是引出交往行为概念），而且需要讨论工具合理性与交往合理性（目的是协调二者的关系，以便重建合理性）。

二、言语行为、社会行为与交往行为

第一，言语行为与交往行为

"言语行为"（speech act）是通过言语的使用而实施的社会行为，例如：陈述一件事情、发布一个命令、作出一个承诺等。在言语行为划分问题上，哈贝马斯深受牛津—剑桥学派的日常语言哲学，尤其是奥斯汀②、塞尔③等人言语行为理论的影响。奥斯汀指出，言语的使用并非仅仅陈

① Vgl. Jürgen Habermas, *Theorie des kommunikativen Handelns*, Bd.1.Frankfurt/M.:Suhrkamp1995, S.246.

② 奥斯汀（John Langshaw Austin，1911—1960），英国语言哲学家、牛津—剑桥学派核心人物。

③ 塞尔（John Rogers Searle，1932—），美国语言哲学家、心灵哲学家、社会哲学家。

述事实，任何一个命题或语句的使用都执行一定的言语行为，从而实施一定的社会行为。奥斯汀将言语行为区分为三类：(1) 以言表意行为 (locutionary Act)，即言谈者用语言表达某物或某事的行为；(2) 以言行事行为 (illocutionary Act)，即言谈者通过陈述、命令、警告、承诺等，使语言具有某种力量的行为；(3) 以言取效行为 (perlocutionary Act)，即言谈者通过完成一个言语行为，使言语具有一定的效果。在哈贝马斯看来，奥斯汀所区分的三类言语行为，可以用下述关键词来加以概括，即说出某物或某事；通过说出某物或某事而有所行动；通过说出某物或某事，有所行动而对某物或某事发生影响。① 其实，在《如何以言行事?》(1962) 中，奥斯汀还细分了五种不同的言语行为，即判定式言语行为、执行式言语行为、承诺式言语行为、行为式言语行为、阐释式言语行为，但这种划分显得有些粗糙，甚至有些混乱，无疑只具有"临时性"。对于这一点，奥斯汀本人也毫不隐瞒。尽管如此，言语行为理论仍然体现着奥斯汀的语言哲学观，不仅对分析哲学，尤其是日常语言哲学作出了重大贡献，而且对英美哲学发展也产生了重要影响。

在奥斯汀的言语行为理论影响下，在《什么是言语行为?》(1965)、《言语行为——语言哲学文集》(1969)、《表达与意义——言语行为理论研究》(1979) 等著述中，塞尔对奥斯汀的言语行为理论做了进一步发挥，他不再是根据一定语言中区分开来的施为动词、而是根据实施以言行事行为的恰当条件 (准备条件、诚意条件、命题内涵条件、根本条件) 对言语行为进行了分类，即记述式言语行为、承诺式言语行为、指令式言语行为、宣告式言语行为、表现式言语行为。在这里，塞尔尤其是对间接言语行为指令进行了分类，即发话行为、陈述行为、以言行事行为、以言取效行为，并通过对以言行事行为与以言取效行为关系的研究，阐发了间接言语行为理论，从而进一步完善与发展了奥斯汀的言语行为理论。

通过对维特根斯坦、奥斯汀、塞尔、M. 克莱科尔等人的言语行为理

---

① Vgl.Jürgen Habermas, *Theorie des kommunikativen Handelns*, Bd.1.Frankfurt/M.:Suhrkamp1995, S.389.

论的批判性分析，以及对正统的真值语义学与修正的真值语义学、经验语用学与形式语用学的讨论，哈贝马斯不仅为自己的言语行为类型划分做了辩护，而且提出了普遍语用学（或曰形式语用学）的任务，即重建交往行为的一般假设性前提。在哈贝马斯看来，作为重构的科学的一个实例，普遍语用学不仅关心表达有意义的句子的能力，而且更加关心与他人交往的能力。在《交往行为理论》“Ⅲ.第一阶段中间考察：社会行为、目的性活动与交往”中，哈贝马斯通过修正塞尔的观点，区分了各种不同的言语行为，例如：命令式言语行为、记述式言语行为、调节式言语行为、表现式言语行为、交往式言语行为、操作式言语行为。其中，承诺式言语行为、宣告式言语行为、打赌式言语行为、赎罪式言语行为，也可以归于调节式言语行为；尽管交往式言语行为可以视为一种调节式言语行为，但最好将它当作一种独立的类型，并用交往过程中的反思关系加以定义。可见，哈贝马斯对言语行为的分类也非常繁乱，不过，后来他删繁就简。他说自己对言语行为进行分类，目的是引入三种纯粹类型的交往行为，或者更好地说，交往行为的三种临界状态，即会话、规范调节行为和戏剧行为；而且，如果考虑到策略行为与以言取效行为之间的内在关联，那就可以对以语言为中介的互动作出如下划分。

纯粹以语言为中介的互动类型①

形式语用学标志 行为 类型	典型的 言语行为	言语 功能	行为取向	基本 立场	有效性 要求	世界关联
策略行为	以言取效行为； 命令式言语行为	影响 对手	以效果 为取向	客观的	有效性	客观世界
会话	记述式言语行为	描述 事态	以理解 为取向	客观的	真实性	客观世界

① Vgl.Jürgen Habermas, *Theorie des kommunikativenHandelns*, Bd.1.Frankfurt/M.:Suhrkamp1995, S.439.

续表

形式语用学标志行为类型	典型的言语行为	言语功能	行为取向	基本立场	有效性要求	世界关联
规范调节行为	调节式言语行为	建立人际关系	以理解为取向	符合规范的	正当性	社会世界
戏剧行为	表现式言语行为	自我表现	以理解为取向	表现的	真诚性	主观世界

在上述图表中，哈贝马斯只是列举了交往行为的三种临界状态，即会话、规范调节行为和戏剧行为，但他更加关心交往行为本身。哈贝马斯指出，“在交往行为中，个体参与者借助于言语行为之以言行事的约束效果来协调行为领域”①。这样，通过以言行事的约束效果就可以将交往行为与其他社会行为区分开来。那么，交往行为到底是一种言语行为？还是一种社会行为呢？在哈贝马斯眼里，交往行为既是一种言语行为，又是一种社会行为；或者说，言语行为本身就是一种社会行为。在《什么是普遍语用学?》（1976）中，哈贝马斯将交往的言语行为视为四类言语行为之一，即言语行为分为认知的言语行为、规范调节的言语行为、表达的言语行为、交往的言语行为；在《交往行为理论》中，哈贝马斯将交往行为视为两类社会行为之一，即社会行为分为策略行为和交往行为，其中，策略行为包括隐藏的策略行为和公开的策略行为——前者又分为无意识的欺骗（被系统扭曲的交往）和有意识的欺骗（操控）。当然，尽管哈贝马斯花费很多笔墨、考察了各种不同的言语行为和社会行为，但目的是阐发作为“一种社会化原则”的交往行为。哈贝马斯认为，交往行为并不仅仅在人们之间交流信息，而是具有三种功能：传递信息；建立起与他人的社会关系；表达自己的观点和情感。因而，在最基本的层面上，当进行一个交往行为时，就意味着：我假定他人理解我正在做的事情。具体地说：（1）他们像

① Jürgen Habermas, *Theorie des kommunikativenHandelns*, Bd.1.Frankfurt/M.:Suhrkamp1995, S.437—438.

我一样拥有共同的语言；(2) 他们以与我非常相似的方式理解客观世界；(3) 他们与我一样享有共同的社会规范和习俗；(4) 他们能够理解我的表达，即使我用讽刺的语言，他们也能够明白我的意思。①

第二，工具（策略）行为与交往行为

不论工具行为还是策略行为，都属于社会行为形式；不过，前者是人们试图支配自然世界的行为，后者是人们试图支配他人的行为。这样，工具（策略）行为放弃了与世界、与他人相互理解的努力，从而与交往行为对立——交往行为致力于人与人之间的相互理解。因而，交往行为首先是一种社会化原则。②

事实上，早在《认识与兴趣》中，哈贝马斯就触及了工具行为与交往行为的关系问题。他说，当工具行为对应于外部自然强制，以及生产力水平规定着的技术支配力量的发展程度时，交往行为就处于同自身压抑的相互依存中：制度框架通过依赖社会统治和政治统治的自发力量规定着压抑的程度。“只要符号的应用对工具行为的功能范围来说是构成性的，那就涉及独白的语言使用；但是，研究者的交往要求语言使用不受技术支配的对象化的自然过程的限制，而是从社会化的主体之间以符号为中介的互动中发展出来的。社会化的主体相互认识、相互承认为不能变换的个体。这种交往行为不能被追溯到工具行为框架的参考系。”③

在《作为“意识形态”的技术与科学》之“劳动与互动”一文中，哈贝马斯从评论黑格尔耶拿时期的精神哲学出发，讨论了劳动与互动、目的合理性行为系统与社会制度框架的关系问题，实际上就是讨论工具行为与交往行为的关系问题。

在“耶拿实在哲学”中，黑格尔创立了一个独特的“精神哲学”体系。在这里，黑格尔塑造了一个既不同于康德又不同于费希特的自我概念：在

① [英] 安德鲁·埃德加：《哈贝马斯：关键概念》，杨礼银、朱松峰译，江苏人民出版社2009年版，第23—24页。

② Vgl. Jürgen Habermas, *Theorie des kommunikativen Handelns*, Bd.1.Frankfurt/M.:Suhrkamp1995, S.452.

③ Jürgen Habermas, *Erkenntnis und Interesse,* Frankfurt/M.:Suhrkamp 1973, S.176.

康德那里，“自我”是作为自我意识原初统一的先验自我；在费希特那里，“自我”被理解为自我与非我的统一；在黑格尔那里，“自我”是作为一般与个别统一的经验自我，它只有在主体间性承认基础上才能形成。哈贝马斯指出，黑格尔从相互补充行为的互动关联中将自我意识理解成“为承认而斗争”的结果，所以，黑格尔似乎看穿了构成康德的道德哲学真正尊严的自主意志概念，把它视为交往参与者个体之间伦理关系的独特抽象。“康德意义上的道德行为，就成为我们今天所说的策略行为的一种特例。在共同的传统中，策略行为比交往行为优越，是因为在二难选择的可能性中，它原则上能够而且必须独自抉择。……从道德立场出发，我们必须不考虑黑格尔意义上的伦理关系，撇开主体逃入其中的、作为形成过程的互动关联——但青年黑格尔批评这种做法”。①

在哈贝马斯看来，康德将有教养的自我归于适应工具行为的结果，黑格尔将有教养的自我归于社会劳动世界历史变化的结果。就是说，黑格尔将交往行为当作被自我意识到的精神形成过程的媒介。在黑格尔那里，日常语言的符号贯穿于支配着（感知着、思维着）的意识中，而狡计意识通过工具支配自然过程。这样，黑格尔在“耶拿实在哲学”中提出的关于主客体辩证关系的三种模式②，就否定了《实践理性批判》、《纯粹理性批判》的出发点，即否定了实践意志、技术意志、理智意志的抽象统一。可是，只有在《精神现象学》的一章中，黑格尔才紧接着《伦理体系》的思考，完整地阐发了劳动与互动的辩证关联：奴隶对主人的单方面的承认关

① Jürgen Habermas, *Technik und Wissenschaft als“Ideologie”*, Frankfurt/M.:Suhrkamp 2014, S.22.

② 关于黑格尔辩证法有三种不同的解释模式，即描述辩证法（卡西勒）被当作黑格尔的康德主义解释的主导线索，同时也是符号形式哲学的基础；劳动辩证法（卢卡奇）被当作用来解释从康德到黑格尔的思想运动的主导线索，同时也保证了在人类历史形成过程中主体与客体的唯物主义统一；为承认而斗争辩证法（Th. 里特尔）体现伦理关系辩证法（在“耶拿实在哲学”中，体现为爱与斗争的辩证法；在“哲学全书”中，体现为绝对伦理运动）。实际上，在黑格尔那里，描述辩证法、劳动辩证法与伦理辩证法是一致的。（Vgl.Jürgen Habermas, *Technik und Wissenschaft als“Ideologie”*, Frankfurt/M.:Suhrkamp 2014, S.31.S.39.）

系，通过奴隶单方面获得的支配自然的力量而根本改变。哈贝马斯说，尽管《精神现象学》中的支配与奴役关系找到了通往主观精神哲学的进路，但在这里，劳动与互动的独特辩证法，已经丧失了它在“耶拿实在哲学”中已经获得的系统地位。

“我们在辩证法的三种基本模式的关联中，找到了精神形成过程的统一性。”①哈贝马斯说，描述辩证法与劳动辩证法，是作为认识着的或行动着的主体与不属于主体的东西之总概念的客体之间展开的。诚然，它们都是精神运动赖以达到生存的中介范畴，但这两种运动过程是对立的。如果我们将以符号或工具为中介的主体与客体之间的中介设想为主体的外化（对象化与占有）过程，那么爱与斗争的辩证法则是主体间性层面上的运动。因此在这里，“分裂”、“异化”模型就代替了“外化”模型。运动的结果不再是对客观东西的占有，而是和解，即被破坏的友谊的重建。“黑格尔根据自我反思模式来设想绝对精神运动。这样，自我赖以产生的伦理关系辩证法就包含在自我反思中：绝对精神就是绝对伦理。伦理关系辩证法证明本身就是绝对精神赖以自我反思的运动。”②

哈贝马斯坦承自己对黑格尔与他的第一代学生（即青年黑格尔派，包括马克思）之间的思想分歧所作的分析应归功于洛维特——他指出了青年黑格尔派与青年黑格尔思想动机之间隐蔽的亲缘性。哈贝马斯说，马克思在不了解黑格尔“耶拿手稿”的情况下，在劳动与生产关系辩证法中再现了劳动与互动的关联。在“巴黎手稿”中，马克思的高度评价并接受了黑格尔将劳动视为人的本质的观点。在此基础上，马克思曾经试图从社会生活再生产规律中重构人类的世界历史形成过程。但在《德意志意识形态》中，马克思并未对劳动与互动之间关系作出真正的说明，只是在“社会实践”标题下，将互动还原为劳动，即将交往行为还原为工具行为。因此，马克思对生产力与生产关系辩证关联的天才洞见，随即只能机械主义地误

① Jürgen Habermas, *Technik und Wissenschaft als“Ideologie”*, Frankfurt/M.:Suhrkamp 2014, S.37.

② Jürgen Habermas, *Technik und Wissenschaft als“Ideologie”*, Frankfurt/M.:Suhrkamp 2014, S.40.

解。因为技术生产力的解放，与使伦理关系辩证法得以完善的规范形成并非一回事；从饥饿和劳累中解放出来，并不必然与摆脱奴役、摆脱歧视相一致；劳动与互动之间并不存在自发关联。实际上，黑格尔的“耶拿实在哲学”、马克思的《德意志意识形态》，都没有对这种关联作出令人满意的解释；但却使我们确信这种关联的重要性：精神与类的形成过程，本质上依赖于劳动与互动的关联。

在对黑格尔、马克思关于劳动与互动关系观点进行批判性分析的基础上，哈贝马斯强调，为了重新表述M.韦伯的合理性概念，必须以劳动与互动的根本差异为出发点。在哈贝马看来，劳动或曰目的合理性行为应该被理解成工具行为或策略行为——工具行为按照以经验知识为基础的技术规则行事，策略行为是以分析知识为基础的合理选择行为。而以语言或其他符号为中介的互动应该被理解为交往行为，它按强制性遵循的有效规范行事。这些规范定义着相互的行为期待，并必须至少被两个行为者所理解和承认；社会规范通过许可得以强化，它的意义在日常语言交往中得到客观化。可见，在哈贝马斯那里，目的合理性行为系统与社会制度框架是区分开来的：前者是工具（策略）行为系统，遵循被规定的技术规则，在既定条件下实现被设定的目标；后者是以语言或其他符号为中介的互动（即与交往行为联系在一起），受到有效的社会规范的强制，只有通过制度化才能够达到。

社会制度框架与目的合理性行为系统的区分①

项目内容	社会制度框架 ——以语言或其他符号为中介的互动	目的合理性（工具与策略）行为系统
行为取向规则	社会规范	技术规则
定义层面	主体间性共享的日常语言	与语境无关的语言
定义种类	相互行为期待	被限定的诊断 被限定的绝对命令

① Vgl.Jürgen Habermas, *Technik und Wissenschaft als“Ideologie”*, Frankfurt/M.:Suhrkamp 2014, S.64.

续表

项目内容	社会制度框架——以语言或其他符号为中介的互动	目的合理性（工具与策略）行为系统
求职机制	角色的内在化	技能学习与资质
行为类型功能	制度维护（相互强化基础上的遵循规范）	问题解决（在目的—手段关系中被定义的目标实现）
规则伤害许可	习俗许可基础上的惩罚——权威的失败	无效性——实际的失败
“合理化”	解放、个体化；无支配的交往的扩展	生产力提高；技术支配力的扩展

在《后期资本主义的合法性问题》中，哈贝马斯指出，目的合理性行为亚系统强有力的发展（与交往行为领域萎缩相对应）是由下述各种原因共同作用的结果。例如：职业实践的科学化；服务部门膨胀导致的互动领域日益归于商品形式；原来非正式调节的政治交往和社会交往领域，被行政管理所调节或被法律所控制；文化商业化与政治商业化；教育过程科学化与心理学化。哈贝马斯说，在一般情况下，这种利益冲突意识就是用利益导向行为替代价值取向行为的足够动机。于是，在与政治关系重大的行为领域中，交往行为模式就让位于策略行为模式。①

由此可见，在《交往行为理论》之前，哈贝马斯就已经多次讨论工具（策略）行为与交往行为的关系问题，尽管具体说法有所不同，但基本观点是一致的。只是到《交往行为理论》中，工具（策略）行为与交往行为的关系问题才得到了比较系统的阐发而已。

三、社会行为与世界的关联及其合理性方面

在《交往行为理论》（第 1 卷）“导论”中，哈贝马斯在社会学中的合理性概念进行考察、对现代世界观（现代思维）和神话世界观（神话思维）

① Vgl.Jürgen Habermas, *Legitimationsprobleme im Spätkapitalismus*, Frankfurt/M.:Suhrkamp1973, S.157.

的差异之后进行比较，通过探讨波普尔的三个世界理论及其在行为理论中的应用，分析了四种社会行为与世界的关联及其合理性方面。例如：在"'交往行为'概念的临时引入"中，哈贝马斯区分了行为与身体活动、操作活动，考察了交往行为与世界之间的反思关系；强调不能将行为与交往等同起来，因为根据行为者—世界关联，可以将社会行为区分为四种不同类型：

第一，目的［策略］行为（Teleologisches[strategisches] Handeln）。(1)目的［策略］行为包括工具行为和策略行为，"如果我们将一种以效果为取向的行为，按照技术行为规则方面进行观察，并对它有效地干预状态与结果之关联的程度进行评价，那么，我们就将这种行为称为工具性的；如果我们将一种以效果为取向的行为，按照合理选择规则方面进行观察，并根据它对对手的合理选择的影响程度进行评价，那么，我们就将这种行为称为策略性的"[①]。(2)行为抉择是目的［策略］行为的核心概念，即以目的合理性为方向，并与一定的准则相适应，同时以对生活世界状况的解释为依据，通过语言引导对行为进行选择。换言之，目的［策略］行为遵循以经验知识为基础的技术规则，它将手段关涉目的，将技术关涉目标，而不管这些目的、目标本身是否合理、是否公正。也就是说，目的［策略］行为是在目标确定的情况下选择实现这个目标的最有效手段，或在既定条件下现实地权衡和制定所要实现的目标；它以效果为目标取向，以合理规划为特征，植根于支配自然的主体性计划，津津乐道于对自然的支配，而缺乏主体间性向度。(3)目的［策略］行为概念，以行为者与事态存在的客观世界之间的关系为先决条件。这个客观世界被定义为现存的或将出现的，或通过有目的的干预能够引起的事态之总和。尽管解释者眼中的"世界"与行为者眼中的"世界"有区别，但"如果有一个评判标准，被行为者及其解释者等同程度地视为是有效的，即被当作客观的、不偏不倚的标准加以接受，那么，一个行为就能够被解释为或多或少地具有目的合理

① Jürgen Habermas, *Theorie des kommunikativen Handelns*, Bd.1.Frankfurt/M.:Suhrkamp1995, S.385.

性。”[①] 这样，目的［策略］行为模型所设定的客观世界概念，对于行为者自身与行为的任何一个解释者来说就是同等有效的。(4) 目的［策略］行为模型为行为者提供了“认知的—意志的情结”，以至于一方面它能够形成（通过感知传达的）关于实际存在事态的意见，另一方面可以阐发将希望的事态变为现实的意图。尽管行为者眼中的“真实性”与解释者眼中的“真实性”是不同的，但从总体上看，行为者与客观世界之间的合理关系可以用“真实性”（Wahrheit）或“有效性”（Wirksamkeit）标准来评价。对于行为者根据自己的意见提出的真实性要求，以及根据目的行为提出的、与真实性要求相关的有效性要求，都可以被当作客观的评判要求，要么加以拒绝，要么严肃认真地对待。(5) 目的［策略］行为体现着一种技术—策略知识。在目的［策略］行为中，互动参与者的行为受到以自我为中心的利益算计的左右，并被不同的利益阵营所协调，但他们还是以语言行为为中介的。不过，目的［策略］行为模型将语言视为众多媒介中的一种。每个以自身利益为取向的言谈者相互施加影响，以便促使对方形成或接受符合自己利益的意见或意图。这种以间接理解的临界状态为出发点的语言构想，奠基于意向主义语义学的基础之上；但这种语言构想的片面性在于，仅仅将语言看作是为了实现自己的目的、间接地理解他人的手段。由此可见，目的［策略］行为模型对语言采取一种工具主义态度。

第二，规范调节行为（Normenreguliertes Handeln）。(1) 规范调节行为概念并不涉及孤立行为者的行为，而是涉及具有共同价值取向的社会群体成员的行为。在一定情景中，一旦出现可以运用规范的条件，单个的行为者就会遵循或抵抗这个规范。“规范”（Norm）表达的是一个社会群体中既定的共识。适用一定规范的社会群体的所有成员，可以相互期待——在一定状况下他们是否履行各自的行为。(2) 遵循规范作为规范调节行为的核心概念，意味着一种普遍化的行为期待的满足。行为期待没有诊断事件期待的认知意义，而只有规范意义，即所有成员都有权利期待某种行

---

① Vgl.Jürgen Habermas, *Legitimationsprobleme im Spätkapitalismus*, Frankfurt/M.:Suhrkamp1973, S.154.

为。(3）规范调节行为概念，以行为者与两个世界之间的关系为先决条件，即除了涉及事态存在的客观世界，还有涉及规范存在的社会世界。尽管可以将行为者眼中的“社会世界”与其他社会成员眼中的“社会世界”以及解释者眼中的“社会世界”区分开来，但从根本上说，社会世界是由规范语境构成的，这种规范语境确定了哪些互动属于合法的人际关系的总和。所有适用相应规范的行为者，都属于同一个社会世界。“就像客观世界的意义可以用事态存在的框架来阐明一样，社会世界的意义可以规范存在的框架来阐明”[①]。这样，社会世界就是所有参与规范调节行为的行为者与解释者共有的世界。根据规范调节行为模型的先决条件，行为者只能遵循(或违背）这些他在主观上认为有效的或正当的规范。随着对规范的有效性的承认，行为者就接受了一次客观的评判。行为者要求解释者不仅要对规范的可遵循性以及规范的实际有效性进行检验，而且要对规范本身的正当性进行检验。解释者可以接受这个要求，也可以从价值怀疑论立场加以拒绝。当然，对行为规范进行道德—实践评判，无疑会给解释者带来很大困难，但规范调节行为像目的［策略］行为一样，从根本上说是能够得到合理解释的。(4）规范调节行为模型不仅提供一种“认知的情结”，而且提供一种“动机的情结”；同时，它还与一种价值内在化的学习模式相关联。规范调节行为要求“正当性或正确性”(Richtigkeit)。对于这种规范的有效性要求，是严肃认真地对待，还是视为纯粹主观的东西，这是问题的关键所在。不过，在规范调节行为模型界限内，行为者不可能作为话语参与者以假设的立场对规范的有效性提出质疑。(5）规范调节行为体现着一种道德—实践知识；但规范调节行为模型将语言视为传承文化价值、承担共识的媒介，这种共识随着理解行为的每一次进行而一再出现。不过，这种语言构想的片面性在于，仅仅将语言看作是为了实现规范共识而争取意见一致的行为。由此可见，规范调节行为模型对语言采取一种文化主义态度。这种文化主义的语言构想，在文化人类学与有具体内容的语言学中流传甚广。

---

① Jürgen Habermas, *Theorie des kommunikativen Handelns*, Bd.1.Frankfurt/M.:Suhrkamp1995, S.132.

第三，戏剧行为（Dramaturgisches Handeln）。（1）戏剧行为概念是指互动参与者在公众面前有意识地表现自己，以便在公众中形成自己形象和印象的行为。这种行为既不涉及孤立的行为者，也不涉及一个社会群体的成员，而是涉及相互形成观众的互动参与者，他们通过或多或少地表现自己的主观性，在公众中形成自己的形象和印象。就是说，每个行为者，都可以控制公众进入他自己的意图、思想、观点、愿望、情感等领域，只有他自己才有特权进入上述领域。（2）自我表现作为戏剧行为的核心概念，并不意味着它是一种自发的表达行为，而是对自身经历的修饰性表达。（3）“在戏剧行为中，行为者为了自我表现其形象，就必须处理自己的主观世界的关系。我将这种主观世界定义为主观经历的总和。与他人相比，行为者拥有进入主观世界的特别通道”①。这个形式的世界构想，为行为者和解释者提供了一个共同使用的评判基础。当然，只有当主观世界的意义像社会世界的意义一样能够得到解释时，主观性领域才符合“世界”的名称。因而，人们不能将主观经历理解为思想内部状态或内部突然出现的思想，也不能将主观经历同化为事态的存在；但人们可以将主观经历理解为某种与事态存在相类似的东西。这样，认识与意见、意图一样，也属于主观世界，但又与客观世界具有内在联系，即戏剧行为以主观世界与客观世界为先决条件。（4）在戏剧行为中，行为者与世界之间的关系也可以得到客观评判；但由于行为者在公众面前指向自己的主观世界，强调的是自我表现，于是就出现了这样的问题：行为者是否在适当的时刻真实地表达了自己的经历？或者他所表达的经历仅仅是一种伪装？这就涉及“真诚性”（Wahrhaftigkeit）或“本真性”（Authentizität）问题。哈贝马斯说，“我们必须相信，行为者本身用真诚性要求提出的表现性表达，必要时可以根据间接证据将它批判为自我欺骗；但在戏剧行为模型界限内，行为者不能抵制我们的合理的解释。”②（5）戏剧行为体现为一种审美—实践知识；但戏剧行为模型将语言视

---

① Jürgen Habermas, *Theorie des kommunikativen Handelns*, Bd.1.Frankfurt/M.:Suhrkamp1995, S.137.

② Jürgen Habermas, *Theorie des kommunikativen Handelns*, Bd.1.Frankfurt/M.:Suhrkamp1995, S.173.

为一种自我表现的媒介，即语言就被同化为文体的和审美的表达形式。因而，这种语言构想的片面性在于，仅仅将语言视为吸引观众的自我表现手段。由此可见，戏剧行为模型对语言采取一种形式主义态度。

第四，交往行为（Kommunikatives Handeln）。（1）交往行为是指两个或两个以上的具有语言能力和行为能力的主体，借助于语言或其他符号媒介、通过没有任何强制性的诚实对话，达到的相互理解、获得共识的行为。因而，交往行为有四个先决条件，即（a）以观察者视野进入互动领域使得第三人称角色联结作为交往角色的第一人称和第二人称成为可能，从而完成了言谈者的视野系统；（b）新的视野结构是从支配利益冲突行为向策略行为转变的一个必要条件；（c）对于构建规范调节行为的基本社会认知概念形成也是一个必要的先决条件；（d）当有着合法秩序的人际关系的社会世界形成，一种规范一致的态度和相应的视野也就产生了。哈贝马斯认为，交往行为的这四个先决条件表明交往行为有着丰富的内涵，即交往行为参与者是两个或两个以上的具有语言能力和行为能力的人；交往行为手段是以语言或其他符号为媒介；交往行为主要形式是主体间非强制的诚实对话；交往行为原则必须是以公众认可的社会规范作为行为准则；交往行为目标是通过对话达到人与人之间的相互理解和协调一致。（2）交往行为概念，首先将语言作为交往参与者与世界发生关系、相互提出可以接受和驳斥的有效性要求的理解过程的一种媒介。因而，相互理解是交往行为的核心概念。（3）交往参与者从前解释的生活世界视域出发，同时涉及客观世界、社会世界和主观世界中的东西，为的是对共同的状况进行协商。生活世界则构成了理解过程的视域，交往参与者借助于这种视域，对客观世界的东西、他们共同的社会世界中的东西，或某种主观世界中的东西，要么达成一致，要么相互论争。“在以合作的解释过程为基础的交往行为中，参与者同时指向客观世界、社会世界和主观世界中的东西，即使参与者在他们的表达中，在论题上只是突出这三种要素中一种要素”①。根

① Jürgen Habermas, *Theorie des kommunikativen Handelns*, Bd.2.Frankfurt/M.:Suhrkamp1995, S.184.

据交往行为模型的先决条件，行为者与解释者一样拥有充分的解释潜能。现在，行为者不仅拥有三个世界，而且能够反思性地运用这三个世界。哈贝马斯说，交往行为成功与否，依赖于一个解释过程。在这个解释过程中，参与者在三个世界的相关系统中获得一个共同的语境定义，即每个共识都奠基于可批判的有效性要求的主体间性承认的基础之上，而交往参与者能够进行相互批判则成为其先决条件。（4）一个交往行为的有效性要求是：命题或预设的命题具有真实性；合法调节行为及其规范语境具有正当性；主观经历表达具有真诚性。①就是说，交往行为期待真实性、正当性、真诚性，即可理解性。哈贝马斯指出，交往行为总是要求一种合理的解释。在交往行为中，互动本身从一开始甚至就依赖于，参与者能否相互一致地对他们与世界的关联作出主体间性有效的评判。“根据交往行为模型，一种互动只能以参与者相互达成共识的方式获得成功。在这里，这种共识又依赖于他们对基于充分理由基础之上的要求所持的是与否的立场。”②交往行为的理解容许将意义问题与有效性问题严格区分开来，而哲学解释学坚持意义问题与有效性问题的内在关联，这正是问题的关键；与此同时，我们还必须将想理解符号表达意义的观察者的解释成就与通过理解机制协调其行为的互动参与者的解释成就区分开来。当然，这个区分或许只在于功能，而不在于结构。（5）交往行为体现的是一种话语—理论知识，因而，交往行为模型将语言视为一种全面理解的交往媒介，它充分注意到了语言的不同功能，这种解释性的语言构想奠基于形式语用学的不同努力（例如：米德的符号互动论、维特根斯坦的语言游戏说、奥斯汀的言语行为理论，以及伽达默尔的哲学解释学等）之上。由此可见，交往行为模型对语言采取一种理解主义态度。然而，交往行为模型也存在着一种危险，即“社会行为被还原为交往参与者的解释成就，行为和语言、互动与会话被等量齐观。但事实上，语言理解只是一种协调机制，它将行为计划同参与者的目

① Vgl.Jürgen Habermas, *Theorie des kommunikativen Handelns*, Bd.1.Frankfurt/M.:Suhrkamp1995, S.149.

② Jürgen Habermas, *Theorie des kommunikativen Handelns*, Bd.1.Frankfurt/M.:Suhrkamp1995, S.157.

的融合为互动”①。

根据上述论述，我们可以制作下列图表来概括社会行为与世界关联及其合理性方面。在哈贝马斯看来，与四种言语行为相适应，社会行为也分为四种类型，它们拥有不同的核心概念，关涉不同的世界，具有不同的有效性要求，具有不同的价值取向。

社会行为与世界关联及其合理性方面

言语行为类型	社会行为类型	核心概念	世界关联	有效性要求	体现的知识	语言态度
认知的言语行为	目的［策略］行为	行为抉择	客观世界	真实性	技术—策略知识	工具主义
规范调节的言语行为	规范调节行为	遵循规范	社会世界 客观世界	正当性	道德—实践知识	文化主义
表达的言语行为	戏剧行为	自我表现	主观世界 客观世界	真诚性	审美—实践知识	形式主义
交往的言语行为	交往行为	相互理解	客观世界 社会世界 主观世界	可理解性	话语—理论知识	理解主义

实际上，目的［策略］行为概念源于新古典主义者对经济学行为选择理论，以及 J.v. 诺伊曼和 O. 摩根斯坦②对博弈论的论证。M. 韦伯为目的［策略］行为设立的目的合理性行为的理想型，为目的合理性行为的阐释提供了“客观上正确的合理性”标准。对社会科学理论的形成来说，规范调节行为概念通过涂尔干、帕森斯，戏剧行为概念通过 E. 高夫曼（E.Goffman），交往行为概念通过米德、伽芬克尔（H.Garfinkel）而获得了范式含义。在哈贝马斯看来，无论是规范调节行为还是戏剧行为，都可以得到合理的阐释；但在这两种行为中，行为取向的合理重构的可能性，

① Jürgen Habermas, *Theorie des kommunikativen Handelns*, Bd.1.Frankfurt/M.:Suhrkamp1995, S.143.

② J.v. 诺伊曼（John von Neuma，1903—1957），匈裔美国数学家、物理学家，现代计算机之父、博弈论之父；O. 摩根斯坦（Oskar Morgenstern，1902—1977），德裔美国经济学家，现代博弈论奠基人之一。

不再像在目的［策略］行为中那样一目了然。不过，哈贝马斯接受R.布伯纳（R.Bubner）的观点，认为目的论结构对所有行为概念来说是基础性的。不过，（四种）社会行为概念的区分在于，对以目标指向的行为来说，不同的互动参与者所使用的协调手段是不同的：要么是以自我为中心的利益算计的相互介入；要么通过文化传统和社会化对价值和规范进行调节，而在社会整合层面上达成共识；或者是在公众与表演者之间达成一种自愿的（相互信任）关系；或者是在合作解释过程中达成相互理解。对于上述四种行为，哈贝马斯不可能进行详细分析，因为他感兴趣的是相应概念策略的合理性内涵。哈贝马斯说，从表面上看，只有目的［策略］行为才包含着行为合理性，其他三种行为模型似乎不涉及合理性或可能的合理化；但这种表象具有欺骗性。实际上，从目的［策略］行为到规范调节行为再到戏剧行为，其宽泛意义上的“本体论的”先决条件不仅日益复杂，而且表现出越来越强的合理性内涵。① 当然，在交往行为的理解与合理解释路径之间，也存在着一种基础性的关联。②

四、工具合理性与交往合理性

第一，从理性的蜕变到合理性重建。众所周知，自柏拉图以来，理性主义支配了西方哲学并极大地影响了整个西方文明；直到19世纪，大多数哲学家还将理性作为自己建立哲学体系的基础。但自19世纪末20世纪初以来，西方理性主义遭到了人们越来越严厉的批判。因为哲学一旦从这样一个基点出发，就会陷入基础主义形而上学。

在西方哲学史上，“理性”概念源于古希腊的“逻各斯”和“努斯”。因而，“理性”既具有“客观理性”含义，又具有“主观理性”含义。刚开始时，人们还相信，理性在具有合理结构的世界中确定自身，或者说理性赋予自然和历史以一种合理结构——不论是以先验的思辨方式，还是通

① Vgl.Jürgen Habermas, *Theorie des kommunikativen Handelns*, Bd.1.Frankfurt/M.:Suhrkamp1995, S.129.

② Vgl.Jürgen Habermas, *Theorie des kommunikativen Handelns*, Bd.1.Frankfurt/M.:Suhrkamp1995, S.170.

过使世界辩证化的方式。一种内部合理的整体性——不论是世界的整体性还是建构世界的主体整体性——都保证了各个环节对理性的分享。这样，理性被视为一种能够统辖世界并在其中认识自身的实质合理性。这时，理性是整体与部分的统一。在亚里士多德那里，"逻各斯"具有了双重性：既是宇宙运动原则，又是人的灵魂原则。这样，统一的理性就开始分裂。到了康德那里，理性就被分成了理论理性与实践理性，尽管他认为这不过是同一个理性的两个不同方面，"归根到底只有一个理性，只是在运用方面有所不同罢了。"① 然而，在康德那里，"理性"就变成了以先验自我为中心的主观理性，即先验理性。

按 M. 韦伯的说法，与现代化进程一起，理性变成了形式 / 目的合理性；而目的合理性就变成了结果有效性。这样，理性的分裂就导致了理性的片面发展。按霍克海默的说法，理性变成了工具理性，即主观理性，并且代替了客观理性。诚然，理性的工具化、主观化促进了工业文明的发展，工业文明进程又促使理性进一步工具化，从而导致了工具理性膨胀、价值理性萎缩，由此出现了现代化的片面化。因而，哈贝马斯认为，要想克服工具理性膨胀带来的负面效应，克服资本主义工业文明危机，拯救现代文明，关键在于重建合理性，即重新协调工具合理性与交往合理性的关系。

尽管哈贝马斯也批判工具理性膨胀，认为当工具理性（作为策略性行为）被不恰当地应用于社会世界时，工具理性行为就成了问题，但他并不像霍克海默和阿多尔诺那样完全否定工具理性，而是强调工具理性（工具合理性）在科学技术的发展与应用、现代化进程、现代文明发展过程中的重要作用，甚至基础性作用；更不能像非理性主义者或某些后现代主义者那样完全否定理性，而是断定否定理性会带来严重的理论后果和实践后果。当然，哈贝马斯更加强调在交往合理性基础之上构建价值合理性，以此重建现代文明。在哈贝马斯看来，交往合理性不仅要注重交往行为的可能性和目的性，而且要将道德诉求作为自己的行为准则，视为人人必须遵守的最高命令。所以说，交往合理性不仅是交往行为理论和话语伦理学的核心概念之一，而

---

① ［德］康德：《道德形而上学原理》，苗力田译，上海人民出版社 1986 年版，第 40 页。

且也是社会合理化的根本标志，是现代文明真正合理的基础。

第二，交往合理性本质上是对话性的。在《公共领域的结构转型》、《认识与兴趣》等著作中，“交往合理性”概念就已经或隐或显地出现了。例如：在“交往”、“交往行为”、“交往领域”、“交往过程”、“交往手段”、“交往渠道”、“交往结构”、“交往关系”等概念中，交往合理性最初被理解为与读者和文本之间对话相类似的东西。[①] 但只有到《交往行为理论》中，“交往合理性”概念才得到了系统阐发。例如：在《交往行为理论》(第 1 卷)“导论”中，哈贝马斯指出，从“合理的”这个语言表达运用的分析，以及关于现代世界观地位的人类学论争中得出的“交往合理性”概念，还需要更加详细的阐释。首先，“交往合理性”概念必须借助于语言理解加以分析。我们知道，“理解”是现代西方哲学，尤其是现象学、解释学的核心概念之一，施莱尔马赫、狄尔泰、海德格尔、伽达默尔、利科[②]等人都对之作出了自己的解释，哈贝马斯在批判地继承前人的基础上，将“理解”与交往结合在一起，认为“理解”指向参与者之间达成的合理的共识，它用可批判的有效性要求来衡量；“‘理解’意味着指向有效共识的交往”[③]，但他强调“理解”的客观性、“理解”的条件和行为责任，并将它当作交往合理性理论的核心概念之一。

在哈贝马斯那里，交往合理性概念，一方面指向有效性要求话语兑现的不同形式，另一方面指向交往参与者通过为他们的表达提出有效性要求而接受的世界关联。在这里，语言具有特别重要地位，因为语言是一种为理解服务的交往媒介，而交往参与者通过相互理解，使自己的行为得到合作，以实现一定目的。这样，交往行为就不仅是以语言或其他符号为媒介、以理解为目的的对话行为，同时还是使参与者能够在意见一致基础上，使个人行为计划合作化的一切互动，即在行为者共识基础之上，通过

① [英] 安德鲁·埃德加：《哈贝马斯：关键概念》，杨礼银、朱松峰译，江苏人民出版社 2009 年版，第 26 页。

② 利科（Paul Ricœur，1913—2005），法国哲学家、解释学家。

③ Vgl.Jürgen Habermas, *Theorie des kommunikativen Handelns*, Bd.1.Frankfurt/M.:Suhrkamp1995, S.525.

规范调节实现个人与社会一致的行为。

因此，交往合理性（或曰交往理性）与工具合理性（或曰工具理性）是不同的：工具合理性为了实现既定的目的而对最适当的手段进行合理的选择，它诉诸关于世界的可认知的事实，尤其是诉诸目的—手段之间的因果关系，因而，工具合理性是被功利主义原则浸染了的理性，它将能否为人们带来利益视为唯一标准。为了获取利益，它可以完全无视伦理道德要求。其实，就像M.韦伯所说，工具合理性原本并不是理性的唯一形式，但在资本主义社会中，工具合理性的支配地位日益凸显，它不仅遍及科学技术之中，而且进入经济和政治的官僚机构之中，从而导致了“意义丧失”和“自由丧失”。这样，工具合理性就不仅仅变成了支配性的，而且成为资本主义社会中被承认的唯一的合理性形式。①

所以说，工具合理性似乎是一个独白的思考过程。就是说，在既定的情景中，一个人为了实现预设的目标，可以集中精力计算出最为有效的手段，而无需与任何人进行讨论。哈贝马斯指出，这种独白的推理模式表明，我们的目标也是独白地决断的，即主观地决断的。因而哈贝马斯质疑这种决断论，认为我们的目标并不仅仅是个人的事情，而是需要论证的，即在设定和实现目标的过程中，我们不可避免地与他人互动。因此，与工具合理性不同，交往合理性则预设了对话的可能性。因为交往合理性不是体现在自我保护的主体上，而是体现在生活世界结构上，这种生活世界不仅是通过其成员的解释效果进行构思的，而且是通过交往行为加以再生产的。因此，交往合理性不是简单地存在于主体中，而是参与到它所维持的东西的结构化中。“从范式上看，对交往合理性来说，它不再是孤立的主体与客观世界中某种可以设想、可以操控的东西之间的关系，而是具有语言能力和行为能力的主体（如果他们能够相互理解某种东西的话）所接受的主体间性关系”②。在这里，交往参与者以自然语言为媒介，运用文化传统阐释，

① ［英］安德鲁·埃德加：《哈贝马斯：关键概念》，杨礼银、朱松峰译，江苏人民出版社2009年版，第85页。

② Jürgen Habermas, *Theorie des kommunikativen Handelns*, Bd.1.Frankfurt/M.:Suhrkamp1995, S.525.

同时指向客观世界、他们共有的社会世界，以及主观世界中的东西。

通过交往合理性规定的主体性反对自我由于自我保护的缘故而“解自然化”。哈贝马斯强调，交往合理性不能像工具合理性那样，被毫无抵抗地被归属于盲目的自我保护；它不能延伸到自我保护着的主体，也不能延伸到与环境区分开来的保存完好的系统；而是关涉通过符号建构起来的生活世界。因而，交往合理性并不是简单地寻找主体或系统的存在，而是参与其结构化中得到它应该得到的东西。在哈贝马斯看来，和解与自由的乌托邦视角植根于个体的交往社会化条件中，并且已经嵌入到类的语言再生产机制中。这样，交往合理性就包括三个方面：“第一，认识主体与事态的或事实的世界的关系；第二，在一个行为的社会世界中，处于主动中的实践主体与其他主体的关系；第三，一个成熟而痛苦的主体（费尔巴哈意义上的），同其自身的内在本质、自身的主体性，他者的主体性的关系。”① 总之，交往合理性是交往主体以语言或其他符号为媒介、通过没有任何强制性的诚实对话、达到相互理解、获得共识为目标的理性。简言之，交往合理性本质上是对话性的。

第三节　社会合理化与文化合理化

一、社会合理化问题

第一，“社会合理化问题”前史。行为合理性与社会合理化是密切相关的，甚至可以说，行为合理性问题就是社会合理化问题。哈贝马斯认为，踏着苏格兰道德哲学和早期社会主义的足迹，社会学逐渐发展成为一门主要关注现代社会形成与发展的学科。在社会学的形成与发展过程中，社会合理化问题已经成为一个主题：18 世纪历史哲学对社会合理化问题进行了探讨；19 世纪进化论的社会理论接受并转变了这个主题。

---

① 转引自包亚明主编：《现代性的地平线——哈贝马斯访谈录》，李安东、段怀清译，上海人民出版社 1997 年版，第 58 页。

在《交往行为理论》（第 1 卷）“Ⅱ：M. 韦伯的合理化理论”中，为了刻画 M. 韦伯所面对的问题状况，哈贝马斯简要回顾了“社会合理化问题”前史。

他指出，在《人类精神进步史表纲要》（1794）中，已经包含着历史哲学思维的最重

要主题。在那里，孔多塞根据数学自然科学提供的合理性模型理解人类历史，将人类历史理解为合理化进程，并将文明进步归结为人类精神进步。从本质上看，孔多塞主要有四个方面的考虑：（1）根据科学进步模式重新解释了“至善”（Perfektion）概念——它不再像在亚里士多德传统中那样，意味着事物本身固有的目标的实现，而是意味着目的受到限制的完善过程，“至善被阐释成进步”①。（2）偏见和迷信属于对自然的反抗。因而，现代自然科学所阐发的知识构想贬低宗教的、哲学的、道德的、政治的传统观念。实际上，面对这些传统观念，科学的启蒙功能日益增长。（3）启蒙概念作为科学进步观念与科学也服务于人类道德完善信念之间的桥梁而起作用。实际上，道德—实践偏见已经通过科学的批判力量而动摇。所以，孔多塞乐观地认为，人类能够借助于科学回答规范问题，从而获得道德概念；而且，人类也有能力使道德科学达到自然科学的水平。（4）如果启蒙能够依靠人文科学，而人文科学的知识进步像自然科学的知识进步一样，以同样的方式在方法论上得到保证，那么，我们就不仅可以期待单个人的道德进步，而且可以期待文明的共同生活形式的进步。哈贝马斯说，孔多塞像康德一样，认为文明进步的目标是建立“一个保障公民自由的共和国、一种确保永久和平的世界秩序，一个加速经济增长和技术进步，以及废除和补偿社会不公的社会制度”②。

尽管孔多塞的历史哲学构想代表了 18 世纪历史哲学思维的主流观念，但由于他过于乐观的激进立场，从而遭到了后人的批评，并促进了历史哲

① Jürgen Habermas, *Theorie des kommunikativen Handelns*, Bd.1.Frankfurt/M.:Suhrkamp1995, S.211.

② Vgl. Jürgen Habermas, *Theorie des kommunikativen Handelns*, Bd.1.Frankfurt/M.:Suhrkamp1995, S.214.

学解释的现代转型。在这里，哈贝马斯对孔多塞的四个预设进行了质疑：（1）如果孔多塞的直线进步构想奠基于现代自然科学所代表的科学进步之上，那么他就必然设定一些先决条件（a）物理学的历史以及以物理学为样板的科学被重构为一个连续发展之路；相反，后经验主义科学理论强调理论形成对范式的依赖性，即科学合理性的连续性并不是直接在理论形成层面上，而是在理论（不同范式）之间的关系层面上确立起来的（b）迄今为止，宗教学说和哲学学说已经给出答案的所有问题，要么变成了可以在科学上合理解决的问题，要么变成了客观上消失了的假问题。即迄今为止一直都是由宗教解释和膜拜的偶然性体验和意义问题，如今已被极大地弱化。从而导致 M. 韦伯不是从科学发展方向上，而是从宗教世界观发展方向上追踪社会合理化过程。（2）孔多塞曾经辩护说，与自然科学一起出现突破的合理性，并不仅仅反映西方文明的特殊水平，而是内含着整个人类精神。但哈贝马斯指出，这个普遍理性的先决条件，遭到了历史学派、文化人类学的质疑，他们强调历史文化的特殊性、多样性。（3）孔多塞将科学进步的认知方面与成熟的道德—实践方面紧密联系在一起。哈贝马斯说，尽管自休谟以来，人们已经非常清楚，关于道德理论与政治理论的规范命题不能从经验科学命题中推导出来；但关于理论理性与实践理性的统一性问题，在孔多塞那里还不成为问题。从康德经过黑格尔到马克思，理论理性与实践理性的统一性深入到政治经济学的基本概念中，以至于马克思理论的规范基础至今还暗昧不明。“在马克思主义中，这种模糊性不是被回避了，就是被遮蔽了，但都没有从根本上得到清理——被回避了，是由于马克思的社会理论被分裂为社会研究与伦理社会主义（M. 阿德勒）；被遮蔽了，既是由于将马克思与黑格尔的正统的捆绑（卢卡奇、柯尔施），也是由于马克思主义被同化为 19 世纪（强）自然主义进化论（恩格斯、考茨基）。这些理论构成了最早由历史哲学研究的合理化问题进入社会学领域的桥梁”。[①]（4）如果孔多塞考虑到了不断完善的知识的经验有效性，

① Jürgen Habermas, *Theorie des kommunikativen Handelns*, Bd.1.Frankfurt/M.:Suhrkamp1995, S.217.

那么他就将文明的进步追溯到人类精神的进步。在孔多塞那里，任何一种阐释路径，只要将历史现象带到合理化的视角下，就必然以此为出发点，即知识与洞见的论证潜能在经验上成为有效的。但哈贝马斯认为，孔多塞仅仅依靠精神的自动的有效性，但这种自动性体现为相互矛盾的两个方面——从理论视角看，合理化表现为合乎规律的认知过程；从实践视角看，合理化表现为由意志和意识驱动的交往实践。

18 世纪的历史哲学构想，到斯宾塞那里被完善为社会发展理论。19 世纪的社会发展理论，对合理化问题的历史哲学版本作了决定性的修改——他们站在达尔文主义立场上，将文明进步解释为有机系统的发展。因而，不再是科学理论进步，而是类的自然进化，成为解释渐变的范式。这样，合理化问题就进入了社会进化领域。“随着视角的转变，有助于我们更好地评估 19 世纪的核心历史经验”①。哈贝马斯说，作为社会进化重要维度之一的生产技术的发展，以及政治变革产物的宪法国家的建立，这两个主题有助于我们从经验视角将合理化过程解释为增长过程；而随着资本主义发展而具有了独立功能的经济系统出现，以及现代行政管理的形成，这个主题则使得社会史很容易地与达尔文确立的自然史进化模型同化。

通过考察孔多塞提出的历史哲学的四个先决条件，哈贝马斯将维多利亚时代的社会发展理论简要地概括如下：它们既没有对启蒙理性主义，也没有对启蒙普遍主义提出质疑，因而没有感受到欧洲中心论的危险；它们也重复了历史哲学的自然主义错误结论，尽管这很少引起人们注意；此外，它们通过仿照生物学的、似乎是经验科学的进化论构想来填补历史哲学用历史规律的观念论话语留下的空白。可见，哈贝马斯在肯定孔多塞、斯宾塞在社会合理化问题上的贡献之外，也看到了他们的缺陷。

第二，M. 韦伯视阈中的社会合理化问题。在 20 世纪，M. 韦伯重新接受了社会合理化问题；从此以后，社会合理化问题成为了社会学的热点

---

① Jürgen Habermas, *Theorie des kommunikativen Handelns*, Bd.1.Frankfurt/M.:Suhrkamp1995, S.218.

问题之一。在M.韦伯那里，社会现代化实质上就是社会合理化，它包括资本主义经济发展和现代官僚国家机器发展两个方面，尤其表现为从实质/价值合理性向形式/目的合理性的退化过程。

在《交往行为理论》中，哈贝马斯高度评价M.韦伯，认为他是第一个对合理化问题进行系统分析的社会学家，并赞同M.韦伯关于社会现代化就是社会合理化的观点。哈贝马斯说，“在社会学经典作家当中，M.韦伯是唯一想中断历史哲学思维前提与进化论基本预设之间的联系，同时又想将古老欧洲的现代化理解为普遍历史合理化过程结果的社会学家。”①在哈贝马斯看来，M.韦伯用丰富的经验研究揭示了合理化过程，但并没有经验主义地曲解合理化过程，没有使社会学习过程的合理化方面消逝。

诚然，合理化理论构成了M.韦伯全部著作的一条主线，但在分析作为西方理性主义内在必要条件的宗教历史的祛魅过程时，M.韦伯使用了一个复杂而又含糊的合理性概念；相反，在分析贯穿于现代性中的社会合理化过程时，他则使用了一个受到限制的目的合理性概念。因而从根本上说，M.韦伯是根据形式/目的合理性行为制度化方向研究资本主义现代化的，这既是他的贡献又是他的局限性之所在。因为在解释自己终生关注的“普遍历史问题”——为什么在欧洲之外，既没有符合西方合理化道路的科学发展，也没有符合西方合理化道路的艺术发展、政治发展、经济发展——过程中，M.韦伯对西方理性主义现象的叙述是混乱的。哈贝马斯说，“为了获得一个最初的概览，我选择了两条不同的路径：内容排列路径与概念澄清路径；最后为了能够检验这些现象，要看M.韦伯是否将西方理性主义理解为一种特殊的文化类型，或理解为具有普遍意义的现象”②。

M.韦伯探讨社会合理化问题所依据的科学史语境，是通过对19世纪进化论的批判而规定的。哈贝马斯试图从相反方向上清理历史哲学内含着

---

① Jürgen Habermas, *Theorie des kommunikativen Handelns*, Bd.1.Frankfurt/M.:Suhrkamp1995, S.207.

② Jürgen Habermas, *Theorie des kommunikativen Handelns*, Bd.1.Frankfurt/M.:Suhrkamp1995, S.226.

的基本预设：批判的焦点是进化论的决定论、伦理自然主义，以及发展理论的普遍主义和理性主义。

1. 进化论的决定论。哈贝马斯指出，从兰克（L.v.Ranke）和萨维尼（F.K.Savigny）开始，在历史学派框架中得以贯彻的精神科学一直伴随着方法论的反思；后来，到狄尔泰那里发展成为一种历史主义。历史主义批判既指向辩证法的历史理论和社会理论，又指向进化论的历史理论和社会理论。在这个语境中，哈贝马斯感兴趣的是这次论争的结果，即贬低为自然主义解释的文化寻找发展规律的尝试。“具有讽刺意味的是，正是文化科学与生物学(从根本上说，与自然科学的历史主义）的脱钩，促使M. 韦伯又将现代社会的形成与发展问题置于合理化的非历史主义观点之下。”①这样，M. 韦伯的遗产就从根本上阻碍了人们从方法论上正确对待“系统功能主义”（Systemfunktionalismus）中值得思考的方面。

2. 伦理自然主义。哈贝马斯说，作为新康德主义西南学派（即弗莱堡学派）的传人，M. 韦伯在方法论层面上区分“实然”（Sollen）与“应然”(Sein)、区分事实判断与价值判断，在实践哲学层面上拒绝伦理认知主义与伦理自然主义，批判进步概念和进化概念在经验科学中所起的规范作用。当然，这种做法的负面作用在于，M. 韦伯与一种非康德主义的、对实践理性论证能力的不信任联系在一起。

3. 普遍主义。19 世纪的精神科学与文化科学研究，更加关注社会生活形式、传统、价值，以及规范的变化范围。历史主义、文化多元主义、文化人类学等都涉及普遍主义与特殊主义（相对主义是特殊主义的极端形式)。在这场论争中，M. 韦伯采取一种谨慎的普遍主义立场。在M. 韦伯看来，合理化过程并非西方特有的现象，尽管只有在欧洲它才发展为一种理性主义。这样，合理化就同时具有两个特征：一是具有特殊性，即西方特有的，二是具有普遍性，即整个现代性所具有的。

4. 理性主义。在《宗教社会学文集》，尤其是作为“导论”的《新教

① Jürgen Habermas, *Theorie des kommunikativen Handelns*, Bd.1.Frankfurt/M.:Suhrkamp1995, S.221.

伦理与资本主义精神》中，M. 韦伯不仅列举了众多西方理性主义现象，而且揭示了西方理性主义的普遍主义内涵。就前者而言，M. 韦伯提到了赋予理论知识以数学形式、并用可控的实验对理论知识加以检验的现代自然科学，以及科学活动；面向市场的文学作品，以及以剧院、博物馆、杂志为代表的艺术活动；还有科学的系统的法律学说、形式法律制度，以及训练有素的法律官员的法律解释；以合理的官僚组织为核心、以成文法为基础的现代国家机关；以家政与企业分离为先决条件的现代资本主义企业，以及作为合理的生活方式组成部分的资本主义伦理等。就后者而言，M. 韦伯对作为现代化的合理化过程首先采取一种普遍主义立场，当然，他也持有一种文化主义立场。所以，哈贝马斯说M. 韦伯的立场矛盾重重。

在历史哲学与社会发展理论中，科学和技术作为合理化的模式而起作用。因而，M. 韦伯也不否认它具有范式特征。不过，科学和技术如果想作为进步概念与进化概念的范式起作用，那就必须在启蒙或实证主义意义上对之进行评价，即把科学和技术表征为对人类历史具有重要意义的问题解决机制。哈贝马斯认为，像 19 世纪末的尼采一样，M. 韦伯也没有摆脱对科技文明的悲观主义评价，他不再信任脱离了伦理价值取向的合理化过程，而是认为科学和技术在合理化理论中已经失去了其范式地位。因而，M. 韦伯集中研究目的合理性行为制度化的道德—实践基础。

第三，哈贝马斯对社会合理化问题的重构。在《交往行为理论》中，哈贝马斯不仅考察了社会合理化问题前史，分析了 M. 韦伯对合理化问题的态度，而且还通过比较 M. 韦伯、马克思，以及霍克海默和阿多尔诺的三种观点来阐明自己对社会合理化问题的立场。

与M. 韦伯有所不同，在马克思那里，社会合理化就是生产力的发展，即经验知识的扩展、生产技术的改善，以及社会劳动力的日益有效的动员、训练和组织等；相反，生产关系表达的是社会权力分配的制度，以及调节不同生产工具进路的制度。只有在生产力的合理化压力下，才会出现生产关系的革命化。M. 韦伯对资本主义经济与现代国家制度框架则作出了不同的评判。在 M. 韦伯看来，资本主义经济与现代国家制度框架不被视为束缚合理化潜能的生产关系，而是视为目的合理性行为亚系统。正是在这些亚系统中，西方理性主义才获得了意义。当然，M. 韦伯也担心作为官僚化后果的社会关系的物化。因为它窒息了合理的生活方式的内在驱动力。哈贝马斯指出，霍克海默和阿多尔诺从 M. 韦伯的视角来理解马克思，并对卢卡奇的物化概念进行了修正，以便对工具理性进行批判。在独立化的“工具理性”的标记下，他们将支配自然的合理性与阶级统治的非理性融为一体，认为解放了的生产力使已经异化了的生产关系得以稳定。《启蒙辩证法》消除了 M. 韦伯对合理化过程的矛盾心态，干净利索地扭转了对合理化过程的积极评价——科学和技术，对马克思来说，毫无疑问是一种解放潜能；但对霍克海默和阿多尔诺来说，则成为一种社会压抑媒介。

不过，哈贝马斯并不关心上述三种立场哪一种更为正确，而是关心他们共同的理论缺陷。哈贝马斯指出，一方面，马克思、M. 韦伯、霍克海默和阿多尔诺都将社会合理化视为行为关联的工具—策略合理性的增长；另一方面，他们又一直思考一种（可用来测试经验描述的合理化过程的）内容广泛的社会合理化究竟意味着什么——是一种自由生产者的联合体概念？还是一种合理的伦理生活方式概念？抑或是一种与得以复活的自然和谐相处？哈贝马斯说，这样一种内容广泛的社会合理化概念，必须与生产力、目的合理性行为亚系统、工具理性的总体承担者处于同一水平上。但事实并非如此！“原因在于，一方面是行为理论陷入了瓶颈：由马克思、M. 韦伯、霍克海默和阿多尔诺所奠基的行为概念还不够复杂，以至于不能把握社会行为概念中（与社会合理化相关）的所有方面；另一方面是行为理论与系统理论的基本概念混在一起，然而，行为取向合理化和生活世界结构合理化，与行为系统复杂性的增长并不是一回事。”①

因此，社会合理化并不仅仅是指目的行为合理化，而且还指生活世界合理化和系统合理化，即价值合理性与工具合理性协调发展。这就意味着，社会合理化并不仅仅是指目的合理性在社会生活领域里的扩展，而且

① Vgl. Jürgen Habermas, *Theorie des kommunikativen Handelns*, Bd.1.Frankfurt/M.:Suhrkamp1995, S.209.

是指以理解为取向的交往合理性在生活世界中的扩展。然而，在后期资本主义社会里，随着工具合理性的膨胀、系统合理化的过分增长，出现了工具合理性与价值合理性的关系紊乱、系统合理化与生活世界合理化分离，从而导致了系统对生活世界的侵蚀与控制，即生活世界殖民化，进而使现代工业文明出现了危机。因而，要想解决现代文明危机问题，就必须重新平衡工具合理性与价值合理性的关系，重新协调系统合理化与生活世界合理化的关系，重建交往合理性，真正实现社会合理化。

二、社会合理化的三个层面

在《交往行为理论》中，哈贝马斯借用自帕森斯以来流行的三分法，即从社会、文化、个性三个角度考察了西方理性主义现象，并对 M. 韦伯的社会合理化概念进行了批判性分析。为了深入探讨社会合理化问题，哈贝马斯（1）区分了价值领域（科学和技术、文学和艺术、法律和道德）的分化，作为文化的三个领域，它们从传统的宗教—形而上学世界观中摆脱出来，这个过程始于 16 世纪，完成于 18 世纪；（2）文化行为系统，例如：科学活动、艺术活动、法律体系、宗教团体等；（3）确立社会结构的核心行为系统，例如：资本主义经济、现代国家和核家庭；（4）个性系统中的行为特征和价值取向，这对有条不紊的生活方式及其对这种生活方式的主体主义反对来说是典型的。

第一，从社会层面看，M. 韦伯像马克思一样，将社会现代化理解为资本主义经济与现代国家的分离；其实，资本主义经济与现代国家在功能上是相互补充的。因此，M. 韦伯试图借助于社会合理化理论，将资本主义经济与现代国家机关解释为一种既相互分离、又相互关联的现象。正是由于两者的分离，才使现代化在西方社会得以形成、并通过自我调节而不断发展。M. 韦伯之所以将社会现代化描述为社会合理化，是因为资本主义企业——作为资本主义组织的核心——被剪切为合理的经济行为；合理的国家机关——作为现代国家的核心——被剪切为合理的管理行为；但两者都遵循目的合理性行为。当然，还有一个不可忽视的方面，即 M. 韦伯还试图在合理化过程概念中解释目的合理性行为的制度化。哈贝马斯认为，在M.韦伯的解释图式中，从合理化过程出发产生了目的合理性的扩散。在现代化形成之初，有两个因素是非常重要的：一是建立在职业伦理基础之上的有条不紊的生活方式，二是建立在成文原则基础上的形式法——既是资本主义经济与现代国家的组织手段，也是它们之间交往的手段。“从形式上观察，两者都植根于同样的意识结构：后传统主义的法律观念和道德观念。”①在哈贝马斯看来，资本主义经济、现代国家，以及形式法，这三个要素都是西方理性主义的表现形式，也是需要解释的核心现象。“主要在《经济与社会》中研究的这三个要素，对社会合理化来说是构成性的”②。简言之，社会合理化包括经济合理化、行政管理合理化、法律合理化。在哈贝马斯看来，法律合理化具有两个方面，一是认知方面（强调成文原则），二是道德—实践方面（强调论证原则），但后者被M.韦伯忽视了。哈贝马斯指出，由于交往行为首先是一种社会化原则，因此，社会合理化还有另外一层含义，就像M.韦伯所说，社会合理化过程与其说是在潜在的生活世界结构中完成的，不如说是在公开的交往行为取向中完成的。

第二，从文化层面看，M.韦伯从现代科学和技术、自主的艺术与植根于宗教原则的伦理中读出了文化合理化。就是说，M.韦伯不仅将科学和技术，而且将自主的艺术，以及法律观念和道德观念都视为文化合理化的表现形式。按哈贝马斯的说法，一方面是科学和技术、打上审美烙印的“反文化”，另一方面是现代法律观念与道德观念，它们共同属于合理化的文化整体。不过，这种伦理理性主义和法律理性主义，被视为现代社会形成的核心环节。

我们知道，在《科学学说文集》、《社会科学方法论》中，M.韦伯阐发了一种具有规范内涵的科学概念，但他只是顺便阐述了现代科学形成问题。因而，对M.韦伯来说，现代科学的特征主要是：对待自然的方法论

① Jürgen Habermas, *Theorie des kommunikativen Handelns*, Bd.1.Frankfurt/M.:Suhrkamp1995, S.238.

② Jürgen Habermas, *Theorie des kommunikativen Handelns*, Bd.1.Frankfurt/M.:Suhrkamp1995, S.226—227.

的客观化；与学院话语思维紧密结合；数学式的理论形成；对待自然的工具性立场，以及与自然的实验性交往等。后来，技术创新与科学发展勾连在一起。在这里，M. 韦伯“将现代科学理解为合理化社会的命定力量”[①]

在 M. 韦伯眼里，艺术作为文化合理化的表现形式，最初与宗教仪式结合在一起，受到宫廷的资助，后来发展成为资产阶级的艺术生产。就是说，随着条件的成熟，艺术表达获得了独立。“独立”（Verselbständigung）首先意味着，艺术自身的规律性能够得到发展；但 M. 韦伯更加关注艺术生产技巧能够产生什么样的效果。这样，M. 韦伯或许认为，文化合理化只涉及实现价值的技术，而不涉及价值本身。尽管如此，艺术的自主化还是意味着，审美价值领域自身规律的释放。“有了艺术自主，才有艺术的合理化，从而才有与内部自然交往过程中的经验的文化化。”[②]不过，在社会合理化过程中，艺术发展与科学史一样，发挥的作用非常小。艺术就像业已成为生产力的科学一样，从来没有进一步推动社会合理化过程；相反，自主的艺术、主体性的自我描述与日常生活的合理化处于一种互补关系中。

当然，文化合理化还意味着，法律和道德认知的独立，即道德—实践洞见、伦理和法律教义、基本原则、公理、决策规则等，从它们最初嵌入其中的世界观中摆脱出来。哈贝马斯说，法律和道德的自主化引出了形式法，以及世俗的“信念伦理”（Gesinnungsethik）与“责任伦理”（Verantwortungsethik）[③]。在现代实践哲学框架内，它们（作为理性自然法与形式伦理）与现代经验科学大致同时被系统化。在激进地告别法律传统主义的同时，以普遍化原则为基础信念伦理就使（呼唤巫术、神圣传统、

① Jürgen Habermas, *Theorie des kommunikativen Handelns*, Bd.1.Frankfurt/M.:Suhrkamp1995, S.229.

② Jürgen Habermas, *Theorie des kommunikativen Handelns*, Bd.1.Frankfurt/M.:Suhrkamp1995, S.230.

③ “信念伦理”与“责任伦理”的区分源于 M. 韦伯——前者强调“行为者必须严格遵循道德规范，不必考虑行为后果”；后者强调“行为者必须事先考虑行为后果，且必须对行为后果负责”。（参见马克斯 · 韦伯：《学术与政治》，冯克利译，三联书店 2005 年版，第 107—108 页。）

启示的）法律规范，以及法律制定和法律应用失去了价值。“法律观念与信念伦理的互补越是得到强有力的发展，法律规范、法律程序、法律实质就越多地成为合理讨论与世俗抉择的对象。”①

M.韦伯研究文化合理化的两个关键词是：世界观的系统化与价值领域的内在逻辑；它们所指向其他的合理性概念不是依靠行为理论，而是依靠文化理论。因而，哈贝马斯指出，世界观的合理化源于符号系统之间的内在关联，它包括两个方面的内容：一是在很大程度上满足了形式操作思维的要求，例如：法学专业知识的形式化、科学的系统化、职业的专门化；二是在很大程度上满足了将世界祛魅的现代世界观的要求，例如：救赎宗教伦理的合理化。但事实上，M.韦伯对此并没有作出明确区分，甚至是忽视了二者之间的差异。但在哈贝马斯眼里，世界观的合理化导致了文化的认知部分、规范部分、表现部分之间的分化，它满足了严格意义上的文化合理化的初始条件。

根据M.韦伯的思路，哈贝马斯指出，在现代经验科学领域，“价值提升”（Wertsteigerung）意味着，理论知识拓展意义上的知识进步；但在法律观念和道德观念中，“价值提升”意味着，法律理论和道德理论的普遍主义基本原则越来越明确，否则，M.韦伯就无法在法律伦理、信念伦理、责任伦理之间确立等级；在审美领域中，“价值提升”则意味着，“进步”（Fortschritte）观念退化为更新与复活观念，即本真的体验通过创新而获得生命力的观念。因此，无论在道德—实践领域，还是在审美—表现领域，工具合理性视角下的“进步”与价值合理性的“提升”要仔细地区分开来。例如：在自主的艺术领域，“进步”越来越趋向于激进与纯粹，即基本的审美体验要清除理论的和道德的干扰；不过，先锋派艺术则在艺术技巧反思的道路上实现了“价值提升”：不断提高的艺术的工具合理性，使得艺术自身的生产过程变成透明的，在此它服务于审美的“价值提升”。

哈贝马斯概括道，随着科学和技术、自主的艺术，以及普遍主义法律

① Jürgen Habermas, *Theorie des kommunikativen Handelns*, Bd.1.Frankfurt/M.:Suhrkamp1995, S.232—233.

观念和道德观念这三个价值领域的分化，现代社会典型的意识结构带来了文化合理化；而文化合理化则包括认知的、审美表现的、宗教传统的道德评价三个组成部分。换言之，文化合理化包括科学和技术的合理化、文学和艺术的合理化、法律和道德的合理化。当然，文化合理化的这三个领域，不仅分别拥有自身的内在规律性，而且这三个领域之间也存在着张力。

第三，从个性系统层面看，文化合理化对应的是卫理公会派的生活方式，即有条不紊的生活方式。M. 韦伯根据生活方式之典型载体的日常生活意识，以及加尔文派、虔信派、卫理公会派的宗教观念，仔细考察了作为合理生活方式基础的宗教的基本特征。在 M. 韦伯眼里，卫理公会派的生活方式是资本主义形成的要素之一，尽管不是最重要的要素。这样，伦理理性主义就从文化层面贯穿到个性层面。哈贝马斯指出，以职业思维为核心形态的新教伦理意味着，伦理理性主义为内心世界过程，特别是社会劳动领域里的社会互动的认知—工具立场提供了基础。认知—工具合理化与法律—道德合理化也深入到这种生活方式的价值取向当中，正如它们指向职业领域一样。相反，在（与有条不紊的生活方式相对抗的）行为特征与价值取向中，审美—表现合理化有着相应的个性特征。“只有当文化合理化转变为行为取向合理化与生活秩序合理化，它才能变成在经验上是有效的。”① 这就意味着，文化知识既储存到个体与群体的生活方式中，又储存到社会生活形式中。

现代性形成时的西方理性主义表现形式②

文化	认知部分：现代自然科学	评价部分		表现部分：自主的艺术
		理性自然法	新教伦理	
	科学活动（大学、科学院、实验室）	普遍的法律学说 专业的法律培训	宗教团体	艺术活动（生产、买卖、接受、艺术批评）

① Jürgen Habermas, *Theorie des kommunikativen Handelns*, Bd.1.Frankfurt/M.:Suhrkamp1995, S.264.

② Jürgen Habermas, *Theorie des kommunikativen Handelns*, Bd.1.Frankfurt/M.:Suhrkamp1995, S.237.

续表

<table>
<tr><td rowspan="3">社会</td><td rowspan="2">认知部分：
现代自然科学</td><td colspan="2">评价部分</td><td rowspan="2">表现部分：
自主的艺术</td></tr>
<tr><td>理性自然法</td><td>新教伦理</td></tr>
<tr><td colspan="2">资本主义经济；现代国家机关</td><td>市民和家庭</td><td></td></tr>
<tr><td>个性</td><td colspan="3">卫理公会派生活方式的行为特征与价值取向</td><td>反文化的生活方式</td></tr>
</table>

由此可见，M. 韦伯阐发了包括社会合理化与文化合理化在内的合理化概念。通过对不同合理化概念的阐述可以看出，M. 韦伯是在意识结构层面上论述合理化问题的，借用帕森斯的话说，是在文化和个性层面论述合理化问题的。一方面，M. 韦伯在新教伦理生活方式所代表的行为类型的历史形态中，赢得了将手段合理性、目的合理性与价值合理性融为一体的实践合理性概念；另一方面，他又将行为取向的合理性与世界观视角的合理性、价值领域的合理性对立起来。这样，M. 韦伯就既研究了世界观的合理化，又研究了文化合理化向社会合理化的转变。不过，在分析合理化如何在现代社会得到贯彻时，M. 韦伯受到了形式 / 目的合理性观念局限，并没有遵循从文化合理化转变为社会合理化的两层体系。就是说，M. 韦伯的两层体系的合理化理论，在对当代资本主义的时代诊断（意义丧失和自由丧失）中有所流露；但没有体现在《经济与社会》的描述当中。哈贝马斯说，尽管文化层面和个性层面的合理化现象也是西方理性主义表现形式，但在 M. 韦伯那里，远未达到社会合理化的地位。

三、社会合理化与意识物化

在《交往行为理论》（第 1 卷）“Ⅳ . 从卢卡奇到阿多尔诺：作为物化的合理化”中，哈贝马斯指出，借助于意识哲学概念已经不能对社会合理化问题作出令人满意的解答，因为意识哲学范式已经式微，因而，应该通过转向交往合理性范式来克服这种状况。所谓意识哲学或主体哲学，就是指自笛卡尔以来的以认识论为核心的近代西方哲学，同一性思维和主观理性概念是其理论基础，它关注的是作为主体的人的意识与作为客体的世界之间的关系，形而上学的主客二分是这个哲学最突出的特征。唯物论与观念论作为意识哲学或主体哲学的两种基本表现形式，尽管表面上是对立的，但实质上却有一个根本的共同点，即都将意识视为认识世界和知识产生的可能性条件和最终可靠的保证。

在讨论“社会合理化与意识物化”的关系问题时，哈贝马斯提出了以下观点：

第一，社会合理化问题与物化问题贯穿在康德和黑格尔规定的“德国”社会理论思维中，从马克思经过M.韦伯、卢卡奇，直到批判理论，但范式转变却发生在米德、涂尔干那里。哈贝马斯说，像M.韦伯一样，米德、涂尔干作为现代社会学奠基人，接受了M.韦伯的合理化理论，但又从意识哲学的困窘中摆脱了出来——米德借助于社会学的交往理论奠基；涂尔干借助于社会整合与系统整合相互关涉的社会团结理论。哈贝马斯正确地指出，从卢卡奇到阿多尔诺对M.韦伯合理化理论的接受中，社会合理化总是被设想为意识的物化。因而，与马克思和M.韦伯相比，卢卡奇的真正贡献在于，他能够同时从物化与合理化两个方面，考察社会劳动领域与生活世界语境的分离过程。在结合物化与合理化的基础上，卢卡奇强调作为历史主体—客体之总体性的无产阶级意识的作用，从而用阶级意识理论补充物化理论。

第二，基于卢卡奇的黑格尔主义的马克思主义传统之上的工具理性批判与M.韦伯的社会合理化问题是一脉相承的，这在霍克海默《理性之蚀》（即《工具理性批判》）中表现得尤为明显。在M.韦伯那里，形式合理性 = 手段—工具合理性（行为技术化合理性）+ 策略—选择合理性（目的合理性）；但到霍克海默这里，形式合理性 = 工具理性 = 主观理性。因为工具理性从认识和行为主体视角而非从被感知、被操控对象视角来表达主体与客体关系。因而，在这个意义上，工具理性也是一种“主观理性”。哈贝马斯指出，尽管霍克海默与M.韦伯所强调的侧重点不同，但他还是坚持了M.韦伯关于时代诊断的两个论题，即意义丧失论题与自由丧失论题。“正如意义丧失论题是从文化合理化的内在重构过程中派生出来的一样，自由丧失论题则是从社会合理化过程中派生出来的。”①

第三，霍克海默、阿多尔诺将工具理性批判理解为卢卡奇的M.韦伯接受联系在一起的物化批判，但又不想承担客观主义历史哲学的后果。与卢卡奇不同，霍克海默、阿多尔诺将物化过程从资本主义的开端追溯到人类文明的开端，就是说，将卢卡奇眼中的“资本主义特有的物化现象”极端化为“人类文明共有的现象”。这样，理性概念的轮廓就有变得模糊的危险。换言之，霍克海默、阿多尔诺从社会心理学角度将卢卡奇的物化理论推向了极端，目的在于解释清楚发达资本主义社会在提高生产力的同时，又平息了主体的反抗力量。

在卢卡奇眼里，从雇佣劳动关系商品化中派生出来的物化意识结构，与现代科学的知性思维（尤其是康德对知性思维方式的哲学自我解释）是一致的；但在霍克海默、阿多尔诺那里，这种物化意识结构，就是他们所说的主观理性和同一性思维。对他们来说，主观理性和同一性思维的力量，与其说是植根于科学中，倒不如说植根于“始源哲学”（Ursprungsphilosophie）中；从历史上看，它深深地植根于交换关系的形式合理性中。因而，哈贝马斯说，霍克海默、阿多尔诺就从观念论视角将卢卡奇的物化概念重新置于意识哲学语境当中，同时又赋予物化意识结构以抽象的理解，以至于它不仅包括同一性思维，也包括以目的为取向的行为主体与整个外部自然之间的冲突。这个冲突的目的是为了主体的自我保护——这是工具理性的最高目标。所以说，决定物化意识结构的是工具理性。通过工具理性调节的主体与客体之间的关系，不仅规定着社会与外部自然之间的关系，而且规定着社会内部关系——既包括通过社会阶级压迫而刻画的人与人之间的关系，又包括通过本能压抑而刻画的人的内在关系。工具理性在推动进步的过程中也导致了许多非理性——战胜外部自然

① Vgl. Jürgen Habermas, *Theorie des kommunikativen Handelns*, Bd.1.Frankfurt/M.:Suhrkamp1995, S.468.

是以牺牲内部自然为代价的，这就是合理化辩证法。

总之，卢卡奇用物化概念来表征人际关系与事实世界之间同化的特有强制；霍克海默、阿多尔诺不仅将物化概念与资本主义经济系统形成的特殊历史语境剥离开来，而且还将它从根本上与人际关系维度区分开来，并在时间上（整个人类史）与事实上（借此将服务于自我保护的认知结构和本能结构压抑都归属于支配逻辑）使之普遍化。哈贝马斯指出，“物化概念的双重普遍化便引导着工具理性概念，从广泛的历史哲学视角回到主体性的前史，以及自我认同的形成过程。”①哈贝马斯还说，在西方马克思主义传统中，有两个规定着社会理论的关键问题。“一个问题涉及目的行为概念的扩大，以及在相互理解模型那里的目的性活动的相对化，这种模型不仅以意识哲学向语言哲学过渡为先决条件，而且以语言分析本身之交往理论发展与彻底化为先决条件”②。

在后期资本主义社会里，尽管存在着大量交往，但由于生活世界殖民化，这些交往常常处于不合理状态。那么，如何才能实现社会合理化呢？如果试图从政治行动上解决生活世界殖民化，那根本不能解决问题，因为问题在于生活世界本身。哈贝马斯认为，重建交往合理性、实现交往合理化，对于克服生活世界殖民化、实现社会合理化具有决定性作用。只有重新平衡工具合理性与交往合理性的关系，才能实现交往合理化；只有重新协调生活世界合理化与系统合理化的关系，即只有重建交往合理性，才能实现社会合理化。所谓“社会合理化”（Soziale Rationalisierung），就是借助于普遍语用学改变社会舆论结构，创造“理想的言谈情境”，使所有对某一情境不满的人，自由地进入讨论该问题的话语结构中，经过协商达成普遍共识；在此基础上，实现个人与社会的协调一致。在这里，哈贝马斯认为符合交往合理性的话语平等和民主是社会交往、文化交流的行为准则，是理想的、公正的、稳定的社会秩序得以建立的先决条件，是社会文

① Jürgen Habermas, *Theorie des kommunikativen Handelns*, Bd.1.Frankfurt/M.:Suhrkamp1995, S.508.

② Jürgen Habermas, *Theorie des kommunikativen Handelns*, Bd.1.Frankfurt/M.:Suhrkamp1995, S.460.

明合理性基础、社会合理化根本标志、未来文明发展方向。

因此，从总体上看，哈贝马斯的交往合理性与社会合理化理论，贡献与缺陷是交织在一起的——对现代人生存状况的担忧与关心、对现代科技文明的批判性反思，以及对理性的偏爱、对现代性的捍卫、对未来文明的憧憬，都是值得肯定的。然而，哈贝马斯对交往合理性的重建，并没有为批判的社会理论提供令人信服的规范基础，也没有找到真正克服生活世界殖民化的路径，他试图实现社会合理化、构建交往共同体的理想也未必能够实现。鉴于此，即使在法兰克福学派内部，哈贝马斯的交往合理性理论也遭到了诸如维尔默等人的批判性重构，这就是下一节要讨论的主要内容。

第四节　从交往合理性到公共合理性

一、交往合理性批判性重构

哈贝马斯在与实证主义、解释学、系统理论的论争框架中，试图解决批判的社会学之规范基础的论证与阐释问题。为此，在与牛津—剑桥学派语言哲学的紧密联系中，构思了（作为社会学元理论基础的）普遍语用学或先验语用学。例如：在语言理论层面上，哈贝马斯将真理、自由、正义概念阐释为相互联系的、准先验的规范基础——它们在语言交往结构中是构成性的。一方面在真理的话语理论形式中，另一方面在交往伦理学（同时也是正义论）中，哈贝马斯对这个规范基础进行了阐释。维尔默说，为了在不同的社会理论层面上将经验分析与规范基础带入理论范畴与基础假设的结构中，哈贝马斯使用了以这种方式获得的关于非强制性相互承认的、自主的主体之间“非扭曲的”交往的论证与阐释。

维尔默指出，就社会科学理论形成的规范基础之系统阐释而言，正像哈贝马斯试图将话语伦理学或交往伦理学论证理解为康德的普遍主义伦理学和现代自然法之真正的，即非意识形态内核一样，启蒙的中心原则在反对实证主义和历史主义意义上进入了语言理解结构中，因而，被解释为语言理解中必然内含着的规范、前提、预设系统。“与康德的形式主义伦理学和现代自然法原则相对立，这首先意味着试图在实践的真理对话概念中‘扬弃’那些原则。这样就可以说，所有人非强制的话语和解原则；同时意味着，所有人——作为自由平等的人，非强制的话语和解原则最终表现为规范的有效性要求正当的‘论据’”①。

按维尔默的理解，哈贝马斯的成就是在批判理论内部做了概念修正，这种修正有可能避免马克思和批判理论的理论困境。大致说来，哈贝马斯将批判理论从适合认知和行为的主客体模式的主体哲学框架转换成主体间性模式的交往行为理论框架，这个基本步骤使得哈贝马斯将工具合理性行为与交往合理性行为区分开来。因而，这个修正的间接结果就是：(1) 针对马克思，哈贝马斯表明，资产阶级的普遍主义道德和法律不能被理解成资本主义生产方式的纯粹意识形态反映；相反，它们必须被理解为与科学技术层面的学习过程区分开来的集体(道德) 学习过程。(2) 针对M.韦伯，哈贝马斯表明，普遍主义道德和法律已经带来了现代民主和人权概念，它们代表着一种与行政管理合理化区分开来的文化合理化类型。(3) 针对霍克海默和阿多尔诺，哈贝马斯表明，社会合理组织概念已经在现代社会的民主制度、合法性原则和自我理解中得到了体现和承认——无论以怎样扭曲的形式。仅仅基于这个理由，对现代社会的批判分析就能与其对象共享一个规范基础，并采取一种内在批判形式。

为了使哈贝马斯的理论路径比马克思、M.韦伯、霍克海默和阿多尔诺的理论路径的冲击力变得更加明确一些，维尔默首先谈论哈贝马斯的交往合理性概念。在这里，维尔默比较了卢克斯②的最低限度的合理性概念与哈贝马斯的交往合理性概念。在卢克斯那里，最低限度的合理性就是逻辑一致性，它是所有文化普遍有效的合理性之唯一标准；但在哈贝马斯那里，交往合理性既代表着不同个体之间特定的相互承认关系，又代表着对自己和他人特定的合理态度。当然，交往合理性也用来表示不允许任何一

① Albrecht Wellmer, *Endspiele.Die unversöhnliche Moderne,* Frankfurt/M.:Suhrkamp1999, S.102.

② 卢克斯（Steven Lukes, 1941—），美国社会学家。

种有效性要求原则上免于可能的批判的象征交往概念和自我构想，简言之，它是一种处理有效性要求的模型。

前面说过，像M.韦伯一样，哈贝马斯也将社会行为区分为工具行为和交往行为，它们有不同的协调机制：一是（通过货币和权力媒介而起作用的）系统整合，二是（通过协调个人之间的行为取向而起作用的）社会整合。因而，所谓社会合理化，就是系统合理化与生活世界合理化（即交往合理化）之间的相互协调。在哈贝马斯那里，就内在逻辑可能性而言，现代化进程本质上是一个模糊的进程：它可以向系统合理化转变，也可以向生活世界合理化转变。然而，资本主义的实际历史进程是，系统合理化与系统差异化的力量超过交往合理化的力量，并出现了系统对生活世界的干预，从而出现了生活世界殖民化。

在维尔默看来，哈贝马斯对后期资本主义社会发展趋势的诊断与M.韦伯、霍克海默和阿多尔诺大同小异，但哈贝马斯根据系统与生活世界的区分重新描述了合理化悖谬；并对他们提出了异议：这种合理化悖谬并不表达现代合理化进程的内在逻辑。由此可见，哈贝马斯的基本论题既针对M.韦伯，又针对霍克海默和阿多尔诺。在哈贝马斯那里，只有那些系统合理化受生活世界合理化控制的组合才符合现代合理性概念。"正是在这个意义上，哈贝马斯重释了马克思的解放社会观念：在解放社会中，生活世界将不再屈从于系统命令；相反，合理化的生活世界将让系统机制服从自由的个人联合需要……在哈贝马斯的批判理论重构中，马克思的'自由人联合体'概念被解释为充分合理化的生活世界概念……尽管哈贝马斯用理想的生活世界概念详细说明了内在于交往合理性概念的乌托邦视阈，但并不用来回答后自由资本主义社会制度如何可能的问题。"①

在这里，维尔默不想讨论他们的内容，而只讨论他们的概念策略。就概念策略而言，维尔默认为哈贝马斯重构批判理论的巨大成就之一，就是用比批判理论更古老的版本成功地调和了黑格尔、马克思、M.韦伯的理

① ［德］阿尔布莱希特·韦尔默：《后形而上学现代性》，应奇、罗亚玲译，上海译文出版社2007年版，第86页，译文有改动。

论视阈。不过，交往行为与话语合理性[①]不可能产生合法制度；相反，只有合法制度才能将自由的交往行为确立为社会协作机制——用阿伦特的话说，合法权力只能以公共意见或公共舆论为基础，但这意味着，合理性概念与激进民主概念并无关联。这样，理想制度问题就不可能理性地解决。这就是维尔默对理性主义乌托邦的批评。

当然，维尔默采取迂回曲折的辩护路线，以表明批评者所承认的东西足以证实哈贝马斯的一般立场。所谓“批评者所承认的东西”，就是指以基本规范、基本制度和价值共识为基础的民主合法性。这些共识的题中应有之义是这样一条原则：在关于实际问题存在分歧的情况下，应尽可能地通过论证达成协议。在这些条件下，交往行为也许就成了行为协议的首要原则。这样，所论争的问题归结起来就是：在关于有争议问题的合理共识概念不再有任何意义的地方，从根本上说，是否存在合理论证即合理协商的任何局限。维尔默说，在这个问题上，“解释学左派”的观点是有缺陷的。因而，维尔默的结论是：在双方同意条件下确立的协调原则，必须被当作批评者视为理所当然的民主共识本身的规范内核；而且不可能在“内在的”合理共识与基于纯粹“自愿的”、“外在的”同意之间划出任何明确的界线。反过来说，为了使民主合法性保持活力，仅有与任何可能的合理共识相脱离的规范共识是不够的；因为超过了这个限度，关于实质性问题的分歧必定会转化为关于程序规则或基本规范解释的分歧。这样，具有乌托邦视阈的交往合理性概念并不质疑现代社会分化过程，甚至不质疑系统整合与社会整合的分化。

就是说，哈贝马斯将阿多尔诺的基本概念纳入非强制交往概念中，并与语言哲学概念交织在一起，从而实现了阿多尔诺基本概念的交往行为理论转型，这意味着哈贝马斯从否定主义与弥赛亚主义的关联中摆脱出来。然而，这个转型并没有抓住阿多尔诺基本概念的那个最重要方面——尽管它不关涉非强制交往，但关涉非强制综合；不关涉对他者的非同一性

① 按维尔默的理解，在哈贝马斯视阈里，“话语合理性”、“交往合理性”、“程序合理性”大致同义；但在阿多尔诺视阈里，“话语合理性”与“启蒙理性”、“工具理性”大致同义。

承认，但关涉对现实性把握与主体自我理解的非同一性承认。维尔默指出，阿多尔诺如此地构建事物，似乎交往关系变成整体中的现实关系；相反，哈贝马斯将交往模型当作人与人之间关系模型，这意味着破译了话语言说者的关系。但实际上，阿多尔诺用《否定辩证法》所意谓的东西，根本不关涉交往结构，而主要关涉综合形式（在其中，交往总是能够被一再重新激起），从而关涉“非物化”的论证逻辑。如果阿多尔诺谈论哲学的审美要素，或作为内在概念的描述要素，那就不关涉哲学论证的“是否”，而是“如何”，即关涉哲学思想关系的逻辑学，关涉哲学语言的特征，因而，最终关涉语言和合理性方面。维尔默认为，哈贝马斯的交往行为理论之所以不能把握这个方面，是因为在每个交往中它都起背景作用：只有反思“交往是什么”才能揭示出来。但不能由此断定，有某些东西是不能被论证的；只能够断定，为哲学语言定位的思想，能够对“合理性论证究竟可以称作什么”问题做点事情。

当然，维尔默并不相信哈贝马斯用交往行为理论解决问题的办法。如果说，对阿多尔诺提出的问题进行交往行为理论回答是不可能的；那么，阿多尔诺对语言理论与合理性理论的贡献，应当被理解为交往行为理论的语言理论与合理性理论的必要内涵——这无论如何是不可思议的。维尔默指出，如果哈贝马斯不将阿多尔诺对同一性强制的批判解释为话语合理性表达，而是解释为话语合理性缺失，那么哈贝马斯就正确地反对了阿多尔诺；相反，如果阿多尔诺试图将我与哈贝马斯一起安慰性地称之为“话语合理性的”东西，变成交往行为理论明显不能理解的要素，那么阿多尔诺就正确地反对了哈贝马斯。维尔默对话语合理性的兴趣，起因于他对阿多尔诺、维特根斯坦，也许还有海德格尔的语言批判和体系批判的兴趣。阿多尔诺、维特根斯坦、海德格尔的共同点，就是形而上学批判的共同逃离点。

维尔默将形而上学批判理解为无根意识但并非无依无靠的理性，理解为没有最终论证的理性与没有最终和解的期待。当然，还有一种被阿多尔诺称为“同一性强制”的东西从理性中流溢出来。因此，阿多尔诺最终能够将这种理性理解为和解哲学的。维尔默相信，这不仅取决于和解概念，也取决于交往行为理论的世俗化，还取决于从阿多尔诺的合理性概念追求中摆脱出来的那些特征。按一般理解，阿多尔诺的合理性概念，既不关涉工具合理性又不关涉交往合理性，而是关涉作为知识批判和语言批判问题的特殊性与普遍性之间的辩证法。在这里，阿多尔诺偶尔谈到“非强制综合”：它并不是（或不仅仅是）交往的非强制性，此刻仿佛向话语合理性敞开；毋宁说，交往合理性触及语言和现实之间关系（首先不是言说者的关系）的可能性条件，并触及语言意义交往关系结构的非交往方面（也不是言说者与交往的关系）。“也许在这一点上，阿多尔诺对知识的主客体模式的固守还应得到辩护；也许，正如我认为的那样，阿多尔诺对这个模型的使用中隐藏着合理性概念要素，它并不意味着和解，而是被理解为理性最终没有希望和解的可能。”① 在维尔默看来，也许，阿多尔诺的说法与哈贝马斯的命题是一致的。哈贝马斯的这个命题——在现代，交往合理化与系统合理化处于相互关联中——应当指明，完全作为相关概念被思考的交往合理性与工具合理性结构，以何种方式渗透进无所不包的社会生活关系结构中。“哈贝马斯关于现代社会系统合理化侵蚀交往合理化的独特解释，最终是马克思主义的”②。

那么，应该如何评价维尔默对交往合理性的重构呢？

T. 多米斯（Tom Dommisse）曾经这样说过，维尔默的重构与哈贝马斯对早期批判理论的创造性更新有着惊人相似：维尔默重新获得了（要求将道德哲学与政治哲学联系在一起的）批判理论的历史视阈。③ 这样，他就使人们想起，批判意识的解中心化与现代性中理性的自我超越冲动就是人的历史规划的组成部分。从社会历史角度看，这是没有最终答案的未完成的规划：它内含着“乌托邦终结”——但不是在乌托邦能量短缺意义上，而是在乌托邦 重述与转化意义上。就是说，维尔默与哈贝马斯的现代性话语理论的重述联系在一起，但有时也反对对话语原则系统力量的无限信

① Albrecht Wellmer, *Endspiele.Die unversöhnliche Moderne*, Frankfurt/M.:Suhrkamp1999, S.235.

② Albrecht Wellmer, *Zur Dialektik von Moderne und Postmoderne*, Frankfurt/M.:Suhrkamp1985, S.22.

③ Vgl.Albrecht Wellmer, *Revolution und Interpretation,* Van Gorcum1998, S.10.

任。在维尔默看来，与技术合理性相比，交往合理性应当归属于被视为具体需要、历史主体支点的观察方式的旋转；但交往合理性概念中的两者，即交往与合理性必须被放在一起进行考虑：这个概念不仅处于复杂的日常交往结构中，而且处于规范的解放意识概念中，它负载着现代意义上的开放社会概念，即后传统的普遍民主。因此，交往合理性概念表征着这样一些条件。“在这些条件下，除了在普遍的元价值层面上不再能够有合法的方式之外，还有一个有普遍约束力的意蕴系统。与技术上匮乏的符号系统错误的齐一性相反，我们不再能够提供客观上有约束力的意蕴系统——这是因为付出了强制限制交往的代价，而只能从交往潜能的自由设置中产生出多元价值、意义、生活方式。”①其中，传统方式回归与语义学潜能释放也属于多元价值、意义、生活方式。

二、多元的、公共的合理性

第一，“理性的”合理性与社会组织概念如何能够得到保证？为了解决这个问题，维尔默又一次与哈贝马斯的思考联系在一起，因为在许多研究中哈贝马斯都假定了后现代社会结构特征。哈贝马斯的基本观点是，在那些传统、生活方式与解释系统被侵蚀后，在迄今为止的历史中，仿佛在自然起作用的传统道路上，使得与某些内容（价值、规范、需要）的阐释相联系的集体认同形成成为可能。哈贝马斯说，今天，集体认同只有在反思形态中，即奠基于普遍平等地参与交往过程的意识中，才是可以理解的。在这个语境中，哈贝马斯指出了两个相互联系的现象，并将它们理解为历史进化新水平的标志。

（1）动机和意义的缺失，在价值、规范、需要阐释的交往液化中，如在迄今为止的自主的生活领域去差异化中变成可见的。不过，价值、规范、需要阐释的交往液化，不能通过“民主化”一词恰当地表达，因为它仿佛是对归属于组织形式的政治意志形成过程的补充。“它们总是出现在

① Albrecht Wellmer, *Zur Dialektik von Moderne und Postmoderne*, Frankfurt/M.:Suhrkamp1985, S.124—125.

非常不同的定义中，并从‘基础’中流溢出，渗透进归属于组织形式的生活领域的毛孔中。它们有亚政治特征，即它们踏进政治决策过程的门槛内。但是，它们受到政治系统的直接影响，因为它们改变了政治决策的规范框架”①。在这里，哈贝马斯特别指出了艺术的去艺术化、犯罪的去道德化、精神疾病的去病理化、政治的去政治化等。

（2）动机和意义的缺失趋向要求新型社会管理机制形成。就像哈贝马斯所猜测的那样，作为动机形成过程的反思形成和意义缺失兑现的新组织原则，是与反思形成的集体认同形式相适应的。所以，现在可以确定的是：将维尔默带回到出发点问题的，是哈贝马斯表述的二难选择。因为哈贝马斯谈到，在广泛参与和不断强化的社会管理之间、在作为动机形成过程的反思形成和社会控制的增强（即动机垄断）之间的怪圈，在未来起作用的可能性，是后现代社会构想的悲观主义变种。要想使这个变种成为现实，那就应当保留新的集体认同形式的纯粹规划。相反，这个二难选择的乐观主义变种，或许在一个社会中，发现了集体认同的反思形式沉淀在实际的社会生活过程中。

维尔默指出，在哈贝马斯表述中，仿佛呈现出“解中心的”合理性概念，以及理性认同概念——它们超越了关于社会合理化的黑格尔主义构想与马克思主义构想的二难选择。但需要补充的是，哈贝马斯说过：“这时，以未来为取向的回忆的时间结构容许形成（对每个特殊的阐释方向来说的）关于部分接受的普遍的自我结构：因为每个人的立场能够与其他人的立场相一致。在当代，它们相互对立；到未来，正是在特殊性中成为现实化的普遍。”②但这并不适合于眼前理解的这个阐释，是因为它仿佛又将这个困窘的结构引入到解放社会构想中，在马克思主义传统中又将无阶级社会概念引向这个构想：托洛茨基的不断革命论是一个例证。一般地讲，这个表达困窘的结构在于，无阶级社会必须成为不可达到的历史彼岸的固定点或

① Vgl.Jürgen Habermas, *Können komplexe Gesellschaften eine vernünftige Identität ausbilden?* in:Jürgen Habermas/D.Henrich, Zwei Reden, Frankfurt/M.:Suhrkamp1974, S.66.

② Vgl.Jürgen Habermas, *Können komplexe Gesellschaften eine vernünftige Identität ausbilden?* in:Jürgen Habermas/D.Henrich, Zwei Reden, Frankfurt/M.:Suhrkamp1974, S.75.

历史终点，尽管它同时被理解为资本主义历史上明显区域性的后继系统。

迄今为止，维尔默的思考结果，仍然不能形成既在完善的或理想的生活方式意义上，又在最终的、主体间性意义上的理性概念；相反，他只能给出理性生活方式的某些形式条件。例如：普遍主义道德意识、普遍权利、反思形成的集体认同等；但就实体意义上的理性生活、可能的理性认同而言，根本没有在形式结构术语中描述的理想的极限价值，而只有追求这种生活方式的成败。在这种生活方式中，个体的非强制认同与个体之间的相互承认成为经验的合理性。因此，“我们不能期待意义的完成，而只能够期待无意义的消除；我们不能思考个体之间完全非强制关系或合法的思想，但事实上我们能够排除经验的强制和阻塞。在这里，正是（理性的和成功的）生活方式概念引导着我们。当然，这并不意味着我们能够无限接近理想的极限价值。也许正是在这个意义上，在符号或物质对象的制造那里，我们能够无限接近程度或范围概念；毋宁说，美好生活概念，在这个尺度上已经获得了批评的标准。在其中，我们意识到：在个体与社会生活关系中不可避免地存在着非理性、阻塞和痛苦”①。

第二，哈贝马斯的交往合理性概念并没有为真理共识论提供证据，这就允许人们思考多元的、公共的合理性。这个概念，既不依赖于最终论证又不依赖于最终和解。在维尔默看来，与作为普遍语用学的道德“应当”阐释密切联系在一起的、话语伦理学的共识论前提，走在了阐发多元的、公共的合理性，但绝不是相对的合理性概念道路上。在哈贝马斯将普遍语用学的元理论前提转译为现代性内涵规范分析的地方都清楚地表明，为了思考（普遍的）生活世界合理化和（特殊的）话语伦理学开启，根本不需要“强”真理共识论前提。

在维尔默看来，下述区分模型包含着两种可能的选择：(1) 理性统一性。与和解视角相联系的真理共识论区分模型，要么被塑造成热情奔放的，要么被塑造成理性主义的。这样，就可以从理解的理想终点出发思考理性统一性。在这个终点上，两个理性的要素出现在和解定义的坐标中。

① Vgl.Albrecht Wellmer, *Ethik und Dialog*, Frankfurt/M.:Suhrkamp1986, S.221.

（2）要素区分。有效性区分模型，与现代欧洲哲学中占支配地位的问题意识直接联系在一起。这里的“有效性”，不是真理有效性，而是道德应当有效性。因而可以肯定，它也与深层的逻各斯中心主义偏见联系在一起，但这不是全部；毋宁说，道德“应当”之谜表现在：神圣承诺遇到了抵抗，即在真理有效性领域没有等价物。尽管令人担忧的是反启蒙的习惯用语：没有神圣权威支持，道德意识必然失去根基；但这个担忧的基础在于，道德论证的有效性既与认知的前提、又与情感的前提保持着联系：对神圣权威或宗教支持的道德共识来说，只能有合理的等价物，只要（认知的或情感的前提）能够成功地嵌入到相互承认关系中。“第二种区分模型，一方面，与有效性区分模型的独特性紧密联系在一起，因而不再能够从理想的交往共同体的逃离点出发来思考合理共识。在这里，理性要素的局限性被扬弃在道德理想的统一中。另一方面，这个模型容许清晰地勾画有效性区分模型的关联。”①

哈贝马斯对理性统一性进行的普遍语用学的和真理共识论的重构，一方面，还纠缠在基础主义的、解一哲学的思维框架中；另一方面以特有方式停留在唯科学主义区分中。维尔默认为，从这种区分视角出发，原来应当被理解的东西是什么，最终成为不可理解的：理性的部分要素，在它们相互分离后，又相互联系。现在，理性统一性就被描述为理论的、技术的、道德的、审美的提问方式与论证之间的连线和过渡的网络。在连线和过渡缺失或被剪断的地方，总是导致特殊的病态和理性的片面使用：人们称一个行为是“不合理的”（irrational），因为它违反前后一致性的基本要求，或只有付出反对论据与经验的代价才能保持前后一致性；相反，人们称理性行为的还原形式为“不理性的”（unvernünftig），即一个合理性维度付出了另一个维度被绝对化的代价。那么，“理性的”（vernünftig）意味着什么呢？在哈贝马斯那里，“理性的”一词表征着“交往的内涵”，也被称为“理性要素的整合”。但维尔默认为，现在不再能够只通过程序主义刻画的理想的结构模型来解释。对理性的要素来说，不是实现理想的状

① Albrecht Wellmer, *Ethik und Dialog*, Frankfurt/M.:Suhrkamp1986, S.163.

态，而是开启与拓展自由的活动空间与生活的可能性。因为理性统一性，是在部分理性要素的相互作用中实现的。对这些要素来说，既不能有最终的基础，又不能有最终的标准，也不能有最终的和解。

但无论如何，合理性都有一个基础：那就是活生生的"理性的文化"。在这个基础曾经存在的地方，所有自由的假定都必然成为实践理性的假定。这就是不可放弃的实践理性的"千禧年说"①——哈贝马斯追随康德捍卫它的权利，但总是在现存的、可体验到的不自由的背景下，才能获得每个假定的详细意义。这就意味着，没有最终的和解，就没有理想的理解。"也许不曾有更多的理由，为政治自由而斗争，可这必须一再保护、继续给予并重新占有自由。不过，在一个理想的理解模型中，这不再是可以理解的。新一代每个人都的确使理想的理解落空，但没有这些重新开始的要素，或许也没有自由。"②

综上所述，本章首先从合理性问题出发，通过分析言语行为与社会行为，围绕着社会合理化与文化合理化、工具合理性与交往合理性，阐发了交往行为与交往合理性问题；然后从社会合理化问题出发，阐发了行为合理性与社会合理化问题；最后借助于维尔默的有关文本，对哈贝马斯的交往合理性进行了批判性重构，并试图以"多元的、公共的合理性"重建批判理论的规范基础。这样，就深化了对交往合理性与社会合理化等问题的理解。

① "千禧年说"（Chilaismus），又译为"千年福主义"、"千年福王国学说"，喻指基督再生重建千年王国，引申为任何理想的未来世界。

② Albrecht Wellmer, *Ethik und Dialog*, Frankfurt/M.:Suhrkamp1986, S.172.

第四章　话语伦理与法律话语

话语伦理学是交往合理性理论在伦理学领域的拓展与运用，交往合理性理论是话语伦理学的理论基础。因而，理解交往合理性就成为理解话语伦理学的先决条件。交往行为的有效性要求，即断言/命题的真实性、规范的正当性、表达的真诚性，是重建交往合理性的先决条件。交往合理性不仅注重交往行为的有效性要求，而且遵守道德规范要求。这样，交往合理性就是交往合理性理论与话语伦理学的核心概念之一。话语伦理学拓展与运用到政治法律领域，就形成了协商政治理论与法律话语理论，这主要体现在《道德意识与交往行为》、《话语伦理学解说》、《事实与价值》、《包容他者》、《后民族状况》、《政治理论》等著作中。哈贝马斯的话语伦理学、协商政治理论、法律话语理论，开辟了当代政治伦理学和法哲学研究的新视野，并与其他的规范伦理学、元伦理学、应用伦理学一起，构成了当代西方政治伦理学和法哲学之丰富多彩的画面。那么，话语伦理学的理论基础是什么？话语伦理学的基本原则和目标是什么？在后现代语境中话语伦理学有什么意义？以及协商政治理论与法律话语理论的内涵是什么？所有这些，就是本章要讨论的主要问题。

第一节　交往伦理学或话语伦理学

一、话语伦理学的理论基础

“交往伦理学”（Kommunikative Ethik）或“话语伦理学”（Diskur

sethik)①，是由阿佩尔②最先提出、哈贝马斯系统阐发的一种规范伦理学。作为一种关于道德的话语理论，其目的是要解决现代道德规范有效性问题；而要解决话语伦理学有效性问题，就必须在后形而上学语境中批判和超越康德的形式主义伦理学，因为它已经失去了规范有效性。

在《哲学的转型》(2 卷本,1973）之“交往共同体的先天性与伦理学”一章中，阿佩尔阐发了交往伦理学的基本假设：与主体间性共识的先决条件联系在一起的真理追求，必须预先设定一种理想的交往共同体的道德。在这里，阿佩尔不仅讨论了理想的交往共同体与现实的交往共同体之间的张力，而且也讨论了有效性要求，以及最终论证要求等问题。因而可以这样说，阿佩尔的交往伦理学以先验语用学为前提，在理想的交往共同体内部、以主体间性交往为手段，以在交往伙伴之间达成共识为目标的规范伦理学。在阿佩尔那里，语言交往共同体不仅是知识可能性的先决条件，而且也是道德规范有效性的先决条件。但在哈贝马斯看来，阿佩尔的交往伦理学仍然存在着决断论的难题；阿佩尔本人也坦承自己的交往伦理学过于理想化：“我迄今为止所阐发出来的对一门交往伦理学的基础论证是从一些被理想化了的前提出发的。它原则上没有顾及这样一个事情，即我们不仅要考虑在对道德讨论的制度化过程中出现的理智上的困难，而且更要考虑到这个制度化是在一个总是已经由旨趣冲突所决定了的具体历史情景中实现的。……简言之，我们迄今为止所阐发的道德原则，并没有考虑到所有那些人的道德情景——这些人为时间所迫必须在一种被制度化了的交往之外作出良知决断，同时又不仅要考虑道德上的信念准则，而且（与康德的假定相反）也得考虑可能的或大概的效果。”③

其实，在《后期资本主义的合法性问题》中，哈贝马斯就多次谈到过

① Diskursethik，国内学界有各种不同译法，例如：对话伦理学、商谈伦理学、话语伦理学。为了使之与“对话的伦理学”（dialogische Ethik）、“对话伦理学”（Ethik des Dialog）、“协商伦理学”（deliberative Ethik）区分开来，我们主张译为“话语伦理学”。

② 阿佩尔（Karl-Otto Apel，1922—2017），德国哲学家、伦理学家。

③ ［德］卡尔-奥托·阿佩尔：《哲学的改造》，孙周兴、陆兴华译，上海译文出版社 1997 年版，第 332—333 页。

交往伦理学。例如：在考察“社会系统的构成要素”时，他曾这样说过，“交往伦理学”的合法性领域与系统复杂性的急剧增长是不相容的。在讨论“自由资本主义社会组织原则”时，哈贝马斯又说，这种组织原则与交往伦理学是不相容的，因为交往伦理学不仅要求规范普遍性，而且要求通过话语获得关于规范规定的利益普遍性之共识。在讨论“动机危机原理”时，他通过分析普遍主义道德，尤其是通过批判功利主义伦理学和形式主义伦理学，说明交往伦理学的合理性。

哈贝马斯指出，对政治系统和经济系统的发展来说，（失去了道德体系功能组成部分的）资产阶级意识形态产生了牵制效果，这比科学权威和现代艺术自我消解产生的效果要明确得多。在文明的早期发展阶段，道德秩序与法律秩序已经分化。在传统社会里，国家伦理调节着特殊的部落忠诚与家庭忠诚：公民义务与家庭纽带之间存在着竞争关系。因为随着国家伦理的出现，规范体系的有效领域变得更加宽广，也更加抽象。因此，制裁暴力部分地形式化（法律化），部分地内在化（道德化）。不过，道德体系与法律秩序仍然被整合进（使统治具有合法性的）世界图景之统一的阐释框架中。然而，一旦传统社会进入现代化进程，日益增长的复杂性就会引起种种调控问题，它要求用超出自发的文化系统固有的速度来加快社会转型。这样，就产生了资产阶级形式法，从而可能使规范内容从传统的教条主义中解放出来，并且能够有意识地加以确定。如果说抽象法只适应于国家暴力妥协的领域，那么建立在一般原则基础之上的资产阶级私人道德，就不受各国之间持续存在的自然状态限制。因为基于原则的道德，只有通过良知的内在审判机关才能完全被认可。由于这种私人道德具有普遍性要求，因而，它必然会与具体的国家主体（即公民）相联系的公共道德发生冲突：即“人”的世界主义与公民忠诚之间的冲突（只要国际关系还遵循着强者的具体的伦理，公民忠诚就不可能是普遍主义的）。哈贝马斯强调，原则与规范应该区分开来：“原则”是用来建立规范的元规范，故建立在原则基础之上的道德就是只允许普遍规范的体系。所谓“普遍规范”，就是指没有例外、没有特权的规范，其有效性范围也没有限制。现代自然法曾经试图阐发能够满足这些标准的法律规范体系。只有法律体系在整体上最大限度地关心所有法律共同体成员的福利和自由，它才能从道德上得到辩护。因此，合道德性始终是合法律性的基础。①

自由资本主义第一次使严格的普遍主义价值体系具有了约束力，因为经济交换本身必须被普遍主义地调节、等价交换也提供了一种有效的基础意识形态，从而使得国家从传统主义的辩护模式中解放出来。但在有组织的资本主义社会中，这种意识形态的基础瓦解了。与此同时，出现了新的、越来越多的合法性要求。然而，一旦理论话语被制度化，科学体系就不能退缩到知识积累已经达到的水平，也不能阻碍理论的进步；一旦实践话语被容许，那么道德体系就不简单地忘记集体道德意识所达到的水平，也不能阻止道德的进一步发展。“如果道德体系和科学体系，像我所假定的那样，遵循着自身的内在逻辑，那就意味着，道德进化与科学进化一样，都依赖于真理。”②

按与自然法相同的标准，被描述为普遍主义的功利主义也表现为一个道德体系。根据功利主义要求，所有能够最大限度地满足个人欲望或对个人有用的策略都是允许的，只要不与其他人的同样要求发生冲突。在哈贝马斯看来，功利主义显然退到了传统责任伦理所达到的内在化层次上。与功利主义伦理学不同，康德的形式主义伦理学将规范普遍性标准同自主性标准，即不依赖于偶然动机的标准紧密联系起来。然而，形式主义伦理学的局限性在于，同义务不相容的癖好必然被从与道德相关领域中排除出去，并必然受到压抑；唯有交往伦理学才能通过兑现有效性要求来保障被认可的规范的普遍性和行为者的自主性。就是说，只有交往伦理学才是普遍的（它不像形式主义伦理学那样，局限于同法律规范相分离的私人道德领域）；只有交往伦理学才能保证自主性(因为它“有意志、有意识地”使潜能嵌入交往行为结构中，继续推进社会化过程)。今天，交往伦理学的基本信念与体现后灵韵艺术的反文化的复杂经验，

① Vgl.Jürgen Habermas, *Legitimationsprobleme im Spätkapitalismus*, Frankfurt/M.:Suhrkamp1973, S.121.

② Jürgen Habermas, *Legitimationsprobleme im Spätkapitalismus*, Frankfurt/M.:Suhrkamp1973, S.123.

对许多阶层的社会化过程来说是典型的，即它们已经获得了规定动机的力量。只有在交往伦理学中，文化传统才能提供一种值得信任的合乎原则的道德。

这表明，在20世纪70年代初，哈贝马斯就考虑了交往伦理学，或曰话语伦理学问题。但这时，伦理学还不是他讨论的主题。例如：在《后期资本主义的合法性问题》之“普遍化利益的压抑模型”中，哈贝马斯说，在前面一章，即在“实践问题的真理性”中，他偏离了“正题”，讨论了当代伦理学问题，目的是为了论证这个断言，即实践问题具有真理性。当然，这个问题一直是哈贝马斯所关心的。例如：在《后期资本主义的合法性问题》之“个体的终结?”一文中，哈贝马斯说自己一直试图论证，实践问题是能够用话语来处理的，社会科学能够从方法论上分析规范体系与真理的关联问题。不过，在复杂社会里，规范体系是否已经失去了与真理的关联，则是一个悬而未决的问题。

在《交往行为理论》中，哈贝马斯在讨论合理性与合理化、世俗伦理学与宗教伦理学等问题时，不仅提到了“交往伦理学”，而且讨论了“话语伦理学”。例如：在《交往行为理论》（第1卷）之“作为社会合理化的现代化——新教伦理的作用”中，哈贝马斯认为，交往伦理学越是被合理化，它就越是与“敌视博爱”的内在生活秩序处于尖锐矛盾之中。他指出，现代哲学的世俗伦理学发展线索，经过康德的形式主义伦理学，一直到当代话语伦理学。话语伦理学部分地与康德联系在一起，部分地与理性自然法联系在一起，但也吸收了功利主义的观点。按照M.韦伯的说法，可以称之为认知主义的责任伦理学①到《交往行为理论》（第2卷）之“在米德、涂尔干那里的范式转变：从目的性活动到交往行为”中，哈贝马斯又说，米德同时在系统理论和进化理论视角中阐发了交往伦理学的基本预设，“交往伦理学的基本理论概念就是普遍的话语，即‘语言理解的形式理想’，因为这种合理动员的理解观念已经固定在语言结构中，因此，它

① Vgl.Jürgen Habermas, *Theorie des kommunikativen Handelns*, Bd.1.Frankfurt/M.:Suhrkamp1995, S.317.

不纯粹是实践理性的要求，而且嵌入到社会生活的再生产中”[①]。

尽管在《交往行为理论》中，哈贝马斯多次谈到“交往伦理学”或“话语伦理学”，不仅简要勾勒了其思想渊源，而且判定了其理论性质；不过，只有到《道德意识与交往行为》、《话语伦理学解说》等著作中，话语伦理学才得到了较为系统的阐发。

《道德意识与交往行为》包括四个部分：“Ⅰ.作为立场持有者与阐释者的哲学”以皮亚杰[②]的发生认识论为例，阐发了哲学研究与经验研究的分工问题。“Ⅱ.重构的社会学与理解社会学”使柯尔伯格[③]的道德发展理论服务于这个范式：在这个范式中，哈贝马斯试图澄清因果解释与假说的事后重构之间的相互理解问题。“Ⅲ.话语伦理学——关于论证纲要的笔记”原为纪念阿佩尔[④]而作，它应该有助于进一步澄清话语伦理学的开端问题：一是关于道德现象学、伦理学的主观主义与客观主义之预备性思考；二是关于作为论证规则的普遍化原则，即交往行为之（断言的与规范的）有效性要求、道德原则或行为准则普遍化的标准、论证和参与（附录）；三是关于话伦理学及其交往行为理论基础，即道德原则论证是必要的和可能的？先验语用学论证的结构与地位，以及道德与伦理。“Ⅳ.道德意识与交往行为”应该被理解为哲学研究与经验研究的分工之实际运用良好意愿的表达。在这里，哈贝马斯借助于柯尔伯格的道德发展理论，从道德意识的个体心理发展和社会历史发展角度，研究批判的社会理论的规范内涵问题，阐发了自己的道德意识发展理论。[⑤]由此可见，在《道德意

① Jürgen Habermas, *Theorie des kommunikativen Handelns*, Bd.2.Frankfurt/M.:Suhrkamp1995, S.147.

② 皮亚杰（Jean Piaget，1896—1980），瑞士儿童心理学家。

③ 柯尔伯格（Lawrence Kohlberg，1927—1987），美国儿童心理学家。

④ 1983年，哈贝马斯说，就思想方向的确定而言，在世的哲学家中没有哪个人能够像阿佩尔那样对自己有如此长时间的影响。因而，要感谢阿佩尔对自己“三十年来的教导”。（Vgl.Jürgen Habermas, *Moralbewusstsein und Kommunikatives Handeln, Frankfurt*/M.:Suhrkamp1983, S.6—7.）

⑤ Jürgen Habermas, *Moralbewußtsein und Kommunikatives Handeln*, Frankfurt/M.:Suhrkamp1983, S.7.

识与交往行为》，尤其是在“Ⅲ．话语伦理学——关于论证纲要的笔记”中，哈贝马斯不仅揭示了话语伦理学的交往行为理论基础，而且阐发了话语伦理学的普遍化原则，这意味着话语伦理学框架基本形成。

《话语伦理学解说》收录了 1987—1990 年笔记。其中，“Ⅰ．道德与伦理”包括“黑格尔对康德的指责也击中话语理论学吗？”（第 1 章）；“什么样的生活形式是合理的？”（第 2 章）“Ⅱ．道德发展”包括“正义与团结”（第 3 章）；“柯尔伯格与新亚里士多德主义”（第 4 章）。“Ⅲ．实践理性”包括“论实践理性之实用的、伦理的与道德的应用”（第 5 章）；“话语伦理学解说”（第 6 章）。由此可见，该著作延续了《道德意识与交往行为》的研究，对退回到亚里士多德—黑格尔传统，以及当代语境主义的普遍主义道德概念的指责构成了其讨论背景。在这里，哈贝马斯试图超越抽象的普遍主义与自相矛盾的相对主义之间的空洞对立，而捍卫义务论理解的“正义优先于善”；但这并不意味着将严格意义上伦理学问题从合理性讨论中排除掉。哈贝马斯说，这些文章适合于道德话语与伦理话语的精确区分，从此以后，哈贝马斯本人必须详细阐发关于道德的话语理论，即“话语伦理学”①。

在《哲学文本》（5 卷本）中，《话语伦理学》属于第 3 卷。《话语伦理学》并不是一部“新书”，而是《道德意识与交往行为》、《话语伦理学解说》、《纠补的革命》、《包容他者》、《真理与辩护》、《在自然主义与宗教之间》等著作中相关文章之选集。该书除了“导论”之外，正文分为两篇，即“第一篇：道德理论”包括 5 章：“话语伦理学——关于论证纲要的笔记”、“黑格尔对康德的指责也击中话语理论学吗？”、“话语伦理学与社会理论——T.H. 尼尔森访谈”、“话语伦理学解说”、“道德认知内涵的谱系学考察”；“第二篇：实践话语系统”包括 3 章：“论实践理性之实用的、伦理的、道德的使用”、“正当性与真实性：道德判断与规范之‘应然价值’的意义”、“话语差异化建筑术：对一个巨大论争的简要答复”。② 可见，该书是哈贝马斯的话语伦理学的“集大成之作”。

① Vgl.Jürgen Habermas, *Erläuterungen zur Diskursethik*, Frankfurt/M.:Suhrkamp1991, S.7.

② Vgl.Jürgen Habermas, *Philosophische Texte*, Bd.3.Frankfurt/M.:Suhrkamp 2009, S.5.

毫无疑问，交往行为理论已经为话语伦理学奠定了理论基础，而交往行为理论又得益于普遍语用学，因为“普遍语用学”阐发的四种有效性要求是交往行为的先决条件。实际上，在《对实践话语的两个说明——纪念洛伦岑诞辰60周年》一文（1975）中，哈贝马斯就明确指出，如果谁抱着相互理解的目的实施言语行为，那他就必须含蓄地、但却详细地提出四种有效性要求，即被断言的或被陈述的表达之真实性，以言行事提供的人际关系的正当性，被表达出来的言谈意图的真诚性，言谈主体表达的可理解性。简言之，真实性、正当性、真诚性、可理解性。在《什么是普遍语用学?》中，哈贝马斯不仅划分了言语行为的四种类型，而且提出了言语行为与世界的关联及其有效性要求问题，即认知的言语行为关涉客观世界，它要求真实性；规范调节的言语行为关涉社会世界，它要求正当性；表达的言语行为关涉主观世界，它要求真诚性；交往的言语行为通过语言间接地关涉上述三个世界，它要求真实性、正当性、真诚性，即可理解性。在《交往行为理论》中，哈贝马斯对之做了进一步阐发。他说，与这四种言语行为相适应，社会行为也可以分为四种类型，即目的［策略］行为、规范调节行为、戏剧行为和交往行为。尽管哈贝马斯对社会行为的类型划分不是从伦理学角度提出的，但却具有伦理意义。“就交往行为而言，在一定的意义上，哈贝马斯就将它看作是一种伦理行为，哈贝马斯的交往合理性就是以交往主体的道德资质为前提的。因此，在伦理学意义上，哈贝马斯的行为类型实际上为我们提示了一种新的伦理行为研究类型”①。就是说，理解交往行为合理性，是理解哈贝马斯的话语伦理学的关键。

在哈贝马斯看来，交往行为是指两个或两个以上的具有语言能力和行为能力的主体，借助于语言或其他媒介、通过没有任何强制性的诚实对话，达到相互理解、获得共识的行为；交往参与者是两个或两个以上的具有语言和行为能力的人；交往行为手段是以语言或其他符号为媒介；交往行为的主要途径是主体之间无强制的诚实对话；交往行为原则是必须以公

---

① 龚群：《道德乌托邦的重构——哈贝马斯交往伦理学思想研究》，商务印书馆2003年版，第129页。

众认可的社会规范来作为行为准则；交往行为目标是通过对话达到人与人之间的相互理解和协调一致。换言之，交往行为不仅是以语言或其他符号为媒介、以理解和共识为目的的对话行为，而且还是使参与者能毫无保留地在交往后意见一致的基础上，使个人行为计划合作化的一切内在活动。哈贝马斯指出，交往参与者从自己所理解的生活世界视野出发，对于关于事态总体的客观世界、共同规范的社会世界或者个人经历的主观世界中的事物，表示意见一致，或者说相互论争。而交往行为的有效性要求就是：所做的论断是真实的或者存在的预先判断具有真实性；合法调节行为以及这种行为的规范关系具有正当性；主观经历表达具有真诚性。简言之，交往行为期待真实性、正当性、真诚性，或曰可理解性。

交往行为的有效性要求是交往合理性得以重建的先决条件。哈贝马斯认为，交往合理性不是表现在自我保护的主体上，而是表现在符号结构的生活世界上；这种生活世界借助于其成员的解释效果进行构思，并只有通过交往行为才能够再生产。就是说，交往合理性不是简单地存在于主体或体系的状态上，而是参与所应该维持的东西的结构化。换言之，交往合理性本质上不同于工具合理性：工具合理性仅仅将能否为人们带来利益视为唯一标准——为了获取利益，人们可以完全无视伦理道德要求；而交往合理性则以语言行为为基础，以交往过程中的相互理解和相互协调为基本机制，以达到交往主体之间共识为目标。

尽管哈贝马斯强调交往合理性与工具合理性的不同，但他并不像霍克海默和阿多尔诺那样，几乎完全否定工具合理性，而是承认工具合理性在现代化进程、现代文明发展过程中的积极作用，因而，主张将工具合理性与交往合理性结合起来。当然，哈贝马斯更加强调在交往合理性基础之上构建价值理性。在他看来，交往合理性不仅注重交往行为的可能性和目的性，更注重将道德诉求视为人人必须遵守的最高命令。这样，交往合理性就不仅是交往行为理论的核心概念之一，而且也是话语伦理学的核心概念之一。所以说，“交往行为理论中止之处就是话语伦理学探讨的起点”①，

---

① [美]莱斯利·A.豪：《哈贝马斯》，陈志刚译，曹卫东校，中华书局2002年版，第39页。

交往合理性理论就是话语伦理学的理论基础。这一点，也得到了哈贝马斯本人的认同——交往行为概念是话语伦理学的基础。① 哈贝马斯认为，语言在交往行为中具有特别重要的地位。“语言是一种服务于相互理解的交往媒介，而行为者必须通过语言达到相互理解，目的是为了使他们的总是追随一定目标的行为得到协调。”② 可见，相互理解是交往行为的核心概念。而话语是交往的继续，它具有行为意义并具有调节行为的功能。这样，相互理解也是话语伦理学的核心概念。

二、话语伦理学的基本原则

哈贝马斯的话语伦理学，就是交往合理性理论在伦理学领域里的拓展和运用，它以交往合理性理论为理论基础，以话语伦理学基本原则为核心，目的是要在理想的言谈情景中，通过行为者非强制的诚实对话，获得相互理解、达成共识与协调一致。如果说，交往合理性理论是话语伦理学的理论基础；那么，U 原则与 D 原则就是话语伦理学的基本原则。

在《后期资本主义的合法性问题》中，当讨论“实践问题的真理性”时，哈贝马斯就说过，“不是依靠缔约双方之非理性的意志行为而是依靠由合理的动机诱发的对（任何时候都可以被质疑的）规范的承认，来论证规范的有效性要求。所以，规范的认知要素并不局限于规范行为期待的命题内涵；毋宁说，规范的有效性要求本身在（总是反事实的）假定意义上是认知的，它是通过话语来兑现的，即存在于参与者通过论证获得的共识之中”。③ 就是说，由于所有相关者原则上至少都有机会参与实际协商，因而，通过话语形成的意志之“合乎理性”就在于：被提高为规范的相互行为期待，在没有欺骗情况下使被确定下来的共同利益具有有效性：之所以

① Jürgen Habermas, *Moralbewußtsein und Kommunikatives Handeln*, Frankfurt/M.:Suhrkamp1983, S.111.

② Jürgen Habermas, *Theorie des kommunikativen Handelns*, Bd.1.Frankfurt/M.:Suhrkamp1995, S.150.

③ Jürgen Habermas, *Legitimationsprobleme im Spätkapitalismus*, Frankfurt/M.:Suhrkamp1973, S.144.

说利益是“共同的”，是因为只容许所有人都能希望的共识；之所以说利益“没有欺骗”，是因为对需求的阐释必须成为话语意志形成的对象，每个人在这种阐释中都能找到自己所需要的东西；之所以说通过话语形成的意志是“理性的”，是因为话语和协商状况的形式特性足以保障，只有通过适当阐释的普遍化的利益才能理解共识：即通过交往而被分享的需求。在这里，哈贝马斯提到了普遍化原则。

哈贝马斯指出，尽管阿尔伯特提出了不同的、或多或少带有偶然性的“搭桥原则”，但他没有提及唯一能够表达实践理性的基本原则，即普遍化原则。在对分析哲学中策略的—功利主义伦理学，以及埃尔朗根学派①为复活实践理论批判而提出的道德论证学说进行勾勒之后，哈贝马斯说自己感兴趣的不是为实践问题协商时所容许的行为语言的规范化问题，而是“道德原则”的引入问题——这个原则要求，每位实践话语的参与者都要将自己的主观愿望转变为普遍化的愿望。因此，洛伦岑谈到了“超主体性原则”。不过，哈贝马斯又说，引入（这样或那样的）普遍化标准会导致循环论证问题；甚至说，只有人们注意到：对规范的有效性要求的话语兑现的期待已经包含在主体间性结构中，从而使得特意引入的普遍化标准成为多余的；这样，由于道德原则引入而产生的难题就能被消除。“认知主义语言伦理学根本不需要任何原则，它只建立在理性言谈的基本规范基础之上。”②

由此可以看出，在《后期资本主义的合法性问题》中，哈贝马斯只是提及普遍化原则，但对“普遍化原则”的内涵尚未详细阐述，对“普遍化原则”的地位尚未充分肯定；更没有论及“普遍化原则”（U原则）与“话语伦理原则”（D原则）的关系问题。只有到《道德意识与交往行为》、《话语伦理学解说》中，哈贝马斯才详细阐发了U原则和D原则。

---

① 埃尔朗根学派，由德国埃尔朗根大学神学教授弗兰克（Franz Hermann Reinhold von Frank，1827—1894）于19世纪70—80年代所倡导的新教神学学派，认为神学的核心在于阐明信仰的基础。

② Jürgen Habermas, *Legitimationsprobleme im Spätkapitalismus*, Frankfurt/M.:Suhrkamp1973, S.152.

所谓U原则，即“普遍化原则”（Universalisierungsprinzip），是指每个有效规范都必须满足这些条件，即对该规范的普遍遵守所产生的预期效果与附带效果，对每个具体的人的利益满足来说，能够为所有参与者非强制地接受；所谓D原则，即“话语伦理原则”（Diskursethischer Grundsatz），是指每个有效规范都将会得到所有参与者的赞同，只要他们能参与实践话语。[①] 哈贝马斯指出，只有依靠普遍化原则，才能区分伦理学中的认知主义与非认知主义。非认知主义的立论基础有两点：（1）由于论证各方原则上不能达成一致的意见，所以有关道德问题的论证一般不能用正常的方式加以解决；（2）因为规范表达不能要求被承认具有真理性，因此这些命题的真理性不可能加以说明。

我们知道，道德怀疑主义是当代西方伦理学的主流，而道德怀疑主义又以非认知主义为基础。因此，要想否定道德怀疑主义，首先必须批判非认知主义。哈贝马斯说，非认知主义的这两个论点实际上是可以反驳的。因为人们在道德论证中可以找到一条使各方达成一致意见的原则，即普遍化原则；而且可以对规范表达的真实性——确切地说是道德正确性——问题作扩展性理解，即规范表达的有效性要求，是一种“类似于真实性的有效性要求”[②]。这样看来，哈贝马斯的话语伦理学与道德怀疑主义是对立的。当然，哈贝马斯既否定道德怀疑主义，又反对道德独断主义，并且力图使价值真理与事实真理、应然与实然统一起来，主张一种建立在认知主义基础之上的道德普遍主义。

那么，道德普遍主义是如何可能的呢？哈贝马斯指出，从普遍化原则可以直接得出结论说，每个参加论证的人，原则上都能够在行为规范的可接受性上形成共识。哈贝马斯本人已经将普遍化原则作为论证原则引入到伦理学中——如果论证各方的共同利益能够得到协调的话，那在实际讨论中，这个论证规则就总是有可能达成一致。只有通过论证这个搭桥原则，

① Vgl.Jürgen Habermas, *Moralbewußtsein und Kommunikatives Handeln*, Frankfurt/M.:Suhrkamp1983, S.131—132.

② Jürgen Habermas, *Moralbewußtsein und Kommunikatives Handeln*, Frankfurt/M.:Suhrkamp1983, S.66.

才能走向话语伦理。因为“哈贝马斯在伦理学领域里的努力，在于引入这两条原则，并对它们作出哲学说明和论证”①。尽管普遍化原则与话语伦理原则看起来简明扼要，但它们在话语伦理学中的地位却非常重要。“只有在这里，才可说哈贝马斯对他的伦理学，给了世人一个简洁、清晰而又具有核心性意义的交待。因此，这两条原则在哈贝马斯伦理学中的地位与罗尔斯正义论的两条正义原则相媲美。”②简言之，普遍化原则与话语伦理原则，作为话语伦理学的基本原则，构成了哈贝马斯的话语伦理学的核心；哈贝马斯的话语伦理学，就是通过论证他所提出的两个基本原则而得到完善的。就是说，在交往合理性理论基础上，以普遍化原则与话语伦理原则为核心，哈贝马斯构建了自己的话语伦理学。

三、话语伦理学的范型转换

众所周知，在《伦理学原理》(1903) 中，摩尔第一次提出“元伦理学”(meta-ethics) 与“规范伦理学”(normative ethics) 的划分，宣告了元伦理学诞生。从此以后，元伦理学就成为与规范伦理学相对立的当代西方最重要的伦理学说。在当代西方元伦理学中，尽管黑尔力图将“普遍主义与规定主义结合起来”③，创立一种普遍主义的规定主义伦理学，使事实、逻辑、价值统一起来，从而使元伦理学从非认知主义、反规范主义转向认知主义、价值规范科学；但从总体上看，当代西方元伦理学，如摩尔的价值论直觉主义、罗斯的义务论直觉主义、斯蒂文逊的情感主义、图尔明的规定主义④，或多或少都与道德怀疑主义甚或道德相对主义相关联，它们或者本身就是道德怀疑主义，或者最终滑向了道德怀疑主义。在这种背景下，哈贝马斯的话语伦理学强调交往合理性、实践话语普遍化、话语伦理

---

① 薛华:《哈贝马斯的商谈伦理学》，辽宁教育出版社 1988 年版，第 2 页。

② 龚群:《道德乌托邦的重构——哈贝马斯交往伦理学思想研究》，商务印书馆 2003 年版，第 232 页。

③ Richard Mervyn Hare, *Freedom and Reason*, Oxford, 1963, p.16.

④ 摩尔 (George Edward Moore，1873—1958)、罗斯 (Sir William David Ross，1877—1981)、图尔明 (Stephen Edelston Toulmin，1922—2009) 皆为英国哲学家、伦理学家；斯蒂文逊 (Charles Leslie Stevenson，1908—1978) 为美国伦理学家。

普遍性、道德规范有效性，因而可以被视为继罗尔斯的《正义论》之后，道德普遍主义的又一次高扬。作为一种引人注目的规范伦理学理论，话语伦理学开辟了当代伦理学研究新视野，在一定意义上说，话语伦理学实现了伦理学的范式转变。因此，在后现代语境中具有十分重要的意义。

实际上，自休谟以来，实然与应然、事实与价值、是与应当之间就出现了一条不可逾越的鸿沟。这种二元论意味着，从描述命题或事实判断，不可能在逻辑上推演出祈使命题或价值判断。不过，在哈贝马斯看来，休谟对规范表达和描述命题的区分，固然有其历史功绩，但这种区分性认识对于当代西方伦理学，起着一种很坏的导向作用，它已经成为当代元伦理学用非认知主义态度处理实践问题的出发点，而植根于非认知主义基础之上的元伦理学，最终都走向道德怀疑主义。与此相反，哈贝马斯的话语伦理学则站在认知主义立场之上，张扬道德普遍主义。这样，哈贝马斯的话语伦理学与康德伦理学就有许多共同点，如理性认知主义、道德普遍主义、伦理形式主义等；但两者之间也存在着根本区别，哈贝马斯为了解决康德伦理学一直没有解决好的个体与社会的关系问题，对康德伦理学进行了重构。

在近代，西方哲学实现了从古典本体论到认识论的转向，尤其是经过康德等人的努力，西方哲学转变成为主体哲学或意识哲学。与此同时，个体主体性原则得以确立，个体就成为现代西方社会的认识主体与道德主体。哈贝马斯认为，主体哲学或意识哲学的基础是同一性思维和先验理性概念，它关注的焦点是作为主体的人的意识与作为客体的世界之间的关系，主客二分是这个哲学最突出的特征，这是一种形而上学思维；它将意识视为认识世界与知识产生的可能性前提和最终可靠保证。由此，在意识哲学的认知模式中，近现代西方伦理学就从主体理性出发，强调主体性；但随着西方哲学从意识哲学向语言哲学的转向，主体哲学遭到了人们的排斥，主体理性遭到了后现代主义的否定。在这种情况下，哈贝马斯就既要批判主体理性，又要捍卫理性本身。于是，他就顺应语言学转向的大背景，创立了交往理论，使近代以来形成的意识哲学的认知模式转变为交往理论的理解模式，从主体理性过渡到交往合理性，从强调主体性转向强调主体间性，即在交往理论框架下，祭起了交往合理性大旗，通过交往合理性重建、主体间性强调以实现从传统伦理学向话语伦理学的范型转换。

概言之，哈贝马斯的话语伦理学以交往合理性理论为基础，以普遍化原则和话语伦理原则为核心，以交往主体之间通过诚实的、非强制的对话达到相互理解、取得共识和协调一致为目标，开辟了当代伦理学研究新视野，在一定程度上实现了伦理学范式转变。然而，正如龚群教授所说，哈贝马斯的话语伦理学的贡献与缺陷是并存的。

（1）哈贝马斯试图以交往合理性理论为基础构建话语伦理学，其动机是值得肯定的。但他将交往合理性当作话语伦理的基础，将真实性、正当性、真诚性看作交往行为的有效性要求，将普遍化原则和话语伦理原则当作话语伦理学的核心，将相互理解、话语共识当作话语伦理学的目标——这实际上是以真理共识论作为话语伦理学的基础。因而，话语伦理学明显带有康德伦理学的先验主义色彩。事实上，话语共识并不能保证话语真实性、正当性、真诚性。关于这一点，利奥塔的看法虽然不完全正确，但也不无道理。他指出，哈贝马斯通过所谓的对话，将合理性问题讨论引向普遍共识，这似乎是不可能的，也是不谨慎的。

（2）哈贝马斯的话语伦理学，在一定程度上完成了从主体理性到交往合理性的伦理学转型，但他对主体理性的批判仍然是一种意识形态批判，最终不可避免地陷入文化精英主义。从总体上看，哈贝马斯的话语伦理学陷入了改良主义。他“试图在对现代资本主义社会进行批判的同时，指明现代社会生活世界中内蕴着的交往合理性，并从中提升出协调交互主体行为的一般化普遍原则的可能。当然，哈贝马斯从语言交往的意义上，力图改进现代社会尤其是现代西方社会现实的交往合理性构建问题，这也体现了他所有的改良主义特征”①。

（3）面对生活世界殖民化，哈贝马斯认为启蒙运动所开创的现代性事业并未完结，人类理性并未泯灭，人类仍有逃离现代性困境的出路。他指

① 龚群：《道德乌托邦的重构——哈贝马斯交往伦理学思想研究》，商务印书馆2003年版，第295页。

出，虽然科技理性控制了人类生活是事实，但却并非必然。因为尽管现代工业文明产生了工具理性霸权，但也显示出人类解放的可能，这个看法无疑是正确的。但哈贝马斯试图通过重建交往合理性来实现社会合理化，通过话语共识和民主政治来克服后期资本主义危机，并试图通过构建“无限制的交往共同体”来整合个体自由与社会秩序的关系，寻找失去的价值和意义，这明显带有乌托邦主义色彩。

尽管西方学者，如费拉拉、阿雷托、钱伯斯等[①]，将哈贝马斯的话语伦理学归结为政治伦理学未必完全正确，但无论如何，话语伦理学成为后期哈贝马斯的政治哲学，即协商政治理论，乃至法律话语理论的一个基点，则是毫无疑问的。

第二节 话语伦理学的内在批判[②]

一、真理共识论与话语伦理学

话语伦理学是语言哲学转向后的一种普遍主义伦理学，它试图在克服康德伦理学局限性的基础上，通过先验语义学批判，找到达成道德共识的程序，以此确立现代道德规范的有效性。但维尔默并不满意于这种话语伦理学，而是紧紧抓住话语伦理学的基本前提之一，即真理共识论对之进行了内在批判——断定真理共识论不仅会使话语伦理陷入基础主义之中，而且会使它无法清楚地区分道德与法律。因而，话语伦理学仍然存在着许多需要解决的问题。

维尔默与话语伦理学的关系是非常复杂的。他自己承认，话语伦理学在其思想发展过程中占有特殊地位——既是其政治伦理学的思想资源，又是他所批判的形式主义伦理学的关键环节。反过来说，维尔默对话语伦理

① 费拉拉（Alessandro Ferrara，1953—），意大利政治哲学家；阿雷托（Andrew Arato，1944—），匈牙利裔美国社会学家；钱伯斯（Clare Chambers，1976—），英国政治哲学学者。

② 参见王凤才、杨丽：《维尔默对话语伦理学的内在批判》，《探索与争鸣》2017 年第 7 期。

学的批判，曾经促使哈贝马斯不断地修正其语用学立场；维尔默对道德与法律的区分，也促使哈贝马斯在《事实与价值》中，重构作为伦理学和法学共同基础的话语理论。①

事实上，维尔默一方面仍然坚持话语伦理学的基本立场，并承认话语伦理学对当代规范伦理学的重要贡献——例如：对现代主体性原则的批判、对传统形而上学的批判，以及在主体间性范式中重构道德判断的有效性等；但另一方面，维尔默并不相信话语伦理学能够克服康德伦理学的形式主义缺陷——他认为，话语伦理学的理论前提之一，即真理共识论，使得话语伦理学有时“过于康德的”（话语伦理陷入基础主义之中），有时却又“不够康德的”（无法清楚地区分道德与法律）②。若要想克服康德伦理学的内在困境，就必须对阿佩尔的交往伦理学、哈贝马斯的话语伦理学进行内在重构。

那么，维尔默对话语伦理学做了哪些内在重构？以及这些重构到底如何呢？从《伦理学与对话》中可以发现，维尔默对话语伦理学的批判性重构，可以分为四个步骤，即真理共识论批判、最终论证要求批判、话语伦理学基本原则重构、有效性要求批判性反思，而最关键的步骤是对话语伦理学的理论前提之一，即真理共识论批判。

《伦理学与对话——在康德那里与话语伦理学中的道德判断要素》（1986）除“导论”外，有三个部分，即“一个康德式的阐释”、“话语伦理学批判”、“介于康德与话语伦理学之间的路径”；另外，还有附录，即“理性、解放与乌托邦——批判的社会理论之交往理论基础”。在这里，我们不想对《伦理学与对话》一书进行系统解读，而是重点考察真理共识论之于话语伦理学的理论意义何在？为什么维尔默断言真理共识论使得话语伦理学不能完成其理论任务？能够弥补真理共识论不足的理论将是什么？

在话语伦理学看来，伦理学就是要为一个时代提供有效的行为规范；但在后形而上学时代，为现代道德提供规范的康德伦理学已经失去了有效

① Vgl.Jürgen Habermas, *Faktizität und Geltung.Beiträg zur Diskurstheorie des Rechts und des demokratischen Rechtsstaats,* Frankfurt/M.:Suhrkamp1992, S.135—165.

② Vgl.Albrecht Wellmer, *Ethik und Dialog,* Frankfurt/M.:Suhrkamp1986, S.10.

性。因此，要解决道德规范的有效性问题，就必须在后形而上学语境中对康德伦理学进行批判和超越。

实际上，自黑格尔在《精神现象学》中指责康德伦理学具有形式主义的空洞性以来，当代大多数道德哲学家都追随黑格尔，一方面指责康德伦理学之形式主义倾向，另一方面又努力超越康德而构建一种准康德主义伦理学。即使英美的规则功利主义伦理学，虽然并不步黑格尔的后尘，但几乎也在做同样的工作。所以，话语伦理学所做的这个工作，可以说，一直是至少自费希特以来后康德主义都在做的工作。

然而，哈贝马斯的话语伦理学在对康德伦理学进行批判和超越时，与其他伦理学至少有三点不同：（1）坚持所谓的后形而上学立场，放弃康德的道德形而上学基础；（2）坚持阿佩尔提出的先验语用学论证，将语言哲学引入伦理学；（3）不将行为理解为单一主体的行为，而是社会学意义上的交往行为——这可以称为哈贝马斯的话语伦理学的“三个转向”：后形而上学转向、语言哲学转向、交往行为转向。哈贝马斯的话语伦理学的基本原则，即U原则和D原则，明显地改变了康德的道德形而上学问题：拥有意志自由的单个体如何行为才能使其行为准则具有普遍有效性。哈贝马斯想要证明，一个规范如何能够在对话中取得意见一致。如果能够就一个规范取得一致意见，那么这个规范就具有了有效性；道德规范的有效性等同于实践话语中所有参与者的“值得赞同性”（Zustimmungswürdigkeit）。据此，话语伦理学就将康德之绝对命令的普遍化原则，解读成为实践话语中的共识形成过程。

概言之，话语伦理学的基本主张是：（1）规范的普遍有效性，不在于单一主体的意志自由，而在于主体间性的交往合理性；检验一个规则是否具有普遍有效性，也不是基于单个行为者的自由意志，而是在实践话语中，通过参与者的一致同意，确保规则的普遍有效性。（2）参与者是作为利害相关者，在非强制的言谈条件下，确信他们能够普遍遵循同等地体现所有相关者利益的规范和不偏不倚地形成判断。（3）如果规范的普遍有效性能够在实践话语中得到检验，那么，只要对使规范共识达成的条件和规则进行分析，就可以得到最基本的程序规范；只要普遍化的规则是基于交往的普遍预设而成立的，那么只要对使意义理解成为可能的证明进行分析，就能够找到道德规范的有效性基础，从而将康德基于单一主体的意志自由之独白的普遍主义道德扬弃在对话的普遍主义道德之中。

不过，在这种话语伦理学的基本理念中，本身就包含一个根本问题，即话语伦理学为什么需要一种语用学基础？在维尔默看来，真理共识论就是这个问题的答案，它将详细阐释论证规则这个“搭桥原则”（Brükprinzip）何以使得意义理解与行为规范具有关联性。

维尔默十分清楚话语伦理学所面临的这个根本问题，但他更清楚话语伦理学应该超越康德伦理学所必须走的道路。因为哈贝马斯从康德的形式主义伦理学过渡到话语伦理学，抓住了近现代哲学范式转变的核心：从意识哲学到语言哲学转向的合理性内涵。在这一点上，维尔默坚持话语伦理学的基本直觉①；但对于话语伦理学的理论前提之一，即真理共识论，维尔默却指出其严重的内在困境：依靠一种理想的语言学预设来构建规范基础，就必然使得话语伦理学重新陷入康德的道德形而上学的窠臼；以真理共识论为前提，会使得话语伦理学在考察道德正当性问题时，一开始就与规范正当性问题相联。因而，按这种方式，规范的合法律性与合道德性就不能区分开来。

在抓住话语伦理学的这个内在困境之后，维尔默对于话语伦理的审查，就不是从一些枝叶问题入手，而是直指话语伦理学的前提之一，即真理共识论。当然，维尔默对真理共识论的批判，也不停留在具体内容的辩驳，而是对作为根基的“理想的言谈情境”概念发难。维尔默说，“我对（真理）共识论的批判同时也是对作为其根基的理想化的批判”②。

值得注意的是，在阐述话语伦理学基本观点时，维尔默并未区分哈贝马斯与阿佩尔理的不同。他认为，对哈贝马斯的看法，同样适用于阿佩尔。在真理共识论问题上，维尔默也说，哈贝马斯与阿佩尔的差异，部分地只在于出发点与侧重点；至于结论，他们之间的差异则很难确定。不

① Vgl.Albrecht Wellmer, *Ethik und Dialog*, Frankfurt/M.:Suhrkamp1986, S.11.

② Albrecht Wellmer, *Ethik und Dialog*, Frankfurt/M.:Suhrkamp1986, S.70.

过，在《伦理学与对话》中，维尔默还是区分了两个版本的共识论——弱共识论与强共识论——尽管他强调不要将这两个版本与哈贝马斯、阿佩尔对号入座，因为在一定程度上，他们同时主张两个版本的共识论。鉴于此，我们并不想仔细考察哈贝马斯与阿佩尔在话语伦理学问题上的差异，而是按维尔默的逻辑，首先考察他对哈贝马斯之“理想的言谈情境”的批判；进而阐述他对阿佩尔之“理想的交往共同体”概念的批判。只要清楚了这些，哈贝马斯与阿佩尔之间的差异与关联，也就一目了然了。

二、话语伦理学的内在困境

第一，与阿佩尔的先验语用学路径相比，哈贝马斯的话语伦理学被称为普遍语用学路径。按普遍语用学思想，规范的有效性之所以被称为“真实性”或“有效性”，就在于在理想的言谈情境中通过讨论能够达成共识。那么，什么是理想的言谈情境，以及为什么需要理想的言谈情境？哈贝马斯的解释是：理想的言谈情境是人们达成共识的必要条件之假定；在理想的言谈情境中，所有潜在参与者都必须有相同的机会（1）参与交往和沟通；（2）使用陈述性的言谈行为，进行解释、说明、质疑、反驳与争辩，没有任何预先的概念，可免于被讨论和被批评；（3）使用意义性的言谈行为，自由地表达自己的态度、意向、情绪，以便使参与者能够互相理解。（4）使用规范性的言谈行为，如命令、反对、同意、禁止等，以避免只对单个人具有约束力的规范，即避免特权。① 根据哈贝马斯解释，在理想的言谈情境中，任何一种可能的观点都不会被忽视，所有有效性论证都会被接受，所有参与者都有充分参与讨论的自由——这是现代社会的基本自由。

应该说，真理共识论是哈贝马斯在后形而上学语境中重建规范有效性的关键步骤。如果话语伦理学能够对真理共识论的有效性作出合理阐释，那么就等同于为道德规范提供了“最终论证要求”（Anspruch der

---

① Vgl.Jürgen Habermas, *Moralbewusstsein and kommunikatives Handeln*, Frankfurt/M.:Suhrkamp1983, S.97—98.

Letztbegründung)。维尔默指出，“理想的言谈情境之结构特征在于，平等地分配以不同方式展开言谈活动的机会以及自由讨论的层面”①。

毋庸讳言，在对哈贝马斯的话语伦理学的批评中，“理想的言谈情境”这个预设是被诟病最多的。多数哲学家并不相信理想的言谈情境能够兑现实践话语的情况，维尔默也不例外。在维尔默看来，真理共识论的基本观点，实际上包含两个层面的内容，一是将共识的合理性等同于理想的言谈情境之形式的结构特征；二是将真理定义为合理共识的内容。维尔默认为，哈贝马斯的话语伦理学的内在困境，主要体现在以下四个方面：

（1）哈贝马斯强调理想的言谈情境是一种形式化的预设，这是普遍语用学的基本立场。对此，维尔默指出，在这种理想化的情境中，一个共识是否合理，依赖于我们给出的论据是有否充分。什么是好的理由，显然不能由某种共识来回答；同样，形式化的结构也不能给出合理性的具体内涵；再就是，从论据的角度，一是参与者中的某几个人或出于害怕或由于心理缺陷而同意这个假定——按哈贝马斯的逻辑，在这种情况下，我们仍然需要接受这些假定——那么，我们如何保证由这些参与者得出的共识的有效性？二是以论据为基础产生的共识，这些论据事后往往能够被证明为不充分的。所以，理想的言谈情境作形式化的理解，并不能兑现共识的合理性。就是说，共识的合理性不能以形式化的方式加以界定。

（2）合理的共识并不必然等同于真理，即从合理的共识中不能推出真理。因为只有从参与者内部出发，假设在理想的言谈情境下参与者有充分的判断能力，我们才能从共识的合理性中推出共识的真理。但这样一来，理想的言谈情境之先决条件就不再是价值中立的形式。因而，真理共识论也就可以这样表述：如果在充分的判断能力下能够就有效性要求达成非强制共识，那么这些有效性要求就具有真实性。但实际上，正如维尔默所指出的那样，上述表达并不包含实质性内容，因为它本应作为合理交往的结果，却又作为交往的条件出现，在上述情况下，实际上已无交往的必要性。这样说来，共识的合理性不能等同于共识的真理性。

---

① Albrecht Wellmer, *Ethik und Dialog*, Frankfurt/M.:Suhrkamp1986, S.70.

（3）关于真理标准问题，维尔默指出，哈贝马斯自然不会将共识论理解为真理标准的学说，因为共识论不能回答“什么是好的理由”问题；只有在理想的言谈情境中，这些好的理由才能兑现其有效性。就是说，在理想的言谈情境中，我们可以明确我们的论证有没有被有效地接受，我们的判断是否被曲解；在共识中，明确了我们判断的一致性隶属于生活形式的共通性。因此，如果我们从形式上界定合理共识，那么就只有两种可能性：一是 P. 温奇[①]在文化比较层面、库恩[②]在理论比较层面作出的努力。维尔默指出，我们必须承认，每种语言、每种生活方式都包含着自身特有的真实的或虚假的标准，并且不能进一步追问这个标准。但在本质上，这是一种相对主义的回答。二是坚持真理要求的无条件性，相信每个特殊的语言和生活方式都有提供标准的可能性。那么，与相对主义立场相对立的命题就在于：不是言谈者的实际同意而是能够被解释为合理共识的同意，提供了真理或谬误的最终标准。这样，合理性的来源，就不是通过某些文化的实质内容而是通过形式化的结构特征规定的。于是，真理共识论的实际内容就等同于用理想的言谈情境的结构特征来界定的共识的合理性，而陷入了空洞。简言之，合理的共识不能作为真理的标准

（4）最为重要的是，按哈贝马斯的逻辑，理想的言谈情境作为达成共识的条件，不仅是兑现真理有效性的条件，更是达成道德规范有效性的必要条件。所以，在理想的言谈情境中达成的共识真理论，应当具备规范解释功能。换言之，人们能够证实通过话语引出的共识，即人们的论据是好的论据与每个共识存在的条件是一致的。所以，支撑共识真理论的论据，就必须经得起长期的考验。为了走出这个困境，哈贝马斯试图将共识的标准转变为无限的共识。正是由于此，维尔默指出，哈贝马斯仍然停留在传统形而上学之中，没有放弃对先验真理和确定性的幻想。因为无限的共识不是可能的体验对象，而是超越了可能的体验限度的概念。因而，从根本上说，无限的共识不仅没有规范功能，而且也不再具有证实功能。就是

① 温奇（Peter Winch，1926—1997），英国社会科学家、新维特根斯坦主义者。

② 库恩（Thoms Samual Kuhn，1922—1996），英国科学史家、科学哲学家。

说，一个不能将共识当作标准来解释的真理共识论，即使在内容上不是空洞的，也不能用来支撑话语伦理学的普遍化原则。

第二，与哈贝马斯的普遍语用学路径相比，阿佩尔的先验语用学路径主张强真理共识论。在阿佩尔那里，就像价值中立的科学研究包含着普遍化的道德规则一样，交往伦理学的基本原则中也包含着规范性要求。在《科学主义或先验解释学》中，阿佩尔已经阐明，那些客观描述性的、因果性的或统计说明性的科学，总是以先验的主体间性的意义理解为前提；而意义理解只有在论证共同体中才能实现。“如果不假定一个由具有主体间性交往和达成共识能力的研究者组成的共同体，话语逻辑的有效性就无法得到检验”①。可见，在阿佩尔的“无限制的、理想的交往共同体概念中，真理共识论得到了一以贯之的表达”②。

其实，“理想的交往共同体”概念，是阿佩尔对皮尔士的“研究者共同体”概念的扩展。就是说，阿佩尔试图通过先验语用学，将皮尔士的“研究者共同体”概念普遍化为无限制的理想的交往共同体概念。在皮尔士那里，研究者共同体作为一个调节性概念，其功能机制如同康德哲学的先验综合判断一样，将知识的客观性奠基于研究过程的逻辑，这种逻辑综合推论 / 归纳和演绎，通过开创和自我纠正，在时间推移过程中剔除一切谬误。

维尔默指出，阿佩尔试图将“‘研究者共同体’从皮尔士的唯科学主义狭隘视阈中摆脱出来，将无限制的研究者共同体的共识概念拓展为在诠释共同体与交往共同体中理解的绝对真理概念。按先验语用学逻辑，一种主体间性的符号学假定与实验研究逻辑假定，非限定的诠释共同体，经过长期考察最终趋于一致。在此过程中，意义理解成了对有关‘客观事实的科学认知’的补充，综合推论的形式主义证明代替了先验综合原则论证”③。但不同的是，在阿佩尔那里，理想的交往共同体作为调节性概念，

---

① Karl-Otto Apel, *Das Apriori der Kommunikationsgemeinschaft und die Grundlage der Ethik,* ④n:Apel, *Transformation der Philosophie,* Frankfurt/M.:Suhrkamp1976, S.396.

② Albrecht Wellmer, *Endspiele.Die unversöhnliche Moderne, Frankfurt*/M.:Suhrkamp1999, S.220.

③ Albrecht Wellmer, *Ethik und Dialog,* Frankfurt/M.:Suhrkamp1986, S.79.

对意义理解来说具有基础性的作用。这也是阿佩尔、伽达默尔的不同，就是说，在解释学领域中，绝对真理概念，不可以被解释为研究者共同体的“最终意见”（ultimate opinion）。因为“意义理解”（Sinnverstehen），伴随着意义的生长过程，它既有历时的历史性之维，又有共时的外部性。所以，对“意义理解”不可能还原到客观事实世界。但在阿佩尔的先验语用学中，理想的交往共同体试图在主观世界中为意义的确定性重新构建超历史的最终价值，这就使得它一方面表征着意义理解的极限价值，另一方面还意味着它能够克服所有理解障碍。

维尔默说，这个思想的确令人难以抵挡；但这样一种理想化策略，对话语伦理学来说是否有意义？则是另一个更为基础的问题。他指出，“理想的交往共同体”作为调节性概念，它试图给出意义理解的终极价值，代表着语用学转向后的先验哲学的至高点。不过，就像哈贝马斯的“理想的言谈情境”概念一样，这样一种理想化策略，实际上并不能兑现真理的有效性要求，反而使话语伦理摆脱不了形而上学的束缚。

实际上，理想的交往共同体概念，一方面标志着论证情境必要性的结构性假定，另一方面也标志着未来的共同理想。因此，理想的交往共同体是一种先验构造。然而，只要支撑共识的论证是有限的、经验的，共识的真理性就得不到有效的证明。维尔默说，若要保证真理共识论的内容为真，理想的交往共同体就不能只作为形式的调节性概念，它必须指向最终有效的绝对真理的来源问题，这就引出了“最终语言”概念。因为考察理解的趋同性和主体间有效性，只靠一种形式的理想构建并不能兑现真理的有效性要求，所以需要一个能够提供最终价值的论证。但显然，一种理想的最终语言概念并不具有现实性。因为它超越了错误、矛盾、冲突，抹杀了多元性和偶然性。一种无交往障碍的理想化情境，实际上变成了一种超越语言的状态。这样，一种理想化的极限价值观念，就没有实际意义。本来交往的障碍与交往的可能性条件是同源的，但在一个无交往障碍的情境中，自然也无交往的必要了。

对阿佩尔来说，以理想的交往共同体概念为前提的话语伦理学，还承担着另一项重要使命，那就是确立道德规范的有效性，对抗当代道德哲学中的相对主义和怀疑主义倾向。其实，这也是哈贝马斯的基本立场。维尔默指出，如果说绝对主义要为人们理解真理问题设置一个阿基米德点，那么相对主义是不承认有阿基米德点的；理想的交往共同体概念，则将"真理锚定于一个超出我们实际讨论的阿基米德点"①。就是说，一方面，理想的交往共同体概念依赖于先验语用学构建，却试图在超语言的情境中，超验性地构建理想的交往情境，进而兑现真理的有效性要求；另一方面，作为一种理想化的策略，理想的交往共同体也面临着在实践中能否兑现真理的有效性要求的考验。阿佩尔认为，在规范意义上，一个规则被每个人遵守就包含着或意味着，在交往实践中它具有实现的可能性和现实性。但问题是，实践话语显然包含着差异与冲突、意义的理解也包含着曲解与歧义。所以，当追问规范在具体情境中的应用问题时，一种理想化的策略并不能兑现规范的有效性要求，因为它与形式主义一样，规范并不是在实践交往的生活世界中获得的。这样，道德相对主义、道德怀疑主义就可以指责一种理想化的规范论证实际上并不能解决道德问题。

概言之，无论是哈贝马斯的理想的言谈情境，还是阿佩尔的理想的交往共同体，都试图以一种理想化的预设来阐述合理性与真理之间的联系。但正如维尔默所指出的那样，理想的言谈情境或理想的交往共同体，都像康德的目的王国概念一样，从本质上说，都是形式主义的虚幻预设。因为一方面，在理想的言谈情境或理想的交往共同体中，不再有道德冲突，作为形式结构的条件和结果同源了，也就再无交往的必要了；另一方面，脱离现实社会中的具体规范——如政治民主制度、法律有效性规则——的保障，理想的言谈情境或理想的交往共同体根本不可能形成。所以，在语言层面寻求规范共识的程序主义策略注定要失效。

三、可错论反思意识与话语伦理学

如果说，真理共识论之形式的理想化的策略，显得过于康德化；那么，在法律与道德区分问题上，话语伦理学又离开康德太远。

① Albrecht Wellmer, *Ethik und Dialog*, Frankfurt/M.:Suhrkamp1986, S.100.

在康德哲学中，道德与法律之间有着明显的界限：法律规范行为，道德规范行为的意愿。但真理共识论作为话语伦理学的前提之一，使得话语伦理学一开始就从规范的普遍有效性来源角度思考规范问题，从而无法在规范判断的一般特征与使规范的普遍有效性成为可能的条件之间作出区分。维尔默说，哈贝马斯的这种理论努力，看似是从根本上考察规范的有效性，但却忽略了道德规范与法律规范之间的区别，从而使得不能区分究竟应该在哪个层面上考察规范对于行为的有效性。实际上，“在普遍化原则中，道德原则与民主合法性原则，以难以理解的方式‘混合’在一起，以至于最后既不能相信道德原则又不能相信合法性原则”①。

因而，维尔默指出，一种旨在克服康德伦理学缺点的准康德主义伦理学，因真理共识论前提，一方面使它再次陷入康德哲学窠臼，另一方面又离开康德太远。在这个意义上，我们只能回到维尔默最初的论断，指认话语伦理学最终实现不了其理论抱负。那么，进一步的问题是，话语伦理学若想要在解决道德问题上继续发挥其潜能，是否就要放弃真理共识论前提，像许多后现代理论那样，彻底告别基础主义。对此，维尔默又是不能接受的。

在《真理、偶然性与现代性》中谈到对真理问题的理解时，维尔默指出了另外的替代性方案，即用“可错论”（Fallibilismus）的反思意识来理解真理共识论，就可以显示出话语伦理在后现代语境中的合理性内核。那么什么是“可错论”呢？“可错论”在道德规范的有效性论证中处于何种地位？在后形而上学时代把握真理具有什么优势和价值？

维尔默指出，在可错论反思意识下，（1）理想的言谈情境或理想的交往共同体，可以理解为一种施为性的合理交往的实践预设。所谓施为性预设，就是指行为者想从事某种有意义的活动就都必须预设的某种信念。（2）针对真理共识的具体内容，如普特南的真理概念，无论是作为一种认识论条件，还是作为一种范导性观念来理解，它都预设了未来，不会出现使真理变得可疑的论据；但只要对以真理为取向的交往和论证实践进行反思，

① Albrecht Wellmer, *Ethik und Dialog*, Frankfurt/M.:Suhrkamp1986, S.55.

那就不能排除用新的论据或新的经验对真实性要求进行修正的可能性。在理想的言谈情境中，虽然在达成理性共识的过程中，参与者有绝对的自由提出自己的论据，但事后往往能够发现，在论证过程中，不可避免地伴随着内在的或外在的强制；或者事后能够证明当时的论据并不合理。（3）在阿佩尔的理想的交往共同体中，“如果我们考虑到真理的或有效性的不同维度，并考虑到语言共同体及其合理共识可能性，那么真理概念中内含着的调节概念，就必须关涉经验的、道德的、交往的条件概念”①；但作为一种经验的共识，它必然是可错的。所以，如果我们依旧坚守话语伦理学基本理念，即在论证实践的理想化条件下隐藏着兑现现代民主社会规范的潜能，那么我们就必须相信，这样一种理想化的情境具有实现的可能性。维尔默指出，正是这种施为性的预设和具体的事实判断之间的张力构成了可错论意识的内核。“断言和真理之间的差别指认一种可错论的解释：我们从来不能排除新的论据、或新的问题的出现，这就迫使我们去寻找新的答案。”②

若对真理共识论进行可错论解释，那么相应地，伦理学就不是哈贝马斯主张那样，仅仅考察规范正当性问题。道德有效性要求必须包含两个层面：一是普遍化原则；二是要求特定的、具体的规范判断。至于两者的关系，也不是哈贝马斯所理解的衍生关系。维尔默说，一个具体行为的道德规范性，不在于它是否与一条具有有效性的规范相符合；而是对道德规范的有效性考察，必须置于某些特定情境中③，进而也就能够区分道德与法律。所以，维尔默主张，规范正当性问题，涉及的不是论证问题，而是应用问题，即在什么情况下使用什么样的规范才合适的问题。只有在应用层面上放弃“最终论证要求”，在具体情境中才有可能去修正判断和面对多元性，自然也就能够更大程度地保证宽容。

之所以能够对真理共识论做可错论解释，深层原因还在于：它与现

---

① Albrecht Wellmer, *Endspiele.Die unversöhnliche Moderne,* Frankfurt/M.:Suhrkamp1999, S.161.

② Axel Honneth/Claus Offe/Albrecht Wellmer/Thomas MacCathy, *Cultural-Political Interventions in the Unfinished Project of Enlightenment,* MIT Press 1997, p.192.

③ Albrecht Wellmer, *Ethik und Dialog,* Frankfurt/M.:Suhrkamp1986, S.114.

代社会文化内涵相契合。在这一点上，维尔默有条件地赞同罗蒂的“对偶然性的承认”概念。维尔默说，“对偶然性的承认”与可错论反思意识一致，都道出了现代社会的文化价值；但他并不相信以“种族中心的”（ethnozentrischer）方式能够为现代社会的原则、实践、制度辩护。因为语义上封闭的、共同的固定规则和标准，并不能把握现代民主政治的内涵；反过来说，现代民主自由文化，并不只是形成一种可能的政治语言游戏，它必定是多元的。从根本上说，我们不能为一种语言游戏或一组原则、实践、制度进行保护。因为这里存在着一个社会问题——除非从内部出发，即只在一个特定的语言游戏内部，从逻辑上为一种内部法则进行保护。但它对于我们把握现代社会文化内涵，并无实际意义。因此，与内在的、封闭的语言游戏相比，维尔默更愿意捍卫哈贝马斯关于真理取向的言说和论证实践中包含着的内在于情境与超越情境的辩证法命题。正是在这个意义上，维尔默指出，只有在“施为性的”意义上理解真理共识论，才能与可错论反思意识紧密相连。因为一方面，它不但能够在具体情境中兑现真理的有效性要求，而且能够超越任何特定的情景，从而更大限度地包容他者；另一方面，它也可以与批判的修正主义一起，更大程度地发挥批判功能，从而能够更全面地把握现代社会的规范性和偶然性。

由此可见，通过考察维尔默对话语伦理学的内在批判，我们可以将话语伦理学的最终论证放在应用层面上来理解。只有这样，才能准确地定位其后形而上学语境，才能理解主体间性的真理共识论何以能够作为最终论证的条件；才能说对“最终论证要求”的放弃仍然还是一种哲学论证；而一旦定位于应用层面，真理共识论就必须引入可错论反思意识。否则，主体间性的共识就会僭越其特殊意见、而把某种世俗的权力上升为普遍真理的要求，这将会从根本上动摇现代自由民主制度的基础。所以，只有始终坚持可错论反思意识，才有可能在应用层面上为他人考虑，为多元的真理和有效性保持开放性的对话，才能保持和激发出话语伦理学在现代社会中的理论活力和优势。就此而言，维尔默对哈贝马斯的话语伦理学的内在批判具有重要的理论价值和现实意义。

第三节　协商政治与法律话语

协商政治与法律话语是后期哈贝马斯的核心议题之一。当实证主义在社会科学领域仍然占主导地位的今天，后期哈贝马斯的规范主义立场，树起了一面张扬实践理性的旗帜，它力图使法哲学摆脱实证主义束缚，不仅将政治和法律的规范基础与理性主义传统联系起来，从而填补了传统与现代断裂的鸿沟；而且将这个基础奠立在交往合理性基础之上。不过，在这面旗帜的背后，仍然隐藏着一个根本性的问题需要哈贝马斯来回答：在一个整全世界观和具有约束力的道德规范都瓦解了的多元主义社会中，在后传统道德再也不能为曾经由宗教形而上学论证的自然法提供足够根据的后形而上学时代，法律的有效性力量从以语言理解为中介的交往合理性中获得的基础是否真的牢固？如何能够保证交往合理性不会被工具合理性所玷污和败坏？这是哈贝马斯的协商政治与法律话语要解决的核心问题。

一、协商政治与法律话语谱系学考察

哈贝马斯并非一个纯粹的政治学家或法学家，而是一个社会哲学家。他对政治哲学和法哲学的思考基于其哲学思想，这从协商政治与法律话语谱系学考察中就可以看出。

第一，《事实与价值》① 是一本非同寻常的著作；从某种意义上说，它可能是哈贝马斯最好的著作——美国学者 D.M. 拉斯姆森（David M.Rasmussen）如是说。

从逻辑结构看，《事实与价值——关于法律的和民主法治国家的话

① 德文名：*Faktizität und Geltung*；英译为 *Between Facts and Norms*；中译为《在事实与规范之间》。关键在于“Geltung”这个德文词，它有“适用”、“有效”、“意义”、“价值”等含义。所以，将它译为“规范”或“价值”各有道理。但“规范”的德文词是“Norm”，“价值”的德文词是“Wert”。因而，将“Geltung”译为“规范”或“价值”都有点问题。不过，就后期哈贝马斯思想，以及法兰克福学派批判理论“政治伦理转向”来看，译为“价值”可能更确切一些。因此，我们主张译为《事实与价值》。

语理论》除“前言”、“后记”、“前期研究与补充”（附录）外，正文共分为9章，即“第1章：法律作为事实与价值之社会中介范畴，包括：含义与真理——事实与价值之间的语言内部的张力；内在超越——异议风险之生活世界的和古代世界的应对；法律有效性诸向度。“第2章：社会学的法律正义构想与哲学正义构想”，包括：法律的社会科学祛魅；理性法的回归与“应当”的无能为力；帕森斯抑或M.韦伯——法律的社会整合功能。“第3章：法律重构（Ⅰ）——法律体系”，包括：私人自主与公共自主、人权与人民主权；道德规范与法律规范——理性道德法与实证法的互补关系；基本法的话语理论论证——话语原则、法律形式与民主原则。“第4章：法律重构（Ⅱ）——法治国家诸原则”，包括：法律与政治的结构性关联；交往权力与合法的立法；法治国家诸原则与权力分立逻辑。“第5章：“法律的不确定性与判决的合理性”包括：解释学、实在论、实证主义；德沃金的法律理论；法律话语理论。“第6章：司法与立法——论宪法判决的作用与合法性”，包括：自由主义法律范式之消解；规范抑或有效性——对宪法判例之错误的方法论自我理解的批判；宪法判决在对政治之自由主义的、共和主义的、程序主义的理解中的作用。“第7章：协商政治——一个程序民主概念”，包括：规范的民主模型抑或经验的民主模型；民主程序及其中立性问题；具有规范内涵的协商政治概念之社会学转译。“第8章：论公民社会与政治公共领域的作用”，包括：社会学的民主理论；政治权力循环模型；公民社会的行为者、公共意见与交往权力。“第9章：法律范式”，包括：私法的实质化；法律平等与事实平等的辩证法——以女性主义平等政治为例；法治国家的危机与程序主义的法律理解。此外，“前期研究与补充”，包括三个附录：法律与道德（1986年泰纳讲座）；作为程序的人民主权（1988）；公民身份与民族认同（1990）。

从内容上看，第1—2章从哲学、社会学、法律层面阐明交往行为理论基本概念中事实与价值之间的张力。在这里，哈贝马斯试图解释交往行为理论如何为法律范畴的核心价值开辟空间，同时也为法律话语理论提供合适的语境？为此，哈贝马斯揭示了社会学的法律正义构想（卢曼的社会系统理论）与哲学正义论构想（罗尔斯的正义论）之缺陷，并在M.韦伯、帕森斯的启发下，提出所谓的“双重视角”，即内在视角与外在视角相融合，重构法律的规范内涵与社会现实性。第3—4章在话语理论视角下重构法律体系的规范内涵与法治国家观念。在这里，哈贝马斯不仅讨论了主观法与客观法、私人自主与公共自主、人权与人民主权，以及道德规范与法律规范等问题，力图“从合法性中推出合法律性”；而且分析了法律与政治、法律与政治权力、交往权力与行政管理权力，以及法治国家诸原则等问题。第5—6章主要讨论了法律判决的合理性与宪法判决的合法性，涉及法律话语与道德话语，力图使法律话语理论应用到具体法律秩序中。第7—8章在分析规范的民主模型、经验的民主模型基础上，提出了程序的民主模型；指出多元主义、精英主义、理性选择理论、社会系统理论之规范性缺失，讨论了复杂社会中政治权力循环模型之法治国家调节如何起作用？这就是所谓的“协商政治”或“协商民主”理论。第9章在讨论法律平等与事实平等辩证法基础上，提出了程序主义法律范式以超越自由主义形式法与福利国家实质法之对立。①

第二，《包容他者》的核心问题是共和主义普遍内涵在今天究竟会带来了什么后果？在这里，哈贝马斯试图从多元主义社会、跨民族国家、世界公民社会三个视角加以论述。②

从逻辑结构看，《包容他者》这部“政治理论文集”分为五个部分：（Ⅰ）“为什么‘应当’的权威是理性的?”包括1篇长达50多页的文章，即“道德认知内涵的谱系学考察”；（Ⅱ）“政治自由主义——与罗尔斯论争”包括2篇文章，即“通过公共理性的使用而达到和解”、“‘理性的’与‘真实的’，或‘世界观的’道德”；（Ⅲ）“民族国家还有未来吗?”包括3篇文章，即“欧洲民族国家——关于主权与公民身份的过去和未来”、“包容——论民族、法治国家与民主的关系”、“欧洲需要一部宪法吗？——对

① Vgl.Jürgen Habermas, *Faktizität und Geltung.Beiträg zur Diskurstheorie des Rechts und des demokratischen Rechtsstaats,* Frankfurt/M.:Suhrkamp1992, S.10.

② Vgl.Jürgen Habermas, *Die Einbeziehung des Anderen,* Frankfurt/M.:Suhrkamp1997, “Vorwort”

D. 格林[1]的答复”；(Ⅳ)“人权——全球视角与国家内部视角”包括 2 篇文章，即“康德的永久和平观念——纪念《永久和平论》发表 200 周年”、“民主法治国家中的‘为承认而斗争’”；(Ⅴ)“何谓‘协商政治’?”包括 2 篇文章，即“三种规范的民主模型”、“论法治国家与民主的内在关联”。

从内容上看，《包容他者》包括五个部分，即（1）“道德认知内涵的谱系学考察”并不属于政治理论，而属于道德哲学，因而，后来收入《哲学文本》(第 3 卷)，即《话语伦理学》中。因为在这里，哈贝马斯试图进一步阐发在《交往行为理论》中提出的“对差异十分敏感的道德普遍主义”，要求“包容他者”。这就意味着，道德共同体对所有人开放，包括那些陌生人或想保持陌生的人；要求平等尊重每个人，包括他者的人格或特殊性；要求所有人都团结起来，共同为他者承担义务。(2）哈贝马斯高度评价罗尔斯的正义论，但却批评罗尔斯的政治自由主义，指出与政治自由主义相比，哈贝马斯本人的（康德式共和主义）话语理论更适合把握他们共同关注的道德直觉观念。(3）哈贝马斯进一步拓展了《公民身份与民族认同》一文的思路，讨论了民族、国家、民族国家、后民族社会等问题。(4）哈贝马斯指出，在整个世界已经成为风险共同体的背景下，国际人权承认问题日益凸显，主流政治文化压制少数民族文化倾向遭到了抵制。因而，承认政治应当能够保障不同亚文化、不同生活方式在法治国家内部平等共处，即使没有共同体的权利与生存保障，承认政治也应该能够贯彻下去。(5）哈贝马斯分析了自由主义与共和主义关于民主、法律、政治理解问题上的主要分歧、各自的优缺点，论证程序主义民主理论作为协商政治理论，有助于揭示人民主权与人权同源同宗这个事实。

第三，《后民族状况》这部“政治文集”分为四个部分，即：(1）“民族语境”包括 2 篇文章，即“何谓民族？——三月革命前时期[2]精神科学的政治自我理解：以 1846 年日耳曼语言文学学者法兰克福大会为例”、“论历史的公共使用”；(2）“后民族状况”包括 5 篇文章，即“从灾难中学

---

① D. 格林（Dieter Grimm，1937—），德国宪法学家。

② “三月革命前时期”，从广义来说，是指 1815—1848 年这个时期；从狭义来说，是指 1840—1848 年“三月革命”之前这个时期。

习？——对短暂的20世纪的时代诊断性回顾”、“后民族状况与民主的未来”、“论人权的合法性”、“欧洲需要一部宪法吗?”①“信仰与知识”；(3)“现代性的自我理解?”包括2篇文章，即“现代性构想——对两个传统的回顾”、“哲学与政治的不合拍——纪念马尔库塞诞辰100周年”；(4)“反对克隆人的论据”包括3篇文章，即“遗传学的奴役支配——复制医学进步的道德界限”、“不是自然阻止克隆，而是我们必须自己作出决定”、“克隆人不是民事案件”。

在前两个部分，围绕着“在跨越民族界限的情况下，福利国家的民主模型如何能够存在与发展?”这个核心问题，哈贝马斯，“从不同视角阐明我们的民族语境”②，分析了从文化民族概念到民族国家概念的转变，以及反犹主义与灭绝犹太人的关系问题；探讨了民主合法性与社会正义的关系，指出“没有社会正义就没有民主合法性”这个论断是保守主义的基本原则之一，但哈贝马斯既不认同保守主义，又对超越新自由主义和社会民主主义的“第三条道路”不抱任何希望，至少对“超越左和右”的乌托邦设计持怀疑态度；阐发了欧盟实行联邦制的必要性，在未来可以建立一种既能保持差异性，又能实现社会均衡的新世界秩序。因而，“对每个社会的和文化的暴力驯化来说，欧洲既要保护自己不受后殖民主义侵蚀，又不退回到欧洲中心主义之中”③。这样，即使对人权的文化间性话语，也能够保持这种充分解中心化的视角。

在后两个部分，哈贝马斯区分了两种现代性构想：一是与主体理性、意识哲学纠缠在一起的古典现代性概念，从黑格尔、马克思、M.韦伯经过卢卡奇一直到早期批判理论，立足于总体宰制的世界与被伤害的个体主

---

① 该文与《包容他者》中的同名文章内容有所不同，但基本思想是一致的：(1) 尽管不同意将欧洲变为欧洲国家或欧洲政府，但倾向于使欧洲从经济一体化借助于文化一体化而实现政治一体化，认为联邦制欧洲是一个不坏的选择；(2) 在全民公决基础上创立一部欧洲宪法，通过欧洲公民社会、欧洲政治公共领域、欧洲共同的政治文化，实现欧洲跨民族民主，并通过抽象的公民团结实现跨越民族界限的欧洲认同。

② Vgl.Jürgen Habermas, *Die Postnationale Konstellation*, Frankfurt/M.:Suhrkamp2013, Vorwort”.

③ Jürgen Habermas, *Die Postnationale Konstellation,* Frankfurt/M.:Suhrkamp2013, S.9.

体之间的抽象对立，局限于工具理性批判，这个传统已经走进了死胡同。二是语言哲学转向之后的现代性概念，这又分为两种情况：一是后现代主义试图“告别现代性”，因为从尼采、海德格尔、维特根斯坦一直到后现代主义，都试图在理性的背后揭示“理性的他者”①。这样，主体理性批判就变成了一种怀疑主义，甚至是一种非理性主义。交往行为理论则试图“重建现代性”，因为它用交往合理性概念为阐发一种新古典现代性概念铺平了道路，并为批判的社会理论奠定了规范基础。在此基础上，哈贝马斯从道德、法律视角反对克隆人，甚至认为克隆人与奴隶没有什么差别，因为克隆者将本来只能由自己承担的责任交给别人来完成。不过，哈贝马斯并不拒绝十分有限地采用基因技术，以用于残疾人身体器官的治疗，以及疾病的预防和治疗。

在《哲学文本》（5 卷本）中，《政治理论》属于第 4 卷，其实它并不是一部“新书”，而是《事实与价值》、《包容他者》、《后民族状况》、《在自然主义与宗教之间》、《分裂的西方》等著作中相关文章之选集。该书除“导论”外，正文分为四篇，即“第一篇：民主”包括 3 章：“作为程序的人民主权”、“三种规范的民主模型”、“民主还有认识论向度吗？——经验研究与规范理论”；“第二篇：宪法国家”包括 2 章：“论法治国家与民主的内在关联”、“民主法治国家——矛盾原则的悖谬性结合？”；“第三篇：民族、文化与宗教”包括 3 章：“论民族、法治国家与民主的关系”、“文化平等——后现代自由主义的界限”、“公共领域中的宗教”；“第四篇：国际法的制度化”包括 3 章：“论人权的合法性”、“国际法的制度化还有机会吗?”、“国际法的制度化与通过宪法组织起来的世界社会的合法性问题”。② 由此可见，该书是哈贝马斯政治理论的“集大成之作”。

总之，就像阿伦特所说，在后期哈贝马斯著作中，他要将在马克思那里已经退居后台的法律的有效性范畴重新放置到我们讨论的核心中来。③

---

① Jürgen Habermas, *Die postnationale Konstellation,* Frankfurt/M.:Suhrkamp2013, S.216.

② Vgl.Jürgen Habermas, *Philosophische Texte*, Bd.4.Frankfurt/M.:Suhrkamp2009, S.5—6.

③ [德] 汉娜 · 阿伦特：《马克思与西方政治思想传统》，孙传钊译，江苏人民出版社 2007 年版，第 54 页。

显然，哈贝马斯已经认识到，法律既有沦为统治工具的可能，但也可以承担整合社会的规范功能："法律是对人类实践理性的最高表达，事实上，人类的主体性集中于形成法律的力量，当这种力量被取消的时候，人类主体也就变得空无一物了"[①]。在阐明这个思想之前，让我们先回顾一下哈贝马斯对 M. 韦伯的合理化概念的批判，以便加深对法律话语理论中道德规范与法律规范关系的理解。

二、法律体系的话语理论重构

显然，西方学界对道德规范与法律规范关系的探讨并非始于哈贝马斯。在西方哲学传统中，根据对"法律何以有效"问题的回答，至少可以区分为三种模型，它们在一定程度上构成了哈贝马斯法哲学思想的参考系，因此有必要回顾一下关于法律有效性问题的几种观点。

德国法哲学家阿列克西[②]将法律有效性问题界定为"如何从事实中得出规范，从法律意志中得出应然?"[③]对这个问题的不同回答，区分了不同的法哲学立场。首先，阿列克西区分了三种有效性概念：(1) 社会学的有效性概念，即一个规范如果被遵守，或不遵守时会被制裁，那它就具有社会有效性。(2) 伦理学的有效性概念，即一个规范在道德上是正当的，它就具有道德有效性。(3) 法学的有效性概念——狭义的法学的有效性概念，即"当一个规范由权力机关按照规定的方式制定，并且不与上位阶的法律相抵触——简单地说，是由权威制定的，那这个规范就是法律上有效的"[④]；广义的法学的有效性概念则包含社会有效性。其次，阿列克西区分了两种法哲学立场：(1) 如果一种法律有效性理论认为法律有效性只与社

---

① ［英］克里斯·桑希尔：《德国政治哲学：法的形而上学》，陈进江译，人民出版社 2009 年版，第 529 页。

② 阿列克西（Robert Alexy，1945—），德国法哲学家，曾任国际法哲学与社会哲学协会德国分会主席。

③ Robert Alexy, *Begriff und Geltung des Rechts*, Freiburg/München: Verlag Karl Alber 1992, S.23.

④ Robert Alexy, *Begriff und Geltung des Rechts*, Freiburg/München: Verlag Karl Alber 1992, S.23.

会有效性相关，而且只能在法律体系内部讨论法律有效性，这就是实证主义立场。（2）如果一种法律有效性理论坚信一种法律有效性一定要与伦理学的有效性相关，这就是非实证主义立场。那么，哈贝马斯法哲学的基本立场是什么呢？

哈贝马斯明确主张，合法律性只有在具有道德内涵的程序合理性中才能获得。从这一核心观点看，哈贝马斯法哲学显然属于非实证主义立场。因为哈贝马斯主张法律只有在道德上是正当的才具有合法性。不过，值得注意的是，哈贝马斯并非作为法学家来分析法律与道德的关系问题，而是通过解读M. 韦伯的合法性理论而切入合法律性问题讨论的。正是在对M. 韦伯的合法性理论批判的基础上，哈贝马斯才阐明：法律只有包含了道德的正当性才具有合法性。当然，这里的“道德”已经不是行为规范意义上的单个行为者的道德，而是整个法律制度规范的道德性，即“正义”。

第一，M. 韦伯的合法性理论是哈贝马斯法哲学的重要思想资源。正如前面所说，在当代社会学中，合法性概念的有用性是没有异议的，但关于合法性信念与真理的关联问题却是有争议的——关于这个问题的论争，是由M. 韦伯的合法的统治概念之歧义性引起的。对M. 韦伯来说，“合法的统治”（legitime Herrschaft）通过服从法律或者忠于宪法而同时成为“合法律的统治”（legale Herrschaft）。因而可以说，关于合法性信念与真理的关联问题的讨论，是由M. 韦伯“法理型统治”概念的歧义性引起的。“法理型统治”要探讨的是：现代社会特有的、按照法律形式和程序调节的统治类型，究竟是何种合法性？M. 韦伯的合法性理论恢复了被法律的社会系统理论切断的法律与政治之间的关联。哈贝马斯具体分析了M. 韦伯的论证逻辑。在这里，我们不做详细引证，只是对几个关键点进行简要概述。

1、关于“法理型统治”。众所周知，M. 韦伯是将“权威”与“统治”当作同义词使用的。因而，所有行政管理都意味着统治。所谓“统治“，就是指发号施令的权威的权力，以及服从的义务，它包含着统治者与被统治者之间的相互关系。除了发号施令之外，统治者还宣称他们有合法权威，期望被统治者服从。在M. 韦伯看来，相信一种统治制度具有合法性的信念，并非仅仅是哲学问题；这些信念有助于稳定一种权威关系，而且标志着各种统治制度之间的差异。M. 韦伯指出，仅有三种合法性原则被用来证明权力的合法性。在《经济与社会》中，M. 韦伯区分了三种统治类型，即（1）法理型统治（依靠法律规范、政治规则确立政治认同，从而确立政治合法性）；（2）传统型统治（依靠传统、习俗、习惯确立政治认同，从而确立政治合法性）；（3）魅力型统治，即卡里斯玛型统治（依靠领袖的人格魅力确立政治权威和政治认同，从而确立政治合法性）。①

关于"法理型统治"，M. 韦伯的表述是：所有经验都充分地表明，在任何情况下，统治都不会自动地使自己局限于诉诸物质的或情感的或价值合理性的动机，以此作为自身生存的机会；相反，任何一种统治都试图唤醒和培育人们对其合法性的信念。若合法性信念与真理没有内在关联，那它的基础也就只有心理学意义上的强制，如外在服从、唯命是从等；反之，若合法性信念建立在真理基础之上，那这种外在的基础就包含着内在的合理性要求。整个现代西方社会的政治体制就是建立在法律的合理性要求之上的。那么，法律的合理性要求有哪些呢？对于法理型统治观念来说，至少满足两个条件，一种统治才可以说是合法的。这两个条件是：（1）必须从正面建立规范秩序；（2）在法律共同体中，人们必须相信规范秩序的"合法律性"（Legalität），即必须相信立法形式和执法形式的正确程序。由于社会规范秩序是由现行法律来调节的，而 M. 韦伯又特别强调立法和执法的正确程序，故抽象的"合法性信念"（Legitimitätsglauben）就转化为"合法律性信念"（Legalitätsglauben），这种合法律性信念由立法和执法的正确程序（程序法）保障的。至此，M. 韦伯就得出了法律的合理性概念：为以法律形式实施的统治创造合法性的，是内在于法律形式本身的合理性②。

2、关于法律形式的合理性。哈贝马斯认为，法律形式的合理性概念

① 参见［德］马克斯·韦伯：《经济与社会》第 1 卷，阎克文译，上海世纪出版集团 2009 年版，第 322 页。

② Vgl.Jürgen Habermas, *Faktizität und Geltung.Beiträg zur Diskurstheorie des Rechts und des demokratischen Rechtsstaats,* Frankfurt/M.:Suhrkamp1992, S.541.

支撑了法律实证主义立场，并通过这种立场来强调合法律性：它只能从形式的程序规则得出，而且它自身作为合法性的决定性条件，不需要进一步加以合法化，换言之，除了在产生和应用正确的程序外，合法律性无须某种实质依据。与法律的社会系统理论相比，这种法律实证主义建立在实证法的合理性基础之上，虽然恢复了法律与政治之间的关联，但却又切断了法律与道德之间的关联。鉴于此，哈贝马斯指出，将法律规范归结为政治立法者的命令，就意味着法律被消解在政治之中了。但这样一来，“政治”概念本身也遭到了破坏。在这个前提下，政治权力至少不再可能被理解为从法律上赋予合法性的权力，因为完全受政治支配的法律将失去其赋予合法性的力量。一旦合法性成为政治自身的成就，人们也就放弃了他们的法律概念和政治概念。同样的结果也产生于另一个版本的法律实证主义观念，即认为实证法可以独自地维护其有效性，即通过由法律操控的、但独立于政治和道德而自成一体的司法的法理学成就而维护其有效性。然而，一旦合法性失去了与正义之诸方面的联系——这种联系超越立法者决定的道德联系——法律认同也就必然会瓦解。在这种情况下，就有可能缺乏那种用来维护法律体系、同法律媒介的特定结构紧密联系的合法律性视角。

3、在批评M. 韦伯的法律实证主义时，哈贝马斯强调，法律不可能局限于纯粹的形式法概念中，与实质价值不发生任何关联。正如海因里希·罗门说，纯粹形式法与实质价值不发生任何关联——这种腐朽的不可知论，使得德国在面对民族社会主义时毫无准备、束手无策。因此，哈贝马斯力图揭示M. 韦伯的法律实证主义背后的极权主义思想根源：“如果我们此时此地要评判M. 韦伯，我们不能忽视的事实是：C. 施密特是M. 韦伯的一名‘正统学生’”①。在《事实与价值》附录Ⅰ，即“法律与道德”中，哈贝马斯指出，纳粹时期的历史经验，在20世纪50年代关于法治国家与福利国家的论争中留下了清晰的痕迹，并进一步将20世纪80年代关于法律解—形式化的论争回溯到M. 韦伯的法律形式的合理性。

① 转引自孙国东：《合法律性与合道德性之间：哈贝马斯商谈合法化理论研究》，复旦大学出版社2012年版，第118页。

第二，法律与道德不可分离是哈贝马斯法哲学的核心观点。哈贝马斯指出，M. 韦伯的社会学从根本上继承了霍布斯的社会哲学传统。这种传统抽掉了实证法和政治权力的道德内涵，认为君主在制定法律时并不需要一种理性等价物代替经过祛魅的宗教法。① 考虑到霍布斯的自然法学说的复杂性，下面将根据哈贝马斯对霍布斯的理解，主要通过分析霍布斯的"法律决定论"来阐发法律与道德的关系，从另一个角度确认：法律与道德不可分离。

作为格劳秀斯的追随者，霍布斯关注的是：在失去宗教—形而上学世界观基础之后，合法律性基础问题。在《战争与和平法》（1625）中，格劳秀斯说过，即便我们承认没有上帝，或者，即便人类的事务跟上帝不相干，但我们人类仍然具有义务。② 这样，关于合法律性基础问题就只能追溯到"有限的理性存在者"身上。那么，合法律性基础是什么呢？霍布斯在"三十年战争"（1618—1648）之后出版的《利维坦》（1651），作为现代自然法学说最重要的奠基之作，集中体现了那个时代对合法律性基础问题的理解。

霍布斯继承了古典自然法的基本命题，即自然法就其内容来说是合乎人性的法律。从人的自然本性出发，霍布斯讨论了合法律性基础，即自然状态中人的本性是自然法的基础。根据《利维坦》对人的界定：人是有理性的"自然"之最精美的艺术作品。人的理性不再是基督教自然法传统中对上帝命令的模仿，而是一种自我保护理性。这样，霍布斯就将他的政治哲学基础归结为"两条最为确凿无疑的人性公理"③："自然欲望公理"和"自然理性公理"：自然法学家一般称之为自然权利的，就是每个人按照自己所愿意的方式运用自己的力量保全自己的天性即自己的生命的自由。因此，这种自由就是用他自己的判断和理性认为最适合的手段去做任何事情的自由。自然法则是理性所发现的戒条或一般法则。这种戒条或一般法则

① Vgl.Jürgen Habermas, *Faktizität und Geltung.Beiträg zur Diskurstheorie des Rechts und des demokratischen Rechtsstaats*, Frankfurt/M.:Suhrkamp1992, S.561.

② 转引自［美］克里斯蒂娜·科尔斯戈德：《规范性的来源》，杨顺利译，上海译文出版社 2010 年版，第 7 页。

③ ［美］列奥·施特劳斯：《霍布斯的政治哲学》，申彤译，译林出版社 2001 年版，第 68 页。

禁止人们去做损毁自己的生命或剥夺保全自己生命的手段的事情，并禁止人们不去做自己认为最有利于保全自己生命的事情。那么，在霍布斯那里，合法律性基础究竟是什么呢？霍布斯的回答是“君主的命令”。那么，拥有理性的主体何以会服从君主的命令呢？霍布斯根据自然状态说对这个问题进行了回答。按照自然状态说对人的界定，出于自我保护的理性主体，为了结束所有人对所有人的战争，有必要订立契约。所以，当君主通过法律语言来颁布其命令时，市民出于自我保护的需要，会同意并服从君主的命令。

在哈贝马斯看来，霍布斯借助于自然状态说对人的行为合理性做了非道德化解释，即道德内涵是由自然理性赋予的，道德诉求人们所做的事情之所以是合理的，是因为如此行为有利于自我保护。所以，立法者要求人们的行为符合法律规范，不是因为从道德上解释了人们行为规范的原因，而是人们需要一个权威的立法者来确保义务的存在。就是说，霍布斯企图不借助于道德理由，而仅仅从参与者的利益出发来说明一个法律体系。①

实际上，哈贝马斯与M.韦伯和西方马克思主义传统一样，对霍布斯的批判着眼点也是对自然状态说所蕴含着的工具理性的批判；不同的是，哈贝马斯并不热衷于工具理性的意识形态批判，而是从理论史角度考察以工具理性为基础的社会秩序是否具有合法性。在这里，哈贝马斯同意帕森斯对霍布斯缺乏规范性的指责②，并指出在考察理性法所确立的现代政治秩序过程中，霍布斯从本质上体现了现代以来以科学为依据的社会哲学要求，其目的是一劳永逸地指明国家秩序、社会秩序的合法性条件。然而，仅仅在工具理性框架下考察合法性问题是不够的，因为如果只从行为者的利益立场出发去协调和平衡社会关系，即便是利用现代博弈论也不能建立一个稳定的行为协调机制。因而，哈贝马斯指出，从各种不同的被期待的利益立场与成功计算之间的不确定的冲突中，是产生不出社会秩序来的。

---

① Vgl.Jürgen Habermas, *Faktizität und Geltung.Beiträg zur Diskurstheorie des Rechts und des demokratischen Rechtsstaats,* Frankfurt/M.:Suhrkamp1992, S.119.

② ［美］塔尔利特·帕森斯：《社会行动的结构》，张明德、夏遇南、彭刚译，译林出版社2003年版，第83页。

若仅仅将法律看作是为现存社会秩序辩护的工具，那就只能将实证法界定为政治统治的组织手段。

其实，早在《理论与实践》中，哈贝马斯就说过，当人们按照物理学精神来研究国家秩序、社会秩序时，实际上已经完全脱离了亚里士多德政治学，而变成一种以科学为基础的社会哲学了。但一旦政治学成了社会哲学，也就有理由将科学的政治学归属于社会科学。一种以实证主义为底色的社会哲学，不再致力于告诉人们什么是美好生活，而是试图按照道德几何学方法构建国家秩序、社会秩序的合法性条件，并且不再考虑亚里士多德那里的人的德性差异，而只需按照物理学精神，准确地建立各种规章制度。正是在这个意义上，哈贝马斯认为，以价值中立为旗号的 M. 韦伯的合法性理论，完全消解了政治与法律的道德意蕴。

第三，合法律性与合道德性的关系问题是哈贝马斯法哲学的关键。通过对 M. 韦伯的合法性理论与霍布斯自然法学说的批判性分析，哈贝马斯得出结论说，关于合法律性问题的思考，更为可取的做法是关注具有普遍有效性的道德原则。他指出，合法律性“不能用一种独立的、与道德分离地居住在法律形式中的合理性来解释；相反，它必须追溯到法律与道德的内在关联。这首先适用于围绕着抽象的和普遍的语义形式所形成的资产阶级形式法”①。正是在这一点上，哈贝马斯洞见到，M. 韦伯并没有看清资产阶级形式法的道德核心！ M. 韦伯以新康德主义价值哲学为其社会学基调，以为道德只是一种主观的价值取向。这种将道德定位于主观的价值取向的观念恰恰掩盖了合法律性具有实质的而非仅仅形式的内涵。哈贝马斯清楚地看出了 M. 韦伯在这一点上失误：在特殊的伦理价值与普遍的道德规范之间含混不清。伦理和道德的客观性可以理解为：伦理是在特殊的文化传统中形成的；道德对所有人都具有普遍有效性。因此，如果可以将某种“中立价值”作为合法律性基础的话，那么，这个基础就决不可能是“道德中立”的，而且，必须进一步将合法律性的基础界定为合道德性。哈贝

---

① Jürgen Habermas, *Faktizität und Geltung.Beiträg zur Diskurstheorie des Rechts und des demokratischen Rechtsstaats,* Frankfurt/M.:Suhrkamp1992, S.551.

马斯断言，只有立足于道德内涵才能说明合法律性的基础。

这就构成了哈贝马斯与M.韦伯对待理性法传统的不同态度。在M.韦伯那里，不存在一种纯粹形式的自然法，因为自然与理性这两个概念本身包含着需要进一步解释的概念：即自然与理性在何种意义上能够作为衡量合法性的实质标准。在哈贝马斯那里，理性法与形式法也不是对立的。哈贝马斯清楚地看到，尽管霍布斯、卢梭、康德的自然法学说都还保留着某些形而上学特征，但他们的社会契约论则是为了阐明合理的意志如何形成、达成理性共识的程序条件如何可能的问题。在对理性法传统进行阐释之后，哈贝马斯与其他法律社会学家的区别就很清楚了。因而可以这样说，马克思、卢曼切断了法律与政治之间的联系；M.韦伯切断了法律与道德之间的联系；哈贝马斯则力图恢复法律、政治、道德之间本应具有的内在关联。哈贝马斯强调，“M.韦伯是正确的：只有诉诸法律本身固有的合理性才能保证法律体系的独立性。但因为法律一方面与政治有内在关联，另一方面与道德有内在关联，因而，法律的合理性并不仅仅是法律的事情”①。

哈贝马斯指出，战后德国自然法复兴有力地说明了：即便是在自命不凡的实证主义那里，也发现了自然法的思考方式。对合法性理论的思考，必定要回到人作为理性存在者具有自我立法能力这样一个启蒙概念上，势必要恢复法律的理想要素和合法性的规范向度。“在规范讨论的层面上再次出现的合理性更接近于康德的实践理性，而不是纯粹的科学合理性——这种合理性，不管怎么样，并不是道德上中立的。”②因而，道德话语必须被理解为一种合理的意志形成程序。哈贝马斯明认为，现代法包含了规则和原则两个方面。这两个方面的内涵体现了现代法既具有道德性质又有法律性质。因此，对合法律性基础的追问，绝不能像M.韦伯合法性理论一样，将实质的道德要素彻底排除出去。在哈贝马斯看来，M.韦伯的合法

① Jürgen Habermas, *Faktizität und Geltung.Beiträg zur Diskurstheorie des Rechts und des demokratischen Rechtsstaats,* Frankfurt/M.:Suhrkamp1992, S.580.

② Jürgen Habermas, *Faktizität und Geltung.Beiträg zur Diskurstheorie des Rechts und des demokratischen Rechtsstaats,* Frankfurt/M.:Suhrkamp1992, S.549.

性理论之所以可能，是因为法律程序的合理性同时也需要在道德—实践程序中是合理的；或反过来说，是一种基于合道德性的合法性。法律与道德的关系体现为一种从属且互补的关系，即合法律性之所以可能，是因为法律程序与服从其自身程序合理性的道德论辩之间的一种相互交织。由此可见，哈贝马斯仍然强调一种基于合道德性的合法律性概念。

三、法治国家原则的话语理论重构

在《事实与价值》中，哈贝马斯开宗明义地说，民主程序为合法律性提供了根据。这一论断与其他学者对话语伦理学的批判以及哈贝马斯的自我反思有着直接关联。值得注意的是，黑格尔对康德的道德理论“空洞性”的指责，不断出现在学界对话语伦理学的批判中，从而成为哈贝马斯必须面对且亟需须解决的问题。因此，当哈贝马斯 1985 年在法兰克福的法哲学论坛上提出“黑格尔对康德的指责也击中话语理论学吗?”时，就已经给表明这个所谓“黑格尔问题”之于哈贝马斯对合法律性问题的重要意义。下面将重点揭示，哈贝马斯极力避免将合法律性还原为合法性的努力；同时说明对康德理性法的批判，是哈贝马斯考察合法律性问题不能绕开的环节；最后阐明民主程序何以是合法律性的唯一来源。

其实，早在《自然法与革命》中，哈贝马斯就通过考察理性法传统而得出了一些重要结论。对于合法律性问题来说，哈贝马斯的下述论断尤其值得注意：

（1）理性法是对以宗教—形而上学为基础的自然法瓦解的一种反应。就是说，随着自然的祛魅和宗教世俗化过程，人们对行为规范来源的追溯经历了由上帝立法到理性立法的转变。在理性法时代，人们关于合法性问题的讨论只能从“人的理性的自主性”这个基本精神出发。哈贝马斯明确地将中世纪当作规范性的过去；所谓“现代”则是指一种新的时间意识。

（2）理性法的任务是通过法律透视这种新的精神原则，并对它何以能够颠覆旧的规范秩序，开出新的规范秩序，以及未来可能出现的危机与重建的可能性进行解释、批判、预测。因此，哈贝马斯将为现代社会规范秩序奠基的资产阶级革命的政治合法性问题追溯至格劳秀斯、霍布斯等人对合法性问题的阐明，并将《人权宣言》、《拿破仑法典》彰显出来的人权观念追溯到现代哲学所确立的主体性原则。

在《理论与实践》中，哈贝马斯就指出，理性法的强制性特征，也正是革命之所以可能的要素，即获得强制性的政治权力。换言之，革命实质上就是通过理性法将革命意识转变为具有强制性的国家法律的行为，即现代自然法学说包含了革命可能的条件。因而，这种以主体性原则为基础的自然法尤其适合于瓦解传统的、僵化的社会秩序；甚至可以说，哈贝马斯法哲学包含着将马克思已经切断的理性法与革命之间的内在关联重新确立起来的思想要素。

（3）尽管理性法以各种不同形式展开，但它本质上是指：以那个独一无二的主体理性原则为基础的立法。霍布斯和康德是哈贝马斯总体评判理性法的两个极点——霍布斯更多地属于经验主义自然法这个极点，因强调非道德化的论证而成为法律实证主义者；相反，康德将合法律性基础归结为道德，主张基于合道德性的合法律性概念。虽为两个极点，但从更高的角度看，他们共同效力于一条主线，即主体理性立法。哈贝马斯提醒人们注意，现代自然法（= 理性法）与传统自然法的规范内涵已有实质性不同：它不再是一种客观法则，即不再是一种先于并独立于人的意志而具有约束力的秩序；而是一系列自然权利，就像海因里希·罗门所说，是一种根本不依赖于任何先在的法律、秩序或义务的主观诉求，它本身就是全部的法律、秩序或义务的起源。在理性法原则的确立过程中，人的理性成为规范秩序的建筑师。换言之，在理性法中，自然法的客观基础和永恒法消失了。所谓自然法，不过是绝对命令，从实践理性的调节性观念中推导出来的一系列结论而已①。

因此，顺着哈贝马斯的思路，我们可以在启蒙意义上考察理性法对合法性问题的回答。也正是在这个意义上，在自然法传统内部考察合法性问题就可以将目光直接转向理性法，尤其是哈贝马斯对康德自然法学说的批

---

① 参见［德］海因里希·罗门：《自然法的观念史和哲学》，姚中秋译，上海三联书店2007年版，第77页。

判。当然，这种考察工作，并不意味着康德之前的自然法学说，如亚里士多德、西塞罗、阿奎那等人关于合法律性问题的思考乏善可陈，更不因为战后德国出现的自然法运动对合法性概念讨论不够充分；恰恰相反，即便暂时撇开自然法传统关于自然与规范问题思考对哈贝马斯反思理性法的决定性意义，也暂时不论新康德主义法哲学关于合法性问题的讨论对当今法哲学的影响，只看哈贝马斯提出的合法性问题的双重维度，就足见哈贝马斯法哲学思想并非从天而降。我们之所以略过这些环节而直接聚焦于康德，是因为康德的自然法学说可以视为哈贝马斯思考合法性问题的参考系。为了支撑这一论断，下面将通过考察康德关于合法律性问题的界定，以及哈贝马斯对康德自然法学说的批判，澄清哈贝马斯法哲学的基本观点。

第一，法律外在性地规范行为，道德内在性地规范行为动机。德国法学家拉德布鲁赫①指出，康德哲学完成了对古典自然法的致命一击，即“内容确定的知识和价值判断决不是‘纯粹’理性的产物，而是永远只对既定现实才有效”②。就是说，康德哲学之所以完成了对古典自然法的致命一击，是因为康德将法律规范界定为纯粹的形式条件，从而将任何经验要素排除在外。在哈贝马斯视阈中，康德法哲学的重要性就在于他反复强调的启蒙理性。就像海因里希·罗门所说，“康德在其哲学中展示了个人主义自然法的最终与最高形态。”③考虑到康德法哲学的复杂性，在这里，我们仅按照哈贝马斯对康德的解读，将康德法哲学理解为与霍布斯自然法相对的另一种自然法形态。可以看出，哈贝马斯这一论断植根于法哲学中的根本问题：法律与道德的关系问题。

众所周知，为了确定“应当”具有的普遍必然性依据，康德对行为和行为动机做了严格区分：法律规范行为，道德规范行为动机。行为的规范基础必须建立在规定行为动机的纯粹理性法则基础之上。按实践理性立法

① G. 拉德布鲁赫（Gustav Radbruch, 1878—1949）德国法学家。

② Gustav Radbruch, *Rechtsphilosophie*, 6.Auflage, Stuttgart1963, S.19.

③ ［德］海因里希·罗门：《自然法的观念史和哲学》，姚中秋译，上海三联书店 2007 年版，第 77 页。

的法则，任何形式的立法都包含两个部分：一是法则，它将应当发生的行为在客观表现为必然的，从而使行为成为义务；二是动机，它使行为之任性的规定在主观上成为动机。通过第一部分，行为表现为义务，这是对任性之可能的规定，亦即实践规则的一种纯粹理论认识；通过第二部分，如此行为的义务就在主体中与一般任性的规定结合起来。因此，任何一种使行为成为义务、同时也使义务成为动机的立法，就是伦理学。但在法则中不包括后者，因而，也准许另外一个与义务观念不同的动机的立法，就是法哲学。简言之，法哲学外在性地规范行为，道德内在性地规范行为动机。

那么，在康德那里，合法律性的基础是什么呢？法律是从何处获得约束我们的权力呢？需要提醒的是：康德并没有使用法律有效性概念，而是使用了法律义务概念。简单来讲，义务作为法律的基础，是一种源于法律原则的义务。在这里，康德区分了法律概念、法律原则、法律的法则——法律概念回答什么是法律，即一个人的选择能够在其下按照一个普遍的自由法律与另一方的选择保持一致的那些条件的总和；法律原则是指任何行为都是正当的，如果它能够与任何人根据一个普遍法律自由共存；法律的法则将法律原则与法律义务概念联系起来，它表达了一个要按照法律原则来行为的义务："如此外在的行为，使你的任性的自由应用能够与任何人根据一个普遍法则的自由共存"①。

第二，合法律性以合道德性为基础。按哈贝马斯对康德的解读，根据法律的法则，合法律性在于行为者必须依据普遍的法律原则而行为，但因其意识哲学前提，普遍的法律原则必须诉诸单个的理性主体的自由意志。但在哈贝马斯看来，"如果理性意志只能形成于单个主体，那么个人的道德自主就必须贯穿于将所有人联合起来的意志的政治自主，以便用自然法来确保每个人的私人自主"②。普遍的法律原则本质上是通过将道德原则运

① ［德］康德：《道德形而上学》，张荣、李秋零译，中国人民大学出版社 2010 年版，第 238 页。

② Jürgen Habermas, *Faktizität und Geltung.Beiträg zur Diskurstheorie des Rechts und des demokratischen Rechtsstaats,* Frankfurt/M.:Suhrkamp1992, S.134.

用于“外在关系”而得到的。在康德视阈中，人们只有通过道德律令才知道自己的自由。一切道德法则，甚至一切权利和义务都是从这种自由出发的。道德律令是一个要求义务的命题，从这个命题中可以展开使他人承担义务的能力，即法律原则概念。若无对这一命令的意识，人们必将设想自己仅仅是具有纯粹工具行为能力的存在者。可以看出，康德强调法律的道德基础。因而，哈贝马斯指出，“与霍布斯不同，康德将霍布斯预设的规范条件明确化，并从一开始就在道德理论框架中阐发其法律理论”①。从康德在《单纯理性限度内的宗教》中对道德共同体的界定就可以看出，道德共同体虽然要以公共法律为基础，但从根本上它是以道德原则为基础的秩序结构。最终，康德将道德共同体的建立交到作为道德世界统治者的上帝那里。

实际上，康德试图用道德哲学来重建以宗教—形而上学为基础的自然法瓦解后的规范基础，“康德试图用简单的代换来重建这座坍塌的建筑：宗教—形而上学自然法留下的空位应该由自主论证的理性法来占据”②。法律的实证化被视为理性法原则的实现。哈贝马斯说，如果政治和法律仅仅是执行实践理性法则的工具，进而位于道德之下，那么，政治也就失去了立法能力，法则也就失去了实证性。因此，康德必须重新回到世界二元论的形而上学前提，以便仍然以一种矛盾重重的方式将法律与道德区分开来。

然而，一切试图以自然法学说为法律奠基的努力都失败了。即便是在自然法的最高形态——康德自然法学说中，理性法也难以完成它的任务：以合法律性为基础的合法性如何可能？哈贝马斯指出，在康德那里，从实践理性中先天地引出来的自然法则或道德法则，居于太高的地位，从而有使法律融化进道德的危险：法律几乎被还原为道德的有缺陷模态，康德以一种特定方式将不可随意支配的环节置入法律的道德基础之中，从而实证

① Jürgen Habermas, *Faktizität und Geltung.Beiträg zur Diskurstheorie des Rechts und des demokratischen Rechtsstaats,* Frankfurt/M.:Suhrkamp1992, S.590.

② Jürgen Habermas, *Faktizität und Geltung.Beiträg zur Diskurstheorie des Rechts und des demokratischen Rechtsstaats,* Frankfurt/M.:Suhrkamp1992, S.591.

法被置于理性法之下了。如果对霍布斯来说，实证法从根本上是政治统治的组织手段，那么对康德来说，实证法则始终保持着道德性质。然而，这种道德原则，又容易是空洞性的。形式主义立法，使实践理性同它植根于其中的文化生活形式和政治生活秩序脱离了联系。在康德自然法学说中，“作为自然法的起点和首要原则、纯粹形式性质的自由，使得实质的自然法，即具有实质内容的自然法不可能了。这种特性不允许他阐发实质的价值学说，而只能提出关注‘给出’价值条件的学说”①。这就是黑格尔所说的“空洞性”所在。

在这里，哈贝马斯继承发展了黑格尔对康德自然法学说的批判，指出黑格尔坚持柏拉图主义观点，认为实证法可以从更高的法律那里获得合法性；康德则坚持经验主义观点，否认任何超越立法决策偶然性的合法性。对哈贝马斯来说，“法律何以有效”问题不仅是政治上的“法律”问题，也不仅是合法律性基础问题，而是以双重形象出现的。这种双重形象在理性法传统中被压制了，因为它实质上是一种道德法。哈贝马斯说，理性法困境的根源“不仅仅在于意识哲学的一些前提，而且在于理性法传统的形而上学遗产，那就是将实证法置于自然法或道德法之下”②。

第三，合法律性基础与“实践理性多元论”。就合法律性问题而言，哈贝马斯认为，无论是以实证主义为底色的法律社会学，还是以形而上学为思想母体的自然法学说，最终都将合法律性基础归结为一种单向度原则，差别只在于是现实原则还是理想原则。通过对两者的批判，哈贝马斯想说明法律和道德的狭隘化、片面化的危险。他指出，无论法律还是道德，一旦片面化就会产生负作用。所以，必须揭示两者绝对化导致的病理学。尽管哈贝马斯法哲学表现为对理性法的批判，但并不意味着他完全否定理性法；相反，他想通过“话语差异化建筑术”构建一个可以容纳道德、法律与政治之差异与互补的关系原则，进而阐明道德、法律各自所起的作用，以及相互之间的界限。因此，哈贝马斯对理性法传统的批判，绝非一

① Gustav Radbruch, *Rechtsphilosophie*, Stuttgart1963, S.11.

② Jürgen Habermas, *Faktizität und Geltung.Beiträg zur Diskurstheorie des Rechts und des demokratischen Rechtsstaats,* Frankfurt/M.:Suhrkamp1992, S.111.

种简单的外在超越，而是一种有重大抱负的内在超越。唯有基于这样的观察，我们才能真正理解哈贝马斯所说的“以法治国家代替理性法”的深刻内涵。不过，要想阐明这一点，还需讨论哈贝马斯所说的“实践理性多元论”的具体形态。

就像弗斯特所说，“实践理性多元论”是哈贝马斯法哲学的理论特征。所谓“实践理性多元论”，就是指在后形而上学时代，实践理性分化出多种形态，即实践理性的统一性，不再能够根据康德的先验意识统一性模式、借助于道德论证的统一性加以证明。就是说，不可能再回过头来寻找一种元话语，为在不同论证方法的选择提供支持。换言之，对道德、法律等规范领域的明确区分，说明不能仅仅将合法律性基础直接与普遍主义道德相联系。哈贝马斯指出，如果人们可以从合目的性、善和正义等不同角度确证实践理性的规范内涵，那在实用话语、伦理话语和道德话语当中，理性与意志也呈现出不同的格局；如果实践理性在这样一种反动的判断力盲点上找到同一性的话，那它就不过是一种不透明的形态，只有现象学才能把它解释清楚。道德理论必须把这个问题搁置起来，以便把它交给法哲学去解决。①

哈贝马斯反复强调自己不再用“合法性”这个标签将合法律性诉求等同于道德的正义。因为在哈贝马斯看来，道德仅仅涉及规范正当性，它本身并不包含规范建制化部分，只是对道德应然性的说明，道德应然性并不等于行为正当性。从道德诉求转化到道德行为，中间还需要良心机制。因而，必须放弃这样一种强道德观念，即在这条政治道路上，道德是一个不准确的甚至是误导的罗盘。哈贝马斯从根本上对理性法道德观表示不满。所谓“从根本上”，就是指在回应学界对话语伦理学的批评时，哈贝马斯接受了黑格尔关于规范问题的思考，即黑格尔提出的“应当的无能为力”问题，是思考合法律性时必须回答的问题。的确，话语伦理学是用一种严格意义上的道德概念来讨论正义问题，但它既不需要回避功利主义对行为后果正当性的强调，又不需要将古典伦理学所强调的有关美好生活问题从

① Vgl.Jürgen Habermas, „*Zur Architektonik der Diskursdifferenzierung: Kleine Replik auf eine große Auseinandersetzung*, in Ders., Philosophische Texte, Bd.3.Frankfurt/M.:Suhrkamp2009, S.95.

话语讨论领域中排除出去，交给非理性的情感立场或交给决断。这样看来，“话语伦理学”这一名称本身或许会导致误解。实际上，话语理论以不同方式与道德问题、伦理问题和实用问题发生联系。①

至此，我们可以说，与通过主体理性能力构建对象、规定意志的主观实践理性相比，哈贝马斯是在主体间性的交往关系中理解行为规范的意义的；相应地，合法律性基础也只能基于这种社会交往关系。因此，哈贝马斯通过对主体理性的批判发展出来的原则，使他对合法律性问题的思考，不像理性法那样——要么基于自然状态假说，要么满足于对经验事实之先验条件的演绎，从而消解了基于形而上学构建的理性法所带来的法律与道德的等级观念，即法律从属于道德。但问题在于，如果不再试图从至高的道德原则阐明合法律性基础，那么去那里寻找合法律性基础呢？对哈贝马斯来说，一方面要坚守理性法所主张的存在一种超越实证的、普遍有效的规范作为法律的规范基础——就是说，法律与道德的关系不像实证主义所认为的那样是分离的。道德法是形式的程序法，但绝不是纯粹的程序，仅仅是中立性的调停者。普遍化的道德原则作为正义原则，是人们拷问合法性基础的试金石。另一方面，合法律性与形式的程序性概念相关，其基础不再是道德的善良意志，而是政治的民主程序。因而，道德的普遍化原则与实证法之间通过程序性概念连接起来。

四、程序主义法律范式

在分析了哈贝马斯对康德理性法的批判之后，还要进一步回答这个问题：在后形而上学时代，以至上的道德原则为合法律性基础的自然法努力失效以后，法律从哪里获得合法性基础呢？对此，哈贝马斯强调，与自然法学说蕴含了理想性向度不同，他对合法律性问题的回答是“现实的”。所谓“现实的”，就是指他主张“合法律性的唯一的后形而上学来源，显然是由民主的立法程序提供的”②。那么，我们可以进一步追问：民主的立

---

① Jürgen Habermas, *Erläuterungen zur Diskursethik,* Frankfurt/M.:Suhrkamp1991, S.60.

② Jürgen Habermas, *Faktizität und Geltung.Beiträg zur Diskurstheorie des Rechts und des demokratischen Rechtsstaats,* Frankfurt/M.:Suhrkamp1992, S.662.

法程序又是从哪里获得合法性的呢？哈贝马斯说，民主程序使得议题和提议、信息和理由能够自由流动，确保政治意志形成过程具有话语性质。

在合法律性问题上，哈贝马斯是以话语伦理学为出发点的；因而，在关涉合法律性问题时，我们仍然需要回到话语伦理学关于规范问题的思考。《事实与价值》对话语原则的强调，为哈贝马斯所主张的民主的立法程序是合法律性的唯一来源提供了哲学理据。在这里，哈贝马斯首先明确话语原则是中立性原则——这一原则的确立消解了理性法在法律与道德之间设定的等级关系，即法律从属于道德，从而确立了法律与道德“同源互补”关系；并说明了人权与人民主权互为前提，从而阐明了民主的立法程序是合法律性的唯一来源。

第一，民主原则与道德原则具有不同的辩护逻辑。所谓“话语原则是中立性原则”，就是指话语原则并不为规范内涵提供正确性标准，它只是表明规范得以产生的程序性条件。因而，在抽象层面上，话语原则对法律与道德来说仍然是中立的。要想把握这一原则的要义，还需要从哈贝马斯与阿佩尔关于语用学的论争来看，因为哈贝马斯正是在与阿佩尔的论争中明确话语原则中立性的。在《话语：先验语用学路径尝试》（1998）中，阿佩尔对《事实与价值》的核心主张进行了内在批判。他指出，哈贝马斯以中立性的话语原则为基础构建的话语差异化建筑术，最终消解了话语理论在语用学基础论证部分重构交往行为规范基础的可能性。面对阿佩尔的指责，在《话语差异化建筑术》一文中，哈贝马斯为话语原则的中立性进行辩护。哈贝马斯说，关于话语理论的基本理念，即通过重构交往的可能性条件阐明规范的有效性要求，亦即关于话语理论的辩护问题，他与阿佩尔是有共识的；分歧主要体现在话语理论的地位问题，即是否能够从话语的规范条件中直接推出基本的道德规范。换言之，哈贝马斯与阿佩尔的主要分歧是语用学路径不同——阿佩尔坚持先验语用学，将话语的规范条件等同于基本的道德规范；哈贝马斯主张普遍语用学，否认从话语的规范条件中可以直接推出基本的道德规范，强调程序性、普遍化原则对确立现代社会秩序的重要性。

哈贝马斯指出，话语原则适用于所有规范领域，“有效的只是所有可能的相关者作为合理话语的参与者有可能同意的那些行为规范”[①]。话语原则涉及的是所有行为规范和相应的普遍规范命题：它所表达的是规范有效性的尚未具体化的含义，这种含义对于合道德性和合法律性之间的区分仍然是不偏不倚的。正是根据中立性原则，话语原则才能够容纳道德、法律、政治之差异性与互补性，进而兑现形式语用学重构出的规范有效性要求，即哈贝马斯所说的，“根据不同问题的逻辑和相应种类的理由，这种研究使人们对不同类型的话语作出区分”[②]，换言之，道德话语、法律话语、伦理话语的辩护逻辑是不同的。

在这里，哈贝马斯明确了民主原则与道德原则之辩护逻辑不同。道德原则是通过话语原则辩护的，即行为规范只有在对不同利益进行同等考虑的视角下，才是有可能进行辩护；民主原则有可能借助于实用的、伦理的和道德的理由，而不仅仅从道德理由出发进行辩护。我们认为，民主原则与道德原则的区分，对哈贝马斯解释合法性问题有重要意义。

第二，法律辩护逻辑与道德辩护逻辑是有差异的。在确立了话语原则的中立性以后，哈贝马斯再次转向法律与道德的关系问题。不过，这时哈贝马斯已从先前主张的“从属互补性”转变为“同源互补性”，目的是阐明合法律性不能归结为道德正当性，进而指出法律辩护逻辑与道德辩护逻辑的不同，为阐明民主的立法程序是合法律性的唯一来源扫清道路。

按哈贝马斯的说法，法律与道德是同源的。所谓“同源”，就是指两者都是在宗教—形而上学世界观瓦解之后从伦理精神中分化出来的协调人与人之间关系、解决行为冲突问题的规范。在哈贝马斯看来，尽管法律与道德的功能都是协调人与人之间关系，但却表现出不同的规范内涵、进而也涉及不同的规范领域。在这个意义上，二者又是互补的。哈贝马斯认为，后传统道德观念仅仅是一种文化认知系统，但人们的具体行为，难免会遇到“认知不确定性”、“情感不确定性”、“义务的可责成性”等问题。

---

① Jürgen Habermas, *Faktizität und Geltung.Beiträg zur Diskurstheorie des Rechts und des demokratischen Rechtsstaats,* Frankfurt/M.:Suhrkamp1992, S.138.

② Jürgen Habermas, *Faktizität und Geltung.Beiträg zur Diskurstheorie des Rechts und des demokratischen Rechtsstaats,* Frankfurt/M.:Suhrkamp1992, S.140.

故仅有一种文化认知系统显然是不够的，因为“知而不行”的情况不可避免，这时就需要一套具有强制性的行为规则和行为系统（即法律），才能真正地解决具体行为冲突问题。因而，一种基于后传统的道德，必须要以实证法作为补充。这样，法律与道德就处于“同源互补”关系中。

从功能上讲，道德规范的功能在于对道德行为进行道德判断，进而表现为一种知识系统。作为一种知识系统的道德，它追问个体应当如何行为，而不是要如何行为，它不过问建制问题。法律不仅仅是一种符号系统，更是一种行为系统。就是说，法律关涉自由选择，遵循相互性原则。哈贝马斯指出，如果说道德辩护的实质是关于普遍规范如何可能的问题，那么法律则抽掉了有关行为计划的生活世界的复杂性，而局限于行为者彼此交往的外在关系。换言之，法律辩护追问的是它如何才能获得对政治共同体成员的普遍有效性，即M.韦伯所说的合法律性信念，亦即法律认同感。哈贝马斯认为，现代法律要获得公民的认同，就需要它的内容既体现政治共同体成员的各种权利，又能使得这些权利以建制化方式确定下来。这种规范也诉诸个体，但这种个体是这样的主体——他的认同的形成，不再是通过他的生活史，而是通过他作为法律共同体的成员对待社会态度的能力①，即公民将自己理解为既是法律的接受者、又是法律的立法者的能力。

在讨论法律原则时，哈贝马斯进一步指出，法律原则只是道德原则的外在形式。因此，公民对法律的理解是从法律的接受者、而非立法者立场出发的。与此相关，实证法也就不能真正显示其合理性内涵。公民的自我立法观念，要求那些作为法律接受者而从属于法律的人，同时也能被理解为法律的立法者，这是哈贝马斯的话语民主理论最终想要阐明的。正是在这一点上，哈贝马斯批判以罗尔斯的正义论以直接方式恢复理性法。尽管哈贝马斯也将自己视为康德道义论的继承者，但与罗尔斯之原则导向的康德主义不同，他更加倾向于程序导向。关于哈贝马斯与罗尔斯之间的区别

① Jürgen Habermas, *Faktizität und Geltung.Beiträg zur Diskurstheorie des Rechts und des demokratischen Rechtsstaats,* Frankfurt/M.:Suhrkamp1992, S.144.

和联系，弗斯特这样解释："对于政治的和社会的基本结构，可以相互且普遍共享的正义原则能够获得辩护，始于这一原则的理论寻求两条道路中的一条。一方面，它可以阐述基本正义的道德原则，就自由—平等的和立宪的康德主义来说，这一原则代表任何宪法和立法的实质基础；或者，它可以寻求将辩护的道德层次转变为政治自主的立法程序，使正义较少地与一般原则相联系，较多地与规范和法则的民主合法化联系在一起，这符合我们称为共和主义的康德主义的东西。粗略地说，罗尔斯追随第一条道路，哈贝马斯追随第二条道路"①。弗斯特这里所说的政治自主的立法程序，即民主的立法程序。

第三，民主的立法程序是合法律性的唯一来源。毋庸讳言，区分民主原则与道德原则、阐明法律与道德之"同源互补"关系，对哈贝马斯的主旨来说，都是一种前提性工作。哈贝马斯最终目的是要说明：民主的立法程序何以是合法律 性的唯一来源。他指出，只有经过这个扫清道路的工作，我才能借助于话语原则来论证法律体系，以便说明：为什么私人自主与公共自主、人权与人民主权，是互为前提的东西。

所谓"私人自主与公共自主、人权与人民主权互为前提"，就是指在法律体系的话语理论重构过程中，私人自主与公共自主、人权与人民主权的观念被同源性地构建起来。对此，哈贝马斯有过详细论述："民主原则只能作为法律体系的核心而出现。这些法律的逻辑起源形成一个循环过程，在这个过程中，法律规范与形成合法律性的法律机制即民主原则，是同源地构建起来的"②。实际上，在哈贝马斯那里，无论是话语原则，还是法律形式，就单个原则来讲，都不足以为任何法律提供规范基础。只有当话语原则和法律媒介彼此交织，并形成一个使私人自主与公共自主建立起互为前提关系的法律体系时，才能实现话语原则的目的，即通过法律形式而获得民主原则的形式。简言之，民主原则是话语原则与法律形式相互交

---

① Rainer Forst , *Das Recht auf Rechtfeitigung.Elemente einer konstruktivistischen Theorie der Gerechttigkeit,* Frankfurt/M.:Suhrkamp Verlag 2007, S.137.

② Jürgen Habermas, *Faktizität und Geltung.Beiträg zur Diskurstheorie des Rechts und des demokratischen Rechtsstaats,* Frankfurt/M.:Suhrkamp1992, S.155.

织的结果。哈贝马斯将这种相互交织理解为法律的逻辑起源。

我们认为，把握话语原则与法律形式的交织关系，对于理解哈贝马斯法哲学具有重要意义。对此，德国法学家K.君特提醒人们注意：在将哈贝马斯法哲学理解为对理性法传统批判性继承的同时，也要注意到它与自由主义自然法学说之间的根本区别，这两个方面包含在哈贝马斯对话语原则与法律形式关系的说明中。基于话语原则与法律形式的交织关系，可以确定哈贝马斯法哲学是一种关于法律原则的话语理论，而非话语理论框架下的自由主义自然法。弗斯特也指出，通过话语原则重构法律体系，“哈贝马斯试图提供一个超越法律实证主义与自然法的答案。一方面，一项合法律性的法律有其规范标准；另一方面，这些标准不是由道德原则确立的，而是通过话语原则与法律形式的结合形式给出的”①。通过对法律体系的话语理论重构，合法律性得到阐明的同时，立法过程的合法性也得到了辩护。

由此可见，哈贝马斯的出发点是：在后传统时代，宗教世界观和形而上学失效了；那么，在后形而上学时代，如何确立道德、法律、政治的规范基础，则是他重建现代社会规范秩序的核心要义。基于话语差异化建筑术，哈贝马斯首先植根于日常交往行为中重构基本规范，进而在道德、法律、政治等不同领域中，兑现话语理论重构出来的规范。在整个建筑中，法律处于核心位置。法律主要完成两项任务：一是在法律原则与民主原则的同源性之间，通过话语原则重构法律体系，以确定合法律性和立法过程的合法性，从而阐明法律的规范内涵，避免遭受形式主义的指责；二是从法律与政治的结构性关系中，通过阐明法治国家概念，以确立统治秩序的合法性和统治秩序实施的合法化，进而驳斥建构主义观念。哈贝马斯通过这两个关键步骤，阐明了这样一种洞见，即“在复杂社会中，要在素不相识的人们之间可靠地建立起具有道德律令性质的相互尊重关系，法律仍然

① Rainer Forst , *Das Recht auf Rechtfeitigung.Elemente einer konstruktivistischen Theorie der Gerechttigkeit,* Frankfurt/M.:Suhrkamp Verlag 2007, S.124.

是唯一的媒介——除了这个洞见之外，哲学家应该再无别的奢望了”①。这就印证了在《事实与价值》开篇提出的论断，“在自17世纪以来的有关政治共同体法律构成的讨论中，还表现出一种对现代性的道德—实践自我理解。这种自我理解不仅存在于普遍主义道德意识的种种证据当中，而且还存在于民主法治国家的自由建制当中”。②对合法律性问题来说，哈贝马斯一方面要坚守理性法所主张的存在一种超越实证的、普遍有效的规范作为法律规范的基础，法律与道德的关系并不像实证主义所主张的那样是分离的；另一方面，合法律性与纯粹形式的程序概念相关，其基础不再是道德的善良意志，而是政治的民主程序。普遍有效的规范与实证法之间可以通过程序性过程来连接。因此，与康德强调法律的道德基础不同，话语理论不走“道德先行”之路，而是走程序法之路，即既要充分发掘实证法的规范内涵，又要避免步法律实证主义之后尘，使法律脱离于道德，强调法律与道德之“同源互补”关系。

综上所述，本章在考察话语伦理学演变的基础上，首先讨论了话语伦理学的理论基础、基本原则，充分肯定了话语伦理学的范型转换意义；然后借助于维尔默的有关文本，对话语伦理学进行了内在批判，讨论了真理共识论与话语伦理学、可错论反思意识与话语伦理学的关系，揭示了话语伦理学的理论困境；最后在考察协商政治与法律话语谱系学的基础上，讨论了哈贝马斯对法律体系与法治国家原则的话语理论重构，通过阐发法律与道德、合法律性与合道德性、民主原则与道德原则、法律辩护逻辑与道德辩护逻辑，论述了“民主的立法程序是合法律性的唯一来源”，深化了对话语伦理、协商政治、法律话语问题的理解。

---

① Jürgen Habermas, *Faktizität und Geltung.Beiträg zur Diskurstheorie des Rechts und des demokratischen Rechtsstaats,* Frankfurt/M.:Suhrkamp1992, S.677.

② Jürgen Habermas, *Faktizität und Geltung.Beiträg zur Diskurstheorie des Rechts und des demokratischen Rechtsstaats,* Frankfurt/M.:Suhrkamp1992, S.11.

第五章　个体自由与共同体自由

一般认为，自由主义与社群主义（或个体主义与共同体主义）是现代政治哲学的两种类型，它们对自由的理解构成了现代自由的两种模式：消极自由与积极自由（或个体自由与共同体自由）①。“从某种程度上说，《决胜局》的第一部分，即‘消极自由与交往自由’就是与《伦理学与对话》一书中关于道德哲学思考联系在一起的政治哲学。”②

《决胜局：不可和解的现代性》（1993）除“前言”外，主要有三个部分，即第一部分：消极自由与交往自由，包括“现代世界的自由模式”（1989）、“民主文化的条件——自由主义与社群主义之争”（1992）、“‘现实社会主义’终结也意味着马克思的人道主义终结吗?”（1990）、“自然权利与实践理性——一个问题在康德、黑格尔、马克思那里之艰难展开”（1978）；第二部分：后形而上学视角，包括“真理、偶然性与现代性”（1991）、“阿多尔诺：现代性与崇高”（1991）、“处于没落时刻的形而上学”（1988）、“法兰克福学派的当代意义”（1986）；第三部分：时代图景，包括“维特根斯坦——其哲学接受的困难及其与阿多尔诺哲学的关系”（1991）、“受难的与生成的上帝之神话——问 H. 约纳斯”（1992）、“建筑与领土”（1988）、“恐怖主义与社会批判”（1979）；另外，还有一个附录，即“阿伦特论判断——未成文的理性学说”（1985）。

由此可见，《决胜局》的时间跨度较长、问题域非常广泛。在这里，

---

① 在维尔默视阈里，“消极自由”、“法律自由”、“个体自由”大致同义；“积极自由”、“道德自由”、“共同体自由”、“公共自由”、“交往自由”、“政治自由”、“理性自由”大致同义。

② Albrecht Wellmer, *Revolution und Interpretation* , Van Gorcum1998, S.10.

我们将围绕着“自由主义—社群主义之争”讨论维尔默视阈中的（消极的）个体自由与（积极的）共同体自由、话语合理性与自由民主原则，以及自由民主与共同善等问题；当然，也涉及作为自由主义文化核心要素的自由的基本权利、个体自由与社会正义，以及民主合法性等问题。

第一节　从个体自由到共同体自由

一、“自由的社群主义”或共同体主义

第一，个体自由观念的共同体主义阐释。毫无疑问，自文艺复兴，尤其是启蒙运动以来，自由概念，就像民主、平等、正义、人权等概念一样，成为西方自由主义政治哲学的核心概念。在西方自由主义思想史上，继贡斯当①提出“古代人的自由与现代人的自由”之后，伯林②又明确提出了两种自由概念：一是霍布斯式的消极自由，它是指消除某种限制或阻碍的法律自由；二是卢梭式的积极自由，它是指某种道德自主。③笼统地讲，英美传统的自由主义比较注重消极自由，欧洲大陆传统的自由主义比较注重积极自由。那么，自由到底意味着什么？它有哪些表现形式？历来存在着较大争议。伯林关于两种自由概念的划分和论述，被人指责为过于简单了。自20世纪90年代来，公民共和主义提出了“第三种自由”概念（佩蒂特1997；斯金纳2001），认为它既不同于纯粹的消极自由，也不同于自主的积极自由。当然，仍然有人坚持认为，消极自由与积极自由“毕竟代表了欧洲人对自由在两个不同方向上的追求。就制度性和可行性方面而言，消极自由是法律和政治体制可以比较清晰实现的，或者说，可以明

---

① 贡斯当（Benjamin Constant，1767—1830），法国政治思想家、自由主义奠基人之一。

② 伯林（Isaiah Berlin，1909—1997），俄裔英国哲学家、政治思想史家。

③ 20世纪50年代，伯林因《两种自由概念》一举成名，并成为20世纪杰出的自由主义政治哲学家和政治思想史家之一。20世纪60年代，伯林的“自由论”在西方学界引起轰动。20世纪90年代以来，伯林的政治哲学又受到了国外学界的强烈关注。（参阅哈里斯：《以赛亚·伯林及其批评者》，载［英］以赛亚·伯林：《自由论》，胡传胜译，译林出版社2003年版，第397—417页。）

确判断出一种制度是否捍卫了个人的消极自由。积极自由则比较模糊，而且很难通过制度来保障或实现”①。

在维尔默看来，将启蒙传统中的洛克、卢梭、康德、黑格尔、马克思、穆勒、托克维尔，以及当代的哈贝马斯、C. 泰勒、罗尔斯等政治哲学家联系在一起东西，就是与人的尊严和 / 或人权概念密切相联的普遍自由概念；有人甚至说，普遍自由概念构成康德“纯粹的、甚至思辨的理性体系整个结构的拱心石”②。在康德那里，自由就是人们得以摆脱感性世界而按理性世界法则决定自己意志的能力，简言之，消极自由就是“任性的自由”，它由通常保障所有人自由平等的普遍准则所限制，并且是自然法学说的根本内容。当然，这里的“自然法学说”，只能根据康德对“权利”的定义来理解。社会契约的任务就在于，使这些自然权利实证化并提供制度保障。维尔默说，“如何理解个体自由与共同体自由，却是一个棘手的问题。前者与伯林的‘消极自由’，后者与伯林的‘积极自由’具有亲和性。然而，这两种自由的区分，在某种程度上是不可通约的；因为前者是在个体基本权利中确立的；后者是在生活的主体间性形式中确立的。”③

由此可见，在自由的理解问题上，维尔默既不同于自由主义又不同于社群主义。与前者不同，他不是强调个体自由，而是强调共同体自由；与后者有所不同，他并不完全否定个体自由，而是对个体自由进行共同体主义阐释。为了超越自由主义—社群主义之争，为了区别于沃尔泽的“社群的自由主义”，也为了区别于桑德尔的“公民共和主义”（Bürgerliche Republikanismus），维尔默自称为“自由的社群主义”或“共同体主义”。所谓“共同体主义”（Kommunalismus），并不是将自由的理解为外在强制的消除，即不是在由法律保障的个体自由空间意义上理解自由，而是将自由的理解为个体在社会中生活的规范形式。因此，“从根本上说，共同体

① 顾肃：《自由主义基本理念》，中央编译出版社 2003 年版，第 446 页。

② ［德］康德：《实践理性批判》，韩水法译，商务印书馆 1999 年版，第 2 页。

③ Albrecht Wellmer, *Endspiele.Die unversöhnliche Moderne*, Frankfurt/M.:Suhrkamp1999, S.15.

自由就是公共自由”[1]，或曰政治自由、理性自由。

第二，个体自由是共同体自由的前提，共同体自由使个体自由成为可能。维尔默指出，如果人的个体本质上是社会个体，如果人的个性是社会化的产物而非出发点，如果文化、传统、生活方式、社会制度对个体的个性来说是构成性的，那么个体主义理论关于个体与社会的关系、主体性与主体间性的关系，就必须在基本前提中逃离自由问题。共同体主义理论基本意向是，除非内在地、积极地关涉生活方式和社会制度，否则，就根本不能谈论个体自由。因为在“他人并非纯粹是对我的自由的限制，而可能是我的自由的条件”意义上，共同体自由使个体自由成为可能。因此，自由不仅标志着通过法律确定的行为活动空间，而且标志着自身与他人交往的规范形式。“自由，不仅做我想做的事情，而且期待什么是好的。”[2]

尽管极端的个体主义者(如诺齐克)，与极端的共同体主义者(如列宁)之间有严格界限：在一般情况下，个体主义理论总是引出社会的民主自治观念，社会主义理论则声称自己比自由主义提供了更为恰当的自由概念。譬如，马克思的“自由人联合体”概念，就是对不受限制的个体主义自由概念的共同体主义接纳。因而，维尔默指出，在现代政治哲学中，个体主义与共同体主义对自由的理解，并不总是表现为两极对立的；毋宁说，它们通常是处于相互补充中，这从黑格尔、穆勒、托克维尔的理论可以看出来。当然，如果将个体主义与共同体主义的对立视为人类学基本取向的对立，那么这种对立则是显而易见的。按C.泰勒的说法，个体主义理论从孤立的、同时是前社会的个体出发——这些个体拥有某种自然权利，从而拥有目的—策略合理性的行为能力；共同体主义理论将政治秩序理解为自由平等的个体之间合法订立契约的结果，将自由的理解为做自己想做的事情的自由——不论自己想做的是什么。这样一来，共同体主义理论就使个体主义契约论结构的人类学前提成为可疑的。

---

① Albrecht Wellmer, *Endspiele.Die unversöhnliche Moderne*, Frankfurt/M.:Suhrkamp1999, S.16.

② Albrecht Wellmer, *Endspiele.Die unversöhnliche Moderne*, Frankfurt/M.:Suhrkamp1999, S.18.

无疑，在启蒙传统中，从消极自由概念向积极自由概念转变过程中，理性概念起着核心的规范作用。事实上，个体主义和共同体主义都阐发了理性自由概念。维尔默认为，个体主义（第一个最重要的代表人物是霍布斯）的理性概念是人类学的、原子主义的、工具主义的合理性概念：从认识论层面看，个体主义的理性概念与现代科学世界观的客观主义、反亚里士多德主义具有亲和性；从政治层面上看，它是现代欧洲占支配地位的革命阶级自我理解与社会观点的反映。但对共同体主义来说，理性仅仅作为共同体的、交往的理性存在，它体现着反现代理性主义的潮流，部分地与（个体主义权利理论参与其中的）亚里士多德传统联系在一起；部分地作为（卢梭、德国早期浪漫派）现代性极端批判的表达；部分地是从（维特根斯坦、海德格尔推动的）现代主体哲学、语言哲学极端批判中产生出来的主题的同化。

归根到底，个体主义与共同体主义之争，不过是关于下述问题的论争，即市民社会与资产阶级民主对自由在现代世界中的实现起什么作用？维尔默坦承，就自由概念的人类学—认识论的基本预设而言，自己站在共同体主义立场上。然而，“如果忽视特殊情况的话，个体主义与共同体主义的对立，原本只是人类学—认识论前提的对立；在政治哲学内涵方面，它们总是相互补充的。所以，对共同体主义而言，严格区分个体主义的人类学—认识论前提与政治哲学内涵是必要的。”① 共同体主义者提出了这样的问题：在现代世界中，公共自由与民主制度，只有在市民社会中才能获得一定程度的、尽管是困难的实现。就此而言，在个体主义模式中，基本权利的制度化就与策略性的（即非团结的或非交往的）互动领域的自由设置紧密联系在一起。

总之，若说现代世界的自由包含着（消极的）个体自由与（积极的）共同体自由之二元论，那么普遍自由观念就内含着辩证张力，即被维尔默视为现代自由观念之个体主义与共同体主义的张力：在现代世界，消极自

① Albrecht Wellmer, *Endspiele.Die unversöhnliche Moderne*, Frankfurt/M.:Suhrkamp1999, S.20.

由是共同体自由的前提，同时也是分裂的原因、冲突的源泉、团结关系的潜在威胁。“正如黑格尔所看到的那样，消极自由体现着的分裂要素，对每个共同体自由而言是构成性的。这就是黑格尔对浪漫派和解观念批判的真理内涵；追根溯源地说，这种批判也可以被视为马克思对资产阶级个体主义批判的元批判。”①

第三，个体主义与共同体主义和解语境中的共同体自由。维尔默说，黑格尔最初是激进的、浪漫的自由主义者，但最终成为市民社会的共同体主义捍卫者。那么，“在现代世界中如何实现自由？”——黑格尔对这个问题的回答，与克服个体主义与共同体主义的二难选择尝试相符合。维尔默下面的思考，是以黑格尔对个体主义与共同体主义的和解为出发点的。

按维尔默的解释，黑格尔的基本策略，就是用共同体主义的伦理概念扬弃自然法传统。这就意味着，黑格尔对自然法的阐释既有肯定又有否定：在黑格尔视阈里，市民社会是财产私人占有者的社会，不管他们在宗教、种族或政治方面有什么差异，在法律面前都是平等的。换言之，市民社会是通过法律许可而获得平等地追求个人利益和自身幸福生活权利的社会。对黑格尔来说，市民社会的权利结构与资本主义市场经济内在地联系在一起。因而，所谓市民社会，就意味着消极自由被普遍地、平等地制度化，也意味着普遍人权的制度化与社会对抗的制度化。这样，“黑格尔对现代市民社会道德歧义性的回答，就是他的国家理论”。②在黑格尔那里，国家标志着伦理领域的实体化。在其中，市民社会的对抗被扬弃了，从而变成了社会对抗相对化、被控制和被驯化的社会。

因而，共同体自由可以在现代条件下加以重述。为了解决这个问题，黑格尔提出的基本观念是，市民社会自然法状态根本不能依据自然法的阐释范畴来理解，因为今天的市民社会概念与自然法描述的市民社会概念越来越不同。就是说，自由平等的法律主体，作为市民社会财产所有者在战

① Albrecht Wellmer, *Endspiele.Die unversöhnliche Moderne*, Frankfurt/M.:Suhrkamp1999, S.52.

② Albrecht Wellmer, *Endspiele.Die unversöhnliche Moderne*, Frankfurt/M.:Suhrkamp1999, S.22.

略上的相互作用，不仅以这个法律主体在道德上被相互承认为自由平等的主体为前提；毋宁说，它以（不能在策略合理性概念中理解其功能的）政治法律制度为前提。但这就意味着，市民社会法律主体与自然法理解的主体越来越不相同。维尔默指出，黑格尔试图在自然法的阐释中寻找共同体主义内涵，并试图阐明，如果市民社会主体的消极自由不被整合进公共的、共同体的、理性自由语境中，那就是不可思议的。当然，公共的、共同体的自由能否实现，取决于政治秩序。因而，必须将这种公共的、共同体的自由与对公共福利的关心、公民德性的发展、公共讨论、对经济的政治控制放在一起进行思考。

在黑格尔那里，作为自然法体现的市民社会，是作为现代国家伦理维度出现的。在这个维度中发现了特殊法，即消极自由的制度化实现。这样，黑格尔就将消极自由的制度化实现描述为积极自由即政治自由的必要条件。但在完全意义上的理性自由，只能作为政治共同体的公民自由、作为公民解放的个体自由出现。不过，黑格尔提出了一个幻想的命题，即政治自由只有作为具体的伦理形式才能成为现实。在黑格尔那里，伦理和道德的对立，与制度和传统、集体世界观和个体的自我理解，共同的习俗、实践、价值取向不可消解地联系在一起，然而，“如果个体只有在具体的伦理形式媒介中才能形成，如果个体的自我理解与其社会关系总是打上主体间共有的生活方式的印记，那么个体的兴趣、抱负、实际的具体价值、自尊感、深层结构中的羞耻感与罪恶感，就会被打上社会客观精神的印记；相反，就意味着，如果自由概念要想成为具体的伦理形式的话，那么它就必须在社会中把握连续的支点”①。

维尔默认为，当马克思批判黑格尔的国家权力，并坚持现代欧洲民主原则时，他是正确的；但马克思像黑格尔一样，都将民主视为抽象的。不过，黑格尔对民主概念的解释是令人信服的，而马克思的“自由人联合体”概念则是最大的乌托邦，它包含着对民主概念的超政治解释。因为在马克

① Albrecht Wellmer, *Endspiele.Die unversöhnliche Moderne*, Frankfurt/M.:Suhrkamp1999, S.23.

思的构想中，既没有给消极自由也没有给政治秩序或政治功能及其政治系统的差异以位置。换言之，马克思并未在批判资本主义民主概念意义上，真正解决黑格尔的现代自由的制度化问题，最终只是消解了这个问题。因而可以说，从头到尾，马克思受卢梭的影响要比受黑格尔的影响大得多。然而，就像卢梭由于否定个人财产权、代议制民主，而遭到后世自由主义者诟病一样，马克思也为忽视自由的政治维度付出了高昂代价：马克思的乌托邦试图将社会理论转变为社会实践，以致最终将黑格尔的国家看作是压抑性的。

实际上，“不仅马克思而且托克维尔也接受了黑格尔的这个问题：在现代世界中，自由宪法是如何可能的？用黑格尔的话说，托克维尔触及了：在法律形式合法前提下民主伦理的可能性条件”①。因而，维尔默指出，尽管托克维尔对美国民主的分析，并不是对黑格尔法哲学的直接回答，但在后革命问题与自由问题的理解上，他们之间的共同性如此之强，以至于人们不能将《论美国的民主》理解为《法哲学原理》的民主理论的对立面。因为其一，对这两位作者来说，法国大革命是决定性的历史体验，对法国大革命的解放和压抑之内在辩证法的反思是他们共同的出发点。他们提出的根本问题是：在平等的市民社会合法性意义上，政治的、公共自由的制度化是如何可能的？至少从趋向来说，他们都将这看作是资产阶级革命不可废除的结果。其二，对这两位作者来说，市民社会来临就意味着旧的、封建的，或贵族的政治秩序崩溃；他们首先看到了市民社会中平等的制度化；他们承认市民社会的解放意义，并非仅仅考虑个体权利的普遍实现；最终他们都明白，市民社会平等的法律秩序与政治的、公共自由的制度化，根本不是同义的：一方面，在市民社会平等主义中潜藏着新专制主义（现代集权国家的官僚专制主义或不受限制的多数人统治的专制主义）的危险；另一方面，在市民社会中，以个体权利为核心的所有权的普遍实现，从趋向上来说，就意味着社会团结留下来的基础被毁坏。其

① Albrecht Wellmer, *Endspiele.Die unversöhnliche Moderne*, Frankfurt/M.:Suhrkamp1999, S.29.

三，黑格尔对自然法学说之政治的或民主的阐释批评的核心是，理性的共同意志不能从原子式的财产所有者的集合中产生出来。财产所有者的关系，本质上必须通过共同体的、团结的纽带的消解而刻画出来。

因此，托克维尔和黑格尔之间的差异，从根本上说只是术语类型的不同。维尔默指出，尽管对法国革命后的政治自由思想与制度失败历史体验的反思，是托克维尔和黑格尔的共同出发点，但他们试图在不同方向上寻找答案：黑格尔的理想目标是普鲁士王国；托克维尔的理想目标是美国——在美国，托克维尔不仅找到了法国革命后社会所缺乏的东西，而且找到了当时欧陆国家所缺乏的东西，就是使伦理关系成为现实的自由精神。在这里，维尔默想谈一下托克维尔的自由概念与民主的关系：托克维尔的自由概念是共同体主义的。因为在他那里，有三个不可分割的观念，即共同体处理和决定个体之间共同的事情；公共协商领域是个体立场、特权、阐释、表达、批评的媒介；每个个体具有平等地参与集体生活形成与目标的权利。这样，体现在市民社会结构中的消极自由就转变成共同行为者的积极自由。在积极的或理性自由媒介中，在新的层面上，重建了共同体与个体的关系。"显而易见，在托克维尔意义上，自由仅仅是作为伦理形式而给出的；即作为共同体实践形式，在所有层面上渗透进社会制度中，并对公民习惯、道德情感有结构性影响。"①

在美国革命后的制度和日常生活中，托克维尔发现：美国革命及其人民主权学说，是在区镇中产生的，由此国家取得了对它的支配权。针对这个观点，维尔默断言，如果托克维尔在（反对殖民统治的）美国革命与法国大革命之间进行深刻区分的话，那他是正确的。因为美国长期以来的区域自治传统，产生了相应的政治经验、观念、知识。若没有这些东西，美国革命就不能走向平等的民主共和国。不容否认，世界上没有任何一个国家像美国那样，能够最大限度地将公民权原则当作政治自由原则来实现。然而，托克维尔并不是非批判地对待美国民主，并非将美国视为欧洲国家

① Albrecht Wellmer, *Endspiele.Die unversöhnliche Moderne*, Frankfurt/M.:Suhrkamp1999, S.32.

可以简单模仿的典范。事实刚好相反，在《论美国的民主》出版150年后，由于一系列原因，美国民主理想并没有实现：美国民主的历史，也是在政治上、经济上、社会上将多数人排除在外的历史，也是帝国主义剥削和侵略的历史。但不能忘记黑格尔的箴言：人因为他是人，而不是因为他是犹太教徒、天主教徒、新教徒、德国人、意大利人等而成为人。

二、新个体主义与新共同体主义

维尔默认为，黑格尔并没有将市民社会与政治社会严格区分开来，也没有将消极自由与积极自由严格区分开来。那么，这是否意味着，共同体主义的政治自由概念扬弃了自然法学说的真理内涵？或者应当假定：黑格尔的概念策略也是托克维尔，甚至是穆勒的概念策略？根据市民个体的消极自由来表征独一无二的法律领域？法律概念是否包含着，它不能被扬弃在共同体主义民主构想中？伴随着这些问题，维尔默又回到了关于个体自由与共同体自由模式问题的思考。不过，在这里，维尔默只想阐明新个体主义（如诺齐克）的自由概念从根本上说是错误的，新共同体主义（如哈贝马斯）的自由概念从根本上说是正确的。

首先，这两种构想形式上相似：无论诺齐克还是哈贝马斯，都涉及自由的某些“元原则”（Metaprinzip）。这些原则只能解释自由的形式条件，而不能阐明自由的内容。不过，在诺齐克那里，元原则是以个体所有权为核心的消极自由原则；在哈贝马斯那里，元原则是关涉话语合理性的交往自由原则。但无论如何，在他们那里，自由的元原则不能定义社会乌托邦状况，而是为乌托邦提供一个“元乌托邦”框架。因而，元原则必须满足使某些内容成为合法的条件。就此而言，满足这些条件就使每个内容（如制度安排、生活方式、行为方式）成为合法的。当然，诺齐克与哈贝马斯之间的相似性到此为止。

其次，这两种构想的不同在于：在哈贝马斯那里，话语合理性的元原则，主要是公共自由和民主意志形成的制度化原则。从这个视角出发，元原则就使所有权表现为可能的民主共识内容。在诺齐克那里，个体权利的元原则，主要是消极自由原则。从这个视角出发，元原则就使参与民主表现为某些社会成员之间可能的契约内容。在与哈贝马斯比较中，维尔默描述了诺齐克的幻象：自由主义乌托邦的后现代幻象——从形式到内容都出现了令人困惑的翻转。因而可以说，诺齐克在很多方面是荒谬的，如人类学、社会学的合理性理论预设；更为荒谬的是，他不止一次地提出这个问题：在自由主义乌托邦中的公民，如何能保证以正确方式实现自由的元原则？①

事实上，洛克、康德已经阐发了代议制政府构想。所有这些都反对诺齐克的自由主义乌托邦构想。因而，要想勾画形式自由概念，那它就与（哈贝马斯意义上的）共同体主义视角有许多关联。维尔默指出，若将现代国家中消极自由的合法性与消极自由从结构上区分开来，并使之在一定程度上独立于公共自由；那就能够尝试着像理解黑格尔的自然法结构那样来理解诺齐克的自由结构：通过团结纽带联结起来的、作为现代自由根本维度表达的消极自由，是现代国家唯一可能的自由形式。但问题在于：哈贝马斯意义上的共同体自由概念是否能够满足消极自由维度？或自由主义意识形态是否拥有（能够诠释共同体自由的）独立的真理内涵？为了解决这些问题，维尔默考察了“合法性”（Legitimation）的三种类型。

（1）强调自由市场调控能力的“合法性”。对市场体制的唯一替代性选择就是官僚计划体制，在今天似乎达成了某种共识，即市场体制被如此广泛地思考，以至于关系到经济效果。维尔默指出，从商品的潜在消费者立场出发，“经济效果”涉及产品使用价值的生产与分配。在现代西方社会经济亚系统中，货币作为一般交换媒介，规定着关涉物质产品生产与分配的互动和决策类型，它表现为灵活可变的，并能成为政治的互动和决策类型。因为它或多或少地成为现代社会经济的共识，那人们就能够轻易地将市场经济组织阐释为民主共识的实质内容，至少是潜在内容。这样，共同体主义视角的优先性就被直接确定下来，因为对作为消极自由领域的市

① Vgl.Albrecht Wellmer, *Endspiele.Die unversöhnliche Moderne*, Frankfurt/M.:Suhrkamp1999, S.36.

场功能再调节，不仅至少被理解为民主决策过程的潜在结果，而且由此而被限制。此乃策略的经济行为领域。

（2）关系到分配正义问题的“合法性”——这使人们想起罗尔斯的“正义两原则”。我们知道，罗尔斯正义论既非传统理性直觉主义，又非传统自然主义，而是新契约论，其最高理想是社会基本结构（或制度）的正义，而非“最多数人的最大幸福”；其基本视角是正义合理性，而非自明的直觉原则或至善论；其实质是义务论，而非目的论。在罗尔斯看来，“正义是社会制度的首要价值，正像真理是思想体系的价值一样。”① 笼统地说，正义论的基本内容有三部分：一是正义原则产生的基础或条件；二是正义原则的系统阐释；三是正义原则的实际应用和选择的操作程序。简言之，罗尔斯正义论的核心是“正义两原则”：第一个原则是“自由平等原则”（liberal equality principle）；第二个原则是“差异原则”（difference principle）。在《正义论》第 46 节，罗尔斯对正义两原则做了“最后的全面的陈述”：第一个原则——每个人对与所有人所拥有的最广泛平等的基本自由体系兼容的类似自由体系都应有一种平等的权利。第二个原则——社会的和经济的不平等应当这样安排，使它们：(a) 在与正义诸原则一致的情况下，适合于最小受惠者的最大利益；并且 (b) 依系于在机会公平平等的条件下职务和地位向所有人开放。②

在“正义两原则”之外，罗尔斯又提出了“两个优先原则”：(a) 自由平等原则对差异原则的优先性，即自由只能为了自由的缘故而被限制，这有两种情况：一种不够广泛的自由必须加强由所有人分享的完整的自由体系；一种不够平等的自由必须可以为那些拥有较少自由的公民所接受。(b) 正义对效率和福利的优先性，即差异原则优先于效率原则和最大利益原则；公平机会优于差异原则。这有两种情况：一种机会的不平等必须扩大那些机会较少者的机会；一种过高的储存率必须最终减轻承受这个重负

① ［美］约翰·罗尔斯：《正义论》，何怀宏、何包钢、廖申白译，中国社会科学出版社 2003 年版，第 3 页。

② 参见［美］约翰·罗尔斯：《正义论》，何怀宏、何包钢、廖申白译，中国社会科学出版社 2003 年版，第 302 页，译文略有改动。

的人们的负担。

（3）在谈到第三种“合法性”时，维尔默指出，如果共同体自由应被理解为以判断和任意认同为基础的自由形式，那么以个体权利承认为基础的消极自由（黑格尔意义的“抽象自由”）就必须被视为共同体自由形式的一个要素。在黑格尔视阈里，只有当作为个体的人的消极自由具有外部实在性时，消极自由才是存在的。换言之，消极自由只有在个体权利形式中才能存在。“对黑格尔来说，市民社会作为消极自由领域，体现着现代生活的分裂要素；相反，对卢梭、早期浪漫派、后期马克思来说，他们在其中看到了现代性的丑陋。就是说，在个性解放、普遍人权与科学解放条件下，艺术与职业生活受到了前现代社会政治和宗教的限制。作为代价的分裂要素，同时为共同体自由的现代形式提供了前提。”①

在黑格尔那里，市民社会作为越来越大的可能的分裂领域，同时也是实践的、认知的、道德的、审美意义上的个体学习与教化领域。市民社会对个体的教化，主要是使作为社会公民的个体智力状况和道德资质获得积极功能。黑格尔甚至断言，在市民社会对抗性结构中表现出来的共同体团结关系缺失，从现代国家合理的伦理视角看只是一个表象。维尔默指出，如果马克思将这个断言批判为黑格尔结构不可证明的前提，那他肯定是正确的；但当马克思只是简单地颠倒现实与表象关系时，那他就缺乏黑格尔对浪漫主义现代性进行批判的元批判支点。这个元批判并不依赖于黑格尔臆想的现代国家结构，甚至说，作为现代国家的共同体自由形式的激进民主伦理构想，也必须接纳黑格尔接受的浪漫主义和谐乌托邦的真理内涵。这个元批判的真理内涵在于：如果现代世界没有共同体自由，那是不可思议的，但共同体自由并非建立在消极自由基础上。

---

① Albrecht Wellmer, *Endspiele.Die unversöhnliche Moderne*, Frankfurt/M.:Suhrkamp1999, S.40.

第二节　话语合理性与自由民主原则

一、个体权利平等与话语合理性

在维尔默看来，个体权利制度化可能的合理共识内涵尚没有清楚的界限。准确地说，每个使公民之间获得合理共识的条件都是可疑的。“尽管我们能够借助于话语合理性的元原则来描述这些条件，但我们必须明白，通过这些描述并不能描述个体权利平等原则。这意味着，通过话语合理性条件的说明还根本不能描述这个规范内核。这个规范内核不可以安置在个体权利制度化方面，如果不想使民主话语基础成问题的话。”①因而，与流行观点不同，维尔默认为话语合理性条件不能等同于民主话语条件，个体权利不能从合理性原则中引出来。

我们知道，哈贝马斯试图使话语合理性的元原则成为个体权利具体化的唯一真实基础，以此保证共同体主义视角的优先性。维尔默认为这必然走向失败，因为话语合理性的元原则只有与个体权利平等原则相联系时，才能描述这个真实基础。因而，现代民主文化的规范基础不能仅仅从话语合理性概念中推导出来。维尔默指出，为了突显现代社会合理共识的基本条件，需要使用比合理论证或合理共识概念更多的概念。“如果这是正确的话，那么黑格尔特别讨论的自然法学说的两层意义是正确的：一是试图在自然法的原子主义构想中拯救真理要素；二是拒绝将自然法概念转译为先验的交往合理性与交往自由原则。”②这表明，后一个原则，即使在程序合理性意义上，也不能从普遍的消极自由概念中直接推导出来；相反，在一定意义上，消极自由权利甚至反对（共同体的）交往自由权利。从这个视角看，消极自由至少是发表不同意见、作为不同政见者行为的自由。但很显然，必须承认现代世界中每个可能的共同体自由之要素的相应权利。

---

① Albrecht Wellmer, *Endspiele.Die unversöhnliche Moderne*, Frankfurt/M.:Suhrkamp1999, S.42.

② Albrecht Wellmer, *Endspiele.Die unversöhnliche Moderne*, Frankfurt/M.:Suhrkamp1999, S.43.

为了论证自己的命题，即不能将普遍的消极自由原则，在概念上视为哈贝马斯交往合理性原则的一部分，维尔默在下面做了两点说明。

（1）从程序合理性概念出发，个体权利平等原则，要么被理解为保持可能的合理共识内涵不变的道德规范；要么被视为包含在话语合理性的元原则当中。根据哈贝马斯的逻辑，在话语合理性的规范预设中，必须包含着普遍主义；换言之，普遍主义必须是话语合理性的元原则的一部分。那么，为什么谈论权利的合理性原则，即使它是交往合理性原则和/或话语合理性的元原则，也能够是不合理的？这是因为，交往合理性领域与话语合理性领域(从内部看来）是有界限的。因而，如果这个原则是先验原则，那它对可能的言说者来说，必然是合适的，不容许有可能的例外。然而，言说者有时能够在非道德权利基础上，伤害共同体的合理要求。根据维尔默的看法，道德权利从根本上说是内在的，它是在道德义务术语中得到解释的权利；道德义务承认个体的消极自由领域，即使个体以合理方式行使相应权利。但无论如何，普遍的消极自由原则，并不是合理性原则的组成部分；相反，合理共识原则必定超越消极自由原则而被证明为具有较高可靠性。

（2）罗尔斯将第一个正义原则解释为在"原初状态"，即"无知之幕"条件下个体之间合理共识的内容，并试图在纯粹策略基础上找出：哪种社会秩序是最好的？按维尔默的理解，罗尔斯的第一个正义原则非常接近权利定义，但也接近黑格尔的抽象法概念。从某种意义上说，罗尔斯试图遵循与黑格尔相似的论证程序。因为他试图表明，如果所有人都深刻地思考正义论可能涉及的制度内涵，那普遍的共同体自由概念就走向民主伦理。当然，从论证程序看，罗尔斯与黑格尔也有明显区别："最重要的区别在于，对罗尔斯来说，第一个正义原则，即自由平等原则，直接走向平等的政治参与权原则"①。这样，罗尔斯的论证原则，就既不是哈贝马斯的话语合理性的元原则，也不是哈贝马斯可能的合理共识内涵的特殊道德规范，

① Albrecht Wellmer, *Endspiele.Die unversöhnliche Moderne*, Frankfurt/M.:Suhrkamp1999, S.46.

而是个体正义的元原则。在罗尔斯那里，个体是抽象的个体，自由是抽象的自由。因而，个体之间的先验共识是不必要的。

维尔默断定，与罗尔斯一起回到共同体主义构想是不成问题的。这个构想从一开始就将康德的道德普遍主义与法律普遍主义置于现代意识中心。因而，这个构想从一开始就内含着市民社会与国家的二元论——一个带有规范内涵的二元论。“我们可以将这个二元论视为黑格尔、穆勒、托克维尔政治哲学共有的理论内涵。”①然而，共同体自由概念，除以交往合理性为基础外，没有规范的二元论。一是因为它没有内含着消极自由原则；二是因为在哈贝马斯理论中，市民社会的原子主义方面，只有从复杂性简化视角，即在现代社会调节问题概念中才能得到辩护。不过，维尔默能够论证，从消极自由立场出发不是复杂性简化，而是复杂性产生，这对市民社会来说是构成性的。

维尔默指出，若哈贝马斯将交往合理性概念理解为后形而上学合理性概念的规范核心，那他就是正确的。在这个意义上，交往合理性概念被理解为现代意识的规范结构。当然，为了阐释现代自由观念的规范内涵，仅有交往合理性是不够的。因为“个体权利平等原则，是关于现代普遍人权内涵合理共识唯一可能的原则。不过，由于‘消极的’或‘抽象的’自由范畴，以及我们以为的人权最重要的方面，不可能是交往合理性原则的组成部分。所以，人权原则就不能直接内含在合理性原则中：人权原则是实体性道德原则，对它的辩护与对交往合理性原则的辩护要区分开来。但同时，人权原则并不是能够在合理共识中得到辩护的特殊规范。作为权利的‘元原则’，它更加接近道德的‘元原则’”②。在这个意义上，人权原则能够定义民主话语可能的道德合法性条件。这就是从哈贝马斯到罗尔斯的现代自然法传统的真理内核，但这个真理内核，必须用交往合理性和/或话语合理性加以补充，如果它想成为积极自由或交往自由内核的话。

---

① Albrecht Wellmer, *Endspiele.Die unversöhnliche Moderne*, Frankfurt/M.:Suhrkamp1999, S.46.

② Albrecht Wellmer, *Endspiele.Die unversöhnliche Moderne*, Frankfurt/M.:Suhrkamp1999, S.47.

维尔默认为，个体权利平等原则与话语合理性原则相互依赖，但并非先验意义上的相互包含。因而，在现代世界中，自由与理性并不一致，即使自由的要求是理性的要求，即使消极自由的目标是理性自由或公共自由。不过，维尔默说，在现代世界中，尽管自由与理性不一致，但共同体自由与交往合理性之间存在关联：民主自决概念要求非强制交往的公共空间。这样，个体自由权利就被转译为政治参与权，消极自由就扬弃在集体自决中；而共同体自由简直就是成为伦理形式的话语合理性。就是说，哈贝马斯的程序合理性概念，将确定共同体自由后传统形式的规范内核。“后传统形式的团结要求：我们期待所有其他人都有消极自由空间，这是我们确定自己的生活、能够对自己的决定负责的前提，它包含着对平等的自由说‘不’，并做相应的处理。只有在这样的自由基础上，对称的相互承认形式、自愿的协商、平等的合理共识，才是可以理解的。”①换言之，只有当程序合理性概念内含着参与生活方式筹划时，人们才能将共同体自由概念仅仅建立在合理性概念基础上。在理想意义上，这种筹划被理解为交往合理性或话语合理性的体现。但维尔默认为，这种理想化是没有意义的。

事实上，维尔默想说的东西，并不是程序合理性概念包含着先验幻象，而是程序合理性概念并不真正包含理想化。出于这个原因，共同体自由概念，即使它给予合理性论证与道德共识重建以特殊地位，也不能还原为程序合理性概念。他指出，如果有公共自由的制度化空间，那么这个（被共同承认的）空间只能是自决的空间。在其中，人们能够在公共话语和民主实践媒介中，将他们的自决权利视为政治权利。但当消极自由通过制度与集体自决程序转变为共同体自由时，这种共同体自由必定是自我反思的：它成为自身目的。“如果我们相信从黑格尔到阿伦特的每个哲学家——他们认为古希腊城邦是政治自由的第一个最大典范，那么上述说法对古希腊城邦来说是适应的。”②就是说，共同体的制度、程序、习惯成为

① Albrecht Wellmer, *Endspiele.Die unversöhnliche Moderne*, Frankfurt/M.:Suhrkamp1999, S.49.

② Albrecht Wellmer, *Endspiele.Die unversöhnliche Moderne, Frankfurt*/M.:Suhrkamp1999, S.50.

自身目的，对个体的自我阐释、认同、实践取向来说，是构成性的。因为民主意志形成的内容，不能长期地由前政治事件、利益、冲突来确定，毋宁说，共同体自由本身成为政治内容。不过（城邦）自由的自我反思与共同体自由的自我反思应该区分开来：后者建立在特殊权利的普遍承认基础上；它既不建立在一定的规范内涵基础上也不建立在阐释基础上，并不受可能的理性批判影响。因而，在一定意义上，每个特殊的规范内涵、每个专门的制度调节、每个确定的阐释语境，原则上都是可疑的、可变的。因而实际上，程序合理性概念规定着共同体自由的结构条件。这样，程序合理性概念，就是*理性的自由*，但不是理性自由。

二、“对偶然性的承认”与自由民主原则

在《真理、偶然性与现代性》（1991）中，维尔默讨论了罗蒂与哈贝马斯之间的相互批评，这不仅涉及后形而上学真理的理解问题，而且涉及没有最终论证的自由主义文化基础问题。前者与话语伦理学的前提之一，即真理共识论密切相关，后者与自由民主原则紧密相连。在这里，我们主要讨论后者。

第一，“对偶然性的承认”意味着对形而上学的解构。在谈到没有最终论证的自由主义文化基础时，维尔默首先赞同罗蒂的看法：弱反思意识是被描述为现代自由主义文化的东西。这个弱反思意识与罗蒂描述的“对偶然性的承认”紧密联系在一起——我们的语言的偶然性、我们的价值取向、我们的文化、我们的制度。显然，对有效性要求的关系来说，所有这些类型的结果都是对偶然性的承认，尤其是对言谈者与论证者的施为性维度起反作用。当然，如果通往最终论证的道路被堵塞了，正如对最终和解的期待被禁止一样，那么所有形式的教条主义与基础主义就失去了基础。此外，在（没有主体间性的必然论证或明晰性的）冲突中，如在某些道德冲突、法庭判决、高尔夫比赛、历史阐释中，人们不能总是从“任何情况下都存在绝对真理”出发：历史的终结无论在何处，从上帝视角看，都在最终的共识中。然而，“如果我们长期不从‘任何情况下都存在绝对真理’——即使我们此时此地也许还不能保证它的存在，并且之所以不能，

是因为这个假定通过对言谈者或论证者以真理为取向的可能性条件的批判性反思（即通过‘对偶然性的承认’）而被解构——出发，那么对我们与上面提到的冲突问题的关系来说，必然有这个结论：如更多的宽容、修正信念的准备、生活多元化的准备、根据新的描述或阐释寻找老问题的准备，或倾听他人说什么的准备。”①

如果“对偶然性的承认”最终内含着这个观点，即从“有限的、有死的、偶然的人的存在”引出来的本质，与从“其他有限的、有死的、偶然的人的存在”中引出来的意义没有什么不同，那么每个与社会化联系在一起的尝试——无论是神学的、形而上学的、还是科学灵感的意义构思——都必然表现为深层无用的。但如果对“对偶然性的承认”，即对形而上学的解构包含着对一些现代理解的合理性残余，即对教条主义和基础主义、不宽容与狂热的知识基础的解构，那么“对偶然性的承认”与对自由主义文化的论证之间就有着深层关联。维尔默认为，对基础主义和形而上学进行批判，必然导致对“对偶然性的承认”，也必然对理解现代自由民主原则发挥作用。就是说，“我们不能长期从这点出发——有一个阿基米德点，如理性概念，合理性原则深植于其中。就此而言，我们能够承认，对自由民主社会的原则、秩序和制度进行‘辩护的’唯一可能性在于，我们的信仰、道德取向与观念差异，以尽可能关联的方式被重构。从一定意义上说，这种类型的重构总是循环的，因为它不能从（超越我们文化的、政治的、道德的）语法出发得到实现；在这个意义上，‘种族中心主义的’辩护应当被保留下来。这就意味着（罗蒂所强调的东西），语言的、政治的、道德的语法，以及文化秩序与制度，不能完全地（仿佛从外面）得到辩护，因为‘辩护游戏’只有在一定的语言游戏中才有清楚的定义，但并不关涉作为整体的语言游戏”②。因而，尽管这个命题——如果我们承认，在我们的语言或文化之外，没有一个阿基米德点——在某种意义上是有目共睹的，

① Albrecht Wellmer, *Endspiele.Die unversöhnliche Moderne*, Frankfurt/M.:Suhrkamp1999, S.167.

② Albrecht Wellmer, *Endspiele.Die unversöhnliche Moderne, Frankfurt*/M.:Suhrkamp1999, S.168.

但它实际上内含着什么，则是完全不清楚的；但人们能够对从内部出发进行阐释和重构的语言游戏、秩序、制度、原则，或观念差异进行辩护，则是清楚的。这也适合于形而上学本身，因为没有人能够理解：数学实践的要点、数学概念的意义或一定的证明力量。

第二，“对偶然性的承认”意味着为自由民主原则辩护。维尔默指出，如果这关涉政治原则、程序、制度，如现代自由民主传统辩护，那显然是近似适应的。在这种情况下，社会化问题甚至比在数学情况下还有戏剧性，因为属于自由主义文化的政治原则、程序、制度理解的实践知识，包括道德判断、情感作用，以及它们之间的交织。因而，对自由主义政治文化逻辑的内在澄明与重构，不可能是对这个程序中的文化原则、程序的辩护。问题在于，“所有这一切是否意味着，只有在特殊情况下，自由民主原则才能确定可能的政治的—道德的‘语言游戏’？也许有特殊情况，我们的道德原则需要我们承认其他文化的‘他性’（Andersheit），而这个语言游戏不需要这种特殊情况。”[①] 维尔默说，这个问题不能简单地用“是”或“否”回答；但合格的否定应该被辩护。因为这个辩护，不仅是对自身的辩护，而且是辩护的极点所在。对这个问题，维尔默试图通过构思的逐步完善来加以阐释。

（1）应当弄清楚，维尔默所说的内在澄明、重构、辩护完全能够相互偏离。因为自由民主原则的内在重构，既可以是保守的又可以是激进的；而且，对自由民主原则进行批判性重构，与对它进行共同体主义批评之间也许没有绝然的界限。这就表明，这里关涉的自由主义文化，不是封闭的语言游戏，而是建立在自身原则基础上、能够对自身进行批判与辩护的语言游戏。因而，无论如何，当维尔默谈论自由民主原则时，他能够想到这个批判的潜能是内在的，以及制度和程序是什么与应当是什么之间的张力，也是内在的。在《现代世界的自由模式》中，维尔默将自由民主原则理解为本质上反对社会不公、反对少数人歧视、反对性别歧视、反对文化

① Albrecht Wellmer, *Endspiele.Die unversöhnliche Moderne, Frankfurt*/M.:Suhrkamp1999, S.169.

帝国主义；或反对垄断公共领域的霸权主义、反对社会暴力。或许像罗蒂一样，维尔默也不将这个原则理解为对社会混乱状况的辩护。

（2）维尔默所论证的东西关系到以我们的语言（或文化）与他们的语言（或文化）差异为基础的抽象。维尔默说，真正令人感兴趣的显然不是下述情况——每个人都试图为与其他文化成员不同的语言程序或非语言程序进行总体辩护；人们感兴趣的是这种情况——不同的、有时重叠的词汇相互冲突，主要是新词汇与老问题处于冲突中。维尔默承认，在通常的论证实践中，总是容许整体论的、创新的、差异的要素，而论证常常包括这样的尝试：使老问题或令人信赖的状况在新的光谱中显示出来。因而，它是一个需要重新描述的历史要素，是通常的论证实践令人感兴趣的创新形式。此外，它是这样的，以至于作为公共语言的言说常常不是论证的出发点，而是论证的结果。这样，“我们就缺乏论证实践的极点，如果我们在刚性的规则和标准的共同体系标题下解释它的话。只有当我们在刚性的规则体系意义上解释合理性论证的有效范围时，语言的内部论证和外部论证，以及可能的论证领域和不再可能的论证领域的区分才有同等含义。可是，最令人感兴趣的情况仿佛在极限之间。”① 当然，只有当它与下述情况相联系时，这种最令人感兴趣的情况才是可能的。就是说，我们总是能够试图从他人的视角看事情；我们能够用新词汇或新视角使之成为可信的；我们有时同时说两种语言，并且试图发现：一个新词汇或一个新描述是否能够阐明旧体验或解决老问题。

维尔默指出，如果要向前推进罗蒂的自由民主社会偶然性命题，那么这个偶然性就出现在新的光谱中，尽管它很少像罗蒂描述的那样出现。因为自由主义文化能够被理解为封闭的语言游戏。事实上，自由主义文化，从历时性看，有历史；从共时性看，有外延。因而，对自由民主原则和制度来说，这有一系列好的论据：例如：现代革命史、康德、托克维尔、穆勒、潘恩，以及对联邦主义文献的研究；又如，极权主义、民族主义、种

① Albrecht Wellmer, *Endspiele.Die unversöhnliche Moderne*, Frankfurt/M.:Suhrkamp1999, S.171 .

族主义、反犹主义或宗教的、政治的原教旨主义；进一步的论据是从当代自由民主社会的价值、原则、自我阐释的内在批判性重构中获得的。因此，“如果仅仅放弃自由民主原则最终论证观念，即无需用自由民主的政治逻辑来论证，并且在这个论证中容忍（历史的与他者的）体验，那就揭示了为自由民主原则和制度的建立与发展的批判性论证密实的网络。”①尽管这个论证几乎不相信伟大的民族主义者或宗教的原教旨主义者，但事实是，维尔默的论证并不必然意味着，每个人都不相信它是好的论证。

因此，自由民主原则和制度只能在生活中获得，如果它在公开话语和政治冲突中一再被阐释和定义的话；或者说，自由主义文化，完全是通过从其基本原则的公开讨论中获得的结构性原则来刻画的。“在某种程度上，自由民主原则是自我反思的：它保障所有公民平等的权利和自由，同时保障他们平等地参与公共讨论的权利和自由。”②因而，自由民主原则的自我反思之间的非偶然性关系，是相当明显的：一方面，公共话语对自由民主社会的结构性作用，以及罗蒂意义上的“对偶然性的承认”；另一方面，正如罗蒂所强调的，所有为自由民主制度寻找最终论据的尝试，可以说是失败的。但是，偶然性命题不能这样来理解，似乎它只触及现代自由主义文化；毋宁说，它根本触及真理论证可能性条件的哲学命题。当然，“对偶然性的承认”，对（为宗教奠基的或为神秘的或唯科学世界观定位的）文化而言，必须有深刻的颠覆性后果。不过，所有关于这些颠覆性后果最终论证的尝试，都转变为对自由民主原则的附加论证。这个原则被刻画为唯一能够将“对偶然性的承认”与合法的、非强制的公开再生产统一起来的制度。这个命题有一系列论据，维尔默试图阐明三个最重要的论据：

（1）如果普遍主义地理解自由民主原则（而且应当这样理解），那么它就与对（关涉生活信念、生活方式、认同形式的）他性的承认相一致，

---

① Albrecht Wellmer, *Endspiele.Die unversöhnliche Moderne*, Frankfurt/M.:Suhrkamp1999, S.173 .

② Albrecht Wellmer, *Endspiele.Die unversöhnliche Moderne*, Frankfurt/M.:Suhrkamp1999, S.174 .

而且它（至少从概念上）容许，与对他性和差异的尊重联系在一起思考的平等权利。在这个意义上，“差异政治”就以建立在自由民主原则基础上的道德普遍主义为前提。

（2）因为自由民主原则是自我反思的，它要求公共空间的制度化。这样，自由民主原则的内涵、应用与制度化就必须经过政治话语和文化话语媒介一再重新规定。借此，它同时能成为公共利益的事情。但对那个以实体为基础的社会团结形式来说，“共同体的”公共自由空间是唯一可能的“代替者”（Substitut）。就是说，如果社会团结的传统基础又一次通过“对偶然性的承认”的澄明而被破坏，那它就是唯一可能的代替者。

（3）在某种意义上，自由民主原则是元原则。在社会团结传统的实体主义基础被毁坏后，这个原则就不再能够简单地定义有时被宗教共识代替的实体主义共识；毋宁说，它标志着与实体主义问题不可消解的矛盾进行非暴力交往的可能。因而，在抽象层面上重建共识与团结的可能，仿佛是代替实体主义共识的程序共识。维尔默认为，这个区分是相对的和引人误入歧途的，因为话语程序不是“程序”一词的原本含义，并且话语程序的价值与自由、正义、团结的实体价值联系在一起。这样，浮现在人们面前的就是形式的程序和制度，与非形式的政治话语实践内在交织的动力学。通过这个内在交织，那个实体价值能够成为像公共规划一样的公共事件。在这个意义上，程序共识就能够再生产这个社会的合法性。在政治话语与文化话语的媒介中，它不断地超越和改变形式。

总之，“对偶然性的承认”不仅使自由民主原则和制度获得了新的论据，而且保障了对自由民主原则和制度的承认。当然，这个不可消除的偶然性并不表明，自由民主原则缺乏好的论据；毋宁说，它标志着在下述所有这些尝试的偶然性要素。这些尝试是指，这个原则被富有成效地制度化，并被转化成民主伦理。维尔默断定，马克思对现代自由民主原则的描述，尤其是关于贫富国家对立的描述，具有意识形态嫌疑，而且是前后矛盾的，因而，它根本不能阐发规范视角，毋宁说，它是作为内涵被理解的。然而，在特殊意义上（不是在乌托邦意义上，但或许是在西方民主条件过时意义上）马克思（颠覆所有……关系）的绝对命令具有最终效力。①事实上，由于社会之间的张力或生态破坏、种族主义或种族冲突，暴力增多、经济危机或经济帝国主义，自由民主社会最终必然崩溃。

第三节　自由民主与共同善

一、正义与善的优先性之争

第一，自由主义—社群主义之争。众所周知，“自由主义”（liberalism）概念是十分复杂的。笼统地讲，如同古典自由主义一样，当代自由主义也可以分为两个传统：一是功利主义传统，二是契约论传统。前者被称为“自由至上主义”（libertaranism），又称为自由放任主义、极端自由主义；后者被称为“自由平等主义”（liberal equalitarianism），又称为权利自由主义、义务论自由主义。实际上，在自由、平等、民主、正义这些自由主义基本价值问题上，它们之间并没有什么根本不同；不过应当承认，关于自由、平等、民主、正义在自由主义价值体系中的地位，它们的看法是有差别的。例如：罗尔斯、诺齐克、德沃金等人都被视为自由主义的“权利优先论”者，但他们对自由与平等的关系，以及对民主、正义的理解有较大分歧。简单说，只有在“正义独立于善”的意义上，他们才“行进在同一条道路上”，但“以不同方法捍卫着自由主义的结果”：在分配正义问题上，德沃金像罗尔斯一样，既坚持程序正义（形式正义），又兼顾社会正义（实质正义）。所谓社会正义（实质正义），就是强调社会环境的正当以及分配标准的合理，如确定某些特定的分配原则，以追求某些结果平等；但这往往导致某些事实上的不公正（非正义）。因此，诺齐克像哈耶克一样只坚持程序正义（形式正义），反对社会正义（实质正义）。所谓程序正义（形式正义），就是按某些普适原则而行为，坚持起点平等、规则普适平等，

① Albrecht Wellmer, *Endspiele.Die unversöhnliche Moderne*, Frankfurt/M.:Suhrkamp1999, S.77—78.

强调机会平等，但这往往导致某些事实上的不平等。简言之，对诺齐克来说，自由就意味着一切，平等算不了什么；相反，德沃金强调平等是自由主义的原动力，因此捍卫自由主义就是要捍卫平等；罗尔斯的政治正义论则力图在自由与平等之间寻找某种平衡。

“社群主义”（communitarianism）也是一个充满歧义的概念，就连公认的社群主义代表人物也承认这一点，以至于他们不愿意被称为社群主义者。例如：在《自由主义与正义的局限》（1982）中，桑德尔①承认就坚持“正义内在于善”而言，自己是社群主义阵营中的一员。但是，对“正义内在于善”有两种理解：一是主张正义原则应当从特殊社群成员共享的价值中汲取道德力量，或者说，社群的价值规定着何为正义，何为不正义——只有这种理解才是通常意义上的社群主义；二是主张正义原则及其证明取决于它所服务的那些目的的道德价值或内在善——这种理解最好描述为至善论。桑德尔断定，困扰着当代自由主义—社群主义之争的大部分混乱都源于人们未能区分这两种理解。在《论共和主义与自由主义：桑德尔访谈录》（1996）中，桑德尔声明，如果说社群主义意味着“多数至上主义”（majoritarianism）或某种道德相对主义，那他本人的观点就不是社群主义的。因为“多数至上主义”坚持这样一条错误原则：在一个具体的社群中，只要能够得到大多数人赞成的政策就应该加以实施。所以，桑德尔宁愿被称为“公民共和主义”(civic republicanism)②，也不愿意被称为社群主义。在他的视阈里，公民共和主义的核心思想就是自由取决于自治，而自治需要公民能够就公共利益进行协商，能够有意义地共享自治与自我管理。

在《正义诸领域：为多元主义与平等一辩》（1983）中，沃尔泽区分了“社群主义”的两种含义：一是在道德基础问题上，它诉诸共同的意义；

---

① 桑德尔（Michael J.Sandel，1953—），美国政治哲学家，哈佛大学政治哲学教授。

② 像“社群主义”概念一样，“共和主义”概念也是充满歧义的：一般分为古典共和主义与公民共和主义，前者如亚里士多德、西塞罗、卢梭等；后者如汉娜·阿伦特、波考克、佩蒂特、斯金纳、米歇尔曼等。在这里，共和主义与社群主义是区分开来的；但在哈贝马斯、维尔默、霍耐特、桑德尔等人视阈中，共和主义与社群主义往往是混用的。

二是将社群视为一种善，或许是一种最重要的善。有鉴于此，他宁愿称自己为“社群的自由主义者”。在《答非所问：自由主义—社群主义之争》（1989）一文中，C. 泰勒指出，诚然，自由主义与社群主义之间存在着重要差异，但在自由主义—社群主义之争中，也确实存在着大量答非所问的现象。原因就在于，混淆了“本体论论题”（ontological issues）与“辩护论题”（advocacy issues）：前者关心人们在解释社会生活时所承认为终极的项，这里有原子主义与整体主义之争；后者关心人们所采取的道德立场，这里有个体主义与集体主义之争。这样，就出现了下列复杂的情形：既存在原子主义的个体主义（如诺齐克），整体主义的集体主义（如马克思）；又存在原子主义的集体主义（如斯金纳），整体主义的个体主义（如洪堡）。因此，为了避免这种误解，应当废弃自由主义、社群主义这两个概念。

由此可见，自由主义与社群主义的根本分歧在于正义与善的关系问题。一般认为，罗尔斯、诺齐克、德沃金关于自由、平等、民主、正义等问题的论争属于“家族内部之争”；而自由主义—社群主义之争则属于“不同家族之间的论争”。但是，由于自由主义、社群主义这两个概念，或者说，这两种思潮的多义性、模糊性、交叉性，使得这个论争变得扑朔迷离。针对社群主义对程序自由主义的批评，加拿大政治哲学家金里卡（Will Kymlica）进行了反驳，并为自由平等主义辩护。在《自由平等主义与公民共和主义：朋友抑或敌人?》（1997）一文中，他将社群主义视为一种公民共和主义，并在分析自由平等主义与公民共和主义政治观念之后，强调“在所有的实际问题中，共和主义与自由平等主义都应该是盟友”[①]。不过，当自由主义的正义与共和主义的民主发生冲突时，自己将站在自由平等主义一边，因为正义是政治秩序的首要德性。

第二，自由民主社会内部之争。在当代政治伦理学语境中，人们对自由主义与社群主义关系的理解是不同的：（1）社群主义与自由主义是对立

① ［加］威尔·金里卡：《自由主义、社群与文化》，应奇、葛水林译，上海译文出版社2005年版，第287页。

的。如C.泰勒断言，在英语世界，程序自由主义非常流行，姑且不说是支配性的。按程序自由主义的说法，一个自由的社会不应该以任何特定的美好生活观念为基础，它的核心伦理是正义而非善。然而，程序自由主义存在着严重的问题：坚持平等会削弱道德承诺、相互团结的共同感。这些问题只有当人们开启了关于社群认同的本体论论题之后，才能得到恰当阐明。桑德尔也说，在美国公共生活中，共和主义（社群主义）已经为平等自由主义所代替，但它们对权利的辩护，或者说，对自由与善的关系理解是不同的。（2）尽管社群主义作为一种政治道德哲学，与公民共和主义一样，是以自由主义对立面形象出现的；但“社群主义理论与自由主义并无实质性冲突”①。

与上述第二种观点相似，维尔默断定自由主义与社群主义之争，仍然是自由民主社会内部之争。在《民主文化的条件：自由主义与社群主义之争》中，维尔默指出，尽管自由主义与社群主义之争深深植根于现代政治哲学史中，但都延续了政治合法性论争：它将这个使卢梭、早期浪漫派、黑格尔、马克思、托克维尔甚为担忧的、与现代市民社会一样古老的问题，带到了一个新的平台上。在维尔默的视阈里：

（1）自由主义与社群主义的差异，是共同价值取向内部的差异。毫无疑问，自由主义与社群主义对待欧美自由民主社会的态度是不同的，但很大程度上是共同价值取向内部的不一致。就是说，它们强调同一传统内部的不同方面：自由主义强调自由的基本权利及其非欺骗性；社群主义更喜欢美国早期的公民共和主义，即“共同体”的民主自治传统。因而，它们的不一致可以这样描述：自由主义的兴趣在于自由的基本权利。这样，对自由主义来说，个体自由权利就构成现代自由民主传统的规范内核。社群主义则试图证明，只有在社群的生活方式中，自由的基本权利才能获得合法意义。“社群主义更喜欢那些被遗忘的先决条件：只有在这些前提下，‘自由的自由权利’才能成为社群的生活方式内部的创造性要素。概言之，自由主义依靠的是个体基本权利保障；社群主义给予社群的生活方式或集体

① 顾肃：《自由主义基本理念》，中央编译出版社2003年版，第544页。

自决权利以优先地位。”[①]如果将这些不一致尖锐化，那么这些不一致，如民族的、种族的、文化的自我保护缺失与个体基本权利诉求之间的矛盾，就不能从根本上得到解决。

归根到底，自由主义与社群主义的根本差异，在于正义或善的优先性问题。那么，现代世界的参与民主和民主伦理意味着什么呢？维尔默说，沃尔泽[②]的描述非常接近黑格尔："这种整体的和一元的学说将能量聚集在政治领域。它适合于（无论是在古典主义还是新古典主义形式中）小的、同质的共同体的需要——在这样的共同体体中，市民社会是毫无差异的"。[③]。然而，如果像在自由民主社会中看到的那样，美好生活构想、价值取向、价值认同的多样性和私人化，那这种共和主义形式就失去了基础。因为现在能够共同分有的公共的善，即体现在自由民主制度中的共同善，只能被理解为相互修正的美好生活概念多元化的交叉点，因而，不能将它仅仅理解为美好生活的优先点。不过现在，这种思考必须重新激发民主伦理概念。"民主伦理"概念意味着，"自由民主的行为方式的习惯化，就像它们只有在相应的制度、传统、程序中才能发生和再生一样。从根本上说，它意味着与体现在社会政治文化中的自由民主原则没什么两样"[④]。

（2）社群主义对自由主义批评是正确的，自由的与民主的基本价值相互交织。维尔默说，"如果现在像沃尔泽想做的那样，将平等的公民社会结构初步整理为民族认同和伦理认同的'特殊主义'（Partikularismus），那就会想起（沃尔泽在《社群主义对自由主义的批评》中没有引起特别注意的）自然法的基本动机。"[⑤]诚然，社群主义对自由主义批评的对象主要

① Albrecht Wellmer, *Endspiele.Die unversöhnliche Moderne*, Frankfurt/M.:Suhrkamp1999, S.58.

② 沃尔泽（Michael Walzer，1935—），美国政治哲学家，"社群的自由主义者"。

③ Vgl.Michael Walzer, The Communitarian Critique of Liberralism, in:*Political Theory*, Bd.18. Nr. Ⅰ, Februar1990, p.20.

④ Albrecht Wellmer, *Endspiele.Die unversöhnliche Moderne*, Frankfurt/M.:Suhrkamp1999, S.67.

⑤ Albrecht Wellmer, *Endspiele.Die unversöhnliche Moderne, Frankfurt*/M.:Suhrkamp1999, S.54.

是（作为自由民主社会病态与反常行为反映的）原子主义的个体主义，但沃尔泽对欧洲宗教战争的回忆，凸显了自由主义传统的一个侧面，它是作为社群主义批评自由主义的出发点提出来的，尽管自由主义传统的个体主义不能表述为人类学的原子主义，而只能表述为特殊的现代性反思和解放动力。

实际上，承认社群主义对自由主义批评的正确性，就等于宣告了自由的基本权利和民主参与权的关联。就是说，在自由主义传统中嵌入了社群主义的修正，尽管自由的基本价值依赖于激进民主参与，即依赖于民主伦理，但现代民主也依赖于自由的基本权利。不过，与一般的社群主义者不同，沃尔泽试图将社群主义对自由民主社会病态与反常行为的反对置于自由主义传统内部，以至于自称为“社群的自由主义者”。“被正确理解的社群主义或许就是被正确理解的自由主义”①。在这里，沃尔泽一方面提醒社群主义者，在美国的政治传统中，基本权利话语占据核心地位。因而，至少在这种语境中，具体个体与抽象个体的基本权利对立是没有意义的；另一方面试图证明，在民主参与程序意义上，“社群的”就是这个传统的本质组成部分。简言之，沃尔泽的核心论证就是，自由的与民主的基本价值交织在一起。

（3）自由民主原则是自由主义与社群主义的共同规划。在对自由主义与社群主义进行分析的基础上，维尔默对自由主义与社群主义进行了理论定位。首先，他将社群主义表述为这样的立场，即仅仅建立在保障个体自由民主权利基础上的稳定社会，不能引发作为“统一的宗教力量”的等价物，毋宁说，义务构想如同以认同为基础的共同善构想、集体纽带一样，将个体权利规范地安置同时确定其界限与合法性要求的价值视阈、理解视阈，都是必需的。与此同时，维尔默将自由主义表述为这样的立场：一是自由民主权利内在地（至少是潜在地）与建立在团结基础上的共同善构想联系在一起；二是在现代社会中，即使没有超越善的构想，也可以走向为

① Albrecht Wellmer, *Endspiele.Die unversöhnliche Moderne*, Frankfurt/M.:Suhrkamp1999, S.60.

所有社会成员负责的社会统一的基础。

为了阐明下述问题：社群主义的主题为什么、在什么程度上能够被整合进自由主义理论当中？维尔默同意C.泰勒的观点：对自由的基本权利与自由权利来说，社群主义提到的个体自我的社会性，并不能无结果地保留，因为该问题的“本体论的”层面，并不依赖于“辩护的”层面。同时，维尔默指出沃尔泽为这个论争的解决办法指明了正确方向。因为在沃尔泽那里，自由主义的自我，或许是一个后社会的，而非前社会的自我。所谓“后社会的”（post-sozial），当然不是指自由主义的自我独立于打上社会印记的认同、生活方式和传统，而是指它与所有的自治认同、生活方式和传统有一定的反思距离。对这个反思距离而言，有两个传统是构成性的。其中之一就是，自由主义理论家试图重新描述其规范内涵的现代西方社会传统。自由的基本权利是这个传统的核心。

维尔默强调，自由民主原则是自由主义与社群主义的共同规划。因而，在某种程度上，民主的基本价值与自由的基本价值是等同的：两者在同等程度上都以实质上固定的共同体生活的历史断裂为前提；并且只有在民主参与的媒介中，社会个体之间的交往纽带才能非强制地重建和更新。因而，在自由民主社会中，如果没有美好生活概念，那就肯定没有实质的价值取向或文化认同；也就不能将自由民主共识阐释为现代民主伦理之唯一可能的基础。在这个意义上，现代民主本质上是“超压抑的”（transgressiv），没有牢固的根基。这样，就有再次形成恶的循环的嫌疑：民主话语必须植根于自由的基本权利中，同时只有在民主话语媒介中，基本权利的意义和制度化才能被进一步描述。

二、自由的基本权利与民主的合法形式

第一，沃尔泽策略与黑格尔策略具有亲缘性。维尔默指出，将沃尔泽、罗尔斯与自由主义理论家联系在一起的、并不可避免地与黑格尔区分开来的东西，就是他们对交往自由进行民主理论重述。在《法哲学原理》第273节中，黑格尔曾经提出，民主在现代国家中是不可能的，因为它以公民德性为前提；在特殊法中，黑格尔又一次承认，民主政府形式的

可能基础毁坏了。当然，“如果人们对这个论证稍加改变，并考虑到黑格尔看到的是民主共和国的前现代形式，那么也许会显露出沃尔泽、罗尔斯之最重要的反社群主义先驱。”[①]不过，黑格尔的其他思想，在沃尔泽那里以变化的形式得到了再现。例如：黑格尔将市民社会描述为“失去了伦理的极端形式中的体系”[②]。在《社群主义对自由主义的批评》中，仿佛也包含着这样的描述。在沃尔泽那里的（市民社会中潜含着的原子主义所包含的）分裂要素，与自由的基本权利的“反—共同体潜能”（anti-kommunitäre Potential）相符合。可见，沃尔泽的论证，与C.泰勒的“公民共和主义”是不同的。

第二，自由与民主能够联结成为自由民主的政治共同体。在这里，维尔默首先对哈贝马斯进行了指责：一是哈贝马斯将自由的基本权利嵌入到民主原则中，仍然没有改变事实上的循环论证；二是哈贝马斯关于“自由的基本权利可以从话语原则应用于权利形式中推导出来”的说法，是靠不住的。因为在话语原则中隐含着一个困难的前提：只有平等地再分配基本权利，共识才能是合理的。维尔默说，这肯定可以被视为自由主义文化的前提，但没有任何论据断言，在恰当的、形式主义纲领意义上，它能够被视为先天的。这就意味着，对现代民主平等原则来说，有一些好的论据；然而却不能同时意味着，这些好的论据能够从话语原则应用于权利形式中产生出来。

在对哈贝马斯进行批评的基础上，维尔默又对罗尔斯与哈贝马斯进行了比较。维尔默说，罗尔斯在参与民主中，看到了作为民主参与形式最终标准的自由的基本权利特殊表达的正义原则；哈贝马斯在所有人平等参与的民主话语中，看到了作为现代社会基础的、整理自由的基本权利特殊表达的合法性原则。“在某种意义上，罗尔斯的自由主义理论与哈贝马斯的民主主义理论的差异，标志着最令人感兴趣的东西，因为这是自由主义与

---

① Albrecht Wellmer, *Endspiele.Die unversöhnliche Moderne*, Frankfurt/M.:Suhrkamp1999, S.66.

② G.W.F.Hegel, *Grundlinen der Philosophie des Rechts*, Werke in zwanzig Bänden, Bd.7.Frankfurt/M:Suhrkamp1970, S.184.

社群主义之争最先进的变种。”[①]这样，维尔默就可以确定罗尔斯与哈贝马斯的对错：当说民主话语不能从自身的现实基础中产生出来时，罗尔斯是正确的，因为并不存在关于所有理性本质的事先确定的共识。因此，民主话语必须首先保证自由的基本权利与自由权利时，它才能够出现。维尔默指出，如果从下述错误的前提出发，即民主的平等的参与权和交往权标志着完全非强制的理想话语的终点，同时标志着现实社会的价值评判标准，那就只能从理论上忽略民主话语前提。但如果不是这样，那么，“平等的参与权和交往权”应当意味着什么，就只有在整个法律程序、法律体系语境中，才能被确定。当然，哈贝马斯反对罗尔斯也是正确的：如果对自由的基本权利的阐释与制度化包含在社会状况中，那么民主话语在自身基础面前也不能保持力量。就是说，在民主话语之外不存在一个最高审判机关——既非哲学家又非宪法法官——能够触及不可质疑的、摆脱了批判的决策。换言之，民主话语自身的基础，只有在民主话语媒介中，才能保证与长期安置。如果人们将民主话语不仅视为制度联合网络，而且视为公共领域网络，那就只能这样来思考问题。

在维尔默看来，所谓公共性是指这样的原则，通过它能够将平等的交往权原则的两个不同、但同样重要的含义带入实际关联中。其中，一个含义关系到参与权、话语权：只有在法律程序、程序系统语境中，它们才能有确定的形式；另一个含义直接是道德的：它涉及的每个权利在于，他（她）的声音在民主话语中被恰当地赋予意义。只有当这个（或那个）人的声音在民主话语中得到恰当体现，那民主决策才是正确的。现在，现代民主的超压抑性（与现代经济、科学、艺术的超压抑性联系在一起），就建立在特别不稳定的、不能追溯到自由与民主联系的基础上；但是，自由的基本权利与民主实践之间的张力植根于这个关系中。这样，自由的基本权利，一方面就是后现代民主理论形式的可能性条件；另一方面，对社群的生活方式来说，它又是潜在的炸药包。实际上，沃尔泽已经发现：自由

① Albrecht Wellmer, *Endspiele.Die unversöhnliche Moderne*, Frankfurt/M.:Suhrkamp1999, S.62.

的基本价值在解中心的、多元的、民主的公民社会结构中实现，即国家层面下的制度与公共领域的自发联合，即自由的基本权利与民主的合法形式就联结成自由民主共同体的政治统一。就像维尔默所说的那样，“民主国家需要多元主义，以及作为民主的公民社会生活要素的政治文化；相反，只有在民主国家框架中才能阐发民主的公民社会。”①

综上所述，本章首先围绕着自由主义—社群主义之争，讨论了“自由的社群主义”或共同体主义、新个体主义与新共同体主义，揭示了（消极的）个体自由与（积极的）共同体自由之间的关系；然后通过分析个体权利平等与话语合理性、“对偶然性的承认”与自由民主原则，讨论了话语合理性与自由民主原则问题；最后围绕着正义与善的优先性之争、自由的基本权利与民主的合法形式，分析了自由民主与共同善的问题，得出了“自由与民主相互结合构成自由民主的政治共同体”这样的结论。由此显示出，维尔默的自由民主观念是“自由的社群主义”或曰“共同体主义”，这就深化了对自由主义与社群主义、个体自由与共同体自由等问题的理解。

① Albrecht Wellmer, *Endspiele.Die unversöhnliche Moderne*, Frankfurt/M.:Suhrkamp1999, S.64.

第六章　社会正义与辩护正义

对黑格尔法哲学的诠释与重构，是霍耐特政治伦理学非常重要的一环。当然，作为一个原创性哲学家，霍耐特并不满足于对《法哲学原理》进行学究式解读，而是试图借助于对《法哲学原理》的独特诠释来重构作为民主伦理基础的社会自由与社会正义构想的可能性。

众所周知，堪与亚里士多德比肩的黑格尔，在屡遭冷落之后，在当代西方哲学中出现了令人瞩目的复兴，这甚至似乎为弥合欧陆哲学传统与英美分析哲学传统之间的裂缝铺平了道路，但黑格尔法哲学对当代政治哲学并未产生应有的影响。从罗尔斯到哈贝马斯，基本做法就是回到康德的理性法传统，黑格尔法哲学对他们只有很小的作用；与此同时，尽管社群主义强调社群或伦理共同体的价值，但也尽可能地与黑格尔法哲学保持着距离。所以说，黑格尔法哲学"在当代政治哲学中尚未恢复合法地位"①。为了给一元道德为基础的多元正义构想奠基，在《不确定性的痛苦》中，霍耐特将黑格尔法哲学诠释与重构为"规范的社会正义论"。在《自由的权利》中，霍耐特则试图将黑格尔法哲学诠释与重构为"作为社会分析的正义论"，目的是用黑格尔的"伦理"改造康德的"道德"，从而实现道德主义与伦理主义的融合、规范性研究与经验性研究的结合。

本章将立足于霍耐特、弗斯特的有关文本，讨论规范的社会正义论、

① Axel Honneth, *Leiden an Unbestimmtheit.Eine Reaktualisierung der HegelschenRechtsphilosophie,* Stuttgart:Reclam2001, S.10.

作为社会分析的正义论，以及作为辩护的正义论。

第一节　规范的社会正义论

1999年夏季学期，霍耐特在荷兰阿姆斯特丹大学“斯宾诺莎讲座”演讲，题目是“不确定性的痛苦——黑格尔法哲学的再现实化”，2000年与2001年，分别以英文、德文出版同名著作。其中，第一篇：黑格尔法哲学作为正义论，包括“个体自由观念——（个体）自主的主体间性条件”、“黑格尔法哲学中的‘法权’——（个体）自我实现的必要领域”；第二篇：正义论与时代诊断的内在关联，包括“不确定性的痛苦——个体自由的病理学”、“从痛苦中‘解放’出来——‘伦理’的诊疗学含义”；第三篇：伦理学说作为规范的现代性理论，包括“（个体）自我实现与承认——‘伦理’的条件”、“‘伦理’的超制度化：黑格尔开始的难题”。在该书中，霍耐特对《法哲学原理》进行了第一次系统重构，将黑格尔法哲学诠释与重构为“规范的社会正义论”。

一、个体自由意志观念与规范的社会正义论

在黑格尔那里，法哲学是一门以法的理念为对象的哲学，或者说，从意志概念上来把握冲动，就是法哲学的内容。“这种自由意志以普遍性——作为无限形式的本身——为其内容、对象和目的，所以它不仅是自在的，而且是自为的自由意志”①。在这里，黑格尔从与康德和费希特一致的前提出发：在现代启蒙条件下，所有法权的或道德的规定性，只有被表达为“个体自主”或“个体自决”时才是合法的。这样，黑格尔就像康德和费希特一样相信：每个规范的社会正义论，原则上都必须植根于所有个体自由意志中。这就意味着，在《法哲学原理》中，尽管黑格尔已经形成了自

① G.W.F.Hegel, *Grundlinen der Philosophie des Rechts,* , Werke in zwanzig Bänden, Bd.7.Frankfurt/M:Suhrkamp1970, S.72.

己的体系构建风格，但并未放弃反而接受了青年时期实践哲学的根本意向或思想动机："个体自由"① 必须被理解为个体自我实现的媒介。

不过，黑格尔试图转到与康德和费希特的理性法传统不同的方向上：其一，鉴于主体总是通过主体间性关系而相互联系在一起这个事实，黑格尔断定普遍正义原则的合法性辩护不能从原子主义观念出发——根据这种观念，个体自由本质上存在于不受干扰的、不受他人影响的"任性"（Willkür）之中。其二，由此就产生了这个目标：必须研究对普遍正义构想进行合法性辩护的社会条件——在这些社会条件下，主体能够在他人的自由中相互发现个体自我实现的条件。其三，黑格尔仍然坚持青年时期带有亚里士多德主义色彩的观念，即规范的交往自由原则并不植根于外在的行为规范形式中或纯粹的社会强制规则中，而是植根于习惯的行为模式与习俗中。其四，这时黑格尔比以前更加坚信，在伦理中的交往自由文化，不必被视为社会行为领域的非本质空间——在其中，主体根据资本主义市场条件追逐自我利益。

在《法哲学原理》中，黑格尔将"自由意志的定在"描述为个体自我实现所必需的外在的、社会的或制度的条件。这些条件应该被理解为合法的社会秩序之整体，它允许个体主体参与到自由表达自身的交往关系中，因为只有当个体主体参与到这种社会关系中时，他才能够在外部世界中非强制地实现其自由。霍耐特说，从表面上看，黑格尔似乎接受了康德的个体自决观念，事实上，黑格尔并没有接受而是从根本上反对个体自决模型，认为个体自决像个体自主一样都是不完善的概念，因为一方面，个体自决被理解为人的一种能力、一种意志决定力量，它与所有能够被体验为限制自我独立性的"需求、渴望、本能"保持着距离；另一方面，个体自决又仅仅被描述为自由意志的一个模式，即消极自由的对立面。就是说，个体自决应该被理解为在"被给予的内容"之间进行反思选择或决断的能

① 霍耐特在诠释与重构黑格尔法哲学时，使用了"个体自由"（individuelle Freiheit）、"个体自主"（individuelle Autonomie）、"个体自决"（individuelle Selbstbestimmung）等概念。笔者认为，可以这样来理解三者的关系："个体自主"、"个体自决"是"个体自由"的两个规定性：前者体现着"消极自由"，后者体现着"选择自由"。

力。如果这样，就又重新陷入康德和费希特的道德哲学之中。

在黑格尔视阈里，（消极的）自由意志模型的局限性在于，个体自主只能被描述为对所有癖好或本能行为目的的排除；（积极的）自决选择模型的缺陷在于，个体自决行为必须被理解为在无法把握的癖好或本能行为之间进行的反思性选择。这样，一方面，尽管用个体自决的规定性能够把握个体自由的基本组成部分，但却导致了人的完全无行为能力；另一方面，不可避免地导致康德的义务与癖好、理想的道德原则与外在本能之间的二元论。在霍耐特看来，黑格尔忽视了这个附加条件：每个个体必须能够拥有相应的癖好，以便能够转换自由选择决断的动机。那么，为什么黑格尔又获得了社会正义论构想呢？这是因为，他又与康德和费希特拥有了这个共同的信念，即这个构想必须能够从根本上确定个体自由意志实现的条件：如果个体自由首先和主要表征‘自身在他者中的存在’，那么社会正义就能够同等地保障所有成员交往体验的条件，并由此使每个个体参与不受伤害的互动关系成为可能。

在这个意义上，甚至可以说，黑格尔在个体自由名义下将交往关系视为“基本财富”（Grundgut）①，它们在正义名义下控制着现代社会，并使所有人实现其自由。在黑格尔那里，基本财富不应该根据任何原则被合法地分配；相反，现代社会正义依赖于这些基本财富，它们使得所有个体主体能够平等地参与到这些交往关系中。因此霍耐特强调，基本财富的政治经济学用法不可以诱发这样的观念：似乎黑格尔意图获得罗尔斯的“分配正义”（Verteilungsgerechtigkeit）的规定性；毋宁说，黑格尔似乎假定了这样的出发点：交往关系落入拥有财富的阶级手里，它只有通过共同的程序才能够产生和维持。在这个假定的前提下，人们就能够谈论这些共同程序的先决条件。

由此可见，黑格尔在《法哲学原理》中所论证的规范的社会正义原则，就是所有个体自我实现的必要条件。霍耐特说，一眼就可以看出，“法哲

① 在当代自由主义与社群主义语境中，“Grundgut”一词通常被译为“基本的善”；在黑格尔的语境之中，笔者情愿将它译为“基本财富”。

学原理”这个标题，根本就是误解，或曰错误引导。因为按通常的理解，“法哲学”应该给予“正当法权”的社会作用以规范的合法性辩护；但在这里，黑格尔只是给出了个体自我实现的社会条件的伦理描述。所以，最好用“正当法权的伦理学说”，或曰“规范的社会正义论”代替“法哲学”这个提法。① 在《不确定性的痛苦》中，霍耐特就是按这个思路来诠释和重构黑格尔法哲学的。根据霍耐特的理解，一方面，黑格尔法哲学试图在个体自主必要条件重构形式中证明，为了保证所有社会成员自我实现的机会，现代社会必须包含与准备哪些社会领域；另一方面，黑格尔法哲学的中心目的在于强调，普遍正义原则只有在社会条件合法性辩护形式中才能够被阐发。若如此，个体主体就能够在他者的自由中相互看出个体自我实现的先决条件。在这个意义上，黑格尔法哲学应该被描述为关于社会正义的规范理论，简言之，即规范的社会正义论②。

二、普遍自由意志观念与规范的社会正义论

在霍耐特看来，隐藏在《法哲学原理》“导言”纲领性描述背后的意图，本质上或许是对个体自我实现交往条件的规范重构。在这里，黑格尔给自己提出的任务是：不仅描述“自由意志的定在”，而且从总体上规定“普遍自由意志”即法权观念。对于“法权”的理解，黑格尔与康德和费希特是不同的：在康德和费希特那里，法权意味着合法调节公共生活的国家秩序，因此他们主要是突出国家强制性要素；在黑格尔这里，法权概念具有“必要条件”和“合法要求”双重含义：自由意志观念发展的每个阶段都有特殊的法权，因为它们是自由在自身规定性中的定在；道德、伦理、国家利益都有特殊的法权，因为这些形态中的每一个形态都是自由的规定性和自由的定在。可以说，法权是所有个体自由意志实现的社会必要条件，是个体自我实现主体间性条件的普遍保证。简言之，法权是个体自我实现

① Axel Honneth, *Leiden an Unbestimmtheit.Eine Reaktualisierung der Hegelschen Rechtsphilosophie,* Stuttgart:Reclam2001, S.32.

② Vgl.Axel Honneth, *Leiden an Unbestimmtheit.Eine Reaktualisierung der Hegelschen Rechtsphilosophie,* Stuttgart:Reclam2001, S.34.

的先决条件。

但对黑格尔来说，社会现实中的东西并非必然是从“普遍自由意志”，即法权中产生的；个体自由意志的实现也并非必然是从合法的法权制度中产生的。相反，已经证明，在自由的交往关系中，个体主体实现其自由意志的必要条件，是使个体主体成为可能的“自身在他者中的存在”。所以霍耐特强调，法权作为个体自我实现的必要领域，必须被理解为法哲学的基本原则，从而也是规范的社会正义论之核心。

在《法哲学原理》“抽象法权”部分，黑格尔对现代自然法（理性法）的规范内涵进行了重构，目的是为了用自己的语言描述，抽象法权对个体自我实现的贡献何在？在这里，黑格尔不仅阐发了所有权的基本原理，而且将契约视为形式法的核心要素。然而，对个体自我实现的目标来说，应该在何处赋予抽象法以伦理价值？①对于这个问题的回答是非常困难的。对黑格尔来说，抽象法权的伦理价值在于纯粹意识成为法权承担者，因此它为个体在伦理领域的道德承认提供了可能。不过，霍耐特认为，在社会正义论构想中，黑格尔已经看到了抽象法权的功能和界限——抽象法权的功能是在伦理内部维护着合法的个体意识；只有当所有社会关系在合法性要求中再现时，抽象法权的界限才会出现。

如果说，“‘抽象法权’部分相对无问题地集中在具体的基本原理中，那么，紧接着的‘道德’部分则完全处于另外的情况：黑格尔试图尽可能地在时代诊断与历史推论之间建立起理论联系，目的是为了能够为道德自决观念对社会生活实践的作用提供一个大致的分析。”②在这里，黑格尔提出了三个目标：一是确定道德自决观念的伦理价值和界限；二是在同一语境中勾勒时代诊断命题，并探讨康德的道德个体主义如何推动浪漫主义的个体主义形成？三是概述在交往伦理范围内自由意志实现的条件。可见，黑格尔不仅确定了道德自决观念的伦理价值和界限，而且试图给出从道德

① Vgl.Axel Honneth, *Leiden an Unbestimmtheit.Eine Reaktualisierung der Hegelschen Rechtsphilosophie,* Stuttgart:Reclam2001, S.57.

② Vgl.Axel Honneth, *Leiden an Unbestimmtheit.Eine Reaktualisierung der Hegelschen Rechtsphilosophie,* Stuttgart:Reclam2001, S.60.

向伦理过渡必要性的理由。

但黑格尔发现，转向“道德立场”的决定性原因是根本缺乏的：因为在道德自决观念中，个体自由是从他人视角得出的，通过这种方法将理性自我规定的结果视为自由行为。所以，黑格尔反对康德的道德自决观念。在黑格尔看来，康德提出义务应该与理性一致，这一点是难能可贵的；但是康德的道德哲学的缺点在于，“绝对命令”（Imperativ）范畴的空洞性。因为在康德那里，道德原理应用只有在道德冲突已经产生，即在道德实践挑战情况下才是必要的。但到底什么是道德冲突？什么是道德实践挑战？这些问题间接地依赖于（黑格尔在批判中或许已经看到）这个观点：只要人们总是在道德关系与道德观念制度化的社会世界中活动，那么绝对命令范畴的应用就是没有结果的或空洞的。如果社会世界总是预先为人们确定道德话语，那么绝对命令范畴也就失去了论证功能。不过，霍耐特并不认同黑格尔的观点，而是认为黑格尔对康德的指责缺乏证据；更为严重的是，黑格尔反对康德的道德自决观念的两个要素——文本无判断力与严格意义上的道德理论论证存在问题——总是相互冲突的。

霍耐特认为，在《法哲学原理》“抽象法权”和“道德”部分中，黑格尔同时解决了两个任务：在赋予两种自由（法权自由和道德自决）以积极的功能或伦理价值的同时，指出了个体自我实现的必要限度，这样，就能够确定这两种自由观念在现代正义秩序总体中的地位。但在黑格尔眼里，“抽象法权”和“道德”还没有达到那种被称为习俗的东西。“伦理”作为自由的理念，即成为现存世界与自我意识本性的那种自由的概念，是习俗的东西。在《法哲学原理》“伦理”部分中，家庭作为“直接的或自然的伦理精神”，它是伦理的第一个环节，在伦理中具有基础地位①。现代“核家庭”表明，在夫妻的性爱形态中发生了个体本能需求的主体间性满足；孩子的非组织化的本能需求通过父母之间的实践关系而被改造。不

① 毫无疑问，婚姻是构成家庭的主要方式。在婚姻问题上，黑格尔主张婚姻是一种直接伦理关系，是具有法权意义的伦理之爱，并反对下述三种观点——婚姻只是一种性关系（自然法学说）；婚姻仅仅是民事契约基础上的相互利用关系（理性法学说）；婚姻只能以积极情感与相互激情为基础（早期浪漫派）。

过，黑格尔明白，用这种描述方式还没有办法解释清楚：为什么家庭应该从根本上关涉到伦理领域。黑格尔这样说道，使家庭成为伦理要素的特殊情况是，个体本能需求的满足是在相互爱的形式中实现的，即在我与她同她与我同一的情感互动中发生的。黑格尔将爱描述为这样一种行为方式：一个人被爱，就意味着他（她）拥有被信任、被关心的意识。因而，家庭应该被描述为一种认知性关系。在其中，每个成员都清楚地知道："他人被视为一个不可替代的个体"意味着什么。总之，黑格尔将家庭理解成个体自我实现的第一个领域。

在黑格尔那里，家庭的基础作用相对来说是比较容易理解的；但对"伦理"的第二个环节，即市民社会的中间地位，却相当难以理解——霍耐特如是说。不过，只要考虑到黑格尔在早期政治哲学中给出的市民社会概念①，这个困难就可以得到解决。事实上，自耶拿时期开始，黑格尔就认同英国国民经济学中这个与资本市场相联系的市民社会领域。尽管资本市场竞争撕裂了主体之间的纽带，但也给个体利益提供了最好的实现机会，因为它在交换行为中开启了产品多样性的通道。因此，黑格尔就将市民社会描述为经济人之间进行市场交换的领域，同时又是使最大限度的个体化成为可能的直接伦理（即家庭）破灭的媒介。黑格尔假定，主体的个体化机会，随着主体趋向自身普遍化能力的提高而加大。这就意味着，个体化过程就是逐步的"解中心化"（Dezentrierung）过程。霍耐特指出，在黑格尔的"伦理"领域中，市民社会比家庭具有更高的地位，这是确定无疑的；然而，确证它们之间的接近要比认定它们之间的根本差异恰当得多，因为尽管自我利益的满足与主体间性需求之间存在着差异，但在这两个领域中，个体自我实现与相互承认以同样方式内在地交织在一起。②

---

① 早在《自然法的科学研究类型》（1802）中，黑格尔就从市民社会角度讨论了伦理悲剧；到《法哲学原理》中，他又借用苏格兰启蒙思想家弗格森的"市民社会"概念来指称这样一些社会的、经济的、法律的关系，即个体的生活、福利及其权利的定在，都是同他人的生活、福利、权利交织在一起的需要体系。

② Vgl.Axel Honneth, *Leiden an Unbestimmtheit.Eine Reaktualisierung der Hegelschen Rechtsphilosophie,* Stuttgart:Reclam2001, S.97.

“伦理”的第三个环节，即作为“伦理观念的现实”的国家比市民社会更具有优先地位，因为在国家中，主体间性确证，使得个体主体获得了通向“普遍生命”的能力，这是从其他社会成员那里获得的尊重与荣誉。黑格尔认定，每个社会成员原则上都拥有这样的机会，即能够通过调节活动而具备非利己的整体目的，并能够获得真正合法的承认，即荣誉。因而，为了实施个体主体私人目的之外的普遍伦理行为，国家应当尽可能地为公共机会提供保障。

三、承认、教化、自我实现相互协调与规范的社会正义论

应当承认，规范的社会正义论构想与痛苦的时代诊断之间具有内在关联。正如霍耐特所说，黑格尔的客观精神概念有助于走向正义论与时代诊断之间独一无二的综合。不过，在霍耐特间接的再现实化中，首先必须突出黑格尔在正义构想中为抽象法权、道德留有空间的积极作用，然后在引入伦理概念的框架中勾勒时代诊断。①

在社会的时代诊断中，黑格尔试图用诸如孤独、空虚、压抑等概念来表征“社会病理学”，这就是所谓“不确定性的痛苦”。此处的“痛苦”（Leiden）概念是在集体情绪或个体感觉意义上使用的，是指人的生活意义的缺乏感，或指人的麻木或无感觉状态。而“解放”（Befreiung）不仅是从消极的、令人压抑的状态的解压中产生的，毋宁说，它应该超越纯粹主观方面而与这个断言相联系，即解压结果本身就是真正的“自由”（Freiheit）状态，这就意味着，从义务中解放出来走向实质的自由。这样，在黑格尔那里，解放概念就具有了双重含义：消极自由与积极自由。从消极意义上说，解放就是从模糊的依赖性中摆脱出来；从积极意义上说，解放就是积极的自由的获得。

在黑格尔那里，自由、解放、自我实现有大致相同的含义，它们都是在伦理中实现的。正如前面所说，抽象法权和道德还不是伦理，伦理是作

---

① Vgl.Axel Honneth, *Leiden an Unbestimmtheit.Eine Reaktualisierung der Hegelschen Rechtsphilosophie,* Stuttgart:Reclam2001, S.52.

为自由理念的东西。家庭作为直接的或自然的精神实体，在所有伦理中居于基础地位；市民社会作为需要体系，出现在家庭与国家之间的差别阶段；国家是伦理观念的现实，比市民社会具有更优先地位。霍耐特指出，从总体取向上看，《法哲学原理》“伦理”部分的论证已经走向了这个观念：社会成员在国家中发现了一个互动领域——在这个领域中，人们能够借助于共同的、普遍的活动而达到自我实现的目的。然而，在黑格尔的国家学说中，关于政治公共领域、民主意志形成观念还未发现任何痕迹；而且，黑格尔也未阐明究竟在多大程度上能够将国家描述为公共自由领域。①

不过，霍耐特并不完全认同黑格尔的解放概念，反而断定黑格尔将从个体主体向伦理的过渡体验为解放概念是令人困惑的。因为在关涉到时代诊断的法哲学概念中，没有任何一个概念像解放概念那样，能够直接用正义论来解决——伦理领域必须能够同时服务于两个目的，或者说，黑格尔的伦理学的诊疗功能就在于：(1) 使所有个体主体从痛苦中持续地解放出来；(2) 为所有社会成员创造平等的自我实现的条件。这样，黑格尔就将个体自我实现过程理解为主体间性过程，并又一次将它体验为“自身在他者中的存在”。这样，“在黑格尔之后，隐藏在‘伦理’部分中的主体间性行为过程就被整个地凸显出来了，尽管对于这个问题——如果不将对癖好的‘限制’设想为合理决断的结果，那么它如何能够顺利进行？——直到现在还没有得到明确的回答。”②现在不难看出，尽管主体间性行为与相互承认之间存在着界限，但在《法哲学原理》中，伦理学说与承认概念之间具有内在关联。因为由主体间性行为构成的伦理领域，不仅必须满足个体自我实现的条件，而且必须满足相互承认的条件。

在阐发和引申黑格尔承认概念过程中，霍耐特强调，首先必须区分黑格尔承认概念的三层含义：(1) 像在《伦理体系》等早期著作中一样，《法哲学原理》中的承认概念仍然意味着，某些与社会交往模式相联系的个性

---

① Vgl.Axel Honneth, *Leiden an Unbestimmtheit.Eine Reaktualisierung der Hegelschen Rechts philosophie*,Stuttgart:Reclam2001, S.124.

② Axel Honneth, *Leiden an Unbestimmtheit.Eine Reaktualisierung der Hegelschen Rechtsphilosophie*, Stuttgart:Reclam2001, S.88.

方面会得到非强制的确认。不过，此时的黑格尔更加强调相互承认行为的实践维度；(2) 在《哲学百科全书》中，黑格尔谈到了“承认的一般形式”：如果个体以普遍有效的方式对待他人，那么他就被承认为自己想成为的那个样子。此时，这个人就被视为“有尊严的”(Würdig)；(3) 在伦理领域中，具有共同特征的不同种类的行为能够被表达为相互承认的一定形式，从而主体间性行为也能够被表达为一定的相互承认行为。然后，要阐发道德义务与承认概念的内在关联。毫无疑问，黑格尔反对康德的道德义务观念，认为它不过是道德主体的空洞原则，从而将义务观念视为伦理关系的必要规定。霍耐特说，现在已经看到，伦理领域包括一系列主体间性行为，在这些行为中，个体主体之间的相互满足被视为相互承认。此外，在伦理学说中，黑格尔还特别勾画了一种知识论学说，以便论证独立的学习过程使得“教化”(Bildung) 成为可能。在黑格尔视野里，人的动机结构是教化过程的结果。因而，人的需要本能，或曰人的本性不能被设想为不变的东西，而应该被想象为可塑的东西，它包含着按一定方向变化的活动空间。

但在这里，最大的困难本质上在于：究竟为什么有一个行为领域，其互动模型应该能够保证个体自我实现？为了解决这个问题，黑格尔提出了一个非常大胆的假定，即现代社会的三个核心制度必须同时被描述为独特的实践领域，在这里，承认、教化、自我实现之间以挑战的方式相互协调。①

由此可见，在《不确定性的痛苦》中，霍耐特将黑格尔法哲学诠释与重构为“规范的社会正义论”。从表面看来，对黑格尔法哲学的诠释与重构似乎游离于霍耐特思想发展轨迹之外，但正是通过对黑格尔法哲学的诠释与重构，才促使霍耐特进一步探讨承认与正义关系问题，并试图构建一元道德为基础的多元正义构想。

---

① Axel Honneth, *Leiden an Unbestimmtheit.Eine Reaktualisierung der Hegelschen Rechtsphilosophie,* Stuttgart:Reclam 2001, S.93.

第二节 作为社会分析的正义论

如果说，在《不确定性的痛苦》中，霍耐特试图将黑格尔法哲学诠释与重构为“规范的社会正义论”；那么，在《自由的权利》中，他则试图将黑格尔法哲学诠释与重构为“作为社会分析的正义论”。从基本结构看，《自由的权利》包括三个部分：(1)“自由的权利”历史回顾。在这里，霍耐特主要阐发了“消极自由及其契约结构”、“反思自由及其正义构想”、“社会自由及其伦理学说”。(2)“自由的可能性，从“此在基础”、“局限性”、“病理学”三个层面阐发了“法律自由”与“道德自由”。(3)“自由的现实性”，讨论了“个人关系中的‘我们’”(友谊、私密关系、家庭)；“市场经济行为中的‘我们’”(市场与道德、消费领域、劳动市场)；“民主意志形成中的‘我们’”(民主公共领域、民主法治国家、政治文化展望)。① 本节试图对霍耐特“作为社会分析的正义论”进行批判性反思。

一、个体自由构成规范正义观念的基石

个体自由/消极自由/法律自由作为自由的第一种类型，在现代自由体系中占有重要地位。换言之，在社会所有伦理价值中，个体自由是唯一能够对现代社会秩序发生持久影响的价值。个体自由意味着个体自主或个体自决，它在个体自我与社会秩序之间建立起一种系统联系，而其他价值则将个人取向与社会框架分离开来。正如霍耐特所说，“今天看来，没有一种社会伦理、没有一种社会批判，能够超越现代社会两百多年来所开辟的将正义观念与自主思想联结在一起的思维视阈。”② 在现代社会中，如果正义以这样或那样的方式关涉个体自主，那么正义诉求就只能被公开地合法化。因而，既不是共同体意志也不是自然秩序，而是个体自由构成所有

① Vgl.Axel Honneth, *Das Recht der Freiheit.Grundriß einer demokratischen Sittlichkeit*, Berlin:Suhrkamp 2013, S.5—6.

② Axel Honneth, *Das Recht der Freiheit.Grundriß einer demokratischen Sittlichkeit*, Berlin:Suhrkamp 2013, S.37.

规范正义观念的基石。在正义的社会秩序与个体自决之间存在着不可消解的关系。作为正义，必须促进和实现所有社会成员的自主。概言之，社会正义与个体自由内在地联系在一起。

第一，消极自由观念是社会正义观念之枢纽。就像孔多塞所说，在古代没有个体自由观念。个体自由或曰消极自由观念产生于16、17世纪宗教战争时代，目的是抵制英国内战中日益增长的政治共和主义的影响。作为现代政治哲学奠基人，马基雅维利、霍布斯的贡献在于将政治从道德中分离出来；但缺陷在于使政治非道德化，有可能陷入非道德主义。尽管如此，霍耐特还是肯定霍布斯关于自由的规定性成为了消极自由观念的核心。实际上，不论古典自由主义还是现代自由主义，首要问题就是关于自由观念的界定。在霍布斯那里，个体自由，就是个人按自己的意志去做那些以他的能力和理智足以能够做的事情。为了自由，人可以做一切与个人直接利益相关的事情。就是说，消极自由意味着人们可以做法律不禁止的任何事情。霍耐特说，霍布斯的这种自由观念表达了这样一种趋向，给予主体以表现自私和癖好的可能性；并对后世自由主义思想家产生了决定性影响。

不论洛克、穆勒、萨特、诺齐克对霍布斯的自由观念做了多少理论上的改进，但都保留了一个核心要素，即保证个体主体有自由空间，去从事一些以自我为中心活动，即每个人都能不受外部干扰地去追求自身利益——这个观念实际上是现代个体主义的深层意图。因而霍耐特说，萨特、诺齐克关于自由的界定，可以视为霍布斯自由观念的变种。在《存在与虚无》（1943）中，萨特的自由本体论纲领似乎是霍布斯构想的激进主义化；在《无政府、国家与乌托邦》（1974）中，诺齐克的个体自由是指不受外部阻扰去实现自己愿望和意图的机会。不过，与霍布斯不同，诺齐克的“个体”不是君主立宪制国家中为信仰自由而斗争的公民，而是20世纪的极端个体主义者。即使有这个差别，从霍布斯到诺齐克，正义论立场还是相同的：自然状态说。尽管如何实现自然权利与消极自由如何和解这个问题，至今仍然太清楚，但从霍布斯的“强制国家”（Zwangsstaat）到诺齐克的“最小国家”（Mininalstaat），其规范论证在很大程度上都依赖于对自然状态的道德限制。

霍耐特研究的重要性在于，他试图阐明社会正义能够以哪种方式被纳入消极自由视野中？为什么消极自由的持续存在是整个正义论的枢纽？在他看来，消极自由观念被抬高为外部解放，因而，其目标让位于其他东西：在霍布斯那里，它是或然的个体自我利益；在萨特那里，它是自我的前反思意识；在诺齐克那里，它是由偶然的个人癖好决定的行为。然而，它们都没有发展成为实现目标的力量。尽管如此，消极自由观念仍然是现代道德自我理解中不可放弃的根本要素，它要表达的是：每个人都应该享有不受外界限制的、独立于外部强制的、根据个人癖好验证自己动机的权利，只要这些动机不伤害其他公民的权利。

第二，法律自由构成现代法律体系核心。霍耐特认为，消极自由或曰法律自由作为主体权利，一是指自由的自由权，即保障个体自由、生命、财产免受非国家授权干预的人权；二是政治参与权，即保障个体参与公共意志形成过程的政治权利；三是社会福利权，即保障个体以公平方式占有基本产品分配的社会权利。它们之间的差异不仅是理论上的，而且是实践上的。“如果在私人领域中，主体就是自由的受益者；但若离开这个领域去实践主体的政治权利，那主体就变成了立法者。”① 但从一开始，法律自由就构成现代法律体系的核心。

在黑格尔那里，法律自由作为主体的抽象权利具有双重性：从外部看，它只承认主体拥有目的合理性的决策形式；从内部看，它有效地保护将主体能力转化为意志的伦理形式。黑格尔曾经阐明，不是契约自由权而是私人财产权，才能够对自由的基本权利要素进行伦理阐释。对黑格尔来说，私人财产权之所以有合理性理由，原因（更多地）在于它使得每个人都有机会，从外部保障与其意志特性相符合的对象。霍耐特指出，尽管黑格尔的表述是不断变化的——在此处是自由意志，在别处是主体意志——应该在私人财产权中得到实现，但还是能够清楚地看出黑格尔论证中的个

① Vgl.Axel Honneth, *Das Recht der Freiheit.Grundriß einer demokratischen Sittlichkeit,* Berlin:Suhrkam 2013, S.144.

体化方向。然而，究竟什么东西应该是私人财产权支配的对象？黑格尔并未给出令人满意的解释。因此，只要稍稍离开黑格尔的语境，而进入到日常生活冲突的问题域中去，那就不能看出法律自由对于私人财产权的伦理意义。

在霍耐特那里，法律自由领域有三个前提：（1）动机状况匿名化、与外部利益的成功合作，是通过法律自由成为可能的社会交往类型的两个核心要素。（2）人格尊重的承认形式在于无需验证地保留道德自由与个人动机，并在自觉地遵守法律规范的前提下，将他人看作是一个主体。（3）法律人格是在承认关系确立中形成的特殊的主体关系形式。为了不受干扰地与其他主体处于以法律为中介的交往中，这种形式的主体在必要时必须放弃自己的道德信念；但同时要求这种形式的主体信任对方能够自主地遵守法律规范，即使尚未完全弄清楚对方的真正意图和动机是什么。

当然，法律自由至少存在着三大缺陷：（1）法律自由没有能力保护个体自主模型。（2）如果不离开法律自由领域重新接受为主体交往辩护的义务，人们就没有追求任何一种人生目标的可能性。“在这个意义上，法律自由没有以任何方式描述为个体自我实现领域。”①（3）法律自由总是能够指出伦理协商形式，但又根本不能为这种实践准备主体间性立场与交往方式所需要的条件。因而，法律自由的这种纯粹消极特征，以最一般的方式表达出主体权利价值产生于主体间性条件，而这个条件根本不能产生于主体所要求的立场与行为。

现代法律自由病理学有两种形式：（1）在社会分裂或社会冲突中能够看到一种强化趋向，即双方都固执地认为自己是法律承担者，而忘记了交往行为的调解潜能，以及常常忘记冲突的根本动因。（2）比较间接的形式。在这里，个体自由概念不是根据个体权利而是根据放逐模型来定义的。霍耐特说，“在第一种情况中，关注独特性的要求逐渐转化为纯粹法律诉求，以至于所有主体只留下法律人格的外衣；第二种情况与负责任的决定之无

① Axel Honneth, *Das Recht der Freiheit.Grundriß einer demokratischen Sittlichkeit*, Berlin:Suhrkamp 2013, S.150.

限延期联系在一起，以至于产生了一个只有法律形式的‘个性’”①。

二、反思自由的正义模型是合作的

第一，消极自由的正义模型与反思自由的正义模型。反思自由 / 积极自由 / 道德自由观念至少可以追溯到亚里士多德：只有那些按自己意图决定自己行为的个体才是自由的。因而，反思自由观念的核心是自主的行为与受外界支配的行为之区分。这样界定的反思自由观念为卢梭继承。霍耐特说，尽管卢梭尚不拥有走出（意志和欲望哪个更优先？）这种困境的思维方法，尽管卢梭的“意志”概念具有模棱两可性，但他却为反思自由两种不同的现代版本奠定了基础：一是康德的道德自主理论；二是赫德尔的本真性的自我实现理论。

在《道德形而上学原理》、《实践理性批判》、《道德形而上学》等著作中，康德通过三个步骤排除了卢梭的“意志”概念的模棱两可性，从而确立了自己的信念：其一，人具有自我实现的能力；其二，人只能按这些规则行事，并希望其他人也能这样做；其三，道德法则规定只能这样去行事，即人是目的而不仅仅是手段。这样，在康德那里，反思自由就发展成为这样一种洞见，即它拥有一种将所有其他主体都以同样方式视为道德自主的力量，以我期待他人对待我的方式来对待他们。当然，有些人走上了与康德不同的道路：反思自由在于将独特的、本真的意志内化，并表达在漫长的反思过程中，从而使其成为真正的个体。这种本真性的自我实现观念，在赫德尔那里直接继续并得以发展。

霍耐特认为，18 世纪末肇始于卢梭的这两种反思自由模型，可以被描述为同一观点的两个变种。在康德与赫德尔眼里，消极自由观念是浅薄的，因为根据消极自由观念，主体行为的意图和目的只有清除了任何强制因素时才是自由的。当然，他们有不同的思路：在康德那里，自由意志是理性自我立法的结果；在赫德尔那里，意志的纯化是本真愿望的揭示。在

① Axel Honneth, *Das Recht der Freiheit.Grundriß einer demokratischen Sittlichkeit*, Berlin:Suhrkamp 2013, S.161.

当代，阿佩尔、哈贝马斯的话语伦理学则处于个体自决与自我实现、个体自主与本真性意志对立中。这样，在康德那里还完全是独白式的反思自由观念，到阿佩尔、哈贝马斯那里则具有了主体间性理论含义，使之更加牢固地扎根于生活世界结构中。也就是说，反思自由观念从主体哲学框架中的“独白”到主体间性框架中的“对话”。这无疑是一个进步。

尽管如此，这两种不同的反思自由观念与消极自由观念仍然没有多少区别，都试图从方法论上回答社会正义问题。“自由与正义的内在关联，在第一种自由观念中还是一目了然的；但到第二种自由观念中就不那么清楚了。”①如上所述，反思自由，要么意味着道德自主，要么意味着自我实现。而有关自我实现的正义构想，要么是通过个体化道路，要么是通过集体化道路。霍耐特说，自我实现这种个体化的观念，导致一种同样个体化的社会正义构想；而集体化方法则意味着，单个人根本不具有自我实现的能力，本真性自我更多的是社会共同体的要素或表达，只有在集体过程中才能自我实现。尽管在自由共和主义者，如阿伦特、M.桑德尔那里，反思自由能否产生一种独立的正义观念是很难找到答案的；但霍耐特认为这是根本不成问题的。

当然，反思自由的正义模型与消极自由的正义模型毕竟是不同的：消极自由的正义模型是自私的，反思自由的正义模型是合作的；前者可以区分为个体自主或个体自决模型，后者可以区分为道德自主模型和个体自我实现模型（自我实现可以通过个体主义方法或集体主义方法）。这两种反思自由模型，并未因此将（自以为自由实现成为可能的）社会条件当作自由的组成部分；毋宁说，只有当正义秩序与社会实现机会问题成为主题时，才能出现这样的前提。所以，在反思自由观念中，如果不包括使它成为可能的体制形式，阐发反思自由观念就是不可能的。

第二，道德自由价值高于法律自由价值。道德自由观念出现于中世纪末，17、18世纪不同的修正方案为康德的道德自主观念做了思想准备。

① Axel Honneth, *Das Recht der Freiheit.Grundriß einer demokratischen Sittlichkeit*, Berlin:Suhrkamp2013, S.72.

一是政治学观念：国家通过自我立法成为权威的构成物。二是人类学观念：人被描述为分裂的存在，因为对他们来说，“善”要么为理性要么为激情所操控。三是神学观念：上帝意志完全由道德法则所规定。“所有这些被康德构造为一个新构想：人的真实自由隶属于被认为正确的、理智的道德法则。”①

康德分两个步骤阐发了道德自主观念：其一，借助于卢梭的洞见确立了这种信念：我们的行为，不是通过任何类型的自然冲动因果地规定的，而是通过“只有在特殊意义上，我们才是真正自由的”这个洞见从根本上规定的。其二，我们行为的自我规定只有遵循可理解的方式才是有意义的，通过这些方式可以承认所有其他人的存在，因此每个人都必须考虑自身规定的主体。霍耐特认为，这个“黄金规则”原本是：就像人们期待或渴望所有其他人对待自己那样来对待所有其他人。在有关特例的相互关联形式中，康德可以得出一个更宽泛、更彻底的结论：只有我们以道德的伦理原则来规定我们的行为时，我们才是自由的。所以，在康德的道德自主观念中，不是道德内涵方面而是道德自由观念更加重要。

然而，黑格尔并不承认，人们能够是道德自主或道德自由的。在他看来，人们的基本行为准则根本不能仅仅由自己制定；相反，在道德判断与道德行为中，人们总是需要事先承认体制化的事实。这些体制化的事实存在于人们共同的基本生活形式的社会规范形态中，因此对个人来说拥有无法把握的效力。

霍耐特指出，像法律自由一样，道德自由领域也有三个前提：其一，在为社会接受和创建稳定的行为机制程度上，道德自主的文化观念产生了一种社会交往类型。在其中，各个主体相互给予对方以道德意见的机会。因此，各个参与者相互赋予的自由是道德自我立法的自由。作为道德自主观念核心的道德自我立法概念应该被理解为，一个主体对他的行为意图进行反思时，只能遵循普遍法则承认每个其他主体的道德人格。这样，道德

---

① Axel Honneth, *Das Recht der Freiheit.Grundriß einer demokratischen Sittlichkeit*, Berlin:Suhrkamp2013, S.176.

自由实践与法律自由实践的差异就在于，在法律自由领域，人们没有为自己辩护的义务；在道德自由领域，人们则必须使用他人易于理解的论据，主体间性地为自己的决策辩护。[①] 其二，只有当社会成员准备为自己的行为理由进行辩护时，他们才能作为道德自由主体相遇。因此，他们必须事先承认对方的规范地位，并将自己的意志与普遍化规范合理地联系在一起。这种承认形式（道德尊重）的特殊性在于，它尊重通常难以被包容进共同体中的所有人，也就是应该将个体性与普遍性统一起来。其三，在承认关系文化体制化的道路上，形成了那些被表征为道德主体的特殊形式。这样的主体一方面必须学会借助于反思运用被认为是正确的行为理由，改变他原初的行为冲动形式；但另一方面不仅需要坚强的意志与经受挫折的能力，而且还需要拥有合理区分"正确的"与"错误的"理由的能力。

在道德自由行为体系中，主体相互期待对方以个人认为正确的基本原则为取向；必要时也能够为普遍理由的合法性辩护。因此，主体必须时刻准备着站在无偏见的行为者立场上，不顾及现存条件和义务对法律调节的冲突作出判断。当然，事实上也许是下述情况，在日常生活中，我们相互假定了这样的视角：如果一个人在为他们的行为辩护时不知道给出理由，而这些理由又为所有可能的参与者视为原则上能够被认可的理由，那么这个人就被看作是不能有根据地追随自己基本原则的交往伙伴。在道德自我立法的限定中，出现了个体道德自由的界限。"如果我们看清了道德自由的界限，那同时也会清楚，其伦理价值又重新产生于和实践关联之终极距离的纯粹感受"[②]。

与在法律自由那里一样，道德自由病理学也有两种形式：其一，道德自由病理学的实践逻辑在于没有内在界限。因此，道德自由运用被扩展到整个社会生活实践过程中。不过，根据霍耐特的说法，道德自由病理学与法律自由病理学还是有差异的：在法律自由病理学中，根本没有错误地理

---

① Vgl.Axel Honneth, *Das Recht der Freiheit.Grundriß einer demokratischen Sittlichkeit,* Berlin:Suhrkamp2013, S.193.

② Axel Honneth, *Das Recht der Freiheit.Grundriß einer demokratischen Sittlichkeit,* Berlin:Suhrkamp 2013, S.205.

解主体权利的使用；在道德自由病理学中，则能够谈论实施自由保障的错误实践。其二，如果坚持现代政治文化成果，那就很清楚，在道德自由基础上还会产生社会病理学的第二种形式。这种有缺陷的发展是由道德自主体制化本身造成的。与道德自由体制化一起产生的是现代社会中出现的道德恐怖主义——只有在这里才能理解道德自由病理学。

从根本上说，道德自由体制化与法律自由体制化是不同的：法律自由体制应该给予每个人由法治国家控制的、在某些时间段内暂不作出伦理决定的机会，为的是将主体权利被国家固定为作为个体行为规范的私人自主的体现。道德自由体制为每个人提供了这种可能性，即拒绝某些有正当理由证明为苛求的行为。就是说，道德自主观念不能与国家控制联系在一起，以至于总体上它只是一种弱化的文化取向的体制化形式。简言之，法律自由是由国家保障的，而道德自由是由文化保证的。但“道德自由价值超越了法律自由价值：在法律自由中，我们拥有不受他人干扰去改变我们自己生活的权利；在道德自由中，我们拥有对道德规范的公开阐释施加影响的权利”①。

三、基于社会自由的社会正义论更具现实性

自贡斯当的《古代人的自由与现代人的自由》、伯林的《两种自由概念》以来，“积极自由”与“消极自由”就被视为自由的两种类型；尽管佩蒂特、斯金纳提出了“第三种自由”概念，但它仍然处于“消极自由”框架内（当然，不同于自由主义的“消极自由”）。在黑格尔（和马克思）的“社会自由”概念基础上，霍耐特详尽阐发了“社会自由”观念。

在霍耐特看来，道德自由与法律自由的共同点在于，它们都以一定的方式依赖于社会生活实践，但它们只是描述了自由的可能性；只有社会自由才能描述自由的现实性。社会自由只存在于主体的承认中，并将自己的行为看作是满足对方行为目标实现的条件。只有在这个条件下，主体才能

---

① Axel Honneth, *Das Recht der Freiheit.Grundriß einer demokratischen Sittlichkeit,* Berlin:Suhrkamp 2013, S.205.

将自己意图的实现体验为自由的实现。霍耐特说，这种由黑格尔及其后继者（马克思）阐发的社会自由观念，对现代体制构成规则和精神的形成产生了重大影响。

实际上，社会自由有两种版本：一是黑格尔的强版本，二是J.拉兹[①]的弱版本。在这里，霍耐特感兴趣的是黑格尔的强版本。在《法哲学原理》中，黑格尔不仅批判了消极自由（缺乏对主体的包容）和反思自由（缺乏对客观性的包容），而且试图提出“第三种自由”，即社会自由（主体与客体、特殊与普遍的和解）。在黑格尔那里，个体自由，只有通过他们参与的体制才能够实现，这些体制保证冲突规范的承认关系。就是说，“黑格尔试图用他的‘承认’概念捍卫拓展了的自由概念之客观前提的那个‘强’版本。因此，不仅主体之间，而且主体自由与客观性之间也应表现出和解结构”[②]。概言之，“在他人中保持自我存在”，是黑格尔关于社会自由观念的关键点；而承认，则是自我的愿望和目标得以实现的条件之一。但在霍耐特看来，这是一种循环论证：在复杂的承认体制中社会化所关心的是，让主体学习普遍的、有补充需要的目标；这些目标只有通过互惠实践才能够实现，而只有借助于这些实践，那个体制才能够存在下去。

黑格尔（和马克思）都反对消极自由观念关于正义的契约论结构，认为它只能导致自私利己的社会体系；并质疑反思自由观念的正义传统——对黑格尔来说，反思自由观念与程序主义正义论有着内在关联。在对程序主义正义论的批判中，黑格尔阐发了一种替代性的论证方法。实际上，在包含自由体制在内的个体自由的阐发中，已经显示出社会正义秩序的轮廓。在描述这些社会总体秩序时，黑格尔使用了具有亚里士多德色彩的伦理概念。正是通过伦理概念，黑格尔才讨论如何在现代自由观念条件下保证社会正义。

当然，除了黑格尔和马克思这两个社会自由概念之父，还有其他的尝

① J.拉兹（Joseph Raz，1939—2022），以色列–美国–英国法哲学家、道德哲学家、政治哲学家。

② Axel Honneth, *Das Recht der Freiheit.Grundriß einer demokratischen Sittlichkeit*, Berlin:Suhrkamp 2013, S.92.

试，如盖伦。不过，霍耐特对盖伦持批评态度。因为至多只能说，盖伦看到了个体自由是由社会保证的，但没有看到社会正义与自由概念的内在关联。因此霍耐特说，“与其他正义论模型相比，黑格尔的正义论构想具有更多的历史现实性。与其他现代自由观念相比，黑格尔的自由观念和前理论的体制、社会经验的可能有更多的相同性”①。如果将黑格尔的这种社会自由观念理解为自由观念的核心，而其他自由观念只是这种自由观念的衍生物，那么就必须与黑格尔一道从传统正义构想中引出一个修正理论——在现代社会，社会正义意味着不允许简单地衡量：是否以及在多大程度上，所有社会成员可以支配消极自由或反思自由，而是必须满足于保证所有主体拥有同等地参与承认体制的机会。因而，在后传统伦理时代，要致力于社会自由文化的重建，从而必须重构现代社会自由领域。

第一，个人关系领域。在社会自由形成两百年的进程中，个人关系实现了体制形态转变。在今天，个人关系领域有着与20世纪初完全不同的形象。不只是在西方国家，还在其他非西方国家，私密关系、婚姻、家庭之间的制度框架，都在很大程度上消解了。除了异性性关系之外，也开始发展被公开承认的同性性关系模型；而且，友谊本身也在体制结构中发生了巨大转变。“个人关系改变和转换的意义，丝毫不逊色于经济关系和社会结构关系转变的意义。”②就是说，两百多年来，个人关系领域——从友谊到爱情、从私密关系到家庭——作为一个社会领域，在其中形成了一种特殊的自由形式，即社会自由形式。

第二，市场经济行为领域。19世纪，在黑格尔、圣西门等人影响下，人们开始采用社会理论形式猛烈批判资本主义，揭露当时广泛蔓延的市场体制存在着的深层结构性问题。例如：“马克思问题”，即资本主义经济结构缺陷问题；“斯密问题”，即市场经济描述困难问题。在19世纪，关于市场经济秩序优劣的讨论——以黑格尔的《法哲学原理》为起点，以涂尔

① Axel Honneth, *Das Recht der Freiheit.Grundriß einer demokratischen Sittlichkeit,* Berlin:Suhrkamp 2013, S.113.

② Axel Honneth, *Das Recht der Freiheit.Grundriß einer demokratischen Sittlichkeit,* Berlin:Suhrkamp 2013, S.236.

干的《劳动分工论》为终点——都在思考下述问题：如果不考虑那些不能使个体利益最大化的规范立场的价值取向与体制设施，那么是否就不能获得一种普遍认同的、稳定的新经济秩序？在霍耐特看来，尽管涂尔干与黑格尔之间存在着许多差异，但也有不少共同点：他们都想说，如果不预设一系列非契约的道德原则，新经济体制就不可能得到分析，从而也就不可能实现为它所设想的、使个人经济利益和谐的整合功能。按黑格尔说法就是，只有当所有参与的主体，事先不仅在法律上作为契约伙伴，而且在道德上被承认为合作共同体成员时，市场预先提出的纯粹个体利益权衡才有可能从根本上得到成功的协调。由此可见，黑格尔与涂尔干都主张道德经济主义。

那么，市场经济的道德基础应该拥有怎样的地位呢？霍耐特说，可以肯定的是，黑格尔、涂尔干都不想将那些前契约的道德行为规范理解成对市场行为规范之单纯的外在补充，而是将所有前契约的道德行为规范包容进市场概念中，因为只有这样才能够保证市场体制被所有参与者认可。换言之，黑格尔、涂尔干的基本思路是：根本不能一劳永逸地确定市场参与者的利益，尽管不同市场行为者的目的都是为了自身利益最大化，但其策略或多或少地要考虑到其他参与者的利益。“既然目前还看不到市场经济调控手段之切实可行的替代性选择，那么就应从对马克思的资本主义批判的滥用，转移到黑格尔、涂尔干道德经济主义视阈中。”[①]黑格尔、涂尔干的后继者开辟了广阔的道德视角，却拒绝从富有成效的合作概念中把握市场经济过程；而只有相信黑格尔、涂尔干对市场领域的描绘，才能在社会经济自由交换中看到那些被普遍接受的、隶属于社会自由的规范要求。

第三，民主意志形成领域。霍耐特指出，今天每个试图在西方发达社会中保证自由实现、并探索民主伦理可能性的尝试，都愿意将民主意志形成领域当作保证自由实现和民主伦理的核心。事实上，黑格尔已经将现代伦理重构归于国家制度中，但他对国家内部秩序的描述是中心化和实体化

① Axel Honneth, *Das Recht der Freiheit.Grundriß einer demokratischen Sittlichkeit*, Berlin:Suhrkamp 2013, S.356.

的，而不关心制度安排在公民中的横向关系，这样人们就有理由怀疑他的伦理学说最终忽视了民主的现实效应问题。因而，霍耐特对民主意志领域的规范重构，与《法哲学原理》保持着一定的距离。因为只有将这个领域理解为社会自由的体现，才能对之作出恰当分析。“可是，在阐明民主伦理不同领域相互联系之前，首先需要证明，为什么在19世纪形成的政治公共领域体制化从根本上涉及社会自由的行为体系？”①

按霍耐特的说法，在民主意志形成领域中，社会自由应具备五个前提：必要的法律保障条件；一个超越阶层的、普遍的交往空间只能出现在意见交换中，正如新的人民主权原则所要求的那样；大众传媒帮助观众/听众澄清社会问题的成因；要求参与对话形成的公民自愿地服务于有众多观众/听众参加的交换意见的集会；将私人目标置于公共福利目标之后，目的是在与他人相互合作中使社会生活条件得到改善。

这样，民主意志形成领域就比其他两个领域具有优越性，主要出于两个理由：（1）现代宪法原则使之拥有合法权力；（2）它是自我反思的场所。不过现在，民主过程受制于一定的规范强制：如果它同时鼓励与帮助其他两个领域的自由诉求，那它就可以使自己的自由诉求成为正当的。“因为在私人关系与市场经济交往关系中，社会自由越是进步，社会成员就越是平等地、非强制地、自我意识更强烈地进入公共意志形成之中去。”②

第三节　作为辩护的正义论

作为法兰克福学派第四代学术领袖，弗斯特一直致力于在批判理论框架中讨论规范理论与政治现实之间的关系问题。在《正义的语境》、《冲突中的宽容》、《辩护的权利》、《辩护关系批判》、《规范性与权力》等著作中，

① Axel Honneth, *Das Recht der Freiheit.Grundriß einer demokratischen Sittlichkeit,* Berlin:Suhrkamp 2013, S.473.

② Axel Honneth, *Das Recht der Freiheit.Grundriß einer demokratischen Sittlichkeit,* Berlin:Suhrkamp 2013, S.618.

弗斯特分析了宽容与正义、道德与正义、辩护与正义、政治的—社会的正义、正义的基础、正义的两幅图景、正义的规范秩序、激进正义与超越正义，以及国内正义与跨国正义等问题，试图构建一种超越、融合自由主义与社群主义框架的批判的正义论，或曰作为辩护的正义论。

一、宽容是正义的德性之一，也是理性的要求

我们知道，弗斯特深受哈贝马斯、罗尔斯、霍耐特的影响，但作为具有原创性思想的政治哲学家，弗斯特对他们的思想观点也并非完成接受，而是进行了批判性反思。例如：在宽容与正义的关系问题上，弗斯特的态度就是如此。

在《政治自由主义》中，罗尔斯走出了重要的三步：其一，从政治自由主义基本理念出发将道德正义论与政治正义论区分开来，使正义论从一种道德哲学转变为一种政治哲学。在他那里，政治正义观念作为政治自由主义最基本的理念，所指向的是在自由平等的公民之间建立一种合理而秩序稳定的社会合作体制，即宪政民主政体。这样，自由平等的公民观念与秩序稳定的社会观念，就成为政治正义观念的两个基本要素。其二，在对重叠共识、权利优先于善、公共理性这三个主要理念的阐释中，罗尔斯强调多元宽容原则，以及政治自由主义与古典共和主义的一致性、与公民共和主义的歧异性。其三，通过对政治自由主义制度框架的分析，罗尔斯断定正义的第一主题是社会基本结构。然而，“自由平等的公民——他们因各种合理的宗教学说、哲学学说和道德学说而产生深刻分化——所组成的合理而秩序稳定的社会如何才能长治久安”① 呢？

可见，与《正义论》相比，《政治自由主义》至少有两点变化：其一，区分了政治正义论与道德正义论，从“作为公平的正义”的整全性学说转变为“作为公平的正义”的政治观念。其二，如果说《正义论》主要关注政治正义、社会正义，那么《政治自由主义》则主要关注形式正义、程序

① ［美］约翰·罗尔斯：《政治自由主义》，万俊人译，译林出版社 2002 年版，“平装本导论”第 3 页。

正义。换言之，现代民主国家的道德结构、政治结构占据《正义论》的核心，但没有谈及工厂民主；尽管论及了代际正义，但没有考察民族之间的正义问题，更忽视了家庭内部的正义问题。《政治自由主义》则意识到：种族、民族、性别是最突出的问题，它们要求不同的正义原则，即多元正义原则。①

在《政治自由主义》中，罗尔斯不仅区分了两种宽容概念，而且讨论了宽容与正义的关系。在他那里，两种宽容概念，一是纯粹政治观念基础上的宽容理念；二是完备性学说基础上的宽容理念。② 他强调，宽容是正义的德性之一，也是理性的要求（《正义论》将宽容视为正义的特殊德性；《政治自由主义》将宽容看作是“为正义原则进行辩护的德性”）。

在《冲突中的宽容——一个有争议的宽容概念之历史、内涵与现状》中，弗斯特对罗尔斯的政治自由主义进行了批判性反思，尽管他赞同政治自由主义基本框架，但批评他不仅摒弃了政治正义论的道德基础，从而导致“政治与道德”的悖论；而且没有清楚地区分“伦理与道德”，从而忽视道德自主。弗斯特接受了罗尔斯的说法：宽容是正义的德性之一，也是理性的要求；但也指出将宽容建立在纯粹政治观念基础上是成问题的，他主张将宽容建立在道德自主的基础之上。当然，这种道德自主不是康德意义上的“道德自主”，而是个体对道德的真理性诉求进行自我限制的能力，它不需要依赖任何具有形而上学地位的实践理性原则，而是从实践层面上实现对宽容的构建。

弗斯特认为，在（宗教的、文化的、政治的）多元主义社会中，“宽容”（Toleranz）概念起着核心作用；因为宽容体现着对信念形成与实践冲突的态度，并通过指明冲突中的合作原因而使冲突得到缓和。在一次采访中，弗斯特说他之所以认为这个问题重要，是因为只要哪里出现冲突，宽容问题就会凸显出来。实际上，宽容并不是一种不受约束的德性，而是建

① 参见王凤才：《从“作为公平的正义”到“多元正义”——罗尔斯、沃尔泽的正义理论评析》，《哲学动态》2008 年第 10 期。

② John Rawls, The idea of Public Reason Revisited , in:*The University of Chicago Law Review*, Vol.64, No.3 Summer, 1997, p.783.

立在诸如尊重、正义这些基本概念之上，是一个规范概念。若它能够得到很好的辩护，宽容就是一种德性。否则，它要么是“屈从”的一种历史形态——使那些没有被视为公民而被平等对待的人屈从；要么就过度宽容，去宽容那些不该被宽容的人和事。① 然而，通过宽容概念之历史的、现状的批判性考察就可以发现：无论在内容方面，还是在评价方面，对宽容的理解还一直存在着争议，即宽容是一个有争议的概念：有人认为它是道德的或民主的德性，是一种相互尊重的表达，是团结他人（包括陌生人）的一种形式；有人认为它是居高临下的、潜在压抑的立场和实践，是一种受实用性和策略性激发的忍耐，是一种怀疑或冷漠的态度。

在考察了宽容概念的构成要素、划定了宽容概念的两条界限、揭示了宽容概念的两个悖论之后，弗斯特区分了四种不同的甚至是相互冲突的宽容概念：② 其一，许可的宽容概念（多数派对少数派、主导者对服从者、有权者对无权者、强者对弱者——不具互惠性的、消极的宽容）；其二，共生的宽容概念（势均力敌者出于社会和谐与自我保护目的的互惠的妥协——往往是不稳固的、妥协的宽容）；其三，尊重的宽容概念（隶属于不同群体的自由平等的公民，基于道德上和政治上的平等性，相互尊重文化差异和不同生活方式的互惠的宽容）；其四，尊敬的宽容概念（出于“崇敬之心”、接受和尊敬异质文化的价值——类似“各美其美，美人之美；美美与共，天下大同”）。

由此可见，宽容概念是模糊不清的，宽容概念的模糊性在于其非规范性，因而需要确立规范的宽容概念——“实质平等”基础上的尊重的宽容概念，即宽容作为辩护的正义，以理性方式为辩护对象辩护（辩护主体可以是国家、政府、公民；辩护对象可以是行为或信仰）。弗斯特说，在政治宽容的困境中，人们想到的是：关于基本正义问题的政治话语，总是以最低限度的正义概念为先决条件，它保障公民拥有有效的辩

---

① Vgl.Rainer Forst, *Gerechtigkeit ist ein ständiger Prozess*, in ders: Hohe Luft, 07/2013, S.61.

② 详见蒋颖：《弗斯特规范的宽容理论研究》，《学习与探索》2018 年第 8 期。

护权利。①

二、正义本身是一种辩护实践

在《正义的语境——超越自由主义与社群主义的政治哲学》中，弗斯特试图超越、融合自由主义与社群主义的政治哲学框架，并主要讨论了四个问题：(1)“自我的构成”问题，不仅批判了“不受束缚的自我”，而且讨论了道德人格与法律人格问题；(2)“权利的道德中立性”问题，核心是与“善”构想相对立的普遍权利原则、正义原则的中立性问题。(3)“民主伦理”问题，核心是政治共同体的后传统民主观点的整合力问题；(4)“普遍主义和语境主义”问题，核心是普遍主义道德理论之语境主义批判的辩护问题。在此基础上，弗斯特得出这样的结论：不论自由主义正义论，还是社群主义正义论，都不可避免地具有片面性。因此，自由主义和社群主义，都必须与女性主义或话语理论互为中介。就是说，必须适当地考虑正义的语境，即个体与共同体、正义与善、辩护的语境、承认的语境。②

在《辩护的权利——建构主义正义论要素》中，弗斯特从道德哲学视角出发，讨论了正义之“自主的”构建要素，即道德的论证、道德自主与道德的自主、伦理与道德、正义的辩护，为辩护的权利寻找个体的、道德的基础；分析了关涉政治的—社会的正义核心组成部分之基础的政治自由、宽容与民主、协商民主、社会正义、辩护与权力等基本概念，它们构成了批判的政治正义论之核心；指明“辩护的权利”对批判的跨国正义论构建来说是核心的。

在《辩护关系批判——批判的政治理论视角》中，弗斯特从作为社会基本实践的辩护概念出发，阐发了正义的两幅图景、人权辩护与基本的辩护权利、正义的规范秩序与和平等问题；讨论了社会辩护秩序中人的尊严

---

① Vgl.Rainer Forst, *Toleranz im Konflikt.Geschichte, Gehalt und Gegenwart eines umstrittenen Begriffs*, 3.Auflage, Suhrkamp taschenbuch wissenschaft 2012, S.611.

② Vgl.Rainer Forst, *Kontexte der Gerechtigkeit.Politische Philosophie jenseits von Liberalismus und Kommunitarismus*, Frankfurt/Main:Suhrkamp Verlag 1994, “Inhalt”.

概念、再分配—承认—辩护、宽容—承认—解放等问题。具体地说，涉及“激进正义”与“超越正义”等问题，并提出了社会批判与乌托邦视阈问题。弗斯特指出，为了阐发能够揭示当今政治现实之亏空与潜能的批判的政治理论，需要一个既内在于又超越于社会政治实践的视角。因而，辩护关系批判的任务，就是在辩护的价值与成因中分析其合法性，并使辩护的权利之不平等分配成为主题。

在《规范性与权力——社会批判秩序分析》中，弗斯特分析了“辩护理性、实践规范性与权利”、“辩护叙事与历史进步”、“宗教、宽容、权利”、“正义、民主、合法性、跨国正义”等问题。在这里，弗斯特将规范性与权力概念紧密结合起来，认为权力建立在能够影响和规定、并有可能结束他人辩护能力的基础之上。因此，一个批判的辩护理论必须询问：规范性与权力辩护的关系，并由此出发思考正义的秩序。

在弗斯特的视阈里，人的实践与辩护有关。若想要了解人的实践，首先就必须假定这些做法是有理由的，就是说要对之进行辩护。那么，什么是辩护？它有哪些类型？辩护与论证有什么异同？辩护的权利、辩护关系批判、辩护的秩序意味着什么？

弗斯特说，正义问题就是要区分必须严格遵循的道德问题和旨在追求美好生活的伦理问题，两者都需要进行辩护。摆脱任意性的方式不是放弃权力，而是在权力下以协商方式进行辩护。正义的基本要求就是确立辩护的秩序，甚至说正义就是一种辩护实践。①

所谓“辩护”（Rechtfertigung）就是证明原则、规范或价值的合法性，它是基本的实践形式。弗斯特认为，辩护概念本质上是自反性的。为了将理论与实践正确地联系起来，避免频繁地跌入死胡同，政治哲学必须建立在这种洞察之上——无论我们想什么或做什么，都必须对自己（和他人）提出辩护理由的要求，不管这个要求是明确的或是含蓄的（至少最初是这样）。从这个角度来看，当人们发现自己处于“辩护的秩序”中时，就可以称之为“政治”的社会语境。人总是处于不同的语境之中，属于（伦理

① Rainer Forst, *Gerechtigkeit ist ein ständiger Prozess*, in ders: Hohe Luft, 07/2013, S.62-63.

的、道德的、政治的、法律的）共同体成员。在这些共同体内部，人们面临着各种实践问题，他们必须用充分的理由来回答这些问题。从辩护的语境看，弗斯特将辩护分为伦理辩护、道德辩护、政治辩护、法律辩护。

1. 伦理辩护。伦理问题是关于人作为一定伦理共同体成员的美好生活问题，它探究“我是谁、我是什么、我变成了谁，我想要变成谁”。换言之，伦理问题是关于我在“我的”世界中的定位问题，“我的”世界不仅仅“属于我的”，也是他人的世界。“伦理问题是个体必须与他人一起来回应的定位问题，不过他或她要单独为该问题的答案负责。”[①]具体地说，伦理辩护包括两个层面：（1）在个体层面上，我向自己和属于我认同圈子的人证明我的人生决定。在这个层面上，伦理辩护意味着，我必须能够面对自己和解释自己，在对我很重要的价值背景下向自己和他人证明自己。这些价值之所以重要，是因为每个个体的人都认为它们重要，其合法性并不具有绝对有效性。（2）在共同体层面上，伦理辩护意味着共同体试图在共同的自我理解基础上“为我们”回答善的问题。由拥有共同的伦理价值观念的人构成的共同体的成员必须找到产生新问题的实践问题的共同答案，而不破坏自我理解的连续性。在这个层面上，伦理辩护意味着，我们共同决定我们如何理解自己，以及与我们的认同一致的是什么。最终，这也是一个指向个体自我理解的问题，即指向我们如何理解自己作为这个伦理共同体的成员。在这里，自我的主体间性结构这一论题不能够引向以下观点：伦理共同体是独立反思的、并为其成员作出决定的主体。事实上，共同体的伦理辩护也始终依赖于道德自主的个体；伦理共同体的认同与其成员的个体认同在两个方面是相互交织的：伦理问题的答案必须与两个维度相容，但最终我们必须能够个别地为这些答案负责。因此，在伦理问题上，伦理共同体是辩护共同体。

2. 道德辩护。政治共同体有在道德上尊重其他不属于该共同体的个体和共同体的道德义务。这些义务涉及跨国正义规范，它们为政治共同体的

---

① Rainer Forst, *Contexts of Justice, Political Philosophy beyond Liberalism and Communitarianism*, University of California Press 2002, p.259.

法律秩序设置某些条件。道德辩护意味着，为规范和行为辩护的理由都要得到检验，检验标准是互惠性与普遍性原则。

3. 政治辩护。作为公民，人们不仅要为自己的行为承担义务，而且为其政治共同体承担义务——这就是“政治自主”的意思。在公民身份和民主的层面上，政治辩护主要涉及规范的相互辩护，这些规范对政治共同体普遍有效；它涉及公民自主的自我立法。①

4. 法律辩护。作为个体，法律人格也要共同体负责，但其承担义务的方式不同于道德人格。伦理价值在个体特征上是有效的；法律规范在个体作为这样的人的特征上是有效的，即法律规范享有普遍约束力的有效性，但不构成认同；相反，它们构成消极自由的外部框架，以保护的形式既使得自我实现的积极自由成为可能，又对它进行限制。在法律人格层面上，法律辩护意味着，人们必须证明他们的行为是合乎法律的，而这种辩护是通过诉诸成文法的条款下该行为的合法律性来完成的。在这里，人们只需诉诸法律，无需诉诸自身的善的观念、政治正确的东西或道德律令的东西。法律义务意味着在成文法的条款下为自己的行为负责；法律规范只涉及“外部的”行为，而将合法律性行为的动机留给人们自行决定。就是说，法律是一个强制性框架：合法律性行为强制是一种由外部惩罚而不是内部制裁支撑的强制。作为法律人格，人们必须在法律框架内为自己的行为承担义务并为自己辩护；作为公民，人们必须彼此证明法律规范是合法的，他们生活在这些法律规范之下。

尽管辩护与论证都要回答“我应当做什么”问题，但这个问题并不总是需要用规范的理由来回答。弗斯特认为，辩护与论证是不同的。（1）在论证时，如果个体基于理性回答这个问题，他只需考虑实现主观给出的目的所需要的适当手段，并根据将目的与可能的手段相结合所产生的实际效果而行为。其中，行为只是“相对地”有理由——手段的选择相对于既定的目的，目的的评价和优先性相对于人“明确的自我利益”。（2）辩护则

---

① Rainer Forst, *Contexts of Justice, Political Philosophy beyond Liberalism and Communitarianism,* University of California Press 2002, p.268.

要求人们能够根据规范语境中合法的标准来证明自己的行为，合法性标准与主体并不相关。就是说，它不是尽可能地基于理性来实现自己的目的，也不是评价和规范自己的目的，而是在受影响的人面前证明行为的目的和手段是合法的。

三、作为辩护的正义，是一种政治的—社会的正义

作为辩护的正义论，就是以辩护的权利为基础，以互惠性与普遍性为原则，对辩护关系进行批判，以确立基本正义与最大正义。

在弗斯特看来，“辩护的权利”就是“要求、质疑或提供辩护，并将辩护变成政治行为和制度安排的基础的权利”①。辩护的权利表达了以下要求，即不应该存在政治的或社会的支配关系，因为这些支配关系不能向受影响的人充分证明自己的合法性；换句话说，辩护的权利是一种不受制于“无根据的”法律、结构或制度的权利。辩护的权利并非纯粹的理论设计，而是历史上有效的观念。因而，尊重辩护的权利是义务论意义上的普遍要求，它为政治的—社会的正义提供合法性基础。弗斯特指出，辩护的权利使得个体或群体能够质疑现存的辩护的秩序，并创造新的辩护的秩序。在辩护的秩序中，最重要的规范是正义概念。要求理由或提供理由就是一种辩护，在这个意义上，正义本身就是一种辩护实践。

辩护有两个基本原则：(1) 互惠性包括内容的互惠性和理由的互惠性——前者是指没有任何人可以自己提出某种特定要求而拒绝他人提出同样的要求；后者是指没有任何人可以假定他人与自己具有相同的价值观念和利益，或者诉诸并非共有的“更高的真理”。(2) 普遍性是指普遍有效的基本规范的理由必定是在所有接受这些规范的人之间共享的。②

在弗斯特看来，社会是一个“辩护的秩序”，即由各种复杂的规范和

---

① Rainer Forst, *The Right to Justification, Elements of a Constructivist Theory of Justice*, Columbia University Press 2012, p.5.

② Rainer Forst, *The Right to Justification, Elements of a Constructivist Theory of Justice*, Columbia University Press 2012, p.6.

制度以及相应的辩护实践构成的秩序，这些规范和制度以合法的方式支配所有人的生活。就是说，人总是生活在辩护的秩序中，甚至可以说，人是一种辩护的存在，他们以理由为取向，他们所掌握的规范和制度建立在历史形成的辩护叙事与总体形成的动态的规范秩序基础之上。因此，辩护关系批判的任务就是在辩护的价值与成因中分析其合法性基础，并使辩护的权利之不平等分配成为主题。在这里，弗斯特将规范性与权力概念紧密结合在一起，认为权力建立在能够影响和规定、并有可能结束他人辩护能力的基础之上。因此，一个批判的辩护理论必须询问：规范性与权力辩护的关系，并由此出发思考正义的秩序。①

在弗斯特看来，作为辩护的正义论是一种政治的—社会的正义论。(1)它致力于批判的社会分析，揭露不合法的社会关系，不仅包括狭义的制度意义上的政治关系，而且包括经济关系和文化关系。这意味着，对不符合互惠性和普遍性辩护标准的，并以排他、特权和控制为特点的或多或少制度化的社会关系和社会结构进行批判。(2）它隐含着对非对称的社会关系和社会结构之“错误”辩护进行批判，这意味着对代表不合法的社会关系和社会结构的辩护进行批判。(3）它不仅包含对合法的社会关系和政治关系的要求，也包含着对合法的“辩护的基本结构”的要求。当然，这不是一个只需“应用”的完整蓝图，而是为受影响的人之间自主的辩护实践提供框架。(4）辩护关系的全面批判要求我们从历史—社会分析视角解释为什么有效的社会政治结构的辩护会失败或缺乏。(5）辩护关系批判必须能够阐明指导其自身活动的标准，它并不编造任何“绝对的”规范或理想，而是始终将每个合法性要求与受规范影响的人就规范达成一致的可能性联系在一起。

然而，有人怀疑作为辩护的正义论是一种纯粹程序主义正义论，只能为正义关系的建立制定程序，而不介入实质的正义讨论。往好处说，它只是充当中立的仲裁者；往坏处说，甚至毫无用处，因为它没有自己的立场。弗斯特

① Vgl.Rainer Forst, *zur Analyse sozialer Rechtfertigungsordnungen*, Berlin:Suhrkamp Verlag 2015,“Inhalt”.

特对这一怀疑进行了反驳，并对自己的作为辩护的正义论进行了辩护。①

（1）作为辩护的正义并不基于“中立的”基础，而是基于个体道德上的辩护的权利；在后形而上学时代，这甚至是一个不可动摇的基础。这就是为什么这个理论不能回避使用实践理性概念的原因。实际上，建构主义的最终基础本身是不能被构建的，它必须在对规范的分析中通过正确的重构来证明自己。（2）在这个基础上，我们有可能“构建”一种实质的人权观念，即人权是任何人都不能以充分的理由拒绝给予他人的权利；这种人权观念始终依赖于基本法——政治权利的转化和具体阐释。然而，它仍然遵循辩护的原则，即在互惠性和普遍性原则的帮助下，它允许作出关于这些不可缺少的权利的主张。这就构成了道德建构主义的核心。（3）与纯粹的共识理论相比，互惠性和普遍性原则可以在异议的情况下区分更好的理由和较坏的理由；这一标准可以过滤被合理地拒绝的要求和理由。（4）在道德建构主义道路上不仅可以确立人权观念，而且可以确立基本正义观念。基本正义为基本的辩护秩序提供原则，即基本正义没有为秩序稳定的社会提供宏伟蓝图，而只是提供一些辩护原则，这些原则规定了一个社会为满足正义要求必须最低限度地拥有的条件。换言之，基本正义就是最低限度的正义或曰最小正义，它是对程序正义的实质性假定。要实现基本正义，首先要在一定的制度框架下，平等地分配辩护的权利。只有在实现基本正义的基础上，才能争取实现最大正义。最大正义为完全合法的辩护秩序提供原则，即差异化得到辩护。（5）辩护的权利不仅给予每个受影响的人在某个问题上说话的权利，而且给予他们针对基本的规范、安排或结构的否决权，只要这些基本的规范、安排或结构不能向他或她进行相互的和普遍的辩护；这一权利是而且一直是不可撤销的。

概言之，作为辩护的正义论包括以下四点内容：一是分析现存的社会关系结构，包括社会关系的起源、当前特征及其所包含的不平等和权力不对称关系；二是根据辩护原则批判对于现存社会关系的错误辩护，即隐藏

---

① Rainer Forst, *The Right to Justification, Elements of a Constructivist Theory of Justice*, Columbia University Press 2012, pp.5—6.

社会矛盾和权力关系的错误辩护；三是指出能够经受互惠性和普遍性检验的辩护的必要性和可能性；四是它不仅要求合法的社会关系，而且要求辩护的实践。①

四、正义的两幅图景：物品分配 vs 权利关系

在《辩护的权利》、《辩护关系批判》中，弗斯特试图通过整理正义之“自主的”构建要素以解决下述问题，即在多元主义时代，一个足够复杂的政治的—社会的正义论是否能够借助于具体的规范命题成功地建立起来？为此，弗斯特区分了正义的两幅图景：一是物品分配图景，强调人们应该得到什么的问题；一是权利关系图景，强调人们如何被对待的问题，即人们在主体间性结构关系中的地位问题。

在西方世界，关于正义，尤其是分配正义的思考，长期以来为物品分配的图景所“劫持”，这就产生了对“各得其所原则”（*suum cuique*）的一种特殊理解。这一理解关注就物品的公平分配而言的个体应得的东西，从而导向每个个体物品供应的比较，或曰导向“个体是否拥有足够的基本物品”这个问题。在弗斯特看来，这种集中于物品分配、面向接受者的视角具有一定合理性，因为分配正义肯定涉及物品的分配。然而，这幅图景却掩盖了与正义有关的四个问题②，即（1）待分配的物品是如何产生的问题，因而，忽视了物品的生产与组织问题。（2）忽视了这个政治问题，即谁以何种方式决定生产和分配的结构问题。在这幅图景中，好像有一个巨大的分配机器，我们只需给它正确地下达指令即可。然而，这样一台分配机器是不可接受的，因为正义不再被理解为主体本身的成就，从而使主体变成消极的接受者。（3）对物品的合理诉求不是“既定的”，它只能在适当的辩护程序中通过话语来确立。（4）关注物品分配的视角有可能遮盖非正义问题，因为这种视角集中在物品的短缺上，所以由于经济剥削或政治剥夺

① Rainer Forst, *The Right to Justification, Elements of a Constructivist Theory of Justice*, Columbia University Press 2012, pp.258—259.

② Vgl.Rainer Forst, *Kritik der Rechtfertigungsverhältnisse.Perspektiven einer kritischen Theorie der Politik*, Berlin:Suhrkamp Verlag 2011, S.31—32.

而遭受贫困的人们被视为类似于由于自然灾难而遭受贫困的人们。弗斯特指出，诚然，在这两种情形中都要求帮助，但在后一种情形中要求的帮助属于道德团结行为，在前一种情形中要求的帮助则属于正义行为，这是由个体在剥削和非正义情形中的牵连以及改变这些情形所能使用的手段决定的。如果忽视这一差异，人们就会将某种行为视为慷慨的帮助，而它实际上是正义所要求的。因此，自主的人从正义的主体被转变成正义的对象，因而，成为援助或慈善的对象。

鉴于此，当涉及分配正义问题时，需要看到正义的政治特征，并从痴迷于物品分配这一错误图景中解脱出来，转向权利关系图景。就是说，正义必须关注主体间性结构关系，而非物品供给的主观状态或曰客观状态。正义的首要问题不是物品的公平分配，而是社会关系的合法性与辩护的权利在政治语境中的公平分配。“在每种政治共同体形式中，它不仅要求提供某人拥有或不拥有某些权利或物品的理由，而且首先要问：如何确定谁对什么提出要求，以及以民主的方式被理解为辩护的提出者和接受的参与者的关系如何?”①。弗斯特断言，这个见解是批判的正义论的核心所在。该理论所说的首要“物品”是具有社会有效性的权利。对历史上和当今的政治采取一种反思视角，在解释和支持社会关系的特定辩护叙事中，辩护叙事自身的要求以及采用互惠性和普遍性原则挑战它们的可能性构成了正义追求的重要维度。因而，只有考虑到这个问题，触及社会非正义根源的激进正义才是可能的。

五、国内正义与跨国正义

在《辩护的权利》第三部分“人权与跨国正义”，以及《规范性与权力》第五部分“跨国正义”中，弗斯特试图构建一种批判的跨国正义论。他指出，从辩护的角度看，正义概念的核心内涵与专制是相对立的，不论这种专制是某个个体或共同体（如阶级）的专制统治、掩盖和再生特权的

① Rainer Forst, *The Right to Justification, Elements of a Constructivist Theory of Justice*, Columbia University Press 2012, pp.1—2.

特殊结构，还是被视为命运的社会偶然性。因为专制统治是缺乏合法性基础的统治，故反对非正义的斗争就是针对这种统治形式。弗斯特说，反对非正义的首要动力主要不是想拥有或更多地拥有某些物品，而是想摆脱被压迫、被折磨或辩护的权利被忽视的情形。简单地说，正义的目标就是反对控制，无论是社会控制还是政治控制。然而，一旦考虑到多重控制的事实，那么谈论单一的辩护结构或合法的基本结构就是误导性的。因为地方的、国家的和全球的语境作为正义与非正义的语境相互缠绕在一起。弗斯特说，“除非我们能够现实地、批判地审视国家内部、国家之间以及国家之上的各种复杂的控制关系，否则我们在超越国家边界的正义问题上就不能有所进步。因此，弗斯特将正义的语境从国家边界之内扩展到国家边界之外，将作为辩护的正义概念应用到全球领域，提出了自己的跨国正义论。

第一，弗斯特认为，在思考跨国正义问题时，首先要考虑的问题是：我们寻求的是国际正义原则还是全球正义原则。① 他指出，国家主义者将构成国家的政治共同体当作正义的主要行为者，认为国际正义原则是为了调节国家的关系；而全球主义者将人（不管其政治成员身份）看作正义的主要焦点，认为全球正义原则是为了调节世界上所有人的关系，以确保每个个体的福祉。国家主义与全球主义争论的焦点是整个世界在何种程度上是正义的语境，要使这样的语境存在，必须存在可辨认的合法的正义所要求的主体和对象，不管这种要求是权利要求还是基于其他正义基础的要求。弗斯特在国家主义与全球主义之外寻找对全球正义的语境的替代性分析。因为在他看来，在国家主义方案与全球主义方案之间不存在简单的非此即彼，所以他倾向于使用“跨国正义”而非“全球正义”概念。

在当前的全球政治经济关系中，存在的情形是非正义局面，而不仅仅是贫困局面：穷人不仅缺乏必要的生存手段，而且是在多重控制下被剥夺生存手段。在复杂的权力网络中，一些力量影响其他人的行为，以至于一

① Rainer Forst, *The Right to Justification, Elements of a Constructivist Theory of Justice*, Columbia University Press 2012, p.251.

些人受益，其他人很少受益，或者根本不受益。从受控制者视角看，他们大多受到自己的政府、精英或军阀的控制，这些人又都部分地受制于全球行为者，而妇女和儿童又是家庭和社区内控制关系的对象。所以，弗斯特强调，“一种正义观念必须处理不同层面的多重控制的事实。”① 在全球层面，它必须询问在全球市场中谁以何种方式受益，合作的条款是什么以及如何被确定等。在宏观层面，它必须询问这些全球结构如何支撑地方的（与传统的）控制和剥削的结构。通过它们所产生的非正义，不同的正义的语境（地方的、国家的、国际的、全球的）连接在一起，一种批判的正义论对这种相互连接性不能视而不见。

那么，为什么批判的正义论不能无视多重控制这一事实呢？弗斯特提出了两个理由：（1）这种理论依赖于对非正义现象及其更深层原因的全面分析。例如：如果极端不平等和贫困是复杂的控制和剥削体系的结果，那么只关注分配正义可能就是不充分的，通过将受控制的人转变为纯粹的物品要求者和接受者，甚至有使非正义体系基本不受损害的危险。（2）假定“分配正义和政治正义有不同的规范要求”是错误的，因为分配正义和政治正义都受到正义的辩护原则指导。按这个原则，影响人们并能够通过政治行为去改变的所有社会关系（无论经济关系，还是政治关系），都应该向受影响的人相互地且普遍地为其合法性辩护。

第二，对于所有社会关系相互地与普遍地辩护的要求建立在辩护原则的基础上；与此相应，人人都拥有辩护的权利。以辩护的权利为基础，可以重构跨国正义的不同维度：可以将它应用于具有特定辩护性质的正义的不同方面，也可以就国内正义和跨国正义的语境得出全面的和复杂的看法。因为辩护的权利既是国内正义基本结构的核心，也是跨国正义基本结构的核心。为了终结内部控制和外部控制的恶性循环，在国家内部和国家之间实现辩护的权利，跨国正义论必须以合适的方式结合不同的正义的语境。具体地说：（1）道德语境。在这里，考虑到互惠性和普遍性原则，辩

① Rainer Forst, *The Right to Justification, Elements of a Constructivist Theory of Justice*, Columbia University Press 2012, p.257.

护原则要求基于不能合理拒斥的理由的行为，这是道德权利和道德责任的非制度视角，适用于道德共同体的每个成员，无论是何种政治背景。(2)政治语境，即特定的“国内”社会及其基本结构。在这一语境中，人们是现有法律和政治权力的对象；作为公民，他们有权要求这一权力是合法的，而建立和维持一个合法的基本结构则成为他们的共同“任务”。(3)跨国语境。弗斯特认为，如果没有跨国正义观念，则很难设想实现国内正义任务，原因有二：一是若认为国内正义的语境是排他的、拥有绝对的优先性，这就会导致非正义。例如：某个国家从对待其他国家的非正义关系中受益，不管这种关系是直接的政治控制或军事控制，还是经济控制和剥削。二是从处于不利地位的社会视角来看，在一个阻碍为国内正义进行尝试和斗争的国际体制中，确立国内正义是不可能的。如果国际因素导致不公平的经济关系和经济衰退局面，甚至导致缺乏基本的生存手段；并且，使国内政治统治和压抑的体系趋于稳定，那么这就需要用跨国正义观念来处理。①

在弗斯特看来，最低程度的跨国正义的目标：终结多重控制的恶性循环，确立国内体制、国际体制的政治自主，在国内社会之内与国际社会之间确立基本的辩护结构。按这个原则，每个政治共同体都有权平等地参与跨越边界的规范讨论，而在国家层面下受影响的各方也有权参与这样的规范讨论，如果这种规范讨论忽视或者延长某种特定的控制关系的话。从受控制者的角度看，他们可以合法地要求得到在其政治共同体内确立合法的民主秩序所必需的资源，并要求这一共同体成为全球政治经济体系中具有平等地位的参与者。因此，从当前全球体系中受益的社会成员确实拥有提供获得政治自主所必要的资源的关怀义务，并拥有确立基本的辩护结构的正义义务。需要指出的是，尽管他们有义务确立基本的辩护结构，但是他们无权决定这一结构采取何种形式。

最低程度的跨国正义的目标包括其一，改变当前的全球政治经济体

① Rainer Forst, *The Right to Justification: Elements of a Constructivist Theory of Justice*, Columbia University Press 2012, p.263.

系，为国家在强大到足以影响全球经济体系的（或多或少制度化的）决策程序中的同等影响创造条件，并终止对专制政府的支持；其二，为了保证国家在全球决策程序中的影响也有国家公民的影响，而不仅仅是这些国家中有权者的影响，需要在所有社会中都保障和实现基本的人权。因而，最低程度的跨国正义并不描绘作为“目的状态”的完美的全球分配的理想化画面，也不是从罗尔斯包含所有人的“原初状态”出发；它只是寻找现存的从属和剥削形式以及结构不对称和专制统治形式，从而在找到这些控制形式的地方要求正义的关系以及能够获得辩护的关系。就是说，它只确立相互辩护的最低程度的公平条件。例如：关于公平的经济和社会合作的讨论，资源的使用和分配，以及控制跨国行为者的跨国制度的确立。最低程度跨国正义的制度化以及在此基础上的辩护式讨论的结果是否会导致“世界共和国”中国家联盟或“世界国家”，这很难预测，也不应该预先决定；这是一个实现跨国正义要求所必要的制度问题。

由此可见，从弗斯特作为辩护的正义论中，可以得出以下几点启示。其一，正义本身就是一种辩护实践，辩护可以分为伦理辩护、法律辩护、政治辩护、道德辩护。按这种分类，可以在我国现实社会纷繁复杂的社会正义的呼声中区分不同的呼声及其合法性要求，并提出相应的应对策略。目前，我国已经基本建成了一套社会主义法律制度，但在实施过程中却存在一些“有法不依”、“执法不严”现象，导致人们有时无法在既定法律框架下“合法地”来为自己的行为辩护，从而出现了一些恶性的群体事件。因此，当前我们需要重点关注法律辩护要求，全面推进依法治国、建设社会主义法治国家回应的正是这方面的要求。其二，要构建具有中国特色的社会主义正义论，首先需要找出社会不公正的根源。实际上，无论是归根于旧体制下产生的结果不平等，还是归根于社会主义市场经济体制下的竞争不平等，这些都属于从分配角度入手考虑问题。也许，更应该从社会结构合法性入手，追问“谁以何种方式决定着生产和分配的结构”，不仅让全体人民共享改革发展的成果，而且让人民在生产和分配问题上拥有说话和否决的权利。其三，尽管当前全球市场是流动的，发展中国家可以在其中获得经济力量和政治影响，但只能通过遵守当前全球政治经济秩序规则才能获得。例如：国际货币基金组织要求其成员国要保障经济稳定，而这给发展中国家国内造成巨大困难。当前的全球政治经济秩序在很大程度上是历史殖民主义的产物，许多发达国家曾经就是殖民国家。因而，发展中国家遭受的不公平待遇是双重的：历史上的非正义和现实中的非正义。对于历史上的非正义，我们可以通过矫正正义的手段要求赔偿或补偿；而对于现实中的非正义，唯一的方式就是参与制定或改变全球政治经济体系的规则。从这个意义上说，在世界贸易组织、世界银行和国际货币基金组织之外建立亚洲基础设施投资银行，无论如何都是一种有益的尝试。

综上所述，本章首先讨论了规范的社会正义论，尤其是分析了个体意志自由观念、普遍意志自由观念，以及承认、教化、自我实现与规范的社会正义论之间的关系；然后讨论了作为社会分析的正义论，尤其是个体自由/消极自由/法律自由与规范的正义之内在关联，指出消极自由的正义模型是自私的、反思自由的正义模型是合作的，断言基于社会自由的社会正义论更具现实性；最后讨论了弗斯特视阈中的宽容与正义、道德与正义、辩护与正义、政治的—社会的正义、正义的基础、正义的两幅图景、正义的规范秩序、激进正义与超越正义，以及国内正义与跨国正义等问题，指明作为辩护的正义论是一种超越、融合自由主义与社群主义框架的批判的正义论，从而加深了对正义问题的理解。

第七章　人权、公民权与人权承认

在维尔默看来，现代民主文化的规范内核及其道德的、法律的元原则，如人权原则，根本不像哈贝马斯和阿佩尔所说的那样，能够仅仅从话语合理性或交往合理性中推导出来；相反，它们是形成民主共识合法内容的限定条件。这样，维尔默就重新获得了法兰克福学派批判理论的历史视阈，它要求将道德哲学与政治哲学联系在一起。在《现代世界的自由模式》一文中，维尔默试图在人权与民主话语内在关联中，阐发个体自由与共同体自由之间的张力。在《民主文化的条件——自由主义与社群主义之争》一文中，他则试图在人权与公民权的内在关联和张力中得出规范结论。在《革命与阐释》中，维尔默试图回到民主法律体系的内在关联中，确立公民权与民主话语的解释学循环。在本章中，我们将立足于维尔默和霍耐特的文本，阐发人权、公民权与差异政治，人权、公民权与公共自由，公民权、人民主权与民主话语，以及人权政治与人权承认等问题。

第一节　人权、公民权与差异政治

一、人权与公民权

在维尔默视阈里，人权与公民权之间不仅存在着内在关联，而且也存在着特有的张力。因而，人权与公民权的关系包含两个层面，即人权作为公民权，但人权不能化约为公民权。

第一，人权作为公民权与人权侵犯。在这里，维尔默有意识地忽略人权普遍主义（普遍的人权）与公民权特殊主义（特殊的公民权）之间的张力，只讨论作为公民权的人权。当然，这并不意味着，维尔默不谈论人权与公民权之间的张力。从根本上讲，人权只能作为法律体系构建的出发点，这个法律体系是与合理期待相符的、自由的或民主的合法性类型。然而，维尔默所谈论的“人权”，在道德与法律之间所起的作用，无论如何都是（或可能是）不同的。“在迄今为止的思考中，我已经在民主法律体系内部作为主题加以讨论的这个‘不同’，在关系到公民权阐释时是有作用的。不过，从民主法律体系视角出发，在关系到非公民的人权的地方，这个‘不同’完全以另外的方式起作用。”① 总之，人权作为公民权，是自由民主主义者借助于道德普遍主义而承认为道德的或以道德为基础的法律诉求。

所以，在法律体系中发生的人权侵犯，同时也是对公民权的侵犯，如果有关法律体系容许这样侵犯的话。事实上，维尔默的批判不仅指向不同形式的独裁统治（极权主义、权威主义、原教旨主义），而且指向西方自由民主社会——在这些社会中，女性公民和/或难民的人权似乎完全可以通过有效的法律而被侵犯。维尔默认为，上述情况的共同性在于：从以道德为基础的人权概念走向反对占支配地位的法律实践或法律解释领域；而差别在于：女性公民的人权侵犯真正属于现代民主内部史。例如：由性别歧视和宗教偏见导致的、对女性被强奸后不希望生育而堕胎情形的野蛮对待。当然，有大量例外情况存在。例如：通过民主法律体系侵犯难民的人权。在这里，维尔默不想谈论人权侵犯的一般状况，而仅仅讨论：在德国，政治避难申请和难民的人权状况是怎样的？这不仅关涉事实判断而且关涉价值判断。

维尔默试图以非常简明的方式表明，道德话语与法律解释话语的边界是可以打通的。在深受宗教影响的自由主义文化语境中，“人权”（Menschenrecht）和/或“人的尊严”（Menschenwürde）概念固然有不同的含义；但“人的尊严是不可侵犯的”这个道德原则，也作为法律命题出现在德国宪法中。维尔默指出，这个命题无疑表明，在德国法律体系中，

① Albrecht Wellmer, *Revolution und Interpretation*, Van Gorcum1998, S.34.

人权侵犯，通过宪法或法律而被禁止，不论对德国公民还是外国难民都是一样的。因而，有争议的仅仅是：某些法规或行政命令或法律行为，是否意味着人权侵犯或可能的人权侵犯？对这个有争议的问题，维尔默采取了悬置态度；而只想阐明：在某种程度上，对非公民的人权承认与公民权承认是不矛盾的。“如果我看得不错的话，通过民主管辖权批准的国际人权公约和难民公约，与人权承认并没有什么不同。令人感兴趣的是：只有在这种情况下，主要通过道德定义的人权问题，才能完全变为自由民主社会内部全新的权利问题。这样，所有现代民主宪法中（至少是潜在的）人权普遍主义就以全新的方式表现出来。”①

维尔默认为，对现代自然法学家来说，人权普遍主义原本只是政治合法性概念普遍要求的另外表达形式。这样，从民主宪法内含着的普遍主义中就产生出了对自由民主社会全新的、严格的要求，即非公民的人权诉求：在这个法律体系中，他们在多大程度上被伤害，他们就将发挥多大作用。只要他们是人，他们就渴望被接纳并寻求保护。但这也表明，对那些在其他社会中发生的人权侵犯行为采取漠视的态度，并不是自由民主社会的真正选择。尽管对难民的接纳是有限度的，“但我想说：只要我们从根本上谈论人权，那么人权普遍主义问题唯一可能的解决方式就在于，人权就是被‘我们的’公民权排除在外的、在‘他们的’社会中成为公民权的东西”②。因此，人权普遍主义要求民主的基本权利普遍化。在世界公民社会中，人权能够变为被保护的、被承认的权利，这就是现代民主话语的深层辩证法。

对自由民主社会来说，在人权概念中确定的诉求，最终并不在于必须考虑其政治必要性。乍看起来，这个“必须”最初是道德的“必须”，但对可能的政治历史在世界公民社会方向上发展的期待，并不仅仅依赖于道德立场和道德意志是否在与政治行为相符的方向上建立起来，而且还依赖于人民本身。维尔默强调，即便一个恶魔的民族也应该被拉入世界公民宪

① Albrecht Wellmer, *Bedingungen einer demokratischen Kultur.Zur Debatte zwischen liberalen und Kommunitaristen*.1993, S.75.

② Albrecht Wellmer, *Revolution und Interpretation,* Van Gorcum1998, S.35.

法中。因而，世界公民宪法不可以被说成是只能变成过时的；相反，只能说“整个世界都在努力实现人权”①。当然，这只是问题的一个方面。因为在所有（人权尚未转化为民主的基本权利）的社会中，如果文化的、宗教的、传统的自我理解没有发生深刻变革的话，那么，“我们的”意义上的人权，即现代自由民主传统语境中的人权概念，要在整个世界完全实现几乎是不可设想的。

总之，“我们的”人权概念，已经嵌入到总体的人权概念中。这个总体的人权概念，几乎不能与政治法律传统的公民权概念区分开来。维尔默说，“‘我们的’人权概念与公民权概念有亲缘关系，而且几乎不能与在基本权利中阐发的道德普遍主义区分开来。尽管像麦金泰尔所说的那样，人权概念本质上是一个有争议的概念；但关于人权的‘我们的’理解这个说法只是表明，在自由主义文化内部通过显著的共同性为论争的活动空间划定了边界。属于这些共同性的，除了道德普遍主义之外，还有对自由的基本权利的承认。”②

第二，以道德为基础的人权不能化约为法律认可的公民权。在人权与公民权之间，除了有着内在关联之外，还存在着特有的张力关系。按维尔默的理解，人权是以道德为基础的权利，因而，对人权的承认，就是对以道德为基础的权利的承认；公民权则是处于或对立于一定的法律共同体的法律权利，即被法律认可的权利。因此，在某种程度上，人权与公民权的内在关联应当这样来理解，以至于以道德为基础的人权转变为由法律认可的公民权，并同时走向新的民主合法性类型构建。然而，从人权到公民权的转变同时意味着特殊化，因为公民权总是只关涉法律共同体——在其中，公民权被承认为（法律共同体成员的）公民权。这样，与人权普遍主义相对的就是公民权特殊主义，尽管按其实质来说，公民权只能被描述为从人权向天赋权利形式的转变。总之，“人权与公民权的内在关联，同时内含着普遍主义与特殊主义之间的张力，……这

① Albrecht Wellmer, *Revolution und Interpretation,* Van Gorcum1998, S.36.

② Albrecht Wellmer, *Revolution und Interpretation,* Van Gorcum1998, S.17.

个张力在导致人权与公民权的政治化同时，也导致人权与公民权的特殊主义化。”①

从表面上看，公民权特殊主义与人权普遍主义之间似乎不存在张力，但事实上，二者处于结构性冲突中。今天，这个冲突出现在所有地方——在那里，与公民权特殊主义联系在一起的民主政治特殊主义（例如：西方工业社会的经济政策、外交政策、环保政策、政治避难政策等），给不属于特殊主义的人权实现带来了消极后果。就是说，在所有地方都表明，自由民主社会的特殊利益与（植根于西方民主合法性基础中的）人权借口陷入冲突中。因此，维尔默说，人权问题不能化约为公民权问题。否则，人权普遍主义与公民权特殊主义之间的张力将变得毫无意义。尽管这个张力对西方自由民主社会的政治与道德提出了巨大挑战，但这些挑战可以通过自由民主的世界公民社会稳定化得到消解。“在世界公民社会中，所有人权与公民权都以正确方式得到社会保护。”②即便在非西方社会，实现人权也是可能的。

在维尔默看来，人权、公民权、社会正义是确定民主话语的核心概念。从根本上说，这也是马克思所指的普遍主义。因为马克思相信，革命只有作为世界革命才能成功，仿佛只有物质对象才能提供康德的世界公民社会概念。所以，“当阿伦特使现代自由民主传统与马克思主义传统如此地接近，仿佛作为唯一的历史阐释之两种相互补充的表达形式时，她并非完全不正确”③。可在这里，维尔默试图突出这个历史挑战，即现代自由民主传统的普遍主义与马克思主义传统的普遍主义，不仅能够相互印证，而且它们都以现代性不可超越问题为基础。维尔默认为，这个问题产生于经济的、技术的物质普遍主义与不可超越的人权概念之间的相互作用。因而，实质的经济的普遍主义与规范的人权的普遍主义，只有在自由民主的世界公民社会（≠世界国家）的结构中才能提出来。

① Albrecht Wellmer, *Revolution und Interpretation,* Van Gorcum1998, S.56.

② Albrecht Wellmer, *Revolution und Interpretation,* Van Gorcum1998, S.57.

③ Albrecht Wellmer, *Revolution und Interpretation,* Van Gorcum1998, S.58.

二、人权政治与差异政治

现代人权概念总是关涉政治合法性问题。在现代政治哲学中，内含着人权概念的道德普遍主义，主要是在普遍有效性要求意义上考虑新的政治合法性类型。

尽管很难给出正义与非正义的标准，但若将对文化认同、宗教认同，以及传统的破坏描述为伤害，应该是没有问题的；同样，无可争议的是，若完全没有这样的伤害，那就不可能在世界范围内形成广泛的自由民主共识。维尔默说，如果从自由民主立场出发能够提供一个容许我们将“合法地”伤害与“非法地”伤害区分开来的模型，那也许会令人放心。这个模型告诉人们：“在政治道德立场下，民族的、文化的或宗教的集体认同是不断被伤害的东西。它们的权利通过为所有人负责的善，即保证所有人人权的程序正义而限制。这种正义只有作为世界公民的自由的、民主的、社会的公民权实现，才是可以理解的”①。如果这些公民权能够再一次形成，那就同时形成了对特殊传统和文化认同暴力破坏的唯一可能的合法保护——现在维尔默相信，这个模型是正确的，只要再次将已经发生的变革过程置于历史焦点上。在某种程度上，它只能被描述为可能的世界公民社会的重叠共识。

不过，维尔默既不相信罗尔斯的重叠共识，也不指望哈贝马斯的非强制共识。他指出，今天，只要存在罗尔斯意义上的重叠共识，那就是以传统价值为取向的制度和宗教的自我理解发生深刻变革的结果。然而，不应该忘记，在欧洲变革过程中发生了大规模流血和暴力事件，甚至可以说，欧洲的宗教战争时代并没有最终结束。换言之，这个变革过程也许从来没有到达终点，那么这个模型就从来不可能使人们完全放心。维尔默提醒道，关键问题在于，根本不能谈论重叠共识的政治坐标。这意味着，“如果我们根据正义标准来评判其他文化，那这就（已经）不是他们的文化。只要这样的评判以实践行为为取向，那我们就不必关心历史。帝国主义监控的危害与政治的、经济的、军事的暴力同样包含着人权普遍主义。尽管我认为这不仅是在公开的意识形态——强权政治超常危害意义上；毋宁

① Albrecht Wellmer, *Revolution und Interpretation,* Van Gorcum1998, S.37.

说，这个危害也许根本不是从整个世界出发的秘密艺术，因为当我们根据不是他们的正义标准来评判他人时，我们对他们的行为也是非法的。”①

当然，这并不是一个相对主义命题，相反，它刚好适合于自由民主特征。在这些情况下，根本不能指望参与者的非强制共识。这样说来，民主话语的内在局限性结构，就重新出现在人权问题的世界舞台上。因为很清楚，一方面，所谓为保护人权而侵占他国的决策，不能期待得到共识；另一方面，所有以公民权方式保护民主话语的审判机关，试图通过某种程度地修正非正义标准，而拥有国际标准几乎是不可能的。这里所说的“非正义”，主要是指对文化认同、政治主权的区域形式和自决的破坏。维尔默说，人权侵犯显然也在于此。

因而，人权政治从内部为自己划定边界，就越来越重要：借助于差异政治，不仅赋予个体他者的他性以权利，而且赋予其他文化的他性以权利。例如：在反对将伊斯兰与原教旨主义混淆的辩护词中，席默尔②指出了伊斯兰文化的多样性及其启蒙传统，并在强调伊斯兰文化世俗化的同时警告人权借口中存在着监控。维尔默认为，这个警告表明，向世界公民法状态过渡就已经包括了“伦理中的悲剧”。所以说，“没有矛盾的人权政治与完全纯粹的良知，在今天几乎是不可能的。这也许是绝对必要的、对我来说毫无疑义的问题。当然，人权政治有时也许会变得更好，如果它不仅较少地滥用强权政治，而且较少地迫使矛盾产生。”③

实际上，根本不能设想关于自由民主社会的某种连续的重叠共识，因为在其核心中存在着冲突，存在着可能的暴力，因而，也存在着可能的非正义。“就此而言，我们必须在可能的世界公民社会结构中共同思考，这同时意味着，保留了在自由主义文化政治概念中产生的内外差异的含义。就是说，这不仅意味着谈论将其他动物排除在外的人权，也留下了一个令人不放心的问题：‘排除在外’意味着什么，他应当如何更准确地思考；毋宁说，这掩盖了谈论令现代人权理论从一开始就感到尴尬的所有人的权利

---

① Albrecht Wellmer, *Revolution und Interpretation,* Van Gorcum1998, S.38.

② 席默尔（Annemarie Schimmel, 1922—2003），德国东方学学者、伊斯兰学学者。

③ Albrecht Wellmer, *Revolution und Interpretation,* Van Gorcum1998, S.39.

问题。如果我们承认人权与公民权的内在关联（这适应于自然法状态）的话，这个问题就以完全尖锐的方式产生出来。”①因而，尽管公民权关涉的东西，至少与它扩展到成年女性和男权终结联系在一起。但实际情况是，在谁被视为成年人问题的规定中，不仅隐含着任意性，而且成人数量也被一再削减，因为精神病人、罪犯，或国家的敌人，丧失了或被长期剥夺了完全意义上的公民权。

由此可见，在维尔默那里，以道德为基础的普遍人权与以法律为基础的公民权之间的张力，应当在法律认可的权利中得到转化，但这种权利由此成为特殊的。“因此，人权普遍主义与公民权特殊主义之间的张力只有通过下述方式，即所有人的人权与公民权都能得到自由民主世界公民社会的保障，才能得到解决。”② 正如T. 米多斯所说，“人权概念形成的困境不仅表明，道德话语与法律话语的界限消失了；而且指明了民主共同生活之政治的——法律的双重任务。因而，从内部看，在多元文化公共生活层面上，应当保障人权而非公民权的有效性。在这个意义上，公民权在特殊法体系内部受到了蔑视。从外部看，在跨文化层面上，普遍人权要求特殊公民权的普遍化。”③在人权概念与正义要素中，世界公民社会视角将成为超越现代民主的生活条件，即对是否关涉纯粹乌托邦视角的怀疑，导致了对是否拥有自由民主视角的怀疑。

第二节　人权与公共自由、政治自主

一、人权与政治自由内在关联

维尔默说，在“早年的三个老师或同事（阿多尔诺、约纳斯④、阿伦特）

---

① Albrecht Wellmer, *Revolution und Interpretation,* Van Gorcum1998, S.40.

② Albrecht Wellmer, *Revolution und Interpretation,* Van Gorcum1998, S.13.

③ Vgl.Albrecht Wellmer und die Idee einer postmetaphysischen Moderne, in: Albrecht Wellmer, *Revolution und Interpretation,* Van Gorcum1998, S.14.

④ 约纳斯（Hans Jonas, 1903—1993），德裔美国哲学家、伦理学家。

中，最钦佩阿伦特：一个直接明了的知识分子代表与政治道德哲学家”[①]。不过，维尔默几乎将阿伦特的成熟知识分子形象与政治道德家形象对立起来，认为她既没有觉察到人权与政治自由的内在关联，又没有觉察到民主话语。所以，为了阐发人权与政治自由的内在关联，以及公民权与民主话语的解释学循环，在《革命与阐释》中，维尔默试图在自由主义——社群主义论争语境中对阿伦特的政治哲学，尤其是《论革命》一书中政治哲学思想进行批判性重构。

第一，两种政治传统。在《论革命》（1963）中，（1）阿伦特断言战争与革命决定了 20 世纪的进程。她说，迄今为止，战争与革命仍然是当今世界政治的两个核心问题；但战争造成的大灭绝威胁着以革命来解放全人类的希望。这样，革命就只剩下了一个最为古老的理由：“以自由对付暴政”。与革命相比，战争的目的只有在极少数情况下才与自由有关。二战以后，战争的目的就是革命，即能够为战争正名的唯一理由就是为自由而革命。（2）阿伦特分析了法国革命、美国革命、俄国革命，尤其是法国大革命与美国革命的差异。她认为，法国大革命偏移了革命目标，即从自由立国转向对社会问题的控诉，从民主追求沦为“多数人暴政”；美国革命按自由立国原则建立了民主共和国，又避免了陷入“多数人暴政”。因而，“美国革命原本一直都是对的东西，在法国大革命的进程中迅即化为一场春梦。”[②]（3）尤其值得注意的是，阿伦特对 19 世纪中期以来两种占支配地位的政治传统，即现代自由民主传统与马克思主义传统做了相反的评价——对现代自由民主传统多有褒扬，对马克思主义传统更多的是贬抑。阿伦特指出，作为有史以来最伟大的革命理论家，马克思的兴趣是历史而非政治；他几乎完全忽略了革命者自由立国原则，而将注意力集中在貌似客观的革命进程上。因此，尽管马克思对“革命”最富创见性的贡献在于，他用政治术语将贫苦大众的生存需要解释为一场不是以面包或财富的名义、而是以自由的名义发动的起义，但后来，他用经济术语代替政

① Albrecht Wellmer, *Endspiele.Die unversöhnliche Moderne*.Frankfurt/M.:Suhrkamp1999, S.11.

② ［美］汉娜·阿伦特：《论革命》，陈周旺译，译林出版社 2007 年版，第 61 页。

治术语来谈论社会革命问题。这样，马克思就比其他任何人都强化了现代政治最有害的信条，即革命是最高的善，社会革命过程是人力所能及的中心。“在政治上，这个发展导致马克思让自由事实上屈从于必然性。马克思重蹈了他的革命导师罗伯斯庇尔之覆辙；而他最伟大的学生列宁，则在一场马克思的教义激发的最大革命中，步了他的后尘。”①当然，不论现代自由民主传统还是马克思主义传统，尽管它们在同等程度上抓住了政治的最终目的——是某种超越政治的东西，即对或个体利益、或公民福利、或无阶级社会的不懈追求，然而，它们的革命命题都不能被理解为现代革命的戏剧性事件，因为它们都不理解总是失败的自由宪章尝试，是一种构建公共政治自由空间的、真正的现代革命的尝试。

维尔默指出，阿伦特对马克思主义的批评是不可取的，但她对现代自由民主传统的批评则是富有挑战性的。因而，有必要简述阿伦特的论证：（1）她阐发了美国革命天堂观念，认为这是现代唯一一次接近成功的革命，因为在美国的现代大都市，公共自由空间的构建第一次变成了现实。“在那里，自由不仅具有宪法保障普遍平等的人权与公民权的消极意义，而且具有联邦政治制度稳定化的积极意义。”②（2）她阐发了作为对传统的自由民主构想、社会民主构想、马克思主义国家构想替代性政治选择的“协商体系”（Rätsystem）概念，但对政治保守主义、政治极权主义却保持沉默。阿伦特说，为了压抑获得权力的革命精英或保守的幕后统治集团的流血逻辑，在法俄革命中，协商体系概念被革命人民自发地发现，但只有在美国，区域自治传统才找到了出路，并且能够自由平等地获得公共福利。不过，在革命后不久，美国也出现“政党政治”（Parteienstaat）稳定化趋向，最终出现了大众民主越来越强的发展。（3）她认为，现代政党政治与社会主义国家的一党专政一样，都意味着政治消解于行政管理趋向中。在某种程度上，马克思主义的政治专政是从（以自由民主的政党制度为根基的）公民的“去成熟化”（Entmündigung）、政治的“去政治化”

---

① ［美］汉娜·阿伦特：《论革命》，陈周旺译，译林出版社 2007 年版，第 52 页。

② Albrecht Wellmer, *Revolution und Interpretation,* Van Gorcum1998, S.45.

（Entpolitisierung）产生出来的。这样，在现代大众民主中，公民只有消极意义上的自由，因为他们失去了政治自由，即失去了在公共行为与公共协商中得到发展的特殊的自由。

第二，政治自由与普遍主义。“在现实社会主义瓦解后，即使不再能够将阿伦特所谓的最终论证视为完全必然的，但也很容易考虑这个论证的变种。在这里，她的真正的视点就得以保留：自由民主的自我消解趋向，日益增长的公民的‘去成熟化’与政治的‘去政治化’趋向，在现代民主中似乎到处都在起作用。就此而言，阿伦特的政治自由概念作为现代革命秘密的引力中心，至今还保留了批判的、时代诊断的力量。”① 这样说来，阿伦特对现代革命史的重释，以及她对现代自由民主传统和政治自由遗忘的批判，在哲学意义上就是激进的：阿伦特希望同时代人在涉及现代社会核心范畴的政治表达方面有彻底断裂，使政治自由范畴处于变化中，并带入新的结构关系中。在维尔默看来：

（1）阿伦特否认政治自由与人权普遍主义的根本关联。维尔默指出，阿伦特对现代政治遗忘的批判确立了两个不同的哲学终结：最重要的参照点是亚里士多德和海德格尔……也许应当更好地说：最重要的参照点是她赞成还是反对海德格尔对亚里士多德的新解读。在阿伦特的政治概念中，亚里士多德的实践哲学痕迹如此地清晰，以至于只需记住人们普遍熟悉的东西就可以了：“如果阿伦特将‘行动’（Handeln）或公共行动领域与‘制造’（Herstellen）或劳动领域对立起来，那么所有这些对立——实践智慧的、政治协商的、政治判断的合理性与科学知识的、技术制造的、经济的或‘行政’管理的合理性之对立，以及‘法律平等’的公共领域与劳动个体追求福利的私人领域之对立——听起来似乎就是亚里士多德的区分。这样，阿伦特似乎试图将在现代被湮没的古希腊罗马政治思维传统再次当代化。当然，她并不是一个简单的新亚里士多德主义者。”② 因为尽管阿伦特有对亚里士多德的回归，有反对海德格尔政治的倾向或反—政治的倾

① Albrecht Wellmer, *Revolution und Interpretation,* Van Gorcum1998, S.46—47.

② Albrecht Wellmer, *Revolution und Interpretation,* Van Gorcum1998, S.48.

向，但也有亚里士多德范畴的海德格尔主义再思考。就是说，阿伦特将自由主义建制描述为世界开启、历史连续性断裂、彻底重新开始，并否定现代政治自由与人权普遍主义的根本关联。“《论革命》是一部彻底的非康德主义著作。因为它剪断了……政治自由概念与人权普遍主义之间的根本关联”①。这实际上是否认政治自由与自由主义政治之间的关联，从而也显示出阿伦特的共和主义倾向。

（2）阿伦特并不否认人权普遍主义，但却否认政治普遍主义。维尔默认为，阿伦特对进步主义历史哲学的批判，是“终结哲学”（Endlichtkeitsphilosophie）的要素。在这里，公共自由空间的构建仿佛表现为连续的施为性行为（它决定着自由平等行为）；政治自由空间扩大必然表现为有限的与局部的。在阿伦特视阈里，人权与公民权，作为政治自由的必要条件，完全是在自由主义传统中确立的。因而，将宪法保障的人权与政治自由建制混淆起来是灾难性的。作为现代宪法国家自由的消极自由，不能被理解为普遍主义的，即不能要求有普遍约束力的法治国家概念；平等也不再能被视为积极自由，即共和主义国家形式的政治自由。由此可见，尽管阿伦特不否认人权普遍主义，但却否认政治普遍主义的重要性。

（3）阿伦特试图对政治自由进行普遍主义阐释。维尔默指出，尽管阿伦特将政治自由概念与现代自由话语的普遍主义逻辑直接对立起来，但《论革命》一书总是有对政治自由概念进行普遍主义阐释的痕迹，因此也有法国大革命与俄国革命的革命普遍主义痕迹。阿伦特说过，为 20 世纪革命的可怕灾难所掩盖的东西不外乎是，真正的革命者希望新的国家形式（首先在欧洲最后在世界各地，或许在地球上的所有国家）实现，它容许每个人都进入公众社会、参与公共事务。在这里，阿伦特所说的东西不外乎是，政治自由概念植根于“有限的行动要素”中，即使不在理论意义上也在实践意义上。维尔默说，“这就是阿伦特对革命普遍主义的独特修正。但尚不清楚的是，她的潜在的、仿佛为人类学奠基的政治普遍主义与人权

---

① Albrecht Wellmer, *Revolution und Interpretation,* Van Gorcum1998, S.49.

普遍主义是一种什么关系?”[1]因为在阿伦特那里，政治自由与宪法保障的人权与公民权显然是不同的东西：它们是政治自由的前提，但不是政治自由本身。由此看来，阿伦特完全是在后传统现代性条件下谈论政治自由概念的。

这样，阿伦特就与她的前驱（既包括古希腊城邦的无神论者，又包括美国共和主义者）保持了富有特色的距离，这个距离决定了她的后形而上学思想。“在对自由主义的所有批判中，她与自由主义者联系在一起的东西，就是在向现代性过渡过程中，传统不可避免的断裂意识……阿伦特将这个断裂描述为作为现代政治基础的权威、宗教、传统的破裂。在对这个断裂的肯定中，她更接近自由主义而非社群主义”[2]。与此同时，阿伦特对自由主义的批评是下述尝试的组成部分，即不仅试图解构现代政治思想的基础，而且试图回到柏拉图、亚里士多德的思想谱系。所以说，阿伦特对政治哲学传统的批评，在海德格尔意义上是彻底的；但试图对海德格尔的形而上学解构在政治上进行根本调整。这意味着，阿伦特已经看到，自由主义的政治遗忘植根于欧洲政治哲学传统中。

在阿伦特那里，政治自由是普遍可能的，它植根于“有限行动的要素条件”；相反，每个公共自由空间的实际构建，只能是有限的、“用篱笆围起来的”自由空间的构建。这样，政治制度就必须被发现并被制度化，它的稳定化必须被成功（也能或多或少失败）地保护。在某种意义上就意味着，它不断地被重新发现与重新制度化，而且它的稳定化产生了政治话语的新语法、新体验、新立场；相反，它依赖于体验和立场、判断力与政治德性。维尔默说，自由制度的稳定化，不仅意味着人权与公民权的具体化和制度化（没有人权与公民权的具体化和制度化，就根本谈不上权利的宪法保护），而且要求根据自身不能读出的标准使这些权利实现和制度化。这样，阿伦特的核心论证就是：将代议制民主与直接民主区分开来的公共自由标准，不能从平等的民主的基本权利原则中推导出来。因而，“在阿

---

① Albrecht Wellmer, *Revolution und Interpretation,* Van Gorcum1998, S.50.

② Albrecht Wellmer, *Revolution und Interpretation,* Van Gorcum1998, S.52.

伦特意义上，政治自由的不可推导性，建立在（属于它的要素的）‘重新开始’之上，同时是不断威胁其永恒性的破坏要素。这是因为，政治自由总是只有在一定的制度或组织形式中才能实现；而且因为，没有一个规范原则使政治自由制度化成为人的义务。只有在有限的、‘用篱笆围起来的’空间形式中才有政治自由。这就是政治自由的‘特殊主义’”①。这样一来，阿伦特从对政治自由概念进行普遍主义阐释出发，却走向了政治自由的“特殊主义”结果。

第三，政治自由与协商体系。阿伦特试图借助于协商体系与政党政治、代议制民主与直接民主的对立来取消现代自由民主传统中的政治自由概念。在她那里，自由趣味与自由体验，是从多方面参与公共事务的，只要它们在有足够自主的组织形式中实现。这样，阿伦特（在自由主义与社群主义论争中被严肃提出的）思想就是：政治自由原本只有在特殊的制度、组织、联盟的系统中才能表达出来，而且，参与者本身仿佛抓住了公共事务，并能够以自主的方式直接处理这些事务。在维尔默看来，对这些对立进行批判性诊断是可以的，但若从字面上理解这些对立，那是天真的。因为现代社会复杂的政治制度不是根据协商体系模型重构的。因此，维尔默首先将协商体系概念“视为自主的或部分自主的制度、组织、联盟的网络。……但在这个复杂的结构关联中，不仅关涉联邦体系的政治制度，而且关涉与原有政治制度对立的民主的公民社会的联合、组织和制度”②。就是说，阿伦特的协商体系概念，必须意味着两个方面：一是联邦体系的政治制度；二是自主的或部分自主的公民社会组织和联盟的网络。维尔默指出，如果将阿伦特的协商体系概念视为隐喻，那就有许多好的论据赞同说，阿伦特使直接民主及其制度化要素退回到了政治自由概念的中心。这就意味着，公共自由标准的引入，不应该从平等的自由的基本权利原则中引出来。因为在这个意义上，公共自由规定着参与者的创造性、想象力、体验和勇气；也规定着相互承诺的凝聚力；此外，它还不断地受到高级的

① Albrecht Wellmer, *Revolution und Interpretation,* Van Gorcum1998, S.59—60.

② Albrecht Wellmer, *Revolution und Interpretation,* Van Gorcum1998, S.51.

或中心的政治制度和管理的权力诉求、调整要素的威胁。可是，如果要使公共自由概念退回到中心，那最终并没有变为民主合法性概念本身。实际上，"我们"（作为人民主权者）能够共同期待的东西最终并不取决于，"我们"如何在政治系统与社会制度中共同组织这些东西。只有在公共自由作为实际体验的地方，它才构成（在政治决策过程中有效发挥作用的）共同价值。但这个价值并非所有在政治决策过程中相互修正的价值中的那个价值，而是这样的价值——无论多么碎片化地实现，它都依赖于民主是否以及在什么程度上是政府形式；或在民主中，尽管所有权利是从人民出发的，但只有在选举日人民才拥有权利。这样，它就成了政府财产。

第四，公共自由与民主合法性。毫无疑问，阿伦特谈到的公共自由空间，对民主法治国家的功能来说，由于民主合法性原因而成为必要的。维尔默说，尽管"在这里，没有给出一般的理论解答；但或许可以断定，代议制民主与直接民主的关系（与阿伦特描述不同）又被进一步复杂化：因为目前，阿伦特意义上的公共自由空间不仅表现为自由民主的结构性要素；而且很清楚，对这个公共自由空间的稳定化而言，民主法治国家也有结构性意义，尽管实际上应该谈到'被分开来的统一体的同盟和联盟'（阿伦特意义上的'共和国要素'），即应当能谈到特殊的'共同事务'与政治共同体的大量普遍事务的调解"①。无论如何，多元的公共自由空间依赖于三权（立法权、行政权、司法权）分立制度，正如在法治国家中所看到的那样。因此，对现代民主的两个相互依赖、又潜在对立的功能条件或原则来说，存在着代议制民主与直接民主概念。然而，"公共自由的标准就是政治系统民主合法性的标准。这个系统超越了平等的民主参与权的保障，就像它超越了民主共识或话语的意志形成一样。不然的话，也许我们能够说，为了表达政治自由概念，传统的民主合法性概念是不够的。"②

事实上，阿伦特并不想使政治概念与自由秩序的道德基础对立起来（由此她与C.施米特区分开来）；毋宁说，她的基本命题是，为了论证政

---

① Albrecht Wellmer, *Revolution und Interpretation,* Van Gorcum1998, S.69.

② Albrecht Wellmer, *Revolution und Interpretation,* Van Gorcum1998, S.73.

治概念，仅有自由秩序范畴是不够的。对她来说，“政治的”是在公共自由空间中，自由平等地共同行动。就是说，在公共自由空间中，言谈的说服力与行动者的判断力代替了可靠的知识与技能。正是在这些空间中，人的本质力量成为认识世界的力量；并且，政治权力最终在公共自由空间中构建起来。因而，对阿伦特来说，行动者之间的世俗活动空间就是在共同行动中形成的位置。但正是公共自由空间结构能够使人从纯粹个人的或社会的黑暗中摆脱出来并进入神圣的公共世界中。

由此可见，维尔默试图对阿伦特的政治概念进行民主理论阐释，并赋予其革命概念、政治概念的原创性以意义。维尔默指出，尽管阿伦特承认康德的人权普遍主义，但她仿佛剪断了自由主义传统中的人权与公民权之间、民主主义传统中的公民权与政治自由之间的纽带——她将人权仅仅理解为前政治的道德概念；并只在法治国家意义上理解公民权。这样，阿伦特的政治概念所表征的东西，就与独特的特殊主义联系在一起。维尔默说，与政治自由主义最强的代表人物相比，阿伦特对人权与公民权的评价较低，这自然意味着对人权与公民权的系列限制，因为她仿佛在概念层面上已经决定，必须打断人权与政治自由概念之间的连续性。与之相反，罗尔斯与哈贝马斯都强调必须将人权与自由的基本权利联系在一起进行思考，以便使私人自主与公共自主能够相互确证。严格地说，如果没有后者，前者就是不可思议的；反之亦然。这就暗示着，“在现代，人权与政治自由之间具有内在关联。”①

二、公共自由、政治自主与社会正义

第一，自由民主新视角。维尔默认为，阿伦特几乎是经验的“革命的”普遍主义，在如何对待自由民主传统与马克思主义传统的普遍主义问题上，她并不是确定无疑的；但阿伦特的论证根本不能被质疑：经济的、技术的普遍主义不能从世界中创造出来。因为在她那里，未来自由世界也不排除文明的野蛮形式：在很大程度上，它或许是安抚人的生活的野蛮；与

① Albrecht Wellmer, *Revolution und Interpretation,* Van Gorcum1998, S.56.

行动自由联系在一起的同时，它却失去了人性与观察世界的力量。维尔默说，（所有人权在制度上都能得到实现的）自由民主世界，是新的野蛮的世界战争之唯一可能的替代性选择，因此也是现存自由民主社会长期存在的条件。这样，维尔默就勾勒了新的自由民主视角。根据这个视角，至少不能不考虑阿伦特的政治自由要素，但同时也表明，阿伦特“特殊的”政治自由概念忽视了（或许不得不忽视）特殊主义趋向。“如果这两者都是正确的，那么就必须对阿伦特进行指责：她将自由民主阐释的含义与潜能视为不正确的；并且，她关于代议制民主与直接民主的对立、自由主义民主与共和主义自由的对立，即使人们不将它们误解为保守主义的、不是最终思考的东西，也包含着不可解决的问题。”① 这样，维尔默思考的结果就呈现为相互挑战的坐标系：

（1）一方面意味着，阿伦特的政治概念对民主理论的挑战。这种挑战在于，在（完全拒绝社会主义传统的）现代自由民主传统中，当代政治哲学几乎没有形成这样的概念：公共自由领域能够被恰当地理解，因此在政治话语中赋予它意义。维尔默指出，即使在罗尔斯那里，也很少渴望同时获得私人自主与公共自主的原始命题。因为罗尔斯本质上是在选举权与被选举权、陪审团、民主决策程序等术语中，即在概念中介绍公共自由的。对阿伦特重述的直接民主，以及自由的、平等的共同行动来说，一个交往的公共自由（这是哈贝马斯想说的东西）是不够的。（2）另一方面意味着，民主理论的推进形式对阿伦特思想的挑战。这种挑战在于，阿伦特试图通过代议制民主与直接民主的对立、自由主义民主与共和主义自由的对立来重新阐释自由民主是困难的。因此，为了能够使阿伦特的政治思想成为对当代政治哲学的创造性挑战，她对当代政治哲学思想的解构本身还需要某种形式的解构。

维尔默指出，阿伦特的政治概念特有的困难在于其歧义性，即“在彻底的现代性批判意义上，我们能够将它理解为准海德格尔主义的。在现代政治遗忘批判中的体验和可能性暗示被广泛地湮没在自由民主中，并且只

① Albrecht Wellmer, *Revolution und Interpretation,* Van Gorcum1998, S.61.

有在革命的或准革命的瞬间又一次获得了易逝的现实性”①。这样的阐释也许是谈论阿伦特的政治概念之“去政治化”悖谬所付出的代价。实际上，阿伦特的政治概念并没有理解地关涉自由民主社会日常生活中的政治经验和可能性，从而使政治变成了“政治的他者”。维尔默自信，这个阐释在阿伦特那里肯定可以找到根据，但若说“政治哲学要求他者”，这肯定不是从对美国革命的自由主义建制框架中产生出来的。但在S.本哈比看来，“这是一个近乎二难选择的阐释，它试图……将阿伦特的政治概念整合为民主理论的。”② 不过，这种阐释有使阿伦特的民主理论平整化的危险。

第二，公共自由空间中的特殊主义趋向。维尔默说，在公共自由空间中总是有特殊主义趋向，这几乎不需要证明。因为公民社会、公民创造性、社区议会总是不断地追寻——纯粹的特殊利益是通过普遍利益来实现的。但阿伦特没有觉察到，她想避开政治领域的“利益”一词所表征的一切，仅仅是“特殊主义的”政治概念的另外表达。因为在她看来，没有必要在政治上调解特殊利益与普遍利益。不过，在维尔默看来，如果我们将实际的利益冲突当作政治上有待解决的问题严肃认真地对待，那我们就不再能够将政治共同体理解为仅仅自下而上，而且必须理解为自上而下构建的。在欧洲传统中，“自上”意味着“从民族国家出发”。今天，无论用什么样的国际政治组织来完全地或部分地代替民族国家，那么似乎可以肯定，这种代替是通过与特殊利益不同的普遍利益的实现来确定的。实际上，至今没有能够代替民族国家功能的固定组织。所以说，民族国家是不能废除的。在这个功能中，国家（或未来能够代替其功能的组织）与特殊利益相对立。至于谈到私人利益，在某种程度上说，它属于自由的法治国家结构；相反，在制度和联盟中相互作用的特殊利益，是从新型结构问题中产生的。因为在这里，共同体已经是特殊的、并常常要求普遍的东西。这就意味着，在公共自由空间中，已经发生了从纯粹特殊利益向共同利益甚至普遍利益的转化。借此，民主公共领域的细胞，同时是特殊集体

① Albrecht Wellmer, *Revolution und Interpretation,* Van Gorcum1998, S.54.

② Seyla Benhabib, *Modelle des öffentlichen Raums: Hannah Arendt, die libberale Tradition und Jürgen Habermas,* in:Soziale Welt, Jg.42/1991.

的结晶形式，从而体现出特有的双重性。不过，阿伦特试图将特殊的政治问题和对象，与道德领域、社会福利领域、私人领域、经济权利和基本权利保护领域割裂开来——“这就是阿伦特潜含着的特殊主义”[①]。维尔默认为，这个“潜含着的特殊主义”是阿伦特政治理论的最大缺点，也是今天非政治或反政治潮流中，崇拜者使用阿伦特政治概念的原因。但是现在，即使人们承认，公共自由是某种与消极自由、个体权利保护、社会正义、有效管理或普遍福利不同的东西，那么仿佛悬在空中的政治领域，也不能将所有命题都转变为政治命题。因为在基本权利或社会正义中，不仅关涉现代社会政治自由的必要条件，而且关涉政治话语的核心对象，即应当在共和制度中处理的公共事务。如果人们不承认这一点，那么很清楚：个体自由、社会正义、公共自由就处于复杂的相互依存关系中。对政治话语来说，这个关系一直是必要的，它仿佛反思性地回到自身的基础和前提。如果考虑到在自由民主阐释中，个体自由和民主参与内在地联系在一起，那就表明，个体自由与社会正义就不仅是公共事务的本质组成部分，而且是公共自由领域的基本权利。因而，只有在现实政治意义上，阿伦特的公共自由概念才是有成效的。

第三，政治自主与社会正义。阿伦特试图在双重意义上捍卫政治自主：一是自主的政治领域（公共自主）；二是私人的社会领域（私人自主）。维尔默认为，这种做法的意义在于，公共自由空间中的公共行动的意义，在自身中并服务于政治之外的目的。从这个意义上看，自主也是政治领域。显而易见，阿伦特是运用这两个自主从两个方面来把握自由主义传统。维尔默说，在这两种情况下，阿伦特的批评最终都指向自由主义框架中人权与公民权的核心作用——对自由主义思想来说，这就形成了先验类型的规范基础，并且为政治理解作论证。据此，个体基本权利的保障与福利，就是它的目的和目标。

维尔默指出，将阿伦特与自由主义理论家联系在一起的东西是基本权利。因而，像罗尔斯一样，阿伦特将自由的基本权利简单地置于民主话语

① Albrecht Wellmer, *Revolution und Interpretation,* Van Gorcum1998, S.63.

之前。不过，只有在理论意义上而非政治制度意义上，这种说法才是恰当的。因为“抽象地说，基本权利不是程序推论的公理，而只是‘给予’判断形成的原则，并且总是‘存在于’具体的历史形态中，即作为制度的和阐释的系统而存在。与此同时，基本权利，一方面与民主话语相联系；另一方面又必须从民主话语中凸显出来，即重新阐释与重新编码”①。在这个意义上，自由民主社会也规定着民主制度和民主公共领域，似乎只有在这个媒介中，满足民主合法性要求的基本权利保障与调整才是可思议的。在民主话语之前的基本权利，或许只有在民主话语中并通过民主话语，才能获得具体的合法形态。

显而易见，关于基本需求与自决的美好生活构想之历史体验以及历史上可变的阐释，已经进入到关于基本权利阐释与具体化中；体验、阐释、构想需要在民主公共领域中澄明，如果它们不应教条地或任意地流入立法过程中的话。当然，如果人们考虑到——在什么意义上基本权利能够预先给定，在合法的具体化中阐释扮演什么角色，那么就能从不可避免的实践循环中得出：基本权利概念需要公共自由领域。在这个领域中，政治自由平等能够使公共自由平等的意义成为主题。这样，私人自主与公共自主就处于互为条件、互为可能的关系中。

与阿伦特的政治自由和社会正义之对立非常相似，为了澄清政治自由，社会正义问题是通过功能良好的社会福利官僚机构来合理解决的。但结果是社会经济问题成为政治问题，只要它们在公共自由空间中被主体化为公共事务。维尔默说，关于社会正义的阐释和标准是有争议的，即潜在的政治问题，总是必须在具体的历史的经济边界条件下被回答；毋宁说，社会正义应当以什么样的形式实现问题在政治上是卓越的：经济上违约的失败者，是否以及在何种程度上，成为匿名的福利官僚机构的被动的当事人，或通过社会基本权利保障而使自决的生活，同时使对公共事务的参与成为可能？实际上，阿伦特既非在规范意义上又非在功能意义上，使（她用来阐发公共自由概念的）政治自主这个核心范畴归属于道德、社会或法

① Albrecht Wellmer, *Revolution und Interpretation,* Van Gorcum1998, S.65.

律范畴；但她倾向于在内涵意义上理解政治自主。不过现在，政治自主肯定不在于，它能简单地翻转基本权利保障和制度化问题、社会正义或经济问题。

非常不幸的是，阿伦特在对政治遗忘进行合法批判时，将孩子与洗澡水一起倒掉，从而她忽视了马克思的问题说到底还是政治问题；这同时意味着，她触及了现代世界政治自由可能性条件问题。维尔默指出，正如阿伦特强调的那样，如果在公共政治行动与政治话语中关涉公共事务，那么生态问题、经济问题或行政管理问题，就是潜在的政治问题。因而，政治自主也许并不在于，政治超越了生活领域，而是政治话语使生活领域主题化。这样，就“不是由企业家、个人消费者、科学家或行政管理人员，而是由公民来决定他们应当怎样生活，即将它们主题化为公共事务”①。实际上，在政治自主话语中，既非纯粹的私人利益又非专家的知识与合理性有最终发言权。因而，如果阿伦特坚持政治是公共事务领域，同时是与知识、说服、判断力相对立的意见领域，那她就得出了错误的结论。因为，那个领域的功能意义是通过(存在于政治意志形成领域之外的）私人利益、策略行动或简单的权能确定的。

概言之，阿伦特既非在规范意义上又非在功能意义上，使（她用来阐发公共自由概念的）政治自主这个核心范畴归属于道德的、社会的或法律的范畴；但她倾向于在内涵意义上理解政治自主。不过，在维尔默看来，政治自主肯定不在于，它能简单地翻转基本权利保障和制度化问题、社会正义或经济问题。

第三节　公民权、人民主权与民主话语

一、公民权与民主话语的解释学循环

在维尔默那里，公民权与民主话语的解释学循环，可以回到民主法律

① Albrecht Wellmer, *Revolution und Interpretation,* Van Gorcum1998, S.67.

体系的内在关联中。这种内在关联，对民主的法律共同体来说是构成性的。显而易见，基本权利的自由主义阐释（洛克）与民主主义阐释（卢梭）之间的二难选择，今天以更为精致的形式出现在罗尔斯与哈贝马斯之间。对罗尔斯来说，民主参与权不过是从总体上规定每个可能的民主话语的公民权之组成部分；哈贝马斯则将自由主义传统的“主体的”自由权利理解为民主参与权和交往权，并认为私人自主与公共自主之间的论证关系是成问题的。维尔默说，这关系到公民权构建这个重要问题。不过，“罗尔斯与哈贝马斯在‘构建’问题上似乎是一致的：一方面，没有对主体的自由的基本权利之保障，就不可能有赋予他 / 她身份地位的民主话语；另一方面，对这些自由的基本权利的阐释和具体化，正如民主参与权、福利分享权的阐释和具体化一样，只有在民主话语中才能被确定”①。就是说，因而，罗尔斯与哈贝马斯之间的一致性有两个方面：（1）如果没有这两种自由的基本权利（民主参与权与福利分享权）之内在关联，如果不将私人自主与公共自主理解为统一整体的两个组成部分，那么自由的基本权利概念和民主参与权概念就不可能是完整的；（2）从私人自主与公共自主关系中产生出公民权与民主话语的双重关系：民主话语必须将公民权预设为自身可能的条件，同时又必须在作为公民权的人权概念和制度形态中才能产生出来。

在关于公民权与民主话语的双重关系阐释问题上，维尔默追随哈贝马斯的民主理论视角，强调关涉公民权的四个范畴，即民主话语概念和民主话语的具体化、民主话语的阐释、民主话语的制度形态。不过，在哈贝马斯那里，这四个范畴是民主话语的可能性条件；在维尔默这里，这四个范畴则被视为民主话语的本质。因而，与哈贝马斯（和罗尔斯）的概念—构成分析方式不同，维尔默采用语用学—解释学分析方式：一方面，只有当自由的基本权利在（正式的或非正式的）具体法律形式中被承认，只有当公民权范畴不仅作为权利范畴被承认，而且作为具体化了的公民权被承认，民主话语才是可能的；另一方面，什么是公民权的正确阐释、具体化和制

① Albrecht Wellmer, *Revolution und Interpretation,* Van Gorcum1998, S.20.

度化问题，只有在民主话语中，只有在立法、判决、宪法法庭审判中才能被确定。简言之，在哈贝马斯视阈里，民主话语的前提不是公民权范畴，而是公民权的制度化；在维尔默视阈里，“公民权被承认，就是民主话语的前提和结果”①。可见，公民权与民主话语的双重关系不可避免地存在着解释学循环。所谓解释学循环，就是指作为公民权的人权承认不仅是政治自由与民主话语的前提，而且是政治自由与民主话语的结果。

维尔默指出，公民权与民主话语的解释学循环被以严格的方式讨论着：在立法和判决过程中，宪法规范解释冲突，如何、通过什么、是否能够借助于宪法规范事先给出的明确含义和/或解释史而被限制或控制的问题。德沃金与费什②之争是一个例证。这个论争表明：一方面，在民主话语之外原则上不存在能够运用证据调解宪法规范解释冲突或定义宪法解释史的审判机关（费什）；另一方面，产生于参与者视角的冲突，或许能够以较好的论据被理解为人权与公民权正确阐释的冲突（德沃金）。这样，维尔默就能够与哈贝马斯一起，将这个正确阐释描述为所有参与者都必须遵循的合理共识。于是，维尔默假定，对人权与公民权的某些阐释和具体化来说，这些论据所指向的东西，就是所有参与者的合理共识。因此，每个参与者当然必须被设想为拥有平等的人民主权的成员。在超党派立场下，他们必须同时拥有足够的知识和判断力。但这也表明，所有参与者的合理共识必然是不可能的。之所以不可能，不仅是因为关于真理的论争永无休止，主要是因为关于人权与公民权的正确阐释冲突，并非仅仅是意见冲突，而且必然导致必须事先假定每个可能共识的一系列实际决策。

在通常情况下，民主决策不能依据所有参与者的话语共识——维尔默认为这是无可争议的。“对某些法律规范或公民权的阐释和具体化来说，即使我们承认，所有的‘法律同事’（作为议会会员、法官或公共话语参与者）能够借助于论据指向所有参与者的合理共识，事实上，在所有情况下，对争议事件的决策并不能期待共识。”③这样，如果要想保障民主合法

① Albrecht Wellmer, *Revolution und Interpretation,* Van Gorcum1998, S.21.

② 费什（Stanley Fish, 1938—），美国文学理论家、法学家。

③ Albrecht Wellmer, *Revolution und Interpretation,* Van Gorcum1998, S.23.

性，即共识的决策基础，那就只有一种可能，即为较高程度的共识（也许是接近共识）寻找合法的决策程序。例如：多数人的决策、宪法法庭审判、判决程序等。维尔默断言，在重要的权利问题上，不可能有（罗尔斯意义上的）纯粹的程序正义，尽管立法程序和判决程序在很大程度上是合法的。民主话语条件下的决策从来都不是最终的、不可撤销的或必须承认的判决，而是对民主话语的双重回归，这种民主话语原则上总是导致对争议决策的修正。这就意味着（1）并没有从前面描述的解释学循环中跳出来；（2）原则上不可修正的决策，在下列意义上通常是最终判决：堕胎的母亲被惩罚，杀人犯被判入狱，纳粹罪犯或经济罪犯被判无罪释放，政治避难申请人被驱逐，游行示威者被击打。因此，合法的（对有些参与者来说或许是不可撤销的）审判机关，常常借助于民主决策、行政管理决策或法律判决作出终审判决。

然而，如果像哈贝马斯那样，假定所有阶段的法律判决都只是由于所有参与者的合理共识而取得合法性，那么立刻就非常清楚，为什么法律判决的兑现必然事先赋予相应的规范以有效性要求：法律判决并不能期待规范共识。在这个意义上，法律判决就意味着合理共识与法律事实的事先断裂，最终并不包括暴力转变为法律实施的合法性。可是问题在于，如何解释判决程序的合法性是非本质的东西？维尔默说，即使在某些情况下，人们可以谈论共识，但也根本不存在下述共识：它既不关涉后来附加的东西，又不关涉保证自身存续的事态本质。在这个意义上，每个经验共识都是临时性的。这就意味着，即使在共识情况下，人们最终可以将判决描述为与规范有效性要求相适应的兑现，但并不是以必然的方式。“由此可以得出两个结论：一是在民主话语中，权力关系不能被化约为纯粹的承认关系，尽管民主决策权只能是被承认的权力；这句话也可以反过来说：没有承认关系，就没有权力关系。二是在民主法治国家中，法律必须被不断地重新‘发现’，即使这里只关涉它的具体化、阐释和应用。”① 因为民主法律过度道德化（也可以被描述为与法律具体化不同的过度正义化）迫使正

① Albrecht Wellmer, *Revolution und Interpretation,* Van Gorcum1998, S.26.

义问题，在具体情况下通过法律解释而重新提起和解决。

维尔默认为，如果我们将民主决策目标指向正义、人的尊严、公民权实现；那么C.施米特关于民主决策的论据就以令人惊讶的方式反对自己的法哲学和政治哲学结论。因为这些论据给自由民主的法律理论附加了批判的酵素，它们能够使这个理论从纯粹肯定的辩护与乌托邦批判二难选择中解放出来。不过，关键问题在于：（在民主变革形态中起作用的）正义概念的先验力量，或曰先验正义概念，就比以前更清楚地体现在现代民主宪法原则中。因而，正义既不能被描述为理想终点（此时此地的实现），也不能被描述为弥赛亚主义许诺（在乌托邦终极状态中的实现）；对每个能够想到的民主形式来说，维尔默与德里达一样："正义"总是被描述为正在到来的东西——它不是在上帝王国中，也不隐藏在理性和决策的相互关联中——以至于在民主法律条件下，正义概念必然能够保留在具体的法律判决中。他说，在此时此刻，正义概念超越了具体的法律判决，尽管像德里达补充的那样，不是在调节概念意义上，包含了无限接近理想状态的思想，或弥赛亚主义许诺；而是在要求意义上，总是在此时此刻得到满足，也能够在非此时此刻得到最终满足。

二、人民主权幻象与民主合法性原则

第一，人民主权幻象与民主话语。维尔默认为，从法律解释、法律判决、法律应用要素出发，"人民主权"（Volkssouveränität）概念像合理共识一样必然被描述为幻象，即使像哈贝马斯那样，将自由的基本权利假定为人民主权的可能性条件。换言之，人民主权不再被设想为民主过程的源泉或逃离点；毋宁说，必须将它设想为（到处和无处）"在民主法律过程中被确定：到处，因为它必须在每个立法行为和法律判决行为中在场"；无处，因为它必须保持与所有当代代议制不同的差异（差异能够转变为冲突）。不过，理想的人民主权从不仅仅处在纯粹的当代形式中。这意味着，每个具体决策（准判决）都是权力领域中的政治行为，但每个这样的行为却改变了民主话语的条件；并且，因为民主话语的前提都归功于这些宪法授权的政治行为，但它们从来不能完全地相互满足人民主权概念的两个结构性联合：一是非强制的、通过论证而形成共识的联合；二是主权意志的联合。第一个联合适合于通过人民自己立法的统治而消解统治关系概念；第二个联合适合于所有事先给出的与法律认可不同的人民意志的权威。然而，"人民意志的权威作为人民主权，只有通过代议制体系和权力分配体系，才能在制度上加以描述。"①

所以现在，维尔默试图对解释学循环进行另外的描述：在民主话语之外没有合法的审判机关，能够在最终判决中决定公民权阐释和制度化的进一步发展、拓展或改变。因此，民主话语必须使自己的基本状况得到保持、批判和拓展。但维尔默试图阐明，民主话语不能停留在自己的基本状况中，而必须通过话语描述为论据与判决、话语理解与政治权力不可消解的张力关系。当然，这个描述是不完善的，因为它不能认识到，在非强制形成的人民意志中，统治关系消解意味着什么。抽象地说，这个概念的有效性在于，没有判决能够避开话语检测和批判的"非强制的强制"，尽管在精确意义上，话语检测和批判可以使民主合法性原则因为法律判决而要求所有参与者可能的合理共识。

第二，民主合法性原则与民主公共领域。在一定程度上，民主话语只能进行双重解码：一是作为与形式决策程序相联系的制度网络；二是作为公共领域网络。维尔默说，民主合法性原则这两个结构对称的层面，只有用一定方式才能在创造性的张力关系中相互引发：在第一个层面上，它表现为平等的参与权和交往权；作为政治意志形成的组织形式，民主话语允许触及民主合法性决策。在第二个层面上，它表现为这样的要求：使每个参与者的声音以适当方式在民主话语中发挥作用，只要做到这一点，民主决策就是合法的。换言之，民主合法性原则的两个层面能够内在地相互阐发：如果民主决策是合法的，假如它能发现所有参与者的非强制共识，那就意味着，所有参与者的声音必须以适当方式在民主话语中，从而在现实话语中发挥作用：（1）民主合法性原则作为正义原则，要求所有参与者有可能实际参与民主话语；（2）民主合法性原则作为平等的参与权和交往

① Albrecht Wellmer, *Revolution und Interpretation,* Van Gorcum1998, S.28.

权，包括参与民主话语要求。

维尔默强调，民主合法性原则的两个层面都是基础性的，但它不能从概念上揭示出来，因为民主合法性决策并不必然是合法的。如果这样的话，民主合法性原则的第二个层面就需要独特的组织形式，这就是民主公共领域。在民主公共领域中，所有参与者可能的合理共识不能因为决策话语的强制性而使有局限的个人的、时代的话语不发挥作用。就是说，公共话语不仅对决策话语起作用，而且也是对决策进行话语检测和批判的媒介。因此，在民主公共领域中，话语不能进一步超越决策要素，但公共意见的交往权能够迫使决策作出修正。也许，民主公共领域保留了关于信念和论证的试验领域：在其中，民主话语不能通过民主合法性决策被终结。“尽管民主公共领域与民主制度能够以复杂的方式相互补充、相互渗透和相互矫正，但这两者总是依赖于其他领域的资源：公共领域需要权利的制度化和法律保护，而制度也需要公共话语。此外，民主公共领域与民主制度之间的复杂过渡，可能存在于公民对形式（半正式或非正式的）决策程序的参与中，而不谈论公民社会联合。在公民社会中，不仅公共领域和正式程序两极分化趋势趋缓，而且公民社会本身就是民主公共领域与国家制度之间的协调机关。”① 当然，民主合法性原则的双重解码，需要同制度和公共领域之间的协调相适应。因为只有保持这种状态，民主过程的解释学循环才是根本可能的。由此出发，“就能够引出自由民主社会形式的拓展和深化，并由此引出民主伦理。”②

三、普遍民主、多元政治与“民主化”

利奥塔曾经说过，一个自由讨论的公共领域，总是对启蒙的普遍民主作出让步，并且是对哈贝马斯的交往合理性概念令人惊奇的确证。维尔默指出，“利奥塔为后现代知识层面描述的东西，对后现代实践层面来说也可以这样描述。但这意味着，启蒙的普遍民主概念被转译为政治科学。在

① Albrecht Wellmer, *Revolution und Interpretation,* Van Gorcum1998, S.31.

② Albrecht Wellmer, *Revolution und Interpretation,* Van Gorcum1998, S.32.

其中，多元化的‘语言游戏’，作为多元化的（正式的和非正式的、区域的和中央的、临时的和持久的）制度再现出来。当然，若没有哈贝马斯意义上的交往行为作为协调机制，社会的与群体的民主自我组织要想体现在这种多元化的制度中，那是不可能的；如果个体没有机会获得与合理交往冲突的习惯，从而在（个体的与集体的）自决的生活方式中成长，那它或许是可能的。”① 不过，如果要在多元化的语言游戏概念中揭示（使个体自决与集体自决之间的沟通成为可能的）民主制度问题，至少有两点是非常清楚的：

（1）如果人们不重新占有并扬弃启蒙的普遍民主，那就不能超越它——这是哈贝马斯、卡斯托里亚蒂斯②的现代社会哲学的重大主题。维尔默指出，在政治实践意义上，普遍民主不应当被追溯到同一性逻辑意义上的现代性规划，否则，或许就是一种庸俗的马克思主义；但若不触及普遍民主的基本共同点，即使在后现代条件下，也不能将普遍民主理解为抽象原则，而只能理解为共同程序、基本趋向与含义的总和。“也许应当更好地谈论两个秩序的程序、趋向与含义，它们并不关涉这个或那个价值、这种或那种生活方式、这种或那种制度安排；毋宁说，它们关涉第二秩序习惯的共同基础：合理自决的习惯、民主决策的形成、冲突的非暴力克服。”③ 这也许就是自由、平等、博爱的实现，不过，是在成年人已经失去了的概念中表达出来的问题意义上的实现。

（2）对多元政治维度的理性反思使维尔默清楚地意识到：如果不重新占有马克思的提问方式，那就不能超越它。他认为比较好的做法是：在区分现代经济、国家、法律、行政管理、科学、艺术的过程中，去观察相互渗透的生活领域、系统、程序或话语之不可扬弃的多元要素，而不能将这

---

① Albrecht Wellmer, *Zur Dialektik von Moderne und Postmoderne,* Frankfurt/M.:Suhrkamp1985, S106.

② 卡斯托里亚蒂斯（Cornelius Castoriadis，1922—1997），希腊—法国后马克思主义政治哲学家、心理分析学家。

③ Albrecht Wellmer, *Zur Dialektik von Moderne und Postmoderne,* Frankfurt/M.:Suhrkamp1985, S.107.

些分裂直接扬弃在普遍和谐的状态中。维尔默承认，今天或许还有哈贝马斯所说的生活世界殖民化问题，而这个问题要比利奥塔所说的更为复杂：它不关涉信息的普遍可接近性，而关涉技术—系统—经济过程与政治过程的相互渗透，并关涉政治过程的组织与自组织。因而，“今天必须反对资产阶级的普遍民主，因为只要民主不渗透进社会生活的每个毛孔中，它就是不现实的；必须反对马克思主义的无政府主义，因为它们不能意味着普遍的直接的和谐状态；必须反对所有的理性主义，因为我们既不能期待最终论证又不能期待最终解决办法”①。当然，这并不意味着，让普遍民主及其自主的主体、马克思的自主社会规划、理性退出历史舞台；而是意味着，必须重新思考启蒙的政治道德普遍主义、个体的与集体的自决概念、理性和历史。维尔默从中看到了理性自我超越的后现代动能。

维尔默说，如果阿伦特的政治领域与社会的、经济的、行政管理的、法律的领域结合在一起的话，那么经济的、行政管理的与法律体系的独特逻辑之间的界限问题就将被忽略，并且这些东西本身不能再次成为政治问题；相反，每个政治制度系统，或多或少地被自主的经济、行政管理与法律体系所缠绕，并为其可能的功能所限制。另外，如果承认不同的政治系统之间多层面的依赖性，以及公民社会与民主公共领域的政治系统、制度和联盟，那么很清楚，阿伦特关于代议制民主与直接民主（两种不同国家形式选择）的对立，在复杂的工业社会条件下就没有太多意义；但若将这个选择退回到现代民主文化内部，那就是有意义的：它体现着自由民主社会内部的可能性光谱。“在光谱的一端，是中央集权国家及其（人民主权的）形式民主的议会代表，也许还有大众传媒对公共意见的控制；在另一端，是在日常生活中还能体验到的自由平等地共同决定的民主文化，以及相应的公共政治话语文化。”②这就是阿伦特的政治概念至今还被描述为对政治哲学挑战的关键所在。

对于这一点，维尔默认为，应当借助于“民主化”（Demokratisierung）

① Albrecht Wellmer, *Zur Dialektik von Moderne und Postmoderne*, Frankfurt/M.:Suhrkamp1985, S.108.

② Albrecht Wellmer, *Revolution und Interpretation*.Van Gorcum1998, S.70.

这个多义词来加以澄明：(1)“民主化”意味着反现存制度的战斗口号——它不仅反对（只有在议会代表层面上才是现实的）纯粹的形式民主，而且从根本上反对（与植根于自由主义法律体系中的形式调节程序、有限的自主联系在一起的）制度形式。在这个意义上，“民主化”就意味着要消除制度与公共话语之间的差异。然而，一个（要求自发的与直接的，同时是决定性权能的）公共领域，最终必然成为民主公共领域的讽刺画。(2)“民主化”总是意味着不同的东西——即民主公共领域的拓展与基础的自组织之间的相互作用，在政治制度形式之下或之侧。这样，基础的自组织就开启了共同行动空间、创造了新的公共领域，并对政治制度有反作用。“在这个意义上，‘民主化’肯定非常接近于阿伦特的直接民主所意味的东西……我想到了阿伦特的‘公共自由’的所有特征。据此，公共自由就不能够与平等的普遍民主之基本权利保障叠合在一起，而是以它们创造性地使用与公开利用为前提。”① 重要的是：只有自组织过程，即阿伦特意义上的直接民主要素，才能在自由民主社会内部产生出体验、态度、权能、判断力，最终是那个特殊的公共空间。在很大程度上，它依赖于民主公共领域。对作为整体的社会来说，它本身就是公共自由媒介。因此，在所有人平等地参与话语的意志形成过程意义上，公共自由依赖于直接民主要素意义上的公共自由实践。(3)“民主化”最终还意味着，也许只有通过参与权才能强化民主权利。这样，民主共识观念只有作为这个标准才是充分的，如果在所有可思议的共识或准共识下表征合理的东西的话。然而，只要人们不能使合理共识概念与特殊和普遍之间的恰当平衡观念短路，那特殊的自由空间与中心调节之间的恰当平衡问题，就不仅仅是合理性问题。如果人们问：所有自由平等的人参与民主过程的观念如何在制度上实现（此乃维尔默所说的恰当平衡问题），那么阿伦特所描述的自由主义建制的所有重要范畴，就都不能被还原为合理性。当然，植根于制度中的民主伦理是理性的；正是根据能够说出的东西，人们才能弄清通往自由、自决愿望的结构问题。“阿伦特阐明了在现代性中一再开启又一再压抑的自由愿

① Albrecht Wellmer, *Revolution und Interpretation.*, Van Gorcum1998, S.71.

望的历史，通过我们时代的代议制民主不能真正满足自由愿望。”①

维尔默评论道，如果阿伦特在自由愿望的实现条件中突显意志的、认知的要素，那她是正确的。这些要素不能在法律与合理共识范畴中被理解，因为它们首先是作为政治自由概念起作用，而且，它们既不是在法律概念中又不是在合理共识概念中已经包含的东西——这就是阿伦特的真正洞见与对现代民主理论的创造性贡献。不过，尽管阿伦特预见性地与马克思论战，反对马克思在政治经济学批判中寻找现代自由问题解决办法，认为这最终是近乎无效的；但是，只有当阿伦特从她所反对的现代自由民主传统中摆脱出来时，她的努力才能成为创造性的。因为没有对资本主义的驯化，政治自由就不能成为现实的解决方案；相反，在现实社会主义瓦解后，失败的政治经济学批判方案又一次得到了更好的复兴，并再次开启了现代政治自由可能性的新视角。

第四节　人权政治与国际人权承认

一、人权政治的两种范式

随着苏联解体和东西方两极对抗结束，康德的永久和平学说似乎又有了某种生命力。在《普遍主义作为道德陷阱？人权政治的条件与限度》(1994）一文中，霍耐特将人权政治的两种范式，即霍布斯范式与康德范式对立起来，目的是为了揭示它们以特殊的方式与人权政治哲学模型联系在一起；并试图阐明就人权政治问题而言，从这两种范式中能够得出什么结论？康德范式在多大程度上能够与某些现实政治相符合？最后霍耐特断言，在当代条件下，根本没有其他比康德国际关系合法化理想更值得人们追寻的选择。

第一，霍布斯范式：从霍布斯主义到新霍布斯主义。在人权政治解释模型问题上，霍耐特区分了霍布斯范式与康德范式。他说，在两个超级大

① Albrecht Wellmer, *Revolution und Interpretation.*, Van Gorcum1998, S.74.

国军事对抗的条件下，霍布斯的自然状态说理所当然地被当作处理国际关系的合适范式。这意味着，在个体与个体之间或具体的国家与国家之间形成基本信任是不可能的。即使今天两极对抗结束了，但实际情况仍然是：尽管联合国安理会的人权措施、和平安全措施不断增多，但联合国对某些国家的保护措施越多，西方政治状况就越被动地向相反的方向转化：每次对冲突发源地的军事干预，都明显导致了一系列新的民族战争与武力冲突；每个人道主义援助都伴随着饥荒与大屠杀。于是，在重新觉醒的民族权利思考中，代替和平合作的是人们之间的战争与恐怖。"国际状况看起来就是这样，以至于对许多人来说，回忆康德方案听起来似乎是一个讽刺。"[①]鉴于国际范围内社会冲突的多样化、野蛮化，向康德模型的回归就被视为纯粹的理想主义。当然，今天以霍布斯范式为取向并不意味着军事扩张，而是意味着为抛弃人权普遍主义进行合法性辩护。

早在《对阶级理论的反思》(1942）中，阿多尔诺就曾经提出关于发达资本主义社会未来冲突的预测：在经济野蛮化压力下，社会最终不再处于阶级斗争中，而是处于帮派冲突中。因此在未来，阶级斗争史就变成了"帮派冲突史"。在《国民战争展望》(1993）中，恩岑斯贝格尔[②]反对与道德纽带联系在一起的人权普遍主义可怕图景，认为地缘政治秩序的瓦解必然导致社会关系"去道德化"(Entmoralisierung)。伊格纳提夫[③]与恩岑斯贝格尔具有共同的信念，认为苏联解体导致民族战争走向一个新阶段。但二者的不同在于：为了刻画这些战争的新特征，恩岑斯贝格尔依靠阿伦特的极权主义分析，认为毁灭与自我毁灭不能区分。这样，这些战争就具有了后现代意味。而在伊格纳提夫那里，这些战争类似于中世纪的贵族战争。霍耐特指出，从整体上看，他们从这些观察中得出的结论涉及国际政治结构转型，但他们两人都不担心回到人类学思辨。在最近的国民战争

① Axel Honneth, *Das Andere der Gerechtigkeit.Aufsätze zur praktischenPhilosophie*, ⑥rankfurt/M.:Suhrkamp2000, S.256.

② 恩岑斯贝格尔（Hans Magnus Enzensberger，1929—），德国作家、诗人、翻译家。

③ 伊格纳提夫（Michael Ignatief，1947—），又译伊格纳季耶夫，中文名是叶礼庭，加拿大作家、学者、政治家。

中，表露出霍布斯在自然状态假说结构中猜测到的人的野蛮本性。这表现在：目前的社会关系必须被假定为两个相近群体之间敌对的进攻形式。在这些群体中，他们不能长期与赋予他们基点和明确取向的内容广泛的秩序体系相联系。那么，关于自然状态的解释是否能够与霍布斯的实际意图相一致？从今天的种族冲突、部落战争可以看出，在国际政治现状中，人的野蛮的进攻性是不可控制的。因此，恩岑斯贝格尔、伊格纳提夫的解释是隐喻使用的霍布斯主义，或新霍布斯主义解释。

第二，康德范式：从永久和平到国际政治民主化。霍耐特说，随着东西方两极对抗结束，霍布斯主义的适应条件似乎被取消了。因此，从国际政治现状看，将康德范式应用于国际关系并没有多少障碍。就是说，国家应该从无规则的状态，即战争中走出来。霍耐特相信，国际政治道德化方案证明“民主国际主义”（demokratischer Internationalismus）影响增长的可能性。易言之，国际共识形成的可能、世界范围内新民主运动形成、大量开明人士参与国际政治事件，所有这些行为都为人权政治提供了长期和解的空间。如此，借助于国际关系新近发展就可以为康德范式进行合法性辩护。在这两个阵营之间首先无可争议的是，当今在什么范围内人权政治应该成为修正对外政策的参考点。

近几年的国际政治变革显示，人权政治不能在野蛮的霍布斯主义人类学意义上解释，而只能在康德历史哲学假说意义上解释。对康德来说，使人的经验隶属于（从道德构想内在困境中产生出来的）道德完善的意义，是十分必要的。如果像《实践理性批判》中所勾勒的那样，在道德义务与外部现实之间存在着巨大鸿沟，那么从它能够提供责任意识向内心世界转化的素材这个视角看，就必然陷入经验的目的。《判断力批判》试图阐发自然目的的假想结构，而康德历史研究的理论任务就是填补道德目的论与经验现实之间的解释缺口；但在康德试图赋予自然意图观念以经验意义时，他的尝试总是失败。康德在《世界公民观点之下的普遍历史观念》（1784）一文中指出，战争学说必须被阐发为道德完善的自然机制，所有人的自然素质必须在全部人类历史过程中被阐发。根据霍耐特的看法，康德这个建议之所以被说成是有问题的，是因为它与原来有关文明发展假设的目标相抵触。就像美国学者 L. 克拉斯诺夫（Larry Krasnoff）所揭示的那样，与用政治目的的效果预测代替道德行为相联系，康德关于自然机制与经验压力的思辨使得德性从根本上说成为多余的。在《事实的冲突》一文中，他说，康德想解释的问题，或许是能够公开表达自己没有机会完善的、并与政治当局利益冲突这个反应模式显露出来的“非自私性”（Uneigennützigkeit）和勇气。

所以，霍耐特说，“今天只有在弱化的意义上，才能将康德历史哲学作为一种理论背景来使用，为的是对当代国际政治变革给出与新霍布斯主义不同的解释。”① 为了说明这一点，霍耐特认为切姆皮勒② 近几年关于和平问题的研究应被理解为这个视角之经验合法性辩护的尝试。在《变革中的国际政治：东西方冲突终结之后的国际体系》（1993）中，切姆皮勒断定，今天的种族冲突、宗教冲突似乎与苏联体系瓦解有因果关系。不过，他看到了恩岑斯贝格尔、伊格纳提夫根本没有看到的政治历史过程。所以，他给予这个瓦解过程以完全不同的地位。不过，这仅仅是与东西方冲突终结联系在一起的“解固定化的”结果的炫耀，即包含着没有以任何方式评价历史事件的片面性。根据新霍布斯主义解释，苏联解体仅仅表现为政治意识形态秩序框架的瓦解，而对切姆皮勒来说，这个历史事件意味着人权和政治权利获得的民主化过程，并认为国际政治民主化的原因是两种划时代的文化发展：一是借助于大众传媒，社会交往国际化；二是国际教育水平提高，以及大众国际旅游发展。切姆皮勒选择这个视角，就能够得出二战以后国际政治事件完全（不同于新霍布斯主义的）另外的解释：世界许多地区民族战争的大量武力扩张，并不是回到人类自然状态的历史象征，而是随着今天平民社会力量的迅速增长第一次表现出来的社会价值冲突与利益对立的结果。当然，与新霍布斯主义解释相比，切姆皮勒这种解释本质上是贫乏的。因为它不仅是纯粹经验的，而且是规范的政治实践基础上的乐观主义。实际上，东欧地区社会关系野蛮化，并非权力秩序瓦解

① Axel Honneth, *Das Andere der Gerechtigkeit.Aufsätze zur praktischen Philosophie*, ⑥rankfurt/M.:Suhrkamp2000, S.263.

② 切姆皮勒（Ernst.Otto Czempiel，1927—2017），德国从事和平研究的政治学家。

的代价，而是民主制度结构使然。所以，东欧国家的民主化进程、非洲的民主运动，都导致了野蛮的民族战争爆发——这就是霍耐特更加别样的解释。

二、国际人权承认与道德普遍主义

第一，人权政治在某种程度上就是人权承认。我们知道，霍耐特承认理论最初是为了解决个体与个体之间、个体与共同体之间、共同体与共同体之间的承认问题，基本上是"国内的"事情；但后来他又将承认理论应用与拓展到国际政治问题上。就是说，在对两种不同的人权政治解释模型进行评析之后，霍耐特又在国际政治层面上讨论了人权承认问题。在他看来，"人权"概念最早可以追溯到基督教人道主义传统，它是指每个人的本质与赋予每个人以特殊尊严的上帝是相似的。但在自然法传统中，"上帝偶像性"（Gottebenbildlichkeit）为天赋人权观念所取代。根据自然法学说，所谓天赋人权，就是人生来具有的一系列不可让渡的基本权利，如个体自由权、自卫权等。自 18 世纪以来，关于人权的共识是：个体自由权、政治参与权、社会福利权是人的基本权利。然而，恩岑斯贝格尔的地缘政治学说以国际政治的自然状态为取向，放弃任何形式的人权政治。为了论证当代条件下即使温和干涉主义也是错误的，他对人权普遍主义进行了批评。他的核心论据在于这个令人鼓舞的断言：普遍主义的道德义务既无限苛求个体主体又无限苛求国家。在这里，恩岑斯贝格尔就非常接近盖伦，从而反对过时的启蒙道德普遍主义遗产。在《道德与过度道德：多元主义伦理学》（1969）中，盖伦曾经提出"道德过度的暴政"（Tyrannei der Moralhypertrophie）概念以反对道德普遍主义。但霍耐特断言，恩岑斯贝格尔对人权普遍主义的拒绝只是误解。当然，道德—实践在总体上应该起什么作用？这个问题值确实得认真研究。不过，无论进一步的论证在细节上能否指明自尊的必要性、相互承认的结构或虚构契约的结论，它不再需要涉及上帝的、自然的或理性的合法机关，这几乎是不成问题的；毋宁说，人本身被假定具有相互赋予普遍权利的能力，它应该保证人有尊严地生活。

第二，人权政治的核心问题就是道德普遍主义。于是，与民族权利联系在一起的人权普遍主义就处于今天国际关注的中心。人道主义干预原因不外乎以下两点：一是在意识形态普遍主义影响下扩大的国民战争；二是国家与平民之间道德关系的变化。这样，随着国际关系道德化，人们应该致力于人权承认，而反对任何形式的“法律歧视”。霍耐特强调，人权承认的条件是国际责任的承认，而这又是国际援助的前提。总之，“人权政治不仅在道德普遍主义意义上，而且在现实政治意义上都是可以期望的，有时甚至是必然的。”①

霍耐特指出，康德的《永久和平论》（1795）长期以来被视为国际政治理想主义的产物，但在殖民主义时代结束以后出现了几个有利于康德预设的事例。例如：权威政府的“去国家化”（Entstaatlichung）、国际政治平民化等。当然，近年来也出现了试图寻求国际政治支持相反的情况。例如：1989 年以后，平民力量为合法性潜能所武装、平民社会与国家体系相对立、非政府组织的兴起等。所有这些错综复杂的情况，都要求世界范围内的人权承认。这就是说，今天在联合国或国家外交政策中，没有任何理由不加强合作。因为只有在扩大国际合作关系的基础上，才能更好地发挥多边安全联盟的作用，并构建包括国际人权承认在内的国际政治文明。因而霍耐特说，森格哈斯②的有关和平问题研究使康德预设具有了现实意义。不过，维尔默认为在霍布斯主义视阈中，这些想法仅仅是一种政治幻想。

综上所述，本章首先阐发了人权、公民权与差异政治，揭示了人权与公民权的内在关联和张力关系，以及人权政治与差异政治问题；其次阐发了人权与公共自由、政治自主，分析了人权与政治自由的内在关联，以及公共自由、政治自主与社会正义问题；然后阐发了公民权、人民主权与民主话语，揭示了公民权与民主话语的解释学循环、人民主权幻象与民主合法性原则，以及普遍民主、多元政治与“民主化”问题；最后阐发了人权

① Axel Honneth, *Das Andere der Gerechtigkeit.Aufsätze zur praktischen Philosophie,* ⑥rankfurt/M.:Suhrkamp2000, S.277.

② 森格哈斯（Dieter Senghaas，1940—），德国社会科学家，和平问题研究者。

政治与国际人权承认，区分了人权政治的两种范式，讨论了国际人权承认与道德普遍主义问题。这样，就深化了对人权、公民权、人民主权，以及人权政治与国际人权承认等问题的理解。

第八章　承认道德与民主伦理

在道德问题上，不能在康德传统与亚里士多德—黑格尔传统之间进行非此即彼的选择。因而，霍耐特的承认道德构想试图将这两种传统整合在一起，以建立承认与道德的内在关联。如果说，在《为承认而斗争》中，霍耐特强调承认道德介于康德传统与亚里士多德—黑格尔传统之间，试图阐发一种形式伦理构想；那么，在《自由的权利》中，霍耐特则以自由与正义的内在关联为主线，在此基础上阐发民主伦理构想。在《伦理的规范性——黑格尔学说作为康德伦理学的替代性选择》（2012）一文中，霍耐特则围绕着道德规范与伦理实践，阐发了道德与伦理的关系，显示出他进一步偏离康德主义、偏向黑格尔主义的立场。在本章中，我们将立足于霍耐特的有关文本，考察道德规范与伦理实践、平等对待与道德关怀、形式伦理与民主伦理等问题。

第一节　道德规范与伦理实践

一、“道德”与“伦理”

第一，“道”—“德”—“道德”

在汉语语境中，“道”和“德”这两个字，根据目前掌握的资料，最早可以追溯到老子的《道德经》：“道生之，德畜之，物形之，势成之。是以万物莫不尊道而贵德。道之尊，德之贵，夫莫之命而常自然。”（第51章）在这里，“道”是指自然与人世共有之“道”，既包括“天道”又包括“人道”，但主要是指“天道”；“德”（类“得”）是“道”的化身，既是“道”

在万物生长过程中作用的具体化，又是指个体修身方法。道家的修身方法与儒家的修身方法不同——前者信奉“人法地，地法天，天法道，道法自然”，这里的“自然”不是指外部自然，而是指内部自然，即“自然而然”（本性）；后者信奉“三纲八目”，即明德、亲民、止于至善（“三纲”），格物、致知、诚意、正心、修身、齐家、治国、平天下（“八目”）（曾参：《大学》）。

《论语·学而》：“其为人也孝弟，而好犯上者，鲜矣；不好犯上，而好作乱者，未之有也。君子务本，本立而道生。孝弟也者，其为仁之本与！”钱穆注解：“本者，仁也。道者，即人道，其本在心。”可见，“仁心”为本，“道”生于“仁心”。可见，对“道”的理解，儒家与道家是不同的：儒家的“道”主要是“人道”（生于“仁心”），道家的“道”主要是“天道”（即“自然”）；但对“德”的理解，儒家和道家大致是相同的，当然也有区别。

“道”和“德”两个字连用，称之为“道德”，始于荀子的《劝学》篇：“故学至乎礼而止矣，夫是之谓道德之极”。① 就是说，学习不是为了功利目的，而是为了提升人的道德境界——“始乎为士”、“终乎为圣人”。由此可见，在汉语语境中，“道德”有两层含义：一是“得道”，即万物之自然法则；二是人的德性、品行、境界。

在西方语境中，Morality（英文）/Moralität（德文）/Moralité（法文），都源于拉丁文 Moralis，意为风俗、习惯。但在中世纪，“道德”（Moralität）是指欧洲流行的带有道德性质或宗教性质的戏剧。在英国和法国，这种道德剧特别受欢迎，在德国也很常见。作为寓言故事，其中的人物形象代表着恶习或德性。例如：贪欲和吝啬、慈善和怜悯。当然，这些道德剧决非枯燥的说教，而是带有娱乐性的，尽管有时是颇为沉重的描述形式。在其中，恶习被描述为令观众兴奋的漫画类型，它们最终为“德性”（Tugend）所击败。②

不过，从一般意义上说，“道德”（Moral）③ 主要表征特定的个体、群

---

① https://baike.so.com/doc/37583-7575981.html

② http://de.wikipedia.org/wiki/Moralität

③ http://de.wikipedia.org/wiki/Moral

体和文化的行为模式、行为习惯、行为准则。这样，“道德”与“习俗”（Ethos）“伦理”（Sitte），在很大程度上就具有大致相同的含义，而且是描述性的。当然，关于道德的言说，还与实践判断、行为或原则（例如：价值、善、权利、义务等）联系在一起。这样理解的道德与非道德的区分，就不再是描述性的，而是规范性的。

道德评判可以被理解为仅仅是同意或拒绝的主观表达，尤其是在评判其行为准则或其他原则在道德上是好的或坏的时。因此，严格意义上的“道德”表征着一种主观癖好；宽泛意义上的“道德”，偏离了被视为正确的伦理准则的原则。在这个意义上，一个群体内的“承诺”（Engagement）或“特殊戒律”（besondere Disziplin）就被称为道德的。

由此可见，在西方语境中，“道德”主要有两种含义：（1）狭义的“道德”是指个体的德性、品行、主观癖好；（2）广义的“道德”是指共同体的风俗、习惯、习俗，或曰：群体的行为模式、行为习惯、行为准则，其实这就是“伦理”。当然，西方语境中的“道德”既可以是描述性的，又可以是规范性的。

第二，“伦”—“理”—“伦理”

在汉语语境中，“伦”和“理”最初也是分开的，两者合在一起称之为“伦理”。

（1）“伦理”的第一种含义，即事物之条理。根据目前掌握的资料，“伦理”的这种义，最早见于《礼记·乐记》：“凡音者，生于人心者也；乐者，通伦理者也。是故知声而不知音者，禽兽是也。知音而不知乐者，众庶是也。唯君子为能知乐。”郑玄注：伦，犹类也。理，分也。宋代苏轼、明代郑瑗也是在这种含义上使用“伦理”的：“每路一州，先次推行，令一州中略成伦理。一州既成伦理，一路便可推行。”（苏轼：《论给田募役状》）；“马迁才豪，故叙事无伦理，又杂以俚语，不可为训。”（郑瑗《井观琐言》卷一）。

（2）“伦理”的第二种含义，即人伦之理，是处理人与人关系、人与自然关系的准则。根据目前掌握的资料，“伦理”的这种含义，首先出现在汉代贾谊《新书·时变》中：“商君违礼义，弃伦理。”后来，“伦理”的这种含义被经常使用。例如："正家之道在于正伦理，笃恩义。"（《朱子语类》卷七二）；"弟先兄伦理非宜"（[明]代谢谠：《四喜记·泥金报捷》）；"他们也就常常表现了伦理的最高精神。"（冯雪峰：《苦力父子》）。

概言之，在中国传统文化中，所谓的"五伦"（天地君亲师）；以及"五人伦"（君臣、父子、兄弟、夫妻、朋友；或：忠、孝、悌、忍、信），都是在这种含义上使用"伦理"的。这样说来，在中国传统文化中，道德与伦理是有所区分的；但在中国现代文化中，道德与伦理是基本不加区分的：道德与伦理混用。

在西方语境中，ethicality（英文）/Sittlichkeit（德文）/éthicité（法文），对应于希腊文 ἔθος。例如：在德语中，"伦理"（Sittlichkeit）表征着思维和行为与伦理法则的一致。所谓"伦理法则"（Sittengesetz），就是指共同体中的多数人所接受的法则。在日常用语中，它是指保证良俗与礼仪的社会规则；在哲学中，它关涉道德规则或一般价值规则（诸如善、正义）的取向。在大多数阐释中，伦理目标是为个体利己主义设定界限，以避免共同体遭受个体自私利己行为的伤害；在其他阐释中，在社会中占支配地位的"道德"被视为通过向其他社会成员灌输辩护意识形态以保证某些群体的特权。

像其他社会现象一样，伦理状态也处于不断变化中。对伦理状态的每一个变化，有些群体欢迎它，认为它带来可能的解放；有些群体害怕它，认为它是对"良好的古老习俗"的背离；在更坏的情况下，"官方的"伦理是由社会决策者有意识地压抑性地设定的，并使整个社会群体的价值观念撕裂或畸形（例如：原教旨主义信仰中对于妇女的伦理禁忌目录）。

在传统的男权社会中，女性总是被赋予更多的伦理要求（尤其是在性方面）。例如：贞节、忠诚婚姻、诚实、虔诚等。违反伦理的行为，可以被视为性犯罪。在1973年之前，联邦德国刑法规定，"性犯罪"作为"违反伦理的犯罪"，不仅包括性暴力、性虐待，还包括同性恋、卖淫，以及非婚姻性关系。与男性违反伦理的行为所遭受的惩罚相比，女性违反伦理的行为所遭受的惩罚要严厉得多。然而，在今天多元文化社会的日常生活中，修改或更新上述伦理禁忌目录是十分必要的。[①]

由此可见，在西方语境中，道德与伦理往往是区分开来的：前者关乎个体，涉及特殊性；后者关乎共同体，涉及普遍性。当然，有时候，伦理与道德也是通用的。

第三，道德与伦理的关系

在通常理解中，“伦理”与“道德”、“德性”、“习俗”紧密联系在一起，甚至是不分的。例如：在《杜登同义词词典》（Dudenverlag 第 8 版，2014）中，Moralität 未单列；Moarl 有四种含义：（1）伦理的 / 道德的信念，习俗，伦理秩序，伦理，价值标准，价值观念；伦理态度 / 行为，伦理情感 / 行为，伦理精神，伦理道德。（2）伦理学，道德哲学，伦理学说。（3）戒律，内部力量，斗争精神，秩序，自信，教养。（4）指令，经验，秘密知识，学说。Sittlichkeit 有两种含义：（1）礼仪、道德、价值——与 Sitte 的部分含义相同。（2）道德、德性、伦理学、习俗、道德性。在《哲学辞典》（Walter Brugger und Harald Schöndorf 主编，2010）中，Moralität 是形容词“道德的”（moralisch）之名词。在这个意义上，Moralität 只能意味着道德意向与道德行为的质；它也能够被用作 Sittlichkeit 的同义词。[②] 但实际上，伦理与道德是有差异的：道德关乎个体，伦理关乎共同体；或者说，“道德是自己的，伦理是大家的”。此外，我们还可以说：道德是较高的伦理，伦理是较低的道德。（当然，这里的“道德”主要是指“私德”，至于“公德”，则类似于“伦理”。）

在康德那里，Moralität 作为道德哲学术语，是指与行为的纯粹“合法律性”（Legalität）相对立的意志决断行为，以至于一个行为不仅要顺从外在法则（“符合义务”），而且由于伦理的缘故而出现在正确的内在态度中（“出于义务”）。对黑格尔来说，Moralität 意味着，康德通过道德的主观性而表征的、关于 Moral 之（义务论的）观点，因为它呼唤（与癖好相对立的）主观良知与义务。在黑格尔那里，Sittlichkeit 具有两种含义：一

---

① http://de.wikipedia.org/wiki/Sittlichkeit

② Walter Brugger und Harald Schöndorf, *Philosophisches Wörterbuch*, Verlag Karl Alber Freiburg, München 2010.S.307.

方面接受了关于 Moral 的哲学理解，将它描述为 Moral 所能达到的较高阶段，即将社会、传统与具体情况整合在道德行为评判中；另一方面又与康德的 Moralität 相对立，将它理解为实践理性具体的、生动的现实性。①

由此可见，笔者对道德与伦理关系的理解，既不同于康德又不同于黑格尔，而是介于康德与黑格尔之间的。实际上，这也是霍耐特的理路。

二、道德自主与伦理实践

在题为“伦理的规范性——黑格尔学说作为康德伦理学的替代性选择”② 的演讲中，霍耐特阐发了黑格尔学说作为康德伦理学的替代性选择的必要性与可能性，从而重申了自己在道德与伦理关系问题上的基本立场，也进一步显示出他对康德和黑格尔的不同态度。

近年来，黑格尔对道德立场的批判又被赋予了极大的重要性。霍耐特说，今天，实践哲学不再容易接受那些只可以被称为“道德的”规范或法则。我们能够单独地或与他人一起，以超党派方式将这些规范或法则理解为对我们具有普遍强制性和约束力。当然，人们离开道德规范模式原因是多方面的——从动机回报难题直到对义务之纯粹应然特征的批评；但关键的异议也许是，康德及其后裔陷入了悖谬中：“道德自决”（moralische Selbstbestimmung）或自我约束必须以自由为先决条件，但只有在既定道德规范这个先决条件下自由才能得到解释。只要我们承认仅仅将这些规范称为“道德的”，那就证明：若我们在自主的“自我服从”（Selbstunterwerfung）或非强制的统一行为中能够被创造性地设想为“自由的”，那我们就必须在被随意推到后面而又不可避免的点上使道德规范发挥作用，因为我们只能将假想的自由或非强制交往根本归功于这些道德规范。康德的道德学说承认这些道德规范与现存的理性事实规范有某种松

① Heinrich Schmidt/Martin Gessmann, *Philosophisches Wörterbuch*, Verlag Kröner Verlag Stuttgart 2009, S.667.

② Vgl.Vortrag von Axel Honneth „*Die Normativität der Sittlichkeit.Hegels Lehre als Alternative zur Ethik Kants*.“(2012)；参见［德］霍耐特：《伦理的规范性——黑格尔学说作为康德伦理学的替代性选择》，王凤才译，载《学习与探索》2014 年第 9 期。

散的联系；话语伦理学认为，这些道德规范是相当无辜的、必然“妥协的生活形式”①。然而，这两种情况似乎都遇到了同样的尴尬：在能够从根本上思考个体的或交往的自决程序之前，“良知”这个道德规范必须事先假定各自的普遍有效性；相应地导致了这样的结果：从批判纯粹的建构主义道德理论无根基性出发，回到了从一开始就接受的既定道德规范和规则视阈的尝试，在为哲学研究提供保证的历史似乎完全不可避免的左右摇摆中，回到了对试图从现存历史规范中获得重构基本原则和义务的道德理论的关注。

然而，与这个新校准的方向联系在一起的，是从一开始就有补充康德主义的危险；而其他危险则是很快就能发现“新亚里士多德主义”概念：如果道德规范只应源于已被接受的行为规则和生活形式的历史语境，那么这种方法就必然导致每个既定道德秩序的合法性。因为很明显，我们只能从根本上将“协商自由”（deliberative Freiheit）归功于这些道德规范。但这样，在日常生活中我们已经熟悉的“社会价值”（soziale Geltung）与“规范有效性”（normative Gültigkeit）的区分就有被完全扯平的危险。因为我们如何能够在纯粹的社会实践规范与道德辩护规范之间画出一条界线，似乎缺乏一个独立的标准。只要消除这个纯粹保守主义的指责，那么就不难预测：康德及其后裔在道德哲学领域就不会悄无声息。在其效果历史意识中，尽管有大量关于抽象形式主义的批评，但在出发点上又试图转向这种观念，即我们只能将道德规范设想为个体的或交往的、纯粹假想的或实际贯彻的最无党派性东西的结果。

为了另辟蹊径，霍耐特试图将黑格尔的语境主义的道德论证路径从纯粹保守主义指责中解放出来。霍耐特指出，在《法哲学原理》之“伦理”部分中，黑格尔拥有一系列“内在标准”（immanente Kriterien）。这些标准允许他在涉及既定生活形式时，对纯粹的社会价值规范与规范有效的规范进行区分。不过这取决于，他的方法论阐释要尽可能地减轻那个来自几乎不能被超越的精神哲学前提假说的压力。只有当黑格尔的伦理学被转译

① Jürgen Habermas, *Erläuterungen zur Diskursethik,* Suhrkamp taschenbuch wissenschaft 1991, S.25.

为从自身普遍现实化的精神本体论前提下解放出来的术语时，才能保证它在道德哲学领域之上。

其实，黑格尔只是一般性地对他试图用“伦理”这个总概念阐释的所有东西提出的诉求，已经作为肯定的结论从他用来抨击康德的道德哲学的各种异议产生出来。就是说，道德立场不应该被简单地弃置一边，而应剥去其抽象性的外衣：为什么许多过去的或当前的、成熟程度不同的社会实践形态包含着（康德想将它当作与既定现实相对立的）普遍化原则，这是显而易见的。因此，黑格尔必然只能将社会中已经存在的（或现存的）未引起我们注意的实践理解为“伦理的”——正是伦理形式，而非外部的绝对命令——督促（人们）尊重他人的人格，并相应地“中断”我们的“自爱”（Selbstlibe）。霍耐特说，就此而言，黑格尔属于新亚里士多德主义视角。在这个视角中，每种社会生活形式只是为了动机力量和伦理力量之缘故，才体验到从一开始就是完全陌生的规范确证。黑格尔过多地纠缠于康德的道德自主构想中，过多地致力于将道德自主扬弃在制度现实的客观精神中。在这个意义上，他似乎能够从任何规范体系的纯粹社会价值中得出其规范有效性；毋宁说，黑格尔对康德的道德观念之抽象性、形式主义，以及动机缺乏的指责，必须在伦理概念中得以修正，即从伦理概念中产生出来的标准，允许黑格尔在拥有规范内涵实践的纯粹现存形式和合法形式之间作出区分。

对黑格尔来说，所有被称为“伦理的”实践形式，事实上应该贡献于道德的社会扬弃或嵌入。这个必须完成的首要任务，产生于那个道德自由的悖谬。若果真如此，我们就必须至少在道德自决中，将那些将每个正在实施的自由归功于它的规范假定为正义的。这样，就只能将仅仅根据其规范结构才能确立自由的实践，从根本上视为伦理的候选者。在霍耐特看来，并非每个通过规则引导的人的行为都能被接受为道德的社会实现形式，而是只有通过规范原则调节的人的行为，在涉及规范原则时，才能将参与主体同时相互理解为主动者和受动者。由此，黑格尔解决了自己提出的描述实践概念的任务：实践概念，通过他早期与费希特阐发的承认观念的联系，而显露出相互“赋权”（Befähigung）和“授权”（Ermächtigung）

的结构。其中，涉及拥有这些特征的特殊类型的社会行为。参与者承认，在涉及以此为基础的规范时，其他交往伙伴有权评价自己的行为：如果我们相信，要根据某些社会嵌入规范来爱某个人，那么通过赋予那个被爱的人以地位，并通过以他为取向的我们的行为对作为先决条件的地位进行评判，就可以感受到由此而产生的隶属于我们的任务。就此而言，参与者知道隶属于自己的规范义务。

霍耐特指出，在形式法情况中，我们之所以受到相应规范的约束，是因为我们承认所有其他法人的权力与赋权。在这里，可以评价我们关于相互接受的义务之实践阐释。就是说，每一次承认行为都在于，一个或多个他人都有权承认自己行为特征的规范恰当性；而且他们知道，从今以后他们的行为受这个规范的约束；在涉及规范阐释时，他们承认这个或那个他人的共同话语权。在这个意义上，承认者使他的“自爱”与承认相互交织在一起。因此，对黑格尔来说，为了评判在人数不定的群体中每个参与者的行为方式，只有当一种实践能够遵循原则上要求群体成员都应该遵循的规范时，这种实践才配称为“伦理的”。因为只有在下述先决条件下——无论单方面强加行为的排除，还是纯粹习惯性行为的排除，都是在那个（康德相信的）自决和规范义务相互交织的社会现实内部实现的——它才能被理解为孤立的、解除了所有日常实践的反思行为。

在这里，霍耐特想提出问题是：这类共同遵循规范的实践，是否以及在何种程度上以植根于相互承认的集体的主体间性为先决条件？不过，还必须提及另一个组成部分。就像集体的主体间性条件一样，它也属于伦理实践的第一个规定，因为没有这个组成部分，黑格尔的行为在整体上就是令人费解的。一个共同遵循每个既定规范的行为者群体，通过相互承认他们有权评判他们对这些规范的个体阐释和应用，也从原则上确定了能够相互表现出：他们的个性有什么作用？有怎样的前景？为了再次追溯到黑格尔《法哲学原理》的范式，让参与者在他们的集体行为中受“爱”这个浪漫主义规范引导，这样在相互评价他们的每个详细论述时，他们就能够拿出论据。这些论据以直接的方式反映他们的情感心理状态，仿佛他们相互评判为法律共同体成员。霍耐特指出，从可替换原因的合法性对集体遵循规范的依赖性中，黑格尔得出了这样的结论：以共同义务为基础的相互承认行为不能被简单地、无差别地理解成“协商自主”（delberative Autonomie）的归属行为，而只能被理解成特殊类型自由的承认行为。因此，黑格尔只能简略地说，在“爱”这个规范的语境之中，所有参与者被相互承认为相互需要的存在；但在形式法的价值视阈中，他们又相互尊重为法人。但只有在“被承认的存在”资格证明中产生出来的不同的东西，事实上应根据事物本身而被符号化，如果我们认清了被许可的行为评价原因与该特征之间关联的话：每个被承认为相互需要的存在，简言之，被承认为爱着的人，不过意味着他也有权在被追溯到个性的、情感色彩的原因中，评价自己在被共同接受的规范行为。就此而言，只有在相互承认为基础的行为语境与协商自主特殊形式的统一中，每个伦理实践才作为自己的个性类型产生出来，并成为允许共同接受的规范发挥作用的原因。

然而，与康德的道德理论只提供证明相反，黑格尔不满足于总是处于某些伦理行为语境中的实践被抽象强调的普遍化原则；毋宁说，他也认为在道德立场中，义务与癖好、理性与感性被非法地相互对立起来，所以他必须超越这种对立并且能够指明，在伦理实践中这种分离究竟在何种程度上根本不可能发生。为了达到这个目标，黑格尔试图为所有伦理形式勾勒（对他来说，与第一个规定同样重要的）第二个内在规定。根据他的信念，只有当通过相互承认而被认证的规范才拥有这样的特征，即只有当我们的实际追求与每个被要求的义务交织在一起时，才能实际涉及道德的社会嵌入或扬弃。因此与康德相反，黑格尔固执地认为，社会群体成员通过相互承认都有权修正（道德规范义务）而隶属于道德规范义务。这个道德规范必须总是能够反映作为群体中每个人的癖好与意图表达的伦理价值。只有在这个先决条件下，集体接受的义务才不被体验为某种约束性的、阻碍性的、与人的自身目的相对立的东西，而被理解为趋向自由的规定，就像《法哲学原理》中所称作的那样。①

① G.W.F.Hegel , *Grundlinen der Philosophie des Rechts.Vorlesungen 1821-1822*, Frankfurt/M:Suhrkamp 2005, S.157.

对黑格尔来说，在社会道德—实践中，只要不避开义务和癖好、只要理性不仅仅与感性对立，那么就像在相互自我服从中承认的规范表达伦理目的一样，每个参与者都能够看出其自我实现的条件。换言之，人们或许甚至必须说，黑格尔之所以将道德规范与伦理价值的概念分离视为无意义的，是因为离开伦理，道德就几乎不能拥有在现实中启动集体相互自我约束过程的机会，从而熄灭了被强调的规范规则与伦理价值的融合，就是说，所有参与者在相互归属义务中不再能够看出他们自我实现的条件。这样，相应的社会道德—实践就必然失去伦理特征。因此，黑格尔将下述情况理解为他称作伦理的东西的第二个内在标准，即集体遵循的规范必须能够为其伦理目标开启一个或多或少有些明确的前景。在这里，黑格尔用参与者根本不再能够控制的历史过程代替了既定规范体系的规范有效性。因为尽管参与者通过控制权力的相互归属而成为每个规范的制订者和接受者，但他们不再拥有在个体癖好变化中唤起他们伦理共鸣的权力。不过，当霍耐特处理历史在黑格尔伦理构想中的作用问题之前，霍耐特想首先概括黑格尔在概念层面上如何设想将道德回嵌入或扬弃在社会现实行为中。

毫无疑问，黑格尔对康德阐发的观念持保留意见。按康德的观念，我们只能将道德行为设想成自愿的自我约束或自我服从行为。不过，黑格尔也出于和在道德自主悖谬中的观察联系在一起的各种原因，不接受在超越所有规范调节实践的本体领域中应该能够发生的行为，似乎道德规范正是借助于每个这样的行为而产生或获得一样；毋宁说，黑格尔的出发点是：人类主体总是能够在世界中找到社会嵌入的规范，但通过所有遵循规范的群体成员相互承认相应实践的其他参与者有权控制他们自己的行为贡献，而能够将这些规范当作第二性的东西占为己有。这样，就从黑格尔称为伦理的义务中成长出以后形成伦理实践或生活形式的基础。可见，黑格尔是足够实在论的：只为了承认通过集体占有而保证这种嵌入规范的机会，参与者同时将规范要求理解为自我实现的条件。黑格尔相信，伦理义务以及相应伦理行为领域只存在于主体间性控制的规范指明值得追求的目标或反映可普遍接受的价值的地方。

霍耐特说，这就是黑格尔以伦理概念为基础的两个标准。其中，通过将这些社会规范成功地提升为群体成员相互行为评价的原则，并且能够超越这些原则、表达群体成员遇到的普遍承认的价值。这样，就能够将社会规范的有效性与其纯粹价值区分开来。黑格尔相信，用这样的伦理实践观念几乎能够要求，康德想在道德概念中当作特殊原则而与之对立的东西归还社会现实。因为随着伦理领域的固定化，正如黑格尔相信的社会再生产完全不可放弃伦理一样，在日常生活中总是能够实现那个约束自爱的要求，而不必为此再寻找特殊动力。因此黑格尔认为，对道德的社会效用来说，这个标准模型描述了以伦理为基础的规范的集体占有。这些规范通过群体成员相互承认有权评判个体对规范的阐释，而变成了伦理上可以辩护的原则。不过，黑格尔也很清楚，他用这种解决办法根本没有超出康德想与道德自主观念联系在一起的内涵。因为在使用绝对命令范畴时，不应该只面对我们特殊集体的成员，而且应该面对能够约束我们自爱的所有人，由此应该给予他们以必要的道德尊重。众所周知，黑格尔对此挑战的回答形成了历史哲学。这种历史哲学表明，历史过程在整体上必须被理解为精神的自我现实化过程，最终就产生了康德称为道德普遍主义的伦理等价物。然而，黑格尔是否将康德的道德普遍主义内涵描述为自由意识进步的结果？对于这个问题，霍耐特并不感兴趣；而是致力于思考这个问题，即黑格尔关于内在伦理标准的模型包含着的理论要素，如果没有客观主义历史哲学之先决条件，是否也能够给我们指出这种自由意识进步的可能？

三、伦理历史与道德进步

在对黑格尔以伦理概念为基础的内在标准的重构过程中，霍耐特已经在两个地方遇到了这种思考，即历史过程与历史动力的包容成为完全不可避免的。第一点已经得到证明，即黑格尔试图借助于将道德理解为既定规范的集体实施结果而将道德嵌入到社会中，这些既定规范的个体应用或实施从此可以由群体成员相互审查。在规范的适当现实化时，用共同话语权的相互承认将历史的过程性要素迁移到所有被固定下来的伦理中。这些要素在于，集体的每个成员都能够推动他人行为的实施，并能够推动适当的实践化，即被理解为集体占有规范总体性概念的道德，内含在黑格尔的前提下，即使他不再想拥有修订和更新历史的连续性要素。在第二点上，伦理表现为对历史过程的依赖，即黑格尔将伦理共鸣或规范表现力视为它们成功转化为伦理实践行为的条件。按黑格尔的看法，只有被社会嵌入的规范才能保证，通过集体获得一条可描述的道路。这个集体被所有成员由于自我实现之缘故而共同理解为值得追求的。但由于个体的癖好、追求以及目标能够发生变化，以至于社会占有的伦理规范会意外地失去其价值约束力，必要的历史过程性要素也会出现在所有伦理中而成为伦理的替代品：对黑格尔来说，迄今为止，主体间性遵循的行为规则之所以总是同时失去社会价值与有效性，是因为它们不再足以反映时代的愿望、意图和目标。

霍耐特指出，尽管黑格尔已经认识到并明确地提及历史在伦理世界中的两个突破点，但在关于人类历史进步的描述中他很少使用这两个突破点；尽管他偶尔提及作为历史变化和完善之动力的“为承认而斗争”，但在一般情况下它只是服务于凌驾在所有参与者头脑之上的自身现实化因而，不断向前进步的精神之本体论思想特征。然而，鉴于客观主义的历史目的论的失败，今天必须提出这个问题：如果没有匿名的自我现实化的精神之先决条件，历史中是否也存在着道德进步？黑格尔伦理构想本身内含着的历史动力要素，是否不能提供足够的或至少的立足点？霍耐特说，从整体上看，这个问题也许可以依靠下述尝试来解决：在历史哲学内部收回从康德到黑格尔那一步；但在这里，只是假设的进步的说服力不能被用作——不是来自康德的人类学宝库，而是来自黑格尔的伦理学的解释手段。

在阐释道德规范可能的进步时，为什么还存在着许多缺陷？这是首先要明白的问题——霍耐特说，伦理实践的相关参与者相互承认都有权利用以此为基础的标准衡量自己的承认行为，这对黑格尔来说意味着，仅仅是既定的、盲目嵌入的规范转变为伦理义务。在这个意义上，黑格尔认为不存在不是植根于相互承认关系的伦理领域、道德行为的制度领域。实际上，随着个体的授权，每个参与者原则上都获得了这样的权利，即在集体接受的规范引导下，找出一个或多个他人谈到的、反对这些规范实践化的原因。因此，在一般情况下，尽管习俗的形成还有许多争议，但它们内含着的标准的实施属于日常伦理实践，因为它们总是放逐新的异议和保留意见的不断流入。事实上，伦理习俗也像在其他符合习俗的行为领域，如“写作”或“阅读”中一样，并不拥有某种永远固定不变的东西，而是用某种可变的、可修正的反思武装起来的，这就使得伦理习俗对自身修正采取开放态度。

那么，在伦理领域反对伦理标准实施作用方式的原因是什么呢？霍耐特指出，一方面相对地归因于以伦理为基础的规范，另一方面也归因于只有在伦理价值视阈中才能得到的发现。集体占有的、从而被提升为伦理原则的所有规范是：“资历”原则、平等原则、关怀原则，即不仅为了允许非常不同的应用而足够开放地阐释这些原则，而且还像汽车前灯一样起认知作用——在“前灯”照耀下，它们总是能够重新体验坠入它们之中的事态和状况。因而可以设想，在对其原因的追溯中参与者提出的异议，随着时间的变化会以规范应用、即伦理实践方式进行修正。这样，这些原则在历史概述中所起的作用就像逐渐下降的水闸，每个重新作出的批判必须在它能够找到思路之前从“水闸”下面流过去。

因此，在伦理规范实践化中的更新，本质上只能被理解为伦理规范的普遍化或差异化，它们不能消失在代际转变中，而只能添加在其论证水平从此以后不再由集体成员签署的门槛上。总之，伦理领域的历史描述只能根据没有意图的学习过程情况来描述。这个学习过程的动力之所以形成“为承认而斗争”，是因为参与者在追溯制度性规范的过程中，努力争取使这些可能应用的规范状况以及每个心理状态成为最公正的；而且，这个斗争越是向前推进，即对每个规范实践化作出的修正越多，那为更新的异议和责备所支配的论证回旋余地就越窄。就此而言，伦理领域的历史也被理解为赋予每个伦理规范像家庭规范那样地位的价值取向冲突的偿还过程。霍耐特说，如果不想离开以规范为中介的冲突领域，即坚持认为人类历史都是为承认而斗争的历史，那么就需要解释下述问题：为什么在历史过程中某些伦理规范彻底失去了其集体接受性，逐渐公开地变成了其他范畴，并最终拥有了普遍化规范的地位？

在黑格尔视阈里，历史发展与伦理形成过程交织在一起。不过，是黑格尔的伦理学而非其历史目的论消除了这个论据，即在规范应用冲突解决过程中也逐渐改变了原本曾经以冲突为基础的追求与癖好。换言之，人们能够这样说，斗争本身对斗争的参与者起社会化作用；因为斗争迫使他们更好地理解他们的动机，并由此提高个体化的力量——根据黑格尔的观点，这大约出现在现代家庭制度中。在家庭制度中，成年人在为爱而斗争过程中逐渐形成最终推动他们彻底离开已经熟悉的规范领域的动机。霍耐特指出，若将"为承认而斗争"的社会化反作用观念转移到更大的历史关联中，那就意味着，在为伦理原则适当现实化而长期冲突的过程中，参与者的动机转变直至这一点：在这里，他们最终不再将原本无斗争的规范当作值得追求的；相反，他们的癖好和目标，以及善的观念，最终通过斗争释放出来的个体化力量而改变，以至于他们不再能够理解迄今为止仍然有效的规范的价值。① 一个对过去斗争进行适当阐释的苍白而又枯萎的伦理规范，已经被一个足以为最新出现的追求提供立足点的伦理何为范畴所代替。这样，就能够将伦理的历史思考为制度性规范的更替。在伦理接受能力方面和善这一点上，必须后来居上。当然，在这个描述中，行为者也不能控制其癖好和本能的波动，但同一个"为承认而斗争"既是他们历史的中介，又在伦理领域中推动道德进步。

第二节　平等对待与道德关怀

一、后现代伦理学与话语伦理学基本一致

"后现代伦理学与话语伦理学基本一致"，这是霍耐特政治伦理学构想的立足点。

---

① 霍耐特说，这里的一切还是非常临时性的描述。因此，他想对世界历史进程做承认理论的阐释。许多现代思想家，首先是黑格尔和涂尔干，将历史进程描述为不断增长的"个体化"或"个体主义化"。他们为后人理解留有回旋余地的基本思想是，个体动机和特性的获得首先是在被主题化的、为制度性承认原则阐释而冲突中成长的，因为斗争本身迫使他们更好地理解他们在论证形式中能够起作用的动机。

第一，后现代哲学开始时严格反对任何形式的规范理论，如早期利奥塔主要致力于理性批判的极端发展；不过，后期利奥塔在一定程度上转向了伦理学与正义问题，以至于20世纪90年代初，在《新全貌：现代—后现代的伦理政治视阈》（1992）中，R.J.伯恩施坦[①]就谈论过“伦理学转向”（ethische Wende）问题。为了避免伦理学的“非差异性”（Indifferenz）即同一性危险，总是需要从规范政治取向的附加证明引向形而上学批判；或曰形而上学批判意图必须从规范政治结论中解放出来，就像阿多尔诺哲学所表明的那样。因而可以说，后现代伦理学的出发点，就是对特殊性、独特性、异质性的道德尊重，即具体的个体或社会群体的特殊性、独特性、差异性必须被理解为道德理论或政治理论最值得保护的核心。所谓对特殊性、独特性、异质性的道德尊重，就是对被理解为平等对待拓展形式的道德关怀要素的保护，它被视为伦理感受性提高或两个人之间的不对称义务。如此说来，后现代伦理学就与阿多尔诺未写的道德理论一样，都是以“一定范围内满足正义非同一性要求”观念为核心的。

反对道德普遍主义、捍卫道德异质性，是利奥塔的《后现代状况》（1979）一书的基本信念。因而，利奥塔与罗蒂就没有什么两样。因为利奥塔也预设了一个类似实用主义的前提：语言表达有效性要求的真理性，应该用能够支配社会的效果来衡量。利奥塔自认《后现代状况》并非一部哲学著作，而是带有强烈的社会学、知识论和某种历史主义烙印的著作；其哲学基础应该在《冲突》（1983）中寻找。在《冲突》中，不仅出现了一个参照维特根斯坦解释的、强调“严格的无公度性原则”（Prinzip strikter Inkommensurabilität）的语言学模型；而且还思考了诸如正义等重要问题：一方面，利奥塔试图在形式伦理下重建正义，另一方面试图重建与正义相关的东西。在那里，利奥塔利用这个命题——属于不同话语类型的两个句子相遇，就意味着它们之间任何形式的比较都是不可能的——作为论证桥梁，为的是不改变自己的道德哲学结论。

---

① R.J.伯恩施坦（Richard Jacob Bernstein，1932—2022），美国哲学家、英语世界哈贝马斯重要阐释者。

霍耐特认为，为了从这个道德意图出发阐发哲学伦理学，利奥塔必须在两个解决方案中进行选择：一是要么容忍某些支配性的社会语言游戏，并给伦理学指派总是为不能表达的兴趣和需要的存在重新作证的任务。这样，与独特性的道德保护联系一起的，或许是连续的、但实际上是无效的尝试。这就意味着，社会压迫的痛苦体验在其他语言媒介中被铭记。二是要么注意到某些语言游戏的支配地位，并且转向哲学伦理学论证，不过，对于迄今仍然被排斥的语言游戏来说，利奥塔的哲学伦理学的规范目标就是社会交往的开放性。这样，与独特性的道德保护联系一起的，或许是政治上富有成效的尝试。这就意味着，所有主体能够获得公开平等地表达自己兴趣和需要的机会。霍耐特说，若没看错的话，利奥塔至今不能在这两个解决方案之间作出选择。但他必然不满足于第一个解决方案，而选择第二个解决方案。①

第二，与利奥塔一样，哈贝马斯也从构成现代社会冲突的生活观念和价值取向的多元主义出发，并且期待至今只关心语言的社会制度能够部分地公开表达立场。但与利奥塔不同，哈贝马斯一开始就相信，对现有原初状态的批评使得道德理论阐发必须具有规范特征。因而，对哈贝马斯来说，下列表述是不成问题的：如果社会交往规范的限制表现为人的合法性诉求的伤害，那么它就只能被描述为不公正。这样，“如果哈贝马斯试图在现存交往关系批判方向上进一步阐发自己构想的话，那么在话语伦理学内核中就必然包含着利奥塔不能完全消除的普遍主义原则”②。因为话语伦理学的基本预设是从康德传统的道德理论出发的：在现代性条件下个体生活观念如此地分歧，以至于因道德—实践冲突而不再能够提供确定的伦理价值，只能推荐解决特殊问题的规范程序。这个程序必须能够满足表达实体主义信念的道德诉求，即所有人都必须被承认为自由而平等的个体。不过，与康德传统的道德理论不同，哈贝马斯的命题是：如果说康德转向了

---

① Vgl.Axel Honneth, *Das Andere der Gerechtigkeit.Aufsätze zur praktischen Philosophie*, Frankfurt/M.:Suhrkamp2000, S.140.

② Axel Honneth, *Das Andere der Gerechtigkeit.Aufsätze zur praktischen Philosophie*, Frankfurt/M.:Suhrkamp2000, S.140.

程序主义规定性的话，那么他就从正确的前提出发得出了错误的结论。因为绝对命令范畴唤醒了迷惑人的假象，就好像道德冲突中的每个主体只要洁身自好，并通过缄默就能够与所有其他相关者区分开来。

鉴于此，在与阿佩尔的合作研究中，哈贝马斯给予康德的程序主义以新的理解，他试图给予人类主体间性以正确的估计，并将所有参与者达成共识的、具有普遍有效性的行为规范理解为规范正义的标准。所以哈贝马斯强调，如果一个道德规范只有在所有参与者认同条件下才可以被视为合法的，那么它原则上就只能以下列说法为前提：他们当中的每一个人都有机会以同样的方式非强制地发表自己的看法。因为如果没有这个假定，人们就不能将已经得到的共识视为所有参与者的兴趣表达。当然也有这种可能性，即道德规范的有效性依赖于与非强制话语的先验观念相联系的推论的意志形成程序。

霍耐特分析道，话语伦理学可以分为三个步骤：一是所有潜在参与者认同一个道德规范；二是实践冲突中的所有参与者非强制地表达自己的兴趣和观点；三是所有参与的群体相互偏离自己的价值观念与兴趣，并达成谅解、形成道德共识。就是说，只有根据程序主义规则，才能在冲突中达成真正谅解与共识。霍耐特认为，利奥塔之所以依赖话语伦理学是为了捍卫下述信念：必须以同样方式赋予每个主体非强制地，即自由地表达自己兴趣和体验的机会。然而，若没有植根于康德传统的道德普遍主义，就根本不能正确理解：必须捍卫与占支配地位的语言游戏相对立的被压抑的特殊认同，应该意味着什么？霍耐特的结论是，利奥塔的后现代伦理学与哈贝马斯的话语伦理学一样，都需要不同于原先意图的道德观念。① 就利奥塔分析的原初状态而言，若不依靠推论的意志形成程序，那就根本不可能对之恰当地描述。因为只有在实践冲突中的所有参与者实际上能够表达自己的兴趣和观点，才能从根本上确定是否涉及不同话语类型之间的冲突。因此可以说，利奥塔的后现代伦理学与哈贝马斯的话语伦理学不仅是一致

① Axel Honneth, *Das Andere der Gerechtigkeit.Aufsätze zur praktischen Philosophie*, Frankfurt/M.:Suhrkamp2000, S.135.

的，而且在后现代伦理学框架中，话语伦理学得到了更好的描述。①

第三，对利奥塔来说，现代性特有的错误就是冲突挤压了人的生存；对于怀特②而言，现代性特有的错误是对他者独特性的不包容。怀特伦理学说的出发点是：康德传统的道德普遍主义依赖于必然导向现实选择的本体论前提。我们知道，现代伦理学深受行为责任原则影响。这意味着，道德正当或善的规定性总是指向：人们应从道德行为中引出什么样的道德规范这个问题。康德伦理学几乎不使用行为责任概念，因为在他那里，道德行为质量根本不应用实际效果来衡量，而应该用个体主观动机来衡量。霍耐特说，为了避免从信念伦理与责任伦理的区分中产生的误解，谈论怀特的后现代伦理学取向的创造性或许是恰当的：只有当拥有创造性特征的道德—实践行为引起世界实际变化或对之作出贡献时，才能被视为道德评判的对象和目标。因而说，“怀特在道德学说完善形式中阐发后现代伦理学观念是根本无需惊奇的”③。

在霍耐特看来，怀特与哈贝马斯至少有两个共同点：一是都有一种反对康德及其后裔对他者不包容的冲动；二是都认识到：对具体个体的独特性的规范考虑，只有在将道德判断从对个体行为的直接压抑中解放出来时才有可能。但两者的不同在于，哈贝马斯将话语描述为应该从直接行为压抑中解放出来的、主体间性论证的一种类型；而怀特想要知道：为什么将对他者责任的看法理解为道德判断的两种可能的解释？从总体上看，对这个问题回答产生的难题，就在于两个同时存在但没有弄清楚的问题：(1) 道德话语模型是否如此坚固，以至于它能够成为所有参与者特殊行为方式或立场的前提？（2）与话语伦理学的主导思想联系在一起的是，哪些社会认知性或习惯性要求的解决为所有道德冲突行为提供了主体间性商谈程序？霍耐特说，诚然，能够参与道德话语的行为模型问题在逻辑上并不依

---

① Vgl.Axel Honneth, *Das Andere der Gerechtigkeit.Aufsätze zur praktischen Philosophie*, Frankfurt/M.:Suhrkamp2000, S.140.

② 怀特（Stephen K.White，1949—），美国维吉尼亚大学政治学教授。

③ Axel Honneth, *Das Andere der Gerechtigkeit.Aufsätze zur praktischen Philosophie*, Frankfurt/M.:Suhrkamp2000, S.146.

赖于其规范地位问题；但正是对这两个问题的回答才给出了这样的可能：怀特的后现代伦理学是否可以被理解为话语伦理学的固定延伸？这应该根据道德判断是否涉及康德的普遍主义道德原则，得出后现代伦理学与话语伦理学之间的关系。

因而霍耐特的结论是，尽管怀特与哈贝马斯之间存在着差异，但从总体上看，怀特的后现代伦理学可以被视为话语伦理学内涵的完善：在对后期海德格尔的回归中，怀特将交往道德的核心要素描述为个体特殊性的再现能力。这样，交往道德就成为个体道德话语的前提。因而，尽管怀特的论文反对传统康德主义新变种，但总体上也能够在话语伦理学框架中对之进行创造性阐释。就是说，怀特的后现代伦理学与话语伦理学不仅不是对立的，反而是对话语伦理学的补充。甚至可以说，怀特的后现代伦理学与哈贝马斯的话语伦理学之间存在着某种程度的一致。①

二、平等对待与道德关怀相互包容

“平等对待与道德关怀存在相互包容关系”，这是霍耐特政治伦理学构想的核心。

第一，康德传统的道德理论有两个功能性规定，一是平等对待的普遍主义观念；二是对个体特殊性的承认与关怀。实际上，这就是道德哲学中一直存在着的普遍主义与特殊主义之间的矛盾。在霍耐特看来，利奥塔、怀特的后现代伦理学，根本不能够真正超越康德以来用平等对待的普遍主义观念划定思想界限的规范视阈。因为如果他们想要捍卫特殊性、独特性、异质性的话，那么他们就必然会给予话语伦理学使用的普遍主义命题以关键地位。所以说，他们根本不可能处理好平等对待与道德关怀的关系。

如果说，早期利奥塔的时代诊断以某种令人信服的方式论证了“伦理学转向”；那么，德里达则完全缺乏可以比较的内在动机形式。尽管在早

---

① Vgl.Axel Honneth, *Das Andere der Gerechtigkeit.Aufsätze zur praktischen Philosophie*, Frankfurt/M.:Suhrkamp2000, S.148.

期论文《权力与形而上学：莱维纳斯思想短论》中，不难看出其道德动机的独特暗示，并且能够看到其解构主义的阐释；但所有这些，都不能恰当地解释，德里达的这个最早文本在规范构想方向上实现的转变。因为这不是对道德原则的“非封闭性”（Unabschließbarkeit）的纯粹消极阐释，同时也发现了完全积极的伦理学描述。就是说，德里达也试图在道德哲学内部认识这一点：必须给予具体的个体特征以更多的理论关注。因为只有在与所有他者的差异中，个体主体才能够创造性地正确评价和平等对待处于对立中的道德关怀视角。这样，承载着论证任务的所有道德体验现象学，就构成了德里达的理论核心。①

在《友爱政治学》中，德里达将友爱描述为独特的体验形式。然而，从亚里士多德到康德的实践哲学，总是特别关注两性之间的交往形式。当然，即使在古典哲学家那里，通常也将下列事实视为特殊的友爱，即在没有更多外力的情况下，仰慕与尊敬、同情与道德尊重汇聚在一起。因而，德里达所探讨友爱的道德体验现象学，就与传统实践哲学拉开了一定的距离。事实上，德里达最感兴趣的问题是，两个主体以什么方式进入（使人注意到人的不同责任形式的）综合立场中。他断言，在友爱关系中可以发现对他者关怀的维度。在这里，出现了不可替代的具体的个体；而且，不对称责任原则占据支配地位。但在霍耐特看来，如果这种关系仅仅受非对称的、单方面责任原则影响的话，那它就不再关乎友爱而是关乎爱。因为只有在爱中，人们才会出于纯粹爱慕将他人当作自己对他（她）无条件负有道德责任的人。对德里达来说，在友爱关系中，总是存在主体间性关系的第二个维度：个别的他者总是作为一般的他者角色出现。这样，与我相遇的我的对方总是具有双重角色：一方面，他（她）能够在同情和仰慕层面上向我吁求非对称性义务；另一方面，他（她）同时希望自己像其他主体一样被尊重为道德个体。因而，奠基于友爱纽带的两种不同形式的道德责任之间就存在着不可克服的张力。就是说，人类主体有两种不同的道德

① Axel Honneth, *Das Andere der Gerechtigkeit.Aufsätze zur praktischen Philosophie,* Frankfurt/M.:Suhrkamp2000, S.156.

关系：在爱的关怀中，他者作为非对称义务的唯一接受者出现；在道德规范的有效性中，他者是以对等方式与所有其他主体共有义务的接受者。但是，两种不同的承认形式在多大程度上构成对立？道德体验领域是否应该在张力形式中被确定？德里达还是不清楚的。

在《法律支配：权威性的神秘基础》中，德里达从解构主义立场出发对现代法律进行了分析，并区分了法律义务与道德责任。不过，他并没有意识到，现代法律似乎植根于平等的道德原则中。原因在于，与其说德里达很少对现代法律形式的道德论证感兴趣；毋宁说他更想从事具体的应用状况研究。因为对他而言，平等原则的实际应用与友爱关系具有共同的特征，即两个不同的责任原则相遇，就意味着两个同等程度上合法的道德立场交锋。正义与它在法律形态中的实现之间、合法性与正当性之间存在着明显的界限。对他来说，"平等对待与道德关怀这两个视角就被描述为道德取向的两个不同源泉，莱维纳斯[①]所假定的两者之间的连续过渡是根本不可能的"[②]。不过，正是依靠莱维纳斯，德里达才将具体他者的无限特殊性描述为关怀的正义，它具有既与平等对待相对立又与团结相对立的完全单向的、非交互性特征。所以德里达的结论是：平等对待与道德关怀总是处于不可消解的创造性张力中。由此可见，德里达也没有解决好平等对待与道德关怀的关系。

第二，哈贝马斯在完善话语伦理学的过程中，也是围绕着"平等对待观念与道德关怀原则处于什么样的关系中?"提出问题的——霍耐特这样说，尽管哈贝马斯的话语伦理学只是试图在主体间性条件下发展康德的平等对待的普遍主义观念，但在女性主义伦理学挑战下，话语伦理学从总体上回答应该如何对待关怀原则或许是必要的。

实际上，在《正义与团结》（1991）一文中，哈贝马斯就指出，在道德—实践话语中存在着团结取向。这样，参与者不仅必须承认为具有平等权利的人，而且必须承认为不可替代的个体。对哈贝马斯而言，团结之所

---

① 莱维纳斯（Emmanuel Lévinas，1906—1995），法国犹太哲学家。

② Axel Honneth, *Das Andere der Gerechtigkeit.Aufsätze zur praktischen Philosophie*, Frankfurt/M.:Suhrkamp2000, S.164.

以是正义的另外一极，是因为在团结中所有主体都相互关心他人的幸福；同时作为具有平等权利的人，他们分享他人的交往生活方式。因而，团结必须被理解为相互参与的道德原则，而不是植根于社会共同体的多元主义构成要素。在这个语境中，哈贝马斯将道德关怀原则理解为正义的他者，但话语伦理学应该如何对待道德关怀原则问题，哈贝马斯还是没有作出回答。如此说来，哈贝马斯调和两种道德原则的尝试，就具有不恰当的甚至轻率的特征。霍耐特断定，就像团结在某种程度上构成正义原则必要的一极一样，道德关怀也应该被描述为正义原则另外一极。因此，在平等对待与道德关怀原则之间，就不仅首先存在着发生学关系，而且还存在着相互包容关系。

为了进一步阐发这个结论，在《正义与情感纽带之间——家庭处在道德论争的焦点上》（1995）一文中，霍耐特以家庭关系，主要是夫妻关系、父母与子女关系为主线，对正义与关怀关系做了进一步阐述。在家庭道德问题上，一直存在着康德的法律范式（简称“康德模型”）与黑格尔的情感模型（简称黑格尔模型”）的二难选择：前者认为家庭内部占支配地位的道德立场是由普遍正义要求规定的；后者认为家庭内部占支配地位的道德立场产生于以爱的关系为基础的规范内涵。霍耐特指出，在这两个模型的二难选择中存在着两种不同的立场，这应该能够表明家庭内部的正义意味着什么：在康德模型中，正义意味着应该根据普遍的个体自主原则来衡量；在黑格尔模型中，正义意味着应该根据特殊家庭成员的具体要求来衡量。因此，“家庭内部的正义，就意味着普遍道德原则在特殊语境中的应用。”①

可以看出，人们使用这两个模型的目的，是为了解释家庭内部的道德问题：一是根据普遍正义原则组织家庭；一是家庭只能被理解为非法律的团结领域。目前流行的看法是，康德模型只适应于克服女性歧视目标；黑格尔模型仅仅有助于保守的再整合意图。或者说，普遍正义原则允许家

① Axel Honneth, *Das Andere der Gerechtigkeit.Aufsätze zur praktischen Philosophie*, Frankfurt/M.:Suhrkamp2000, S.205.

庭生活改革；情感纽带只接受传统制度固定化的保守角色。但在霍耐特看来，家庭只能被描述为两种道德取向不断相互碰撞的社会领域：一方面，家庭成员必须被承认为法律人格，这样就威胁到具体成员的自主；另一方面，家庭成员必须被承认为独特的主体，这样就破坏了情感纽带。因此，在今天，这两个模型没有任何一个能够独立使用：一方面，家庭从传统习俗中以悖谬的方式解放出来，以至于家庭生活的感情脆弱、不稳定性程度增大。这样，在康德模型意义上，关心家庭成员的人格完整是必要的；另一方面，由于虐待儿童、婚内强奸而提起的法律诉讼，只有以间接方式才能确定。所以，在黑格尔模型意义上，来自爱慕与关怀的情感纽带对家庭来说是十分必要的。

然而，随着道德诉求向国家认可的法律转变，公共领域之所以延伸到家庭私人领域，是因为家庭成员对社会在什么程度上威胁到作为法律人格的尊严这个问题的道德感受性提高。这样，在可能的国家干预与私人支配之间就画出了一条界线。在这里，家庭内部领域就被视为拒绝参与者道德诉求的私人领域。就此而言，家庭私人领域与公共领域之间的界线，和两种道德取向之间的界线就不是一致的。只要家庭成员要求普遍正义原则，那就因此以相互义务为指向；如果在家庭成员之间贯彻道德关怀原则，那么某些正义要求就会遭到伤害。如此说来，在家庭关系中，关怀行为甚至失去了道德价值，只要这种关怀行为不是出于爱的情感，而是出于义务的合理实现。霍耐特说，从表面看来，这个结论似乎非常符合黑格尔模型，以至于使人们轻易忘记了黑格尔从前说过的话：家庭成员总是有好的理由放弃情感纽带的道德视阈，因为他们看到，这样就不能真正平等对待自己的兴趣或愿望。当然，黑格尔并没有看到，现代家庭内部两种道德取向之间必然存在着不可克服的张力。

因此，家庭内部两种承认形式之间的冲突导致的结论在于：一方面是公共领域民主化，以及家务劳动再分配；另一方面，情感要素增加并没有诱使人们在令人可疑的乡愁中，又一次唤起局限在爱慕与关怀的情感纽带上的家庭观念。霍耐特指出，家务劳动公正分配的道德压力表明，对现代家庭的核心挑战是：社会平等进步已经进入到情感纽带视阈。他说，尽管对于“现代家庭内部两种道德取向之间的界线应该在哪里?”这个问题，迄今尚未得到回答，但很显然，“现代家庭内部的道德互动总是在两种道德取向的张力中实现，因此若考虑到家庭内部正义问题与情感纽带之间的内在和谐，那么就能够发现对这个问题的当代回答”①。就是说，现代家庭内部的道德认同不能依赖于相互关怀与不变的爱的表述形式，而是处于正义与情感纽带的张力中。这个张力过程产生了这个问题：在现代家庭内部是否有一个批判的门槛，在这个门槛上，普遍正义问题导致情感纽带消解？霍耐特自信自己给出的界线想必没有其他表述：到哪一点上家庭才能够继续存在于合理契约的基础上？不过，对于这个问题只能给出程序性的、而不能给出实体性的回答。在这个意义上，家庭的未来依赖于借助于推论性的反思能否形成——家庭总是能够在正义与情感纽带之间寻找新的真正的平衡。由此可见，霍耐特政治伦理学构想的核心，就是试图在正义与关怀之间寻找一个平衡点。

第三节　形式伦理与民主伦理

一、承认道德②

霍耐特指出，在道德问题上，在康德传统与亚里士多德—黑格尔传统之间进行非此即彼的选择，几乎不再具有任何说服力。因而，今天道德哲学的核心任务就是将这两种传统整合在一起。为此目的，霍耐特试图阐发承认道德构想，以建立承认与道德的内在关联，并引出承认对道德的积极意义。

大家知道，对于“尊重”（Achtung）概念，康德以来的道德哲学已经有了相对清楚的轮廓；但对于“承认”（Anerkenung）概念，无论在日

---

① Axel Honneth, *Das Andere der Gerechtigkeit.Aufsätze zur praktischen Philosophie*, Frankfurt/M.:Suhrkamp2000, S.196.

② 详见王凤才:《平等对待与道德关怀——霍耐特的政治伦理学构想》,《马克思主义与现实》2009 年第 4 期。

常生活中，还是在道德哲学中都是不确定的。例如：话语伦理学、社群主义、女性主义对之各有不同的理解；而且，承认概念的道德内涵也不断地发生变化，即承认概念的不同内涵，也许与特殊道德视角联系在一起，那么，不同的道德立场是否具有共同的根源？它们是否应该为共同规范辩护？这涉及建立在不同承认形式之上的道德内涵的论证问题。霍耐特指出，今天，尽管承认道德构想有很多理论困难，但说到底就是如何理解黑格尔的承认类型问题。对耶拿时期黑格尔的目标来说，仅仅强调自我意识与主体间性承认的联系是不够的。因为要解释清楚：承认体验如何在伦理关系中起进步作用，那还需要对存在于自我意识中的主体间性遗产与社会道德发展的相互联系进行动力学解释。应该承认，耶拿时期黑格尔提出的“为承认而斗争”模型包含着一个危险的、也是富有挑战性的观念：沿着道德进步方向，逐步出现要求不断提高的三种承认形式；在每种承认形式之间，主体为了承认其认同要求而进行主体间性斗争。“为承认而斗争”模型如此复杂而又多维度，以至于从黑格尔到现代道德哲学和社会理论都以此为出发点。①

为了进一步阐发承认与道德的内在关联，霍耐特对道德伤害现象进行了分析。他认为，道德伤害是一种心理伤害，是主体感受到的不公正感。因而，不是身体的疼痛，而是参与者在自我理解中不被承认的意识，构成道德伤害的可能性条件。这样，道德伤害与拒绝承认之间的结构性关系就变得明了了。霍耐特断定，道德伤害作为心理伤害，对个体的伤害程度，与诸如杀害、虐待、拷打、强奸等生理伤害程度是一致的，但道德伤害的特征在于：个体道德责任能力被蔑视；个体自尊被伤害；从个体被蒙蔽、被欺骗到整个群体的法律歧视；侮辱、能力不被承认等。当然，所有这些“只是消极地表明了承认与道德的内在关联”②。

实际上，从承认的人类学前提出发应该能够得出积极的道德概念来。

---

① Vgl.Axel Honneth, *Das Andere der Gerechtigkeit.Aufsätze zur praktischen Philosophie*, Frankfurt/M.:Suhrkamp2000, S.179.

② Axel Honneth, *Das Andere der Gerechtigkeit.Aufsätze zur praktischen Philosophie*, Frankfurt/M.:Suhrkamp2000, S.184.

霍耐特说，当承认道德概念获得目的论特征时，首先要考虑到亚里士多德。这样，一方面必须将承认道德与康德的“内心幸福”（Glückseligkeit）的抽象规定性对立起来，以避免动机论；另一方面又必须使承认道德回到康德的立场，以避免效果论。因此，对于道德立场的普遍功能与具体合法性区分是有意义的。就道德而言，它首先产生于道德功能的人类学规定。或者说，与道德伤害形式区分相适应的承认形式的多样性产生于人类主体的完整性要求：实践自我关系在通过承认形式被重构的同时，也通过相应的蔑视形式被伤害。

这样，在实践自我关系第一阶段，个人被承认为一个需要和愿望对其他人来说具有独特价值的个体。这时，承认形式具有情感关怀特征。在道德哲学传统中可以发现诸如关怀、爱这些概念。在实践自我关系第二阶段，个人被承认为一个像其他人一样被赋予同样道德责任能力的人。这时，承认形式具有普遍平等对待特征。在对康德传统的回归中使用道德尊重概念，这就意味着承认所有其他人的道德责任能力。在实践自我关系第三阶段，个人被承认为一个对具体的共同体来说具有价值的人。这时，承认形式具有特殊尊重特征。在哲学传统中缺乏相应的道德概念，但使用诸如团结、忠诚这些概念是有意义的。因为这意味着，人们为了共同目标而关心他人的价值与安康。这样看来，与三种承认形式一致的道德权利和道德责任，就产生于实践自我关系的特殊结构。“迄今为止，我们在实践自我关系的结构功能主义立场下考察的承认关系，从豪斯开始就包含道德成就。”①

在《爱与道德——情感纽带的道德内涵》（1998）一文中，霍耐特以爱与道德关系为主线，进一步深化了承认道德构想。

霍耐特说，自席勒②以来，直到今天人们对康德传统的道德理论的核心指责是：当将所有原则都还原为普遍主义的道德尊重时，绝对命令范畴

---

① Axel Honneth, *Das Andere der Gerechtigkeit.Aufsätze zur praktischen Philosophie,* Frankfurt/M.:Suhrkamp2000, S.188.

② 席勒（Johann Christoph Friedrich von Schiller，1759—1805），德国诗人、作家、历史学家、剧作家。

的公正程序应该表达的东西，就是必须省略所有爱慕形式的幸福。然而今天，在几乎所有的道德哲学中都可以找到“爱”。在功利主义那里，“爱”关涉所有人平均幸福的最大化。在康德那里，“爱”关涉实践理性的普遍化原则：一方面爱被理解为道德的源泉；另一方面爱理被解为道德的构成界限。但无论如何，“爱”本身表现为道德形态。康德后裔也为普遍主义的道德尊重提供了一个近似的解决方案：一方面为爱的中心地位打开了空间；另一方面又避免陷入公正义务的危险。

总之，在霍耐特视阈里，承认道德介于康德传统与亚里士多德—黑格尔传统之间。换言之，霍耐特试图融合康德的道德主义与黑格尔的伦理主义、个体主义与共同体主义。我们认为，这是一条非常有发展前景的思路。

二、形式伦理与人格完整①

在康德那里，道德与伦理是区分开来的：前者是指一种普遍的立场，是一种绝对命令；后者是指一种个别生活世界的习俗。从此以后，人们一般是在康德传统中理解道德：所有主体都应该相互平等尊重或以公正的方式考虑自身利益。然而，霍耐特认为这种表述是狭义的。因为它没有将未被扭曲的、未被限制的承认目标的所有方面都包括进来。因而，康德传统的道德哲学，贬低伦理价值而抬高道德价值（例如：罗尔斯）。在黑格尔那里，道德与伦理是联系在一起的：前者是伦理的抽象形式，即 Moralität 作为被批判的术语，是与在历史上起作用的、实质的 Sitlichkeit 相对立的、个体的形式的抽象；后者是道德的实质。所以霍耐特说，在后传统道德的承认关系方案中，至少可以找到法律承认关系、伦理关系，即使家庭(爱)的承认形式未被整合进这个框架中。这样，黑格尔和米德的道德概念就不是狭义的。不过，亚里士多德—黑格尔传统的伦理学，抬高伦理价值而贬低道德价值（例如：麦金泰尔）。

① 详见王凤才：《“社会病理学”：霍耐特视阈中的社会哲学》，《中国社会科学》2010 年第 5 期。

与贬低伦理价值的康德传统的道德理论不同，当代道德哲学试图回到抬高伦理价值的亚里士多德—黑格尔传统，它们对康德传统的道德理论的指责是：它不能回答下述关键问题，即为什么不能在整体上将道德目标安置在主体的具体目标之中？例如：麦金泰尔曾经断言，从某种意义上说，道德与伦理的关系应该和（康德所说的）相反，即道德原则的有效性依赖于历史上不断变化的美好生活概念，即伦理概念。这样，麦金泰尔就一反康德传统的道德理论将道德置于伦理之上的做法，而是主张回到亚里士多德的立场：将伦理置于道德之上。霍耐特说，或许这就是人们称麦金泰尔为新亚里士多德主义的原因所在。

在霍耐特看来，上述两种做法都是片面的。因为迄今为止，对承认模型重构的论证表明：这两种传统，即康德传统与亚里士多德—黑格尔传统不能非此即彼！不过，霍耐特之所以偏离康德传统，是因为这不仅关涉个体的道德自主，而且关涉个体自我实现的条件。这样，被理解为普遍主义的道德尊重立场，就成为服务于美好生活目标的许多可能的保障措施之一。因而，“善”（Gute）这个概念就不能被理解为构成传统共同体具体“习俗”的实体主义价值观念；毋宁说，它是从普遍的规范立场中凸现出来的、使自我实现成为可能的、所有不同特殊生活方式的伦理构成要素。“在这个意义上，迄今为止所阐发的规范的承认理论构想，就处于康德传统的道德理论与社群主义伦理学之间。”①

现在，“形式的伦理构想”（ein formales Konzept der Sittlichkeit）意味着，它是作为个体自我实现必要条件的主体间性条件；但问题在于，当自我实现的结构已经接近用某种历史上唯一的生活理想来阐释时，如何能够作出这个可能性条件的一般陈述？霍耐特回答说，通过米德对黑格尔的承认学说的自然主义改造，就已经找到了解决问题的办法。换言之，只要将黑格尔区分的不同承认形式理解为主体间性条件，那么主体就能够获得一种新的肯定性的自我关系。这样，人格完整的主体间性结构就能够从承认

① Axel Honneth, *Kampf um Anerkennung.Zur moralischen Grammatik sozialer Konflikte*, Frankfurt/M.:Suhrkamp2003, S.272.

体验与自我保护体验的关联中产生出来：仅仅从他人承认的视角出发，个人就能够学会将自己视为并构建为具有一定能力和特质的个体。因而，在个体自我实现过程中，“自由”并不仅仅意味着消除外部强制，同时还意味着消除心理封闭、心理压抑与内心恐惧。当然，这两种意义上的自由不能仅仅理解为通过他人尊重而获得的与自身能力和特质相对应的信任。

霍耐特指出，如果第一种意义上的自由是消极自由；那么第二种意义上的自由就是积极自由，它被理解为内心自信的一种形式，不仅给予个体在需要表达中以安全感，而且使个体能够运用自己的能力。在这个意义上，自由的自我实现的先决条件就依赖于主体自身不能控制的共同体，因为主体只有依靠互动伙伴的帮助才能获得这个前提。这样就不难看出，爱、法律、团结这三种承认形式，就构成保障外部自由与内部自由实现的主体间性条件。但这个构想的困难在于，不仅法律关系而且价值共同体都隐藏着规范发展的潜能，它们向普遍化或平等化增大的方向敞开着。随着这些内在发展潜能进入自我实现的规范条件中，就出现了形式伦理构想必须限制的诉求：能够成为成功生活主体间性条件的东西，取决于为承认形式的现实发展水平所规定的历史可变量。这样一来，形式伦理构想就失去了永恒性，而陷入到对不可逾越的当代性依赖之中。

应该承认，后传统的（即现代的）形式伦理构想是黑格尔第一次阐发的；但米德在后形而上学框架下作了进一步阐述。霍耐特说，尽管黑格尔和米德有许多差异，但其社会理想是一致的：按个体的普遍平等来构建交往模型——在这里，所有主体都被承认为自主的平等的特殊个体。此外，黑格尔和米德还在由不同交往关系构成的网络中，思考社会互动的现代特殊模型——在这里，个体能够知道他们自我实现的维度。当然，尽管黑格尔和米德都将作为自我实现核心的承认关系描述为后传统的形式伦理的主体间性条件，但都没有将团结形式列入到经验证据的寻找中，而是给予重要的规范转向。黑格尔和米德对现代社会的未来设想是：产生一个新的开放的价值体系——在这里，主体学会相互尊重自己自由选择的生活目标。这样，黑格尔和米德就走到了开始描述社会团结概念的门槛上。不过，对于“如何给予团结概念填充现代内容”问题，黑格尔和米德的回答尽管是不同的但却都是失败的[①]。因为耶拿时期黑格尔试图用作为交往形式的团结填充这个位置；而米德则接近涂尔干将社会劳动分工理解为社会化目标，认为从中应该能够产生使所有主体学会相互尊重的团结力量。然而，无论黑格尔还是米德，都缺乏从伦理价值出发对自我目标设置的抽象规定。

因此，尽管霍耐特的形式伦理构想与黑格尔和米德有着历史联系，但如果试图直接回到他们的模型则是不可能的，因为他们的历史成见已经以可疑的方式汇入到他们的模型中。当然，尽管霍耐特之后的形式伦理构想能够从黑格尔和米德失败的方案中摆脱出来，但同时也遇到了不可克服的张力。正如霍耐特自己所说，“这些实质价值是否能够为政治共和主义、生态禁欲主义或社群生存主义指明方向？它是否以社会经济现实变化为前提或是否与资本主义社会条件相一致？这不再是理论的事情，而是未来社会斗争的问题。”[②]

三、社会正义与民主伦理[③]

正如前面所说，霍耐特对社会自由领域的规范重构，目的是揭示“作为社会分析的正义论”之方法论前提，以及民主伦理的可能性。

第一，根据霍耐特的描述，“作为社会分析的正义论”有四个先决条件。

（1）如果人们想在社会分析形式中阐发正义论，那么就必须清楚：迄今为止，社会再生产仍然与占主导地位的共同观念和价值取向的先决条件联系在一起。这些伦理规范，不仅作为最终价值从上面被确定，也从下面被规定，即或多或少地通过体制化了的教育目标，使每个社会成员的生活道路都按教育目标设定的方向走。

---

① Axel Honneth, *Kampf um Anerkennung.Zur moralischen Grammatik sozialer Konflikte*, Frankfurt/M.:Suhrkamp2003, S.285.

② Axel Honneth, *Kampf um Anerkennung.Zur moralischen Grammatik sozialer Konflikte*, Frankfurt/M.:Suhrkamp2003, S.287.

③ 详见王凤才：《作为社会分析的正义论——霍耐特对〈法哲学原理〉的诠释与重构》，《复旦学报》2016 年第 6 期。

作为德国观念论的后继者，帕森斯用行为理论的系统模型为这种社会理解提供了最好的例证。他认为，社会成员的行为取向铸就了社会实践结构，而经济行为领域总是与绩效原则相关联。当然，帕森斯也不排除伦理对经济的渗透。在霍耐特看来，帕森斯的特殊的社会模型特别适合于使黑格尔意图的再现实化，只在于下述事实：所有社会秩序都毫无例外地通过伦理价值，以及价值追求的观念而与合法化条件联系在一起。

（2）如果人们想在社会分析形式中阐发正义论，那么就必须明白：只有那些既作为规范要求又作为每个社会再生产条件形成的价值或观念，才能构成正义论的道德基准点。霍耐特认为，对黑格尔来说，正义观念根本不是独立的、自明的、宏大的思想，而是在社会伦理任务分工中给予每个人以他希望的角色。罗尔斯、哈贝马斯的正义论则完全是康德主义的程序主义正义论，他们都将正义原则等同于规范合理性，从而缺乏社会现实性。当然，这些被概括出来的黑格尔主义与康德主义之差异，并不足以将正义论直接引向社会分析之路，因而，需要进一步地规范重构。

所谓“规范重构”，就是要考察哪些传统和规定对价值的固定化和转化作出了多大贡献。这似乎与黑格尔方法相去甚远，却出人意料地与涂尔干、帕森斯等人的规范重构方法相一致。他们都试图从社会再生产循环中发现：为社会所接受的某些价值和观念是如何通过社会再生产获得的？与《法哲学原理》相似，他们试图安排与现代社会秩序固定化和现实化所拥有的功能价值相适应的社会领域。不过，“涂尔干、帕森斯都没有兴趣直接用社会结构分析来构建正义论，而只是研究规范整合过程及其可能的危险；但黑格尔则试图找出构成社会正义原则的条件。”①

（3）如果人们想在社会分析形式中阐发正义论，那首先必须适应于规范重构程序。众所周知，在黑格尔去世后不久，与《法哲学原理》一道，总体伦理概念的声誉也遭到了破坏。很多启蒙知识分子将伦理视为维护现存社会统治秩序及其道德—实践立场的标志。霍耐特说，恰恰相反，黑格

① Axel Honneth, *Das Recht der Freiheit.Grundriß einer demokratischen Sittlichkeit*, Berlin:Suhrkamp2011, S.24.

尔选择伦理概念就是为了反对道德哲学的主导取向，而关注体制化的传统及其义务关系。在这个关系中，道德立场不是以规范原则形式出现的，而是以社会实践形态出现的。“这样，在实践哲学语境中，从方法论上看，黑格尔在很大程度上仍然是亚里士多德主义者。因而，对他来说，道德家园是主体间性的实践传统，而非认知主义的道德观念。”①

当然，黑格尔并非在纯粹描述意义上将伦理概念理解为现存生活形式，而更多地运用选择性、典型化、规范性概念，从而又超出了亚里士多德范畴。对黑格尔来说，隶属于伦理概念的各种伦理形式都应该被纳入《法哲学原理》中。因而，所有与规范要求相矛盾的东西，所有代表特殊价值或体现落后观念的东西，根本无权成为规范重构对象。

（4）如果人们想在社会分析形式中阐发正义论，那就必须基于这个命题，即规范重构方法总会提供一个批判性运用的机会：不仅要重新阐释现存伦理的审判机关，而且要对其体现的价值进行公开批判。霍耐特认为，重构性批判有一个很好的例证，那就是黑格尔关于同业行会的描述。在《法哲学原理》§253 中，黑格尔谈到：“伦理衰落”（sittliches Verfall）是由于同业行会不能全面地完成任务而导致的。

概言之，这四个前提只是方法论前提：其一，在社会理论道路上阐发正义构想，必须将普遍的共同价值和观念所规定的社会再生产形式当作第一个前提；不仅社会再生产目标而且文化整合目标，都是由既拥有伦理特征又包含共同善的规范调节的。其二，不能用独立于社会的至上价值来理解社会正义概念，“正义的”应该被视为在社会内部能够使普遍接受的价值得以实现的体制或实践。其三，源于社会现实多样性的体制或实践，能够重构一种保证和实现普遍价值的规范。其四，应该保证这种方法的使用，不只是导致对现存伦理审判机关的肯定，而是必然使人们清楚，伦理体制或实践所体现的价值，在多大程度上还没有足够地或完整地体现出来。

霍耐特强调，至少有两点理由赞成下述观点：一个正义构想不能仅仅

① Vgl.Allen W.Wood, *Hegel's Ethical Thonght,* Cambrige 1990, Ⅳ .

局限在对形式的、抽象的基本原则的阐明与论证上，即正义的实现必须落实到伦理体制或社会现实中。

首先，方法论上的指责——只有事后才必须去寻找与社会现实的联系，那就由此使规范的社会正义论陷入了困境。这一理论事先根本不知道，是否能够在规范要求与社会现实之间架起桥梁。在霍耐特看来，要想解决这一难题，就必须将规范的社会正义构想的阐明直接引到关于社会发展重构道路之上。但关键问题在于，社会发展重构的基准点在哪里？霍耐特说，从黑格尔、涂尔干，一直到罗尔斯、哈贝马斯都认为，有一个唯一的价值构成社会秩序的合法性基础：同等地帮助所有主体去实现个体自由。这个价值在社会不同的行为体系中以特殊的功能方式，体现着伦理观念的不同方面。

其次，现代自由有各种阐释模型，每一种阐释模型都有足够的吸引力；不仅有这一正义要求，而且有各种正义要求。换言之，正义不仅仅是规范的，而是多元的。从现代自由的不同模式中可以看出，三种自由的核心观念彼此分开，个体自由行为有着不同的社会本体论预设；法律自由的出发点在于：为了个体自由，需要一个受法律保护的领域。在其中，主体能够按自己的癖好随心所欲；道德自由依赖于每个主体都具有的知识能力储备；社会自由与被确证的主体的特殊目标联系在一起。结果是，要想阐发和论证一种按自由价值构思的正义构想，那就需要有相应体制构成的同步阐明。这就意味着，自由观念与伦理的关联，要求正义论离开纯粹形式框架进入到社会现实中。霍耐特说，规范重构越是深入，就越是远离纯粹消极自由领域，故强烈需要社会理论构想与社会学传统，而非现代法律文本。因此，就必须有意识地反对下述倾向，即仅仅在法律思维框架中阐发正义论的基础。

第二，实际上，无论在个人关系领域、市场经济行为领域，还是在民主意志形成领域，“我们都试图追踪当代民主伦理的可能性”[①]。霍耐特指

① Axel Honneth, *Das Recht der Freiheit.Grundriß einer demokratischen Sittlichkeit*, Berlin:Suhrkamp2011, S.468.

出，完全以法律范式为取向的当代正义论遇到了困难：(1) 在个人关系领域与市场经济行为领域中，服从社会自由独立形式的自我指涉规范，在历史进程中没有通过政治法律干预而决定性地改善这个原则基础上的实现机会。(2) 如果给予民主过程配置个体自由的规定性与法治国家实现的权力，那么由于它对已经初步实现的自由条件的依赖，而根本无法在社会领域中看清楚这一点。因此，如果我们试图从这些历史结果中抽象出一般结论，那就是协商民主理论是“正确的”①。

根据“民主伦理”(demokratische Sittlichkeit) 观念，只有在不同行为领域中真正实现被体制化的自由原则，并积淀于相应的伦理实践中时，才有真正的民主。因此，民主伦理的社会体系被描述为相互依赖的复杂网络。在其中，个体自由在一个行为领域中的实现，依赖于其他领域中以此为基础的自由原则的实现。这就意味着，社会自由的真正实现，依赖于三个领域，即个人关系领域、市场经济行为领域、民主意志形成领域的相互配合。

霍耐特说，在《法哲学原理》中，黑格尔的“伦理”有一系列内在标准。这些标准允许黑格尔在涉及现存生活形式时，对纯粹的“社会价值”与“规范有效性”进行区分；但这取决于，黑格尔的方法阐释要尽可能地减轻那个来自几乎不能被超越的精神哲学前提假说的压力。只有当黑格尔的伦理学从精神本体论前提下解放出来时，才能够保证它位于道德哲学领域之上。但霍耐特认为，康德的道德立场也不应被简单地推到一边，而应剥去其抽象性的外衣。这样，黑格尔对康德的道德观念之抽象性、形式主义，以及动机缺乏的所有指责，必须在他自己的伦理概念中得以修正，即从伦理概念中产生出来的标准，允许他在拥有规范内涵实践的纯粹现存形式和合法形式之间作出区分。因此，对黑格尔来说，为了评判在人数不定的群体中每个参与者的行为方式，只有当一种实践能够遵循原则上要求群体成员都应该遵循的规范时，这种实践才配称为伦理的。黑格尔相信，伦

---

① Vgl.Axel Honneth, *Das Recht der Freiheit.Grundriß einer demokratischenSittlichkeit*, Berlin:Suhrkamp 2011, S.615.

理义务以及伦理行为领域只存在于主体间性控制的规范指明值得追求的目标或反映可普遍接受的价值的地方。

在康德的纯粹建构主义道德理论被指责为抽象形式主义、黑格尔的“新亚里士多德主义”伦理学被指责为纯粹保守主义的背景下，霍耐特试图在后形而上学框架中重构黑格尔的伦理构想，从而致力于思考：黑格尔的伦理内在标准模型包含的理论要素，若没有客观主义历史哲学的先决条件，是否也可以指出道德自由意识进步的可能？或者说，若没有自我现实化的精神的先决条件，历史中是否也存在着道德进步？黑格尔的伦理构想内含着的历史动力要素，是否不能提供足够的或至少的立足点？霍耐特的结论是，民主伦理的社会体系被描述为相互依赖的复杂网络——在这里，伦理的历史可以被思考为制度性规范的更替；“为承认而斗争”既是行为者历史的中介，又在伦理领域中推动道德进步。

总之，社会自由观念与民主伦理的内在关联，要求正义论（作为社会分析的正义论）离开（规范主义、程序主义）纯粹的形式框架进入到社会现实中。在个人关系领域（从友谊到爱情、从私密关系到家庭）、市场经济行为领域（道德经济主义是否可能？如何可能？）、民主意志形成领域（该领域的优越性），我们都试图追踪当代民主伦理的可能性。诚然，霍耐特的“伦理”概念，不论形式伦理还是民主伦理，尽管还存在着这样或那样的不足之处。例如：与对“承认”、“正义”的阐发相比，对“伦理”的阐发，还不够细致、不够深入。但这个问题的阐发，对霍耐特思想体系来说，则是非常重要的。这样，霍耐特就有了与哈贝马斯相比肩的成就。在哈贝马斯那里，交往理论→话语伦理→协商政治→法律话语；在霍耐特这里，则是：承认理论→多元正义→民主伦理。

综上所述，本章首先阐发了道德规范与伦理实践，讨论了道德与伦理、道德自主与伦理实践、伦理历史与道德进步等问题；然后考察了后现代伦理学与话语伦理学的一致性，揭示了平等对待与道德关怀的相互包容关系；最后围绕着“形式伦理与民主伦理”，阐发了形式伦理与人格完整、社会正义与民主伦理等问题；从而深化了对道德与伦理、正义与关怀、后现代伦理学与话语伦理学，以及承认道德、形式伦理与民主伦理等问题的理解。

结　语

在数十年的历史演变过程中，出现了“批判理论三期发展”，即（1）批判理论第一期发展（从20世纪30年代初到60年代末），以霍克海默和阿多尔诺、马尔库塞、洛文塔尔、波洛克等人为代表，致力于批判理论构建与工业文明批判；（2）批判理论第二期发展（从60年代末到80年代中期），以前期哈贝马斯、F.v.弗里德堡、A.施密特等人为代表，致力于批判理论重建与现代性批判；（3）批判理论第三期发展（从80年代中期至今），以后期哈贝马斯、霍耐特、维尔默、奥菲等人为代表），完成了批判理论的“政治伦理转向”。

“批判理论三期发展”意味着：从古典理性主义到感性浪漫主义再到理性现实主义；从激进乐观主义到激进悲观主义再到保守乐观主义；从文化主体哲学到语言交往哲学再到政治伦理学；从“老批判理论”到“新批判理论”再到“后批判理论”。“后批判理论”标志着批判理论的最新发展阶段，它不再属于传统的西方马克思主义范畴，而是已经进入到与当代实践哲学主流话语对话的语境之中。

从逻辑结构看，《从新批判理论到后批判理论》一书，主要讨论了下属内容。

第一章“科学技术与意识形态”对科技意识形态论进行了发生学探究和逻辑学构建，并对科技意识形态论进行了价值学评判，这就进一步深化了对科学技术与意识形态关系问题的理解；此外，还围绕着“技术进步与政治科学化”讨论了技术进步与社会生活世界，尤其是技术与民主的关系，以及科学与政治之间的转化，即政治科学化与科学政治化问题，这就进一步深化了对科学技术与民主政治关系问题的理解。

第二章“合法性危机与生活世界殖民化”从合法性概念出发，考察了哈贝马斯视阈中的合法性问题与合法性危机，尤其是现代国家中的合法性问题，以及后期资本主义危机趋向；然后，在考察社会系统与社会组织原则、生活世界及其结构的基础上，阐发了生活世界殖民化与生活世界合理化，揭示了哈贝马斯对后期资本主义危机根源的认识，从而加深了对资本主义危机的理解。因而，哈贝马斯对后期资本主义危机，以及生活世界殖民化的揭露和批判，是值得肯定的。当然，也还存在着一些需要进一步深入思考的问题。

第三章“交往合理性与社会合理化”首先从合理性问题出发，通过分析言语行为与社会行为，围绕着社会合理化与文化合理化、工具合理性与交往合理性，阐发了交往行为与交往合理性问题；然后从社会合理化问题出发，阐发了行为合理性与社会合理化问题；最后借助于维尔默的有关文本，对哈贝马斯的交往合理性进行了批判性重构，并试图以“多元的、公共的合理性”重建批判理论的规范基础。这样，就深化了对交往合理性与社会合理化问题的理解。

第四章“话语伦理与法律话语”在考察话语伦理学演变的基础上，首先讨论了话语伦理学的理论基础、基本原则，充分肯定了话语伦理学的范型转换意义；然后借助于维尔默的有关文本，对话语伦理学进行了内在批判，讨论了真理共识论与话语伦理学、可错论反思意识与话语伦理学的关系，揭示了话语伦理学的理论困境；最后在考察协商政治与法律话语谱系学的基础上，讨论了哈贝马斯对法律体系与法治国家原则的话语理论重构，通过阐发法律与道德、合法律性与合道德性、民主原则与道德原则、法律辩护逻辑与道德辩护逻辑，论述了“民主的立法程序是合法律性的唯一来源”，从而深化了对话语伦理、协商政治、法律话语问题的理解。

第五章“个体自由与共同体自由”首先围绕着自由主义—社群主义之争，讨论了“自由的社群主义”或共同体主义、新个体主义与新共同体主义，揭示了（消极的）个体自由与（积极的）共同体自由之间的关系；然后通过分析个体权利平等与话语合理性、“对偶然性的承认”与自由民主原则，讨论了话语合理性与自由民主原则问题；最后围绕着正义与善的优先性之争、自由的基本权利与民主的合法形式，分析了自由民主与共同善的问题，得出了“自由与民主相互结合构成自由民主的政治共同体”这样的结论。由此显示出，维尔默的自由民主观念是“自由的社群主义”或曰“共同体主义”，这就深化了对自由主义与社群主义、个体自由与共同体自由等问题的理解。

第六章“社会正义与辩护正义”首先讨论了规范的社会正义论，尤其是分析了个体意志自由观念、普遍意志自由观念，以及承认、教化、自我实现相互协调与规范的社会正义论之间的关系；然后讨论了作为社会分析的正义论，尤其是个体自由 / 消极自由 / 法律自由与规范的正义之内在关联，指出消极自由的正义模型是自私的、反思自由的正义模型是合作的，断言基于社会自由的社会正义论更具现实性；最后讨论了弗斯特视阈中的宽容与正义、道德与正义、辩护与正义、政治的—社会的正义、正义的基础、正义的两幅图景、正义的规范秩序、激进正义与超越正义，以及国内正义与跨国正义等问题，指明作为辩护的正义论是一种超越、融合自由主义与社群主义框架的批判的正义论。

第七章“人权、公民权与人权承认”首先阐发了人权、公民权与差异政治，揭示了人权与公民权的内在关联和张力关系，以及人权政治与差异政治问题；其次阐发了人权与公共自由、政治自主，分析了人权与政治自由的内在关联，以及公共自由、政治自主与社会正义问题；然后阐发了公民权、人民主权与民主话语，揭示了公民权与民主话语的解释学循环、人民主权幻象与民主合法性原则，以及普遍民主、多元政治与“民主化”问题；最后阐发了人权政治与国际人权承认，区分了人权政治的两种范式，讨论了国际人权承认与道德普遍主义问题。这样，就深化了对人权、公民权、人民主权，以及人权政治与国际人权承认等问题的理解。

第八章“承认道德与民主伦理”首先阐发了道德规范与伦理实践，讨论了道德与伦理、道德自主与伦理实践、伦理历史与道德进步等问题；然后考察了后现代伦理学与话语伦理学的一致性，揭示了平等对待与道德关怀的相互包容关系；最后围绕着“形式伦理与民主伦理”，阐发了形式伦理与人格完整、社会正义与民主伦理等问题；从而深化了对道德与伦理、正义与关怀、后现代伦理学与话语伦理学，以及承认道德、形式伦理与民主伦理等问题的理解。

毋庸讳言，“批判理论三期发展”、“批判理论的‘政治伦理转向’”、“从批判理论到后批判理论”，是作者长期研究法兰克福学派批判理论及其最新发展作出的基本判断；该成果“从批判理论到后批判理论”作为一项具有“批判理论问题史性质”的全方位、跨学科、整体性、系统性研究，凝结着作者三十多年来对批判理论发展的深度思考，确立了法兰克福学派批判理论研究的新框架。那么，批判理论在世界范围内的传播与发展，是否会出现不同的路径？体现出不同的民族特色？我们认为这是可能的。近年来，在批判理论的大框架中，作者提出了一种旨在处理人与自然关系、人与社会关系、人与人关系、人与人自身关系的原创性的“妥协理论”，即“批判的妥协理论”构想①，以此促进批判理论的中国化。

要想创立“批判的妥协理论”，需要解决以下四个问题：(1) 妥协理论与批判理论，尤其是与霍耐特承认理论、弗斯特辩护理论的关系？(2) 什么是妥协？概念与类型？(3) 为什么要妥协？妥协的必要性与可能性？(4) 如何妥协？妥协的原则、路径、目的？

第一，妥协理论：批判理论发展趋向

“批判理论三期发展”，简言之，就是从“批判理论”经过“新批判理论”走向“后批判理论”。在这个过程中，“批判性”不断地弱化，“现实性”不断地增强，这是一个不争的事实。如果说，批判理论第一期发展关键词是“否定”(Negation)，批判理论第二期发展关键词是“交往”(Kommunikation)，批判理论第三期发展关键词就是“承认”(Anerkennung)；那么，霍耐特之后的关键词是什么呢？那就是弗斯特的“辩护”(Rechtfertigung)。也许还有：妥协 (Kompromiß)。霍耐特甚至说过，“为承认而斗争”实际上已经失败了。既然“为承认而斗争”失败

① 关于“批判的妥协理论”构想，作者已经思考了多年。2016 年 9 月 23 日，在与《学习与探索》杂志社编辑人员座谈“国际学术前沿问题漫谈”中，做了第一次比较系统地（纲领性地）阐述（详见王凤才：《国际学术前沿问题漫谈》，《黑龙江社会科学》2017 年第 1 期；并参见王凤才：《妥协：一个被忽视的实践哲学概念》，《江海学刊》2018 年第 5 期）。

了，那么是否需要“为生存而妥协”？也许更全面的说法是：“为承认而斗争”+“为生存而妥协”（坚持原则，学会妥协!）。

第二，妥协的概念谱系与类型划分

“妥协”是实践哲学的核心概念之一，但却是一个被长期忽视的概念。在不同的文化传统中，人们对“妥协”的理解不同：在汉语语境中，“妥协”是以独立为前提、以原则为底线的适当让步。在西方语境中，“妥协”广泛地存在于法律判决、经济贸易、劳动合同、民主政治中，甚至涉及人们生活的所有领域。在不同的文化传统中，人们对“妥协”的态度也不同：根据人们对待“妥协”的态度，可以归结为三种不同的理解：

（1）词源学语境中的中性理解（仲裁和选择）

据说，在古希腊文中，没有“妥协”这个语词。从词源学上看，“妥协”一词，不论英文 compromise、德文 Kompromiß，还是法文 compromis，都源于拉丁文 compromissum。拉丁文中的“妥协”，直接源于古罗马法系：妥协作为仲裁，意味着一种共同承诺，即在对冲突各方的承诺进行法律判决之前，首先提交仲裁者进行仲裁，不承认仲裁者裁决的一方，就失去了先前提交的保证金。① 可见，妥协最早主要是在司法语境中、而非在政治语境中使用的，它本质上是一种个人司法制度，得到争执各方的承认。在这里，仲裁者甚至比法官更有权力，仲裁者的权威是被认可的而非被创造的。②

（2）欧陆语境中的否定性理解（但有时又有正面含义）

在欧陆政治活动中，“妥协是一个肮脏的词”③。例如：在德国，“妥协”是一个贬义词：“懒惰的妥协”、“妥协是平庸的”（尼采）这些说法，就足以说明这一点。对犹豫不决者、软弱者、糊涂者来说，“妥协”意味着：“肯定会失去自己的立场”。“我站在这样而非那样的立场上”，被视为“忠诚

① https://de.wikipedia.org/wiki/Kompromiss

② ［美］阿林·弗莫雷斯科：《妥协：政治和哲学的历史》，启蒙编译所译，上海社会科学院出版社 2016 年版，第 101 页。

③ ［美］阿林·弗莫雷斯科：《妥协：政治与哲学的历史》，启蒙编译所译，上海社会科学院出版社 2016 年版，第 3 页。

信念”、“坚持原则”。所以，大多数情况下，德国人呼吁“不要陷入妥协！”要坚持“不妥协的英雄主义！”世界观问题不允许妥协（希特勒）。再如，在法国，人们对“妥协”基本上持怀疑态度。尽管14—17世纪，“妥协”一词在法国一直有古典含义；但从16世纪后半期到19世纪初，法国人（马叙尔、博丹、里什莱、加拉斯、高乃依、莫里哀、黎塞留、狄德罗等）认定“妥协是一个危险的词”①。即使在最好的情况下，妥协仍然是危险的，因为它束缚着承诺。当然，法国人最怀疑的妥协是个人领域的妥协。在任何情况下，人都不应在良心、荣誉、名声等问题上妥协。

然而，即使在欧陆语境中，“妥协”也并不总是被负面地理解。例如：在奥匈帝国②或哈布斯堡王朝，“自己活，也让别人活！”就是通过无数次妥协而确立的基本原则。在这里，“妥协”甚至成为一个褒义词。在欧盟，妥协也被认为是不可避免的。德国总理默克尔说过，她愿意妥协，她喜欢妥协。当然，由于欧盟各国的历史文化不同、社会经济基础不同，在欧盟各方寻找妥协也是非常困难的。

（3）英美语境中的肯定性理解（但有时又有负面含义）

实际上，15世纪后半期至16世纪前半期，“妥协”的古典含义，在英国与法国是一致的。但从16世纪后半期开始，当法国人越来越多地负面地使用“妥协”一词时，英国人（例如：J. 朱厄里、Th. 比尔逊、J. 海伍德、R. 布雷迪等）则更多地正面地使用“妥协”一词。16—17世纪，在英国“妥协”有多重含义。这个时期，妥协作为各方的共同 协定、契约、盟约、讨价还价，被视为和平的基本要素、替代暴力的唯一的正确选择。换言之，在英美语境中，妥协是利益平衡和异见处理的理性行为；妥协作为民主的本质，它尊重不同的立场；愿意妥协并不是软弱，而是社会责任的表达，因而是必要的、老练的立场或美德。从总体上看，英美国家对“妥协”基本上持肯定态度。不过，即使在英美语境中，“妥协”的重

① ［美］阿林·弗莫雷斯科：《妥协：政治与哲学的历史》，启蒙编译所译，上海社会科学院出版社2016年版，第6页。

② 全称是“帝国议会所代表的王国和皇室领地以及匈牙利圣史蒂芬王冠领地”；13世纪后，成为哈布斯堡帝国的重要组成部分，与英、法、德、俄并列为欧洲传统五大强国。

要性也会被忽视甚至被否定。例如：18 世纪，《英语通用词典》（1706）就比较多地出现了“妥协”的欧陆用法：不在自己的荣誉和名声问题上妥协。当然，这种用法并不常见。

对“妥协”的不同看法，不仅影响着对政治代表的理解，也影响着对自我表现的理解，结果影响了对待妥协的态度：“妥协”已经处于政治与道德的十字路口，关于“妥协”很难甚至不可能达成共识——“妥协”否定性理解的前提在于：假定每个人的价值并不是平等的，只有挑选出来的人或团体（例如：民族、阶级）才有价值；“妥协”肯定性理解的前提在于：人人平等的假定，即每个人都有价值，但每个人都不可靠。根据人们对“妥协”的不同理解和不同态度，可以区分不同的政治体系。A. 马格利特（Avishai Margalit）认为，一旦人们接受了经济决定政治、政治不关涉价值的看法，一切事情都有可能服从妥协；一旦人们接受了政治承载价值、政治关涉宗教信仰的观点，一切妥协就不再可能了。

根据不同的标准，可以将“妥协”区分为不同的类型。例如：（1）根据妥协的谱系，妥协可以分为古典式妥协与现代式妥协。古典式妥协有“仲裁”与“选择”两种含义，现代式妥协几乎与“契约”同义。尽管两者具有某种形似之处，但却存在着根本区别：前者寻找、选择适当的仲裁者，但却徒劳无功；后者为避免暴力而彼此迁就、讨价还价，订立契约以实现利益平衡。（2）根据妥协在政治活动中的作用，可以区分为值得称赞的、适当的妥协与可谴责的、不适当的妥协，它们之间的张力来自个人内部而非外部。（3）根据妥协的性质，可以区分为形式的、利益的妥协与实质的、原则的妥协。前者是有益的妥协，后者可能是有害的妥协，这是关于妥协在理论与实践上差异的区分，但要真正区分开来则是十分困难的。（4）根据手段与目的的关系，可以区分为作为过程的妥协与最终目标的妥协，即通过妥协寻找解决办法与已经达成的妥协。（5）根据妥协的后果，可以区分为正确的、必要的、公平的妥协与错误的、不必要的、邪恶的妥协。①（6）

① 现代史上最著名的、被引用分析最多的“坏的妥协”的例子就是，（希特勒、张伯伦、达拉弟、墨索里尼）于 1938 年 9 月达成的《慕尼黑协定》。

根据妥协者的态度，可以区分为积极的、主动的妥协（“选择妥协”）与消极的、被动的妥协（“被妥协”）。在“选择妥协”的过程中，（在道德上）“被妥协”的情感几乎是不可避免的（Ch. 莱波拉，2002）。但对于单向度的人来说，要么永远不妥协，要么永远不害怕妥协，因为没有什么可以“被妥协”了。

第三，妥协的必要性与可能性

（1）现代社会四大危机，决定了妥协的必要性

人与自然关系破裂，导致了生态危机；人与社会关系冲突，导致了社会危机；人与人关系断裂，导致了人际关系危机；身体与灵魂分裂，导致了人的身心危机。为了克服这四重危机，必须在四个层面进行妥协，即人向自然单向妥协、人与社会相互妥协、人与他人相互妥协、人的身心自我妥协。

阿拉伯学者 T. 赫吉（Tarek Heggi）在《妥协的文化》（2002）中的说法，也从反面说明了“妥协”的重要性。T. 赫吉说，阿拉伯世界没有“妥协”概念，从而造成了伊斯兰世界的损失。尽管伊斯兰经文与妥协的文化可以完全相容，但穆斯林的历史正好相反。因而，必须“立即行动”：拟定新文化纲领。通过课程教育给埃及的年轻人灌输妥协的基本原理，推广妥协是自然、生命以及文明和文化进步的最强产物之思想。①

（2）古今中外各种思想资源，表明妥协的可能性

其一，西方思想家关于“妥协”的有关论述。霍布斯第一个为政治妥协提供了理论基础，当代人说妥协是民主政治的关键，这符合霍布斯主义传统。在《妥协：政治和哲学的历史》（2013）一书中，美国休斯敦大学 A. 弗莫雷斯科（Alin Fumurescu）指出，洛克与霍布斯一样，对现代式妥协的基本假定是相同的：妥协是政治合法性的基础；但政治妥协却是被政治理论家长期忽视的主题之一，不过，由于柏克、麦考利②，尤其是 J. 莫雷等人的工作，到了 19 世纪，“妥协”成为了一个流行的概念，成为了英

① 参见［美］阿林·弗莫雷斯科：《妥协：政治与哲学的历史》，启蒙编译所译，上海社会科学院出版社 2016 年版，第 86 页。

② 麦考利（Thomas Babington Macaulay，1800—1859），英国历史学家、作家、政治家。

国政治活动中的惯例。

尽管柏克同意妥协应该有限度，但他无疑是妥协的积极拥护者。他认为，所有的政府治理，甚至人类的一切利益和福祉、一切德性和行为，无不建立在妥协和等价交换的基础之上。就是说，政府治理中存在妥协、利益权衡中存在妥协、善恶之间存在妥协、恶与恶之间也存在妥协。在这里，柏克的“妥协”已经超出了古典用法，具有了现代含义：等价交换、彼此迁就，但其目的并非为了公正，而是为了避免更大的恶。

J. 莫雷（John Morley）完全同意柏克的观点，几乎将妥协视为政治的精髓。J. 莫雷的《论妥协》（1874）一书，是关于“妥协”问题的第一个系统论述。A. 弗莫雷斯科说，J. 莫雷的功绩在于，他“第一个最为清楚地表述了妥协作为最卓越政治方法的传播与代议制政府在英格兰的稳定发展的关系，并最早提醒人们注意这些新发展带来的危险，巧妙地设想了妥协在(与应当在）政治领域中发挥作用的区别”[①]。至于阿克顿勋爵的说法，则几乎成为关于谈论妥协问题的“圭臬”：妥协是政治的灵魂，如果不是其全部的话。在这里，“妥协”意味着，既不固守原则，又不使原则残缺不全，而是一种政治技巧。

从此以后，在英美国家，大多数政治理论家都同意“政治是一种妥协的艺术”。例如：在《民主理论导论》（1956）中，R. 达尔[②]断言民主依赖妥协，民主理论也充满着妥协。在《妥协的必要性》（1957）中，F. 比德尔[③]指出，美国整个公民生活都建立在妥协基础之上，美国宪法就是一系列妥协的产物。不过，美国人倾心的政治妥协，灵感源于英国。

在《自由主义与多元主义：转向妥协政治》（1999）中，R. 贝拉米（Richard Bellamy）指出，为了缓和伴随着多元主义而出现的民主与自由之间的张力，合适的办法就是妥协。当然，妥协并不等于意见一致或普遍

① ［美］阿林·弗莫雷斯科：《妥协：政治与哲学的历史》，启蒙编译所译，上海社会科学院出版社 2016 年版，第 55—56 页。

② R. 达尔（Robert A.Dahl，1915—2014），美国政治学家、民主理论家。

③ F. 比德尔（Francis Biddle，1886—1968），美国律师、法官，纽伦堡审判美国首席法官。

同意。因而，民主式妥协的三种模式都有欠缺，应当被排除在民主政治之外。所谓“民主式妥协”的三种模式，即（1）自由主义的商人（尊崇哈耶克），类似于理性选择论（博弈论、交易理论）——这不能令人满意；（2）自由主义的整顿者（如罗尔斯），将正义原则与有争议的道德形而上学分离的考虑——这是徒劳的；（3）表面上的多元主义立场（如沃尔泽），但目标是通过维护每一种价值观、每一种文化或利益的完整性来避免妥协——这说起来容易做起来难。

《妥协政治：多元民主中的异议处理》（2006）中，K. 君特（Klaus Günter）考察了妥协的不同情况（例如：作为异议赞同的妥协、作为异议处理的宽容的妥协），以及妥协的不同形式（例如：拖沓的 = 形式的妥协、定量分配的妥协、定量补偿的妥协、定性补偿的妥协、人格的妥协、复杂的整体的妥协），尤其是结合着西方国家的宪法史详细讨论了（1）宪法妥协（例如：法国第五共和国的宪法妥协、魏玛共和国的宪法妥协、波恩基本法妥协、英国和荷兰的宪法妥协与协商民主）；（2）基本纲领妥协；（3）行动纲领妥协；（4）立法妥协（例如：政党融资与协商民主、堕胎法妥协与协商民主）；（5）全民公决妥协。另外，他还讨论了在协商民主参考系中妥协形式的异议处理，并认为理性引导的宽容（例如：共生的宽容与尊敬的宽容），是妥协形式的异议处理之规范基础。

在《论妥协和懒惰的妥协》（2011）中，A. 玛格利特所关心的政治妥协，是指共同体之间、国家之间的妥协，而非个人之间的妥协。A. 玛格利特说，如果人们渴望认同，那么妥协就不仅是必要的，而且极有可能发生。因而，他主张“为和平而妥协”，承认“乐观的政治妥协”：这不仅关涉狭义的利益，还关涉原则和观念（道德的、政治的、审美的、宗教的）。

此外，诺伊曼、基希海默关于政治妥协的分析，C. 施米特、哈贝马斯关于共识与妥协的讨论，以及霍耐特的承认理论和弗斯特的辩护理论，也为妥协理论的构建提供了可能性。例如：就像霍耐特所说，诺伊曼、基希海默的独特贡献在于，不仅提出了极权垄断经济概念，而且阐发了政治妥协理论。该理论认为，社会整合过程是在社会群体之间政治交往过程中实现的，而社会宪法秩序总是各种政治力量之间普遍让步的表达。[①] 在《当代议会制的思想史状况》（1923）中，C. 施米特指出，议会制的基本原则是，希望通过“讨论”（Diskussion）与“公共性”（Öffentlichkeit）寻求不同政治立场之间的“平衡”或“妥协”。但在同步发展的（被忽视了差别的）议会制与民主制双双获胜之后，自由主义议会制观念与大众民主观念之间暴露出（不能默然视之的）差别。随着大众民主发展，“讨论”与“公共性”已经过时了，假如“讨论”与“公共性”不再适用，那么“我看不出当代议会制还能从哪儿找到新的基础”。[②] 在《后期资本主义的合法性危机》、《事实与价值》等著作中，哈贝马斯不仅讨论了共识问题，也涉及承认、辩护，甚至妥协问题。其实，不论哈贝马斯的“共识”，还是霍耐特的“承认”，以及弗斯特的“辩护”，都内含着“妥协”的意思。

其二，马克思主义理论家对待“妥协”的态度。诚然，在马克思那里。例如：在《资产阶级与反革命》、《1848 年至 1850 年的法兰西阶级斗争》中，“妥协”是一个贬义词，“决不妥协”是一个褒义词。但对恩格斯来说，即使“妥协”是一个贬义词，那“决不妥协”也不是一个褒义词。例如：19 世纪 70 年代，在分析布朗基派的革命宣言时，恩格斯直接说他们夸口的“决不妥协”是一句空话。在《论妥协》（1920）短文中，列宁强调说，“妥协”是一种斗争策略，决不能发誓不妥协。由于所处的情况，有时甚至连最革命的阶级的最革命的政党也不得不妥协，问题在于要善于通过一切妥协来保持、巩固、锻炼、发展工人阶级及其有组织的先锋队即共产党的革命策略、革命组织、革命意识、决心和素养。拥护无产阶级革命的人是可以同资本家妥协或达成协议的。[③] 在《党内团结的辩证方法》（1957 年 11 月 18 日，在莫斯科共产党和工人党代表会议发言节选）中，即使最不愿意妥协的毛泽东也指出，在各个策略阶段上，要善于斗争，又善于妥协。

---

① 参见王凤才：《承认 · 正义 · 伦理——批判理论语境中的霍耐特政治伦理学》，上海人民出版社 2017 年版，第 44 页。

② ［德］卡尔 · 施米特：《合法性与正当性》，冯克利、李秋零、朱雁冰译，上海人民出版社 2015 年版，第 184 页。

③ 《列宁全集》第 32 卷，人民出版社 1985 年版，第 130 页。

其三，中国传统文化蕴含着“妥协”的生存智慧。例如：“中庸之为德也，其至矣乎！民鲜久矣”（《论语·庸也》）；“君子有所为有所不为，知其可为而为之，知其不可为而不为，是谓君子之为与不为之道也”（由《论语·子路》、《孟子》引申而来）。

第四，妥协的基本原则、路径、目的

从本质上说，“妥协”既是政治问题又是道德问题，它在政治—道德实践中处于重要位置。因而，应该在政治活动中接纳“妥协”：不仅将它当作一种有用的方法，而且当作一种原则。在政治活动中，只有双方平等才愿意妥协；若某人感到自己的个性，或自己所代表的团体的个性受到威胁或潜在威胁，就会拒绝妥协。然而，一旦“妥协”超过一定限度，就会走向自己的反面，即培养政治上的不满情绪，有可能导向暴力途径——这就是“政治妥协”的未来前景。不过，“妥协”不能仅仅局限于政治领域和/或道德领域，它应该成为一个含义更加广泛的概念，以帮助人们处理人与自然的关系、人与社会的关系、人与他人的关系、人的身心关系，这就是我所提出的“批判的妥协理论”要解决的问题。

笔者认为，妥协的基本原则：积极地、主动地妥协，而不是消极地、被动地妥协；妥协应该有底线、有尊严，并不是无底线、无尊严地妥协。

妥协的路径与目的在于：（1）人要向自然妥协。人对自然的改造、征服、支配、利用应该有一个限度，即必须处理好人与自然的关系，做自然的伙伴、朋友，而不是仆人或主人。人向自然妥协的目的，是为了实现人与自然的“和解”（Versöhnung）。这里的“人”是指作为整体的人，或曰“人类”。因而，这里的“妥协”是单向妥协，即人向自然妥协；没有必要也没有可能要求自然向人妥协。（2）人要向社会妥协。人是社会的动物，人必然处于社会关系之中，我们不可能改变社会，而只能适应社会，在适应社会过程中影响社会。人向社会妥协的目的，是为了实现人与社会的“和谐”（Harmonie）。这里的“人”是作为共同体（或社会）成员的“个人”。因而，这里的“妥协”是双向妥协，即人要向社会妥协，社会也要向人妥协。只有这样，才能真正实现人与社会的和谐。（3）人要向他人妥协。尽管不能承认“他人就是地狱”这个说法是正确的，但人必须处在与他人的关系之中，不可能完全按自己的意志行事。人向他人妥协的目的，是为了实现人与他人的“共生”（Koexistenz）。这里的“人”是作为共同体（或社会）成员的“个人”。因而，这里的“妥协”也是双向妥协，即你要向他人妥协，他人也要向你妥协。（4）人要向自己妥协。就是说，人不要将自己的目标定得太高，不要太在意活动过程的结果，所谓“尽人事，听天命”、“谋事在人，成事在天”。所谓“谋事在人，成事在天”。对待自己的得失，应采取一种潇洒的态度。这不是消极悲观，而是一种人生智慧，“外儒内道”是真正意义的洒脱。人向自己妥协的目的，是为了实现人的身心“平衡”（Balance）。这里的“人”是作为共同体（或社会）成员的“个人”。这里的“妥协”既非单向妥协，又非双向妥协，而是指自我妥协。

第五，“批判的妥协理论”构想的价值

“妥协理论”也许会弱化批判理论的“批判性”，但却会增强批判理论的“现实性”；“批判的妥协理论”是批判理论中国化的具体体现，能够实质性地推进批判理论的拓展和深化。

概而言之，“批判理论”作为一种具有重大国际影响的学术思潮和社会思潮，不仅在德国得到了传承和发展，而且在国际范围内也赢得了一大批追随者、传播者、研究者、阐发者。在欧陆国家、英语国家、原苏东国家、拉美国家、日本、中国、在世界许多地方，涌现出一批卓越的批判理论家。他们或者将批判理论与其他社会思潮结合起来（例如：女性主义批判理论、生态主义批判理论等）；或者将批判理论与时代变化和具体国情相结合，提出了许多原创性的思想观点，甚至原创性的批判理论（例如：拉美社会批判理论、日本社会批判理论、批判的妥协理论等）。尽管这些理论还存在着这样或那样的问题，还有待进一步加工、完善，但他们继承和发展批判理论的动机是值得赞赏的，拓展和深化批判理论的努力是值得肯定的。不论在广度还是深度上，他们都为批判理论的发展已经作出、并将进一步作出自己的贡献，从而切实地推进了批判理论在世界范围内的拓展和深化。

附录　批判理论文本的历史与逻辑[①]

格律贝格（Carl Grünberg，1861.2.10—1940.2.2），德国—奥地利宪法学家、社会学家，奥地利马克思主义之父

《社会主义、共产主义、无政府主义》（1897）

《伦敦共产主义杂志与 1847—1848 年的其他文件》（1921）

《法兰克福大学社会研究所就职典礼讲话》（1924）

《社会主义史与工人运动史文库》（第 1—15 辑，1911—1930）

格罗斯曼（Heneiy Grossmann，1881.4.14—1950.11.24），德国—波兰经济学家、统计学家、历史学家

《面对犹太人问题的无产阶级》（1905）

《西斯蒙第及其经济学理论》（1924）

《资本主义体系的积累法则与崩溃法则》（1929）

《马克思——古典国民经济学家与动力问题》（1969）

《批判理论文集》（1971）

魏特夫（Karl August Wittfogel，1896.9.6—1988.5.25），德裔美国社会学家、汉学家

《资产阶级社会科学——一个马克思主义的研究》（1922）

《从原始共产主义到无产阶级革命——人类社会发展概略》（1922）

---

① 这里需要说明两点：（1）社会研究所格律贝格时期既没有法兰克福学派也没有批判理论，但他们奉行的超党派学术立场、跨学科研究方法，为法兰克福学派创始人、批判理论奠基人霍克海默继承和发展。因此，在“批判理论文本的历史与逻辑”中，我们也介绍格律贝格及其助手的文本。（2）涉及的“全集”各卷列出了大部分著作、文章，以及其他资料，个别不太重要的文章，以及其他资料没有列出。

《原始共产主义与封建主义》（1922）

《资产阶级社会的历史》（1924）

《觉醒的中国人——中国历史与当代问题概略》（1926）

《中国的经济与社会——亚洲大型农业社会的科学分析尝试》（1931）

《经济史的自然原因》（1932）

《东方专制主义—总体权力比较研究》（1957）

霍克海默（Max Horkheimer，1895.2.14—1973.7.7），德国社会哲学家、批判理论家

《霍克海默全集》（19卷，Hg.von Alfred Schmidt/Gunzelin Schmid Noerr，1985—1996）①

第1卷《青年时期——小说和日记（1914—1918）》（1988）B

第2卷《早期哲学文集（1922—1932）》（1987）

论“目的论判断力”的二律背反（博士论文，1922）

作为理论哲学与实践哲学之纽带的康德的《判断力批判》（授课资格论文，1925）

资产阶级历史哲学的开端（1930）

一个新的意识形态概念？（1930）

黑格尔与形而上学问题（1932）

黄昏——德国笔记（1926—1931/1934）

第3卷《1931—1936年文集》（1988）③

---

① 《霍克海默全集》（19卷）第1—8卷：著作、文章、笔记、讲座录音；第9—14卷：遗稿；第15—18卷：通信；第19卷：补遗、目录、索引。这些资料源于1974年在法兰克福创办的霍克海默档案馆，至1984年该馆收集了有关霍克海默的通信、手稿，以及其他资料大约20万页。

② 霍克海默“青年时期的小说和日记”，包括2封通信、10多篇小说、10多个日记——被A.施密特称为“批判理论的早期文献”。（Vgl.Max Horkheimer, *Gesammelte Schriften*, Bd.1.Frankfurt/M.:S.Fischer 1988, S.365.）

③ 《霍克海默全集》第3—4卷，收录了“就职演说”、“权威与家庭”研究、1932—1941年发表在《社会研究杂志》上的文章，以及“1965年给S.费舍尔出版社的信”、“1968年新版前言”。1968年，曾经以《批判理论》为名出版过2卷本。（Vgl.Max Horkheimer, *Gesammelte Schriften*, Bd.3, Frankfurt/M.:S.Fischer 1991, S.421.）

社会哲学的现状与社会研究所的任务（1931）
《社会研究杂志》创刊号前言（1932）
科学及其危机札记（1932）
历史与心理学（1932）
唯物主义与形而上学（1933）
论柏格森《道德与宗教的两个来源》（1933）
唯物主义与道德（1933）
论社会科学中的预言问题（1933）
当代哲学中的理性主义论争（1934）
论柏格森的时间形而上学（1934）
哲学人类学札记（1935）
真理问题（1935）
对宗教的思考（1935）
权威与家庭（1936）
第 4 卷《1936—1941 年文集》（1988）
利己主义与自由运动（1936）
对形而上学的最新攻击（1937）
传统理论与批判理论（1937）
跋（1937）
蒙田与怀疑的功能（1938）
绝对中心化的哲学（1938）
犹太人与欧洲（1939）
狄尔泰著作中的心理学与社会学（1940，英文首发）
哲学的社会功能（1940，英文首发）
新艺术与大众文化（1941，英文首发）
第 5 卷《〈启蒙辩证法〉与 1940—1950 年文集》（1987）

(一)《启蒙辩证法》(与阿多尔诺合著)[①]

新版前言（HA，1969.4）

意大利版前言（HA，1962/1966.3）

前言（HA，1944.5/1947.6）

第一部分　启蒙概念（H，1944）

附录Ⅰ　奥德修斯或神话与启蒙（A）

附录Ⅱ　朱利埃特或启蒙与道德（H）

第二部分（A）文化工业——作为大众欺骗的启蒙

第三部分（H）反犹主义要素—启蒙的界限

札记与草稿（H）

(二)《1940—1950 年文集》

极权国家（1940/1942）

理性与自我持存（1941—1942/1942，英文首发）

论艺术社会学（1943/ 1946，英文首发）

反犹主义——心理分析研究路径的社会学背景（1946）

犹太移民的分类（1945，英文首发）

权威与家庭在当代（1947/1949，英文首发）

齐美尔与弗洛伊德哲学（1948，英文首发）

第 6 卷《〈工具理性批判〉与 1949—1969 年笔记》(1991)

(一)《工具理性批判》

德文第 1 版前言（1967.5）

前言（1946.3）

手段与目的

矛盾的灵丹妙药

---

① 《启蒙辩证法》是霍克海默和阿多尔诺共同完成的里程碑式著作，其中，第一部分、附录Ⅱ、第三部分、札记与草稿出自霍克海默；附录Ⅰ、第二部分出自阿多尔诺。G.S.诺尔甚至说，“根据材料情况可以判定，这两位作者同等重要地共同参与了第二部分的加工”。(Vgl.Max Horkheimer, *Gesammelte Schriften*, Bd.5, Frankfurt/M.:S.Fischer 1987, S.428.)

自然的反叛

个体的兴衰

论哲学概念

（二）《1949—1969 年笔记》①

第 7 卷《讲座录音（1949—1973）》（Ⅰ—Ⅲ，有关哲学问题、致辞、谈话）（1985）

意识形态与行动（1950）

理性概念（1952）

叔本华与社会（1955）

人的概念（1957）

哲学作为文化批判（1958）

社会学与哲学（1959）

叔本华的现实性（1961）

自由概念（1962）

权力与良知（1962）

康德哲学与启蒙（1962）

有神论与无神论（1963）

宗教与哲学（1967）

论灵魂（1967）

论怀疑（1969）

今日悲观主义（1971）

宗教自由化札记（1971）

科学与宗教关系中的叔本华思想（1971）

莱辛与启蒙（1971）

基督教、马克思主义与大学生抗议运动——与 D. 林德劳谈话（1968）

---

① 《霍克海默全集》第 6 卷之“1949—1969 年笔记”部分，共有 360 篇笔记，其中，1949—1952 年 38 篇；1953—1955 年 62 篇；1956—1958 年 59 篇；1959 年 34 篇；1959—1960 年 51 篇；1961—1962 年 75 篇；1966—1969 年 41 篇（Vgl.Max Horkheimer, *Gesammelte Schriften*, Bd.6, Frankfurt/M.:S.Fischer 1991, S.7—17.）

神学在教会与社会中的功能—与P.诺恩蔡特谈话（1969）

我们称为“意义”的东西，已经失去了——与G.沃尔夫/H.古姆尼奥谈话（1970）

被宰制的世界不知道爱——与J.穆苏林谈话（1970）

渴望完整的他者——与H.古姆尼奥谈话（1970）

激进主义——与H.J.舒尔茨谈话（1970）

关于革命的新思维——与G.雷恩谈话（1971）

批判理论的未来——与C.格罗斯纳谈话（1971）

论精神概念与精神责任概念——与O.黑舍谈话（1972）

最坏的打算，最好的尝试——与G.雷恩谈话（1976）

这关涉德国人的道德——与R.里格古特/G.沃尔夫谈话（1973）

第8卷《讲座录音（1949—1973）》（Ⅳ—Ⅴ　有关社会学问题、大学和研究）（1985）

法西斯主义学说（1950，英文首发）

政治与社会（1952）

社会学说中的不变性与动力学（1951）

偏见与性格（1954）

论极权主义心理学（1954）

对极权主义、民族主义、反犹主义的社会心理学研究（1963）

逮捕艾希曼（1967）

德国犹太人（1961）

封建领主、消费者和专家（1964）

价值中立与客观性——M.韦伯（1965）

对自由的威胁（1965）

婚姻的未来（1966）

社会学视阈中的心理分析（1968）

马克思是一个坏的先知？——纪念马克思诞辰150周年（1968）

当代社会批判（1968）

批判理论的昨天与今天（1972）

第 9 卷 《遗稿（1914—1931）》（Ⅰ 近代哲学史讲演录）（1987）A

第 10 卷 《遗稿（1914—1931）》（Ⅱ—Ⅲ 德国观念论哲学史讲演录；当代哲学引论）（1990）

第 11 卷《遗稿（1914—1931）》（Ⅳ—Ⅶ 讲座录音、笔记、诗作、讨论记录）（1987）

第 12 卷《遗稿（1931—1949）》（Ⅰ—Ⅴ 讲座与论文、备忘录、录音与构思、诗作、讨论记录）（1985）

言谈在现代的功能（1936）

关于“权威与家庭”的讲座（1936—1937）

阶级关系社会学（1943）

与自身冲突中的理性——对启蒙的几个说明（1946）

对历史的信任（1946）

科学与危机——观念论与唯物论之间差异的讨论（1931—1932）

马克思的方法及其在当代危机分析中应用的讨论（1936）

关于垄断资本主义的讨论（1937）

关于实证主义与唯物辩证法之间差异的讨论（1939）

语言、知识、人对自然的支配，以及马克思政治方面的讨论（1939）

关于辩证法的讨论（1939 ?）

关于社会科学方法论，尤其是社会研究所代表的社会科学方法论的讨论（1941）

关于洛文塔尔“文学批评的任务”报告的讨论（1941）

关于需求理论的讨论（1942）

关于《启蒙辩证法》之“反犹主义要素”的讨论（1943）

启蒙的拯救——关于计划撰写的辩证法论文的讨论（1946）

---

① 《霍克海默全集》“遗稿”有 6 卷，即“全集”第 9—14 卷，从内容上看，包括从马基雅维利到前康德哲学（第 9 卷）；从康德到黑格尔的德国观念论哲学史；从现代心理学开端到生命哲学（第 10 卷）；关于康德、黑格尔、马克思、新康德主义、现象学等“批判理论早期历史的证明”（第 11 卷）；从任所长开始到流亡结束之间的遗稿（第 12 卷）；1949—1972 年之间的遗稿（第 13—14 卷）。

第 13 卷《遗稿（1949—1972）》（Ⅰ—Ⅳ　讲座与讲话、谈话、致辞、听课笔记）（1989）

关于 E. 洛克哈特的《文化人类学的问题与方法》的辅助报告（1950）

K. 克劳斯与语言社会学（1954）

社会科学知识中的价值与客观性（1954）

我们时代摄影的意义（1960）

社会——昨天、今天、明天（1962）

怀疑与信仰（1963）

关于当今时代意识的几个思考（1965）

当代反美主义（1967）

今日哲学研究（1967）

对大众传媒中独裁者的处理（1968）

思维中的真理——来自神学的讨论（1968）

第 14 卷《遗稿（1949—1972）》（Ⅴ　笔记）（1988）①

第 15 卷《通信（1913—1936）》（1995）②

第 16 卷《通信（1937—1940）》（1995）

第 17 卷《通信（1941—1948）》（1996）

第 18 卷《通信（1949—1973）》（1996）

第 19 卷《补遗、目录、索引》（1996）

阿多尔诺（Theodor Wiesengrund Adorno，1903.9.11—1969.8.6），德国哲学家、社会学家、美学家、音乐理论家、文学批评家、批判理论家

---

① 《霍克海默全集》第 14 卷，即《遗稿（1949—1972）》包括：(1)“1949—1969 年笔记遗稿”219 篇，其中，1949—1952 年 34 篇；1953—1955 年 51 篇；1956—1958 年 40 篇；1959 年 14 篇；1959—1960 年 8 篇；1961—1962 年 38 篇；1966—1969 年 34 篇。(2)“1950—1971 年零散录音”27 个。(3)“1950—1970 年谈话断片”500 个左右，涉及哲学、心理学、社会学、经济学、政治学、马克思、民族主义、犹太教、道德、神学、艺术、科学、自然科学、传记等。（Vgl.Max Horkheimer, *Gesammelte Schriften*, Bd.14, Frankfurt/M.:S. Fischer 1988, S.7—30.）

② 《霍克海默全集》“通信”有 4 卷，其中，第 15 卷（1913—1936）272 封；第 16 卷（1937—1940）272 封；第 17 卷（1941—1948）287 封；第 18 卷（1949—1973）358 封；合计 1189 封。

《阿多尔诺全集》（20 卷 23 册，Hg.von Rolf Tiedmann/Gretel Adorno/ Susan Buck-Morss/

Klaus Schultz，第 1 版，1970—1986）

第 1 卷《早期哲学文集》（1922—1933 年之前未出版的文献，1973）

（一）《胡塞尔现象学中的物与意向物的超验性》（博士论文，1924）

（二）《先验灵魂学说中的无意识概念》（1927）

导论

第 1 章　批判性的前期思考

无意识学说的内在困难

无意识学说与先验方法的二律背反

第 2 章　先验灵魂学说中的无意识概念

康德心理主义的谬误推理学说与先验灵魂学说的观念

先验灵魂学说的要素

无意识概念

第 3 章　无意识的认识与心理分析方法

作为认识问题的心理分析

无意识的心理分析知识

心理分析的认识论批判阐释

结论

（三）演讲与论文

哲学的现实性（1931）

自然历史观念（1932）

关于哲学家的语言论纲（20 世纪 30 年代，具体时间不详）

附录（博士论文概要）

第 2 卷《克尔凯郭尔——审美构建》[①]（1933/1979）

美学阐释

---

① 德国学者耶格尔说，该书与克拉考尔的《侦探小说》一样，“都是徘徊在神学和社会学狭窄边缘上的著作”。（参见［德］洛伦茨·耶格尔：《阿多诺：一部政治传记》，陈晓春译，上海人民出版社 2007 年版，第 24 页。）

内在性构建

内在性显现

生存概念

“境界”的逻辑

理性与牺牲

审美构建

附录：克尔凯郭尔的爱的学说——纪念 A.K—阿多尔诺

又一个克尔凯郭尔——根据 P. 蒂利希的回忆

第 3 卷《启蒙辩证法——哲学断片》（与霍克海默合著，1981）①

第 4 卷《最低限度的道德——来自被伤害生活的反思》（1951）

第一部分（1944）

第二部分（1945）

第三部分（1946—1947）

附录

第 5 卷《认识论的元批判——胡塞尔和现象学的二律背反研究；对黑格尔的三个研究》（1970）

（一）《认识论的元批判——胡塞尔和现象学的二律背反研究》（1956）

前言

导论

逻辑绝对主义批判

种类和意向性

认识论概念的辩证法

本质与纯粹自我

后记

概览

---

① 关于《启蒙辩证法》结构，参见《霍克海默全集》第 5 卷；但与之不同，在《阿多尔诺全集》中，《启蒙辩证法》有一个附录：“大众文化图式——文化工业（续）”。《启蒙辩证法》1947 年单行本中，有这个“附录”；1969 年“新版”中被删除了。2000 年、2013 年，恢复了这个“附录”。2016 年，又删除了这个“附录”。

（二）《对黑格尔的三个研究》（1963）

（黑格尔哲学）诸方面（1956）

经验内涵（1958/1959）

晦涩（Skoteinos），或如何阅读（黑格尔）（1962—1963）①

后记

笔记

第 6 卷《否定辩证法；本真性的行话——论德意志意识形态》（1970）

（一）《否定辩证法》（1966）

前言

导论

第一部分与本体论的关系

Ⅰ. 本体论的需要

Ⅱ. 存在与生存

第二部分　否定辩证法——概念和范畴

第三部分　模型

Ⅰ. 自由——实践理性元批判

Ⅱ. 世界精神与自然历史——关于黑格尔的题外话

Ⅲ. 对形而上学的沉思

笔记

概览

（二）《本真性的行话——论德意志意识形态》（1962—1964/1964—1969）

第 7 卷《美学理论》（1970）②

---

① 晦涩（Skoteinos），或如何阅读（黑格尔）一文是对笛卡尔式的清楚明白观念的批判；该文的论证重复了《作为形式的杂文》中的某些内容，并与《否定辩证法》“导论”的某些内容重复。

② 阿多尔诺想献给 S. 贝克特（Samuel Beckett）的《美学理论》，因突然去世而成为“残篇”。在阿多尔诺看来，所谓“残篇”，“就是因作者谢世，编辑者将自己的思想侵入作者的作品中，由此毁坏作者表象特征的东西。”1970 年，由 Rolf Tiedmann/Gretel Adorno/Susan-Buck Morss/Klaus Schultz 编辑出版。

艺术、社会、审美

境况

丑、美、技巧范畴

自然美

艺术美——“幻相”、精神化、直观性

表象与表达

谜一般的特性、真理性内涵、形而上学

协调性和意义

主体与客体

艺术作品理论

一般与特殊

社会

补遗

（1）艺术起源理论

（2）初稿导论

传统美学的过时；素朴性的功能变化；传统美学与现实艺术不可和解；真理性内涵与艺术作品拜物教；被迫走向美学；美学作为形而上学逃离点；作为客观理解的审美体验；作品的内在分析与审美理论；论审美体验辩证法；一般与特殊；现象学起源研究批判；黑格尔美学的地位；审美的公开性；形式美学与实质美学（Ⅰ Ⅱ）；规范与口令；方法论；“第二反思”；历史

第 8 卷《社会学文集Ⅰ》（收录 30 篇社会学文章，1972）

第一部分

社会（1965）

修正的心理分析（1952）

社会学与心理学关系（1955）

不完全教育理论（1959）

文化与宰制（1960）

源于第二手的迷信（1962）

对今日社会冲突的说明（1968）
社会学与经验研究（1957）
作为社会学范畴的静力学与动力学（1961）
社会科学客观性笔记（1965）
涂尔干的《社会学与哲学》导论（1967）
“德国社会学中的实证主义论争”导论（1969）
后期资本主义还是后工业社会？（1968）
第二部分
对阶级理论的反思（1942）
需求命题（1942）
反犹主义与法西斯主义宣传（1946，英文）
弗洛伊德理论和法西斯主义宣传程式（1951，英文）
关于政治与神经官能症的评论（1954）
个体与组织（1953）
关于意识形态学说的文献（1954）
论当代德国经验社会研究的地位（1952）
社会研究中的合作（1957）
论当代德国社会学状况（1959）
意见研究与公共领域（1964）
社会理论与经验研究（1969）
论社会科学的逻辑（1962）
附录：“社会”导论（1966）
“不完全教育理论”导论（1960）
“后期资本主义还是后工业社会?”讨论文献（1969）
第 9 卷《社会学文集Ⅱ》（共 2 册，1975）
第 1 册

关于马丁·路德·托马斯的广播电台演讲之心理技巧（1934—1935，英文）

权威人格研究（1950，英文）

第 2 册

坠入尘世的星辰（1956，英文）

犯罪与预防（1955）

附录

经验的社会研究

偏见与性格

固执性与整合

……

第 10 卷《文化批判与社会Ⅰ—Ⅱ》（共 2 册，1977）

第 1 册 文化批判与社会Ⅰ（1977）

（一）棱镜：文化批判与社会

文化批判与社会（1949/1951）

知识社会学的意识（1937/1953）

《西方的没落》之后的斯宾格勒（1942/1950，英文）

凡勃伦对文化的抨击（1941/1953）

赫胥黎与乌托邦（1942/1951）

超越时代的时尚——论爵士乐（1953/1953）

巴赫捍卫反对他的音乐爱好者（1951/1951）

勋伯格（1952/1953）

普鲁斯特博物馆（1953/1953）

格奥尔格与霍夫曼斯塔尔之间的通信（1939—1940/1942）

本雅明的性格学（1950/1950）

关于卡夫卡札记（1942—1953/1953）

（二）没有模型：微观美学

没有模型（1960）

阿莫尔巴赫（1966）

论传统（1966）

再论文化工业（1963）

一个组织者的讣告（1962）

电影的透明性（1966）
艺术社会学主题（1965/1967）
今日功能主义（1965/1966）
被滥用的巴洛克（1966）
1967 年复活节后的维也纳（1967）
艺术与艺术家（1966/1967）
……

第 2 册 文化批判与社会 II（报纸文章、电台演讲，1977）

（一）介入：新批判模型

哲学还能做什么？（1962）
哲学与教师（1962）
关于精神科学与教育的笔记（1962）
那个 20 年代（1962）
关于电视的序幕（1953）
电视作为意识形态（1953）
今日性禁忌与权利（1963）
清理过去—这意味着什么？（1959）
妄想的社会意见（1961）

（二）关键词：批判模型 2

对哲学思维的阐释（1964/1965）
理性与启示（1957/1958）
进步（1962/1964）
关于个性的注释（1966）
自由时间（1966）
关于教师职业的禁忌（1965）
奥斯维辛之后的教育（1966/1967）
“‘deutsch’是什么？”这个问题
美国的科学经验（1968/1969，英文）
辩证法的后记（论主体与客体，对“理论—实践”的旁注；生前未发表）

（三）批判模型 3

批判（1969）

听天由命（1969）

附录

第 11 卷《文学笔记》（1974）

Ⅰ.9 篇（1943—1958）

例如：作为形式的杂文；关于史诗的素朴性；关于抒情诗与社会的言谈；纪念艾兴多夫[①]；受到伤害的海涅；超现实主义回顾（例如：贝克特）；等

Ⅱ.8 篇（1958—1961）

例如："浮士德"的谢幕；巴尔扎克读物；E. 布洛赫的印迹；被迫的和解；理解"决胜局"的尝试；等

Ⅲ.8 篇（1959—1964）

例如：论托马斯·曼的肖像；伦理与犯罪；神奇的现实主义者；承诺；等

Ⅳ：9 篇（1955—1968）

例如：论歌德的《伊菲革涅亚》的古典主义；《本雅明文集》"导言"；本雅明通信；艺术是轻松愉快的吗；等

附录：17 篇（1920—1965）

例如：表现主义与艺术的真诚性；文学批评的危机；本雅明的《单向街》；关于民间戏剧的反思；等

第 12 卷《新音乐哲学》（1949/1975）

前言

导论

材料选择

新顺从主义

① 艾兴多夫（Joseph Karl Benedikt Freiherr von Eichendorff，1788—1857），19 世纪德国浪漫派诗人。

错误的音乐意识

“智识主义”

激进音乐是免不了的

新音乐的二律背反

同样有效

论方法

（一）勋伯格与进步

令人震惊的著作

材料的趋势

勋伯格对表象与游戏的批评

孤独的辩证法

作为风格的孤独

作为物性的表现主义

要素的组织

总体的贯穿

十二音阶技巧

音乐的支配自然

……

（二）斯特拉文斯基与反动

本真性

非意向性与牺牲

作为原象的手摇风琴

作为物性的异化

手段的拜物教

芭蕾舞理论

客观主义的欺骗

新古典主义

……

附录：误解

第 13 卷《音乐作品》（1971）

试论瓦格纳（共 10 章；1937—1938/1952）

马勒——音乐相面术（共 8 章，1960/1963）

A. 贝尔格——最小过门的大师（1936—1968/1968）

附录

第 14 卷《不谐和音；音乐社会学导论》（1973）

（一）不谐和音——宰制世界中的音乐（1956）

第 3 版前言

音乐的拜物教特征与听觉退化（1938）

流行音乐（1948/1953）

音乐家批判（1952/1954）

论音乐教育学（第 2 版，1957）

传统（第 3 版，1960）

新音乐的过时（1954）

（二）音乐社会学导论

12 个理论讲座（1962）

第 15 卷《为电影作曲（与艾斯勒合作）；忠实的（钢琴）伴奏者》（1976）

（一）为电影作曲（与艾斯勒合作，1944/1947）①

（二）忠实的（钢琴）伴奏者——音乐实践教程（1963）

第 16 卷《音乐文集Ⅰ—Ⅲ》（1927—1969/1978）②

乐音音型——音乐文集Ⅰ

准幻想曲——音乐文集Ⅱ

---

① 在《为电影作曲》中，他们试图证明新音乐比传统音乐更适合于政治宣传的目的。这与《启蒙辩证法》中的看法正好反对——在《启蒙辩证法》中，霍克海默和阿多尔诺说，为世界改变做宣传纯粹是胡闹，甚至断言宣传是反人类的。1947 年该书出版时，署名只有艾斯勒一人，阿多尔诺放弃了作为合作者的署名。（参见［德］洛伦茨 · 耶格尔：《阿多诺：一部政治传记》，陈晓春译，上海人民出版社 2007 年版，第 155—156 页。）

② 阿多尔诺的“音乐文集”有 4 卷，即 16—19 卷，共 6 个部分。

音乐文集Ⅲ

附录

第 17 卷《音乐文集Ⅳ》（1982）

音乐要素（1928—1962/1964）

即兴曲（1968）

第 18 卷《音乐文集Ⅴ》（1984）

音乐格言（1937）

新音乐理论（1953）

作曲家与作曲（1921—1969）

音乐简介与带有音乐实例的电台演讲（1930—1969）

音乐社会学文章（1928—1968）

例如：论音乐的社会状况（1932）；合唱音乐与错误意识（1968）；为什么新艺术如此难于理解？（1931）；音乐社会学（1955）；等

第 19 卷《音乐文集Ⅵ》（1984）

1. 法兰克福歌剧批评与音乐批评（1922—1934）

2. 其他歌剧批评与音乐批评（1928—1934）

3. 作曲批评（1924—1950）

4. 书评（1930—1968）

5. 音乐生活实践（1924—1969）

附录：关于“黎明”的构思、披露、备忘录

第 20 卷《混合文集》（共 2 册，1986）

第 1 册 混合文集Ⅰ

（一）理论与理论家（1932—1970）

例如：新的价值中立社会学、胡塞尔哲学、胡塞尔与观念论问题、“文化人类学”、哲学与历史；霍克海默、马尔库塞、本雅明、E. 布洛赫、克拉考尔、斯宾格勒、李凯尔特；等

（二）社会、教学、政治（1950—1971）

例如：民主领导与大众操控、个体与国家、公共意见与意见研究、论家庭问题、关于技术与人道主义、论哲学研究、成人教育的现实性、德国

大学的民主化、公众能够希望什么？知识分子流亡问题、今日反犹主义斗争、批判理论与抗议运动；等

第 2 册 混合文集Ⅱ

（三）美学（1932—1968）

例如：民族社会主义对艺术做了什么？德国法西斯主义的音乐氛围；等

（四）杂记（1930—1978）

例如：关于名称的笔记、维也纳备忘录；等

（五）社会研究所与德国社会学协会（1941—1982）

例如：法兰克福社会学文献、“企业氛围”与异化、纪念诺伊曼；等

附录

补遗

阿多尔诺遗稿（Hg.von Theodor W.Adorno Archiv，1993—）①

第一部分　遗留著作断片（3 卷）

1. 贝多芬——音乐哲学（1993）

2. 音乐再生产理论（2001）

3. 音乐趋势——广播理论要素（2006）

第二部分　哲学笔记（5 卷）

第三部分　诗歌创作（1 卷）

第四部分　讲座（17 卷）

（卷次 / 讲座时间 / 出版时间）

Bd.1《认识论》（1957—1958）

Bd.2《辩证法导论》（1958/2010）

Bd.3《美学》（1958—1959/2009）

Bd.4《康德的〈纯粹理性批判〉》（1959/1995）

Bd.5《哲学导论》（1959—1960）

---

① Vgl.Theodor W.Adorno, *Einführung in der Dialektik, Frankfurt*/M.:Suhrkamp2010, Siegel 2 und 3.

Bd.6《哲学与社会学》（1960/2011）
Bd.7《本体论与辩证法》（1960—1961/2002）
Bd.8《美学》（1961—1962）
Bd.9《哲学术语》（1962—1963）
Bd.10《道德哲学问题》（1963/1996）
Bd.11《关于辩证法问题》（1963—1964）
Bd.12《社会理论的哲学要素》（1964/2008）
Bd.13《论历史学说与自由学说》（1964—1965/2001）
Bd.14《形而上学——概念与问题》（1965/1998）
Bd.15《社会学导论》（1968/1993）
Bd.16《“否定辩证法”讲座》（1965—1966/2003）
Bd.17《克拉尼希斯泰纳讲座》（2014）
第五部分　演讲（2 卷）
第六部分　谈话、讨论、访谈（3 卷）

阿多尔诺通信集

1. 苏尔坎普出版社出版 6 卷 9 册
Bd.1《阿多尔诺与本雅明（1928—1940）》（1994）
Bd.2《阿多尔诺与 A. 贝尔格（1925—1935）》（1997）
Bd.3《阿多尔诺与托马斯·曼（1943—1955）》（2002）
Bd.4.1《阿多尔诺与霍克海默（1927—1937）》（2003）
Bd.4.2《阿多尔诺与霍克海默（1938—1944）》（2004）
Bd.4.3《阿多尔诺与霍克海默（1945—1949）》（2005）
Bd.4.4《阿多尔诺与霍克海默（1950—1969）》（2006）
Bd.5《阿多尔诺与父母（1939—1951）》（2003）
Bd.6《阿多尔诺与克拉考尔（1923—1966）》（2008）；
2. 苏尔坎普出版社单独出版 2 卷
《阿多尔诺与 E. 克雷内克（1925—1935）》（1974）
《阿多尔诺与 P. 苏尔坎普 /S. 乌恩塞尔德》（2003）
3. 蒂德曼主编的“辩证法研究”丛书收录 2 卷

《阿多尔诺与 A.S—雷特尔（1936—1969）》（1991）

《阿多尔诺与伊丽莎白·伦克（1962—1969）》（2001）

4.“法兰克福阿多尔诺研究通讯”收录 2 卷

《阿多尔诺与舒勒姆（1939—1955）》（1998）

《阿多尔诺与 P. 策兰[①]（1960—1968）》（2003）

5、《阿多尔诺与托马斯·曼（1943—1955）》（2002）

马尔库塞（Herbert Marcuse，1898.7.19—1979.7.29），德裔美国哲学家、政治思想家、社会学家、美学家、批判理论家

《马尔库塞哲学著作》（9 卷，Hg.von Alfred Schmidt，1978—1989 ）

第 1 卷《德国浪漫派艺术家；早期文集》

第一部分

德国浪漫派艺术家（1922）

第二部分

历史唯物主义现象学文献（1928）

论具体哲学（1929）

辩证法问题Ⅰ（1930）

辩证法问题Ⅱ（1931）

先验的马克思主义？（1930）

历史现实性问题（1931）

与 H. 弗莱尔的“作为现实科学的社会学”论争（1931）

历史唯物主义基础的新源泉（1932）

论经济科学劳动概念的哲学基础（1933）

第 2 卷《黑格尔的本体论与历史性理论的基础》（1932）

导论

作为本书出发点与目标的历史性问题

本书阐释的目的

① P. 策兰（Paul Celan，1920—1970），原名安彻尔（Antschel），继 R. 里尔克（Rainer Maria Rilke，1875—1926）之后最有影响的德语诗人。

第一部分 黑格尔逻辑学对本体论难题的阐释——作为受动性的存在

1. 黑格尔第一部出版的著作中问题史的起源状况

2. 在与康德的先天综合概念论争中获得新的存在概念

3. 存在的绝对差异：在他者中的自身等同性——作为受动性的存在

4. 作为变化的受动性——存在者的有限性

5. 作为无限性的有限性——作为受动性特征的无限性

6. 存在与受动性新维度的消除——对变成“本质”的直接存在者的“回忆”

7. 本质在两个维度中的受动性——存在者的“基础”与“统一性”

8. 作为生存的存在

9. 作为存在完成的“现实性”

10. 作为受动性的“现实性”之总体特征

11. 被理解的存在（即“概念”）作为真正的存在——实体作为主体

12. 概念的存在方式——普遍性的个别化；判断与推理

13. 概念之不自由的实在性——客观性

14. 概念之自由的、真正的实在性——“观念”

15.“生命”作为存在者的真理——生命观念与认识观念

16. 绝对观念

17. 回顾性说明与向第二部分过渡

第二部分 作为黑格尔本体论原初基础的生命的存在概念

18. 早期神学文献中作为基础概念的“生命”

19. 耶拿逻辑学中作为精神形态的“生命”；《精神现象学》中作为存在概念的“生命”

20.“生命“概念的引论与一般规定性

21. 生命在其直接性中的发生

22. 生命在其历史性中的发生（a）作为理性的自我意识的实现

23.（b）自我意识在“所有人和每个人的行动”中的实现；“作品”与“物自身”

24. 生命概念转变为精神的存在概念

25. 知识的受动性转变为绝对知识的受动性——《精神现象学》结尾处“历史”的本质规定

26. 结论：黑格尔对狄尔泰《精神科学中的历史世界构建》中的历史性的基本规定

第 3 卷《源于〈社会研究杂志〉(1934—1941) 的文章》

与极权国家宪法中的反自由主义斗争（1934）

论本质概念（1936）

权威与家庭研究（1936）

论文化的肯定性质（1937）

哲学与批判理论（1937）

对享乐主义的批判（1938）

现代技术的社会效果（1941）

第 4 卷《理性与革命》(英文版 1941；德文版 1962)

前言

第一部分　黑格尔哲学的基础

导论

1. 历史的—社会的背景

2. 哲学的背景

Ⅰ. 青年黑格尔时期的神学文集（1790—1800）

Ⅱ. 通往哲学体系之路（1800—1802）

1. 早期哲学文集

2. 早期政治学文集

3. 伦理体系

Ⅲ. 黑格尔的第一个体系（1802—1806）

1. 逻辑学

2. 精神哲学

Ⅳ. 精神现象学

Ⅴ. 逻辑学（1812—1816）

Ⅵ. 政治哲学（1816—1821）

Ⅶ. 历史哲学

第二部分 社会理论的形成

导论：从哲学到社会理论

Ⅰ. 辩证的社会理论的基础

1. 哲学的否定

2. 克尔凯郭尔

3. 费尔巴哈

4. 马克思——异化劳动

5. 劳动的扬弃

6. 劳动过程分析

7. 马克思的辩证法

Ⅱ. 实证主义的基础和社会学的形成

1. 肯定的哲学与否定的哲学

2. 圣西门

3. 实证的社会哲学——孔德

4. 实证的国家哲学——F.J. 施塔尔

5. 辩证法转变为社会学——L.v. 施泰因

结论：黑格尔主义的终结

1. 英国新观念论

2. 辩证法的修正

3. 法西斯主义的“黑格尔主义”

4. 作为黑格尔对手的民族社会主义

第 5 卷《本能结构与社会——关于弗洛伊德的哲学贡献》（德文版 1966；英文名《爱欲与文明》1955）

前言

导论

第一部分 在现实原则支配之下

Ⅰ. 心理分析中的被隐藏的趋势

Ⅱ. 被压抑的个体之起源（个体发生）

Ⅲ.压抑性文化之起源（属系发生）

Ⅳ.文化的辩证法

Ⅴ.哲学的插曲

第二部分 超越现实原则

Ⅵ.有效的现实原则之历史界限

Ⅶ.幻想与乌托邦

Ⅷ.俄狄浦斯和那喀索斯——两种原型

Ⅸ.审美向度

Ⅹ.性欲转变为爱欲

Ⅺ.爱欲和死欲

附录：对新弗洛伊德修正主义的批判

第 6 卷《苏联马克思主义社会学说》（德文版 1964；英文名《苏联马克思主义》1958）

英文第 2 版前言

导论

第一部分

1. 马克思的向社会主义过渡概念

2. 苏联马克思主义——基本的自我理解

3. 新的合理性

4. 一国社会主义？

5. 苏维埃国家的辩证法

6. 基础和上层建筑：现实与意识形态

7. 辩证法及其变迁的命运

8. 从社会主义向共产主义过渡

第二部分

9. 西方伦理学与苏联伦理学：它们的历史关系

10. 苏联伦理学：价值的外化

11. 共产主义道德原则

12. 伦理学与生产力

13. 共产主义道德发展趋向

第 7 卷《单向度的人——发达工业社会意识形态研究》（德文版 1967；英文版 1964）

前言：批判的瘫痪——一个没有反对派的社会

第 1 篇 单向度的社会

1. 控制的新形式

2. 政治领域的关闭

3. 战胜不幸意识——压抑性的去升华

4. 语言领域的封闭

第 2 篇 单向度的思维

5. 否定性思维——被击败的抗议逻辑

6. 从否定性思维到肯定性思维——技术合理性与支配逻辑

7. 肯定性思维的胜利——单向度的哲学

第 3 篇 替代性选择的机会

8. 哲学的历史承诺

9. 解放的灾难

10. 结论

第 8 卷《文集与讲座（1948—1969）；论解放》（1969）

生存主义——评萨特的《存在与虚无》（1948）

当代工业社会中的攻击性（1956）

心理分析的过时（1963）

M. 韦伯著作中的工业化与资本主义（1964）

伦理学与革命（1964）

对文明新规定的说明（1965）

压抑的宽容（1965）

伟大社会中的个体（1966）

辩证法中的否定概念（1966）

辩证法的历史（1966）

自由与必然性——对一种新规定的说明（1968）

论解放（1968）

第9卷《反革命与造反；时代诊断；艺术的恒久性》（1972/1975/1977）

第一部分　反革命与造反（1972）

面对反革命的左派

自然与革命

艺术与革命

结论

第二部分 时代诊断（1975）

马克思主义与女性主义

理论与实践

新左派的失败?

美国：组织问题与革命主体

第三部分　艺术的恒久性——对某种马克思主义美学的驳斥（德文版1977；英文版1978）

《马尔库塞遗稿》（德文版6卷，1999—2009）

第1卷《资产阶级民主的命运》（1999）

P-W. 詹森的前言

O. 内格特的导论：马尔库塞对民主的辩证理解

反民主的民众运动

技术社会中的社会转型问题

超越单向度的人

文化革命

价值的革命

资产阶级民主的历史命运

第2卷《艺术与解放》（2000）

P-W. 詹森的前言

G. 施威蓬豪伊塞尔的导论：作为知识与回忆的艺术——马尔库塞的“大拒绝”美学

极权时代的艺术和政治——评阿拉贡

单向度社会中的艺术
其他行星的音乐
作为现实形式的艺术
对艺术政治化的批判——致“芝加哥超现实主义者”小组的信
艺术与解放
关于普鲁斯特的笔记
奥斯维辛之后的抒情诗

第 3 卷《哲学与心理分析》（2002）

P–W. 詹森的前言
A. 施密特的导论性研究
死亡意识形态
弗洛伊德的理论与治疗
人道主义与人性
自由——趋向抑或来自？
超越现实原则
对弗洛姆的答复（通信）
政治前言
宗教在自我变化着的社会中的作用
现实的重要性
革命的爱欲——S. 基恩、J. 拉瑟（Sam Keen/John Raser）与马尔库塞的谈话

第 4 卷《大学生运动及其效果》（2004）

P–W. 詹森的前言
W. 克劳斯哈尔的导论：生命本能造反——作为反文化运动导师的马尔库塞

第一部分 古巴

1961 年 5 月 3 日在布兰迪斯大学古巴抗议集会上的讲话
民主的葬礼

第二部分 越南

关于越南和多米尼加共和国的解释

美国越南政策的内在逻辑

案例分析

大学生抗议是非暴力的

1973 年 1 月 6 日在圣地亚哥加利福尼亚大学一次教学中的讲话

第三部分　1968 年与学生运动

巴黎 1968 年五月造反

老左派与新左派的区别

新压抑时代的运动——总结性分析

68—运动十年之后

第四部分　以色列

评 1970 年以色列—巴勒斯坦危机

以色列足以作出让步

关于犹太教与以色列的思考

第五部分　A. 戴维斯（Angela Davis）①

在声援 A. 戴维斯抗议集会上的讲话

致 A. 戴维斯的公开信——1971 年 1 月 10 日致 F. 亚历山大的信

致新论坛的信

A. 戴维斯是我最优秀的女学生

1972 年 10 月 24 日的信

与 R. 杜契克的通信选

第 5 卷　《敌对分析——关于德国》（2007）

P–W. 詹森的前言

D. 克劳森的导论：富有激情的头脑——马尔库塞的德国分析

新德国人的心性

对敌人的描述

关于心理学的中立性

① A. 戴维斯（Angela Davis，1944—），美国共产党党员、政治活动家，学者、作家。

关于民族社会主义之社会方面和政治方面

战争中的一代人与战后的一代人

20 世纪的德国哲学

三十三个论题

民族社会主义中的国家与个体

在当下，一个自由的社会是可能吗？

第 6 卷 《生态学与社会批判》（2009）

P–W. 詹森的前言

I. 费彻尔的导论：回顾与展望——一个主动批判的理论家

失败的哲学——雅斯贝尔斯的著作（1933）

对“否定的形而上学”的思考

关于科学的哲学之论题

1871—1933 年的德国哲学

M. 路德、加尔文和霍布斯的权威学说

科学与现象学

社会主义的人道主义？

科学的责任

黑格尔辩证法与马克思的辩证法的现实性

普罗米修斯之子——关于技术与社会之论题

生态学与社会批判

《马尔库塞选集》（英文版 6 卷，Hg.von Peter-Erwin Jansen，1998—2014）

第 1 卷 技术、战争与法西斯主义（1998）

第 2 卷 走向社会批判理论（2001）

第 3 卷 新左派与 20 世纪 60 年代（2005）

第 4 卷 艺术与解放（2007）

第 5 卷 哲学、心理分析与解放（2010）

第 6 卷 马克思主义、革命与乌托邦（2014）

洛文塔尔（Leo Löwethal，1900.11.3—1993.1.21），德裔美国文学社会

学家、批判的传播理论家

《洛文塔尔文集》（5 卷，Hg.von Helmut Dubiel，1980—1987）

第 1 卷《文学与大众文化》（1980）

第一部分分析

第 1 章大众文化定位（原题《通俗文化的历史视角》，1950）

第 2 章　关于艺术与大众文化的讨论——概览（原题《现代公众与大众传媒》，1960）

补遗：布道与戏剧

第 3 章　关于文化标准的论争——以 18 世纪英国为例（1957）

补遗：19 世纪英国文化标准论争

第 4 章　战前德国对陀思妥耶夫斯基的看法（原载《社会研究杂志》1934）

传记模式

第 5 章　大众偶像的胜利（原题《通俗杂志中的传记》，1944）

补遗：“1937 年谁是谁的国际？”

第二部分　纲领与反思

文学的社会状况（1932）

文学社会学的任务（原题《文学社会学》，1948）

关于《孤独的大众》（D. 雷斯曼）的批评性笔记（1961）

人性与交往（原题《人的对话——交往前景》，1969）

第 2 卷　《文学中的市民意识》（1981）

导论：文学的社会意义内涵

第一部分　从文艺复兴到现代的欧洲文学研究

1. 西班牙作家

2. 塞万提斯

3. 莎士比亚“风暴”

4. 法国古典戏剧

5. 从“少年维特之烦恼”到“W. 麦斯特”

6. 易卜生（补遗：论斯特林德贝格）

7.K. 汉姆生

第二部分　19 世纪德国小说研究

1. 浪漫派——被压抑的革命

2. 青年德国——市民意识前史

3.E. 莫里克——紊乱的国民性

4.G. 弗赖塔格——资产阶级唯物论

5.F. 施皮尔哈根——资产阶级观念论

6.C.F. 迈尔——为大资产阶级辩护

7.G. 凯勒尔——资产阶级的退化

第 3 卷　《欺骗的先知——极权主义研究》（1982）

第一部分　欺骗的先知——法西斯主义研究（1949）

1. 骚动主题

2. 社会乏力

3. 敌对的世界

4. 无情的敌人

5. 无助的敌人

6.“敌人是犹太人”

7. 无家可归者之家

8. 追随者

9. 骚动者的自我画像

10. 听众理解了什么？

第二部分　个体与恐怖（英文版，1946）

第三部分　偏见图像——美国工作中的反犹主义（1945）

1. 导论性说明

2. 犹太人与金钱

3. 犹太人与知识分子

4.“局外人”

5. 危险

第四部分　市民社会中的极权——草案（1934）

1. 极权与文化

2. 作为社会关系的极权

3. 历史转型中的极权

4. 极权与家庭

补遗 1：畜力与奴隶制（古代后期向中世纪统治形式过渡过程中技术的作用）

补遗 2：莎士比亚“风暴”的第一幕

第 4 卷　《犹太教、演讲、通信》（1984）

第一部分　犹太教

（20 世纪）20 年代的论文

犹太教与德国精神

第二部分　演讲（1978—1983）

阿多尔诺及其批评者（1978）

回忆阿多尔诺（1983）

文学社会学回顾（1981）

歌德与虚假的主体性（1982）

纪念本雅明（1982）

卡利班的遗产（1983）

第三部分　通信（1941—1945）

洛文塔尔与阿多尔诺的通信

洛文塔尔与霍克海默的通信

第四部分　附录——与洛文塔尔谈话

“我从未想过参与”——同杜比尔的自传体对话（1981）

“在一生中我们从未期待过荣誉”——与 M. 格雷弗拉斯谈话（1979）

第 5 卷　《早期哲学著作》（1987）

爱尔维修

F.v. 巴德尔的社会哲学——“宗教社会学”案例与问题

国家哲学与法哲学中的暴力与权利——卢梭与德国观念论哲学

恶魔——否定的宗教哲学构思①

波洛克（Friedrich Pollock，1894.5.22—1970.12.16），德国社会学家、经济学家、批判理论家

《马克思的货币理论》（1923/1971）

《桑巴特对马克思主义的“驳斥”》（1926）

《1917—1927 年苏联的计划经济尝试》（1929）

《资本主义发展阶段》（论文，1975）

《国家资本主义》（论文，1939—1942/1981）

《民族社会主义是一个新秩序吗?》（论文，1981）

弗洛姆（Erich Fromm，1900.3.23—1980.3.18），德裔美国社会心理学家、哲学家、伦理学家、批判理论家

《弗洛姆全集》（12 卷，Hg.von Rainer Funk，1980—1999）

12 卷本编辑出版前言

编辑出版导论：弗洛姆生平著述、编辑工作

第 1 卷　分析的社会心理学

心理分析与社会学（1929a）

作为教育者的国家——刑事司法心理学（1930b）

犯罪心理学与惩罚社会心理学（1931a）

政治与心理分析（1931b）

分析的社会心理学的方法与任务——关于心理分析与唯物论的说明（1932a）

心理分析性格学及其对社会心理学的意义（1932b）

R. 布里弗尔特（Robert Briffault）关于母权制的著作（1933a）

母权制理论的社会心理学意义（1934a）

---

① 关于雅斯贝尔斯的《世界观的心理学》一书的研究，但结论不同于雅斯贝尔斯，而是带有弥赛亚极端诉求的哲学论文。在这里，已经有了洛文塔尔后来的所有动机：与马克思主义、心理分析、宗教的弥赛亚主义、布洛赫、卢卡奇之知识文化取向的关系。（Vgl.Leo Löwethal, *Schriften 5.Philosophische Frühschriften*, Suhrkamp taschenbuch Wissenschaft 1990, S.226.）

母权制理论的当代意义（1970f）
心理分析治疗的社会限定性（1935a）
《权威与家庭研究（社会心理学部分）》（1936a）
1. 导论：现象的多样性
2. 权威与超我——家庭在其发展中的作用
3. 权威与压抑
4. 权威
受虐型性格
无力感（1937a）
关于心理分析的性格学及其在文化理解中的运用（1949c）
《逃避自由》（1941a）
前言
1. 自由——一个心理学问题？
2. 个体的出现与自由的双面性
3. 宗教改革时代的自由
4. 现代人自由的两个方面
5. 逃避机制（权威、破坏、顺从）
6. 纳粹主义心理学
7. 自由与民主（个体性的幻觉、自由与自发性）
附录：性格与社会进程
第 2 卷　分析的性格理论
（一）《心理分析与伦理学——人道主义性格学的奠基石》（1947a）
前言
1. 问题提出
2. 人道主义伦理学作为生活艺术的应用科学
3. 人的本性与人的性格
4. 人道主义伦理学问题
5. 当代伦理学问题
（二）《人的灵魂——趋向善恶的能力》（1964a）

前言
1. 人——狼还是羊？
2. 暴力行为的不同形式
3. 死亡之爱与生命之爱
4. 个体自恋与社会自恋
5. 乱伦禁忌
6. 自由、决定论、抉择论

（三）《占有还是生存——一个新社会的心理基础》（1976a）

前言

导论：伟大的承诺——履行的缺席与新的替代性选择幻想终结

1. 为什么伟大的承诺没有履行
2. 人的改变之经济上的必要性
3. 除了灾难还有别的选择吗？

第一部分　对占有与生存之差别的理解

1. 概论
2. 日常经验中的占有与生存
3.《旧约》、《新约》与埃克哈特著作中的占有与生存

第二部分　对两种生存方式根本质差别的分析

4. 重占有的生存方式
5. 重生存的生存方式
6. 占有与生存的其他方面

第三部分　新人与新社会

7. 宗教、性格与社会
8. 人的改变之前提与新人的本质表征
9. 新社会的本质表征——关于人的新科学

第 3 卷　社会性格的经验调查

（一）《第三帝国前夜的工人与雇员——一个社会心理学研究》（1980a）

导论

1. 目的与方法

2. 被访问者的社会——政治状况

3. 政治的、社会的、文化的态度

4. 人格类型与政治态度

附录 1. 问卷

附录 2. 表格

（二）权威与家庭——调查的历史与方法（1936b）

（三）《理论与实践中的心理分析性格学——墨西哥乡村的社会性格》（与 M. 麦考比［Michael Maccoby］合著，1970b）

1. 农民的社会性格与方法论问题

2. 一个墨西哥农村

3. 乡村社会——经济图景与文化图景

4. 性格取向理论

5. 村民的性格

6. 性格与社会——经济变量与文化变量

7. 性格与性别

8. 酗酒

9. 童年的性格发展

10. 变化的可能性——性格与合作

11. 结论

附录 1. 解释性问卷与评价案例

附录 2. 评价与检验

第 4 卷 社会理论

（一）《一个病态社会的出路》（1955a）（中译本名：《健全的社会》）

前言

1. 我们健康吗？

2. 社会会得病吗？——规范性病理学

3. 人的境况——人道主义心理分析的关键

4. 心理健康与社会

5. 资本主义社会中的人

6. 对 19—20 世纪的人与社会的另一种理解
7. 不同的解决尝试
8. 共产主义的社会主义作为通往健全的社会之路
9. 综述与结论
(二)《希望的革命——技术的人性化》(1968a)
初版前言
德文版前言
1. 处于十字路口
2. 希望
3. 今天,我们站在何处?我们的路通往何处?
4.“成为人性的”意味着什么?
5. 走向技术社会的人性化
6. 我们能做到吗?
第 5 卷　政治与社会主义的社会批判
(一)政治
德国人的性格问题(1943a)
德国人应该怎么办?(1943c)
德国又在行军了吗?(1966h)
人具有优先性!一个社会主义宣言与规划(1960b)
《关系到人!关于外交政策中事实与虚构的研究》(1961a)
前言
1. 一般前提
2. 苏联体系的基础
3. 苏联的目标是统治世界?
4. 共产主义意识形态的意义及功能
5. 中国问题
6. 德国问题
7. 对和平的思考
1963 年 2 月的后记

共产主义与共生——今日极权主义威胁的本质（1961g）
单方面裁军的原因（1960c）
民防问题（与 M. 麦考比合著，1962b）
和平理论与策略（与 M. 麦考比合著，1970h）
评缓和政策（与 M. 麦考比合著，1975a）
（二）社会批判与社会的未来
当代人的状态（1955c）
E. 贝拉米的《回顾》前言（1960f）
G. 奥威尔的《1984》后记（1961c）
先知与神父（1967b）
所有人有保障的收入问题之心理方面（1966c）
过剩的心理问题与精神问题（1970j）
进步的两面性——纪念 A. 施韦泽诞辰 100 周年（1975c）
（三）马克思与马克思阐释
《马克思关于人的概念》（1961b）
前言
1. 对马克思思想的歪曲
2. 马克思的历史唯物主义
3. 意识问题、社会结构与暴力的使用
4. 人的本性
5. 异化
6. 马克思的社会主义
7. 马克思思想的连续性
8. 作为人的马克思
《马克思选集》前言（1964d）
人道主义心理分析在马克思理论上的运用（1965c）
马克思——阐释问题（1965d）
马克思对人的知识的贡献（1968h）
第 6 卷　宗教

安息日（1927a）

《基督教教义的发展——对宗教之社会心理功能的心理分析研究》（1930a）

1. 方法与问题提出

2. 宗教的社会心理功能

3. 早期基督教及其耶稣观念

4. 基督教的变化与同质论教义

5.《尼西亚信经》之前的教义变化

6. 另一种解释尝试

7. 综述

关于和平的先知理解（1960d）

先知著作的现实性（1975d）

《你们要像上帝一样存在！对《旧约》及其传统的激进阐释》（1966a）

1. 导论

2. 上帝图景

3. 人的图景

4. 历史图景

5. 关于罪与忏悔的观念

6. 道路——哈拉卡①

7.《旧约》诗篇

8. 结语

9. 附录：第 22 个诗篇以及耶稣受难记

《心理分析与宗教》（1950a）

前言

1. 问题

2. 弗洛伊德与荣格

3. 宗教经验几个类型的分析

---

① 哈拉卡（Halacha），犹太律法中补充圣经法的部分。

4. 作为“心理医生”的心理分析家

5. 心理分析是否对宗教构成威胁?

关于宗教与宗教性的后—马克思的与后—弗洛伊德的思考（1972n）

《心理分析与禅宗》（1960a）

前言

1. 当代精神危机与心理分析的作用

2. 弗洛伊德心理分析观点的价值与目标

3. 幸福宁静的本质——人的心理发展

4. 意识、压抑与压抑的消除

5. 禅宗的原则

6. 压抑的消除与开悟

A.R. 阿拉斯泰赫（A.Reza Arasteh）的《鲁米：波斯人》前言（1965e）

德高望重的向尊智者[①]对西方世界的意义（1976b）

第 7 卷　攻击性理论

《对人的破坏性的剖析》（1973a）

前言

导论：本能与人的激情

第一部分　本能—冲动学说、行为主义、心理分析

1. 本能—冲动学说的代表人物

2. 环境理论与行为主义代表人物

3. 本能理论与行为主义—差异性与相似性

4. 攻击性理解的心理分析路径

综述

第二部分　与本能—冲动理论相对立的发现

5. 神经生理学

6. 动物行为

7. 古生物学

① 向尊智者，是指德国向座部佛教僧侣。

8. 人类学

第三部分　攻击性与破坏性的不同类型及其前提

9. 良性攻击性——前言

伪攻击性

防御的攻击性

10. 恶性攻击性——前提

11. 恶性攻击性——残忍性与破坏性

12. 恶性攻击性——恋尸癖

13. 恶性攻击性——希特勒，一个恋尸癖的临床案例

第 8 卷　心理分析

（一）历史与心理分析的自我理解

作为科学的心理分析（1955e）

人不是物（1957a）

心理分析——科学还是忠于路线？（1958a）

心理分析的基本假设（1966b）

心理分析的危机（1970c）

H.J. 舒尔茨的《为非心理学家而写的心理学》引论（1974a）

（二）心理分析理论

评赖希的《性道德的崩溃》（1933b）

O. 兰克的《意志疗法》的社会哲学（1939a）

评米德的《三个原始社会中的性与气质》（1936d）

评米德的《原始人之间的合作与竞争》（1937b）

关于本能理论的“极端主义”对人的影响——对马尔库塞的答复（1955b）

对马尔库塞的回应（1956b）

评荣格的《灵魂的现实性》（1935e）

荣格：无意识的先知——关于荣格的《回忆、梦、思想》（1963e）

（三）对弗洛伊德心理分析的批判

因斯布鲁克的俄狄浦斯（1930d）

P. 穆拉希（P.Mullahy）的《俄狄浦斯——神话与情结》导论（1948a）

俄狄浦斯情结——评《小汉斯案例》（1966k）

《弗洛伊德——其人格与影响》（1959a）

1. 弗洛伊德追求真理的热情与勇气

2. 弗洛伊德与母亲的关系——他的自信与不安全感

3. 弗洛伊德与女人的关系——弗洛伊德与爱

4. 弗洛伊德对男人的依赖

5. 弗洛伊德与父亲的关系

6. 弗洛伊德对待权威的态度

7. 弗洛伊德作为世界的完善者

8. 心理分析运动中的准——政治特征

9. 弗洛伊德的宗教信念与政治信念

10. 综述与结论

弗洛伊德心理分析的哲学基础（1962c）

弗洛伊德论人的模型及其社会决定性要素（1970d，1977g）

人的破坏性之源泉（1968e）

《弗洛伊德的心理分析——伟大贡献与局限性》（1979a）

导论

1. 科学知识的限定性

2. 弗洛伊德发现的伟大与局限性

3. 弗洛伊德的释梦理论

4. 弗洛伊德的本能理论及其批判

5. 为什么心理分析从一种激进理论变成一种适应理论?

（四）性心理学

性别与性格（1943b）

性与性格——对金赛报告的心理分析评论（1948b）

男人与女人（1951b）

第 9 卷　社会主义的人道主义与人道主义伦理学

（一）社会主义的人道主义与心理分析

人道主义与心理分析（1963f）
弗洛姆的《社会主义人道主义》导论（1965b）
包罗万象的哲学人类学问题（1966i）
人道主义计划（1970e）
《超越幻想——马克思与弗洛伊德的意义》（1962a）
1. 一些个人的初步说明
2. 马克思与弗洛伊德理论的共同基础
3. 人及其本质的观点
4. 人的进化
5. 人的动机
6. 病态个体与病态社会
7. 心理健康概念
8. 个体性格与社会性格
9. 社会无意识
10. 马克思理论与弗洛伊德理论的命运
11. 相关观念
12. 信条
（二）人道主义与所有人的梦的语言
梦的本质（1949a）
《童话、神话、梦——对被遗忘的语言之理解导论》（1951a）
前言
1. 导论
2. 象征语言的本质
3. 梦的本质
4. 弗洛伊德与荣格的梦论
5. 释梦的历史
6. 释梦的艺术
7. 神话、童话、仪式、小说中的象征语言
梦是所有人的语言（1972a）

（三）人道主义伦理学与教育学
现代人的道德责任（1958d）
心理学与价值（1959b）
革命性格（1963b）
医学与现代人的伦理问题（1963c）
作为心理问题与伦理问题的不服从（1963d）
弗洛姆 /R. 西劳（R.Xirau）的《人性》导论（1968g）
生命意志（1976c）
创造性的人（1959c）
A.S. 尼尔（A.S.Neill）的《夏山》前言（1960e）
对《夏山》的支持与反对（1970i）
老年化的心理问题（1966g）
《爱的艺术》（1956a）
前言
1. 爱是一门艺术吗？
2. 爱的理论
3. 爱及其在当今西方社会的衰落
4. 爱的实践
第 10 卷　1—9 卷索引、引用索引、著作目录
第 11 卷　政治的心理分析（遗稿）
遗稿编辑出版导论
（一）散居犹太人社会学
《犹太律法》（博士论文）（1989b[1922]）
1. 犹太教中律法的意义
a）知识引导的兴趣
b）犹太人及其律法
c）普遍的形式和特殊的犹太律法
附录 1. 拉比犹太教中的劳动和工作
a）清教主义的经济伦理

b）拉比犹太教中的职业工作与宗教实践的关系

c）圣经犹太教和拉比犹太教中工人的合法地位

附录 2. 基督教的启示概念与犹太教中托拉之“神性”的理解

2. 犹太教卡拉派

a）历史语境

b）卡拉派形成的经济原因

c）卡拉派的社会—宗教结构

d）结论：卡拉派社会学

3. 犹太教改革派

a）犹太人的解放

b）改革运动的发展

c）改革思想的发展

d）犹太律法中改革的地位

e）新正统神学对改革的反应

4. 哈西迪犹太教

a）哈西迪犹太教中的社会结构与信仰

b）哈西迪犹太教传统主义的经济思想

c）哈西迪犹太教律法的含义

综述

（二）社会心理分析

《社会对心理结构的决定性——分析的社会心理学的方法与任务》（1992e[1937]）

1. 正统的心理分析在解释社会现象时的歧途

2. 分析的社会心理学对心理分析理论重述方面的重要性

3. 指向肛门型性格的心理分析理论之区别

4. 新的心理分析理论的成果——社会产生的性格

5. 与其他方法比较中的分析的社会心理学的意义

（三）巴赫奥芬对母权的发现（1994b[1955]）

人的创造（1994c[1933]）

《当代人的规范性病理学》（1991e[1953]）

1. 现代世界中的心理健康

2. 当代文化中的意义问题

3. 异化作为当代人的疾病

4. 对病态社会的克服

（四）《戴尼提》——山达基教会的治愈教导（1950b）

《现代人及其未来》（1992d[1961]）

1. 西方人的发展阶段

2. 异化作为现代人的疾病

3. 冷漠作为恶的新表现方式

4. 替代性选择——人道主义复兴

工业主义的心理后果（1992i[1964]）

《西方社会存活的机会》（1992k[1969]）

1. 系统的特征

2. 社会系统的瓦解

3. 当代技术社会的未来——瓦解还是再整合?

我对工业社会的批判（1992j[1972]）

《我们社会的过剩与厌倦》（1983b[1971]）

1. 被动的人

2. 现代的无聊

3. 被制造的需要

4. 家长制的危机

5. 宗教的惨败

6. 反对人成长的界限

对暴力的迷恋与对生命的爱（1967e）

论攻击性的起源（1983c）

希特勒：他是谁？——“反人类”意味着什么？（1974c）

（五）对现实政治问题的看法

《社会心理学知识及其政治应用》

1. 我们精神上还是健康的吗？（1965j）
2. 美国的精神状态（1968f[1967]）
3. 美国的政治激进主义及其批判（1990i[1968]）

《冷战时期的外交政策》

1. 精神上健康的思维与外交政策（1961e）
2. 评现实主义的外交政策（1990j[1961]）
3. 俄罗斯、德国、中国——外交政策（1961h）
4. 赫鲁晓夫与冷战（1990k[1961]）
5. 新的共产主义规划（1961f）
6. 卡斯特罗的挑战（1990l[1961]）
7. 古巴危机之后的美国外交政策（1963h）
8. 禁止核试验之后的外交政策（1964h）
9. 中国与越战（1965k）
10. 美国的全球责任（1990m[1965]）

《德国与欧洲》

1. 新欧洲的未来（1990o[1961]）
2. 关于柏林的事实与虚构（1961j）
3. 来自德国的不同声音（1962e）
4. 明镜事件——一个老花样？（1990p[1962]）
5.《通过强力而放松》（1964i）
6. 德国问题（1990n[1965]）

《核装备与政治暴力》

1. 核战争的替代性选择（1990q[1961]）
2. 越南战争与人的野蛮化（1990r[1966]）
3. 刺杀肯尼迪的凶手（1964g）
4.F.v. 巴德尔与迈因霍夫的恐怖主义（1977h[1976]）
5. 牺牲者与英雄（1990s[1967]）

《政治倡议》

1. 为以色列人与阿拉伯人的合作（1990t[1948]）

2. 追求理性的公民（1990u[1955]）

3. 我为什么赞同麦卡锡（1990v[1968]）

（六）人道主义的答案

人道主义的人的科学（1991g[1957]）

作为这个世界前提的新人道主义（1992m[1962]）

1. 人道主义观念的历史

2. 当代人道主义的意义

《寻找人道主义的替代性选择》（1992l[1968]）

1. 处于十字路口的人

2. 人道主义替代性选择的条件

3. 一种替代性“运动”的必要性

《人道主义倡议与声明》

1. 世界会议观念（1992n[1966]）

2.“和解联盟”支持的麦卡锡竞选演讲（1992o[1968]）

3. 呼吁共同与偶像崇拜作斗争（1992f[1975]）

4. 人道主义者的信条（1992q[1965]）

评犹太人与德国人的关系（1992r[1978]）

人是谁？（1983d[1979]）

以生命的名义——与 H.J. 舒尔茨谈话中的肖像

第 12 卷　心理分析与生活的艺术（遗稿）；第 11—12 卷索引

（一）心理分析理论的修正

关于我的心理分析方法（1990d[1969]）

《心理分析的辩证修正》（1900f[1969]）

1. 心理分析修正的必要性（1990e[1969]）

2. 心理分析修正的对象与方法

3. 被修正的本能理论诸方面

4. 无意识理论与压抑理论的修正

5. 被修正的心理分析中的社会、性与身体的含义

6. 心理分析治疗的修正

《性与性反常》（1990g[1969]）
1. 性解放运动诸方面
2. 性反常及其评价
3. 虐待狂案例中反常行为的修正
《马尔库塞式的激进主义》（1990h[1969]）
1. 马尔库塞对弗洛伊德的接受
2. 马尔库塞对反常行为的理解
3. 马尔库塞对绝望的观念化
对同性恋的理解之变化（1994d[1940]）
神经官能症的个体缘起与社会缘起（1944a）
心理需要与社会（1992f[1956]）
社会要素对儿童发展的影响（1958c）
《对心理健康的理解》（1991f[1962]）
1. 心理健康之社会取向的理解与流行的医学理解
2. 心理健康与进化论思维
3. 当今社会心理病态情形下的心理健康之我见
《从本性看，人是懒惰吗?》（1991h[1974]）
1. 所谓人的懒惰性之预设
a）此预设的社会经济方面
b）此预设的科学方面
c）今天对劳动的自我理解与此预设
2. 反对此预设的证据
a）神经学知识
b）基于动物实验的知识
c）社会心理实验的成果
d）梦的创造性力量
e）对婴儿和小孩的观察成果
f）心理分析的判断力
（二）倾听的艺术——心理分析的治疗方面

论自由联想问题（1955d）

《无意识与心理分析实践》（1992g[1959]）

1. 无意识的整体性理解

2. 异化作为无意识的独特形式

3. 治疗关系的后果

4. 治疗工作诸方面

《心理分析治疗的功效》（1991c[1964]）

1. 弗洛伊德治疗的有效要素以及我对此进行的批判

2. 良性的与恶性的神经官能症——一个良性神经官能症案例

3. 体制要素与其他有效要素

《心理分析治疗诸方面》（1991d[1974]）

1. 心理分析的自我理解与人的图景

2. 心理分析治疗的前提

3. 心理分析治疗的有效要素

4. 心理分析过程中的治疗关系

5. 心理分析过程的任务与方法

6. 基督徒一对治疗方法的说明，以及根据案例报告评估对梦的理解

7. 现代性格神经官能症治疗中的特殊方法

8. 心理分析的“技巧”或倾听的艺术

《心理分析对未来的意义》（1992h[1975]）

1. 理论在一定社会条件下的可误性

2. 弗洛伊德的发现、观点及其对未来的意义

3. 弗洛伊德的发现对于治疗的意义

（三）心理分析作为生活帮助—从占有到生存

《从占有到生存—自我体验的正途与歧路》（1989a[1974—1975]）

1. 导论：生命的意义

2. 自我体验的歧路

3. 自我体验的正途—几个建议

4. 自我分析作为自我体验的正途

5. 占有取向发展的原因

6. 两种类型的占有

7. 从占有到生存的体验

《埃克哈特与马克思—生存取向的现实乌托邦》(1992s[1974])

1. 埃克哈特大师

2. 马克思

3. 共同的“宗教的”要求

本雅明(Walter Benjamin，1892.7.15—1940.9.26)，德国文学评论家、艺术批评家、美学家、哲学家、翻译家、批判理论家

《本雅明全集》(7 卷 14 册，1972—1989；Hg.von Rolf Tiedmann/Herhard Schweppenhäuser)①

第 1 卷（共 3 册）文集

第 1 册

《德国浪漫派的艺术批评概念》(1919/1920②)

导论

Ⅰ. 问题的限定

Ⅱ. 资料来源

第一部分 反思

Ⅰ. 费希特那里的反思与设定

Ⅱ. 早期浪漫派那里的反思的含义

III. 体系与概念

Ⅳ. 早期浪漫派的自然认识论

第二部分 艺术批评

Ⅰ. 早期浪漫派的艺术认识论

Ⅱ. 艺术作品

III. 艺术理念

---

① 第 1—4 卷（已完成的文章）；第 5—7 卷（断片，补遗）。

② 1919/1920 是指 1919 年撰写，1920 年出版或发表；下同。

索引

《论歌德的〈《亲合力》〉》（1920—1921/1924—1925）

《德意志悲苦剧的起源》（1925/1928）

认识论批判前言

悲苦剧（Trauerspiel）与悲剧（Tragödie）

寓言（Allegorie）与悲苦剧

索引

第 2 册

《技术复制时代的艺术作品》（第 1 稿，1935）

1. 前言

2. 技术复制

3. 原真性

4. 灵韵的破碎

5. 仪式与政治

6. 膜拜价值与展览价值

7. 摄影

8. 永恒价值

9. 摄影与作为艺术的电影

10. 电影与性能测试

11. 电影演员

12. 在大众面前展示

13. 拍电影的要求

14. 画家与摄影师

15. 绘画的接受

16. 米老鼠

17. 达达主义

18. 触觉接受与视觉接受

19. 战争美学

《技术复制时代的艺术作品》（第 3 稿，1939）

前言
Ⅰ—XV
后记
《波德莱尔：发达资本主义时代的抒情诗人》
Ⅰ. 波德莱尔笔下的第二帝国的巴黎（1938）
1. 波西米亚人
2. 游荡者
3. 现代性
Ⅱ. 论波德莱尔的几个主题（1939）
Ⅲ. 中心公园（1939）
《论历史概念》（1940）
附录
博士论文自我说明
技术复制时代的艺术作品（法文）
波德莱尔对巴黎描述的笔记（法文）
编辑报道
第 3 册
编辑出版说明
目录
第 2 卷（共 3 册）文章、散文、讲座
第 1 册
Ⅰ. 关于教育—文化批判的早期研究（1912）
Ⅱ. 形而上学的—历史哲学的研究（1913）
青年形而上学（1913）
评荷尔德林的两首诗（《诗人之勇气》、《羞涩》）（1915/1955）
古代人的幸福
苏格拉底
论中世纪
悲苦剧与悲剧（1916）

语言在悲苦剧与悲剧中的含义（1916）

论语言本身和人的语言（1916）

论未来哲学纲要（1918）

命运与性格（1919）

对暴力的批判（1921）

神学—政治断片（1920）

第 1 稿：相似性学说（1933）

第 2 稿：论模仿能力（1933）

经验与贫乏（1933）

巴赫芬（法文，1935）

III. 文学与美学文集

评陀斯妥耶夫斯基的《白痴》（1917/1921）

杂志公告：《新天使》

超现实主义（1929）

普鲁斯特的形象（1929）

K. 克劳斯（1930—1931）

摄影小史（1931）

俄狄浦斯或理性的神话（1932）

……

第 2 册

文学与美学文集（续）

卡夫卡——纪念卡夫卡逝世十周年（1934）

讲故事的人——尼古拉·列斯科夫作品随想录（1936）

E. 福克斯：收藏家和历史学家（1935/1937）

什么是史诗剧？（1939）

评布莱希特（1930）讲座与演讲

例如：作者作为生产者（1934）

百科全书词条：歌德（1926）

文化政治词条与论文

附录
德国文化中的犹太人
第 3 册
编辑出版说明
第 3 卷（共 1 册）批评与评论
批评与评论（1912—1940）
附录
评论草稿
对《社会研究杂志》讨论部分的建议
编辑出版说明
第 4 卷（共 2 册）短文、波德莱尔—翻译
第 1 册
波德莱尔的《巴黎景致》（翻译，1923；附《译者的任务》，1921）
《恶之花》其他部分的翻译
《单向街》（单行道；1928）
《德国人》（编，1931/1936）
《1900 年前后的柏林童年》（初稿，1934）
思维意象
讽刺、论战、疑难
报道
第 2 册
画刊文章
听觉模型
故事与小说
随笔
编辑出版说明
目录
第 5 卷（共 2 册）拱廊街计划
第 1 册

编辑出版导论
《巴黎，19 世纪的都城》（提纲，1935）
Ⅰ. 傅立叶或拱廊街
Ⅱ. 达盖尔[①]或全景画（西洋景）
III. 格朗德维埃[②]与世界博览会
IV. 路易・菲利普[③]或居室
V. 波德莱尔或巴黎大街
VI. 豪斯曼[④]或街垒
《巴黎，19 世纪的都城》（法文，1939）
记录和材料（概览）
第 2 册
记录和材料（续）
笔记 I——巴黎拱廊街 I （1927）
早期构思
拱廊街（1929）
巴黎拱廊街Ⅱ （1930）
土星环或某种铁制品
编辑出版说明
编辑报道
形成史证明
补充、传播和文本形态
“记录和材料”的引用索引

---

① 达盖尔 (Louis-Jacques-Mandé Daguerre，1787—1851) ，法国艺术家、化学家，银版摄影法发明者。

② 格朗德维埃（Grandville）是 Jean Igance Isidore Geard（1803—1847）的笔名，法国艺术家，讽刺漫画家和插画家；被誉为超现实主义之父。

③ 路易・菲利普（Louis Philippe，1773—1850），波旁-奥尔良贵族，曾被选为法国立宪君主（1830—1848）。

④ 豪斯曼（Baron Georges-Eugene Haussman，1809—1891），法国民政官员，城市规划者，主持了巴黎改建（将一座中世纪城市改造为一座现代城市）。

第6卷（共1册）断片、自传性文章
混合内容断片
关于语言哲学与认识论批判
关于道德与人类学
关于历史哲学、历史学与政治学
关于美学
性格学与批评
关于文学批评
关于界限区域
观察与笔记
自传性文章
生平
编年（1906—1932）
柏林纪事（1932）
编年（1933—1939）
附录
《文学世界》1927年挂历
关于毒品尝试的记录（1927—1934）
《危机与批判》杂志备忘录（1930）
编辑出版说明
第7卷（共2册）补遗
第1册
早期著作
十四行诗
给儿童的广播故事
文学广播讲座
故事和谜语
《冷酷的心》
对布莱希特—评论的补充

《技术复制时代的艺术作品》（第 2 稿；1936）

《1900 年前后的柏林童年》（终稿，1938）

概览

附录

阅读过的著作目录

生前已出版的作品目录

第 2 册

编辑出版说明

第 1—6 卷说明的补充

该版本的完成

第 7 卷目录

第 1—7 卷目录

《本雅明文集》（2 卷本，阿多尔诺、舒勒姆，1955）

《本雅明书信集》（2 卷本，阿多尔诺、舒勒姆，1965）

《启迪—本雅明文选》（阿伦特，1969）

诺伊曼（Franz Leopold Neumann，1900.5.23—1954.9.2），德裔美国政治学家、法学家、批判理论家

《法哲学——国家与惩罚关系研究导论》（博士论文，1923）

《劳动法庭判例法的政治意义与社会意义》（1929）

《帝国劳动法庭判决基础上的谈判法》（1931）

《结社自由与帝国宪法——工会在宪法体系中的地位》（1932）

《法治——竞争社会中政治理论与法律体系关系研究》（英文版 1936；德文版 1980）

前言

导论

第一部分　理论基础

Ⅰ. 法律体系内部的问题提出

1. 法律概念

2. 法律社会学

3. 公法理论（公法与私法、国家概念）
Ⅱ. 主权与法治的关系
1. 主权理论
2. 法治理论
3 法治的双重含义
第二部分　合理性政治理论中主权与法治关系的法律祛魅
Ⅰ. 托马斯主义自然法
1. 西塞罗的自然法
2. 阿奎那的自然法
3. 托马斯主义自然法的消解
Ⅱ. 主权与实质的法治
1. 反君权运动
2. 英格兰自然法
Ⅲ. 博丹与阿尔特胡修斯
Ⅳ. 普芬多夫
1. 自然法体系
2. 作为“不完全义务”的自然法
3. 政治的法律概念要求
4. 实证法与自然法的关系
5. 作为基础的开明专制
Ⅴ. 霍布斯
1. 理论结构的虚构统一
2. 国家表面上从自然法中解放出来
3. 理性国家建立的激进后果
Ⅵ. 洛克
1. 出于竞争而建立国家
2. 实质的法治——“常设法律”的统治与分权
3. 作为主权的特权与抵制权
4. 不受限制的主权与专制领域

5. 实质法的有效范围
Ⅶ. 卢梭
1. 卢梭阐释的替代性选择
2. 社会作为暴君的起源地（分析）
3. 个体意志与普遍意志的融合（综合）
4. 卢梭解决问题的虚构特征（批判）
5. 卢梭理论的社会基础
6. 主权与国家的消失
Ⅷ. 康德
1. 法律普遍性作为法律观念实现的保障
2. 法律普遍性的伦理含义——法律与道德的分离
3. 国家强制功能辩护
4. 国家主权
5. 国家主权的虚拟界限
Ⅸ. 黑格尔
1. 个体意志与国家意志的虚拟链接——自由意志与历史
2. 主权与自由——人格与财产
3. 通过市民社会保障自由与财产
4. 通过市民社会限制国家绝对主义
5. 法治国家与权力国家——黑格尔国家理论的两面性
第三部分　19—20 世纪法治理论的验证
Ⅰ. 导论：极权国家对自由主义法律理论的批评
Ⅱ. 法治国家与法治——问题的提出
1. 德国的法治国家理论
2. 英国的法治或议会制
3. 竞争社会中法律体系的论题构建
Ⅲ. 自由主义法律体系的经济基础
1. 方法论前言
2. 斯密的社会体系与法律的实质结构

3. 国家干预的分类

Ⅳ . 自由主义法律体系的政治基础

1. 政治平衡观念

2. 德国与英国的发展

3.1806—1914 年间德国资产阶级的失败

Ⅴ . 民族作为竞争社会的整合要素

1. 民族概念——民族与人民

2. 国家与民族——商品生产与资产阶级兴起

3. 雅各宾派的民族概念

4. 民族概念的功能

5. 英国与德国的民族概念

6. 民族的整合作用的界限

Ⅵ . 竞争社会的法律体系

1. 法律的普遍性

2. 法律与法官

3. 英国法律描述的异议

4. 对法律与法官功能的社会评价

Ⅶ . 魏玛宪法下的法治——垄断资本主义时期

1. 经济—社会结构的转变

2. 政治结构的转变

3. 法律体系的转变

Ⅷ . 民族社会主义下的法治

1. 法西斯主义学说

2. 总体性观念

3. 极权国家中的法律

后记：诺伊曼的《法治》——一种科学史与科学政治归类的尝试（A. 苏尔纳）

1. 当今德国的法治国家

2. 科学史的——传记的形成文本

3. 关于《法治》的内在关联
4. 法律社会学的现状
5. 诺伊曼的科学政治学的现实性

《巨兽——民族社会主义的结构与实践》（英文版 1942；德文版 1984）

导论：魏玛共和国的崩溃

1. 帝国
2. 魏玛民主结构
3. 各种社会力量
4. 有组织的劳工减少
5. 反革命
6. 民主的崩溃
7. 小结

第一部分民族社会主义的政治形态

介绍性说明

关于民族社会主义意识形态的价值

Ⅰ. 极权国家

1. 反民主宪法精神的技巧
2. 极权国家
3. 政治生活的同步化
4. 战争中的极权国家

Ⅱ. 政党的反叛与“运转中”的国家

1. 反对极权国家的意识形态抗议
2. 第三种国家
3. 政党与国家
4.S.S. 与希特勒青年
5. 政党与其他机构
6. 意大利党与国家
7. 合理化的官僚制
8. 作为机器的政党

Ⅲ. 领导国家的魅力领袖

1. 领导的宪法职能

2.M. 路德与加尔文

3. 神奇的国王们

4. 魅力心理学

Ⅳ. 人种与魅力的来源

1. 国家与种族

2. 德国的种族主义

3. 反犹太主义理论

4. 血统纯化与反犹主义立法

5. 犹太人财产的雅利安化

6. 反犹主义哲学

Ⅴ. 大德意志帝国的生存空间与日耳曼门罗主义

1. 中世纪的遗产

2. 地缘政治

3. 人口压力

4. 新国际法

5. 大德意志帝国的范围与性格

Ⅵ. 种族帝国主义理论

1. 民主与帝国主义

2. 无产阶级民众对抗富豪

3. 社会帝国主义理论中的伪——马克思主义要素

4. 社会帝国主义的民族主义先驱

5. 德意志帝国主义

6. 社会民主党人与帝国主义

7. 种族帝国主义与大众

第二部分　极权垄断经济

Ⅰ. 没有经济学的经济

1. 国家资本主义？

2. 民族社会主义经济理论——公司国家的神话
Ⅱ. 商业组织
1. 魏玛共和国的商业政治地位
2. 民族社会主义下的政治经济组织
小结
Ⅲ. 垄断经济
1. 财产与合同（经济与政治）
2. 民族社会主义的卡特尔政策
3. 垄断的增长
Ⅳ. 指令式经济
1. 国民化部门
2. 政党部门（格林联盟）
3. 价格控制与市场
4. 利润、投资与“金融资本主义终结”
5. 外贸、自给自足与帝国主义
6. 劳动控制
7. 结论
第三部分　新社会
Ⅰ. 统治阶级
1. 部长级官僚机构
2. 政党的等级制
3. 公务员与政党
4. 武装部队与政党
5. 对工业的领导
6. 对农业的领导
7. 作为新统治阶级典范的大陆石油公司
8. 统治阶级的复兴
Ⅱ. 旧的统治阶级
1. 民族社会主义组织原则

2. 魏玛民主下的工人阶级

3. 劳工阵线

4.“劳动法”

5. 闲暇的管理

6. 作为大众控制手段的工资和收入

7. 宣传与暴力

8. 民族社会主义的法律与恐怖

《民主国家与专制国家——政治理论研究》(Hg.von Herbert Marcuse，英文版 1957；德文版 1967)

“美国版前言”(马尔库塞，1956)

导论(H. 普洛斯，1967)

1. 市民社会法律中法律功能变化(1937)

2. 政治权力研究路径(1950)

3. 政治自由概念(1953)

4. 孟德斯鸠(1949)

5. 论合法不服从的界限?

6. 联邦制理论(与 G. 卡特普合著)

7. 专制理论笔记

8.20 世纪的经济与政治(1955)

9. 恐惧与政治

10. 知识自由与政治自由(1955)

《经济、国家、民主：1930—1954 年文集》(Hg.von Alfons Söllner，1978)

导论：诺伊曼——知识分子的与政治的传记素描(A. 苏尔纳)

魏玛宪法中基本法的社会含义(1930)

论经济宪法的前提及其法律概念(1931)

德国民主的衰落(1933)

法治国家、分权与社会主义(1934)

马克思主义国家理论(1935)

民主国家与专制国家中的工会（1935）

自然法的类型（1940）

民族社会主义社会秩序中的劳动动员（1942）

德国人的再教育与重建的困境（1947）

军政府与德国民主的复兴（1948）

德国民主（1950）

民主中的政治科学（1950）

西德工人运动（1952）

知识分子流亡与社会科学（1952）

恐惧与政治（1954）

基希海默（Otto Krichheimer，1905.11.11—1965.11.22），德裔美国宪法学家、政治学家、批判理论家

《社会主义与布尔什维主义的国家学说》（1928）

《剥夺财产的限度》（1930）

《惩罚与社会结构》（与G.卢舍合著，英文版1939；德文版1974）

《民主德国政府》（1950）

《大众社会中的政党》（1958）

《政治正义——为了政治目的而适用法律程序的可能性》（英文版1961；德文版1965、1981、1985）

前言

引论

第1章　政治中的正义

论法庭的作用

国家及其敌人

指向谁？

转变、意识形态、适当性、法官

第一部分　政治正义——案例、原因与方法

第2章　国家保护结构中的转变

1.开端

2. 法治国家时代

3. 当代社会中的国家保护

第 3 章 政治审判

1. 犯罪审判与政治审判

2. 谋杀审判——一个政治武器

3. 羞辱叛徒的意义与目的

4. 政治行为领域中被禁止的领域扩大

5. 在国家法律空间之外的判决实践

6. 政治斗争中判决的可用性

第 4 章 对政治组织的法律强制

1. 最小限度的专制——合法性的价值与重估

2.19 世纪的例外法

3. 多数统治之下的自由割礼标准

4. 不同层面中的不可消解的体系敌对性

第二部分 司法机构与被告

第 5 章 制度前提与社会前提

1. 论法官的功能

2. 如何成为政治检察官

3. 成为非党派的，意味着什么

4. 陪审法庭的光彩

第 6 章 被告、辩护人与法庭

1. 创办人的确定性

2 个人必须为组织牺牲吗?

3. 领导与叛徒

4. 非顺从主义之岛

5. 律师与客户

6. 政治辩护人的类型

7. 政治律师与法官

8. 国际化审判

第 7 章　司法人员的“法律性”
1. 关于被谋杀的狗之民谣
2.DDR——法庭组织
3. 作为政治官员的法官
4. 法庭与其他国家组织
5. 法官与人民
6.“社会主义法律性“的矛盾
7. 法律与法庭的功能
8. 法律与卍回顾
第 8 章　胜利者对失败者的审判
1. 政治特别法庭
2.“清理”的标准
3.“犯罪的国家”与个体责任
4. 纽伦堡审判做了什么
5. 理想的审判技巧？
第三部分　改进与修正
第 9 章　庇护权
1. 大规模外流时代
2. 光荣的义务抑或沉重的负担？
3. 达摩克利斯之剑——没有法律程序的引渡
4. 政治保护与外交保护
5. 指导意见改变中的拒绝引渡
6. 反对庇护原则
第 10 章　恩典的类型
1. 政治算计、专制抑或温和？
2. 恩典的辩证法
3. 政治大赦类型
4. 半个世纪以来的大赦的命运
第 11 章　综述

1. 政治正义的策略

2. 被规划的正义与法庭的活动空间

3. 法官与政治自由的风险

4. 正义的歧途

第 12 章　初步的补遗

1. 国家惩罚权的限度

2. 戴高乐主义与审判教育学

3. 国家理性反对庇护权

4. 正义的机会？

附录Ⅰ：罗马帝国与基督徒

附录Ⅱ：与成功在一起的失信——G.D. 维尔

《政治与宪法》（1964/1981）

1. 前言

2. 魏玛——然后呢？对宪法的分析（1930）

3. 论权威问题（1944）

4. 政治正义（1955）

5. 政治反对派的改变（1957）

《政治统治——国家学说的五篇文献》（1967/1981）

1. 合法律性与合法性（1932）

2. 限制性条件与革命性突破（1965）

3. 德国或反对派的沉沦（1966）

4. 私人与社会（1966）

5. 论法治国家（1967）

《政治、法律与社会变化》（英文版 1969）

《国家功能与宪法——十个分析》（文集，1972）

《从魏玛共和国到法西斯主义》（文集，1976）

哈贝马斯（Jürgen Habermas，1929.6.18—），德国哲学家、社会学家、批判理论家

《绝对与历史——谢林思想中的矛盾》（博士论文，1954）

《大学生与政治——法兰克福大学生政治意识的社会学调查》（与弗里德堡等合编，1961）

《公共领域的结构转型——市民社会范畴研究》（1962；1990）

新版前言（1990）

第 1 版前言（1962）

Ⅰ. 导论——市民公共领域类型的初步划界

1. 出发点问题

2. 论代表型公共领域的类型

补遗：代表型公共领域的终结——以 W. 麦斯特为例说明

3. 论市民公共领域的谱系

Ⅱ. 公共领域的社会结构

4. 大纲

5. 公共领域制度

6. 市民家庭与关涉公共性的私人性之制度化

7. 文学公共领域和政治公共领域的关系

Ⅲ. 公共领域的政治功能

8. 英国发展的典型案例

9.（欧洲）大陆的变种

10. 市民社会作为私人自主领域——私人权利与自由市场

11. 市民法治国家中充满矛盾的公共领域之制度化

Ⅳ. 市民公共领域——观念与意识形态

12. 公共意见——史前史

13. 作为政治与道德中介原则的公众性（康德）

14. 论公共领域的辩证法（黑格尔与马克思）

15. 自由主义理论中公共领域之矛盾性观点（J.St. 穆勒与托克维尔）

Ⅴ. 公共领域的社会结构转型

16. 公共领域和私人领域的交织趋势

17. 社会领域和私密领域的两极化

18. 从文化批判的公众到文化消费的公众

19. 模糊的大纲——市民公共领域瓦解的发展线索

Ⅵ. 公共领域的政治功能转型

20. 从私人的新闻写作到大众传媒的公共服务——广告作为公共领域的功能

21. 功能改变了的公众性原则

22. 被确立的公共领域和非公共意见——居民的选举活动

23. 自由法治国家向福利国家转型过程中的政治公共领域

Ⅶ. 论公共意见概念

24. 公共意见作为国家法的虚构，以及对公共意见概念的社会心理学解释

25. 一种社会学解释的尝试

《理论与实践——社会哲学研究》（1963；1971）

新版前言（1971）

第 1 版前言（1963）

新版导论：试图沟通理论与实践的几个困难（1971）

1. 古典政治学说与社会哲学的关系（1961/1963）

2. 自然法与革命（1962/1963）

3. 黑格尔对法国革命的批评（1962/1963）

4. 黑格尔的政治文集（1966）

5. 向唯物论过渡中的辩证观念论——从谢林的上帝立约观念中得出的历史哲学结论（1961/1963）

6. 哲学和科学之间——作为批判的马克思主义（1960/1963）

7. 社会学之批判的任务与保守的任务（1962/1963）

8. 独断论、理性与决断——科学化文明中的理论与实践（1962/1963）

9. 科技进步的实践后果（1968）

10. 高等教育的社会变迁（1963）

11. 高校的民主化就是科学的政治化？（1969）

附录：关于马克思与马克思主义的哲学讨论文献（1957）

《论社会科学的逻辑》（1967；1971；扩充版 1982）

Ⅰ. 实证主义论争（1963—1964）

分析的科学理论与辩证法

反对为实证主义恢复名誉的理性主义

价值自由与客体性

Ⅱ. 解释学（1967—1970）

自然科学与精神科学中的二元论

社会行为一般理论的方法论

经验——分析行为科学中的意义理解难题

作为当代理论的社会学

解释学的普遍性要求

Ⅲ. 社会科学的功能主义（1971）

“社会系统理论还是批判的社会理论”——与卢曼论争

Ⅳ. 认识论与历史哲学（1968—1972）

尼采的认识论

历史的主体

附录：残篇

社会科学中的客观主义

《认识与兴趣》（1968）

前言

Ⅰ. 认识论批判的危机（1965，法兰克福大学教授就职演说）

1. 黑格尔对康德的批判——认识论的极端化或扬弃

2. 马克思对黑格尔的元批判——通过社会劳动进行综合

3. 作为社会理论的认识论观念

Ⅱ. 实证主义、实用主义、历史主义（1963—1964，海德尔堡大学授课）

4. 孔德和马赫——老实证主义的意向

5. 皮尔士的“研究逻辑”——通过语言逻辑更新的普遍实在论的困境

6. 自然科学的自我反思——实用主义的意义批判

7. 狄尔泰的表达理解理论——自我认同与语言交往

8. 精神科学的自我反思——历史主义的意义批判

Ⅲ . 批判作为认识与兴趣的统一(关于心理分析，主要来自弗洛伊德、米彻利希、A. 洛伦茨)

9. 理性与兴趣——对康德和费希特的回顾

10. 作为科学的自我反思——弗洛伊德心理分析的意义批判

11. 元心理学之唯科学主义的自我误解——一般阐释的逻辑

12. 心理分析与社会理论——尼采对认识兴趣的还原

《作为“意识形态”的技术与科学》(1968)

前言

劳动与互动——评黑格尔耶拿时期的“精神哲学”(1967)

作为“意识形态”的技术和科学——纪念马尔库塞诞辰 70 周年(1968)

技术进步与社会生活世界(1966)

科学化的政治和公共意见(1964)

认识与兴趣(论文 1965，著作 1968)

《抗议运动与高校改革》(1969)

《解释学与意识形态批判》(1971)

《社会理论或社会工艺学——系统研究有何用?》(与卢曼合著，1971)

《哲学—政治剪影》(1971 ；扩充版 1981)

《后期资本主义的合法性问题》(1973)，(英文名《合法性危机》)

前言

第一部分　社会科学的危机概念

1. 系统与生活世界

2. 社会系统的几个构成要素

3. 社会组织原则解释

4. 系统危机——以自由资本主义危机周期为例解说

第二部分　后期资本主义的危机倾向

1. 后期资本主义的描述模型

2. 后期资本主义增长的后果问题

3. 可能的危机趋向分类

4. 经济危机原理
5. 合理性危机原理
6. 合法性危机原理
7. 动机危机原理
8. 小结

第三部分 论合法化问题的逻辑

1.M. 韦伯的合法性概念
2. 实践问题的真理性
3. 普遍利益的压抑模型
4. 个体性的终结？
5. 复杂性与民主
6. 对理性的偏爱

《重建历史唯物主义》（1976）

Ⅰ. 哲学的前景

1. 导论——历史唯物主义与规范结构发展
2. 哲学在马克思主义中的作用（1974）

Ⅱ. 认同

3. 道德发展与自我认同（1974）
4. 复杂社会能够形成一个理性认同吗？（1974）

Ⅲ. 进化

5. 社会学中的理论比较——以社会进化论为例（1976）
6. 重建历史唯物主义（1975）
7. 历史与进化（1976）
8. 对现代法律进化的地位的思考

Ⅳ. 合法性

9. 现代国家中的合法性问题（1976）
10. 危机在今天意味着什么？——后期资本主义中的合法性问题（1973）
11. 合法性概念关键词——一个简单的答复（1976）

12. 对实践话语的两个说明（1975）

《什么是普遍语用学?》（与阿佩尔主编，1976）

《政治、艺术、宗教——同时代的哲学家散论》（1978）

《关于“时代精神状况”的关键词》（编，1980）

《交往行为理论》（1981）

前言

第 1 卷　行为合理性与社会合理化

Ⅰ. 导论：合理性问题入门

引论：社会学中的合理性概念

1.“合理性”：一个临时的概念规定

（1）行为与断言的可批判性；（2）可批判的表达范围；（3）关于论证理论的题外话

2. 神话世界观与现代世界观的几个标志

（1）M. 戈德利尔以来的神话世界观结构；（2）对象领域的差异化与世界的差异化；（3）P. 温奇之后英国关于合理性的论争——支持或反对普遍主义立场；（4）世界观的解中心化（皮亚杰）——生活世界构想的临时引入

3. 四种社会学行为概念中的世界关联与行为的合理性方面

（1）波普尔的三个世界理论及其在行为理论中的运用(I.C. 贾维)；（2）根据行为者—世界关联而区分的三种行为概念；（3）“交往行为”概念的临时引入

4. 社会科学中的意义理解问题

（1）从知识论视角看；（2）从理解社会学视角看

本书结构概览

Ⅱ. M. 韦伯的合理化理论

引论：科学史语境

1. 西方理性主义

（1）西方理性主义现象；（2）合理性概念；（3）西方理性主义的普遍主义内涵

2. 宗教—形而上学世界观的祛魅与现代意识结构形成

（1）观念与兴趣；（2）世界观发展的内在要素与外在要素；（3）世界宗教的内容方面；（4）世界宗教的结构方面——祛魅与系统的安排；（5）祛魅与现代世界观

3. 作为社会合理化的现代化——新教伦理的作用

（1）新教职业伦理与社会合理化的自我解构模式；（2）“中间考察”的系统内涵

4. 法律合理化与时代诊断

（1）时代诊断的两个内涵——意义丧失与自由丧失；（2）模棱两可的法律合理化

Ⅲ. 第一阶段中间考察：社会行为、目的性活动与交往

对分析的意义理论与行为理论的说明

（1）M. 韦伯的行为理论的两个版本；（2）以效果为取向和以理解为取向的语言使用——以言取效行为的价值；（3）意义与有效性——言语行为提供的以言行事行为的连带效果；（4）有效性要求与交往模式——对指责的讨论；（5）言语行为分类的不同尝试（奥斯汀、塞尔、克莱科尔）——纯粹以语言为中介的互动类型；（6）形式语用学与经验语用学——字面含义和语境含义：潜在的知识背景

Ⅳ. 从卢卡奇到阿多尔诺：作为物化的合理化

前言：生活世界合理化与行为系统不断复杂化

1. 西方马克思主义传统中的 M. 韦伯

（1）关于意义丧失论题；（2）关于自由丧失论题；（3）卢卡奇对 M. 韦伯合理化问题的阐释

2. 工具理性批判

（1）法西斯主义理论与大众文化理论；（2）对新托马斯主义与新实证主义的双重批判；（3）启蒙辩证法；（4）作为训练的否定辩证法；（5）现代性的哲学自我解释与意识哲学范式的式微

第 2 卷　对功能主义理性的批判

Ⅴ. 在米德、涂尔干那里的范式转变：从目的性活动到交往行为

引论

1. 对社会科学的交往理论奠基

（1）米德交往理论的问题提法；（2）从类人猿的手势语向以符号为中介的互动过渡；（3）补遗：借助于维特根斯坦遵循规则的构想阐明米德的意义理论；（4）从以符号为中介的互动向规范调节互动过渡；（5）社会世界与主观世界的互补结构

2. 神圣的权威与交往行为的规范背景

（1）涂尔干论道德的神圣根源；（2）涂尔干理论的缺点；（3）关于交往行为三个根源的说明

3. 神圣承诺的合理结构

（1）法律发展与社会整合的形式转变；（2）用总体上整合的社会之虚构的极限状态来解释（社会整合）形式转变的逻辑；（3）米德对话语伦理学的奠基；（4）对认同与个体化的说明——人格之数的、种属的、质的同一化（海因里希、图根哈特）；（5）对米德社会理论的两点异议

Ⅵ. 第二阶段中间考察：系统与生活世界

引论：与涂尔干劳动分工理论紧密联系社会整合与系统整合

1. 生活世界构想与理解社会学的解释学观念论

（1）作为交往行为视阈和背景的生活世界；（2）交往理论光谱下社会现象学的生活世界概念；（3）生活世界的形式语用学概念、叙事概念、社会学概念；（4）对生活世界再生产而言的、以理解为取向的行为的功能——生活世界合理化维度；（5）理解社会学的界限，生活世界与社会被视为同一

2. 系统与生活世界的脱钩

（1）部落社会作为社会文化生活世界；（2）部落社会作为自我调控系统；（3）系统差异化的四种机制；（4）生活世界中系统整合机制的制度性确立；（5）生活世界合理化与生活世界技术化——非语言的交往媒介取代日常语言交往媒介；（6）系统与生活世界的脱钩与物化论题的重新表述

Ⅶ. 帕森斯：社会理论的建构问题

引论：帕森斯在理论史中的地位

1. 从规范主义行为理论到社会系统理论

（1）1937 年的行为理论构思；（2）早中期的行为理论；（3）系统概念精确化与行为理论首要性的放弃

2. 系统理论的发展

（1）“Working Papers”以来的理论发展；（2）后期哲学人类学以及系统理论与行为理论之间妥协的破裂；（3）媒介控制理论

3. 现代性理论

（1）生活世界合理化与系统不断复杂化之间的去差异化；（2）对帕森斯再康德化尝试的说明

Ⅷ. 最终考察：从帕森斯经 M. 韦伯到马克思

引论

1. 对 M. 韦伯现代性理论的回顾

（1）M. 韦伯的官僚化论题在系统与生活世界概念中的重新表述；（2）M. 韦伯的资本主义形成解释之重构；（3）生活世界殖民化——对 M. 韦伯之时代诊断的重新接受

2. 马克思与内在殖民化论题

（1）现实抽象或社会整合行为关联的物象化；（2）系统与生活世界之间的交换关系模型；（3）法治化趋势

3. 批判的社会理论之任务

（1）早期批判理论的论题域；（2）交往行为理论的联结点；（3）合理性理论与历史语境——对原教旨主义要求的抵御

《道德意识与交往行为》（1983）

Ⅰ. 作为立场持有者与阐释者的哲学（1981.6　斯图伽特国际黑格尔协会“先验的与辩证的论证方法比较”国际研讨会演讲稿）

Ⅱ. 重构的社会学与理解社会学（1980.3　伯克利“道德与社会科学”国际研讨会演讲稿）

Ⅲ. 话语伦理学——关于论证纲要的笔记

1. 预备性思考——道德现象学；伦理学的主观主义与客观主义

2. 作为论证规则的普遍化原理——交往行为之（断言的与规范的）有

效性要求；道德原则或行为准则普遍化的标准；论证和参与（附录）

3. 话语伦理学及其行为理论基础——道德原则的论证是必要的和可能的？先验语用学论证的结构与地位；道德与伦理

Ⅳ. 道德意识与交往行为

《阿多尔诺国际会议（1983）》（与弗里德堡主编，1983）

《关于交往行为理论的前期研究与补充》（1984）

《新的不了然性》（1985）

《现代性的哲学话语》（1985）

现代的时代意识及其自我确证要求（附：论本雅明的《历史哲学论纲》）

黑格尔的现代性观念（附：论席勒的《审美教育书简》）

黑格尔之后的三种视角——黑格尔左派、黑格尔右派和尼采（附：论过时的生产范式）

后现代性的开端——尼采

启蒙与神话的纠缠——霍克海默和阿多尔诺

形而上学批判对西方理性主义的瓦解——海德格尔

超越始源哲学——德里达语音中心主义批判（附：论哲学和文学的文类差别）

在爱欲论与普遍经济学之间——巴塔耶

理性批判对人文科学的揭露——福柯

权力理论的困境

走出主体哲学的另一条路径——交往合理性与主体理性

现代性的规范内涵

《一种灾难清除的类型》（1987）

《后形而上学思维——哲学文集》（1988）

前言

Ⅰ. 形而上学的回归？

1. 现代性视阈的拓展

2. 康德之后的形而上学

3. 后形而上学思维主题

Ⅱ. 语用学转向

4. 行为、言语行为、以语言为中介的互动与生活世界

5. 意义理论批判

6. 对 J. 塞尔的《意义、交往与表象》的说明

Ⅲ. 介于形而上学与理性批判之间?

7. 多元声音中的理性统一性

8. 通过社会化而实现个体化——论米德的主体理论

9. 作为文学的哲学与科学?

附录

10. 评论

《文本和语境》(1991)

《话语伦理学解说》(1991)

Ⅰ. 道德与伦理

1. 黑格尔对康德的指责也击中话语理论学吗?

2. 什么样的生活形式是合理的?

Ⅱ. 道德发展

3. 正义与团结

4. 柯尔伯格与新亚里士多德主义

Ⅲ. 实践理性

5. 论实践理性之实用的、伦理的、道德的使用

6. 话语伦理学解说

《事实与价值——关于法律的和民主法治国家的话语理论》1992,1994)

前言

Ⅰ. 法律作为事实与价值之社会中介范畴

1. 含义与真理——事实与价值之间的语言内部的张力

2. 内在超越——异议风险之生活世界的和古代世界的应对

3. 法律有效性诸向度

Ⅱ. 社会学的法律正义构想与哲学正义构想

1. 法律的社会科学祛魅
2. 理性法的回归与“应当”的无能为力
3. 帕森斯抑或 M. 韦伯——法律的社会整合功能
Ⅲ. 法律重构（Ⅰ）——法律体系
1. 私人自主与公共自主、人权与人民主权
2. 道德规范与法律规范——理性道德法与实证法的互补关系
3. 基本法的话语理论论证——话语原则、法律形式与民主原则
Ⅳ. 法律重构（Ⅱ）——法治国家诸原则
1. 法律与政治的结构性关联
2. 交往权力与合法的立法
3. 法治国家诸原则与权力分立逻辑
Ⅴ. 法律的不确定性与判决的合理性
1. 解释学、实在论、实证主义
2. 德沃金的法律理论
3. 法律话语理论
Ⅵ. 司法与立法——论宪法判决的作用与合法性
1. 自由主义法律范式之消解
2. 规范抑或有效性——对宪法判例之错误的方法论自我理解的批判
3. 宪法判决在对政治之自由主义的、共和主义的、程序主义的理解中的作用
Ⅶ. 协商政治——一个程序民主概念
1. 规范的民主模型抑或经验的民主模型
2. 民主程序及其中立性问题
3. 具有规范内涵的协商政治概念之社会学转译
Ⅷ. 论公民社会与政治公共领域的作用
1. 社会学的民主理论
2. 政治权力循环模型
3. 公民社会的行为者、公共意见与交往权力
Ⅸ. 法律范式

1. 私法的实质化

2. 法律平等与事实平等的辩证法——以女性主义平等政治为例

3. 法治国家的危机与程序主义的法律理解

“前期研究与补充”

Ⅰ. 法律与道德（1986 年泰纳讲座）

1. 合法性如何通过合法律性成为可能？

2. 论法治国家观念

Ⅱ. 作为程序的人民主权（1988）

Ⅲ. 公民身份与民族认同（1990）

《作为未来的过去——与著名哲学家哈贝马斯的对话》（与哈勒合著，1991）

前言（1991）

书面采访

海湾战争——一种新的德意志正常性的催化剂

统一的规范性缺失

作为未来的过去

欧洲的第二次机遇

理论能够做什么？不能做什么？

以色列或雅典：记忆的理性归于谁？——J.B. 梅茨（Johann Baptis Metz）论多文化之多样性统一（1993）

后形而上学思维主题

《包容他者——政治理论研究》（1997）

前言

Ⅰ. 为什么“应当”的权威是理性的？

1. 道德认知内涵的谱系学考察（1997）

Ⅱ. 政治自由主义——与罗尔斯论争

2. 通过公共理性使用而达到和解（1995）

3.“理性的”或“真实的”，或世界观的道德（1997）

Ⅲ. 民族国家还有未来吗？

4. 欧洲民族国家——关于主权与公民身份的过去和未来（1996）
5. 论包容——论民族国家、法治国家与民主的关系（1997）
6. 欧洲是否需要一部宪法？——对 D. 格林的答复（1995）
Ⅳ. 人权——全球视角与国家内部视角
7. 康德的永久和平观念——纪念《永久和平论》发表 200 周年（1995）
8. 民主国家中的“为承认而斗争”（1993）
Ⅴ. 何谓“协商政治”？
9. 三种规范的民主模型（1992）
10. 论法治国家与民主的内在关联（1994）

《后民族状况——政治文集》（1998）

前言
Ⅰ. 民族语境
1. 何谓民族？——三月革命前时期精神科学的政治自我理解
2. 论历史的公共使用
Ⅱ. 后民族状况
3. 从灾难中学习？——对短暂的 20 世纪的时代诊断性回顾
4. 后民族状况与民主的未来
5. 论人权的合法性
Ⅲ. 现代性的自我理解？
6. 现代性构想——对两个传统的回顾
7. 哲学与政治的不合拍——纪念马尔库塞诞辰 100 周年
Ⅳ. 反对克隆人的论据
8. 遗传学的奴役支配——复制医学进步的道德界限
9. 不是自然阻止克隆，而是我们必须自己作出决定
10. 克隆人不是民事案件

《真理与辩护——哲学文集》（1999；扩充版 2004）

导论：语用学转向之后的实在论
Ⅰ. 从解释学到形式语用学
1. 解释学哲学与分析哲学——语言学转向的两种互补类型

2. 理解的合理性——对交往合理性概念的言语行为理论阐释

Ⅱ. 主体间性与客体性

3. 从康德到黑格尔——论 R. 布兰顿（Robert Brandom）的语用学

4. 解先验化之路——从康德到黑格尔，再从黑格尔回到康德

Ⅲ. 话语中的真理与生活世界

5. 真理与辩护——论罗蒂的实用主义转向

6. 价值与规范——评普特南的康德主义的实用主义

7. 正当性与真理性——道德判断与道德规范之应当价值的意义

Ⅳ. 哲学的界限

8. 再论理论与实践的关系

《交往行为与解先验化的理性》（2001）

《人性的未来——通往自由的优生学之路》（2001；2002；扩充版，2005）

前言

合理的禁欲——是否存在对“正确的生活”这个问题的后形而上学回答?

通往自由的优生学之路——关于类之伦理的自我理解论争

Ⅰ. 何谓人性的道德化?

Ⅱ. 人的尊严与人的生命尊严

Ⅲ. 道德的类伦理学嵌入

Ⅳ. 生长的与制造的

Ⅴ. 工具化禁令、出生率与成为自我的能力

Ⅵ. 优生学的道德界限

Ⅶ. 类之自我工具化的起搏器

后记（2001/2002 之交）

《过渡时期——政治短论Ⅸ》（2001）

前言

Ⅰ. 从波恩到柏林

1. 有替代性选择!

Ⅱ. 干预
2. 从权力政治到世界公民社会
3. 自由西方的 Logo
4. 食指：德国人及其标志
Ⅲ. 公共代表与文化纪念
5. 符号表达与仪式行为——对卡西尔与盖伦的回顾
Ⅳ. 过渡中的欧洲
6. 欧元怀疑、市场欧洲或（世界）公民的欧洲
7. 欧洲需要一部宪法吗？
Ⅴ. 政治理论问题
8. 民主法治国家——矛盾原则的悖谬性结合？
Ⅵ. 美国实用主义与德国哲学——三篇书评
9. 杜威：《确定性的寻求》
10. 罗蒂：《构筑我们的家园》
11.R. 布兰顿：《使之清晰》
Ⅶ. 耶路撒冷、雅典和罗马
12. 关于上帝和世界的谈话

《哈贝马斯在华讲演集》（2002）

关于人权的跨文化话语
论实践理性之实用的、伦理的和道德的使用
三种规范的民主模型——论协商政治概念
论全球化压力下的欧洲民族国家
再论理论与实践的关系

《时代诊断——12 篇短论（1980—2001）》（2003）

现代性——一项未完成的规划
福利国家危机与乌托邦能量耗尽
海涅与德国知识分子的作用
大学理念——学习过程
历史意识与后传统认同——联邦德国的西方取向

纠补的革命与左派的修正需要——“社会主义”在今天意味着什么？

理论能够做什么，不能做什么？

从历史中学习？

现代性构想——对两种传统的回顾①

从灾难中学习？——对短暂的20世纪的诊断性回顾②

欧洲需要一部宪法吗？③

信仰与知识——2001年和平奖颁奖大会上的讲话

《在自然主义与宗教之间——哲学文集》（2005）

导论

Ⅰ. 规范引导的精神之主体间性观念

1. 公共空间与政治公共领域——两个思想主题的生活史根源

2. 交往行为与解先验化的理性

3. 话语差异化的建筑术——对一场大论争的简单答复

Ⅱ. 宗教多元主义与公民团结

4. 民主法治国家的前政治基础？

5. 公共领域中的宗教——宗教公民与世俗公民的“公共理性使用”的认知性前提

Ⅲ. 自然主义与宗教

6. 自然与决定论

7.“自我本身就是自然的一部分”：阿多尔诺论理性的自然关联——对自由与不可支配性关系的思考

8. 信仰与知识之间的界限——论康德宗教哲学的效果史与现实意义

Ⅳ. 宽容

9. 宗教宽容作为文化权利的起搏器

10. 文化的平等对待——以及后现代自由主义的界限

11. 一部多元主义世界社会的政治宪法？

---

① 此文已被收入《后民族状况》中。

② 此文已被收入《后民族状况》中。

③ 此文已被收入《包容他者》、《后民族状况》中。

《唉，欧洲——政治短论 XI》（2008）

前言

Ⅰ. 肖像

1. 早期联邦德国的 H. 海勒：纪念阿本德罗特诞辰 100 周年

2. 罗蒂与对通货紧缩打击的喜悦

3.“……并定义美国，其竞技民主”——纪念罗蒂

4. 如何回答伦理问题——德里达与宗教

5. 德里达的澄清效应——最后的问候

6. 德沃金——法学界的宝石

Ⅱ. 唉，欧洲

7. 对重要性的超前洞察力

8. 欧洲及其移民

9. 绝境中的欧洲政策——为分级整合政策辩护

Ⅲ. 公共领域的理性

10. 传媒、市场与消费者——作为政治公共领域骨干的有信誉的出版社

11. 民主还有认识论维度吗？经验研究与规范理论

《论欧洲宪法》（2011）

前言

人的尊严构想与人权的现实主义乌托邦

国家法宪法化光谱下的欧盟危机——关于欧洲宪法的论文

1. 为什么今日欧洲之首要任务是宪法规划？

2. 欧盟面临的决择——跨民族的民主与后民主的行政联邦制

3. 从国际共同体到世界主义共同体

附录：联邦德国的欧洲

1. 破产之后——一个访谈

2. 欧元决定欧盟的命运

3. 支持或反对欧洲的公约

《后形而上学思维Ⅱ：论文与回应》（2012）

神圣者的语言化——代前言

Ⅰ．作为理由空间的生活世界

1. 从世界图景到生活世界

2. 作为符号体现的理由空间的生活世界

3. 关于仪式的类历史意义的假设

Ⅱ．后形而上学思维

4. 哲学对宗教的新兴趣——与 E. 门迪埃塔（Eduardo Mendieta）的访谈

5. 宗教与后形而上学思维——一个答复

6. 关于信仰与知识的座谈会——一些回应

Ⅲ．政治与宗教

7.“政治的”——政治神学之可疑遗产的理性意义

8.“美好生活”：“令人厌恶的陈词滥调”——青年罗尔斯的宗教伦理学对政治理论有什么意义？

9. 罗尔斯的政治自由主义——对一个讨论回复的回应

10.“后世俗”社会公共领域中的宗教

《技术官僚的诱惑——政治短论Ⅻ》（2013）

前言

Ⅰ．德国犹太人、德国人与犹太人

1. 早期联邦德国中作为回归者的犹太哲学家与社会学家——一个回忆

2.M. 布伯——时代历史语境中的对话哲学

3. 我们的同代人海涅——“目前在欧洲不再有民族国家”

Ⅱ．技术官僚的诱惑

4. 法律与民主法治国家话语理论的关键词

5. 技术官僚的诱惑——为欧洲团结辩护

Ⅲ．欧洲的状况——持续干预

6. 下一步——一次访谈

7. 政治政党的两难

8. 支持“更多人欧洲”的三个理由

9. 民主还是资本主义？

Ⅳ．掠影

10. 作为激情的合理性——纪念达伦多夫诞辰 80 周年

11. 绝对精神的源泉探究——为 M. 托马塞洛（Michael Tomasello）颁发黑格尔奖

12.“这怎么会发生?” J.P. 雷姆茨玛（Jan Philipp Remtsma）的答复

13. 跨文化话语中的三岛宪一（Kenichi Mishima）

14. 近距离——感谢慕尼黑

《哲学文本》（1999）

第 1 卷　社会学的语言理论基础

前言

导论

Ⅰ. 社会学的语言理论基础

1. 关于社会学之语言理论基础的讲座

Ⅱ. 交往行为与生活世界

2. 交往行为概念解说

3. 行为、言语行为、以语言为中介的互动与生活世界

4. 通过社会化而实现个体化——论米德的主体间性理论

Ⅲ. 合理性与重构

5. 行为合理性诸方面

6. 重构的社会学与理解社会学

Ⅳ. 从哲学到社会理论

7. 现代性构想——对两种传统的回顾

第 2 卷 合理性理论和语言理论

前言

导论

Ⅰ. 形式语用学的语言理论

1. 解释学哲学与分析哲学——语言学转向的两种互补类型

2. 意义理论批判

Ⅱ. 交往合理性

3. 理解的合理性——对交往合理性概念的言语行为理论阐释

4. 交往行为与解先验化的理性
Ⅲ. 真理的话语理论
5. 真理理论
6. 真理与辩护——论罗蒂的实用主义转向
Ⅳ. 认识论思考
7. 语用学转向之后的实在论

第 3 卷　话语伦理学

前言
导论
Ⅰ. 道德理论
1. 话语伦理学——关于论证纲要的笔记
2. 黑格尔对康德的指责也击中话语伦理学吗？
3. 话语伦理学与社会理论——T.H. 尼尔森（T.Hviid Nielsen）访谈
4. 话语伦理学解说
5. 道德认知内涵的谱系学考察
Ⅱ. 实践话语系统
6. 论实践理性之实用的、伦理的、道德的使用
7. 正当性与真实性——道德判断与规范之“应然价值”的意义
8. 话语差异化建筑术——对一个巨大论争的简单回复

第 4 卷　政治理论

前言
导论
Ⅰ. 民主
1. 作为程序的人民主权
2. 三种规范的民主模型
3. 民主还有认识论维度吗？经验研究与规范理论
Ⅱ. 宪法国家
4. 论法治国家与民主的内在关联
5. 民主法治国家——矛盾原则的悖论性结合？

Ⅲ. 民族、文化与宗教
6. 论民族、法治国家与民主的关系
7. 文化平等——后现代自由主义的界限
8. 公共领域中的宗教
Ⅳ. 国际法的制度化
9. 论人权的合法性
10. 国际法的制度化还有机会吗?
11. 国际法的制度化与通过宪法组织起来的世界社会的合法性问题
第 5 卷　理性批判
前言
导论
Ⅰ. 形而上学思维
1. 哲学何为?
2. 作为立场持有者与阐释者的哲学
3. 理论能够做什么，不能做什么?——一个访谈
4. 再论理论与实践的关系
Ⅱ. 后形而上学思维
5. 多元声音中的理性统一性
6. 康德之后的形而上学
7. 后形而上学思维主题
Ⅲ. 自然主义的挑战
8. 从世界图景到生活世界
9. 负责任的作者的语言游戏与意志自由问题——认识二元论与本体一元论如何和解?
Ⅳ. 宗教的挑战
10. 信仰与知识之间的界限——论康德宗教哲学的效果史与现实意义
11. 世界宗教的再兴——现代性之世俗的自我理解的挑战?
12. 缺乏之物的意识
Ⅴ. 宗教谈话

13. 题外话：内部超越，此岸中的超越

内格特（Oskar Reinhard Negt，1934.8.1—），德国社会哲学家、政治活动家、批判理论家

《孔德社会学说与黑格尔社会学说之间的结构性关系》（1964）

《社会学的想象力与案例教学——工人教育理论》（1968）

《作为抗议的政治——反独裁运动的演讲与论文集》（1971）

《没有社会主义就没有民主——政治、历史与道德的内在关联》（1976）

前言

Ⅰ. 导论：德国资产阶级民主的不幸

Ⅱ. 非历史性导致的暴力潜能——专制的绩效社会发展趋向

B. 奥尼索格（Benno Ohnesorg）——国家暗杀的牺牲者（1967）

通往专制社会之路（1965）

经济领导层与军事领导层的社会图景和历史观念（1967）

大学生抗议、自由主义、“左翼法西斯主义”（1968）

右翼犯罪化趋向（1972）

越南或“自动化战场”战略（1970）

Ⅲ. 理论在政治斗争中的作用

自发性与组织的唯物辩证法——R. 卢森堡（1973）

E. 布洛赫——十月革命的德国哲学家（1972）

非共时性遗产与宣传问题（1975）

基督徒与马克思主义者能够在何处找到共同使命？（1976）

左派的想象力禁止？——图像与概念的困窘（1976）

Ⅳ. 基础民主替代性选择案例——公共领域和教育

不是根据头脑，而是根据利益来组织！（1972）

在“被挪用的现实”领域，瓦尔拉夫的调查研究（1975）

煽动与公共领域的关系（1969）

为新的教育概念辩护（1970）

工人教育作为阶级意识逐渐觉醒的中介——一个反批评（1976）

学校作为经验过程——“Glocksee”计划的社会方面（1975）

Ⅴ. 社会主义民主化进程

斯大林主义的终结（1968）

社会主义政治与恐怖主义（1972）

经验、解放与组织的辩证法（1975）

没有社会主义就没有民主，没有民主就没有社会主义（1976）

《活劳动、被剥夺的时间——为劳动时间而斗争的政治—文化维度》（1984）

前言

Ⅰ. 劳动时间缩短触及统治体系的稳固基础

1. 统治存在于空间和时间的微观组织中

2. 为生活时间延长而斗争——时间作为人发展的空间

3.35 小时 / 周工作制要求是劳动时间缩短传统中质的切口

Ⅱ. 坚持旧的劳动结构和职业结构意味着——社会分裂为“两种现实”

1. 劳动在职业活动形式中的文化转型

2. 企业家的双重策略——个体化与分离

3. 社会外包作为侵蚀危机的结果

4. 两种文化、两种现实不是问题

5.“被凝结的国家实质”与“系统与生活世界的脱钩”之双重意义

6. 灵活性：企业家阵营的魔咒——时间碎片化策略

Ⅲ. 工会政治要求的拓展

1. 作为被组织起来的工人整个社会团结的利益代表，支持那些被剥夺了劳动岗位的人

2. 政治文化发展被强化的承诺——防止资产阶级意识工业造成的二次剥削

3. 作为两种组织中心的城区与居宅区

Ⅳ. 劳动作为生活需要——只有乌托邦还是现实主义的[①]

① 该部分与《只有乌托邦还是现实主义的：政治干预》第 4 部分内容大致相同，但该书内容丰富得多。

1. 活劳动——一个历史的——基础的范畴

2. 异化劳动——自由时间与懒惰之间的必然关联

3. 在发达工业社会中，抛弃时间偷窃与强制劳动的所有条件都得到满足

4. 社会必要劳动与自由王国——时间乌托邦与劳动乌托邦

5. 生存恐惧的扬弃，以及超越工资与绩效的道德问题

Ⅴ. 技术的政治心理学诸方面

1. 技术、安全和恐惧

2. 通过新技术赢得时间、占有时间（矛盾冲突）

附录

《“龙”标志下的现代化——中国与欧洲现代性神话》（1988）

《工会的挑战——为扩大其政治、文化授权辩护》（1989）

《68—代：政治知识分子与权力》（1995）

Ⅰ. 当代德国历史编纂战场中的 68—代

1. 回忆的恐惧与被遗忘的骂名之间

2.“精神转折”的道德回归

3. 人还记得什么？——暴力与铭记之间的关键词

3. 今日历史学家论争

4. 为占有语言和占有符号而进行的政治斗争

Ⅱ. 法律秩序、公共领域和暴力

1. 暴力氛围——1993 年与 1968 年（生产与权利——1968/69 法哲学讨论会）

2. 暴力概念中的差异化：1968 年复活节——《法律秩序、公共领域和暴力》

3. 文学中的暴力话语

4. 视角传媒和语言传媒中暴力潜能

5. 传媒世界作为第二现实与日常经验缺失

6，通过传媒而拓展组织的机会——社会主义概念中的转型（1986 年的一次演讲）

7. 在世界历史法庭面前的社会主义乌托邦

Ⅲ. 直接民主的政治白日梦

1. 寻找新的民主参与形式

2. 重新占有的议会传统与共和主义俱乐部的任务——1968 年议会观念

3. 左翼公共领域的自我毁灭

4. 社会主义办公室作为“超议团意识”的组织论坛

5. 民主与社会主义

6. 作为政治梦想的“民主问题”：论紧急状态反对派——黑森广播电台中的电视讲话

Ⅳ. 权力、政治、抗议与道德

1. 政治大学的尝试——关于演讲中政治口号的产生

2. 富有道德的政治理解

3. 今日责任伦理——对政治概念的思考

4. 庸俗者与革命者——政治性格的脱皮

Ⅴ. 危险的历史之必然重复性如何被打破

1. 法西斯主义指控与紧急状态反对派

2. 沉重的时间与沉重的团结：《F.v. 巴德尔——迈因霍夫情结》——反对德国阶级冲突的国家化（1977 的一次演讲）

3. 儿童与学习

4. 对于社会变革来说，何时才算时间成熟？

5.1956 年的匈牙利

6. 布拉格之春——社会主义的终结

Ⅵ. 理论与乌托邦——知识分子的政治责任

1. 人格与职业生涯——人格化的界限

2. 知识分子的未来责任

3. 右翼——左翼政治定位的意义与无意义

4. 整个家庭经济学与单个企业经济学

附录：想什么？做什么？

《变革世界中的儿童与学校》（1997）

《为什么是 SPD？——支持权力与政治持续变化的七个论据》（1998）

《被低估的人》（与 A. 克鲁格合著，2001）

前言

第 1 卷 检索概念——电视访谈

第 1 编 检索概念

1.“国家衰亡”意味着什么？

2.“在风险社会中快乐的失败”意味着什么？

3. 关于固定价格的哲学

4. 人不能学会——不学习

5. 百科全书规划——20 世纪知识的使用价值

6. 鼹鼠说话了

7. 人不应忽视政治斗争中修辞学的危险

8.1967 年 6 月的一个瞬间

9. 图片中的幽灵时间

10. 自由王国中的悲剧

11. 中国热月

12. 马拉之死——法国大革命的场景

13. 大变革世界中的儿童与学习

14. 工作日与生活日

15.A.L. 施拉格特与奇怪的 1923 年

16. 弗里德里希Ⅱ皇帝

17. 命运的力量

18. 犹太女人

19. 机械师霍普金斯

20. 赫拉克利特、黑暗

21. 自我认知的地狱之路

22. 关于生与死的公共性

23. 不幸成为创造性的？——关于原始积累概念

24. 康德与 SPD 政党代会——什么叫道德形而上学？

25. 什么叫无产阶级？——关于古典经济学的检索概念

26. 直接民主

第 2 编　公共领域和经验——对市民社会公共领域和无产阶级公共领域的组织分析（单行本 1972；合订本 2001）

前　言

第一章　公共领域作为集体的社会经验组织形式

第二章　市民社会公共领域和无产阶级公共领域的辩证法

第三章　公共的——合法的电视——在具体技术中实施的市民社会公共领域

第四章　意识工业中的单个商品和商品堆积

第五章　生活关联作为传媒联盟的生产对象

第六章　公共领域的结构转型——资本主义“文化革命”、无产阶级文化革命

结　语　对无产阶级公共领域概念的注释

第 3 编　政治的比例——关于分辨能力的 15 个建议（单行本 1992；合订本 2001）

前言

Ⅰ. 政治的比例

1. 问题

2.“比例的节点线”

3. 舞台的交织

4. 关于政治概念

Ⅱ. 解放和政治语言——剥夺、再次占有

1. 概念的消费与失信问题

2. 人权、拷打——符号审查与语言审查

3. 革命概念的转变

Ⅲ. 政治作为事实领域与感觉的特殊强度

1. 混合、分解、半成品

2. 政治工具

Ⅳ. 通过资本获得的具有巨大现实性的、但却虚假的工人总体

1. 工人总体的三个基本特征

2. 综合统觉与工人总体

3. 事实的权力——生产的公共领域功能中的现实性原则

Ⅴ. 命运与政治

1. 人作为必然的关联

2. 交流形式、生产模式

3. 客人的权利与理性的他者

Ⅵ. 中国的伤痕——哀悼、死亡与时间的政治含义

1. 现实政治的非现实性

2. 与死亡的感官对抗

3. 压抑与重复强制

4. 集体的哀悼仪式与公共领域

5. 死亡而非杀害是禁忌

Ⅶ. 海湾战争与政治

1. 具体暴力的抽象能力

2. 带有高感值的意识形态图景

3. 反对军事逻辑与战争逻辑

Ⅷ. 现实关系文本的阅读：严重的问题——我们是否理解20世纪的密码

严重的问题——我们是否理解这个世界的密码?

经验的处理形式

……

Ⅸ. 从本性来说没有人是政治的[①]

Ⅹ. 驱逐、分离、梦——传记式笔记

Ⅺ.1991年的马克思——在科学文化中如何订购其公民权

Ⅻ. 没有绝望的政治——论“民粹主义”概念

XⅢ. 作为政治的速度

① 单行本题目：《自我阅读》

XIV. 莱辛与“悲剧的辨识”原则

1. 为什么公共领域是世界上不能以任何价格出售的公共财产

2. 莱辛对“中介”的贡献——悲剧的辨识原则

XV. 在当代即使再密集的劳动也无法驱除过去的幽灵

1. 扬弃的乌托邦与事后清理问题

2. 人会从历史中学习吗?

X Ⅵ .21 世纪门槛上的比例的变化[①]

第 2 卷　历史与固执（单行本 1981；合订本 2001）

前言

Ⅰ. 劳动能力的历史组织

第 1 章　劳动能力从分离中形成

第 2 章　作为自然属性的自我调节

第 3 章　劳动力政治经济学的构成要素

第 4 章　在作为某种实践的劳动力政治经济学中，设想完全的相互作用（循环）问题

Ⅱ. 德国作为生产的公共领域

第 5 章　关于认同

第 6 章　智力劳动方式中的几个引人注目的变化

第 7 章　生产公共领域的要素

第 8 章　德国劳动能力的历史烙印

Ⅲ. 关联的暴力

第 9 章　面纱与经验

第 10 章　作为劳动的战争

第 11 章　私人关系中的人际关系工作

第 12 章　与视域变化的关系——定位的需要

附录：评论

《劳动与人的尊严》（2001）

---

① 单行本题目：后记——“从未有过如此多的开端”

前言

Ⅰ．权力与支配的时间维度

1. 解除的场景——马克思与一个童话讲述者所描述的

2. 世界取向的第三次哥白尼转向

3. 世界是一个交易所吗？——全球化进程中的现实层面

4. 侵蚀危机——社会的总体情况

5. 资本主义的五种麻烦

6. 劳动时间——对空间与时间的支配

7. 为生活时间延长而斗争

8. 孤立的劳动时间政治的界限

Ⅱ．社会危机管理的歧途

1. 带有灵活性名义的魔法学徒

2. 对人的结合能力的威胁

3. 工会长期的灵活性困境

4. 社会的中心在何处？

5. 新经济的悖谬

6. 再封建化与分配正义问题

7. 提高"失业者"的最低收入

8. 两种现实的分裂

9. 失业——进入贫困化

10. 美国与荷兰的样板

11. 活劳动的文化地位

Ⅲ．劳动社会的危机

1. 整个家庭的经济

2. 市场合理性与计划乌托邦

3. 活劳动与市场的绝对性诉求——什么是企业管理思维？

4. 企业管理意识形态与教育事业的结果

5. 社会化与生产过程——人权概念中矛盾

6. 两种经济的强权政治斗争场所

Ⅳ. 活劳动、政治文化
1. 关于新文化论争的必要性
2. 劳动作为历史的——基础的范畴
3. 时间乌托邦与劳动乌托邦
4. 生态文化的意义内涵，异化劳动、自由时间与懒惰之间的必然关联
5. 超越工资与绩效的道德
6. 奥斯维辛之伤
7. 文化作为对社会意义的耕耘、自主与尊严
8. 翻译工作与取向工作
Ⅴ. 通往世界社会之路的共同体劳动
1. 谁担负责任？——对被伤害概念的接近、新的职业责任
2. 命令性的工会行为
3. 对 U. 贝克与吉登斯的现代化理论之意识形态批判的说明
4. 人作为虚假的神——处于技术迷恋中的科学
5. 我们必须知道我们能够知道的一切吗？——为政治哲学复兴辩护
6. 全球化的责任——DDR 转型
附录
《康德与马克思——时代谈话》(2003)
《工会能够做什么？——一个论争的文献》(2004)
《浮士德的职业生涯——从绝望的知识分子到失败的经营者》(2006)
《政治人——作为生活形式的民主》(2010)
Ⅰ. 强权政治新划分标记下的地球
1. 定位——寻找有根据的安全
2. 世界观构思的变化
3.“毫无根据的世界”——断裂的关联问题
4. 历史标记——“三个世界”战略终结
5. 面对混乱的恐惧与帝国秩序的呼唤
6. 战争原因之幻想的制造
7. 为“空间主权”而斗争——地缘政治的回归

8. 地球的规则——美国的印记

9. 重新定义“敌人”的尝试

10. 大格局

Ⅱ. 学习过程中的欧洲：欧洲的世界构思——保障和平的世界内部政治文献

1. 两次战争——学会挑衅（三十年战争；纳粹统治与第二次世界大战——奥斯维辛意味着什么，以及它能代表什么？）

2 作为文化空间的欧洲

3. 近邻关系的耕耘——作为经济空间的欧洲

4. 寻找欧洲认同：记忆与学习的紧密联结——集体关联中的认同思维辩证法

5. 欧洲公民社会中核心危机语言的处理

6. 诊断书，或在当代，我们如何抓住历史？

Ⅲ. 为了能够在变革的世界中找准方向，人必须知道什么？

1. 您知道的，但不能做的——知识社会的意识形态批判讨论

2. 最高的学习目的——确立关联

3. 社会潜能——它如何和关键能力联结在一起

4. 新的学习周期开始

Ⅳ. 批判的社会理论与案例教学——政治教育的辩证法

1. 关键经验——传记式说明

2. 教育过程中特殊与普遍的辩证法

3. 教育学的乐观主义——社会学的想象力与案例教学

Ⅴ. 公共的经验空间、集体的经历时间——民主的非卖品

1. 公共领域的文化含义

2. 没有公共领域就没有个人解放——人的社会化的辩证法

3. 转型中的公共领域

4. 城市作为文化之乡

5. 如果对人进行判断，那就将他判断为共同体成员——阿伦特的共同体观念

6. 家乡与传媒世界中意义被剥夺问题（近与远的辩证法）
7. 意义与理解——我们的不同能力发展之差异
Ⅵ. 判断力的政治维度——公共理性的使用
1. 判断力作为核心的社会化能力
2. 阿伦特试图根据康德的《判断力批判》重构政治哲学
3. 政治人之间的破碎世界
4. 惯用语句的改变
5. 偏见的暴力——“粉碎作为偏见的原子是很容易的”
6. 意识形态之根系——真理与谎言的混合
7. 有生命力的言辞——为修辞学复兴辩护
Ⅶ. 政治人及其共同体——政治性格问题
1. 自由与个体责任
2. 民主与公民德性的含义
3. 没有经济民主就没有持续的公民社会——论合理的东西与责任
4. 灰头土脸的概念——即社会主义已经过时？
5. 政治人及其道德
《欧洲社会构思——为公正的共同体辩护》(2012)
《只有乌托邦还是现实主义的——政治干预》(2012)
前言
Ⅰ. 乌托邦与现实性问题
1. 乌托邦与现实性——引论性思考
2. 漂流瓶，邮差——什么是现实的？
3. 社会主义——一个世界之梦，它应该如何实现？
4. 寻找美好的形式——W. 莫里斯的乌托邦社会主义
5. 图像与概念关系的困窘
6.“我是你的想法的实施者——海涅的漂流瓶
7. 为什么德国没有《马赛曲》——一个被扭曲的革命理解
8. 人、自然与进步的历史张力域中的乌托邦
9. 乌托邦的终结——历史哲学观察还能做什么？

10. 乌托邦与辩证法——阿多尔诺的图像禁忌

11. 文化动物——文化的幸运承诺

12. 对主题的思考：为什么危机时间只是很少的认知时间——人如何能够改变？

Ⅱ. 政治道德：八分钟——干预

前言

1. 知识分子的尊严（1992.6.19）

2. 被重新统一的德国——机会与悲剧之间（1992.8.5）

3.“种族清洗”——恶魔词典中的一个新词（1992.8.29）

4. 政治的错误地带——中间派向右转（1992.11.11）

5. 权力的诱惑（1993.5.21）

6. 作为政治替代品的节约（1993.7.30）

7. 中间派的缺失——与魏玛共和国类比事实上是完全错误的（1994.2.25）

8. 没有什么比保持超越生命的关系更珍贵（1994.3.26）

9. 保留废墟——军事干预不能保障持久和平（1994.10.21）

10. 回声——民主（1994.11.4）

11. 减肥观念——“塑身”意识形态（1995.3.31）

12. 卑鄙的抵消（1995.5.8）

13. 私人占有性？——生态意识的文化含义（1995.9.15）

14. 昂贵的节约政策——企业经营视图与城市文化（2003.10.31）

15. 精英，或权力滥用（2004.1.26）

16. 价格抑或尊严——作为经理人顾问的康德（2004.2.27）

17. 提升——私人化妄想的虚构（2004.3.26）

18. 论自己时间的好处（2004.6.17）

19. 对生活时间的最近的攻击（2004.7.2）

20. 基本工资（2004.7.30）

21. 企业经营委员会（2004.9.24）

22. 联结、职业——从职业到临时性工作（2005.2.25）

23.“VW 体系”——来自下面的权力滥用（2005.4.17）

24. 第一步：SPD 主席遭遇独特的禁忌打破（2005.4.30）

25.profilnot——红绿联盟规划（2005.6.4）

26. 浮士德的懒床——经营业务的人（2005.8.6）

27. 还剩下什么？（2005.9.10）

28. 长期多余的军队（2005.12.31）

Ⅲ . 行动领域中危机热点转变——关于越界思维的典型话语

前言

1. 人的尊严与体面

2. 乌有之乡基本固定的地方——乌托邦之家

3. 无条件的基本收入——活劳动反对死劳动的斗争

4. 无所不包的社会观念——社会正义、平等、参与的关系

5. 直立行走与自然的共同生产——E. 布洛赫的乌托邦遗产

6. 对权力的幻想！——戏剧的和平功能；

7. 契机：信任与合作——与 A. 克鲁格长期的的创作共同体

弗里德堡（Ludwig von Friedeburg，1924.5.21—2010.5.17），德国社会学家、政治家

《大学生与政治——法兰克福大学生政治意识的社会学调查》（与哈贝马斯主编，1961）

《企业氛围社会学——经验观察在大工业企业中的意义研究》（1963）

《现代社会中的青年》（1965）

《阿多尔诺国际会议（1983）》（与哈贝马斯主编，1983）

《德国教育改革——历史与社会矛盾》（1989）

A. 施密特（Alfred Schmidt，1931.5.19—2012.8.28），德国社会哲学家、批判理论家、编辑出版人

《马克思学说中的自然概念》（1962/1971）

导论

第 1 章　马克思与哲学唯物主义

马克思唯物主义的非——本体论特征

对恩格斯自然辩证法的批判
第 2 章　自然的社会中介与社会的自然中介
自然与商品分析
人与自然的物质变换概念——历史辩证法与“否定的”本体论
第 3 章　社会与自然的冲突与认识过程
自然法则与目的论
马克思的认识论概念
作为历史实践的世界构成
对唯物辩证法范畴的说明
第 4 章　人与自然关系的乌托邦
附录前言
论辩证唯物主义中的历史与自然的关系（1965）
《历史与结构——马克思主义历史学问题》（1971）
主题——无结构的历史还是无历史的结构?
科学作为历史活动的有意识的产物
资产阶级生产关系的“生成”与“存在”
逻辑对历史在认知上的优先性
黑格尔那里的分析理性与辩证理性
马克思的从抽象到具体
思辨辩证法中的“研究”与“描述”
从“体系”到历史
科学的开端问题
“前进—回溯”方法
资本主义的世界历史地位
结构主义的马克思主义阐释之正确与不正确
葛兰西之绝对的历史人道主义
唯物主义经济学的范畴和法则
葛兰西的“历史编纂学”概念
葛兰西作为克罗齐的批评者

葛兰西论马克思学说的科学理论状况
葛兰西对历史唯物主义与政治经济学批判关系的阐释
马克思——阐释的困难
老社会民主党谱系中的《资本论》
阿尔都塞的新路径
“新科学精神”的哲学——认识论作为被构建的科学史
阿尔都塞的巴什拉前提
科学之形式的与实质的历史
孔德、黑格尔与马克思作为科学的历史学家
结构主义的科学史与历史哲学
《解放的感性——费尔巴哈的人类学唯物主义》（1973）
该研究目的所在
第一部分
费尔巴哈作为三月革命前时期的作家
马克思恩格斯评价中的费尔巴哈
马克思主义与费尔巴哈——它们在当今的关系
马尔库塞的“新人类学”观念
第二部分
费尔巴哈著作的困难——其体系批判路径
“感性”原则
唯物主义认识论要素
费尔巴哈之黑格尔——批判的动机
主体性、身体与世界
费尔巴哈在唯物主义史上的地位
“物质的”生存主义作为好斗的人类学
费尔巴哈论实践在认识过程与社会哲学中的作用
最后的观察——当代意识中的费尔巴哈
费尔巴哈生平
《批判理论观念——霍克海默的哲学要素》（1974）

前言

批判理论观念

《〈社会研究杂志〉——历史与当代意义》（1970）

关于霍克海默被授予莱辛奖的讲话

有限的存在之团结——社会哲学家霍克海默之死

《作为历史哲学的批判理论》（1976）

前言

批判理论：历史的——情境的特征

霍克海默的原初思维路径——反对精神科学的历史主义与海德格尔的此在分析之两条战线

对黑格尔历史构建之唯物主义的接受与批判

历史研究与心理分析——对狄尔泰与西南学派方法二元论的批判

唯物主义认识论作为构建学说与反映学说统一的历史概念

霍克海默的“动力结构”范畴——今日使用的困难

狄尔泰作为社会科学结构主义的先驱——其历史学对批判理论的实际意义

回到马克思恩格斯——历史科学和政治经济学的历史认识之统一性与差异性

霍克海默超越无时间的形而上学与历史实在论的历史方法

匿名的历史主体——在马克思和当今结构思维中的事实与结构之内在历史的中介问题

自由的理性兴趣作为批判理论之特殊的哲学视角

迄今为止的历史过程之自然历史特征——行为理论“可理解性”的限度

霍克海默那里的唯物主义主体理论要素：历史的当代化与当代的历史化

作为历史哲学的批判理论本质特征的历史唯物主义之“可扬弃性”观念

《唯物主义研究——叔本华、霍克海默与幸福问题》（1977）

《批判理论、人道主义、启蒙：1969——1979 年的哲学研究》（1981）

批判理论早期文献（1974）

阿多尔诺——现实人道主义哲学家（1969）

E. 布洛赫那里的人类学与本体论（1979）

黑格尔作为市民社会理论家（1979）

实践（1973）

纪念莱辛诞辰 250 周年（1979）

《歌德的华丽本性——德国后期启蒙哲学研究》（1984）

《德性与世事——关于叔本华哲学的演讲与论文（1960—2003）》（2004）

前言——一个局外人的思想世界视角

旧书店里的哲学家

叔本华与唯物主义

英雄式的——A. 胡贝舍之死

关于叔本华那里的死亡与形而上学

没有比德迈——最后版本之后的叔本华

叔本华与世界历史——纪念叔本华诞辰 200 周年

苦涩的生活智慧

德性与世事——纪念叔本华诞辰 200 周年

叔本华的生理学与超越哲学

作为欺骗的宗教与作为形而上学需要的宗教——叔本华的伦理学与宗教哲学的关联

作为启蒙者的叔本华

叔本华哲学中艺术的本质、地位与功能

坚定地看向世界中心——纪念叔本华诞辰 200 周年

叔本华思想中作为真理的悖论

从意志形而上学到元心理学——叔本华与弗洛伊德

叔本华与历史

维尔默（Albrecht Wellmer，1933.7.9——2018.9.13），德国社会哲学家、批判理论家

《作为认识论的方法论——波普尔的科学理论》（1967）

《批判的社会理论与实证主义》（1969）

《实践哲学与社会理论——批判的社会学的规范基础问题》（1979）

《论现代性与后现代性的辩证法——阿多尔诺以来的理性批判》(1985)

1. 真理、表象、和解——阿多尔诺的现代性审美救赎（1983）

2. 论现代性与后现代性的辩证法——阿多尔诺以来的理性批判(1984)

3. 艺术与工业生产——论现代性与后现代性的辩证法（1982）

4. 阿多尔诺——非同一性的捍卫者（1984）

《伦理学与对话——在康德那里与话语伦理学中的道德判断要素》（1986）

导论

1. 一个康德式的阐释

2. 话语伦理学批判

3. 介于康德与话语伦理学之间的路径

附录：理性、解放与乌托邦——批判的社会理论之交往理论奠基

《决胜局——不可和解的现代性》（1993/1999）

前言

第一部分消极自由与交往自由

1. 现代世界的自由模式（1989）

2. 民主文化的条件——自由主义与社群主义之争（1992）

3.“现实社会主义”终结也意味着马克思的人道主义终结吗？（1990）

4. 自然权利与实践理性——一个问题在康德、黑格尔、马克思那里之艰难展开（1978）

第二部分　后形而上学视角

5. 真理、偶然性与现代性（1991）

6. 阿多尔诺——现代性与崇高（1991）

7. 处于没落时刻的形而上学（1988）

8. 法兰克福学派的当代意义（1986）

第三部分　时代图景

9. 维特根斯坦——其哲学接受的困难及其与阿多尔诺哲学的关系

（1991）

10. 受难的与生成的上帝之神话——问 H. 约纳斯（1992）

11. 建筑与领土（1988）

12. 恐怖主义与社会批判（1979）

附录

13. 阿伦特论判断——未成文的理性学说（1985）

《革命与阐释——没有最终论证的民主》（1998）

1. 人权与民主

2. 阿伦特论革命

《有一个超越陈述真理的真理吗?》（合著，2001）

《语言哲学讲座》（合著，2004）

《语词有什么意义——语言哲学文集》（2007）

《关于音乐与语言的尝试》（2009）

霍耐特（Axel Honneth，1949.7.18—），德国社会哲学家、批判理论家

《历史唯物主义理论》（与 H. 约阿斯主编，第 1 卷 1977；第 2 卷 1980）

《作为批判的社会研究：批判理论的社会科学潜能》（1982）

《权力批判——批判的社会理论反思各阶段》（1986、1989、2000）

前言

第一部分　社会分析的无能——批判理论的困境

第 1 章　霍克海默的原初观念——批判理论的社会学亏空

第 2 章　《启蒙辩证法》的历史哲学转向——支配自然批判

第 3 章　阿多尔诺的社会理论——“社会性”的最终排挤

第二部分　“社会性”的重新发现——福柯与哈贝马斯

第 4 章　福柯的历史话语分析——与符号学相连结的知识史的悖谬

第 5 章　从话语分析到权力理论——作为“社会性”典范的“斗争”

第 6 章　福柯的社会理论——《启蒙辩证法》的系统理论解决

第 7 章　哈贝马斯的认识人类学开端——认识兴趣学说

第 8 章　人类史的两个竞争性构建——作为“社会性”典范的“理解”
第 9 章　哈贝马斯的社会理论——《启蒙辩证法》的交往理论转型
后记（1988）
《破碎的社会世界——社会哲学文集》（1990、1999）
前言
破碎性的世界——卢卡奇早期著作中被隐藏的现实性（1986）
批判理论——从思维传统的中心到边缘（英文 1987；德文 1989）
福柯与阿多尔诺——现代性批判的两种形式（法文 1986；德文 1988）
过去性的交往揭示——在本雅明那里人类学与历史哲学的内在关联（1993）
结构主义的卢梭——C.L—施特劳斯的人类学（1987）
与身体联系在一起的理性——重新发现梅洛—庞蒂（1986）
革命本体论拯救——C. 卡斯托里亚蒂斯的社会理论（1985）
为承认而斗争——萨特的主体间性理论（1988）
破碎的象征形式世界——布尔迪厄的文化社会学著作（1984）
自然状态的无限永久化——卡耐蒂的《大众与权力》的理论认识内涵（1995）
价值冲突视阈中的主体——泰勒的哲学人类学（1988）
没有侮辱的社会？ A. 马格利特的“尊严政治”构想（1997）
《为承认而斗争——社会冲突的道德语法》（1992、1994、2003）
前言
第一篇　历史的当代化——黑格尔的原初观念
第 1 章　为自我保护而斗争——现代社会哲学的奠基
第 2 章　犯罪与伦理——黑格尔的主体间性理论新开端
第 3 章　为承认而斗争——黑格尔“耶拿实在哲学”的社会理论
第二篇　体系的再现实化——社会承认关系结构
第 4 章　承认与社会化——米德对黑格尔观念的自然主义转型
第 5 章　主体间性承认模式——爱、法权、团结
第 6 章　人格认同与蔑视——强暴、剥夺权利、侮辱

第三篇　社会哲学展望——道德与社会发展

第 7 章　社会哲学传统的轨迹——马克思、索雷尔、萨特

第 8 章　蔑视与反抗——社会冲突的道德逻辑

第 9 章　人格完整的主体间性条件——形式伦理构想

后记　承认的理由——对批评性质疑的答复（2002）

《社群主义——现代社会道德基础论争》（主编；1993）

导论（霍耐特）

程序法共和国与不受束缚的自我（M. 桑德尔；1984）

作为公平的正义——政治的而非形而上学的（罗尔斯；1985）

自由主义的社群主义批评者（A. 古德曼；女）

爱国主义是一种德性吗？（麦金太尔；1984）

答非所问：自由主义——社群主义之争（泰勒；1989）

政治自由主义（C. 拉莫尔；1990）

对自由主义的社群主义批判（M. 沃尔泽）

自由主义与社群主义——论争的阶段（弗斯特）

《一体化的瓦解——社会学时代诊断的碎片》（1994）

前言

1. 后现代诊断

2. 个体化方面

3. 生活世界审美化

4. 享乐主义之根源

5. 系统的去官僚化

6. 身体的规训化

7. 公民社会问题

8. 社会批判形式

9. 家庭的结构转型

10. 贫困的回归

《正义的他者——实践哲学文集》（2000）

前言

第一篇　社会哲学的任务

社会病理学——社会哲学传统与现状（1994）

开放性批判的可能性——社会批判当代论争视阈中的“启蒙辩证法”（英文 2000）

蔑视的社会动力学——批判的社会理论定位（1994）

道德意识与社会阶级统治——规范行为潜能分析中的几个困难（1981、1990）

第二篇　道德与承认

正义的他者——哈贝马斯与后结构主义伦理学的挑战（1994）

介于亚里士多德与康德之间——承认道德素描（西班牙文 2000）

正义与情感纽带——家庭处在道德论争的焦点上（1995）

爱与道德——情感纽带的道德内涵（1998）

解中心化的自主——来自主体批判的道德哲学结论（1993）

第三篇　政治哲学问题

普遍主义作为道德陷阱？人权政治的条件与限度（1994）

作为反思性合作的民主——杜威与当代民主理论（1993）

消极自由与文化归属之间——I. 伯林的政治哲学中不可消解的张力（1999）

后现代共同体——一个构想的方案（1993）

《不确定性的痛苦——黑格尔法哲学的再现实化》（英文版 2000；德文版 2001）

第一篇　黑格尔法哲学作为正义论

1. 个体自由观念——（个体）自主的主体间性条件

2. 黑格尔法哲学中的“法律”——（个体）自我实现的必要领域

第二篇　正义论与时代诊断的内在关联

3. 不确定性的痛苦——个体自由的病理学

4. 从痛苦中“解放”出来——“伦理”的诊疗学含义

第三篇　黑格尔的伦理学作为规范的现代性理论

5. 自我实现与承认——“伦理”的条件

6.“伦理”的超制度化——黑格尔开始的难题

《再分配或承认？哲学——政治论争》（与弗雷泽合著，2003）

前言

认同政治时代的社会正义——再分配、承认、参与（弗雷泽）

作为承认的再分配——对弗雷泽的一个答复（霍耐特）

承认被扭曲至面目全非（弗雷泽）

承认的极点——对反驳的反驳（霍耐特）

《不可见性——主体间性学说发展阶段》（2003）

前言

不可见性——“承认”的道德认识论（英文 2001）

主体间性的先验必要性——费希特的自然法论文的两个定理（2001）

被毁灭的第三种力量——伽达默尔与海德格尔的主体间性学说(2000)

认知与承认——萨特的主体间性理论（2003）

在诠释学与黑格尔主义之间——J. 麦克道威尔与道德实在论的挑战（2001）

对象关系理论与后现代认同——所谓的心理分析过时（2000）

《自由的辩证法——法兰克福阿多尔诺国际讨论会 2003》（与哈贝马斯主编；2005）

《物化——一个承认理论研究》（2005）

前言

导论

卢卡奇那里的物化

从卢卡奇到海德格尔和杜威

承认的优先地位

物化作为承认的遗忘

自我物化的轮廓

物化的社会源泉

《批判理论关键词》（主编，2006）

《理性的病理学——批判理论的历史与现状》（2007）

《正义与交往自由——对黑格尔结论的思考》（合著，2007）

《厌恶、傲慢、仇恨——敌对情绪现象学》（合著，2007）

《从个人到个人——人际关系的道德性》（与 B. 勒斯拉主编；2008）

前言

导论——从个人到个人——人际关系的道德性（Axel Honneth und Beate Rössler）

关系与义务（Samuel Scheffer）

第一篇　爱

引言（Axel Honneth）

爱作为一种道德情感（J.David Velleman）

罗曼蒂克的爱与出于义务的爱（Neil Delaney）

第二篇　友谊

引言（Axel Honneth）

友谊与道德成长（Marilyn Friedman）

个体主义时代的友谊（Arne Johan Vetlesen）

第三篇　父母子女

引言（Beate Rössler）

家庭、朋友与特殊义务（Diane Jeske）

父母、子女与道德（James Rachels）

第四篇　家庭

引言（Beate Rössler）

正义取向的家庭——超越爱与正义之间的张力（Pauline Kleingeld und Joel Anderson）

关于 M. 布朗时代家庭的思考——论正义、性别与性（Iris Marion Young）

《批判的创新——与霍耐特谈话》（合著，2009）

《我们中的自我——对承认理论的研究》（2010）

前言

第一篇　黑格尔根源

1. 对承认的渴望——黑格尔的自我意识论证

2. 现实自由王国——《法哲学原理》中的黑格尔观念

第二篇　系统结论

3. 正义的谎言——当代程序主义的局限性

4. 劳动与承认——理论重新规定的尝试

5. 作为意识形态的承认——道德与权力的内在关联

6. 社会流动——论 L. 波坦斯基（Luc Boltanski）与 L. 塞维诺（Laurent Thévenot）的社会理论

7. 作为社会研究的哲学——D. 米勒的正义论

第三篇　社会理论转向

8. 国家之间的承认——论国家之间关系的道德基础

9. 被组织的自我实现——个体化的悖谬

10. 资本主义现代化的悖谬（一个研究大纲——与 M. 哈特曼合著）

第四篇　心理分析的拓展

11. 否定性著作——心理分析的承认理论修正

12. 我们中的自我——作为群体驱动力的承认

13. 前社会自我的多面性——对 J. 怀特布克（J.Whitebook）的答复

14. 现实性的去权力化——慰藉的世俗形式

《自由的权利——民主伦理大纲》（2011）

前言

导论　作为社会分析的正义论

第一篇　自由的权利历史回顾

第 1 章　消极自由及其契约论结构

第 2 章　反思自由及其正义构想

第 3 章　社会自由及其伦理学说

过渡　　民主伦理观念

第二篇　自由的可能性

第 4 章　法律自由——法律自由的此在基础；法律自由的界限；法律自由病理学

第 5 章　道德自由——道德自由的此在基础；道德自由的界限；道德自由病理学

第三篇　自由的现实性

第 6 章　社会自由

1. 个人关系中的“我们”：友谊、私密关系、家庭

2. 市场经济行为中的“我们”：市场与道德——一个必要的预先说明、消费领域、劳动力市场

3. 民主意志形成中的“我们”：民主公共领域、民主法治国家、政治文化展望

《时代的活体解剖——20 世纪观念史肖像》（2014）

前言

矛盾的黑格尔遗产——从 F. 罗森茨威格到世纪之初

狂热主义的逻辑——杜威的德国心性考古学

恶的现象学——科奈[①] 被遗忘的著作

解构的实在论者——克拉考尔的社会哲学遗产

我们思维的 Dispositive——被误认的柯林伍德的成就

自由派的尝试——民族社会主义之前的 H. 普莱斯纳

我们的危险——埃齐奥尼[②] 的社会主义趋向

“经济人”的界限——A.O. 希施曼的知识分子遗言

恐惧与伤害的历史性——J.N. 什克拉[③] 思维的社会民主特征

《市场的价值——从 18 世纪到当代的经济学——哲学话语》（与 Lisa Herzog 主编；2014）

《社会主义观念——一个现实化的尝试》（2015）

前言

导论

第 1 章 原初观念——在社会自由中扬弃革命

---

① 科奈（Aurel Thomas Kolnai，1900—1973），奥地利—英国哲学家。

② 埃齐奥尼（Amitai Etzioni，1929—），以色列—美国社会学家。

③ J.N. 什克拉（Judith Nisse shklar，1928—1992），美国政治理论家。

第 2 章 陈旧的思维构建——精神与工业主义文化的联系

第 3 章　创新之路 I ——社会主义作为历史实验主义

第 4 章　创新之路 II ——民主生活形式观念

《承认——一个欧洲观念史》（2018）

前言

第 1 章　观念史抑或概念史——方法论思考

第 2 章　从卢梭到萨特——承认与自我缺失

第 3 章　从休谟到穆勒——承认与自我控制

第 4 章　从康德到黑格尔——承认自决

第 5 章　观念史比较中的承认——一个系统的结论尝试

《我们的自由的贫困：2012—2019 年文集》（2020）

《民主的主权》（2023）

前言

Ⅰ：规范性前奏——民主社会中的劳动

1. 批判的三个源泉

2. 一个被埋葬的传统

3. 民主与公平的分工

补遗 I ——论社会劳动概念

Ⅱ：历史插曲——社会劳动的现实性

4. 聚焦于 19 世纪

5. 从 1900 年到当代的门槛上

6. 当代资本主义劳动世界

补遗 II ——论社会分工概念

Ⅱ：政治展望——为社会劳动而斗争

7. 劳动政策

8. 劳动力市场之外的替代性选择

9. 劳动力市场之内的前景

奥菲（Claus Offe，1940.3.16—），德国社会学家、政治学家、批判理论家

《绩效原则与工业劳动——工业“绩效社会”组织原则中的地位分配机制》（1970）

《资本主义国家的结构问题——政治社会学文集》（1972）

前言

“结构问题”万岁！——新版导论（Jens Borchert und Stephan Lessenich）

资本主义国家的结构问题

1. 政治统治与阶级结构——对后期资本主义社会系统的分析（1969）

2. 后期资本主义——概念界定尝试（1971）

3. 交换关系与政治调控——论合法性问题的现实性（1972）

4. 阶级统治与政治系统——政治制度选择（1972）

5. 政治改革与国家利益（1975）

6. 国家理论与福利政策——福利政策的功能与创造性（1977）

《福利国家与大众忠诚》（合著，1975）

《“劳动社会”——结构问题与未来视角》（合著，1984）

前言

Ⅰ. 劳动市场与增长危机

1. 劳动作为社会关键范畴？（Claus Off）

2. 劳动市场的社会经济学（Claus Off/Karl Hinrichs）

3. 劳动市场的未来（Johannes Berger/Claus Off）

4. 利益差异化与工会统一性（Rolf G.Heinze/Karl Hinrichs/Claus Off/Thomas Olk）

Ⅱ. 劳动时间

5. 关于时间的论争——社会政治冲突与工业冲突中的劳动时间（Karl Hinrichs/Claus Off/Helmut Wiesenthal）

6. 企业层面的劳动时间状况与劳动时间缩短（Uwe Engfer/Karl Hinrichs/Claus Off/Helmut Wiesenthal）

7. 劳动时间灵活化与工会利益代表（Helmut Wiesenthal/Claus Off/Karl Hinrichs/Uwe Engfer）

Ⅲ. 服务部门的增长与合理化

8. 服务部门的发展动力（Uwe Engfer/Claus Off）

9. 事业单位的合理化困境（Uwe Engfer/Claus Off）

10. 服务部门的劳动增长——四种社会学阐释路径（Claus Off）

Ⅳ. 福利国家与失业

11. 现代福利国家的几个矛盾（Claus Off）

12. 劳动市场的未来前景——“传统”、“现实主义”、“第三条道路”

《多数民主的局限性——多数规则的政治学与社会学》（Hg.von Bernd Guggenberger/Claus Offe，1984）

Ⅰ. 导论

基层政治——对议会多数民主的挑战（Bernd Guggenberger/Claus Off）

Ⅱ. 多数原则的历史基础

关于多数原则的历史（Otto v.Gierke）

关于多票数决定的说明（Georg Simmel）

Ⅲ. 宪法原则的交叠——民主宪法国家中的多数原则

我们的政治秩序框架中多数原则的含义（Heinz Joself Varain）

民主国家的多数原则（Christoph Gusy）

民主的自我毁灭？——多数决定与小组决定（Giovanni Sartori）

多数规则——局限性与难题（Norberto Bobbio）

多数原则与联邦主义（Heidrun Abromeit）

Ⅳ. 多数民主的局限性？

多数决定的政治合法性？（Claus Off）

多数民主的局限性（Bernd Guggenberger）

多少人同意才算民主？（Iring Fescher）

少数派的新力量（Bernd Guggenberger）

未来——现在的垃圾堆？（Ulrich K.Preuß）

作为政治伦理学问题的技术对自然的干预（Robert Spämann）

反抗的权利？——“公民不服从”的现实性、合法性和局限性（Dieter Rucht）

没有人没有权力！（Wolfgang Sternstein）

权力与市场之间的多数派和少数派——多数原则的贬值形式（Urs Müller—Plantenberg）

《被组织的自我劳动——合作圈模型》（Claus Offe/Rolf G.Heinze，1990）

前言

第一部分　供给状况与需求平衡系统——前提和趋势

第1章　时间、金钱与家庭生产类型

1. 可支配的时间份额增长？

2. 时间的福利生产性减少？

3. 不稳定的收入补给？

4. 福利对金钱的依赖性增长？

5. 几个结论：对形式的需求平衡与供给匮乏的依赖性

第2章　相关问题和解决模型“合作圈”调查

第二部分　与超越家庭生产的非货币交换系统相关的国际经验和历史经验

第3章　处于自由时间消费与职业劳动之间灰色地带的“有用的职业”（概览）

第4章　历史说明

第5章　加拿大：“地方交易系统”（LETS）

LETS模型的基础和主要特征

开始阶段的资源和前提

附属经济的实践及其问题

经济与社会政策视角中的LETS模型

第6章　美国：“服务—信用”模型

1.“一种好的经济”问题

2.“服务信用”

第7章　荷兰：对交换经济的个案研究

1. 导论：20世纪80年代荷兰福利国家发展与交换经济再发现

2. 关于有组织的交换中自我劳动的社会学论争
3. 荷兰的交换网络——调查结果
4. 成果与结论
第 8 章　联邦德国——寻求新的社会参与组织形式
1. 志愿者（名誉）视角
2. 联邦德国的社会规划与倡议
3.“自我劳动之家”
第 9 章　非货币交换网络功能弱化
第三部分　对非货币交换理论的思考
第 10 章　以货币为中介的需求平衡之策略性优点
第 11 章　非正式经济之外的非货币交易案例
第 12 章　交换网络中的交易——问题系统
第四部分　合作圈模型
第 13 章　关于模型实际设计的建议
1. 成问题的绩效供给
2. 合法协会的结构
3. 银行和信用创造
4. 时间作为结算单位
5. 价格形成的排除
6. 内部交流通道
7. 责任与保证
8. 持续性功能刺激和提升的可能性
9. 追踪研究
10. 与其他机构部门的可能性联系
第 14 章 被组织起来的利益光谱中的合作与冲突
1. 商业提供者、协会与经济联盟
2. 工会
3. 国家和公社
4. 福利联盟

第 15 章 处于经济——社会政治调控问题和改革方案语境中的模型

1. 劳动时间缩短

2. 基本保障

3. 劳动市场效应——减负效应抑或排挤效应

4. 对私人家产绩效潜能的影响

5. 社会服务业的改革压力

6. 非正式职业的“程序性利益”

7. 对助理、护理和辅助性职业的新评价

《光底隧道——德国东部（原民主德国）政治转型调查》（1994）

前言

1. 系统比较导论

2. 富裕、民族国家、共和国——德国从社会主义到资本主义的独特道路

3. 作为“自然试验”的德国的统一

4. 同时性的困境——东欧的民主化、市场经济与领土政治

5. 东欧的“民主革命”——民主理论之新的可靠尝试

6. 后共产主义社会的福利国家政策——改革的初始条件、参与者与议程

7. 东欧变革进程中的种族政策

8.“过去的政策”之法律程序——取消资格、处罚、恢复

9. 转型的独特道路

10. 民族社会主义崩溃之后的新议程

《转型期的政治理论》（合著，1996）

《政治文化的内部整合——对后共产主义转型特殊性的说明》（1997）

《连续性与危机——资本主义社会与后社会主义社会的制度政策》（主编，2001）

《信任——社会合作的基础》（Hg.von Martin Hartmann/Claus Offe，2001）

导论（Martin Hartmann）

Ⅰ. 信任的哲学

信任及其界限（Annette Baier）

信任作为精神现象（Olli Lagerspetz）

信任作为核心的道德概念（Harald Köhl）

Ⅱ. 信任的社会学

可信性、信心、信任——问题与选择（Niklas Luhmann）

信任与可信性——现象学的、人类学的基础（Martin Endreß）

人能否信任“信任”？（Diego Gambetta）

Ⅲ. 信任的政治理论

我们如何能够信任我们的同胞？（Claus Offe）

关于信任的日常认识论（Russell Hardin）

信任、集体认同与民主（Shmuel Eisenstadt）

后记：研究中开放的问题及其应用（Claus Offe）

《民主的挑战——政治制度的整合能力与效能》（2003）

前言

1. 政治统治与阶级结构——后期资本主义社会系统的分析

2.“不可治理性”——保守主义危机理论的复兴

3. 多数决定的政治合法性？

4. 民主反对福利国家？新保守主义政治机会的结构基础

5. 可靠的尝试——在捍卫自由民主中的举证责任

6.“同质性”与宪法民主——通过群体权利处理认同冲突

7. 民主制度与道德资源

8. 平等政治——法律介入能够中立化性别差异吗？

9. 民主与信任

10. 民主与福利国家——处于欧洲一体化压力下的欧洲政体形式

11. 公民社会与社会秩序——市场、国家、共同体之区分和联结

12. 民主理论的微观方面——什么有助于公民的协商能力

13. 政治自由主义、群体权利、恐惧和信任政治

《权力的多面性——新社会科学图书馆》（2003）

《民主的民主化——诊断与改革建议》（编著，2003）

《来自远方的自我观察——统一国家中的托克维尔、M. 韦伯、阿多尔

诺》(2004)

Ⅰ. 导论

Ⅱ. 托克维尔或中产阶级的暴政

Ⅲ .M. 韦伯——美国摆脱从属之路

Ⅳ. 阿多尔诺——“文化工业”与“美国世纪”的另一种观点

Ⅴ .21 世纪的美国——宗教社会化传统以及与恶作斗争

《参与型社会——福利国家新模式》(合著，2006)

《主权、法律与道德——政治共同体的基础》(合著，2007)

《统一的欧洲，分裂的历史——1989 年后的 20 年》(合著，2009)

《政治理论与政治哲学手册》(主编，2010)

杜比尔（Helmut Dubiel，1946.6.30—2015.11.3），德国社会学家、批判理论家

《科学组织与政治经验——早期批判理论研究》(1978)

前言

第一部分　无产阶级整合与知识分子的孤独——法兰克福圈子的理论形成过程与政治经验（1930—1945）

0. 方法论

1.1. 历史—政治经验 1930—1936/1937

1.2. 理论与实践之关系理论 1930—1936/1937

1.3. 理论立场 1930—1936/1937

2.1 历史—政治经验 1937—1939/1940

2.2. 理论与实践之关系理论 1937—1939/40

2.3. 理论立场 1937—1939/1940

3.1 历史—政治经验 1940—1945

3.2. 理论与实践的关系之理论 1940—1945

3.3. 理论立场 1940—1945

4. 概述（历史—政治经验；理论的主体与接收者；理论与实践；理论立场之界定；与马克思主义的关系；哲学与科学的关系；乌托邦）

5. 政治—历史经验经验的结构转型

第二部分　辩证描述理论与跨学科社会研究

法兰克福社会研究所 1930 年以来的理论形态和研究组织

0. 跨学科研究方法论问题

1. 跨学科社会研究纲领的描述

2. 研究纲领的科学历史语境

2.1. 魏玛共和国中的哲学之科学批判与新实证主义哲学批判

2.2. 同时代社会学中的理论与经验的关系

3. 研究纲领的理论史背景——辩证描述理论

4. 辩证描述理论与研究组织

5. 研究组织的认识结构

5.1.《社会研究杂志》

5.2.《权威与家庭研究》

5.3. 对圈子的认识结构的分析

6. 研究组织的社会结构

6.1. 圈子的交往结构

6.2. 圈子的角色区分

6.3. 制度性框架条件

7. 总结

展望——社会科学知识分子的政治视角

《洛文塔尔：我从未想过参与——同杜比尔的自传体对话》(1980)

《批判的社会理论：从霍克海默—圈子到哈贝马斯的导论性重构》(1988)

1. 代导论："法兰克福学派"在哪里？

2. 经典的批判理论

2.1《社会研究杂志》

2.2 极权的后期资本主义理论视角

3. 交往行为理论

3.1 哈贝马斯

3.2 从《启蒙辩证法》到《交往行为理论》

3.3《作为意识形态的技术与科学》——纲领的萌芽
3.4 理论的阐发
3.5 政治公共领域、民主与现代性的尊严
4 关于批判理论的遗产的论争
打开的漂流瓶——第三版后记
《什么是保守主义?》(1985)
《民主问题》(1990)
《不确定性与政治》(1994)
前言
左派的悲伤
未被继承的遗产——评阿伦特的政治理论
公民社会的变质Ⅰ——自我限定与自反现代化
公民社会的变质Ⅱ——民主伦理的最低限度
后自由主义社会特征
大众民主中的公民宗教?
民粹主义的幽灵
现代性的原教旨主义
关于批判理论遗产的论争
《民主与罪责》(1999)
《没人能够逃脱历史审判——德国议会论争中的纳粹统治》(1999)
导论
序言：1997 年 3 月 13 日关于德国国防军罪行的辩论
1.20 世纪 50 年代——没有告别的一代
2.20 世纪 60 年代——民主与罪责
3.20 世纪 70 年代——希特勒的孩子或民主的孩子
4.20 世纪 80 年代——民主与民族
5.20 世纪 90 年代——生活的胜利？生活的罪责？
回顾与展望
黛米洛维克（Alex Demirović，1952.5—），德国社会学家、批判理论家

《超越美学——马克思主义美学话语秩序》（1982）

《普兰查斯——批判性论争》（1987）

《民主、生态、生态民主——新社会运动与绿党的民主观念与构想》（1989）

《民主理解转型——20 世纪 70 年代末以来联邦德国之民主和公共领域的关系》（合著，1994）

《民主自我理解与右派的挑战——20 世纪 90 年代大学生与政治》（合著，1996）

《民主与统治——批判的社会理论诸方面》（1997）

《不顺从的知识分子——法兰克福学派批判理论的发展》（1999）

《经济民主——立场、问题、前景》（2007）

《批判理论模型——批判理论的传统与前景》（2003）

《社会劳动分工与民主——批判理论的关涉点》（2005）

《民主与治理——新政治统治形式的批判理论视角》（2011）

K. 君特（Klaus Günther，1957.2.26—），德国法学家

《恰当性的意义——道德与法律中的应用问题》（1988）

《全球化过程中法律、文化与社会》（2001）

《理性的公共领域和公共领域的理性——哈贝马斯纪念文集》（L. 温格尔特 /K. 君特主编，2001）

《犯罪与交往自由——民主法治国家对个人的非罪惩罚研究》（2005）

《规范秩序形成——跨学科视角》（与弗斯特主编，2011）

前言

规范秩序的形成：一种跨学科研究纲领的观念（R.Forst/K.Günther）

Ⅰ. 规范性构想

规范性构想——几个基本的哲学问题（R.J.Wallace）

规范现实性的构成（P.Stemmer）

Ⅱ. 规范秩序的历史性

在现代世界体系中，世界处于何种规范秩序中？（I.Wallerstein）

作为网状规范秩序的奴隶买卖、奴隶制的废除与殖民主义（R.Harms）

Ⅲ．跨国正义、民主与和平

作为规范秩序的全球国际社会（A.Hurrell）

正义、公平程序与全球治理（S.Caney）

Ⅳ．国家之间法律规范的形成

国际法的权威——在面纱下对国家的管窥（S.Besson）

作为公法的国际法——全球治理法律框架轮廓（A.Bogdandy/P.Dann/M.Goldmann）

门克（Christoph Menke，1958.11.22—），德国哲学家、批判理论家

《艺术的主权——阿多尔诺、德里达之后的审美体验》（1988）

《伦理中的悲剧——黑格尔之后的正义与自由》（1996）

《平等的反映——阿多尔诺、德里达之后的政治哲学》（2000）

《悲剧的当代性——关于判断与游戏》（2005）

《人权哲学——导论》（合著，2007）

《力——审美人类学基本概念》（2008）

《艺术力》（2013）

《权利批判》（2015）

导论：马克思之谜

Ⅰ．历史——自然的合法律化

Ⅱ．本体论——形式的唯物主义

Ⅲ．批判——自我的授权

Ⅳ．革命——判断的辩证法

权利与暴力

弗斯特（Rainer Forst，1964.8.15—），德国政治哲学家、批判理论家

《论社群主义对义务论的正义论之批判》（1990）

《正义的语境——超越自由主义与社群主义的政治哲学》（1994，1996，2004）

前言

导论：自由主义、社群主义与正义问题

Ⅰ．自我的构成

1."不受束缚的自我"批判

2. 道德人格与法律人格

Ⅱ. 权利的道德中立性

1. 自由主义与中立性

2. 个体权利与自主的善

3. 普遍权利与特殊认同

4. 主体的自由权利

Ⅲ. 民主伦理

1."生活方式"与"重叠共识"

2. 实质主义的社群主义与共和主义的社群主义

3. 公民社会与协商民主

4. 国家公民与社会正义

Ⅳ. 普遍主义和语境主义

1. 语境主义的普遍主义

2. 建构主义和实践理性

3. 哪种人格？谁的理性？

4. 道德普遍主义与现代认同

Ⅴ. 正义的语境

1. 正义与善

2. 辩护的语境

3. 承认的语境

《宽容——一个有争议的德性概念之哲学基础和社会实践》（主编，2000）

导论（弗斯特）

宽容、不宽容与不可宽容的（利科）

论宽容的辩证法（R. 布伯纳）

宽容——论现代政治合法性（O. 赫费）

自主、宽容与不伤害原则（J. 拉兹）

宽容——政治问题抑或道德问题？（B. 威廉斯）

宽容、正义与理性（弗斯特）

宽容、同情与恩典（M.C. 努斯鲍姆）

指环——关于宗教多元主义（A. 马格利特）

基督教必然是宽容的吗？（P.S—洛伊克尔）

差异政治—文化多元主义世界中的国家秩序与宽容（沃尔泽）

再论自由的宽容——对“头巾事件”的分析（A.E. 迦洛蒂）

对认同时代宽容的反思（W. 布朗）

《冲突中的宽容——一个有争议的宽容概念之历史、内涵与现状》（2003）

前言

导论：冲突中的宽容

第一部分　在权力与道德之间——宽容的历史话语

Ⅰ. 宽容——概念与构想

1. 宽容概念及其悖谬

2. 四种宽容概念

3. 宽容作为依赖规范的概念

Ⅱ. 不只是一种前史——古希腊罗马时期与中世纪

4. 古希腊罗马时期的宽容

5. 基督教宽容的两幅面孔

6. 话语中的真理

7. 和平卫士

Ⅲ. 和解、分裂、和平——人道主义与宗教改革

8. 人的尊严与信仰中的和睦——宽容的人道主义基础

9. 信徒的良知与精神王国和世俗王国的分离

10.“在谁的领地，信谁的宗教”——作为生活方式的宽容与作为社会规训工具的宽容

Ⅳ. 宽容与主权——政治的与个体的

11. 政治对宗教真理的优先性

12. 话语的真理——多元性与统一性的和谐

13. 价值的和自我的多元性与特殊性，或怀疑主义与宽容
14. 反抗与宽容
Ⅴ. 自然权利、宽容与革命——自由主义的形成与良知自由的困窘
15. 作为天赋权利的政治自由和宗教自由
16. 有死的上帝与思想自由
17. 关于宽容的信
18. 无神论者社会、信仰与理性之间的斗争，以及良知自由的困窘
Ⅵ. 启蒙运动——支持或反对宽容
19. 社会宽容与国家宽容之间的鸿沟
20. 理性宗教与对宽容的克服
21. 宽容、尊重与福祉
22. 从宽容到人权，从人权到宽容
23 文化多元主义与个体的唯一性
Ⅶ. 现代宽容
24. 差异的生活实验、多样性的益处与不伤害原则
25. 政治宽容
26. 宽容的半途而废
27.（宽容）没有终结
Ⅷ. 通往宽容之路
28. 宽容的历史与概念
29. 宽容的基础及其辩证法
第二部分　一种宽容理论
Ⅸ. 宽容的辩护
30. 宽容的反思基础
31. 伦理多元主义
32. 正义与宽容
Ⅹ. 理性的有限性
33. 没有相对主义和怀疑主义的相对化
34 理论的宽容

XI. 宽容的德性

35. 冲突中的自主

36. 宽容人格

XII. 宽容的社会

37. 政治整合与伦理——文化差异——一种批判的宽容理论

38. 宽容的冲突

39.（宽容的）限度

《政治平等——〈哲学与政治〉第 8 卷》（2005）

《辩护的权利——建构主义正义论要素》（2005）

前言

导论：正义的基础

Ⅰ. 基础——实践理性、道德与正义

1. 实践理性与辩护理由——道德的论证

2. 道德自主与道德的自主——康德之后的规范理论

3. 伦理与道德

4. 正义的辩护——讨论中的罗尔斯的政治自由主义与哈贝马斯的话语理论

Ⅱ. 政治的与社会的正义

5. 政治自由

6. 宽容与民主

7. 理由的支配——协商民主的三种模型

8. 社会正义、辩护与权力

Ⅲ. 人权与跨国正义

9. 基本的辩护权利——建构主义的人权构想

10. 跨国正义的构建——罗尔斯的《万民法》与 O. 赫费的《全球化时代的民主》之比较

12. 一种批判的跨国正义论

《公民社会中的责任——矛盾原则的回升》（2006）

《社会哲学与批判——纪念霍耐特诞辰 60 周年》（Hg.von Rainer Forst/

Martin Hartmann/Rahel Jaeggi/Martin Saar，2009）

前言

Ⅰ．承认的视角——黑格尔与黑格尔之后的社会哲学

价值多元主义与自我实现——关于后普遍主义承认政治的思考(M.库克)

岩石中的金子——物化与承认（A 费拉拉）

承认的渴望——爱与自我的脆弱性（E. 伊卢兹）

不被承认的东西，或为什么现代权利不是“承认的领域”（门克）

“自然”在卢梭的道德和政治思想中的规范含义（F. 诺伊豪泽）

黑格尔的主张——自我意识即“欲望本身”（R.B. 皮平）

承认与凝神——关于批判的三个来源（M. 泽尔）

黑格尔与霍耐特那里的“为承认而斗争”（L. 希普）

Ⅱ．拓展的正义——自主、道德、政治

正义的两幅图景（弗斯特）

正义战争——关于正义战争理论三个部分之间关系的思考（M. 弗兰克）

规范性的起源（S. 戈泽帕特）

承认、责任、正义（K. 君特）

德国的自由观念？——德国与西方之间的卡西尔和特勒尔彻（H. 约阿斯）

道德作为爱的内涵（G. 洛曼）

全球正义的可能性（D.M. 拉斯穆森）

自主与矛盾（B. 勒斯拉）

“不可占有的”意味着什么？关于这一并非单纯伦理问题的哲学思考（L. 温格尔特）

反思与认同——H. 弗兰克夫特关于人的行为的观点（U. 沃尔夫）

Ⅲ．理论与批判——社会分析

自主性缺陷作为社会病理学——超越家长制的意识形态批判（J. 安德森）

关于黑暗的研究——犯罪小说中的法律与社会秩序（L. 波坦斯基）

女性主义、资本主义与历史的狡计（弗雷泽）

想象力、同情与批判——紧接着斯密的反思（M. 哈特曼）

什么是（好的）制度？（R. 耶给）

“新种族主义”——对“种族”衰落之后的种族主义意识形态的思考（T. 麦卡锡）

权力与批判（M. 萨尔）

社会批判与社会理论（M. 沃尔泽）

Ⅳ. 时代诊断的要素——心理、文化、现代性

对心理结构转型的思考（M. 多奈斯）

我们是马勒迷（Mahlerianer）——论后现代交响乐（A. 库尔曼）

从固定位置到动态性能——后现代的加速与承认（H. 洛萨）

世俗主义的意义（C. 泰勒）

从法西斯主义到原教旨主义——今日批判理论与心理分析（J. 怀特布克）

音乐的动人力量——以莫扎特的《唐·璜》、《魔笛》为例（A. 维尔特）

《辩护关系批判——批判的政治理论视角》（2011）

前言

导论：辩护关系批判观念

Ⅰ. 激进正义

1. 正义的两幅图景

2. 人权辩护与基本的辩护权利

3. 正义的规范秩序与和平

Ⅱ. 辩护、承认与批判

4. 批判的基础——论社会辩护秩序中人的尊严概念

5. 最重要的——再分配、承认与辩护

6.“容忍即侮辱”——宽容、承认、解放

Ⅲ. 超越正义

7. 正义的非正义——易卜生、卡维尔、阿多尔诺之后的规范辩证法

8. 恐惧与拯救的共和主义——阿伦特政治理论的现实性

9. 乌托邦与反讽——“无人之地”政治哲学的规范性

《规范性与权力——社会批判秩序分析》（2015）

前言

导论：辩护的秩序——哲学、社会理论与批判的关系
Ⅰ.理性、规范性与权利
1. 辩护理性批判——实践规范性解释
2. 本体的权力
Ⅱ.辩护叙事与历史进步
3. 辩护叙事概念
4. 进步概念
Ⅲ.宗教、宽容与权利
5. 从启蒙时代到后世俗时代的宗教与宽容——培里、康德与哈贝马斯
6. 一个法庭与多种文化——冲突中的判决
Ⅳ.正义、民主与合法性
7. 马克思之后的正义
8. 合法性、民主与正义——规范秩序的自反性
Ⅴ.跨国正义
9. 国际政治理论中的现实主义
10. 跨国正义与民主——对三种政治理论教条的克服

《本体的共和国——康德之后的批判的建构主义》(2021)

前言
导论：两个世界之间——康德之后的批判的建构主义
Ⅰ.赞同或反对他人的自决——社会哲学的基础问题
1. 本体的异化——卢梭、康德、马克思那里的自决的辩证法
2. 进步的辩护与辩护的进步
3. 团结的概念、构想和语境
4. 社会凝聚力——对一个庞杂繁琐概念的分析
5. 自主的自主——论哈贝马斯的《也是一种哲学史》
Ⅱ.统治的正义与自由——批判的政治理论
6. 规范性与现实性——论批判的现实主义政治理论
7. 人权的意义与理由——康德的建构主义视角
8. 批判的跨国正义—非正义理论——避免实证主义的分裂的现实主义

或规范主义

9. 有名称的结构性非正义？无面孔的结构性支配？

10. 正义的极点——罗尔斯的“作为公平的正义”与运气平等主义理论范式的不相容性

11. 新共和主义的机器——康德的共和主义的不可或缺性

Ⅲ. 民主的危机

12. 两个坏的一半不能产生一个整体——论民主的危机

13. 真理、民主权力与“替代性事实”

14. 民主的忽视——纪念托马斯·曼的荣誉概念

15. 作为学习过程的民主——两德统一 30 年

16. 危机中的民主——进步与倒退之间的界限

参考文献[①]

1.Jürgen Habermas, *Strukturwandel der Öffentlichkeit:Untersuchungen zu einer Kategorie der bürgerlichen Gesellschaft,* 13.Auflage.Suhrkamp taschenbuch Wissenschaft 2013.

2.Jürgen Habermas, *Theorie und PraxiS.Sozialphilosophische Studien*. Suhrkamp taschenbuch Wissenschaft 1978.

3.Jürgen Habermas, *Erkenntnis und Interesse.Mit einem neuen Nachwort*. Suhrkamp taschenbuch Wissenschaft 1973.

4.Jürgen Habermas, *Technik und Wissenschaft als"Ideologie",* 20.Auflage. Frankfurt/M.:Suhrkamp 2014.

5.Jürgen Habermas, *Zur Logik der Sozialwissenschaften,* Frankfurt/M.:Suhrkamp 2014.

6.Jürgen Habermas/Niklas Luhmann, *Theorie der Gesellschaft oder Sozialtechnologie.Was leistet die Systemforschung?,* Frankfurt/M.:Suhrkamp 1971.

7.Jürgen Habermas, *Legitimationsprobleme im Spätkapitalismus,* Frankfurt/M.:Suhrkamp1973.

8.Jürgen Habermas, *Philosophisch-politische Profile*, Frankfurt/M.:Suhrkamp 1971.（erw.1991）.

9.Jürgen Habermas, *Kultur und Kritik*.Verstreute Aufsätze, Frankfurt/M.:Suhrkamp 1973.

① “参考文献”包括“已阅读文献”与“进一步阅读文献”，特此说明。

10.Jürgen Habermas, *Zur Rekonstruktion des historischen Materialismus,* Suhrkamp taschenbuch Wissenschaft 1976.

11.Jürgen Habermas, *Politik, Kunst, Religion.Essays über zeitgenössische Philosophen*.Stuttgart 1978.

12.Jürgen Habermas, *Theorie des kommunikativen Handelns, Bd.1—Handlungsrationalität und gesellschaftliche Rationalisierung,* Suhrkamp taschenbuch Wissenschaft 1995.

13.Jürgen Habermas, *Theorie des kommunikativen Handelns, Bd.2—Zur Kritik der funktionalistischen Vernunft,* Suhrkamp taschenbuch Wissenschaft 1995.

14.Jürgen Habermas, *Kleine politische Schriften I–IV*, Frankfurt/M.:Suhrkamp 1981.

15.Jürgen Habermas, *Moralbewußtsein und kommunikatives Handeln,* Suhrkamp taschenbuch Wissenschaft 1983.

16.Jürgen Habermas, *Vorstudien und Ergänzungen zur Theorie des kommunikativen Handelns*, Frankfurt/M.:Suhrkamp 1984.

17.Jürgen Habermas, *Die neue Unübersichtlichkeit.Kleine Politische Schriften V*, Frankfurt/M.:Suhrkamp 1985.

18.Jürgen Habermas, *Der Philosophische Diskurs der Moderne, Frankfurt/*M.:Suhrkamp1985.

19.Jürgen Habermas, *Eine Art Schadensabwicklung.Kleine Politische Schriften VI*, Frankfurt/M.:Suhrkamp 1987.

20.Jürgen Habermas, *Nachmetaphysisches Denken.philosophische Aufsätze,* 6.Auflage.Suhrkamp taschenbuch Wissenschaft 2013.

21.Jürgen Habermas, *Nachmetaphysisches DenkenII.Aufsätze und Repliken,* Suhrkamp taschenbuch Wissenschaft 2012.

22.Jürgen Habermas, *Die nachholende Revolution.Kleine politische Schriften VII*, Frankfurt/M.:Suhrkamp 1990.

23.Jürgen Habermas, *Die Moderne-Ein unvollendetes Projekt.*

Philosophisch.politische Aufsätze, Leipzig 1990.

24.Jürgen Habermas, *Erläuterungen zur Diskursethik,* Suhrkamp taschenbuch Wissenschaft 1991.

25.Jürgen Habermas, *Texte und Kontexte*, Frankfurt/M.:Suhrkamp 1991.

26.Jürgen Habermas, *Vergangenheit als Zukunft? Das alte Deutschland im neuen Europa? Ein Gespräch mit Michael Haller*, Zürich 1991.

27.Jürgen Habermas, *Faktizität und Geltung.Beiträg zur Diskurstheorie des Rechts und des demokratischen Rechtsstaats,* 5.Auflage.Suhrkamp taschenbuch Wissenschaft 2014.

28.Jürgen Habermas, *Die Normalität einer Berliner Republik.Kleine Politische Schriften VIII*, Frankfurt/M.:Suhrkamp 1995.

29.Jürgen Habermas, *Die Einbeziehung des Anderen.Studien zur politischen Theorie,* Frankfurt /M.:Suhrkamp1997.

30.Jürgen Habermas, *Die Postnationale Konstellation.Politische Essays,* 6.Auflage.Suhrkamp taschenbuch Wissenschaft 2012.

31.Jürgen Habermas, *Wahrheit und Rechtfertigung.Philosphische Aufsätze,* Suhrkamp taschenbuch Wissenschaft 2004.

32.Jürgen Habermas, *Zeit der Übergänge.Kleine Politische Schriften IX*, Frankfurt/M.:Suhrkamp 2001.

33.Jürgen Habermas, *Kommunikatives Handeln und detranszendentalisierte Vernunft,* Philipp Reclam jun.Stuttgart 2001.

34.Jürgen Habermas, *Glauben und Wissen.Friedenspreis des Deutschen Buchhandels 2001,* Frankfurt/M.:Suhrkamp 2001.

35.Jürgen Habermas, *Zeitdiagnosen Zwölf EssayS.1980—2001, Frankfurt* /M.:Suhrkamp 2003.

36.Jürgen Habermas, *Der gespaltene Westen.Kleine politische Schriften X*, Frankfurt/M.:Suhrkamp 2004.

37.Jürgen Habermas, *Die Zukunft der menschlichen Natur.Auf dem Weg zu einer liberalen Eugenik?*, Suhrkamp taschenbuch Wissenschaft 2005.

38.Jürgen Habermas, *Zwischen Naturalismus und Religion.Philosophische Aufsätze*, Frankfurt/M.:Suhrkamp 2005.

39.Jürgen Habermas, *Ach, Europa.Kleine politische Schriften XI*.Frankfurt/M.:Suhrkamp 2008.

10.Jürgen Habermas, *Philosophische Texte*, 5 Bände, Studienausgabe, Frankfurt /M.:Suhrkamp 2009.

41.Jürgen Habermas, *Zur Verfassung EuropaS.Ein Essay*.Suhrkamp, Berlin 2011.

42.Jürgen Habermas, *Im Sog der Technokratie.Kleine politische Schriften XII*, Berlin: Suhrkamp 2013.

43.Oskar Negt, S*trukturbeziehungen zwischen den Gesellschaftslehren Comtes und Hegels,* Frankfurt/M.:Suhrkamp 1964.

44.Oskar Negt, S*oziologische Phantasie und exemplarisches Lernen.Zur Theorie der Arbeiterbildung,* Frankfurt/M.:Suhrkamp 1968.

45.Oskar Negt（Hg.）, *Die Linke antwortet Jürgen Habermas*, Frankfurt/M.:Suhrkamp 1968.

46.Oskar Negt, *Politik als Protest.Reden und Aufsätze zur anti-autoritären Bewegung,* Frankfurt/M.:Suhrkamp 1971.

47.Oskar Negt/Alexander Kluge, *Öffentlichkeit und Erfahrung.Zur Organisationsanalyse von bürgerlicher und proletarischer Öffentlichkeit, Frankfurt*/M.:Suhrkamp 1972.

48.Oskar Negt, *Keine Demokratie ohne SozialismuS.Über den Zusammenhang von Politik, Geschichte und Moral,* Frankfurt/M.:Suhrkamp 1977.

49.Oskar Negt/Alexander Kluge, *Geschichte und Eigensinn.Geschichtliche Organisation der Arbeitsvermögen/Deutschland als Produktionsöffentlichkeit/Gewalt des Zusammenhangs,* Frankfurt/M.:Suhrkamp 1981.

50.Oskar Negt, *Lebendige Arbeit, enteignete Zeit.Politische und kulturelle Dimensionen des Kampfes um die Arbeitszeit,* 3.Auflage, Frankfurt/

M.:Suhrkamp/New York 1984.

51.Oskar Negt, *Modernisierung im Zeichen des Drachen.China und der europäische Mythos der Moderne.Reisetagebuch und Gedankenexperimente,* Frankfurt/M.:Suhrkamp 1988.

52.Oskar Negt, *Die Herausforderung der Gewerkschaften.Plädoyers für die Erweiterung ihres politischen und kulturellen Mandats,* Frankfurt/M.:Suhrkamp/New York 1989.

53.Oskar Negt/Alexander Kluge, *Maßverhältnisse des Politischen: 15 Vorschläge zum Unterscheidungsvermögen,* Frankfurt/M.:Fischer Taschenbuch Verlag 1993.

54.Oskar Negt, *Unbotmäßige Zeitgenossen.Annäherungen und Erinnerungen,* Frankfurt/M.:Suhrkamp 1994.

55.Oskar Negt, *Achtundsechzig.Politische Intellektuelle und die Macht,* 2.Auflage.Steidl Verlag, Göttingen 2008.

56.Oskar Negt, *Kindheit und Schule in einer Welt der Umbrüche,* Göttingen 1997.

57.Oskar Negt/Hans Werner Dannowski, *Königsberg-Kaliningrad.Reise in die Stadt Kants und Hamanns,* Göttingen 1998.

58.Oskar Negt, *Warum SPD? 7 Argumente für einen nachhaltigen Macht- und Politikwechsel,* Göttingen 1998.

59.Oskar Negt/Alexander Kluge（Hg.）, *Der unterschätzte Mensch. Gemeinsame Philosophie*.Bd.1.2, Frankfurt/M.:Suhrkamp 2001.

60.Oskar Negt, *Arbeit und menschliche Würde,* Göttingen 2001.

61.Oskar Negt, *Kant und Marx.Ein Epochengespräch,* Göttingen 2003.

62.Oskar Negt, *Wozu noch Gewerkschaften? Eine Streitschrift,* Steidl Verlag, 2004.

63.Oskar Negt, *Die Faus-Karriere.Vom verzweifelten Intellektuellen zum gescheiterten Unternehmer,* Göttingen 2006.

64.Oskar Negt, *Der politische Mensch.Demokratie als Lebensform,*

2.Auflage.Steidl Verlag, Göttingen 2011.

65.Oskar Negt, *Gesellschaftsentwurf Europa: Plädoyer für ein gerechtes Gemeinwesen, S*teidl Verlag, Göttingen 2012.

66.Oskar Negt, *Nur noch Utopien sind realistisch.Politische Interventionen, S*teidl Verlag, Göttingen 2012.

67.Ludwig von Friedeburg/Jürgen Habermas/Christoph Oehler/Friedrich Weltz, S*tudent und Politik.Eine soziologische Untersuchung zum politischen Bewußtsein Frankfurter Studenten*, Luchterhand, Neuwied 1961.

68.Ludwig von Friedeburg, S*oziologie des BetriebsklimaS.Studien zur Deutung empirischer Untersuchungen in industriellen Großbetrieben.* Europäische Verlagsanstalt, Frankfurt/M.:Suhrkamp 1963.

69.Ludwig von Friedeburg, *Jugend in der modernen Gesellschaft.* Kiepenheuer & Witsch, Köln 1965.

70.Ludwig von Friedeburg/Jürgen Habermas, *Adorno.Konferenz 1983.* Frankfurt/M.:Suhrkamp 1983.

71.Ludwig von Friedeburg, *Bildungsreform in Deutschland.Geschichte und gesellschaftlicher Widerspruch*, Frankfurt/M.:Suhrkamp 1989 .

72.Alfred Schmidt, *Der Begriff der Natur in der Lehre von Karl Marx*, Europäische Verlagsanstalt, Humburg 1993.

73.Alfred Schmidt, *Emanzipatorische Sinnlichkeit.Ludwig Feuerbachs anthropologischer Materialismus*, R.Pipper GmbH & Co.KG, München: Hanser 1988.

74.Alfred Schmidt, *Zur Idee der Kritischen Theorie.Elemente der Philosophie Max Horkheimers*, Frankfurt/M:-Berlin-Wein: Ullstein GmbH 1979.

75.Alfred Schmidt/Werner Post, *Was ist Materialismus?*, München:Kösel 1975.

76.Alfred Schmidt, *Die Kritische Theorie als Geschichtsphilosophie*, München: Hanser 1976.

77.Alfred Schmidt, *Geschichte und Struktur.Fragen einer marxistischen Historik*, München: Hanser 1971.

78.Alfred Schmidt, *Drei Studien über MaterialismuS.Schopenhauer, Horkheimer, Glücksproblem*, München: Hanser 1977.

79.Alfred Schmidt, *Kritische Theorie, Humanismus, Aufklärung. Philosophische Arbeiten*, Stuttgart: Reclam 1981.

80.Alfred Schmidt, *Goethes herrlich leuchtende Natur.Philosophische Studie zur deutschen Spätaufklärung*, München: Hanser 1984.

81.Alfred Schmidt, *Die Wahrheit im Gewande der Lüge.Schopenhauers Religionsphilosophie*, München/Zürich: Piper 1986.

82.Alfred Schmidt, *Tugend und Weltlauf.Vorträge und Aufsätze über die Philosophie Schopenhauers (1960–2003)* .Perter Lang, Frankfurt/M.:Suhrkamp 2004.

83.Albrecht Wellmer, *Kritische Gesellschaftstheorie und PositivismuS*. Frankfurt/M.:Suhrkamp1969.

84.Albrecht Wellmer, *Praktische Philosophie und Theorie der Gesellschaft. ZumProblem dernormativen Grundlagen einer kritischen Sozialwissenschaften,* Universitätsverlag Konstanz GmbH, 1979.

85.Albrecht Wellmer, *Zur Dialektik von Moderne und Postmoderne. Vernunftkritik nach Adorno,* Suhrkamp taschenbuch Wissenschaft 1985.

86.Albrecht Wellmer, *Ethik und Dialog.Elemente des moralischen Urteils bei Kant und in der Diskursethik,* Suhrkamp taschenbuch Wissenschaft 1986.

87.Albrecht Wellmer, *Endspiele.Die unversöhnliche Moderne.Essays und Vorträge*, 2.Auflage, Suhrkamp taschenbuch Wissenschaft 1999.

88.Albrecht Wellmer, *Revolution und Interpretation.Demokratie ohne Letztbegründung,* VanGorcum1998.

89.Axel Honneth/Hans Joas, *Sozioles Handeln und menschliche Natur.Anthropologische Grundlagen der Sozialwissenschaften, Frankfurt/* M.:Suhrkamp1980.

90.Axel Honneth, *Kritik der Macht.Reflexionsstufen einer kritischen Gesellschaftstheorie,* Suhrkamp taschenbuch Wissenschaft 1989.

91.Axel Honneth（Hg.）, *KommunitarismuS.Eine Debatte* über *die moralischen Grundlagen moderner Gesellschaften,* Copmus Verlag Frankfurt/ New York 1993.

92.Axel Honneth, *Die zerrissene Welt des Sozialen.Sozialphilosophische Aufsätze,* Suhrkamp taschenbuch Wissenschaft 1999.

93.Axel Honneth, *Kampf um Anerkennung.Zur moralischen Grammatik sozialer Konflikte,* erweiterte Aufgabe, Suhrkamp taschenbuch Wissenschaft 2003.

94.Axel Honneth, *Desintegration.Bruchst*ü*cke einer soziologischen Zeitdiagnose,* Frankfurt/M.:Suhrkamp:Fischer1994.

95.Axel Honneth, *Das Andere der Gerechtigkeit.Aufsätze zur praktischen Philosophie,* Suhrkamp taschenbuch Wissenschaft 2000.

96.Axel Honneth, *Leiden an Unbestimmtheit.Eine Reaktualisierung der hegelschen Rechtsphilosophie,* Philipp Reclam jun.Stuttgart 2001.

97.Axel Honneth（Hg.）, *Befreiung aus der M*ü*ndigkeit.Paradoxien des gegenwärtigen Kapitalismus,* Frankfurt/M.:Suhrkamp2002.

98.Axel Honneth, *Unsichtbarkeit.Stationen einer Theorie der Intersubjektivit*ä*t,* Suhrkamp taschenbuch Wissenschaft 2003.

99.Nancy Fraser/Axel Honneth, *Umverteilung oder Anerkennung? Eine politisch-philosophische Kontroverse,* Suhrkamp taschenbuch Wissenschaft 2003.

100.Axel Honneth, *Verdinglichung.Eine anerkennungstheoretische Studie,* Frankfurt/M.:Suhrkamp2005.

101.Axel Honneth, *Dialektik der Freiheit.Frankfurter Adorno-Konferenz 2003,* Suhrkamp taschenbuch Wissenschaft 2005.

102.Axel Honneth, *Pathologien der Vernunft.Geschichte und Gegenwart der kritischen Theorie,* Suhrkamp taschenbuch Wissenschaft 2007.

103.Axel Honneth/Rössler（Hg.）, *Von Person zu Person.Zur Moralität persönlicher Beziehungen*, Suhrkamp taschenbuch Wissenschaft 2008.

104.Axel Honneth, *Das Ich im Wir.Studien zur Anerkennungstheorie,* Suhrkamp taschenbuch Wissenschaft 2010.

105.Axel Honneth, *Das Recht der Freiheit.Grundriß einer demokratischen Sittlichkeit,* Suhrkamp taschenbuch Wissenschaft 2013.

106.Axel Honneth/Ophelia Lindemann/Stephan Voswinkel（Hg.）, Strukturwandel der *Anerkennung.Paradoxien sozialer Integration in der Gegenwart,* Copmus Verlag Frankfurt/New York 2013.

107.Axel Honneth, *Vivisektionen eines Zeitalters*, Berlin: Suhrkamp, 2014.

108.Lisa Herzog/Axel Honneth, Der Wert des MarkteS.Ein ökonomisch. philosophischer Diskurs vom 18.Jahrhundert bis zur Gegenwart, Suhrkamp taschenbuch Wissenschaft 2014.

109.Axel Honneth, *Die Idee des SozialismuS.Versuch einer Aktualisierung*, 2 Auflage, Berlin: Suhrkamp, 2015.

110.Claus Offe, *Leistungsprinzip und industrielle Arbeit.Über einige Mechanismen der Statusverteilung in Arbeitsorganisationen der industriellen „Leistungsgesellschaft"*, Frankfurt/M.:Suhrkamp1977.

111.Claus Offe, *Strukturprobleme des kapitalistischen StaateS.Aufsätze zur politsischen Soziologie,* Copmus Verlag Frankfurt/New York 2006.

112.Claus Offe, *"Arbeitsgesellschaft".Strukturprobleme und Zukunftsperpektiven,* Copmus Verlag Frankfurt/New York 1984.

113.Bernd Guggenberger/Claus Offe, *An den Grenzen der Mehrheitsdemokratie:Politik und Soziologie der Mehrheitsregel* , Opladen:Westdeutscher Verlag ©1984.

114.Claus Offe/Rolf G.Heinze, *Organisierte Eigenarbeit.Das Modell Kooperationsring,* Copmus Verlag Frankfurt/New York 1990.

115.Claus Offe, *Der Tunnel am Ende des LichtS.Erkundungen der politischen Transformation im Neuen Osten,* Campus Fachbuch, 1994.

116.Claus Offe, *Die politisch-kulturelle Innenseite der Konsolidierung. eine Anmerkung* über *Besonderheiten der postkommunistischen Transformation*, Frankfurt/M.:Suhrkamp1997.

117.Martin Hartmann/Claus Offe, *Politische Theorie und Politische Philosophie.Ein Handbuch*, Copmus Verlag Frankfurt/New York 2001.

118.J.Kocka/Claus Offe, *Geschichte und Zukunft der Arbeit,* Copmus Verlag Frankfurt/New York 2001.

119.Claus Offe, *Herausforderungen der Demokratie.Zur Integrations- und Leistungsfähigkeit politischer Institutionen,* Copmus Verlag Frankfurt/New York 2003.

120.Claus Offe, *Die vielen Gesichter der Macht.Neue Sozialwissenschaftliche Bibliothek,* Frankfurt/M.:Suhrkamp2003.

121.Claus Offe（Hg.）*Demokratisierung der Demokratie.Diagnosen und Reformvorschläge* , Frankfurt/M.:Suhrkamp2003.

122.Claus Offe, S*elbstbetrachtung aus der Ferne.Tocqueville, M.Weber und Adorno in Vereinigten Staaten,* Frankfurt/M.:Suhrkamp2004.

123.Gerd Grözinger/Michael Maschke/Claus Offe, *Die Teilhabegesellschaft. Modell eines neuen Wohlfahrtsstaates, Frankfurt*/M.:Suhrkamp2006.

124.Helmut Dubiel, *Wissenschaftsorganisation und politische Erfahrung. Studien zur frühen Kritischen Theorie, S*uhrkamp taschenbuch Wissenschaft 1978.

125.Helmut Dubiel（Hg.）, *Leo Löwenthal .Mitmachen wollte ich nie .Ein autobiographisches Gespräch mit Helmut Dubiel, Frankfurt*/M.:Suhrkamp1980.

126.Helmut Dubiel, *Was ist Neokonservatismus?* Frankfurt/M.:Suhrkamp1985.

127.Helmut Dubiel, *Kritische Theorie der Gesellschaft.Eine einf*ührende *Rekonstruktion von den Anf*ängen im Horkheimer.Kreis bis Habermas, 3.Auflage, Juventa Verlag Weinheim/ München 2001.

128.Helmut Dubie/Günther Frankenberg/Ulrich Roedel, *Die*

Demokratische Frage.Frankfurt/M.:Suhrkamp1985.

129.Helmut Dubiel, *Ungewissheit und Politik, Frankfurt/* M.:Suhrkamp1994.

130.Helmut Dubiel, *Demokratie und Schuld*.München 1999.

131.Helmut Dubiel, *Niemand ist frei von der Geschichte: Die nationalsozialistische Herrschaft in den Debatten des Deutschen Bundestages,* Carl Hanser Verlag München/Wein 1999.

132.Alex Demirović, *Jenseits der Ästhetik.Zur diskursiven Ordnung der marxistischen Ästhetik*. Frankfurt/M.:Suhrkamp 1982.

133.Alex Demirović, *Nicos Poulantzas – eine kritische Auseinandersetzung*. Hamburg 1987.

134.Alex Demirović, *Demokratie, Ökologie, Ökologische Demokratie. Demokratievorstellungen und konzepte der neuen sozialen Bewegungen und der Partei „DIE GRÜNEN“*.Frankfurt/M.:Suhrkamp 1989.

135.Alex Demirović/Ulrich Rödel/Günter Frankenberg, *Wandel des DemokratieverständnisseS.Das Verhältnis von Demokratie und Öffentlichkeit in der Bundesrepublik seit Ende der siebziger Jahre*. Frankfurt/M.:Suhrkamp 1994.

136.Alex Demirović/Gerd Paul, *Demokratisches Selbstverständnis und die Herausforderung von rechtS.Student und Politik in den neunziger Jahren*. Campus Verlag, Frankfurt/M.:Suhrkamp/New York: 1996.

137.Alex Demirović, *Demokratie und Herrschaft.Aspekte kritischer Gesellschaftstheorie*.Münster：Westfälisches Dampfboot, 1997.

138.Alex Demirović, *Der nonkonformistische Intellektuelle.Die Entwicklung der Kritischen Theorie zur Frankfurter Schule*.Frankfurt/ M.:Suhrkamp 1999.

139.Alex Demirović, *Demokratie in der Wirtschaft.Positionen-Probleme-Perspektiven*.Münster：Westfälisches Dampfboot 2007.

140.Alex Demirović/Ulrich Brand/Christoph Görg/Joachim Hirsch,

Nichtregierungsorganisationen in der Transformation des StaateS.Münster 2001.

141.Alex Demirović, *Komplexität und Emanzipation.Kritische Gesellschaftstheorie und die Herausforderung der Systemtheorie Niklas LuhmannS*.Münster 2001.

142.Alex Demirović/Manuela Bojadzijev, *Konjunkturen des RassismuS*. Münster 2002.

143.Alex Demirović, *Modelle kritischer Gesellschaftstheorie.Traditionen und Perspektiven KritischerTheorie*.Stuttgart 2003.

144.Alex Demirović/Joachim Beerhorst/Michael Guggemos, *Kritische Theorie im gesellschaftlichen Strukturwandel*.Frankfurt/M.:Suhrkamp 2004.

145.Alex Demirović, *Kritik und Materialität*.Münster 2008.

146.Alex Demirović/Stephan Adolphs/Serhat Karakayali, *Das Staatsverständnis von Nicos PoulantzaS.Der Staat als gesellschaftliches VerhältniS*.Baden.Baden 2010.

147.Alex Demirović/Christina Kaindl/Alfred Krovoza, *Das Subjekt—Zwischen Krise und Emanzipation*.Münster 2010.

148.Alex Demirović/Heike Walk, *Demokratie und Governance: Kritische Perspektiven auf neue Formen politischer Herrschaft*.Münster 2011.

149.Alex Demirović/Christina Kaindl, *Gegen den Neoliberalismus andenken.Linke Wissenspolitik und sozialistische Perspektiven*.Hamburg 2012.

150.Christoph Menke, *Die Souveränität der Kunst.Ästhetische Erfahrung nach Adorno und Derrida*.Frankfurt/M.:Suhrkamp 1988.

151.Christoph Menke, *Tragödie im Sittlichen.Gerechtigkeit und Freiheit nach Hegel*.Frankfurt/M.: Suhrkamp 1996.

152.Christoph Menke, S*piegelungen der Gleichheit.Politische Philosophie nach Adorno und Derrida*.Frankfurt/M.:Suhrkamp 2004.

153.Christoph Menke, *Die Gegenwart der Tragödie.Versuch Über Urteil und Spiel*.Frankfurt/M.: Suhrkamp 2005.

154.Christoph Menke/Arnd Pollmann, *Philosophie der Menschenrechte. Ein Einführung*.Hamburg: Junius 2007.

155.Christoph Menke, *Kraft.Ein Grundbegriff ästhetischer Anthropologie*. Frankfurt/M.:Suhrkamp 2008.

156.Christoph Menke, *Kritik der Rechte,* Berlin: Suhrkamp 2015.

157.Klaus Günther, *Der Sinn für Angemessenheit.Anwendungsdiskurse in Moral und Recht* .Frankfurt/M.:Suhrkamp 2005.

158.Klaus Günther, *Recht, Kultur und Gessellschaft im Prozeß der Globalisierung,* Bad Homburg v.d.H.2001.

159.Klaus Günther, S*chuld und komunikative Freiheit.Studien zur personalen Zurechnung strafbaren Unrechts im demokratischen Verfassungsstaat,* Frankfurt/M.:Suhrkamp2005.

160.Lutz Wingert/Klaus Günther, *Die Öffentlichkeit der Vernunft und die Vernunft der Öffentlichkeit.Festschrift für Jürgen Habermast,* Suhrkamp taschenbuch Wissenschaft 2001.

161.Sigland Neckel, S*tatus und Scham.Zur symbolischen Reproduktion sozialer Ungleichheit,* Copmus Verlag Frankfurt/New York 1991.

162.Sigland Neckel, *Die Macht der Unterscheidung.Essays zur Kultursoziologie der mondernenGessellschaft,* Copmus Verlag Frankfurt/New York 2000.

163.Rainer Forst, *Zur kommunitaristischen Kritik deontologischer Gerechtigkeitstheorien,* Frankfurt/M.:Suhrkamp1990.

164.Rainer Forst, *Kontexte der Gerechtigkeit.Politische Philosophie jenseits von Liberalismus und Kommunitarismus,* Suhrkamp taschenbuch Wissenschaft 1996.

165.Rainer Forst（Hg.）, *Toleranz.Philosophische Grundlagen und gesellschaftliche Praxis einer umstrittenen Tugend,* Copmus Verlag Frankfurt/New York 2000.

166.Rainer Forst, *Toleranz im Konflikt.Geschichte, Gehalt und Gegenwart eines umstrittenen Begriffs,* 3.Auflage, Suhrkamp taschenbuch Wissenschaft 2012.

167.Rainer Forst, *Das Recht auf Rechtfertigung.Elemente einer konstruktivistischen Theorie der Gerechtigkeit,* Suhrkamp taschenbuch Wissenschaft 2007.

168.Rainer Forst, *Verantwortung in der Zivilgesellschaft.Zur Konjunktur eines widersprüchlichen Prinzips*, Frankfurt/M.:Suhrkamp2006.

169.Rainer Forst, *Kritik der Rechtfertigungsverhältnisse.Perspektiven einer kritischen Theorie der Politik,* Suhrkamp taschenbuch Wissenschaft 2011.

170.Rainer Forst/JürgenHabermas（Hg.）, *Ethik und Moral,* Frankfurt/M.:Suhrkamp2001.

171.Rainer Forst/Martin Hartmann/Rahel Jaeggi/Martin Saar（Hg.）, *Sozialphilosophie und Kritik,* Suhrkamp taschenbuch Wissenschaft 2009.

172.Rainer Forst/Klaus Günter, *Die Herausbildung normativer Ordnungen. interdisziplinärePerspektiven*, Copmus Verlag Frankfurt/New York 2011.

173.Rainer Forst, *Normativität und Macht.Zur Analyse sozialer Rechtfertigungsordnungen,* Suhrkamp taschenbuch Wissenschaft 2015.

174.Rolf Wiggershaus, *Die Frankfurter Schule.Geschichte Theoretische Entwicklung Politische Bedeutung*, 7.Auflage.Deutscher Taschenbuch Verlag 2008.

175.Rolf Wiggershaus, *Die Frankfurter Schule*, Hamburg: Rowohlt Verlag GmbH 2010.

176.Rolf Wiggershaus, *Max Horkheimer.Beg*ründer der“*Die Frankfurter Schule*”, Frankfurter SocietätS.Medien GmbH 2014.

177.Rolf Wiggershaus, *Max Horkheimer.Unternehmer in Sachen*“*Kritische Theorie*”, Frankfurt/M.:Fischer Taschenbuch Verlag 2013.

178.Ulrich Ruschig/HanS.Ernst Schiller（Hg.）, *Staat und Politik bei Horkheimer und Adorno*, Baden-Baden: Nomos Verlagsgesellschaft 2014.

179.Stefan Müller-Doohm, *Theodor W.Adorno.Eine Biographie,* Berlin:

Suhrkamp2011.

180.Detlev Claussen, *Theodor W.Adorno.Ein letztes Genie, Frankfurt/* M.:Fischer Taschenbuch Verlag 2005.

181.Rolf Wiggershaus, *Theodor W.Adorno,* 3.überarbeitete und erweiterte Auflage.München: Verlag C.H.Beck 2006.

182.Richard Klein/Johann Kreuzer/Stefan Müller-Doohm, *Theodor W.Adorno-Handbuch:Leben-Werk-Wirkung, S*tuttgart:Verlag J.B.Metzler 2011.

183.Stefan Müller-Doohm, *Jürgen HabermaS.Eine Biographie,* Berlin: Suhrkamp2014.

184.Immanuel Kant, *Werkausgabe Bd.I—XII,* Herausgegeben von Wilhelm Weischedel, Suhrkamp taschenbuch Wissenschaft 1974—1977.

185.G.W.F.Hegel, *System der Sittlichkeit*[*Critik des Fichteschen Naturrechts*] , Hamburg: Felix Meiner Verlag 2002.

186.G.W.F.Hegel, *Jenaer Systementwürfel.Das System der spekulativen Philosophie,* Hamburg: Felix Meiner Verlag 1986.

187.G.W.F.Hegel, *Jenaer SystementwürfeII.Logik, Metaphysik, Naturphilosophie,* Hamburg: Felix Meiner Verlag 1982.

188.G.W.F.Hegel, *Jenaer SystementwürfeIII.Naturphilosophie und Philosophie des Geistes,* Hamburg: Felix Meiner Verlag 1987.

189.G.W.F.Hegel , *Grundlinen der Philosophie des Rechts, Werke in zwanzig Bänden, Bd.*7.Frankfurt/M:Suhrkamp1970.

后 记

20 世纪 80 年代，那是一个激情燃烧的岁月，那是一个理性回归的时代……。80 年代初，在阅读现代西方哲学时，开始“触电”法兰克福学派。自 80 年代中期以来，醉心于批判理论研究，倾注了大量的时间和精力……。在完成“批判理论六部曲”之前四部（《批判与重建——法兰克福学派文明论》（2004）、《蔑视与反抗——霍耐特承认理论与法兰克福学派批判理论的“政治伦理转向”》（2008）、《从公共自由到民主伦理——批判理论语境中的维尔默政治伦理学》（2011）、《承认 · 正义 · 伦理——实践哲学语境中的霍耐特政治伦理学》（2017）的基础上，目前将要出版的《从社会哲学到批判理论》、《从批判理论到后批判理论》应该是第五部和第六部；第七部则是《〈否定辩证法〉释义》（多卷本），那是很久以后才能出版的。

《从新批判理论到后批判理论》是教育部人文社会科学重点研究基地重大项目“从批判理论到后批判理论”之最终研究成果之二，也是项目负责人三十多年来关于法兰克福学派批判理论研究的总结、凝练、提升；作为一项具有“批判理论问题史性质”的全方位、跨学科、整体性、系统性、多维度研究，“从新批判理论到后批判理论”凝结着作者三十多年来对法兰克福学派批判理论及其最新发展的深度思考，“批判理论三期发展”、“批判理论的‘政治伦理转向’”、“从批判理论到后批判理论”，是作者长期研究法兰克福学派批判理论及其最新发展作出的基本判断。这不仅确立了法兰克福学派批判理论研究的新框架，提出了许多重要原创性观点，而且试图构建“批判的妥协理论”构想，以促进批判理论的中国化。

《从新批判理论到后批判理论》主要是在项目负责人前期研究成果基

础上修改、加工、完善而成的，但不论总体框架、篇章布局，还是语言文字、注释解说，都又进行了重新思考、重新处理；对全部内容进行了逐字逐句的修改，对大部分内容进行了增删、改写，对相当多的内容进行了重写……这个系统整理又使之成为一个较为全面的思考进路。当然，有不少部分新内容是专门为该书撰写的。因而，从整体上看，《从新批判理论到后批判理论》又是一个全新的研究成果。本书的总体框架、基本思路、主要内容，是由项目负责人王凤才设计和完成的，个别章节吸收了其他同仁的研究成果，例如：第十四章第二至三节（王凤才、杨　丽）、第十六章第三节（刘曙辉、王凤才）、附录（王凤才、刘利霞），特此致谢！

责任编辑：崔继新
封面设计：王春峥
版式设计：东昌文化

图书在版编目（CIP）数据

从新批判理论到后批判理论 / 王凤才 著 . — 北京：人民出版社，2023.10
（批判理论研究丛书）
ISBN 978 – 7 – 01 – 025461 – 6

I. ①从…　II. ①王…　III. ①辩证批判理论　IV. ① B085

中国国家版本馆 CIP 数据核字（2023）第 034957 号

从新批判理论到后批判理论
CONG XIN PIPAN LILUN DAO HOU PIPAN LILUN

王凤才　著

人民出版社 出版发行
（100706　北京市东城区隆福寺街 99 号）

环球东方（北京）印务有限公司印刷　新华书店经销

2023 年 10 月第 1 版　2023 年 10 月北京第 1 次印刷
开本：710 毫米 ×1000 毫米 1/16　印张：36
字数：534 千字

ISBN 978 – 7 – 01 – 025461 – 6　定价：138.00 元

邮购地址 100706　北京市东城区隆福寺街 99 号
人民东方图书销售中心　电话（010）65250042　65289539